KAIRO,
Luxor,
Assuan

*"Hast Du Kairo nicht erblickt, so hast Du
die Welt nicht gesehen."*
(Mohammed Abu Hamed, 1457)

http://www.reise-know-how.de

LATEST NEWS, aktuelle Informationen zu den Büchern der Reise Know-How Reihe finden Sie unter obiger Adresse im Internet, spezielle Infos zu den Tondok-Reiseführern und -gebieten ebenso unter unsrer Homepage **http://www.tondok-verlag.de**

Der
Reise Know-How Verlag Tondok
ist Mitglied der
Verlagsgruppe
REISE KNOW-HOW

KAIRO, Luxor, Assuan
Ein Handbuch zum Erleben und Erforschen
faszinierender Städte

von Wil und Sigrid Tondok

Bearbeitung der altägyptischen Themen:
Sylvia Schoske
(Museum Ägyptischer Kunst, München)
Dietrich Wildung
(Ägyptisches Museum, Berlin)

IMPRESSUM

REISE KNOW-HOW Verlag GmbH, Hohentann

© COPYRIGHT by

**REISE KNOW-HOW Verlag TONDOK
Nadistraße 18
D-80809 München**
E-Mail: rkh@tondok-verlag.de

© Alle Rechte vorbehalten.
Alle Angaben wurden nach bestem Wissen erstellt,
eine Gewähr kann jedoch nicht übernommen werden.
ISBN 3-89662-461-X
4. Auflage, stark erweitert und aktualisiert, Juli 2000
unveränderter Nachdruck Mai 2001

Umschlagkonzept Manfred Schömann, Köln, Peter Rump, Bielefeld
Umschlagdesign: Sigrid Tondok, Michael Luck
Fotos © Sigrid Tondok
Druck und Bindung: Fuldaer Verlagsanstalt GmbH, Fulda

Dieses Buch ist in jeder Buchhandlung der BRD, Österreichs, der Niederlande und der Schweiz erhältlich. Auslieferung für den Buchhandel:
- **BRD**: Prolit Verlagsauslieferung GmbH, 35463 Fernwald
sowie alle Barsortimente
- **Schweiz**: AVA-buch 2000, CH-8910 Afoltern
- **Österreich**: Mohr Morawa GmbH, A-1230 Wien
- **Niederlande**: Nilsson & Lamm BV, NL 1380 AD Wessep

Alle Informationen in diesem Buch sind mit großer Sorgfalt gesammelt und vom Lektorat gewissenhaft überprüft worden. Da inhaltliche und sachliche Fehler trotzdem nicht ausgeschlossen werden können, erklärt der Verlag, daß alle Angaben im Sinne der Produkthaftung ohne Garantie erfolgen und daß Verlag wie Autor keine Verantwortung für inhaltliche sowie sachliche Fehler übernehmen.

Ein paar Worte zu diesem Buch

1983 brachten wir einen Ägypten-Führer für Individualisten heraus, dessen Untertitel „Erleben, Erkennen, Verstehen" einen Anspruch anmeldete: Wir wollten den Leser nicht nur zu den Sehenswürdigkeiten dieses Landes führen, sondern ihm ebenso die Menschen und das heutige Leben in Ägypten näherbringen. Wir glauben, daß uns dieses Vorhaben gelungen ist und daß vielen Lesern bei der Lektüre von *Ägypten individuell* Hintergrundinformationen geboten werden, die das Erlebnis Ägypten sowohl verständlicher als auch eindringlicher machen.

Auch der vorliegende Städteführer erhebt diesen Anspruch. Er soll Ihnen mehr bieten als nur eine Aufzählung von besichtigungswerten Objekten. Wir haben daher eine Menge Informationen aus dem Hauptband übernommen, uns aber speziell bei Kairo mit sehr viel mehr Details befaßt. Wir möchten Sie ein wenig abseits der üblichen Touristenpfade führen, jedoch nicht, um neue Pfade auszutreten. Denn beim Bummeln durch Kairos Altstadtgassen besteht kaum Gefahr, zusätzliche negative Tourismus-Effekte auszulösen, weil die Metropolis kraft ihrer Masse Touristen einfach integriert. Andererseits kann der Besucher z.B. im Islamischen Viertel sehr viel mehr über das so vielschichtige Ägypten und seine Probleme erfahren als aus weitschweifigen Erklärungen von Touristenführern.

Warum einen eigenen Städteführer herausbringen, wenn schon der Hauptband alle notwendigen Informationen enthält? Der Grund ist einfach: Immer mehr Touristen verlegen einen Kurz-Urlaub in eine interessante Stadt und halten sich ganz gezielt mit relativ viel Zeit dort auf. Diesen Besuchern wollen wir mehr Informationen vermitteln als wir im Hauptband unterbringen können. Denn die über tausendjährige, extrem lebendige Vergangenheit Kairos bietet so viele aufschlußreiche Geschichten, daß es schade wäre, all die Details auszulassen. Quasi als Bakschisch beschreiben wir noch Luxor, Assuan und eine Kreuzfahrt auf dem Assuan-Stausee, die in Abu Simbel endet.

Die Informationen zur pharaonischen Geschichte Ägyptens gehen auf Prof. Dr. Dietrich Wildung und Dr. Sylvia Schoske zurück, die freundlicherweise diese Texte überarbeitet haben.

Noch ein paar Worte in eigener Sache. Seit unserer Jugendzeit hält uns nichts in unseren vier Wänden. In den 70er Jahren gaben wir unsere beruflichen Karrieren auf, verkauften Hab und Gut und reisten in einem VW-Camper innerhalb von drei Jahren einmal um die Erde. Daraus entstand unser erstes Buch *Im VW-Bus um die Erde*. Schon bald nach der Rückkehr gingen wir für die UNO nach Pakistan, auch das eine interessante Erfahrung. Einige Jahre später bereisten wir Nord-und Westafrika. Danach banden uns berufliche Verpflichtungen an Deutschland, es blieb keine Zeit für längere Reisen. Daher konzentrierten wir uns auf das relativ nahegelegene Ägypten, in dem wir fast jeden freien Tag verbrachten und das Land auf nahezu jährlichen Besuchen wirklich kennen und darüberhinaus sehr lieben lernten: Ägypten wurde uns zur zweiten Heimat.

Wir wünschen Ihnen so viel Freude bei Ihrem Besuch wie wir sie jedesmal erleben, wenn wir ägyptischen Boden betreten.

Wil und Sigrid Tondok

Hinweise zur Benutzung

- Dies ist **kein historischer Führer**. Die relativ knappen Angaben über historische Sehenswürdigkeiten sollen Ihnen lediglich helfen, sich vor Ort zurechtzufinden.
- Vor jedem Abschnitt mit Sehenswürdigkeiten finden Sie eine Übersicht "**INTERESSANTES**", damit Sie auf einen Blick feststellen können, was die Besichtigungsmühe lohnt.
- Ein sehr detaillierter **Index** sowie viele **Querverweise** sollen Ihnen helfen, schnell die gewünschte Information zu finden. Dazu sollen auch die Stichworte auf den Griffmarken und die Kopfleisten beitragen.
- Sie finden in diesem Buch viele **Karten** und Pläne. Viele davon wurden von uns entworfen oder von relativ ungenauen Vorlagen übernommen und verbessert. Leider sind uns nicht immer genaue Maßstäbe bekannt, bitte haben Sie Verständnis. Wenn keine Straßennamen vermerkt sind, so sind wirklich keine bekannt. Im übrigen ist das Karten-Recherchieren in einem militärisch sensiblen Land wie Ägypten nicht einfach. In Kairo wurden wir beim Skizzieren des Midan-Ramsis-Plans verhaftet ...
- Die **Nummerierung** innerhalb der **Karten** läuft stets von oben links nach unten rechts (soweit möglich).
- Da die **Schreibweise** vieler Ortsnamen gewaltig variiert, entschieden wir uns jeweils für die Variante, die uns am gebräuchlichsten erschien (häufig die englische Version).
- Alle Informationen entsprechen dem uns bei **Redaktionsschluß im Juni 2000** bekannten Stand.

Abkürzungen

AR – Altes Reich
AC – Aircondition (Klimatisierung)
Jhd – Jahrhundert
£E – Ägyptische Pfund
Md – Midan (Platz)
MR – Mittleres Reich
NR – Neues Reich
pP – pro Person
Pt – Piaster
Sh – Sharia (Straße)
Std – Stunde
nC – nach Christi Geburt
vC – vor Christi Geburt

Die **Öffnungszeiten und Eintrittspreise** von Museen etc. sind wie in dem folgenden Beispiel angegeben: (9-14, F9-12, £E 10). Die ersten Zahlengruppen beziehen sich auf die normale Öffnungszeit, also hier 9 – 14 Uhr. "F" gibt die Öffnungszeit für freitags an. Der Eintritt beträgt £E 10..

Um Ihnen eine Entscheidungshilfe bei der **Auswahl der vielen Sehenswürdigkeiten** zu geben, klassifizieren wir sie mit einem Stern-System. Wir meinen, daß man an
**** auf keinen Fall vorbeigehen sollte, daß
*** eine wertvolle Bereicherung darstellt
** ebenfalls den Besuch lohnt. Aber auch um die Sehenswürdigkeiten, die nur mit
* bewertet sind, würde man sich in vielen anderen Ländern noch reißen...

Unter der Überschrift *Zeigen und lesen lassen* finden Sie auf den Seiten 336-338 Kästchen wie dieses, in dem neben dem deutschen jeweils das arabische Wort gut lesbar steht. Diese Kästchen sind zum Vorzeigen in Situationen gedacht, in denen man auf Verständigungsschwierigkeiten stößt, z.B. einem Taxifahrer das Fahrtziel nicht klarmachen kann.

| Flughafen | المطار |

Inhaltsverzeichnis

1. Alles über Reisen in Ägypten · 9
1.1 Als Gast im Orient · 9
- Gefahr durch Terroranschläge · 9
- Ägypten verstehen lernen · 10
- Was man falsch machen kann · 11
- Bakschisch · 17
- Erste Eindrücke in und von Ägypten · 19
- Als alleinreisende Frau in Ägypten · 21
- Mit Kindern in Ägypten · 23
- Behinderte in Ägypten · 25

1.2 Reisevorbereitung · 25
- Wichtige Adressen · 25
- Literatur, Karten, Internet, Museen · 28
- Kleidung, Ausrüstung · 34
- Geld, Preise und Kosten · 36
- Reisezeit · 38
- Anreise · 40

1.3 Ankunft und Abreise · 41

1.4 In Ägypten zurechtkommen · 46
- Fortbewegen · 46
- Übernachten · 52
- Essen und Trinken · 54
- Gesundheit · 56
- Sicherheit, Polizei · 59
- Rundfunk, Fernsehen, Zeitungen · 61
- Telefon und Post · 62
- Souvenir- und Einkaufs-Tips · 63

2. Land, Leute und Vergangenheit · 67
2.1 Die Landschaft · 67
2.2 Der Staat und seine Probleme · 70
- Staatshaushalt · 70
- Schule, Bevölkerungsexplosion · 71
- Wirtschaft, Öl und Energie · 73

2.3 Die Menschen und ihr Alltag · 75
- Die Menschen · 75
- Täglich Freud und Leid · 79
- Die Stellung der Frauen · 82

2.4 Die heutigen Religionsgemeinschaften · 86
- Der Islam · 86
- Die Kopten und andere Christen · 91
- Vergleich welthistorischer Ereignisse · 104
- Zur Religion der alten Ägypter · 105

2.5 Die längste Vergangenheit der Welt · 93
- Im Eilgang durch die Geschichte · 93
- Geschichts-Tabelle · 100
- Architektur altägyptischer Tempel · 108

3. Kairo: Das Auf und Ab einer tausendjährigen Stadt · 111
- Geschichten zu Kairos Geschichte · 111
- Islamische Architektur · 116
- Koptische Kirchen · 119

4. In Kairo zurechtkommen · 121
- Topographie und Hauptstraßen · 121
- Autofahren in Kairo · 125
- Kairo für Fußgänger – Busse, Metro, Taxi 125
- Nützliche Adressen, Souvenirs, Shopping 132

Shopping: Von Souvenirs bis Blumen ··· 136	Restaurants ·················· 144
Was man alles unternehmen kann ····· 140	

5. Kairo kennenlernen ··· **151**
Modernes Kairo ················ 151	Alt-Kairo und Umgebung ··········· 210
Kairos Altstadt: Islamisches Viertel ····· 168	Andere Attraktionen Kairos ········· 214
Die Totenstädte ················ 204	Engere Umgebung von Kairo ········ 217

6. Pyramiden und Fayum ·· **223**
Pyramiden ···················· 223	Fayum ······················· 242

7. Luxor, Karnak und Theben-West ··· **251**
Zurechtkommen in Luxor und Theben ·· 253	Theben-West kennenlernen ········· 272
Luxor kennenlernen ·············· 266	

8. Assuan und Abu Simbel ··· **285**
Assuan kennenlernen ············· 290	Abu Simbel ···················· 311
Von Assuan nach Abu Simbel ········ 306	Toshka – das Jahrhundertprojekt ····· 314
Kreuzfahrt auf dem Nasser-See ······· 307	

9. Hotels ··· **317**
Abu Simbel ···················· 318	Kairo ························ 321
Assuan ······················· 318	Luxor ························ 327
Fayum ························ 320	

Mini-Sprachführer ·· 333
Zeigen und lesen lassen ·· 336
Glossar ·· 339
Schreiben Sie uns ·· 345

Wenn Sie **genauere, aktuellere oder nützlichere Informationen** besitzen, so teilen Sie uns Ihre Erfahrungen bitte – so frisch wie möglich – mit. Am Buchende finden Sie einen Vordruck dafür. Als Dankeschön schicken wir Ihnen dann ein Buch aus unserem Programm.
   Bevor Sie auf Reisen gehen: Schauen Sie bitte auf unserer **Internetseite** nach, dort finden Sie die neuesten Information zum Reisen in Ägypten.

1. Alles über Reisen in Ägypten

1.1 Als Gast im Orient

Gefahr durch Terroranschläge

Am 17. November 1997 schlachteten fanatische Terroristen mit eiskalter Brutalität 57 wehrlose Besucher im Hatschepsut-Tempel in Luxor förmlich ab. Sie begingen in irrwitzigem Wahn ein Massaker, das in der touristischen Historie sowohl Ägyptens als auch des Welttourismus ziemlich einzig dasteht. Das Schlimme: Das Massakrieren entspricht ganz und gar nicht der Mentalität dieses Volkes, schon gleich nicht der Offen- und Herzlichkeit der Fellachen, der ländlichen Bevölkerung.

Drei Wochen nach dem Attentat verurteilten die politischen und militärischen Führer der Untergrundorganisation Gamaa Islamija den Anschlag und teilten mit, daß künftig keine Aktionen gegen ausländische Touristen mehr ausgeübt würden. Die Luxor-Attentäter seien neue, junge Mitglieder gewesen, die aus eigenem Antrieb gehandelt hätten. Das hilft zwar den Todesopfern und Verletzten herzlich wenig, verspricht aber künftigen Besuchern eine Prise Sicherheit.

Seit dem Luxor-Attentat wurden bis Redaktionsschluß dieser Auflage keine weiteren Anschläge auf Touristen bekannt. Offizielle Stellen Ägyptens führen mehrere Gründe für diesen Erfolg an, deren Schwerpunkt je nach Interessenlage differiert. Aber letztendlich mag es die Summe aller Maßnahmen sein, die Ägypten wieder zu einem sicheren Reiseland aufsteigen ließ.

Zum einen werden die Sicherheitsmaßnahmen genannt, die für jedes für Terroristen interessante touristische Objekt ergriffen wurden. Ein dichtes Netz aus sichtbaren und unsichtbaren Sicherheitskräften riegelt sie quasi ab. Aber auch die Infrastruktur der Terroristen wurde ins Visier genommen, sowohl durch Aktionen gegen Verstecke innerhalb Ägyptens als auch gegen die Basen außerhalb des Landes. Weiterhin bemüht man sich, die Finanzquellen und die Unterstützung auszutrocknen. Ägyptische Gesprächspartner bestätigen denn auch häufig, daß die staatlichen Maßnahmen nun endlich wirkungsvoll gegriffen hätten.

Tatsächlich spielt aber auch eine wichtige Rolle im Bewußtsein der Menschen, daß dieses grauenhafte Attentat gegen alle Regeln eines muslimischen Gastgebers verstieß, wie "schlecht" sich die Touristen auch immer benehmen. Der nahezu totale Niedergang des Tourismus schlagartig nach dem Attentat zeigte aber auch der Bevölkerung, wie sehr sie von den Gästen des Landes in ihrer Existenz abhängt.

Aus der Sicht der fundamentalistischen Eiferer gilt es, den derzeitigen Staat zu destabilisieren; die Tourismusindustrie ist einer der effektivsten Hebel auf diesem Weg. Die Fanatiker wollen Ägypten in einen islamischen Gottesstaat, etwa nach iranischem Vorbild, verwandeln und damit alle täglichen Nöte beseitigen:

1. Alles über Reisen in Ägypten

Armut, Korruption und nicht zuletzt die aus westlichem Einfluß herrührende Gottlosigkeit. So sehr man allen Ägyptern die Beseitigung der Armut wünscht, so wenig hat der fundamentalistische Weg in Vergleichsländern Erfolg erzielt. Lediglich eine Umschichtung von Macht und Geld, verbrämt mit religiöser Pseudolegitimation, war den Revolutionen mit ihren zahllosen Todesopfern beschieden.

Wie es weitergeht, ist derzeit nur schwer abzuschätzen. Viele Zeichen sprechen dafür, daß der Terrorismus langsam abebbt. Doch die eigentlichen Ursachen, nämlich soziale Spannungen und Verarmung immer größerer Bevölkerungskreise, werden sich kaum zum Positiven ändern; ein Nährboden, wie geschaffen für Revolutionäre. Es ist lediglich zu vermuten, daß sich der Terror ziemlich ausschließlich auf innerägyptische Ziele verlagern wird.

Wenn Sie sich als Individualtourist sehr vorsichtig verhalten wollen, dann sollten Sie an die folgenden Punkte denken:

- Verhalten Sie sich möglichst unauffällig, dies gilt besonders auch für weibliche Kleidung.
- Erkundigen Sie sich nach der aktuellen Situation (Botschaft, Reisebüro).
- Fahren Sie weniger mit den sogenannten Luxusbussen, lieber mit der einfacheren Ausgabe, in der sie unter sehr viel mehr Einheimischen sitzen. Nehmen Sie nach oder von Oberägypten nicht den Supersleeper, sondern die Züge 1. oder 2. Klasse (die außerdem viel billiger sind)
- Hören Sie die lokalen oder auch internationalen Nachrichten, um auf ein eventuelles Wiederaufflammen reagieren zu können.

Ägypten verstehen lernen

Es liegt auf der Hand, daß man in fünftausend Jahren Geschichte eine eigene Identität erwirbt. Zwar war diese Zeit einigermaßen abwechslungsreich, eine Anzahl Fremder ergriff Besitz von der Niloase und hinterließ Spuren in der Erbmasse des Volkes. Dennoch sind die Ägypter Leute mit selbstbewußter Meinung und eigenen, auf dem Islam bzw. dem koptischen Christentum basierenden Moral- und Lebensvorstellungen. Die überwiegende Zahl der Menschen nimmt das Leben gelassen, ja zufriedener, als wir Mitteleuropäer es unter materiell so viel günstigeren Bedingungen tun.

Wenn wir also dieses so vielschichtige Volk besuchen, seine uns manchmal vielleicht unverständlichen Verhaltensweisen miterleben, dann können wir nicht hingehen und verurteilen oder gar als Lehrmeister und Besserwisser auftreten. Die Fairness den anderen Menschen gegenüber gebietet, sie vor dem Hintergrund ihrer Traditionen, Religion und geographisch-klimatischen Lage zu sehen. Erst wenn wir versuchen, uns in diese Welt einzudenken, besser noch einzufühlen, werden wir den Menschen nahekommen und feststellen, daß es hier nur andere, nicht jedoch bessere oder schlechtere Verhaltensweisen gibt.

Die folgenden Überlegungen können nur ein paar Anregungen und Anstöße zum Nachdenken geben; alle Aspekte zu erläutern, würde ein eigenes Buch erfordern.

Mit der ältesten Universität der Erde im Rücken, an der die fundamentalen Glaubenssätze des Islam für die gesamte islamische Welt noch heute geprägt und gelehrt werden, hat Ägypten eine deutliche Führungsrolle im arabischen Lager inne. Selbst wenn der Wind der Freundschaft hin und wieder dreht, weiß jeder Ägypter von dieser Führerrolle und ist stolz darauf. Doch selten werden Sie Menschen finden, die arrogant auf Nichtägypter blicken. Das Land am Nil kennt seit Jahrtausenden Fremde und verschiedene Lebensarten und weiß diese zumindest zu tolerieren.

Die Ägypter sind höfliche und hilfsbereite Leute. Ihre Höflichkeit hat lange Tradition und wird manchmal fast um ihrer selbst willen gepflegt. Wenn Ihnen ein Mann auf der Straße mit großem Wortschwall den falschen Weg weist, dann tut er das nicht, um einen Fremden in die Irre zu lenken: Es wäre ausgesprochen unhöflich, eine Antwort schuldig zu bleiben und Sie der Ungewißheit zu überlassen – auch wenn er selbst über die einzuschlagende Richtung unsicher ist. Er konnte – und das ist für unsere nüchterne Logik nicht so einfach entschlüsselbar – Sie nicht hilflos herumstehen lassen.

Die Vorstellungen des Ägypters vom Sinn des Lebens weichen fundamental von den unseren ab. Während wir überall nach dem Sinn und Zweck von Tun und Lassen suchen, nimmt der Ägypter sein Leben aus Allahs Hand und versucht, sich von seinem Schöpfer führen zu lassen. Interpretationen des Heiligen Koran weisen in erster Linie den jeweils nächsten Schritt, erst dann kommt das bewußte Kalkül.

Für den Ägypter gilt nicht so sehr das harte Feedback, das jede Entscheidung prüft und beurteilt. Was er getan hat, das ist nun mal so und dabei soll es bleiben. Das heißt nicht unbedingt, daß er beim nächsten Mal ähnlich reagieren muß. Hier sprechen wir – häufig geringschätzig – von Fatalismus. Aber wir müssen uns mit dieser Lebenseinstellung abfinden. Wenn Sie sich z.B. mit einem Mann verabreden und er kommt ein paar Stunden später, dann wurde er durch etwas aufgehalten, das des Aufhaltens wert war – es muß keineswegs wichtig oder wichtiger als Sie gewesen sein.

Sie werden des öfteren den Umgang der Ägypter mit Tieren beobachten können und feststellen, daß bei ähnlichem Verhalten mitteleuropäische Tierschutzvereine in vielen Fällen sofort zum nächsten Richter rennen würden. Umgekehrt fragen Ägypter (und Angehörige anderer Völker), ob wir nicht Tieren Neigungen entgegenbringen, die wir häufig unseren Mitmenschen vorenthalten. Sicher rechtfertigt dieses Argument keine brutale Tierquälerei, aber es ist in bezug auf den Mitmenschen des Nachdenkens wert. Zum besseren Verständnis sei noch angefügt, daß zu den unreinen Tieren im Islam u. a. auch Hunde zählen. Das kann, wenn Reisende mit Hund auftauchen, eventuell zu unverständlichen Reaktionen führen.

Immer wieder werden Sie auf den Ausruf "Malesch, Malesch" stoßen – und sich vermutlich selten darüber freuen. Malesch ist freundliche Resignation und heißt soviel wie *Schicksal;* wobei hier die ägyptische Lebensphilosophie voll zum Tragen kommt. "Malesch, das Auto ist kaputt", das ist halt passiert, da wird man nicht groß hadern und nach dem Warum und Wieso fragen. Es ist für uns als Besucher häufig besser, sich mit einer Sache – "Malesch, Malesch" – abzufinden und nicht herumzunörgeln, wenn etwas nicht klappt.

Ständig werden Sie *Inshallah – so Gott will* – hören, was z.B. irritierend wirken kann, wenn der Flugkapitän die Landung ankündigt und inshallah an den Satz hängt. Grundsätzlich wird dieser Begriff für alle Aussagen, die sich auf die Zukunft beziehen, verwendet. Denn nach dem Glauben frommer Muslime bestimmt Allah, was morgen passiert, und nicht der Mensch. Für uns mag dies als Ausflucht erscheinen, ein Muslim würde aber Allah herausfordern, wenn er Ihnen einen Termin für morgen zusagt und etwa vergäße, *Inshallah* hinzuzufügen.

Was man falsch machen kann

Das Leben der Ägypter wird weitgehend von der Religion bestimmt. Daher sind auch sehr viele Verhaltensweisen auf religiöse Hintergründe zurückzuführen. Als Gast des Landes müssen wir diese Sitten respektieren und uns dem fremden Kulturkreis anpassen. Andererseits sollte man natürlich nicht die eigene Identität aufgeben, sondern Verständnis und Entgegenkommen für die Menschen und ihre Traditionen zeigen.

1. Alles über Reisen in Ägypten

Leider sehen wir uns aufgrund vieler Beobachtungen gezwungen (und werden auch von vielen Lesern immer wieder und nachdrücklich darum gebeten), öfters und fast schulmeisterhaft in diesem Buch auf Fehlverhalten der Besucher hinzuweisen. Dieses Fehlverhalten kann sehr viel zerstören, sowohl im zwischenmenschlichen als auch im ökologischen Bereich. Daher reden wir nicht um die Dinge herum, sondern stellen sie möglichst klar und deutlich dar, selbst wenn es einigen Leuten auf die Nerven geht. Denn leider gibt es eine Menge Mitmenschen, die keinerlei Sensibilität für ihre Umgebung aufbringen und sich wie "Elefanten im Porzellanladen" benehmen; diese Spezies ist hier angesprochen.

Doch ganz abgesehen von aller Unsensibilität kann man/frau nicht immer wissen, wann und wo die Gastgeber völlig anders reagieren als wir, oder wo sie ganz andere Wertvorstellungen haben – wer weiß schon, daß man seine Fußsohlen nicht zeigt. Darüber hinaus möchten wir Sie bitten, andere Touristen auf krasses Fehlverhalten aufmerksam zu machen, denn viele Besucher haben sich zwar über das pharaonische Ägypten informiert, aber kaum über das heutige Leben.

Generell sollte man wissen, daß die Orientalen etwas anders miteinander umgehen, als wir es im nüchternen Mitteleuropa gewohnt sind. Freunde, die sich treffen oder verabschieden, tun dies mit viel Aufwand an Stimme und körperlichem Kontakt: Umarmungen, Bruderküsse und Händchenhalten oder einander Tätscheln gehören zur Vermittlung von persönlicher Wertschätzung. Auch das Hände-Halten von Männern, die durch die Straßen schlendern, hat selten etwas mit Homosexualität zu tun, sondern ist eine Art körperlicher Kommunikation.

Die Ägypter kennen eine Reihe von **Begrüßungsformeln.** Am besten benutzt der Besucher wohl: "Ahlan we sahlan" oder kurz "Salam", worauf sein Gegenüber antwortet: "Ahlan bik" oder einfach "Salam". Lesen Sie bitte weitere Formeln des nicht gerade einfachen Begrüßungszeremoniells im Minilexikon, Seite 332, nach.

Man begrüßt sich keineswegs immer per Handschlag. Daher sollte man etwas zurückhaltend abwarten, ob der Partner die Hand reicht, dann natürlich den Handschlag erwidern. Andererseits wird man von Geschäftsleuten oder von Leuten auf der Straße sehr gern per Handschlag willkommen geheißen, auch wenn man selbst keine Anstalten dazu macht.

Viele Moslems begrüßen andersgeschlechtliche Besucher aus religiösen Gründen nicht mit Handschlag (auch aus pragmatischen: ein Mann müßte sich vor dem Gebet erneut die Hände waschen). Umarmungen und Küsse zwischen Mann und Frau sind auf die engste Familie beschränkt. Es grüßt immer derjenige zuerst, der ein Haus betritt. Bei der Begrüßung bleibt die Frau nicht sitzen.

Höflichkeit und **Gastfreundschaft** sind Tugenden, die der Ägypter bis zur Selbstaufgabe pflegt. Wenn Ihretwegen ein Fellache auf dem Land sein letztes Huhn schlachten will, dann ist das selbstverständliche Gastfreundschaft dem Besucher gegenüber. Auf der anderen Seite erwartet der Gastgeber natürlich auch von Ihnen eine Erwiderung seiner Höflichkeitsbezeugungen. Gastgeschenke legt man fast belanglos ab, um den Gastgeber nicht in Verlegenheit zu bringen; weder im positiven noch im negativen Sinn.

Die Höflichkeit verpflichtet umgekehrt auch den Ärmsten, Einladungen auszusprechen. Wenn also Traveller mit vielen Einladungen prahlen, dann sind sie – sofern sie gutgläubig waren und nicht bewußt Schnorrer spielten – der wichtigen Regel nicht gefolgt, daß man **Einladungen mindestens dreimal hartnäckig ablehnt,** erst beim vierten Mal sind sie vom Gastgeber wirklich ernst gemeint (das gilt natürlich genauso bei Einladungen, die Sie aussprechen: mindestens dreimal wiederholen). Selbstverständlich gibt es westlich orientierte Ägypter, die unsere Traditionen kennen und eine Einladung gleich beim ersten Mal ernst meinen; man muß dies mit etwas Fingerspitzengefühl beurteilen.

Man sollte bei der Annahme von Einladungen immer überlegen, ob das Festmahl für einen Ausländer die wirtschaftlichen Verhältnisse des Gastgebers nicht überfordert. Besonders bei sozial schwächeren Bevölkerungsschichten sollte man Einladungen möglichst immer ablehnen. Ein Ägyptenkenner schreibt: *"Die Gastfreundschaft ist den Ägyptern – wie mir immer wieder bestätigt wurde – eine Art Zwang und nicht selten eine große Last. Empfehlenswert ist eine hartnäckige Ablehnung hartnäckiger Einladungen, sofern nicht genau bekannt ist, daß der Gastgeber entsprechend betucht ist."*

Zu aller Komplikation gibt es noch rein formale Einladungen (z.B. vom Busnachbarn zur Übernachtung in seinem Haus), die nur aus Höflichkeit ausgesprochen werden, aber gar nicht so gemeint sind. Daher gilt es auch hier, mindestens dreimal bestimmt abzulehnen, andernfalls könnten Sie Ihr Gegenüber in arge Verlegenheit bringen. Dies gilt übrigens nicht für Wasser, das als Geschenk Gottes von jedem, der es hat, jedem, der danach fragt, zu geben ist.

Ein Hinweis: Wenn Sie bei Ägyptern übernachten, müssen Sie dies zuvor der Touristenpolizei melden, andernfalls können Sie Ihre Gastgeber in arge Bedrängnis stürzen. Auch wenn diese Bestimmung nicht sehr strikt durchgesetzt wird, so kann sie als willkommener Hebel gegen Bürger genutzt werden, die ein Polizist aus welchen Gründen auch immer ohnehin im Visier hat. Leser berichteten uns, daß ihre Gastgeber nachts von der Polizei aus dem Bett geholt und langwierigen Verhören unterzogen wurden.

Während des Essens lädt der Gastgeber Ihren Teller randvoll, Sie müssen alles probieren, einerlei wie es aussieht und schmeckt. Leeren Sie Ihren Teller nur dann, wenn Sie noch Hunger haben; denn ein leerer Teller wird sofort wieder gefüllt. Lassen Sie mindestens einen Rest zurück, um das Ende Ihrer Sättigung anzuzeigen. Wenn mit den Fingern gegessen wird, legen Sie am besten die linke Hand (sie gilt als unrein) in den Schoß. Setzen Sie sich nicht so, daß Ihre Fußsohlen auf andere Teilnehmer zeigen und diese beleidigen, am besten also im Schneidersitz (siehe auch weiter unten).

Es gibt eine Reihe von Lebensäußerungen, die uns ungewohnt und fremd erscheinen. Es sollte uns selbstverständlich sein, diese Äußerungen zu tolerieren und uns ihnen soweit wie nötig anzupassen. Daher im folgenden ein paar wichtige **Verhaltensregeln**:

● **Aufgeschlossen sein**

Begegnen Sie den Menschen offen, ohne Besserwisserei, Dünkel und Arroganz. Wenn man – auch in schwierigeren Situationen – mit einem Lächeln Freundlichkeit anbietet, wird man umso mehr mit Herzlichkeit empfangen werden.

● **Adäquat gekleidet sein**

Über die lockeren Kleidungssitten der Europäer regen sich die Ägypter mehr auf als offiziell bekannt wird. *"Wenn Urlauber ins Ausland reisen, sollten sie ihre guten Sitten und ihren Anstand miteinpacken,"* schrieb die Egyptian Mail.

Die freizügigen weiblichen Bekleidungssitten treiben in Europa fast niemanden mehr auf die Barrikaden, keiner fühlt sich durch zu enge, zu kurze, alle Linien betonende T-Shirts, Leggins, Shorts, Miniröcke und was immer die Mode erfinden mag, provoziert. Für orthodoxe Muslims (aber auch Kopten), deren Frauen jahraus, jahrein komplett zugeknöpft in der Öffentlichkeit erscheinen, geht die moralische Welt beim Anblick knappster weiblicher Hüllen halbwegs unter. Sie fühlen ihren Sittenkodex durch unangemessene Kleidung verletzt, empfinden die lockere Kleiderordnung als sexuell provozierend. Für sie sind bereits weibliche Kopfhaare, nackte Arme und Beine Sexsymbole, die es zu verstecken gilt. Folglich ist die Mehrheit der Ägypterinnen traditionell gekleidet, also von Kopf, zumindest von Hals bis Fuß

1. Alles über Reisen in Ägypten

verhüllt. Diese Aussage muß man in Kairo und Alexandria relativieren, doch sie gilt auch in den Großstädten trotz freierer Kleidung und selbstbewußterem Auftreten der Frauen.

Man muß als westliche Frau nicht gerade in Sack und Asche gehen. Doch Schultern und Arme bedeckende, weite Kleider schützen die Trägerin meist vor aufdringlichen Belästigungen. Und diese Zudringlichkeiten – unter anderem eine Folge der von unbedarften Frauen vorgeführten aufreizenden Minimalbekleidung - können die Reisefreude erheblich mindern.

An den typischen, von Ägyptern genutzten Stränden (Mittelmeerküste) gehen die Frauen fast ausnahmslos in kompletter Kleidung einschließlich Kopftuch ins Wasser. Es wäre völlig unpassend, dort einen Bikini zu tragen; am besten baden Sie als Frau dort überhaupt nicht, oder tragen Sie einen Badeanzug; Shorts und ein T-Shirt darüber wären noch besser.

Bedeckende Kleidung ist Pflicht für den Besuch von Moscheen und religiösen Stätten. Um dem "unangemessenen und beschämenden Aufzug" (Zitat einer Pressemeldung) von Touristinnen zu begegnen, soll entsprechend gekleideten Damen vor Betreten ein Umhang und ein Kopftuch überreicht werden. – Als Anmerkung noch: Auch Rauchen in der Öffentlichkeit gilt bei Frauen als anstößig.

Die Ägypter werden sich ebenso über Männer amüsieren oder sogar ärgern, die meinen, sich in der Hitze nur mit nacktem Oberkörper und Badehose oder Shorts bewegen zu können (und dann mit krebsroter Haut herumlaufen). Da unsere Shorts ägyptischen Unterhosen nicht unähnlich sehen, kann es leicht zu Gelächter kommen. Den Körper **bedeckende** Kleidung hat zusätzlich klimatisierende und schützende Effekte.

● **Religiöses Verhalten respektieren**
Tolerieren Sie religiöse Bräuche und akzeptieren Sie diese ohne Diskussion, wo Sie mit ihnen konfrontiert werden. Dazu gehört, daß Moscheen grundsätzlich ohne Schuhe (oder mit am Eingang ausgeliehenen Überschuhen) und in angemessener Kleidung zu betreten sind. Grundsätzlich sollten Moscheen während der Gebetszeit nicht besichtigt werden.

● **Die Fastenzeit Ramadan respektieren**
Provozieren Sie die Leute während dieser für den einzelnen harten Zeit nicht durch Essen, Trinken oder Rauchen in der Öffentlichkeit. Gehen Sie tagsüber in die (wenigen) geöffneten Restaurants, die sich häufig auch auf Fremde eingestellt haben. Abends, nach Sonnenuntergang, gibt es zum Fitar (Fastenbrechen) die köstlichsten Speisen – Ramadan ist die beste Zeit für Feinschmecker.

● **Kein Alkohol in der Öffentlichkeit**
Obwohl Bier im Land gebraut wird *(Stella, Saqqara,* sogar *Löwenbräu)*, lehnt die Majorität Alkohol aus religiösen Gründen völlig ab. Derjenige Ägypter, der sich dennoch einen Schluck Alkohol genehmigt, wird versuchen, seine Mitmenschen nicht herauszufordern. Im übrigen steht Alkoholgenuß in der Öffentlichkeit unter Strafe, theoretisch kann der Trinker im Gefängnis landen.

● **Keine Drogen**
Drogen aller Art sind in Ägypten streng verboten. Wer sich dennoch auf Rauschgiftsuche macht, handelt völlig verantwortungslos und mißbraucht das Gastrecht. Drogenvergehen fallen unter Schwerverbrechen und können per Todesstrafe geahndet werden.

● **Keine öffentlichen Liebesbezeugungen**
Auch wenn Männer (oder Frauen) miteinander händchenhaltend oder eingehakt herumschlendern, so heißt das noch lange nicht, daß man sich mit seiner Frau oder Freundin auf diese Weise in der Öffentlichkeit zeigt, sie umarmt oder sie gar küßt. Liebesbezeugungen finden ausschließlich hinter verschlossenen Türen statt.

● **Trennung der Geschlechter**
In der ägyptischen Gesellschaft sind Männer und Frauen streng voneinander getrennt, bei privaten Veranstaltungen wie auch in der Öffentlichkeit. Das geht so weit, daß sich z.B. im Postamt oder Bahnhof zwei geschlechterspezifische Schlangen bilden können. Respektieren

Sie dieses System und stellen Sie sich nicht in die kürzere Reihe.

● **Taktvoll fotografieren**

Obwohl sich Kinder förmlich ins Foto drängen, gibt es andere Gelegenheiten, bei denen sich die Abzulichtenden wehren. Besonders Frauen scheuen – aus traditionellen und religiösen Gründen – den Fotografen (Sigrid hat es als Frau oft leichter, fragt aber immer, ob die betreffende Person mit dem Foto einverstanden ist). Sobald gegen Ihre Kamera Protest erhoben wird, sollten Sie dies respektieren.

Strikt verboten ist das Fotografieren militärischer Einrichtungen aller Art, dazu können bereits Brücken gehören. Angeblich ist auch das Fotografieren ärmlicher Gegenden oder von Bettlern verboten, d.h. von Motiven, die ein schlechtes Bild von Ägypten vermitteln würden. Fotografieren und Filmen mit Videokameras von kulturellen Stätten ist meist nur gegen Gebühren erlaubt, die zwischen £E 10 und £E 200 liegen können. Da die alten Farben unter Kunst- oder Blitzlicht leiden, ist das Fotografieren in den meisten historischen Anlagen untersagt. Dies ist eine sinnvolle Maßnahme zur Erhaltung der Kunstwerke, daher sollte man sie auch dann akzeptieren, wenn der Wärter es erlaubt.

Es macht also kaum Sinn, eine Fotografiererlaubnis am Eingang zu kaufen, wenn man nicht hoch- oder höchstempfindliche Filme einlegen kann, die mit dem meist schwachen Licht zurechtkommen.

● **Nicht zuviel Begeisterung**

Der *Böse Blick*, den zumindest einfachere Leute fürchten und der eng mit Neid verbunden ist, führt so manches Unglück herbei. Wenn Sie ein Kind – um der Mutter zu schmeicheln – wegen seiner Schönheit bewundern, könnten Sie insgeheim neidische böse Blicke auf das Kind werfen und die nächste Krankheit heraufbeschwören; daher werden Kinder häufig bewußt schlecht und schmuddelig angezogen, um sie hinter dieser Negativ-Fassade vor neidischen Blicken zu schützen. Oder wenn Sie – wie bei uns üblich – einen neuen Gegenstand überschwenglich bewundern, könnte der Besitzer sich genötigt sehen, Ihnen das gute Stück als Geschenk anzubieten. Man sollte natürlich schon Lob und Anerkennung aussprechen, dies jedoch zurückhaltend tun.

● **Fußsohlen nicht zeigen**

Wenn man sich lässig mit den Füßen auf dem Tisch irgendwo hinlümmelt, beleidigt man seinen ägyptischen Partner sehr grob. Wie auch in asiatischen Kulturen zeigt man auf keinen Fall seine Schuh- bzw. Fußsohlen – Amerikaner sollen schon diverse Geschäfte wegen dieser Angewohnheit verloren haben.

● **Handeln und Feilschen**

Noch ein Tip zu einer Selbstverständlichkeit im Orient: Es gibt relativ selten Festpreise. Sie müssen um den reellen Handelswert nahezu jeder touristisch interessanten Ware mit Zähigkeit feilschen, das gehört schon fast zum guten Ton. Üblicherweise ist ein Drittel Luft im Preis, bei Fremden häufig viel mehr. Allerdings gibt es Souk-Bereiche, in denen hauptsächlich Ägypter einkaufen und in denen weitgehend Festpreise vorherrschen; hier hat Feilschen natürlich keinen Zweck. Sollten Sie sich wirklich betrogen fühlen, lassen Sie sich – wenn es sich um lohnenswerte Beträge handelt – eine Quittung geben und drohen Sie dann, damit zur Polizei zu gehen. Wenn möglich, ersparen Sie sich und der anderen Partei auf diese Weise den tatsächlichen Schritt.

Wie kann man sich vor überhöhten Preisen schützen? Eigentlich kaum, weil Handeln und Feilschen einfach zu selbstverständlich sind und dem Europäer gewöhnlich sowohl das Gefühl für den richtigen Preis als auch der sportliche Ehrgeiz zum Feilschen fehlt. Nützlich ist, wenn man die arabischen Zahlen kennt, die wenigen Preisschilder lesen und die wichtigsten Worte arabisch kann (z.B. Zahlen, was kostet das, Höflichkeitsformeln). Oder man beobachtet, wieviel ein Ägypter für die gewünschte Ware zahlt. Oder man testet beim Nachbarhändler mit bewußt niedrigem Angebot die

1. Alles über Reisen in Ägypten

Schmerzgrenze aus. Man kann sich natürlich auch bei Einheimischen erkundigen. Wichtig ist, immer vor Annahme der Leistung/Ware nach dem Preis zu fragen, also auch im Café oder Restaurant.

● **Als Gast beim ägyptischen Gastgeber**

Ein ägyptischer Gast*geber* gibt nicht nur, er fährt sozusagen auf: Man faste ein paar Tage, um mit wirklich leerem Magen anzutreten und den Hausherrn samt Familie nicht durch bescheidenes Essen zu enttäuschen oder gar vor anderen Gästen zu blamieren. Versuchen Sie, von allem Aufgetischten wenigstens etwas zu essen, sei es auch noch so fremd und seltsam schmeckend. Wer seine Gastrolle ernst nimmt, schreckt auch vor Salat, ungeschältem Obst und allem, was ihn tagelang ans Klo fesseln könnte, nicht zurück...

Doch die Höflichkeit beginnt schon bei der Ankunft: Es wäre extrem rücksichtslos, pünktlich zu erscheinen. Wenn Sie für 20 Uhr eingeladen sind, kommen Sie ganz locker zwischen 20.30 und 21.00 Uhr an. Erwarten Sie aber nicht, sogleich mit dem Dinner beginnen zu können, das kommt vielleicht erst Stunden später. Es ist höflich, die erste Tasse Tee zunächst abzulehnen und erst nach dem zweiten oder dritten Angebot gütigst anzunehmen.

● **Gastgeschenke**

Sehr häufig will man sich für die Freundlichkeiten der Leute erkenntlich zeigen und sucht nach einem passenden Geschenk, das dem Beschenkten auch irgendwie nützlich ist. Da gibt es die unterschiedlichsten Dinge; doch problematisch ist immer die Transportfrage. Daher hier ein paar Beispiele:

Kugelschreiber, Malstifte, Luftballons, sinnvolles Spielzeug, Bonbons (nur bedingt, denken Sie an Karies) etc. eignen sich für Kinder. Leuten, die irgendwo irgendwie geholfen haben ohne Bakschisch (siehe nächstes Kapitel) zu verlangen, kann man mit z.B. Vitamintabletten, Verbandszeug, Heftpflaster o.ä. einen Gefallen tun; europäische Zigaretten, Einwegfeuerzeuge, bunte Streichholzschachteln und Postkarten mit der heimischen Fußballmannschaft oder aus der Heimat des Besuchers (z.B. verschneite Winterlandschaft, für Ägypten ein ungewöhnliches Motiv) werden auch gern genommen. Viele freuen sich über Briefmarken, T-Shirts mit heimischem Aufdruck, Taschenmesser (Schweizer Offiziersmesser), Taschenspiegel, Nähzeugsortimente, kleine Transistorradios oder gar Kassettenspieler.

Wenn bei Einladungen die Aufwendungen des Gastgebers nicht durch Gastgeschenke kompensiert werden können – in diesem Fall z.B. einer großen Schachtel Süßigkeiten bzw. Kuchen aus einer bekannten, guten Bäckerei –, sollte man dies durch äquivalente Geldgeschenke tun, die für die Kinder des Gastgebers bestimmt sind; damit verliert keiner der Beteiligten sein Gesicht. Wenn Sie bereits in Deutschland eingeladen wurden, sollten Sie auf keinen Fall Geldgeschenke machen, sondern Kinderspielzeug oder, falls bekannt, Nützliches mitbringen. Sollte Ihr Gastgeber Alkohol trinken, dann werden Sie ihm mit einem importierten Whisky eine große Freude bereiten.

Sie sollten ein paar Fotos zum Herzeigen aus Ihrem privaten Bereich (Familie, Haus, Beruf) in der Tasche haben. Ihr Gastgeber oder andere Bekanntschaften werden sich sehr dafür interessieren. Wenn Sie keine Kinder haben, nehmen Sie die anderer Kinder mit; so mancher Frager wird Ihr Familienglück bestaunen und Sie vielleicht weniger lästig nach allen Details Ihrer Lebensumstände ausfragen.

Noch einmal sei betont, daß die Freundlichkeit, die wir den Ägyptern entgegenbringen, vielfach belohnt wird. Ein Lächeln in Ihren Augenwinkeln wird den mürrischen Kellner viel eher zur Freundlichkeit bewegen als überhebliches Schimpfen.

● **Homosexuelle**

Gleichgeschlechtliche Beziehungen werden von der ägyptischen Gesellschaft praktisch nicht toleriert, obwohl zumindest Homosexualität mindestens im selben Maße wie überall auf der Welt verbreitet ist. Aber sie wird nicht zur

Schau gestellt, sondern blüht im Verborgenen; lesbische Beziehungen sind noch versteckter. Gleichgeschlechtlichen Paaren kann daher nur geraten werden, ihre Beziehung tunlichst zu verbergen, um unangenehmen Situationen bis hin zu Verhaftungen aus dem Weg zu gehen.

Andererseits berichten alleinreisende Männer, daß sie von Strichern angemacht wurden.

Häufige Einleitung: "Do you like Egyptian bananas?"

In Kairo soll es einen Schwulentreff im Café El Americano, Sharia 26. July/Sharia Talaat Harb geben, in Luxor im Winterpalace Hotel und in verschiedenen Diskos von Hurghada.

Bakschisch

Mohammed hat die Almosenpflicht zu einem der Grundpfeiler der islamischen Religion gemacht. Auf diese Weise hat er jedem die soziale Verantwortung für den Mitmenschen auferlegt. Es gehört daher zur selbstverständlichen Gepflogenheit, dem Bedürftigen vom eigenen Wohlstand etwas abzugeben.

Auf der anderen Seite macht der Bedürftige gern auf sich und seine Lage aufmerksam. Häufig wird dies mit einer kleinen Dienstleistung verbrämt, um mehr als ein Almosen, eher einen geringen Lohn, fordern zu können. Allerdings richtet der Bittsteller seine Forderung ganz nach dem Bild des potentiellen Gebers: Sieht dieser wohlhabend aus, so kann er ihn auch ohne vorherige Leistung um ein *Bakschisch* – sinngemäß: *teile, was du hast* – angehen.

Über einen Brauch, den man kennen sollte, berichtet ein Leser. Eine junge Frau verteilte auf den Tischen eines Restaurants ein paar Erdnüsse, dann bat sie um Bakschisch. Ein Ägypter klärte ihn auf, daß diese Frau eine Witwe sei, die nicht betteln dürfe, aber durch den "Verkauf" der Erdnüsse ihren Lebensunterhalt zu bestreiten suche.

Das Verlangen von Bakschisch hat häufig sehr ernste Hintergründe: Selbst mit dem Durchschnittseinkommen läßt sich heute in Ägypten keine Familie mehr durchbringen. Gerade bei den Ärmsten mit nur geringstem regelmäßigem Verdienst muß jedes Familienmitglied zum Lebensunterhalt beitragen. Sei es nun, daß der Vater tagsüber seinem schlecht bezahlten Staatsjob nachgeht, nachmittags Taxi fährt und abends Koffer schleppt, oder daß bereits die jüngsten durch Pseudodienstleistungen zum Bakschisch-Betteln geschickt werden. So unangenehm die penetrante Art für uns auch ist, häufig steckt bittere Überlebensnot dahinter.

Alle Touristen werden vom Normalbürger als reich eingestuft, weil sie sich die weite Reise leisten können. Daher gehört die Frage "Bakschisch?" häufig schon zum Umgangston, sobald der Fremde nur von Ferne auftaucht. In typischen Touristenzentren gibt es Babies, zu deren allererstem Wortschatz *Bakschisch* gehört. Fremde werden dort unentwegt nach einer Gabe angegangen, häufig in einer Form, die beim Adressaten stoische Gemütsruhe voraussetzt, um nicht zu explodieren.

Die Erfahrung, die der geplagte Tourist beim Geben macht, ist auch nicht positiv: gibt er 25 Piaster als Bakschisch, so ist das zu wenig. Erhöht er bei nächster Gelegenheit auf das Doppelte, so wird es wieder nicht genug sein. Dieses Spiel kann bis in hohe Beträge gehen, am Ende ist der Geber völlig frustriert.

Leider ist die Bakschisch-Bettelei für viele Besucher zum schlimmen Alptraum geworden. Dabei spielt dieses System im ägyptischen Alltag durchaus eine positive Rolle. Es gibt eine Unzahl Gelegenheitsjobs, die keine Arbeit im eigentlichen Sinne sind, die einem Menschen aber durch geringste Hilfereichung zu einem selbstverdienten, wenn auch niedrigen Einkommen verhelfen. Ob es junge Burschen sind,

1. Alles über Reisen in Ägypten

die aus dem Verkehrsgewühl ein Taxi heranwinken und dafür 50 Piaster Lohn erhalten, ob es der Mann ist, der dem haltenden Wagen die Tür aufreißt oder der behende Mensch, der die Parkplätze am Straßenrand beobachtet oder "verwaltet" und suchende Autofahrer hinwinkt – sie alle haben eine Art von Beschäftigung, die sie nicht als Arbeitslose oder echte Bettler stempelt.

Dieses System der Leistung und Gegenleistung sollte auch der Besucher respektieren und anwenden. Allerdings müssen Sie sich über die Größenordnungen klar werden: Ein Lehrer verdient im ersten Berufsjahr kaum mehr als £E 5 bis 8 pro Tag, später etwa £E 10 bis 20 pro Tag; ein Professor der Cairo University nach 20 Berufsjahren £E 700 im Monat. Es wäre daher verkehrt, dem Sohn des Lehrernachbarn für eine lächerliche Hilfe 1 £E zu geben. Leider meinen immer wieder reiche Touristen, ihr soziales Gewissen mit fürstlichen Trinkgeldern beruhigen zu müssen. Hohe Beträge sprechen sich natürlich herum und führen schließlich zu den "unverschämten" Forderungen. Einige Beispiele (empfohlen in *Cairo – a practical guide):* Parkplatzwächter £E 0,50–1, Friseur bis £E 1, Kofferträger £E 0,50–1, in größeren Hotels £E 2–5 (!). Bei längerem Hotelaufenthalt sollte man dem Putzkommando pro Woche etwa £E 10 geben – am besten im voraus, um so sauberer wird das Zimmer sein.

Geben Sie nur dann ein Bakschisch, wenn der Empfänger auch etwas dafür getan hat; es sei denn, es handelt sich um einen wirklich aus Not Bettelnden. Kinder sollten nur geringe Beträge erhalten, auch wenn sie 10 Piaster empört von sich weisen; am besten sind nützliche Naturalien.

Bakschisch hat auch nicht viel mit dem Begriff *Trinkgeld* zu tun. Es ist vor allem im Restaurant- und Hotelgewerbe ein fester Bestandteil des Lohns, wenn nicht gar der Hauptbestandteil. Vergessen Sie daher das Trinkgeld im Restaurant nicht (auch wenn Service Charge bereits auf der Rechnung steht): Mindestens 1 Prozent vom Rechnungsbetrag, wobei ca. 2/3 der bedienende Kellner und 1/3 der "Tischabräumer" bekommt.

In der Grauzone zwischen reinen Bakschischjägern und an Fremden wirklich interessierten Ägyptern operieren die Geschäftemacher, die Ihnen Tag und Nacht Papyrus, Alabastervasen, tonnenweise Parfüm oder Goldschmuck und noch mehr andrehen wollen. Diese Leute denken sich die tollsten Tricks aus, um mit Ihnen ins Gespräch und damit ins Geschäft zu kommen. Wenn Ihnen die Menschen auch extrem auf die Nerven gehen, so sollten Sie ein bißchen Mitleid oder gar Verständnis aufbringen: die meisten leben von diesen Geschäften, für sie ist es bitterster Überlebenskampf. Die Leute hingegen, die Ihre Bekanntschaft aus Interesse und ohne Hintergedanken suchen, erkennen Sie an Unaufdringlichkeit und schon daran, daß sie zurückhaltend sind und Ihnen z.B. nicht sofort die Hand zur Begrüßung hinstrecken.

Leider nimmt auch in Ägypten die Zahl der Bettler zu. Dabei muß man wissen, daß es – neben wenigen berufsmäßigen – häufig aus Not bettelnde Menschen sind, die sich auf diese Weise Mittel zum Lebensunterhalt beschaffen müssen. Das können Saisonarbeiter oder sonstige Arbeitslose, aber auch Behinderte sein, die keine Arbeit finden. Es gibt jedoch auch hier eine Grauzone, in der Arbeitsscheue operieren, die u.U. aggressiv werden können, wenn sie nichts erhalten.

Erste Eindrücke in und von Ägypten

Unsere allerersten Eindrücke vom Reisen und Leben als Tourist in Ägypten waren nicht immer erfreulich, häufig genug hören wir ähnliche Schilderungen oder Leser schütten uns ihr Herz aus. Wir halten es für wichtig, diese Erfahrungen zumindest anzusprechen.

Viele Einzelreisende erscheinen Bakschischjägern und windigen Händlern als Freiwild schlechthin, zumal dann, wenn der Fremde hilflos herumsteht und nicht mehr weiter weiß. *"Es gab Tage, an denen man sehr freundschaftliche Begegnungen mit Ägyptern hatte – an anderen wiederum fühlte man sich von morgens bis abends ausgenommen und betrogen und war stocksauer auf die Leute,"* schreibt ein Leser, der aufgrund einer ganzen Reihe negativer Erlebnisse eine Woche früher als geplant heimreiste. Er schließt: *"...trotzdem werde ich meinen nächsten Urlaub wieder in Ägypten verbringen, es gibt kein anderes Land, das ähnliches zu bieten hätte."*

Ein anderes Paar, das nach der ersten Reise froh war, das Land verlassen zu können, schreibt über den zweiten Besuch: *"Wir haben jede Minute genossen und unseren Entschluß, zurückzukommen, nicht bereut."*

Wir selbst haben seit unserem ersten Besuch keine einzige schlechte Erfahrung mehr in Ägypten gemacht. In den vergangenen Jahren hat die Regierung durch Kampagnen in den öffentlichen Medien viel getan, um die negativen Auswüchse im Tourismusgeschäft abzubauen. Immer weniger Ägypter betrachten die Touristen als wandelnde Bankinstitute. Dennoch läßt sich nicht verleugnen, daß sich nach wie vor üble Szenen an touristischen Plätzen abspielen.

Hier muß man sich nun in die Lage der Leute versetzen, die vom Touristenstrom leben, und zwar nicht als pensionsberechtigte Staatsdiener, sondern als Kleinstunternehmer. Sie stehen meist in einer Hierarchie von Händlern und müssen den Kitsch und die falschen Antiquitäten auf Biegen und Brechen an den Mann bringen. Wenn nicht, hungert unter Umständen die Familie am nächsten Tag.

Keiner dieser Händler hat eine Verkaufsschulung erlebt oder wurde mit den distinguierten Kaufgepflogenheiten eines z.B. hanseatischen Bürgers bekannt gemacht. Er glaubt hingegen, daß penetrantes Anbieten und Anbiedern der sichere Weg zum Verkaufserfolg sei. Auch ist ihm nur zu geläufig, daß Europäer das landesübliche Feilschen nicht gewohnt sind; diese Exoten scheinen für ihn zwar mit vollen Taschen nach Ägypten zu kommen, aber naive Käufer zu sein, weil sie Preisangaben wie zu Hause als unantastbar betrachten.

Daher nimmt der orientalische Händler (wie weltweit jeder Mensch an der Verkaufsfront) das, was der Markt hergibt – und mit Vergnügen auch das Doppelte dessen, was die Sache per Angebot und Nachfrage wert wäre. Kann man ihm das wirklich übel nehmen? Soll er sich wegen der Touristen umerziehen lassen, seine jahrtausendealte Händlertradition über Bord werfen?

Das gilt natürlich nicht nur für den Souvenirverkäufer, sondern genauso für den Straßenjungen, der Ihnen eine Cola zum doppelten Preis anbietet. Wenn Sie darauf reinfallen, sollten Sie sich nicht ärgern, sondern sich den richtigen Preis merken und beim nächsten Mal entsprechend feilschen. Wenn das aber unter Ihrer Würde ist, müssen Sie entweder zahlen oder nach Hause zurückkehren.

Wir glauben, daß das Wohlfühlen in Ägypten, wie überhaupt in der Fremde, wesentlich vom Besucher selbst beeinflußt wird. Sobald man europäische Gepflogenheiten erwartet oder gar einführen will, zieht man den kürzeren. Noch einmal: Wer aber den Menschen in diesem Land offen und herzlich entgegenkommt, wird ein Mehrfaches an menschlicher Wärme und Herzlichkeit ernten.

1. Alles über Reisen in Ägypten

Lächeln Sie die Leute manchmal an, suchen Sie freundlichen, nicht herausfordernden Augenkontakt (allerdings kann dies, wenn Sie es als Frau tun, fehlinterpretiert werden). Fordern und verlangen Sie nicht, sondern bitten Sie. Lautstärke macht auch in arabischen Ländern keine Persönlichkeit aus. Das soll anderseits nicht heißen, sich unterwürfig zu geben. Auch der Ägypter wird eine Persönlichkeit respektieren, die selbstsicher – aber nicht überheblich – auftritt und z.B. auch beim Feilschen eine feste Vorstellung hat und die Spielregeln einhält.

Immer wenn wir nach Deutschland zurückkommen, fällt uns drastisch auf, wie dürftig doch hier die zwischenmenschlichen Beziehungen sind. Wir nüchternen Europäer gehen mit leeren Augen aneinander vorbei, uns ist der Mitmensch eher Konkurrent als Freund. In Ländern, in denen nicht jede Sekunde eines Tages verplant ist, nimmt man sich Zeit für seine Mitmenschen.

Ein weiterer Negativ-Eindruck ist der **Schmutz und Dreck**, der überall herumliegt und -fliegt. Diese Patina aus Wüstensand und Abfällen bleibt unter anderem deswegen ewig liegen, weil sie kein Regen wegwäscht. Es kommt aber noch die Gleichgültigkeit der Orientalen hinzu. Es stört sie offensichtlich nicht, wenn vor der Haustür der Müll gen Himmel wächst, weil ihn keiner abholt. Das war seit Generationen so, warum soll es sich ändern? Malesch, Malesch. Derjenige, der als Kind den Kampf gegen den steten Ansturm der Bakterien bestanden hat, den wirft später ein Schluck aus einem schmuddeligen Glas nicht gleich aufs Krankenlager.

Noch gibt es in vielen Dörfern Ägyptens keine Kanalisation, d.h. in den Häusern ist der Anschluß von Bädern oder Toiletten schlecht möglich. Da in diesen Fällen auch fließendes Wasser selten ist, geht man sparsam mit dem mühsam herangeschleppten Naß um und wäscht sich aus einer Schüssel, deren Inhalt u. U. für andere Zwecke weiterverwendet oder einfach vor die Haustür geschüttet wird. Als Toilette benutzt man häufig den nächstbesten, etwas geschützteren Platz in der Umgebung. Auch bei uns liegen die Zeiten noch nicht lange zurück, als Toiletten Luxusartikel waren, und man statt dessen in die freie Natur oder in den Kuhstall ging.

> **Müll**
> Großzügiger Umgang mit den täglichen Hinterlassenschaften menschlichen Treibens konnte den Ägyptern schon oder noch im Jahre 1652 von dem Franzosen Jean de Thevenot bescheinigt werden, der über den Khalig-Kanal schrieb, der während der Nilschwemme das damalige Stadtzentrum mit Wasser versorgte:
> *"Das Wasser war porphyrfarbig, grün, blau und rot. Nach Auflösung des morgendlichen Nebels war der Gestank so entsetzlich, daß man sich fragte, wie man in den Palästen und Häusern an den Ufern leben konnte. Benutzt wurde der Kanal als Stadt-Kloake, in der tote Tiere und aller Abfall schwammen. Nachts plagten einen die Mücken, am Tag die Fliegen."*

Auch das bei uns erst junge Umweltbewußtsein ist inzwischen in Ägypten erwacht. Der Staat beginnt, mit ernsten Maßnahmen gegen die ständig wachsenden Umweltbelastungen aus den verschiedensten Quellen anzugehen. Doch auch diese Entwicklung benötigt Zeit und letztendlich unsere Mithilfe. Als Beispiel: Pestizide – selbst solche, die bei uns längst verboten sind – kommen häufig ohne Anwendungsanleitung, ohne arabisch geschriebene Informationen und auch an Analphabeten in den Handel. Der Anwender handelt nach Gutdünken, schädigt häufig sich selbst (jährlich etwa 30 Todesfälle) und belastet die Umwelt.

Schlimm steht es um die Luft- und Wasserbelastung. Obwohl 1995 striktere Umweltgesetze mit einer Übergangsperiode von 3 Jahren in Kraft traten, hatten am Ende dieser Periode nicht einmal fünf Prozent der Industriebetriebe auf umweltfreundlichere Verfahren umgestellt. In der Zeitung Al Ahram wird im März 1998 ein Stahlwerk im Kairoer Industrieviertel Shubra genannt, das seit seiner Inbetriebnahme 1947 die Produktionsmethoden in keiner Weise geändert habe. Neben enormer Luftverschmutzung fließen stündlich 36 000 Kubikmeter Abwasser unbehandelt in den Nil. Es wird noch viel Wasser übelster Sorte den Nil hinunterfließen, bis auch nur das Minimum an Umweltsorgfalt umgesetzt sein wird.

Als alleinreisende Frau in Ägypten

Es ist nicht ganz unproblematisch, in einem muslimischen Land als Frau allein (oder zu zweit), d.h. ohne männliche Begleitung, zu reisen. In diesem Buch werden Sie immer wieder Hinweise auf angepaßtes Verhalten finden. Ob allerdings diese Infos wirklich von Nutzen sind, und ob Sie als alleinreisende Frau nicht zum Schluß das Land doch in Tränen verlassen – wie bezeichnender Weise ein Mann schreibt, aber keine einzige Frau –, das hängt von einer Reihe von Faktoren ab, die Sie selbst nicht immer beeinflussen können.

Angeblich reisen "einsame" Frauen ganz gezielt nach Ägypten, um sich einen der schönen, häufig deutlich jüngeren Männer zu angeln. Dieser Beweggrund gehört sicher zu den Ausnahmen, er könnte jedoch manchmal die hartnäckige Anmache erklären.

Doch wir wollen hier wirklich keine Angst machen. Die Erfahrungen unserer Leserinnen liegen in der Summe ganz eindeutig auf der positiven, häufig sogar sehr positiven Seite. Einer Leserin war nach der Lektüre dieses Kapitels angst und bange geworden; nach der Rückkehr schrieb sie, daß sie sofort wieder nach Ägypten fahren würde. Betrachten Sie daher die folgenden Sätze als Informationen, die Ihnen persönlich durch mehr Verständnis und angepaßteres Verhalten einen unproblematischeren Aufenthalt ermöglichen und keineswegs Angst bereiten sollen.

In diesem Zusammenhang ist Christine Polloks Buch *Kulturschock Islam* (siehe Seite 29) eine wichtige Fundgrube von Informationen, die weit über das hinausgehen, was wir hier darstellen können. So sagt sie schon im Vorwort:"... konfliktfreies Reisen ist für eine Frau in der islamischen Welt nicht möglich, zu unterschiedlich sind die Kulturen. Daß du überhaupt (allein oder in Begleitung) unterwegs bist, ist die eigentliche Provokation; und genau das muß dir klar sein." Christine Pollok geht die Problematik systematisch an, sagt sehr viel zum Hintergrund der unterschiedlichen Verhaltensweisen und gibt aus eigener Erfahrung eine Reihe guter Ratschläge.

Das vielleicht Wichtigste herausgegriffen und ergänzt: **Selbstsicher auftreten**, sich nicht einschüchtern lassen, umgekehrt auch nicht arrogant sein, so wenig wie möglich durch zur Schau gestellte Weiblichkeit provozieren (angemessene Kleidung, so wenig Haut wie möglich zeigen), Blickkontakt unbedingt vermeiden (dunkle Sonnenbrille tragen). Rasieren Sie Bein- und Armhaare, sofern diese zu sehen sind, denn ägyptische Frauen entfernen alle Haare außer den Kopfhaaren. Auf Ansprechen bzw. Anmachen sollte man überhaupt nicht reagieren, d.h. so tun, als ob nichts wäre. Wenn Sie darüber hinaus neben angepaßter Kleidung einen Ehering anstecken (rechts verlobt, links verheiratet) und sich passende Erklärungen dafür ausdenken (z.B. Mann beruflich unabkömmlich), eventuell ein (schwarzes) Kopftuch tragen, dann werden Sie zwar immer noch unter Anmache zu leiden haben, aber weniger aggressiv. Wenn Sie auf der Straße eine Auskunft oder sonstwo Hilfe brauchen, fragen Sie andere Frauen; vielleicht finden Sie dabei auch Kontakt zu ägyptischen Frauen, die Sie u.U. als Guide begleiten und vor Ärger mit Männern bewahren. Setzen Sie sich in Bahn oder Bus mög-

1. Alles über Reisen in Ägypten

lichst neben Frauen. Reiten Sie tunlichst nicht mit einem Mann auf einem gemeinsamen Kamel.

Sollte die Anmache zu aufdringlich werden, schimpfen Sie so laut und so wütend, daß Umstehende es hören und aufmerksam werden. Wahrscheinlich benutzen Sie am besten deutsche Schimpfwörter, weil Sie die kennen und aus dem Tonfall Ihr Ärger hervorgeht. Arabische Worte müssen richtig betont werden und – sie müssen einem im richtigen Moment einfallen. Eine Leserin empfiehlt die folgenden Steigerungen: "Eh da?" (Was ist das?), "Fi muschkila?" (gibt's ein Problem?), "Anta malak!" (kümmer' dich um deine eigenen Sachen) oder in sehr ärgerlichen Situationen "Ja kosomak" (Mutterficker). Das letztere ist für unsere Ohren ein ganz übles Schimpfwort, wird in Ägypten aber häufig benutzt.

Wenn Sie zu sehr belästigt werden, gehen Sie zur Polizei. Wenn nichts Schlimmes passiert ist, sollten Sie Ihren Ärger bei der Touristenpolizei ablassen. Lesen Sie am besten zuvor Seite 61 nach.

Frauen genießen aber auch ein paar Vorteile: Bei Ticketschaltern gibt es meist eine eigene, kürzere Reihe für Frauen, in der Metro einen nicht so vollen Wagen, im Bus wird fast immer ein Platz freigemacht.

Ein Tip für die Bahn: Kaufen Sie zwei Tickets – z.B. ist zweite Klasse AC nicht teuer –, so daß Sie sich auf zwei Plätzen ausstrecken können und/oder zusätzlich eine Mindestdistanz zu unliebsamen Nachbarn haben.

Nun noch Zitate aus Briefen alleinreisender Frauen, die Ihnen auch die eine oder andere Information geben mögen:

"Bevor ich ins Flugzeug stieg konnte ich zwei Nächte nicht mehr schlafen. Ich habe erwartet, daß mich jeder anbaggert, angrabscht oder mir erklärt, daß ich als Frau hier allein nichts zu melden habe. Und dann habe ich noch nie – noch nie auf irgendeiner Reise – so viele nette hilfsbereite Menschen getroffen. Die Ägypter labern einen zwar manchmal tot "Do you want to have fun with me," aber nie hat jemand versucht, mich anzufassen. Ich habe mich die ganze Zeit in Ägypten absolut sicher gefühlt".

"Euer Reiseführer war eine große Hilfe. In Ägypten gibt's keine Spielregeln für Frauen, auch angemessene Kleidung ist kein Schutz (allerdings habe ich dafür oft Anerkennung erfahren, ich trug immer lange weite Hosen, BH, enge oder ärmellose T-Shirts). Das Schwierige am Spiel ist, daß die Männer wirklich nett und freundlich sind, in einer Art, die wir Europäerinnen i.a. nicht kennen (ich glaube, das macht uns anfällig für großes Vertrauen)."

"Ich jedenfalls habe lange gebraucht, ein gesundes Mißtrauen auf- und eine allzu große Neugierde auf das Entwickeln einer Situation abzubauen. Das richtige Maß hab' ich immer noch nicht raus. Allerdings war ich oft in unangenehmen, teils widerlichen Situationen, aber nie in wirklich gefährlichen – manchmal hatte ich mein Gasspray aber schon in der Hand. Jedenfalls würde ich zu jeder Tages- und Nachtzeit herumlaufen (mit meinem Spray), ich fühl' mich sicherer als nachts in Frankfurt."

"Noch nie habe ich mich als alleinreisende Frau in einem Land so sicher gefühlt wie in Ägypten. Völlig in Bann gezogen wurde ich von der Freundlichkeit, Fröhlichkeit, Gastfreundschaft und Hilfsbereitschaft, die ich überall antraf. Ich fand es richtig beschämend, daß Fremden in Deutschland ganz anders begegnet wird: kein "wellcome", sondern Distanz oder gar Abweisung."

"Ich reiste mit meiner Freundin vier Wochen durch Ägypten. Für uns stellte sich das Verhalten der Ägypter anders dar als wir es aufgrund von Eurem Reiseführer erwartet hatten. Zeitweise wurden wir alle 10 Meter angesprochen, egal war, ob wir zu zweit oder allein unterwegs waren. Im Gegensatz dazu wurden wir, als ich mit einem alleinreisenden Mann in Alex unterwegs war, als "Pärchen" lediglich zweimal während eines Tages angesprochen. Dieses Verhalten der Ägypter erklären wir uns dadurch, daß die meisten es nicht verstehen können, daß es Leute gibt, die

gern allein reisen und daß sie einem deswegen Gesellschaft leisten wollen. Uns Frauen gegenüber hatte das Angequatsche aber leider oft eindeutig anmachende Tendenz, obwohl wir lange und weite Kleidung trugen und nicht blond sind. Mir hat das zwar nicht den Urlaub verdorben, aber es war mitunter schon anstrengend, ständig die möglichen Reaktionen der Männer in meine Handlungen einzukalkulieren."

"Wir merkten, daß entschlossenes und sicheres Auftreten – wenn auch nur als Bluff – viel ausmacht: deutlich und laut sagen, was wir wollten, sich mit "Madame" und Nachnamen vorstellen, bei Antätscheleien im Bus laut schimpfen, sich gleich neben Frauen setzen oder stellen. Fremde nicht mit Handschlag begrüßen, denn das war oft die erste Berührung, es folgte Hand auf die Schulter legen, danach um den Rücken, so Stückchen für Stückchen. Unsere Forderung "Fassen sie mich nicht so an" wurde immer sofort akzeptiert, manchmal zunächst mit Entrüstung, dann folgte Achtung, daß wir nicht alle mit uns machen lassen."

"Alles in allem habe ich gute Erfahrungen gemacht, nachdem ich von gut gemeinten Ratschlägen eingeschüchtert aus Israel abgereist bin. Inzwischen fühle ich mich als Frau sogar in Kairo oder Assuan sicherer als in Israel. Die Männer erscheinen mir weniger aggressiv, auch wenn sie einen ständig ansprechen."

"Alleinreisende Frauen brauchen in Ägypten keine Angst zu haben, wenn sie sich in der Kleidung und im Benehmen etwas anpassen können und wissen, was sie wollen. Sie sollten Frauen etwas mehr ermutigen in Ihrem Buch. Ich habe nur gute Erfahrungen gemacht und kann Ägypten nur empfehlen. Nach erstem Lesen Ihres Buches war ich allerdings eher skeptisch."

Noch ein Zitat aus einem Brief einer Studentin, die zunächst als Babysitter in Kairo arbeitete und dann mit einer Freundin durch Ägypten reiste: *"...Wir sind beide blond, blauäugig und nicht häßlich. Niemand hat uns in der Zeit belästigt oder betascht (bis auf eine Ausnahme, als mir ein Microbusdriver an die Brust griff). Wir wurden zwar häufig angesprochen, aber kamen nie wirklich in Bedrängnis. Die Ägypter sind überaus freundliche und hilfsbereite Leute, wie man sie in Deutschland lange suchen muß."*

Eine andere Leserin, die schon mehrfach allein nach Ägypten reiste, schreibt, daß die Anmache in Ägypten sehr differenziert, schlitzohrig und freundlich sei. Sie findet es falsch, sich mit Kopftuch etc. zu verstellen. Sie plädiert dem anmachenden Mann gegenüber als erstes auf Respekt und Akzeptanz (was würde er tun, wenn sich jemand seiner Schwester oder Mutter gegenüber so verhielte?). Wenn der Typ nervt, verlangt sie ihre Ruhe, wird er aufdringlich, fängt sie sofort ein lautes Gezeter auf deutsch an, so daß andere Leute aufmerksam werden.

Eine Leserin, der BHs "ein Greuel" sind, schreibt, daß frau ohne BH blöd angeschaut oder angemacht wird. Sie empfiehlt, das fehlende Wäschestück mit einer Weste zu kaschieren.

Im übrigen sollte noch angemerkt werden, daß Mütter mit Kindern ganz anders respektiert werden als alleinreisende Frauen.

Mit Kindern in Ägypten

Ägypten ist ein sehr kinderfreundliches Land, nicht nur der sprichwörtlichen Fruchtbarkeit wegen. Kindern gehört die ganze Liebe und die ganze Aufmerksamkeit der Familie. Auch Touristenkinder sind genauso gern gesehen. Warum also nicht die eigenen Kinder mitnehmen? Carsten-Michael Walbiner aus Weimar schrieb Tips zu diesem Thema, Gudrun Brückner aus Heidelberg ergänzte nach überaus positiven Erfahrungen einer Reise mit vierjährigem Sohn.

1. Alles über Reisen in Ägypten

Reisevorbereitungen: Auch Kinder sollten auf das Kennenlernen eines anderen Landes und einer fremden Kultur vorbereitet werden. Begriffe wie Pyramiden, Wüste, Kamele, Mumien, Nil oder Pharaonen sind vielen Kindern geläufig und können als Ansatzpunkt einer eingehenden Auseinandersetzung mit Land und Leuten dienen. Aber erklären Sie auch das Prinzip des Feilschens, weil hiesige Kinder nur das System der festen Preise kennen. Außerdem können ein paar arabische Worte wie *bitte* oder *danke* aus Kindermund Ägypter in helle Verzückung setzen.

Der Buchmarkt und Jugendbibliotheken bieten etliche Titel: Die wohl amüsanteste Einführung in die Vergangenheit bietet der Comic-Band *Asterix und Cleopatra*. Eingehender wird das Ägypten der Pharaonen in dem Band *Das alte Ägypten* aus der Reihe Was ist was (Tesloff-Verlag Nürnberg) dargestellt. Mit Pyramiden und Mumien befassen sich zwei weitere Bände dieser Reihe. Mit dem Leben im heutigen Ägypten können sich junge Leser durch den Sammelband *Idris, Geschichten aus Ägypten* (Ilse van Heyst, Spectrum-Verlag) mit Kurzgeschichten vom alltäglichen Leben der Kinder vertraut machen.

Ein besseres Verständnis des Islam ermöglicht das *Vorlesebuch Fremde Religionen (M. und U. Tworuschka, Band 1: Judentum/Islam*. Verlag Ernst Kaufmann, Lahr, Patmos-Verlag, Düsseldorf). Vom nicht leichten Leben der Beduinen berichtet in kindgerechter Form die dokumentarische Schilderung *Drei Tage bis Ras Muhamad* (Tikva Sarig und Levy Shabtai, Arena Verlag Würzburg).

Essen: Kinder sind bei der Wahl ihrer Speisen oft etwas eigen und manchmal ist es auf Reisen nicht ganz einfach, den Wünschen der Junioren gerecht zu werden. Die großen Hotels sind aber auf die europäische Küche eingestellt und wissen auch die Wünsche der jungen Gäste zu befriedigen. Viele Geschäfte in Kairo und in den Touristenzentren führen ausländische Lebensmittel oder westliche Lizenzprodukte (z.B. Coca-Cola) und auch das beliebte Fast-Food nach amerikanischem Vorbild hat (leider) in Ägypten Fuß gefaßt. Dabei hält aber auch die ägyptische Küche so manche Spezialität bereit, die bei den Jungen Anklang finden dürfte.

Souvenirs: Hier bietet der orientalische Bazar eine Fülle von Ideen, die auch dann noch erschwinglich sind, wenn das Taschengeld fast aufgebraucht ist. Altägyptische Szenen auf imitiertem Papyrus, ein arabisches Kopftuch, ein Silberanhänger oder ein kleiner Wandteller mit orientalischen Motiven – alles ist für wenig Geld zu haben und es bleibt eine schöne Erinnerung. Aber es ist auch eine nette Geste, ein paar kleine Geschenke aus Deutschland für die ägyptischen Kinder mitzunehmen. So hört man häufig von Schulkindern die Bitte nach "Pen", die von ägyptischen Kindern gesammelt werden wie bei uns die Figuren aus Überraschungseiern.

Wenn Sie für Ihre Kinder Unterhaltung in Kairo suchen, dann könnten folgende Besuche lohnen: CRAZY WATER PARK, 6th October City (von Kairo auf Wüstenautobahn bis zur ausgeschilderten Stadt); Wellenbad, Wasserrutschen, Wasserspiele etc. Oder FILFILA VILLAGE, Mariottia Canal in Giseh (Pyramid Road kurz vor der Abzweigung Sakkara rechts); zu typisch ägyptischen Gerichten orientalische Shows mit Akrobaten, Zauberern, Tanz und Gesang. In Luxor oder Assuan sind Felukkenfahrten das große Ereignis, aber auch Kalesche, Esel- oder Kamelritte.

Ägyptische Kinder: Ägypten hat eine extrem junge Bevölkerung. Fast 60 Prozent der Ägypter sind jünger als 25 Jahre. Den Löwenanteil macht mit knapp 40 Prozent die Gruppe der unter Fünfzehnjährigen aus. Das Leben der ägyptischen Jugend ist hart und wird schon früh von Arbeit und Existenzkampf geprägt. Die allgemeine Schulpflicht ist auf sechs Jahre festgelegt, ab dem 12. Lebensjahr gestattet das Gesetz täglich sechs Stunden leichtere Arbeit. Vorsichtige Schätzungen gehen davon aus, daß in Ägypten ca. 1,5 Millionen Kinder unter 15 Jahren ständig arbeiten. Dem Fremden begegnen die kleinen Arbeiter als Schuhputzer, fliegende Händler, Verkäufer, Fremdenführer, Hilfskellner und Reinigungskräfte. Ihr Arbeitstag ist oft länger als zehn Stunden und mit ihren bescheidenen Einkünften tragen diese Kinder wesentlich dazu bei, ihre großen Familien zu ernähren. Der Schulbesuch ist ein Luxus, den sich viele von ihnen nicht leisten können. Es ist überraschend, wie freundlich, aufgeschlossen und fröhlich einem die ägyptischen Kinder gegenübertreten. Aber welches ägyptische Kind würde nicht lieber spielen als täglich die Schuhe fremder Leute zu putzen?

Behinderte in Ägypten

Es gibt selten fußgängergerechte Bürgersteige, geschweige denn behindertengerechte Wege in Ägypten. Behinderte müssen sich auf diverse Schwierigkeiten vorbereiten; der Besuch von Gräbern oder Pyramiden z.B. dürfte unmöglich sein. Das Reisebüro ETAMS, 13 Sharai Qasr el Nil, Kairo, Tel 02 575 4721, ist spezialisiert auf Behinderten-Trips mit entsprechenden Bussen und behindertenfreundlich eingerichteten Hotels.

1.2 Reisevorbereitung

Wichtige Adressen

Ägyptische diplomatische Vertretungen

Deutschland
- *Botschaft der Arabischen Republik Ägypten* (keine Visa), Kronprinzenstr. 2, 53173 Bonn, Tel 0228 956830

Generalkonsulate der Arabischen Republik Ägypten (Konsularabteilung):
- *Waldstraße 15, 13187 Pankow-Niederschönhausen (Berlin), Tel 031 4771 048*
- *Südstraße, 53179 Bonn, Tel 0228 951270*
- *Eysseneckstr. 34, 60322 Frankfurt, Tel 069 9551340*
- *Harvestehuder Weg 50, 20149 Hamburg, Tel 040 4101031*

Prozedere zur Visabeschaffung: Ostdeutsche beantragen in Berlin, Norddeutsche in Hamburg, NRW in Bonn, südlich davon in Frankfurt; zur Antragsformularbeschaffung frankierten Rückumschlag ans zuständige Konsulat schicken, dann den ausgefüllten Antrag mit DM 35 in bar, Paßfoto und Rückumschlag; Bearbeitungszeit 7-10 Tage.

Österreich
- *Botschaft der Arabischen Republik Ägypten*, Trautsohngasse 6, 1080 Wien, Tel 01 3708104

Schweiz
- *Botschaft der Arabischen Republik Ägypten*, Elfenauweg 61, 3006 Bern, Tel 031 352 8012
- *Ägyptisches Konsulat: 47ter Route de Florissant, 1201 Genf, Tel 47 63 79*

Touristische Auskünfte
Für den deutschsprachigen Raum ist das Fremdenverkehrsamt in Frankfurt zuständig:
- *Ägyptisches Fremdenverkehrsamt,* Kaiserstr. 64 A, 60329 Frankfurt, Tel 069 252153

Auskünfte über koptische Angelegenheiten:
- *Koptisch-Orthodoxes St. Antonius Kloster,* Hauptstr. 10, 35647 Waldsolms-Kröffelbach, Tel 060 852317

1.2 Reisevorbereitung

Papierkram (Visum, Impfungen etc.)

Die Einreise- und Zollbestimmungen können sich jederzeit ändern. Daher sollten Sie sich rechtzeitig nach den aktuellsten Vorschriften erkundigen.

Übliche Einreise

An Papieren für die Einreise sind nötig:
- Ein **Reisepaß**, mindestens noch ein halbes Jahr gültig, mit einem Visum, das Sie beim zuständigen ägyptischen Konsulat (Anschriften siehe oben) oder bei der Einreise erhalten.

Falls Ihre Kinder mitkommen, beachten Sie bitte: Theoretisch können Kinder bis zum 16. Lebensjahr nach Ägypten einreisen, wenn sie im Paß der Eltern eingetragen sind, und dieser ein Foto des Kindes enthält. Besser: Lassen Sie sich vor Reiseantritt einen mit Foto versehenen Kinderausweis ausstellen.

Die Preise für den schönen Stempel variierten in den letzten Jahren um fast 100 Prozent, derzeit kostet das Visum DM 35 in Deutschland, ÖS 300 in Österreich und SFr 35 in der Schweiz. Wenn Sie das Visum in Europa besorgen, kalkulieren Sie ein bis zwei Wochen als Vorlaufzeit für die Bearbeitung ein. Visa-Anträge können Sie beim Konsulat anfordern oder eventuell bei einem Reisebüro bekommen. Legen Sie bei allen Schreiben an das Konsulat ausreichendes Rückporto bei.

Doch Sie können sich die Mühe auch sparen: Für Bürger aus der EU und der Schweiz ist das Visum am Einreise-Flug- oder Seehafen (Alexandria, Hurghada, Kairo und Luxor; in Sharm el Sheikh nur zwei Wochen für den Sinai) zu £E 52 bzw. US$ 15 an einem der Bankschalter zu haben, Wartezeit wenige Minuten. An den Land-Grenzübergängen (Libyen, Israel) werden keine Visa ausgestellt, also zuvor besorgen! Das in Europa erteilte Visum ist sechs Monate gültig, das an den Flughäfen nur drei Monate.

Bestehen Sie bei Visa-Erteilung auf **drei Monaten Gültigkeit**, einerlei, wo Sie es besorgen. Zur Zeit kann das Visum bis zu einem Jahr verlängert werden.

Innerhalb der Geltungsdauer des Visums wird eine **maximale Aufenthaltsdauer** im Land von drei Monaten gewährt, eine Verlängerung auf sechs Monate ist möglich. Gewöhnlich werden nur vier Wochen Aufenthalt bei der Einreise zugestanden, die Verlängerung ist neuerdings zumindest in Kairo im Mogamma-Gebäude problemlos möglich. Versuchen Sie es dennoch mit Hartnäckigkeit gleich bei der Einreise. Überziehen des Aufenthalts um 7 bis zu 14 Tagen wird meist toleriert, danach bestraft. Informationen zu Ein- und Ausreise finden Sie ab Seite 41, die Sie unbedingt kurz vor Ankunft lesen sollten.

Noch ein Tip: Wenn Sie ein vorsichtiger Mensch sind, nehmen Sie ein paar Kopien von den ersten Paßseiten mit. Sollte Ihr Paß verlorengehen oder gestohlen werden, dann können Sie sich den Verlust auf der Kopie von der Polizei bestätigen lassen und zur Botschaft in Kairo reisen, um sich einen neuen temporären Paß (ein Monat Gültigkeit) ausstellen zu lassen. Danach folgt der nervtötende Schritt: Im Mogamma-Gebäude am Midan Tahrir ein neues Visum in den jungfräulichen Paß stempeln zu lassen – das kann einen halben Tag dauern!

- Einen **Internationalen Führerschein**, den die heimische Kfz-Behörde ausstellt, sollte man nach Möglichkeit mitnehmen.

Wenn Sie ein Auto mieten wollen, geht es nicht ohne. Andernfalls müßten Sie den ägyptischen Führerschein machen, was Sie drei Tage Bürokratie kosten kann. (Wichtig für ehemalige DDR-Bürger: Die meisten Autovermieter erkennen den Ex-DDR-Führerschein nicht an; lassen Sie sich vor Abreise einen neuen internationalen Führerschein ausstellen).

- Der **Internationale Studentenausweis** verhilft dem Besitzer zu erheblichem Nachlaß bei Eintrittsgeldern und bei Eisenbahn-Tickets.

Besorgen Sie sich den Ausweis erst kurz vor der Abreise und möglichst in demselben Kalenderjahr; am besten funktioniert der grüne Internationale Studentenausweis mit Foto.

Auch die *International Student Identity Card* wird in Ägypten durchweg anerkannt. Nähere Informationen erhalten Sie über
- **ISIC**, Box 9048, 1000 Copenhagen, Dänemark, Tel 0045 339 39303.

Wer seinen Studentenausweis verlor oder vergaß, kann in der
- **Medical University,** Kairo, 23 Shria El Manial, Insel Roda (1. Stock über Nationalbank)

gegen £E 23 Gebühren (Öffnungszeiten: So-Do 9-19), Vorlage von einem Paßbild und der Studienbescheinigung (nicht zwingend) nach etwa einem Tag Wartezeit einen Studentenausweis bekommen. Dasselbe ist bei Prof. El Mehairy in der *Faculty of Engineering in der Cairo University* in Giseh (Sa-Do 9.30-13.30) möglich. Auch diverse Travel Agents am Midan Tahir bieten Studentenausweise ohne Ansehen der Person zum ähnlichen Preis an. Doch Vorsicht, vor allem bei "Straßenhändlern": Man zahlt die Gebühr und sieht den Händler nie wieder oder erhält nur ein grob gefälschtes Dokument. Ein Hany Moussa, Tel 362 6667, offeriert die "International Student Identity card" ISIC zu £E 25 mit persönlichem Service, d.h. auf Telefonanruf kommt jemand vorbei.
- **Zivildienstleistende** bekommen u.U. auch Ermäßigung auf ihren Ausweis.
- **Ägyptologen** oder **Archäologen** erhalten bei Nachweis ihres Berufes ein Türen öffnendes Permit vom *Supreme Council of Antiquities (SCA)*, Kairo (Adresse siehe Seite 132). Einen Antrag am besten vorab als Fax (Fax-Nr. 283117) oder Brief abschicken, da die Bearbeitungszeit einige Wochen dauern kann. Bei Abholung sind zwei Fotos und LE 25 mitzubringen.
- Schon bei der Eisenbahn ist die **International Youth Hostel Card** von Nutzen, wenn Sie einen entsprechenden Brief des Youth Hostel Office (Adresse Seite 132) vorweisen können.

- **Einreise mit Tieren**: Offiziell ist ein amtstierärztliches Gesundheitszeugnis nötig, Hunde und Katzen müssen (höchstens zwei Wochen vor Einreise) gegen Tollwut geimpft sein.

Geldtausch

An jedem Grenzübergang warten Banken darauf, daß man Geld wechselt; der Kurs entspricht in der Regel dem im Land. Allerdings bieten neuerdings Wechselstuben deutlich günstigere Kurse; dies dürfte sich schnell ändern, wenn die Nationalbank die starre Dollarbindung des Pfundes lockert. Den bei Redaktionsschluß dieser Auflage gültigen Wechselkurs und weitere Informationen zum Thema Geld können Sie auf Seite 36 nachlesen.

Falls Sie am Ende der Reise ägyptisches Geld in harte Devisen rücktauschen wollen, dann geht dies nur, wenn Sie nachweisen können, daß Sie mehr als US$ 30 pro Tag während Ihres Aufenthaltes in £E tauschten; also **Tauschquittungen aufheben.**

Impfungen

Ein Impfpaß ist normalerweise nicht gefragt, es sei denn, man kommt aus Gebieten, in denen Impfungen obligatorisch sind. An Impfungen ist nur noch **Gelbfieber** vorgeschrieben, wenn man aus gefährdeten Gegenden einreist. Dasselbe gilt für **Cholera**: nur wer aus einer Gegend mit akuten Cholerafällen kommt, muß die Prophylaxe nachweisen. Im übrigen bietet die Cholera-Impfung nur wenig Schutz, sie wird von der WHO nicht mehr empfohlen.

Zur **Malaria-Prophylaxe** rät allerdings auch die WHO (im Gegensatz zu ägyptischen Ärzten). Die aktuelle Empfehlung lautet: Täglich eine halbe Tablette Resochin, vor der Einreise beginnen und noch sechs Wochen nach Ausreise durchhalten, und zwar für die Zeit von Juni bis Oktober für die Gebiete Nil-Delta, Fayum, Oberägypten und die Oasen; die bisherige Empfehlung – zwei Tabletten pro Woche – ist nach neuesten WHO-Richtlinien die Minimal-Prophylaxe und gilt nur für Langzeiturlauber oder z.B. Entwicklungshelfer.

Die Malariagefahr ist relativ gering, weil selbst in der lokalen Bevölkerung nur wenige Fälle bekannt werden. Wenn Sie Probleme mit dem Resochin haben (Ausschlag, Völlegefühl), sollten Sie überlegen, das Mittel abzusetzen und das geringe Ansteckungsrisiko einzugehen, anstatt die Flucht nach Hause anzutreten.

Zur besseren Abwehr von **Hepatitis A** kann man sich Gammaglobulin spritzen lassen (keine Schutzimpfung), das insgesamt die Abwehrkräfte des Körpers stärkt. Besser ist die seit 1992 zugelassene Schutzimpfung gegen Hepatitis A (Schutz 5 – 10 Jahre), die unbedingt empfohlen wird, weil die Ansteckungsmöglichkeiten wesentlich höher als in Europa sind. Weiterhin sollten Sie überprüfen, ob eine Auffrischung von **Kinderlähmung- und Tetanus-Impfungen** nötig ist; die Impfungen lassen sich zur Not in Kairo nachholen (weitere Informationen zum Thema Gesundheit siehe Seite 56).

Auch sollte man den Abschluß einer **Reisekrankenversicherung** ins Auge fassen, wenn die eigene Krankenkasse in Ägypten nicht zahlt. Als sehr preiswert wird die Europa-Krankenversicherung AG, Piusstraße 137, 50931 Köln, Tel 0221 573701 von Lesern empfohlen.

Sollten Sie zu Hause keine Zeit mehr für Impfungen haben, so können Sie dies in Kairo im *Vaccination Center* nachholen, das im Stadtteil Agouza am Ende der 16.October Brücke zu finden ist (Gammaglobulin-Impfung kostet £E 35).

Wenn Sie aus gefährdeten Gebieten kommen, sollten Sie unbedingt den Impfpaß mitnehmen.

Zollbestimmungen

Zolldeklaration bei der Einreise: Offiziell müssen Wertgegenstände wie Fotoapparate o. ä. bei der Einreise deklariert werden (Zollformular bis zur Ausreise aufbewahren), allerdings wird diese Bestimmung in letzter Zeit sehr lässig gehandhabt. Für wertvolle Geräte wie Fernseher ist eine Kaution beim Zoll zu hinterlegen. Die Einfuhr von Sprech- oder Amateurfunkgeräten ist nicht erlaubt; im Auto fest eingebaute Geräte dieser Art müssen entfernt werden. Natürlich sind Drogen und Narkotika verboten.

Zollfrei dürfen eingeführt werden: 400 Zigaretten, 3 Liter Spirituosen, 1 Fotoapparat mit 5 Filmen, 1 Filmkamera mit 2 Filmen, 1 Fernglas, 1 Radio, 1 Kassettenrekorder oder Tonbandgerät, Campingausrüstung. Mitgeführte wertvollere Geräte wie Camcorder werden im Reisepaß eingetragen.

Zolldeklaration bei der Ausreise: Theoretisch müssen Sie das bei der Einreise ausgefüllte Formular wieder vorweisen, denn damit beweisen Sie, daß Sie alle Zollvorschriften einhielten und die Gegenstände, die Sie ins Land brachten, auch wieder ausführen. Allerdings haben wir noch nie eine Kontrolle dieses Papiers erlebt; derzeit wird es bei der Einreise überhaupt nicht ausgegeben.

Bei der Ausreise dürfen Sie keine Antiquitäten ausführen, es sei denn, Sie sind im Besitz einer Genehmigung der Altertümerverwaltung oder eines konzessionierten Händlers. Diese Bestimmung wird von Ägyptern verständlicherweise scharf überwacht, auf Mißbrauch stehen hohe Strafen.

Literatur, Karten, Internet, Museen

Wer nicht als Blinder durch Ägypten reisen will, informiert sich vor der Ankunft über Land und Leute. Erzählungen oder Romane z.B. vermitteln einen allerersten Eindruck. Man liest sich dabei ein bißchen in die Seele und täglichen Probleme der Menschen ein, die man besuchen will – vorausgesetzt, man erwischt halbwegs brauchbare Literatur.

Ägypten-Literatur gibt es in Hülle und Fülle, aber die allermeisten Autoren befassen sich mit dem alten Ägypten. Über das heutige Leben ist leider nicht allzuviel Erzählerisches in deutsch zu finden. Die folgende Liste, die keine systematische Bibliographie ist und keinen Anspruch auf Vollständigkeit erhebt, soll Ihnen ein bißchen bei der Auswahl helfen. Der jeweilige Kurzkommentar stellt im übrigen unsere subjektive Ansicht dar; die bibliographischen Angaben sind umfassender als üblich, um Ihnen die Beschaffung zu erleichtern.

Ein Hinweis: Falls Sie zu Hause keine Zeit mehr zum Bücherkaufen finden: In Kairo gibt es die deutschsprachige Buchhandlung Lehnert & Landrock (44 Sharia Sherif) mit breitem Angebot von Ägyptenbüchern, in der Sie übrigens auch diesen Führer erwerben können.

Zum Einlesen

- *T. Hussain:* **Kindheitstage**, *Edition Orient, Berlin; der blinde Dichter beschreibt einprägsam seine Kindheit auf dem Land; das Büchlein gibt einen sehr guten Einblick in die täglichen Probleme und Ängste der Fellachen. Der Band* **Jugendjahre in Kairo** *schildert das Leben an der Schul-Moschee Al Azhar.*
- *Y. Hakki:* **Die Öllampe der Umm Haschim**, *Edition Orient, Berlin; die Erzählung stellt auf einfühlsame Weise das islamische Leben Kairos aus arabischer Sicht europäischer Denkweise gegenüber.*
- *F. Büttner, I.Klostermeier:* **Ägypten**, *Beck'sche Reihe BsR 842 Aktuelle Länderkunden; hervorgende Hintergrundinformationen zum Verständnis von Politik und Wirtschaft des Landes, fast spannend zu lesen.*
- **GEO-Special Ägypten** *und* **Geo Epoche Pharaonen** *beschreiben das Land aus historischer wie zeitgenössischer Sicht; ein hervorgender Überblick über das Land, das Sie bereisen wollen. (Die Info-Teile stammen von uns.)*
- **Merian – Ägypten**; *ein informatives Heft, das einen guten ersten Eindruck vom Land am Nil und seinen Problemen ermöglicht.*

- *Die drei folgenden Bücher der ägyptischen Ärztin Nawal el Saadawi zählen zur kritischen Literatur über das heutige ägyptische Leben (besonders der Frauen):* **Tschador, Frauen im Islam**, *CON Medien- und Vertriebsgesellschaft, Bremen; hier nimmt die (in Ägypten nicht unumstrittene) Ärztin und Frauenrechtlerin engagiert zur Rolle der Frau im Islam Stellung, geht dabei aber immer von der ägyptischen Situation aus.*
- *Nawal El Saadawi:* **Bericht einer Frau am Punkt Null**, *Frauenbuchverlag, München; eine zum Tode verurteilte ägyptische Prostituierte reflektiert ihr Leben.* **Gott stirbt am Nil**, *Frauenbuchverlag München; hervorragende Einblicke in das Leben in einem ganz normalen Dorf: staatliche und religiöse Macht, Familienstrukturen und Solidarität der Frauen untereinander.*
- *C. Pollok:* **Kulturschock Islam**, *Reise Know-How Verlag Peter Rump; die Autorin beschäftigt sich mit der Problematik von Touristinnen in islamischen Ländern. Neben sehr viel Hintergrundwissen gibt der Band auch wichtige Ratschläge für Konfliktsituationen; besonders alleinreisenden Frauen empfohlen.*
- *Jehan Sadat:* **Ich bin eine Frau aus Ägypten**, *Scherz Verlag; die Autobiographie einer außergewöhnlichen Frau unserer Zeit ist der zu wenig versprechende Untertitel. Die Frau des ermordeten Präsidenten berichtet von der politischen Entwicklung und ihren zahlreichen Aktivitäten für die Besserstellung der Frauen sowie vom Leben in der Stadt und auf dem Land. Das spannend geschriebene Buch ist sehr empfehlenswert.*
- *Nagib Mahfus:* **Die Midaq-Gasse**, *Unionsverlag, Zürich; der Nobelpreisträger schildert in einem seiner bekanntesten Bücher mit sehr viel Beobachtungsgabe das Leben in einer typischen Straße Kairos. –* **Die Moschee in der Gasse**, *Unionsverlag, Zürich; die ausgewählten Novellen zeichnen zum Teil spannende, zum Teil schwermütige Bilder aus dem täglichen Leben. Im Verlag C.H. Beck erschien von Mahfus der Krimi* **Der Dieb und die Hunde**. *– Die vom Unionsverlag Zürich herausgegebene "Kairoer Trilogie"*

1.2 Reisevorbereitung

– **Zwischen den Palästen, Palast der Sensucht, Zuckergässchen** – ist sehr spannend zu lesen, baut dabei aber ein Bild von Kairo auf, in das man als Besucher sofort eintreten kann; besonders, wenn man die Bücher in Kairo verschlingt!

• G. Flaubert: **Reisetagebuch aus Ägypten**, Societäts Verlag; höchst unterhaltsam, aufschlußreich und manchmal amüsant, die Spuren dieses Mannes zu verfolgen, der, ungern unterwegs, Mitte des letzten Jahrhunderts zwei Jahre "globetrottend" durch Ägypten zog.

• **Kairo – Die Mutter aller Städte**, Hrsg. von U. Beyer, Insel Verlag; die Herausgeberin hat Beschreibungen vom 14. Jhd bis heute über Kairo zusammengetragen, die z.T. außerordentlich aufschlußreich sind und sich gut als Reiselektüre eignen.

• G. Belzoni: **Entdeckungs-Reisen in Ägypten 1815-1819**, DuMont; das spannende Rechtfertigungsbuch des größten Grabräubers gibt viele Einblicke in die damalige Zeit und Lebensumstände am Nil.

Über pharaonische Zeiten

• J. Romer: **Sie schufen die Königsgräber** – Die Geschichte einer altägyptischen Arbeitersiedlung, Verlag Max Hueber; die spannend geschriebene Geschichte der Siedlung Der el Medina anhand von Originaldokumenten (Papyri, Ostraka, Grabungszeugnisse).

• H. Schlögl: **Amenophis IV – Echnaton** mit Selbstzeugnissen und Bilddokumenten, rororo-Bildmonographien; beste Darstellung der Amarna-Zeit, kurz und präzise, viele Originalzitate.

• R. Stadelmann: **Die ägyptischen Pyramiden** – Vom Ziegelbau zum Weltwunder, von Zabern Verlag; Übersicht über die Entwicklung des Pyramidenbaus von der Frühzeit bis nach Meroe, neueste Pläne, Baugeschichte, Bedeutung (Vorgeschichte und Frühzeit langatmig).

• **Sennefer, die Grabkammer des Bürgermeisters von Theben**, von Zabern Verlag, die Begleitpublikation zur Ausstellung einer Fotoproduktion dieses Grabes vermittelt gute Vorstellungen von der Dekoration eines thebanischen Grabes.

• D. Wildung: **Sesostris und Amenemhet**, Hirmer Verlag; der kompetente Fachmann beschreibt Geschichte, Religion und Leben im MR, hochinteressant und fast spannend zu lesen.

• E. Friedell: **Kulturgeschichte Ägyptens und des Alten Orients**, – Ägypten im Mittleren Reich, Hirmer Verlag; ausgehend von Kunstdenkmälern, umfassende Darstellung dieser Epoche.

• **dtv Geschichte** Bd. 100013; ein relativ nüchternes, umfassendes Sachbuch.

• **Knaurs Lexikon der ägyptischen Kultur**, Droemer Knaur Bd. 574; ein handliches Nachschlagewerk.

• P. Schulze: **Hatschepsut, Herrin beider Länder**, Bastei-Lübbe, Biographie Band 61053; ein lesenswerter Beitrag über die mächtigste Pharaonin.

• S. Scheibler: **Ewig fließen die Wasser des Nil**, Goldmann Verlag; der historische Roman schildert sehr lebendig das Leben Nofretetes und Echnatons.

• K. Schüssler: **Kleine Geschichte der ägyptischen Kunst**, DuMont Taschenbücher; ausführliche Information über Architektur, Grabbauten, Tempel etc.

• E. Otto: **Ägypten, der Weg der Pharaonenreiche**, Urban Taschenbücher im Kohlhammer Verlag; historische Einführung mit vielen interessanten Details.

Museumsführer

• **Die Hauptwerke im Ägyptischen Museum Kairo**, von Zabern Verlag; in 270 Katalognummern (alle mit Fotos) wird eine Auswahl der Objekte – alle bekannten sind vertreten – mit ausführlichen Beschreibungen vorgestellt; weniger für den Besuch als vielmehr für Vor- und Nachbereitung geeignet

• E. Lambelet: **Egyptian Museum Cairo**, Lehnert & Lanrock, Cairo, 7. aktualisierte Auflage; ein pragmatischer, dreisprachiger, reich bebilderter und preislich erschwinglicher Museumsführer, der dem Besucher gute Basisinformationen liefert.

Literatur, Karten, Internet, Museen

- *Ägyptische Kunst München*, Staatliche Sammlung Ägyptischer Kunst; Übersicht über die ägyptische Kunstgeschichte von der Vorgeschichte bis in die frühchristliche Zeit anhand von Objekten der Münchner Sammlung. Kurze, gut lesbare Einführung, auch unabhängig vom Museumsbesuch aufschlußreich.

Bildbände

- Lange/Hirmer: **Ägypten – Architektur, Plastik, Malerei in drei Jahrtausenden**, Hirmer Verlag; der Klassiker unter den Ägypten-Bildbänden.
- W. Weiss: **Ägypten**, Bucher Verlag; einer der besten Bildbände mit hervorragenden Fotos und informativem Text über Vergangenheit und Gegenwart.
- Maroon/Newby: **Ägypten – Kunst, Geschichte, Land und Leute**, Reich Verlag; der Bildband mit den schönsten und eindrucksvollsten Fotos, Schwerpunkt ist das alte Ägypten.
- Baines/Malek: **Weltatlas der alten Kulturen**, Ägypten, Christian Verlag; ein aufwendiger, sehr informativer Band über alle Bereiche des pharaonischen Ägyptens mit vielen historischen Karten, Reproduktionen etc.
- E. Hornung: **Tal der Könige, Ruhestätte der Pharaonen**, Artemis Verlag; eine detaillierte Dokumentation der Königsgräber mit sehr ausführlicher Hintergrundinformation wie Auszügen aus dem Toten- und dem Pfortenbuch, Entwicklung des Grabbaus etc.

Hinweis: Viele dieser z.T. teuren Bildbände sind häufig in öffentlichen Bibliotheken zu finden.

Reiseführer

Die Ägyptenreiseführer vermehrten sich in den letzten Jahren nahezu explosionsartig. Hier nur eine Auswahl der Titel:

- **Baedeckers Allianz Reiseführer Ägypten**, der vor allem in der Kartographie aufwendig gemachte Führer liegt im Qualitätsanspruch sehr hoch. Nachteilig ist die typische Baedecker-Art, Ortsbeschreibungen nicht nach geographischen sondern alphabetischen Kriterien zu ordnen.
- **Ägypten, Der Große Polyglott** und **Polyglott-Reiseführer, Kairo**; besonders die kleinen Polyglott-Bände bieten auf wenig Papier erstaunlich viel Information.
- W.+S. Tondok: **Ägypten individuell**, Reise Know-How Verlag Tondok; das bereits in 13. Auflage erschienene Ägypten-Handbuch hat sich dank jährlicher Recherchereisen und weit mehr als 1000 Leserzuschriften zum Standardwerk der deutschsprachigen Ägypten-Indivudalreisenden entwickelt.
- C. Erck: **Das islamische Kairo**, Lamuv; ein sehr fundierter und detailgenauer Führer durch das islamische Kairo.
- Baker/Sabin: **A Practical Guide to Islamic Monuments in Cairo**, The American University in Cairo Press; ein sehr spezialisiertes, aber informatives Buch für den an islamischen Monumenten Interessierten.
- O. Seif: **Khan al-Khalili**, a comprehensive mapped guide to Cairos's historic bazar, American University Cairo Press; ein hervorragender Führer durch das Gewirr der Khan el Khalili-Gassen und seiner Shops (die auch nach Waren geordnet aufgeführt werden). Auch die angrenzenden historischen Stätten werden kurz beschrieben.
- R. N. Neil: **The Fayoum**, American University in Cairo Press; ein sehr guter Führer in das Fayum, den Garten Ägyptens.
- **Kauderwelsch, Arabisch für Globetrotter**, ein sehr nützlicher Band aus dem Reise Know-How Verlag Peter Rump, Bielefeld.
- Dia Ed-Din M. Badr, Kairo: **Die moderne arabische Sprache**; gutes Lehrbuch, bei Lehnert & Landrock erhältlich.

Karten

Leider sieht es auf diesem Sektor nicht besonders gut aus. Die erhältlichen Karten bieten keineswegs optimale oder gar zuverlässige Informationen. Daher Vorsicht!

In Kairo können Sie Karten bei den großen Buchhandlungen (z.B. Lehnert & Landrock, 44, Sharia Sherif) und in den Hotel-Bookshops kau-

1.2 Reisevorbereitung

fen; gut sortiert sind die Shops im Nile Hilton Hotel.
- **Freytag & Berndt**, Ägypten-Autokarte mit Kulturführer, 1:1 Mio; übersichtliche Karte, allerdings auch mit einer Reihe von Ungenauigkeiten.
- **Bartholomews**, Egypt, World Travel Map, 1:1 Mio, übersichtlich, die derzeit aktuellste.
- **Kümmerly & Frey**, Ägypten, 1:950 000, brauchbare Karte, westlichster Teil Ägyptens (Marsah Matruh, Siwa) fehlt.

Stadtpläne

In Ägypten können Sie Stadtpläne von **Kairo, Luxor und Assuan** im Buchhandel (z.B. Lehnert & Landrock, Hotel-Buchhandlungen) kaufen. Bei den Tourist Offices erhält man meist nur sehr dürftige Pläne.
- Von den käuflichen Kairo-Stadtplänen ist der von **CAIRO ENGINEERING & MANUFACTURING Co**. der aktuellste und beste.
- **CAIRO A-Z, Complete Cairo Streetfinder**, ist ein Buch mit knapp 200 Seiten und die umfassendste Straßendokumentation, für Touristen eher zu unhandlich.
- **Your Handy Map of Cairo**, Middle East Publishing Co., gefiel einer Leserin sehr gut. Sie hatte die Karte im Shorouk Bookshop, 1 Midan Talaat Harb, gekauft.
- **Luxor**, Herausgeber GEOprojects Ltd., beste Karte von Luxor (dort erhältlich).

Trotz allem: Keiner der Pläne ist frei von Fehlern.

Zeitschriften

- **papyrus** heißt die mit viel Engagement gemachte Zeitschrift der deutschsprachigen Ausländer in Ägypten, auf die eine ganze Reihe von Informationen in diesem Reiseführer zurückgehen. papyrus wird nur im Abonnement vertrieben.
- **Kemet** – eine Zeitschrift für Ägyptenfreunde, Kemet-Verlag Adel Kamel, Berlin, Tel 030 873 5967, abo@kemet.de; eine vierteljährlich erscheinende Zeitschrift mit Schwerpunkt pharaonisches Ägypten, die mit hervorragenden Beiträgen über alte und neue Erkenntnisse unterrichtet; sehr empfehlenswert.
- **EGYPT TODAY** ist ein ägyptisches Magazin, das stark kulturell ausgerichtet ist und ebenfalls stets sehr informativ über das Leben in Ägypten berichtet.

Internet

Tausende von Internetseiten zum Thema Ägypten warten auf Besucher, vor allem im englischsprachigen Raum. Es ist nicht einfach, die Spreu vom Weizen zu trennen und Empfehlungen auszusprechen, zumal sich die Angebote täglich ändern oder ändern können.

Allgemeine Informationen zum Land:
- *Empfehlungen des Auswärtigen Amtes zur Reisesituation:* http://www.auswaertiges-amt.de/5_Laende/aeg/reiseh.htm
- *CIA Factbook: Statistische Daten* http://www.ameinfo.com/facts/egyptpeo.htm
- *Staatlich-ägyptisches Informations-System:* http://www.sis.gov.eg/

Linklisten:
- *Die Unis in Hamburg und Magdeburg informieren und stellen Linklisten zur Verfügung:* http://www.rrz.uni-hamburg.de/aegypten/ bzw. http://www.rrz.uni-hamburg.de/aegypten/otherlinks.html
http://www.cs.uni-magdeburg.de/~isenberg/egypt/links.html
- *Eine gute Linkliste findet man auch unter* http://ce.eng.usf.edu/pharos/

Zeitschriften:
- *Kemet (deutschsprachig):* http://www.kemet.de/
- *Al Ahram Weekly* http://www.ahram.org.eg/weekly/
- *Cairo Times (bringt auch vom Zensor gestrichene Artikel):* http://www.cairotimes.com/
- *BBC News Middleast* http://news.bbc.co.uk/hi/english/world/middle_east/newsid_649000/649709.stm
- *Egypt Today (Homepage des bekannten Journals):* http://www.egypttoday.com/

Literatur, Karten, Internet, Museen

- *Egypt Revealed (neu, widmet sich eher altägyptischen Themen aber auch Reisen etc.):* http://www.egyptrevealed.com/

Tourismus / in Ägypten unterwegs:
- *Offizielle Touristinformation, Tourist-Netz (inzwischen gut und durchaus informativ):* http://www.tourism.egnet.net/index.htm
- *Eine private Feluken-Reise auf dem Nil (u.a. gute Bilder):* http://www.cbg.de/story/nil/nil-1.html
- *Ägypten, Geschenk des Nils (guter Überblick von den Pharaonen bis heute, auch Reisetips):* http://www.online-club.de/~nofretete/
- *Wild Egypt – An Online Safari (interessant, Reisen auf dem Nil, in der Wüste und Tauchen, gute Tierfotos)* http://touregypt.net/wildegypt/
- *Travel Guide to Egypt (Informationen mit Bildern zu den wesentlichen Reisezielen):* http://touregypt.net/edestinations.htm
- *Carlo's Länderliste zu Ägypten (private Reiseinformationen)* http://reiseenduro.de/users/carlo/reise/egypt.htm
- *Arab Net (Informationen zu Land & Leuten und Reisezielen):* http://www.arab.net/egypt/egypt_contents.html
- *Einige Busverbindungen:* http://touregypt.net/trains.htm

Altägypten
- *Altertümerverwaltung – Supreme Council of Antiquities (SCA):* http://guardians.net/sca/
- *Monumente in Ägypten (etwas spärliche Informationen zu allen Monumenten, auch nachpharonischen):* http://www.touregypt.net/monument.htm
- *Ancient Egypt, eine hervorragende Side zum pharaonischen Ägypten:* http://guardians.net/egypt/

Einzeldarstellungen, Grabungsberichte:
- *Abu Simbel:* http://www.ccer.ggl.ruu.nl/abu_simbel/abu_simbel1.html
- *Grabanlage von Niankhkhnum und Khnumhotep in Theben-West:* http://www.egyptology.com/niankhkhnum_khnumhotep/
- *Informationen zu einzelnen pharonischen Plätzen:* http://www.akhet.co.uk/index.htm

- *KV 5, die Grabanlage der Söhne von Ramses II in Theben West:* http://www.kv5.com
- *Senneferi-Grab in Theben-West:* http://www.newton.cam.ac.uk/egypt/tt99/index.html
- *Virtuelle Mumie:* http://www.uke.uni-hamburg.de/institute/imdm/idv/forschung/mumie/

Sonstige Informationen:
- *Der Lehrer Peter Frank an der Deutschen Evangelischen Oberschule, Kairo, schildert Eindrücke und Erlebnisse auf seiner sehr gut bebilderten und interessant geschriebenen Site:* http://www.fran-family.de
- *Afrikaspezialist Klaus Därr informiert unter:* http://www.klaus.daerr.de

Ägyptische Museen im deutschsprachigen Raum

Ägyptenreisende können sich schon zu Hause über die historischen Hintergründe ihrer Reise recht gut informieren. Es gibt eine ganze Reihe von Museen oder Institutionen, die sich mit dem pharaonischen Ägypten beschäftigen. Falls Sie nicht wissen, ob eins in Ihrer Nähe liegt, hier eine Auflistung für den deutschsprachigen Raum:

- ***Berlin***
Staatliche Museen Preußischer Kulturbesitz, Ägyptisches Museum, Schloßstraße 70 und Ägyptisches Museum, Bodestraße 1-3
- ***Basel, Genf***
Basel: Museum für Völkerkunde, Genf: Museum für Kunst und Geschichte
- ***Hamburg***
Museum für Völkerkunde, Rothenbaumchaussee 64
- ***Hannover***
Museum für Kunst und Gewerbe, Steintorplatz 1
- ***Hildesheim***
Pelizaeus-Museum, Am Steine 1-2
- ***Frankfurt***
Liebig-Haus, Museum alter Plastik, Schaumainkai 71

1.2 Reisevorbereitung

- **Karlsruhe**
Badisches Landesmuseum, Schloß
- **Leipzig**
Ägyptisches Museum, Schillerstr. 6
- **München**
Museum Ägyptischer Kunst, Hofgartenstraße
- **Weiden**
Internationales Kerammikmuseum, Luitpoldstraße (weltweit größte Ausstellung ägyptischer Keramik)
- **Wien**
Kunsthist. Museum, Ägyptisch-Orientalische Sammlung, Burgring 5

Auch Universitäten unterhalten ägyptische (Studien)sammlungen:
- **Uni Heidelberg**
Sammlung des Ägyptischen Instituts, Marstallhof
- **Uni Tübingen**
Sammlung des Ägyptischen Instituts, Wilhelmstraße 9
- **Koptisches Kloster Waldsolms**
Koptisch-orthodoxes Zentrum und Kloster (Hauptstr. 10, 35647 Waldsolms) mit modernen und alten Ikonen sowie Museum.

Kleidung, Ausrüstung

Allgemeine Tips

● Denken Sie an Ihr **Geld**: Brustbeutel können sehr leicht gestohlen werden, Geldgürtel (**in** der Hose getragen) oder Bauchtaschen sind sicherer.

● In einigen Gegenden gibt es vor allem in unklimatisierten Hotelzimmern penetrante **Moskitos**, gegen die man sich am besten per Moskitonetz – möglichst mit Einpunktbefestigung – oder durch Einreiben mit einem Repelent schützt, z.B. *Autan* (Achtung, sehr giftig). Das besserriechende, nur in der Schweiz erhältliche *Anti-Brumm* sowie das finnische *Djungle-Oil* oder das recht wirkungsvolle *No-bite* Spray (in Apotheken erhältich) sind ebenfalls geeignet. Nelkenöl stinkt so, daß vermutlich nicht nur Fliegen und Moskitos die Flucht ergreifen.

● Die Billighotels sind meist so billig, daß auch an Handtüchern gespart wird; daher für diese Hotelkategorie Grundausrüstung mitnehmen.

● Wem vor schmutzigen Duschen oder Fußpilz graut, der nehme **Badeschuhe** oder Gummilatschen mit.

● Wer die meist unansehnlichen, kratzigen Wolldecken in Hotelzimmern nicht mag, nimmt einen leichten eigenen Bezug mit (und macht sich allabendlich die Mühe, die Decke zu beziehen). Alternativ ist ein dünner Leinenschlafsack zu empfehlen (z.B. Jugendherbergsschlafsack oder Bettdeckenbezug), der weniger Arbeit bereitet und mit dem man auch ungewechselte Bettwäsche überdecken kann.

● Wer unter aufgesprungenen Lippen durch die Trockenheit leidet, sollte einen Fettstift (z.B. Labello) mitnehmen.

● Wenn Sie als Frau unbedingt an hauptsächlich von Ägyptern frequentierten Plätzen baden wollen, nehmen Sie einen **Badeanzug** mit. Die Ägypterinnen gehen in voller Montur ins Wasser, um den Männern kein Stückchen Haut zuviel zu zeigen.

● Stecken Sie **Kaugummi** ein, um in Toiletten und Duschen Löcher in der Wand zustopfen zu können.

● Eine gute **Taschenlampe** sollte unbedingt im Gepäck sein, denn einige historische Stätten sind schlecht beleuchtet oder die Beleuchtung funktioniert nicht (Wirkung der Lampe vorher zu Hause im Dunkeln ausprobieren). Ein Messer (Schweizer Offiziersmesser) kann ebenso von Vorteil sein wie ein zusammenlegbares Besteck, auch Dosenöffner nicht vergessen.

● Für Rucksackreisende: Verpacken Sie den **Rucksack** für den Flug in einen See- oder Pla-

stiksack (falls er nicht ohnehin so konzipiert ist), damit die Riemen nicht auf den Transportbändern hängenbleiben und abreißen.
- Für Benutzer von Elektrogeräten: **220 Volt** elektrische Spannung, Eurostecker passen fast immer, doch es gibt, meist bei unpassender Gelegenheit jede Menge Ausnahmen, daher vorsichtshalber Universaladapter einpacken.
- Für **Fotografen**: Filme am besten von zu Hause mitnehmen und dort auch entwickeln lassen, Blitz nicht vergessen und/oder Stativ (Tischstativ für Museums- oder Gräberaufnahmen). Fotografierverbot für alle militärischen Anlagen, Brücken, Hafenanlagen etc. Filmen mit Kamera oder Videorecorder und Fotografieren ist in historischen Stätten und Museen entweder untersagt oder nur gegen Gebühren möglich (Blitz oder Kunstlicht meist wegen Beschädigung der Kunstwerke durch Blitzlicht nicht erlaubt).
- Wenn Sie unbedingt in Hotelbadewannen baden wollen, fehlt häufig der **Abflußstöpsel**. Packen Sie einen Universalstöpsel ein.
- Nehmen Sie ein kleines, aber gutes **Vorhängeschloß** mit, um nicht vorhandene Schlösser zu ersetzen.
- **Paßfotos** und Kopien vom Reisepaß benötigt man immer mal wieder; nehmen Sie ein paar Fotos und Kopien der Fotoseite des Passes mit (falls Sie bereits ein Visum besitzen, kopieren Sie auch das).
- Für Fahrradausflüge z.B. in Luxor lohnt es sich, von zu Hause einen "Knochen" und eine kurze Luftpumpe mitzunehmen, um eventuelle kleinere Reparaturen oder Einstellungen (Sattelhöhe) selbst vornehmen zu können. Ägyptische Leihfahrräder sind meist anfällig, passendes Werkzeug ist selten vorhanden.
- Ein **Kurzwellenradio** hält die Verbindung zur Heimat (Deutsche Welle, siehe Seite 61) aufrecht.
- Tampons sind nicht überall in Ägypten erhältlich; wer sie braucht, nimmt sie entweder von zu Hause mit oder kauft sie z.B. in Pharmazien in Kairo.

Kleidung

In den Monaten November bis März kann es speziell in Unterägypten recht kühl werden, ein Wollpullover und/oder eine Jacke bzw. ein Anorak sind für diese Zeit unentbehrlich. Im Winter 1988/89 war es in Luxor so kalt, daß man Touristen scherzhaft mit "Welcome in Alaska" begrüßte und jeder Schlafsackbesitzer beneidet wurde. Preiswerte Hotelzimmer sind meist ungeheizt, nur eine dünne Wolldecke soll gegen Kälte schützen; Kälteempfindliche sollten daher einen Schlafsack einpacken. Ein warmer, winddichter Schlafsack ist selbst bei Felukenfahrten im Winter unbedingt erforderlich. Wir erhielten viele Zuschriften, die warme Kleidung zumindest für Dezember/Januar empfahlen, z.B. ein Viertel leichte Kleidung, der Rest warm.

Ansonsten eignet sich leichte, luftige Baumwollkleidung und Baumwollunterwäsche am besten. Vergessen Sie auf keinen Fall Sonnenhut, -brille, -schutzöl und Badezeug. Als Schutz gegen Anmache eignet sich, allerdings auch nur bedingt, ein schwarzes (Seiden)Kopftuch, das frau klein falten und bei entsprechenden Gelegenheiten umschlagen kann.

Vom Schuhwerk her genügen einfache Sandalen nicht, in denen man sich bei den tagelangen Wanderungen in Städten die Füße ruinieren kann. Jeder, der einmal Schlangen oder Skorpionen zu nahe kam, wird in entsprechendem Gelände zumindest feste Turnschuhe vorziehen. Kurz: Nehmen Sie Schuhwerk mit, in dem Sie sich wohlfühlen und in dem Sie auch bei heißgelaufenen Füßen noch gut gehen können.

Es empfiehlt sich sehr, für längere Reisen in klimatisierten Zügen oder Bussen – *Kühlhaustemperaturen!* – einen leichten Pullover griffbereit zu haben.

Toilettenpapier – das es inzwischen nahezu überall in Ägypten zu kaufen gibt – ist als Ausrüstung zu empfehlen, weil es sich nicht nur z.B. zum Naseputzen gut eignet, sondern in den öffentlichen Toiletten meist nicht vorhanden ist. Man reinigt sich statt dessen mit der linken Hand mit Wasser (man reicht niemals die Linke zur Begrüßung!), daher gibt es in den meisten Toilettenkabinen einen Wasserhahn.

Wer mit Kleinkindern unterwegs ist und Windeln benötigt: Höschenwindeln (Pampers), auch H-Milch gibt es in allen größeren Städten.

Geld, Preise und Kosten

Die Währung des Landes ist das Ägyptische Pfund, abgekürzt £E (oder LE). Es wird in 100 Piaster (Pt) unterteilt.

Offiziell einführen dürfen Sie maximal £E 20 und Fremdwährungen beliebiger Menge.

Als 1983 die erste Auflage unseres Reiseführers Ägypten individuell erschien, bezahlte man noch DM 3,50 pro Pfund. Über die Jahre verfiel der Wert der Währung rapide und erreichte 1987 mit der Freigabe des Wechselkurses einen Stand von DM 0,38 pro £E. Das war ein Verlust von fast 77 Prozent innerhalb von knapp vier Jahren. Andererseits erzeugte die Wechselkursfreigabe letztlich eine erhebliche Stabilität der Währung. Etwa 1991 wurde der Kurs mit dem US-Dollar gekoppelt, d.h. Dollarschwankungen gegenüber der heimischen Währung wirken sich auch auf den Pfundkurs aus. Der offizielle Kurs lag im Frühjahr 2000 bei DM 0,59 für ein Pfund (1,70 £E pro 1 DM).

* Lassen Sie sich beim Geldtausch nicht mit dem Straßenangebot *Schwarzmarkt* verlocken, diese Leute legen Sie mit allen Tricks, bis hin zu Falschgeld, herein. Andererseits gibt es eine ganze Reihe von Wechselstuben, in denen man unbürokratisch, schnell und neuerdings zum deutlich besseren Kurs als bei Banken ans ägyptische Pfund kommt. Erkundigen Sie sich bei mehreren Banken bzw. Händlern nach dem aktuellen Kurs; Schwankungen um 10 Prozent sind nicht ungewöhnlich.

Travellerschecks werden von Wechselstuben ungern oder gar nicht akzeptiert. Lassen Sie sich beim Tauschen möglichst auch kleine Noten geben, da Kleingeld immer rar ist, achten Sie darauf, daß die Noten nicht zerfetzt sind.

Wenn Sie Ihr Geld in der Heimatwährung mitnehmen, ersparen Sie sich zumindest einmal Tauschgebühren gegenüber z.B. US$. Allerdings gibt es immer wieder Gelegenheiten, in denen Dollars vorteilhaft wären. Wer 10 bis 20 Prozent seines Budgets in amerikanischen Noten einsteckt, fährt nicht schlecht.

Travellerschecks scheinen immer mehr an Bedeutung zu verlieren. Verschiedene Leser beklagen sich über Probleme beim Einlösen von Travellerschecks, weil offenbar immer weniger Banken dazu bereit sind. Empfehlung: American Express, da überall bekannter, für Visa-Travellerschecks sind kaum Banken zu finden.

Wenn man nicht genügend Travellerschecks aus der Heimat mitbrachte, helfen die Repräsentationen der Heimatbank und besorgen Nachschub. Falls Sie Bargeld in Devisen, also z.B. DM, benötigen, so können Sie dies gegen American Express Travellerschecks im gleichnamigen Büro in der Sharia Talaat Harb in Kairo gegen 1 Prozent Bearbeitungsgebühr bekommen.

Falls Sie **Kreditkarten** benutzen wollen, erkundigen Sie sich vorsichtshalber zu Hause, welche Formalitäten nötig sind, um auf diese Weise Bargeld abheben zu können. Früher gab es viele Schwierigkeiten, inzwischen scheint auch das Plastikgeld Akzeptanz gefunden zu haben. Visa- und Euro(Master)-Karten werden von der Cairo Bank und der MISR-Bank auch außerhalb der großen Städte akzeptiert, ebenfalls in den großen Hotels, American-Express-Karten zumindest in American Express Büros. Beachten Sie, daß Visa-Karten die größte Verbreitung gefunden haben; wenn möglich nehmen

Geld, Preise und Kosten

Sie zumindest eine solche Karte mit. Geldautomaten in den größeren Hotels (z.B. Hilton, Sheraton, Mariott) oder auch in der Stadt spendieren gegen Visa und Master Card Bargeld. Vom Einsatz der EC Card wird zwar immer mal wieder berichtet, derzeit scheint aber nur eine der Banken im Cairo Sheraton Hotel EC-Bargeld herauszurücken.

Offiziell gehört Ägypten dem Kreis der Länder an, die **Euroschecks** akzeptieren. Euroschecks sind zwar in den großen Städten mittlerweile einigermaßen bekannt, aber man darf sich keinesfalls darauf verlassen. Einlösen: Höchstbetrag £E 700, nur bei größeren Banken und internationalen Hotels, z.B. MISR-Bank im Nile Hilton (24-Stunden-Service, Gebühr £E 11; auch in Assuan), Nationalbank am Flughafen. Auch beim Reisebüro Thomas Cook, Sharia Muhammad Bassiyuny, können maximal 2 Schecks gegen £E 5 Gebühren eingelöst werden. In Luxor löst die Bank of Alexandria Euroschecks gegen £E 5 Gebühr ein, in Hurghada die Nationalbank.

Öffnungszeiten der Banken: So-Do 8.30-14.00 Uhr, der Behörden: 9-21 Uhr (außer freitags).

Noch zwei Tips: Heben Sie alle Tauschquittungen bis zur Ausreise auf, sonst können Sie eventuell kein Geld rücktauschen. Ohne große Formalitäten wird bei der Egyptian Exchange Co. Bank in Kairo ägyptische Währung in DM oder US$ getauscht. Wenn Sie zu zweit unverheiratet reisen, lassen Sie sich zu Hause Schecks auf beider Namen ausstellen, andernfalls kann einer von Ihnen nie nachweisen, daß auch auf seinen Namen Geld getauscht wurde, was bei Aufenthaltsverlängerung etc. sehr ärgerlich ist.

Ein paar Worte zum Bankwesen. Es gibt staatliche Banken (National Bank of Egypt, MISR-Bank, Bank of Alexandria u.a.), Joint-Venture-Banken, d.h. Gemeinschaftsgründungen ausländischer mit ägyptischen Banken (z.B. American Express mit der Bank of Alexandria), private Banken (z.B. Nile Bank, Al Ahram Bank), Niederlassungen ausländischer Banken, die allerdings nur Transaktionen in ausländischer Währung durchführen dürfen, und islamische Banken.

Die Letztgenannten betreiben anstelle von Zinswirtschaft sog. Erfolgsbeteiligungswirtschaft, da im Islam Zinsgeschäfte verboten sind. Daher ersetzen die islamischen Banken den festen Zinssatz durch eine Vereinbarung über Gewinn- und Verlustbeteiligung mit dem Kapitalnehmer und beteiligen umgekehrt den Kunden anstelle von Guthabenzinsen am Gewinn der Bank.

Zumindest Selbstversorger können in Ägypten relativ preiswert leben. Zur Kalkulation und auch zum besseren Wissen beim Handeln und Feilschen ein paar **Preisbeispiele** der unteren Kategorie (Stand 1999):

1,5 l Mineralwasser	£E 1,50
1 Fl. Coke 0,2 l	Pt 60
1 Fl. Mirinda	Pt 30 – 50
1 Tasse Tee, Karkadeh	Pt 50 – 100
1 Fladenbrot	Pt 10 – 25
1 Fladenbrot mit Foul/Felafel	Pt 50
1 Hefeteig-Stangenbrot	Pt 10
1 Ei	Pt 12
1 Fl. Stella Bier (Lager) 0,33 l	£E 5
(im Duty Free	£E 3,25)
1 Fl. Stella Bier (Export) 0,5 l	£E 8
1 Dose Stella 0,33 l	£E 3,50
1 Portion Reis mit Sauce	Pt 50
1/2 Hähnchen	£E 3,50 – 5
1 Portion Reis, Nudeln	£E 1,50
1 Portion Kushari	£E 1,50 – 2
1 Portion Tahina	£E 1,50
1 Rolle Toilettenpapier	£E 0,75
Cleopatra-Zigaretten	£E 1,65
Marlboro-Zigaretten	£E 4

Kraftstoffpreise:

Benzin (80 Oktan)	Pt 90
Benzin (Super 96 Oktan)	Pt 100
Diesel	Pt 40

Ein paar Preisbeispiele von typischen Souvenirs zur Information: Galabeya (ägyptischer "Kaftan") je nach Stoffqualität ab LE 15 – 20, Wasserpfeifen ab

1.2 Reisevorbereitung

LE 50, bessere Exemplare mit echtem Messingmittelstück können auch £E 80 und mehr kosten, Leinenrucksäcke mit Applikationen ab £E 20.

Einige Tips zum Einkaufen:
- Achten Sie bei Wasserflaschen darauf, daß der Sicherungsring tatsächlich unbeschädigt ist und Sie nicht Leitungswasser kaufen!
- Beim Einkaufen aufpassen, daß das richtige Gewicht (nicht 500 g anstelle 1 kg) auf der Waage liegt!
- Wenn Sie sich irgendwo ausgenommen fühlen (Hotel, Restaurant, Post), dann lassen Sie sich eine Quittung *(Watura)* geben; das ändert manchmal sehr schnell den Preis.
- Während der Wintersaison können die oben genannten Preise deutlich ansteigen.
- Die **Öffnungszeiten** von normalen Geschäften liegen etwa zwischen 9-12.30 und 16-20 Uhr, im Winter 9-19 Uhr – viele Ausnahmen bestätigen die Regel!

Die Reisekosten ergeben sich aus dem individuellen Bedarf. Rucksackreisende können mit ca. DM 400 bis 600 an Gesamtkosten pro Woche hinkommen, wenn sie auf preiswerte Übernachtung und Verpflegung im landesüblichen Rahmen achten. Dennoch sollte dieser Betrag nicht die Basis für das Reisebudget sein; rechnen Sie mit dem doppelten Betrag und freuen Sie sich, wenn nachher die Hälfte übrigbleibt. Andererseits sind nach oben keine Grenzen gesetzt: es gibt genug Luxushotels, teure Restaurants oder Gold-Souvenirs.

Wer in den Geschäften mit großen Parkplätzen an Landstraßen Souvenirs einkauft, sollte wissen, daß hier in der Regel Busladungen an Touristen ausgesetzt werden. Der Reiseleiter, der diese Menschen ihrem Schicksal überläßt, erhält 30 – 50 Prozent Provision. Das sollte also der Mindestrabatt für jemanden sein, der ganz aus freien Stücken auftaucht.

Reisezeit

Ägypten kennt praktisch keine Regen-, statt dessen eher Hitzesorgen. Daher liegt die klimatisch günstige Reisezeit zwischen Mitte Oktober und Mitte April, wobei das Land während der üblichen Ferienzeiten (Weihnachten, Ostern) von Touristen förmlich gestürmt wird. Kenner wählen etwa Mitte September bis Mitte November oder Anfang März bis Anfang Mai. Im Herbst ist es warm oder sogar heiß, die Tage sind verhältnismäßig klar. Von Dezember bis in den Februar hinein kann es morgens und abends recht kühl sein, im Frühjahr (etwa ab Mitte März) verdüstern häufig Sandstürme (Chamsin) den Himmel, aber die Tage werden länger – und zunehmend wärmer. Wir ziehen diese Jahreszeit vor.

Ungestörter vom allgemeinen Andrang können Sie außerhalb der Saison oder an deren Beginn beziehungsweise Ende reisen. Dann werden Sie allerdings mit höheren Temperaturen rechnen müssen, aber es gibt eine Reihe Vorteile: Die Hotels, Restaurants, interessanten Stätten, Strände etc. sind weniger frequentiert, man ist in manchem Hotel ein freudig begrüßter Gast und schließlich: die Tage sind wesentlich länger als im Winter.

Aus eigener Erfahrung können wir sagen, daß eine unserer Reisen, die in den Juni fiel, klimatisch durchaus erträglich war, obwohl wir u.a. durch die Libysche Wüste fuhren. Eigentlich sollte es sogar umgekehrt heißen: weil wir durch die Wüste fuhren. Denn das extrem trockene Wüstenklima ist wesentlich besser zu ertragen als feuchte Hitze. Wenn es Ihnen also im Niltal während dieser Jahreszeit zu stickig wird, dann suchen Sie die Wüstengebiete oder die Mittelmeerküste mit ihrer erfrischenden Brise auf.

Ab Mitte Januar gibt es relativ kurze Schulferien in Ägypten, dann sind in Luxor und Assuan viele Hotels überfüllt.

Die für Kairo und Assuan ausgewählte Klimatabelle auf der nächsten Seite gibt Ihnen einen Temperaturüberblick.

Reisezeit

Islamische Feiertage der nächsten Jahre			
	2000	2001	2002
Ramadan-Beginn	28.11.	17.11.	06.11.
Ramadan-Ende, Id el Fitr	27.12.	17.12.	06.12.
Id el Adha	27.03.	23.02.	12.02.
Neujahr (Ras el Sana)	06.04.	26.03.	15.03
Mohammeds Geburtstag	15.06.	04.06.	24.05.

Häufig ist es wichtig, Feiertage einzukalkulieren. Die Daten der religiösen Feste Ägyptens hängen vom islamischen Hedschra-Kalender ab. Sie ändern sich daher und liegen jährlich um etwa 11 Tage früher (siehe Kasten), wobei dies außerdem vom örtlichen Erscheinen bzw. Verschwinden des Mondes abhängt.

den Ägypter total überfüllt ist. Ebenfalls sollten Sie in den 14 Pilger-Tagen möglichst keinen Flughafen benutzen, von dem aus Reisen nach Mekka stattfinden (hauptsächlich Kairo): Pilger und ihre Verwandten übervölkern alles und jeden Quadratzentimeter, Abfertigungsprozeduren dauern viele Male länger als in Normalzeiten, Verzögerungen von Stunden sind die Regel.

Das koptische Weihnachtsfest findet am 7. Januar (nach einer 43tägigen Fastenzeit) statt, Ostern am 11. April.

Klimatabelle (in Grad C)													
		Jan	Feb	Mrz	Apr	Mai	Jun	Jul	Aug	Sep	Okt	Nov	Dez
Kairo	min	8	9	11	14	17	18	22	21	20	18	12	10
	max	19	20	24	28	32	34	35	34	32	30	24	20
Assuan	min	8	9	13	17	21	24	25	25	22	19	13	10
	max	24	30	35	38	41	42	42	42	39	36	30	25

Die gesetzlichen Feiertage sind festgelegt auf: 22. 2., 3. 3., 25. 4., 1. 5., 18. 6., 23. 7., 6. 10., 23. 12.

Während des Fastenmonats **Ramadan** verlangsamt sich das öffentliche Leben tagsüber. Viele Geschäfte, Ämter, Fahrkartenschalter oder auch einige Museen sind kürzer als üblich geöffnet oder ganz geschlossen, viele Restaurants bedienen nur abends ihre Kunden. Dafür beginnt nach Sonnenuntergang ein überaus reges Leben und Treiben, das alle Einschränkungen des Tages weitgehend wettmacht. Zehn Wochen nach Ende des Ramadan wird das **Id el Adha** Opferfest gefeiert: Vier Tage lang sind Behörden, Banken und viele Geschäfte geschlossen. Vermeiden Sie öffentliche Verkehrsmittel vor dem Fest und am letzten Tag, weil alles wegen der Verwandten besuchen-

Das Frühlingsfest **Sham el Nessim**, das jeweils eine Woche nach Ostermontag gefeiert wird, geht original auf die pharonischen Zeiten zurück, es hat sich praktisch nicht in seiner Ausdrucksform geändert. Die pharaonische Bevölkerung betrachtete die Tag- und Nachtgleiche als Neubeginn des Lebens, man stand sehr früh auf, der Mann schenkte seiner Frau eine Lotusblüte, dann färbte man Eier – Symbol des Lebens – mit Hibiskusblüten oder Zwiebelschalen. Außerdem wurden gesalzene und getrocknete Fische gegessen. Heute wird die Nacht vor dem Fest ausgiebig gefeiert, in der Morgendämmerung ißt man gemeinsam – gesalzenen Fisch und Eier. Allerdings als Basis, die Ausstattung des Festtisches ist natürlich reicher...

Es gibt eine Reihe großer religiöser Feste mit Volksfestcharakter, sogenannte *Mulids*, über

1.2 Reisevorbereitung

die Sie nähere Informationen und Termine auf Seite 81 finden.

Die Zeitverschiebung zwischen Mitteleuropa und Ägypten beträgt MEZ + 1 Stunde (Überschneidungen während der Umstellung auf Sommerzeit berücksichtigen). Häufig werden Fahrpläne oder auch Eintrittszeiten in diesem Zusammenhang geändert.

Anreise

Drei Anreisemöglichkeiten stehen zur Wahl: per Flugzeug, Schiff oder Straße. Für die Auswahl sind meist Kosten und/oder Zeitgründe maßgebend. Jedoch vergessen viele Reisende ein wichtiges Argument. Lassen Sie Ihrem Körper und Ihren Gedanken ein wenig Zeit und Gelegenheit, sich auf das Ziel Ihrer Wünsche einzustellen. Sicherlich würde eine Schiffsreise unserem Anpassungsvermögen eher entgegenkommen als der schnelle Sprung per Flugzeug.

Internationale Zielflughäfen in Ägypten sind Kairo, Alexandria, Luxor, Hurghada und Sharm el Sheikh. Billige Tickets dorthin verkaufen einige spezialisierte Reisebüros. In den Reisebeilagen der Tageszeitungen und im Internet finden Sie immer aktuelle Billigflug-Angebote. Auch die Last-Minute-Flugbüros können für den, der das Spiel mit der letzten Minute wagt, eine Fundgrube sein; z.B. DM 300 nach Kairo und zurück.

Fragen Sie auch nach Verbindungen mit osteuropäischen Gesellschaften, diese sind häufig preiswerter als westliche, jedoch kann es zu unangenehm langen Zwischenaufenthalten in den jeweiligen Hauptstädten kommen. Eventuell ist auch der Weg über Israel oder von Athen nach Kairo interessant.

Wenn Sie auch innerägyptische Flüge planen, dann sollten Sie möglichst mit Egypt Air an den Nil fliegen, denn dann kostet das Ticket für einen lokalen Flug nur etwa 60 Prozent des normalen Inlandspreises. Sobald Sie für Montag, Dienstag oder Donnerstag buchen, können Sie weitere DM 50 für den Anflug sparen.

Hier ein paar Adressen von Reisebüros mit gewöhnlich sehr günstigen Angeboten:
- *Hegazi Reisebüro*, Tauenzienstr. 16, 10789 Berlin, Tel 030 2139064
- *HogaTours*, 76646 Bruchsal, Tel 07251 55011, Fax 55045
- *Porter Reisen*, Würzburgerstr. 8, 60385 Frankfurt, Tel 069 252209
- *Sindbad-Reisen* (auch *Bettenbörse), Mauritiusstr. 9, 77871 Renche-Ulm, Tel 07843 1449*
- *Travel Overland,* Flugreisen, Isabellastr. 20 *80798 München, Tel 089 272760*

Billige Flüge übers **Internet** suchen und buchen, z.B.:
- **5vor12**, http://www.lastminute.de
- **FLUG.DE**, http://www.flug.de
- **LTUR**, http://www.ltur.de
- **START**, http://www.start.de/
- **TISS.COM**, http://www.serv.tiss.de/
- **TRAVEL CHANNEL**, http://www.travel-channel.de

Gruppenrabatte nutzen: Teilorganisierte Reisen

In Deutschland zu buchende Veranstalter:

Reisegruppen erhalten bei Fluggesellschaften und Hotels Rabatte bis zu 50 Prozent. Auch Einzelreisende können diese Preisnachlässe zumindest in gewissem Umfang nutzen, wenn Sie die Hilfe von Reiseveranstaltern in Anspruch nehmen. Wenn Sie bereits zu Hause die Hotels in Ägypten einschließlich der Transfers zum Flughafen oder Bahnhof sowie Flug-, Bahn- oder Schiffsreisen buchen, ist einiges an Lauferei vor Ort gespart.

In vielen Katalogen der Reiseveranstalter findet man mehr oder weniger versteckt Unterkapitel mit speziellen Angeboten für Individualtouristen. Wir wollen nur zwei herausgreifen. In diesem Sinn dürfte die folgende Adresse für Individualisten besonders interessant sein:

- **Sindbad-Reisen** bzw. Egypt-Eurorepresentation, Mauritiusstr. 9, 77871 Renche-Ulm, Tel 07843 1449, Fax 07843 1448

Unter einem Dach wickelt Dr. Ahmed Fathy sowohl die Sindbad-Reisen als auch seine **Bettenbörse** ab. Über die Börse können Hotels in Ägypten direkt gebucht werden, und das zu einem Preis, der häufig noch unter den Angaben der Hotels für dieses Buch liegt. Weiterhin arrangiert Dr. Fathy auch Züge, Busse oder Inlandsflüge für Individualtouristen.

- **OFT REISEN**, Siemensstr. 6, 71254 Ditzingen, Tel 07156 16110

Positive Erfahrungen wurden auch mit diesem Veranstalter und dessen ägyptischem Partner MISR TRAVEL gemacht. In der Regel klappen die Buchungen einwandfrei, da das staatliche MISR TRAVEL im ganzen Land vertreten ist und über entsprechend ausgebildete Mitarbeiter verfügt.

Wenn Sie vor Ort keine Lust mehr am Selbstorganisieren haben oder aber bestimmte Ziele bequemer ansteuern möchten, kann Ihnen geholfen werden:

Am Ramses-Bahnhof in Kairo stehen einige sogenannte Tour Operators herum, die sehr preiswerte Minibus-Reisen z.B. nach Sakkara, aber auch nach Oberägypten oder in andere Gegenden dadurch anbieten, daß sie Traveller ansprechen. Auch Rezeptionisten von Billighotels kennen diese Fahrer (siehe auch Seite 135).

HAMIS TRAVEL, die ebenfalls auf dieser Basis starteten, betreiben inzwischen ein attraktives Reisebüro direkt neben dem Bahnhof (dem eigentlichen Haupteingang gegenüber, Details siehe Seite 135).

In diese Kategorie gehört auch YEHIA M. EL TAWEL, 28 Ahmed Helmy St, CIAO Hotel, Tel 312 5693, mit preiswerten vororganisierten Reisen nach Oberägypten. Ein Leser berichtet von einem ähnlichen, sehr günstigen Service, der im Garden Palace Hotel in Kairo (siehe Seite 322) angeboten wird.

1.3 Ankunft und Abreise

Noch ein ganz genereller Tip zum Thema Zurechtkommen in Ägypten: Wenn Sie als unverheiratetes Paar durch Ägypten reisen, können Sie öfters mal in Schwierigkeiten bei Übernachtungen etc. geraten. Proben Sie die Ehe, beschaffen Sie sich Ringe und geben Sie sich wann immer möglich als verheiratet aus. Sie werden auf wesentlich weniger Unverständnis stoßen, und der weibliche Partner wird mehr Achtung erfahren.

Falls Sie länger als in Ihrem Paß steht im Land bleiben wollen, dann müssen Sie Ihr Visum beziehungsweise Ihre Aufenthaltserlaubnis verlängern lassen. Tun Sie dies rechtzeitig in einer Großstadt (Paßfoto notwendig). In Kairo im Mogamma-Gebäude am Midan Tahrir: Im 1. Stock am Schalter 42 Formular mit £E 8,75 Gebührenmarken besorgen, Formular mit Paßfoto an Schalter 24-26 abgeben, dann zur Kasse rechts neben Schalter 42, mit Wertmarken über £E 3,10 zurück zu Schalter 24-26. Beachten Sie beim eventuell als Nachweis verlangten Geldtausch, daß eine Gebührenmarke auf die Quittung geklebt wird, andernfalls wird u.U. das Papier nicht anerkannt. In Assuan ist dies beim Police Department möglich.

Wer mit Visum anreist, erhält auf Wunsch zwei Monate Aufenthalt; Autofahrer bekommen dann auch – mit Glück – die ägyptische Zulassung und die Haftpflicht für zwei Monate.

Ankunft Kairo-Flughafen

Je nach Fluglinie werden Sie Kairo in Terminal 1 oder 2 betreten. Abfertigungsproezedere und

1.3 Ankunft und Abreise

auch allgemeiner Service unterscheiden sich geringfügig, aber doch merkbar.

Falls Sie Alkohol einigermaßen preiswert erwerben wollen, so ist dies noch vor der Paßkontrolle in den Duty-Free-Shops möglich; hier dürfen Sie 4 Liter Alkohol und vier Stangen Zigaretten kaufen und einführen. Allerdings gibt es jetzt in allen größeren Städten Duty-Free-Einkaufsmöglichkeiten, dort kann man innerhalb der ersten 24 Stunden nach Ankunft (aber nur) 3 Liter Alkohol erwerben.

Falls Sie kein Visum in Europa gekauft haben, müssen Sie noch vor der Paßkontrolle an einem der Bankschalter zwei Marken (blau und orange) erwerben, die derzeit US$ 15 kosten, und können gleichzeitig das Geld für die ersten Tage tauschen; erst danach an der Paßkontrolle anstellen. Wenn Sie mit Freunden unterwegs sind, sollte sich eine Person zur Visa-Erteilung anstellen, und die anderen in den Schlangen vor der Paßkontrolle.

Ein anderer Service könnte interessant sein: American Express bietet einen *Airport Meet &Assist Service:* Ein freundlicher Helfer nimmt Sie in Empfang, kümmert sich um Visum, Zoll etc. und liefert Sie am Taxi ab – nicht zuletzt bewahrt er Sie vor all den Schleppern und Bakschischjägern. Wenn Sie den Service nicht über American Express vorausbuchen, wählen Sie am ersten sichtbaren Telefon die Nebenstelle 2127, und man wird Ihnen helfen.

Achtung: Einer der Geldwechsler nutzt zusammen mit einem ablenkenden Uniformierten die erste Verwirrung der Ankommenden, das Geschäft für sich profitabler zu machen: Er mischt 50-Piaster-Scheine geschickt in den £E-Stapel und zählt sie als Pfundnoten vor – prüfen Sie selbst geduldig nach und lassen Sie sich nicht ablenken.

Im Ankunftsbereich stehen offizielle Helfer, die schwarze Hose, blaues Hemd und Ausweisplakette mit Foto tragen, sie sollen den Touristen kostenlos helfen. Sie tun dies auch bereitwillig, geben aber Unerfahrene auch mal gern an Schlepper weiter.

Vorsicht: Außerhalb des Zollbereichs laufen sehr ähnlich Uniformierte herum, die sich eine Plastikkarte, meist ohne Foto und z.B. mit dem Aufdruck *Chamber of Tourism* angesteckt haben, sich je nach Umständen sehr offiziell ausgeben ("haben Sie etwas zu verzollen?") und sich bald als Schlepper (z. B. für Delta Tours) herausstellen; wimmeln Sie diese Leute ab, sie sind nur auf Geschäfte aus (siehe auch *Schlepper* weiter unten).

Noch eine schlechte Nachricht: Einige ideenreiche Menschen entdeckten, daß man auch die Kofferetiketten abstempeln und dafür £E 10 kassieren kann – fallen Sie nicht darauf herein.

Falls Sie ein Multiple-Entry-Visum benötigen, dann geht das nur tagsüber. Bei Nachtankunft sind die entsprechenden Schalter geschlossen.

Es gibt zwei internationale Terminals, ein neueres **Terminal 2** (häufig noch als *New Terminal* bezeichnet), das leider etwa 20 Gehminuten abseits der alten Terminals (**Terminal 1**, Old Terminal) liegt. Im Terminal 1, Hall 1, ist die Egypt Air zu Hause, neben Nahost-Airlines wie Royal Jordanian, Syrian, Sudan Air etc. Terminal 2 beherbergt vor allem europäische Linien, hier findet man auch die Autovermieter. Im **Terminal 3** werden Inlandsflüge hauptsächlich für Egypt Air abgewickelt, das ein Stück rechts vom Terminal 1 (davorstehend) liegt. Wer also im Terminal 1 ankommt und z.B. nach Luxor weiterfliegt, muß aus dem Gebäude heraus und sich dann links halten, schließlich rechts über einen Parkplatz zur Abflughalle gehen.

Halbstündlich fährt ein **Pendelbus** (wichtig: dieser wird auf den Hinweis-Tafeln in der Ankunftshalle nur als *C.A.A.-Bus* bezeichnet) zwischen Terminal 1 und 2. Er ist grün-weiß angepinselt, ein unscheinbares Schild Terminal 1 bzw. 2 deutet auf seine Funktion. Abfahrt alle volle Stunde vom Terminal 1 rechts außen an der den Parkplatz begrenzenden Straße, vom Terminal 2 jeweils zur halben Stunde. Zu finden ist er dort wie folgt: Durch den Hauptausgang herausgehen, eine Treppe etwa in der Mitte der Straßenfront runter, über die Straße, Abfahrt vor dem Kiosk-Häuschen rechts am Parkplatz. Man kann ebenso mit den öffentlichen Bussen, die an beiden Terminals halten, hin und her fahren.

Da praktisch die meisten Einzelreisenden auf dem Internationalen Flughafen in Kairo-Heliopolis ankommen, hier noch ein paar Worte zum Weg in die Stadt (siehe auch Seite 125).

Der komfortable **AC-Bus** Nr. 356 fährt zwischen 6.00 bis 23 Uhr alle 60 Minuten vom Terminal 2 (jeweils 30 Minuten nach voll) bzw. Terminal 1 nonstop zum Midan Tahrir (Halt seitlich des Ägyptischen Museums). Der Fahrer kümmert sich um das Reisegepäck. Abfahrt am Flughafen dort, wo auch der Pendelbus startet. Neuankommenden kann diese zu £E 3,50 preiswerte Fahrt gegenüber den Auseinandersetzungen mit Taxifahrern nur empfohlen werden.

Vom Terminal 1 fährt der normale **Stadtbus** Nr 400 (Tag und Nacht in stündlicher Frequenz), der über Midan Ramsis bis zum Midan Abdel Minin Riyad (zwischen Ramses Hilton Hotel und Rückseite des Äygptischen Museums) ebenfalls ins Zentrum verkehrt. Fahrzeit jeweils ca. eine Stunde. Bequemer können Sie vom Terminal 1 oder 2 per **Minibus** Nr. 27 zu Pt 50 alle halbe Stunde zum Midan Midan Abdel Minin Riyad fahren (Fahrtzeit z.B. mittags ca. eine Stunde). Wenn Sie direkt nach Alexandria oder in andere Städte weiterreisen wollen, so können Sie hier gleich mit einem der Fernbusse starten.

Taxifahrer verlangen vom Neuling Phantasiepreise. Lassen Sie sich nicht abschrecken, eine Fahrt zum Midan Tahrir, also ins Stadtzentrum, sollte ca. £E 20 bis maximal £E 35 zu haben sein (hartnäckig verhandeln). Wenn Sie übrigens der Fahrer nicht versteht, lassen Sie das "Midan" weg und sagen einfach nur "Tachrier", das hilft vielleicht besser weiter. Auch die **Touristinformation** am Flughafen (nur Terminal 1) hilft, die übrigens rund um die Uhr geöffnet sein soll.

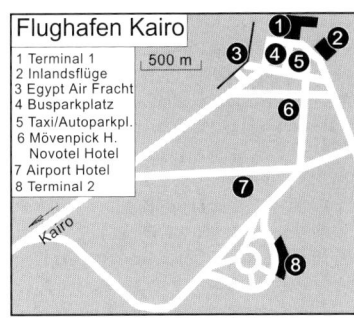

Im **Sammeltaxi** – falls vorhanden – kostet der Platz ca. £E 5 bis 8. Verhandelbare Festpreise von £E 56 verlangen die staatlichen Limousinen von Msr Travel, deren Fahrer kontrolliert werden und die für unsichere Neuankömmlinge zu empfehlen sind. – Falls Sie kein Taxi sehen, gehen Sie zu *Departure* und versuchen Sie dort Ihr Glück.

Wenn Sie all den Ärger mit Taxifahrern, Omnibussen etc. sparen wollen, dann können Sie sich neuen Ärger einhandeln, indem Sie sich selbst ins Verkehrsgewühl stürzen und bereits am Flughafen einen Leihwagen mieten.

Hotelsuche vom Flughafen aus: Sie können bei TRAVEL oder der Touristeninformation am Flughafen (kostenloser Vermittlungsservice) ein Hotelzimmer buchen. Dies klappt einigermaßen gut. Es erspart lange Märsche zwischen vollbelegten Hotels; am nächsten Tag hat man dann Zeit, nötigenfalls die Unterkunft zu wechseln. Dieser Service ist vor allem für spät nachts Ankommende von Vorteil; die Büros sollen ständig besetzt sein. Achten Sie aber darauf, daß tatsächlich nur die Angestellten telefonieren; es stehen genug Schlepper am Schalter herum, die sich als Angehörige ausgeben, aber nur auf eine Gelegenheit zum Nepp warten. – Sie können hier auch den üblichen Kairo-Prospekt mit Stadtplan bekommen.

Warnung vor Schleppern: Besonders Rucksackreisenden bieten sich bereits am Flughafen und im Bus oder vor den Billighotels hartnä-

1.3 Ankunft und Abreise

ckige Schlepper an. Inzwischen sehr professionell aussehend, geben sie sich auch als beauftragte Beamte o.ä. aus. Sie gehen jeweils von Hotel zu Hotel mit und fragen den Rezeptionisten auf arabisch nach freien Betten. Diese sind dann angeblich ausgebucht, so daß schließlich nur noch überteuerte Hotels (z.B. in Dokki das Tiab House) übrigbleiben. Wimmeln Sie diese Leute mit dem Argument ab, Sie hätten schon Hotel xy (z.B. Victoria) gebucht und suchen Sie in jedem Fall selbst (die Schlepper bekommen vom Hotelier bis zu 30 Prozent Provision). Ähnliches gilt übrigens für die Ankunft in Luxor oder Assuan, selbst am Sinai-Busterminal in Kairo tauchen Schlepper auf!

Wie immer gibt es eine Kehrseite des Problems: Man kann Schlepper auch als Makler betrachten, die versuchen, das für die Nachfrage zu geringe Gut "Hotelbett" dem zu verkaufen, der das meiste bietet. Diese Leute gehen einem Gewerbe nach, von dem sie wohl meistens leben. Leider verhalten sie sich undurchsichtig bis unfair und verlogen, was ihren Job suspekt macht.

Tips für spät Ankommende: Falls die Zimmervermittlung bereits geschlossen ist, suchen Sie sich aus der Hotelliste ein Hotel aus, das Sie einem Schlepper nennen; entweder er bringt Sie dorthin oder Sie bestehen auf dieser Preiskategorie – wenn Sie damit zurechtkommen, wird Ihnen viel Ärger erspart bleiben. Oder Sie lassen sich zum Midan Talaat Harb fahren und klappern von dort aus die Hotels in der Sharia Talaat Harb ab. Sollten Sie irgendwann gegen Morgen ankommen, so können Sie die Zeit bis 9 Uhr vertrödeln und erst dann auf Suche gehen. Zu dieser Zeit haben die Hotels wieder Betten frei und die Auswahl ist größer. Oder Sie schauen sich im Abflugbereich um, dort warten meist Traveller auf den Rückflug; mit Informationsaustausch vergeht die Zeit sehr schnell. Falls nachts vom Terminal 2 kein Bus mehr in die Stadt fährt, dann nehmen Sie den Pendelbus zum Terminal 1 nehmen und von dort mit Bus 400 weiter zum Midan Tahrir.

Abflug vom Flughafen Kairo

Sie sollten unbedingt zwei Tage vor dem Abflug Ihr Rückflugticket bei Ihrer Fluggesellschaft bestätigen ("confirm"en) lassen; zu Stoßzeiten wie Weihnachten oder Ostern z.B. bei Egypt Air besser noch früher.

Wie schon unter "Ankunft" erwähnt, fliegen hauptsächlich Egypt Air (auch MALEV und ein paar andere) vom (alten) Terminal 1 ab, fast alle ausländischen Gesellschaften vom Terminal 2. Achten Sie also auf das zuständige Terminal; denn zum neuen fährt ab 6 Uhr in stündlicher Frequenz vom Midan Abdel Minin Riyad (unter Hochstraßen an der Rückseite des Ägyptischen Museums) der Bus Nr. 449. Terminal 1 erreichen Sie mit Bus Nr. 400, der Tag und Nacht zwischen Flughafen und Midan Midan Abdel Minin Riyad verkehrt, Abfahrt alle halbe Stunde. Allerdings kann der Bus je nach Tageszeit unterwegs sehr voll werden.

Diese Busse fahren nicht unbedingt sehr pünktlich ab, daher lieber 10 – 15 Minuten vorher an der Haltestelle sein. Trotzdem sollten Sie den Minibus Nr. 27 vorziehen, der alle halbe Stunde vom Midan Abdel Minin Riyad zum Terminal 1 abfährt, von dort jede volle Stunde bis 24 Uhr mit C.A.A.-Bus zum Terminal 2. Bei Auslandsflügen sollten Sie ca. zwei Stunden, bei Inlandsflügen ca. eine Stunde vor Abflug einchecken.

Auch bei Taxifahrten zum Flughafen müssen Sie wissen, in welchem Terminal Ihre Airline abfertigt; bei Unsicherheiten lassen Sie den Fahrer warten. Zum Flughafen kann man – vor allem bei Frühflügen – eine Limousine bei MISR TRAVEL vorbestellen, Tel 2599813, 2599814, als zuverlässig bekannt, aber teurer.

Im Gegensatz zu früher kann jetzt im Abflugbereich in der Cafeteria (Kaffee £E 3, Softdrink £E 5) bzw. im Restaurant und in den Souvenirshops in £E gezahlt werden, nur im Duty-Free-Shop sind Devisen erforderlich. – Angeblich lassen sich auch bei deutschen Banken ägyptische Pfund ohne nennenswerten Kursverlust zurücktauschen.

Bei der Ausreise dürfen Sie keine Antiquitäten ausführen, es sei denn, Sie sind im Besitz einer Genehmigung der Altertümerverwaltung oder eines konzessionierten Händlers. Diese Bestimmung wird von Ägyptern verständlicherweise scharf überwacht, auf Mißbrauch stehen hohe Strafen.

Ankunft/Abreise in Luxor

Die Ankunft in Luxor ist nicht besonders aufregend. Im Prinzip gilt ähnliches wie in Kairo. Das Visum ist auch hier unkompliziert zu den üblichen Bedingungen erhältlich. Lassen Sie sich für die Fahrt in die Stadt nicht von Taxifahrern übers Ohr hauen: die Fahrt sollte etwa £E 15 bis 20 per Auto plus £E 1 pP Straßenbenutzungsgebühr kosten.

Obwohl in Assuan seit 1999 ein fix und fertig für Auslandsausflüge eingerichtetes neues Flughafenterminal bereitsteht, waren bis zur Zeit der Recherche keine internationalen Flüge zugelassen.

Anreise von Israel

Von **Tel Aviv/Jerusalem nach Kairo** verkehrt jetzt *Mazada Tours*. Der Bus fährt von deren Büro in Tel Aviv, 141 Ibn Givrol St, Tel 544 4454, um 9 und 20.30 ab; in Jerusalem, 9 Koresh St, Tel 623 5777, um 7.30 und 19 Uhr (Achtung, der Nachtbus scheint nicht an allen Wochentagen zu fahren). Es wird empfohlen, mindestens drei Tage im Voraus zu buchen.

Über den Service von Mazada Tours erhielten wir negative Informationen, unter anderem wegen der überhöhten Grenzgebühren, die bei der Ausreise aus Israel und Einreise nach Ägypten erhoben werden. Der Fahrpreis für eine Strecke beträgt $ 35 pP (nachts $ 40) pro Richtung oder $ 50 für den Rundtrip. Hinzu kommen Grenzgebühren für Tabah/Rafah von $ 32/15 auf irsraelischer Seite und $ 6/8 für die ägyptische Grenze. In umgekehrter Richtung nur £E 17/2 auf der ägyptischen Seite. Vergleichen Sie diese Zahlen mit den o.a. für den indivuellen Grenzverkehr!! Leser berichten von einem weiteren Ärgernis, nämlich daß die Ägypter diesen Bus wohl in steter Regelmäßigkeit mehrere Stunden auf das militärische Sicherheitsbegleitkommando warten lassen.

Alternative mit öffentlichen Verkehrsmitteln: Von Tel Aviv um 8 Uhr täglich (außer sonntags) Busverbindung mit EGGED-Bus Nr. 362 nach Raffah-Grenzstation (nur dieser Bus fährt zur Grenze), Fahrpreis ca. NIS 25, angeblich startet um 14 Uhr ein Bus von der Grenze nach Kairo. Oder Sie können in ein Sammeltaxi zu £E 25 pP nach Kairo steigen. Abgesehen davon ist von Raffah das Weiterkommen jedoch schwierig, man ist meist für die Strecke bis El Arish auf teure Taxis angewiesen, von dort kommt man aber preiswert mit öffentlichen Bussen nach Kairo.

Von **Kairo nach Jerusalem/Tel Aviv** fährt ebenfalls Mazada Tours, täglich außer Sa um 5.30 und 15 Uhr vom Sheraton Hotel zu £E 120 ab. Die Fahrt dauert ca. 9 Stunden. Buchungen am besten direkt beim MISR Travel Office im Sheraton Hotel, da die Zusammenarbeit mit anderen Reisebüros nicht so ganz zu funktionieren scheint.

Der früheste lokale Bus nach Raffah fährt in Kairo um 8 Uhr ab und kommt gegen 15 Uhr in Raffah an. Dummerweise startet der letzte Bus auf der israelischen Seite ebenfalls um 15 Uhr, so daß das Weiterkommen mehr oder weniger nur per (teurem) Taxi möglich ist. Oder man fährt von Kairo per Sammeltaxi nach El Arish (nicht dirket nach Raffah, da nur wenige Fahrgäste), übernachtet eventuell dort und nimmt um 7 Uhr den Bus oder ein Sammeltaxi zur Grenze in Raffah, um 12.25 Uhr fährt dann ein Bus nach Tel Aviv.

Rückkehr nach Europa

Irgendwann werden Sie auch wieder nach Hause zurückkehren, davor liegt der heimische Grenzübergang. Sie sollten sich vor der Abreise erkundigen, was alles zollfrei eingeführt werden darf. Aber denken Sie auch daran, daß es ein Artenschutzabkommen gibt. Die Einfuhr selbst "harmloser", am Strand gefundener Muscheln kann schon auf Schwierigkeiten stoßen. Sollten Sie grundsätzliche Zweifel haben, ob ein gekauftes oder gefundenes Stück überhaupt ausgeführt werden darf, so können Sie sich beim *Ministry of Agriculture* in Giseh Rat oder ein Zertifikat holen.

1.4 In Ägypten zurechtkommen

Fortbewegen

Das Fortbewegungsproblem ist in Ägypten nicht schlecht gelöst, praktisch alle Orte sind mit öffentlichen Verkehrsmitteln erreichbar. Im Niltal nimmt man gern die Eisenbahn, sonst Busse oder Sammeltaxis.

Wenn Sie mit Sammeltaxis oder Minibussen unterwegs sind, sollten Sie so planen, daß Sie noch vor Sonnenuntergang Ihr Ziel erreichen. Einmal ist die Nachtfahrerei in Ägypten deutlich riskanter, zum anderen sieht man nichts von der Umgebung. Man sollte ebenso Nachtbusse vermeiden.

Mit der Eisenbahn unterwegs

Die **Eisenbahn** steht an erster Stelle der Transportmittel. Sie ist im gesamten Niltal der Favorit schlechthin, besonders auf der Strecke Kairo – Assuan. Allerdings liegen manchmal die Bahnhöfe ziemlich weit von den Orten entfernt, die man besuchen will (z.B. Abydos). Die Reise in der ägyptischen Eisenbahn bietet nicht nur den Vorteil des preiswerten Transports, Sie können das Landleben durch die Fenster und das Familien- und Zusammenleben direkt neben sich betrachten.

Es verkehren die folgenden Zugarten: Supersleeper; Erste Klasse mit Airconditioning (AC); Zweite Klasse mit AC; Zweite Klasse ohne AC. Der teure Supersleeper ist nur für Touristen reserviert. Die frühere staatliche Betreibergesellschaft Waggon-Lits wurde Ende 1999 teilprivatisiert und firmiert jetzt unter *ABELA*. Aber es dürfte noch eine Weile dauern, bis der alte Name dem neuen sowohl in den Schalterhallen als auch in den Köpfen Platz macht. Immerhin wurden neue Züge importiert, die bequemer, schneller und pünktlicher sind. Der Komfort soll dem einer 4-Sterne-Unterkunft entsprechen, im Fahrpreis sind Dinner und Frühstück enthalten.

Für Tagesfahrten: Erste Klasse mit AC ist zwar etwas teurer, aber vielleicht für den europäischen Gast am angebrachtesten, weil er hier am wenigsten die ägyptischen Reiseverhältnisse stört. Meist gibt es in dieser Klasse einen Speisewagen oder das Zugpersonal verkauft Wasser o.ä. Nachteil der Ersten Klasse ist der gnadenlose, laute und ununterbrochene Video-Terror; die Zweite Klasse ist damit noch nicht ausgerüstet und gerade wegen dieses "Mangels" zu empfehlen.

Die Zweite Klasse mit AC ist relativ preiswert und nicht unkomfortabel, sie wird von Travellern auch häufig gebucht (kein Speisewagen), jedoch ebenso von der ägyptischen Mittelschicht. Auf die Zweite Klasse ohne AC stürzen sich (im wörtlichen Sinn) die Ägypter, sie ist zumindest in Kairo meist erbarmungslos überfüllt, Reservierungen sind wirkungslos. Eine Reise in der Dritten Klasse würde einem die Lebensbedingungen der Majorität der Ägypter buchstäblich nahebringen.

Bedenken Sie bitte, daß die dritte Klasse wegen ihres sehr geringen Preises gerade von den sozial unteren Schichten benutzt werden muß. Europäer sollten das manchmal im wörtlichen Sinne atemberaubende Gedränge vermeiden helfen und sich mindestens für die zweite Klasse entscheiden, um den Leuten einen Platz zu lassen, die keine andere Chance haben.

Einige Tips zum Eisenbahnfahren:

Achtung: Für Ausländer sind wegen der Terrorismusgefahr derzeit nur einige Züge zugelassen, deren Abfahrten im Kairo-Kapitel wie auch bei den Ortsbeschreibungen von Luxor und Assuan angegeben sind.

● Grundsätzlich sollten **Tickets** (einschließlich der Platzreservierung) zumindest für die Hauptstrecken einige Zeit **im voraus** beschafft werden.

● Für die Buchung im **Supersleeper** wird der Reisepaß benötigt, Vorausbuchung während der Saison bis zu einer Woche vorher empfohlen. Alkoholische Getränke sind im Zug sehr teuer. In Luxor und Assuan sind die WAGON-LIT-Schalter nur vormittags geöffnet.

● Häufig funktioniert auch der Trick, daß man **ohne Reservierung** gegen £E 1,50 Aufpreis in der gewünschten Klasse stehend mitfahren kann. Spätestens in Minia werden die ersten Plätze frei, oder man hat schon früher Glück, denn für Privilegierte wie Parlamentarier, Armeeangehörige etc. wird immer ein bestimmtes Kontingent Plätze freigehalten und erst kurz vor Abfahrt freigegeben.

● **Ticket** sofort nach Erhalt **prüfen**, ob es tatsächlich für den gewünschten Zielbahnhof ausgestellt wurde.

● **Ermäßigung** gibt es auf den Internationalen Studentenausweis und auf den Internationalen Youthhostel-Ausweis, allerdings nicht für den Supersleeper.

● Im Erste-Klasse-Zug bedient der Kellner wie selbstverständlich, erst hinterher kommt die dicke **Rechnung**, die in vielen Fällen außerdem unkorrekt ist.

Eisenbahntickt – Ein Leser übersetzte die Bezeichnung der wichtigsten Felder als Interpretationshilfe für "Nachfahrer"

● **AC-Abteile** können sehr **kühl** sein. Möglichst Platz auf der Schattenseite wählen, weil man sonst nur gegen geschlossene Vorhänge schaut.

● Für lange Bahnfahrten **Trinkwasser** einpacken, da Getränke im Zug furchtbar süß sind; auch Toilettenpapier sollte man mitnehmen, da im Zug nicht vorhanden.

● Die **Zugtoiletten** sind bereits nach kurzer Fahrt unbenutzbar. Verschieben Sie bei Darmerkrankung Ihre Eisenbahnreise.

● Wer den **Zug verpaßt**, tauscht sein Ticket im Ramsis-Bahnhof in Kairo im Büro vor Gleis 8; Achtung: Umtausch nur innerhalb von 24 Stunden möglich!

● **Telefonische Zugauskunft** in Kairo unter Nr. 147 und 753 555.

Per Omnibus oder Sammeltaxi unterwegs

Busfahrten bieten gegenüber der Eisenbahn den Vorteil, daß man u.U. auch außerhalb der

1.4 In Ägypten zurechtkommen

Haltestellen aus- und (mit etwas Glück) wieder zusteigen kann. Die großen Überland-Omnibuslinien sind relativ pünktlich, Stehplätze gibt es nur selten, die Komfort-Skala reicht bis zu Airconditioning, bequemen Sesseln, Video, Snack-Bar, Toilette.

Auch wenn Reisebüros Buskarten beschaffen und Vorausbuchungen erledigen, so sollte der Kostenbewußte dies besser selbst tun, denn die Agenturen schlagen bis zu 100 Prozent Berabeitungsgebühr auf den Fahrpreis.

Viele Leute beklagen sich über unerträglich laute Videofilme in Luxusbussen, manchmal drei nacheinander; unbedingt wird Ohropax für solche Reisen empfohlen. (Ein Leser schreibt: *"Der Busfahrer hat in der linken Hand die Zigarette, in der rechten Tee, lenkt mit dem Bauch und schaut dazu Video")*. Die Fahrer regeln allerdings auf Bitten die Lautstärke herunter.

Ein Tip am Rande: Falls tatsächlich ein schattenspendendes Bushäuschen am Wegesrand steht, sollte man sich nur so lange darin ausruhen, wie weit und breit kein Bus zu sehen ist. Denn die Fahrer nehmen nur ungern das Gas weg, und wer zu spät gesichtet wird, der bleibt stehen.

Eine sehr gute Alternative zu Bussen stellen die **Sammeltaxis** (*Bel Nafer*, was *pro Person* heißt, oder Arabiya oder Services von Servicetaxi) dar, die zwischen nahezu allen Orten verkehren. In der Regel sind es Peugeot-Wagen, die allerdings mehr und mehr von Toyota-Minibussen abgelöst werden. Je weiter abseits der Ort liegt, um so älter sind die Fahrzeuge. Häufig verkehren dort auch Pickups, auf deren Ladefläche einfache Bänke befestigt sind.

Die Abfahrplätze liegen meist im Ortszentrum, unterwegs winkt man sie einfach heran. Sie fahren nur dann ab, wenn der Wagen voll ist (oder man für die fehlenden Passagiere mitzahlt). Fahrpläne gibt es nicht, das Warten auf einen vollen Wagen dauert selten länger als eine halbe Stunde.

Der Fahrpreis liegt etwas höher als beim Omnibus (etwa 10 – 15 Piaster pro 10 km); man sollte unbedingt vor dem Einsteigen den Fahrpreis aushandeln; man muß auch hier damit rechnen, daß mehr als von den Einheimischen gefordert wird. Sinnvoll ist, daß man sich für längere Strecken mit anderen Reisenden zusammentut (Peugeot-Taxi hat sieben Plätze) und dann unabhängig von Warterei ist.

Eine weitere Alternative sind Minibusse, die im Prinzip nach ähnlichen Regeln wie die Sammeltaxis befördern und viele Strecken auf festen Linien bedienen.

Tips zum Busfahren:

● Fast immer ist **Vorabbuchung** und Platzreservierung empfehlenswert, meist sogar notwendig. Bei der Ticketreservierung immer die Bezeichnung "a.m." für vormittags bzw. "p.m." für nachmittags hinzufügen; sonst gibt Ihnen der Mann ein Ticket für den 19-Uhr-Bus, Sie wollten aber mit dem 7-Uhr-Bus fahren!

● **Kontrollieren** Sie das Ticket. Einige Busfahrer versuchen, ein paar £E mehr zu verdienen als auf dem Ticket in arabischen Zahlen aufgedruckt ist. Meist erhält man das zuvor zuviel gezahlte Geld problemlos zurück.

● Da die meisten Busse überbesetzt sind, schließt man sich als **Alleinreisender ohne Platzreservierung** am besten anderen Travellern an. Während einer in den Bus stürzt, um Plätze zu reservieren, kümmert sich der andere darum, daß das Gepäck gut im Gepäckabteil oder auf dem Dach verstaut wird und nichts zurückbleibt.

● Am **Zielort** den Busfahrer so lange nicht aus den Augen lassen, bis man das letzte Stück zurück hat – nicht, daß der Bus mitsamt Rucksack zur nächsten Stadt auf und davonbraust.

● Die Angaben in den Busfahrplänen, die bei den jeweiligen Orten aufgeführt sind, stammen aus eigenen Recherchen, aus vielen Leserbriefen und aus offiziellen Angaben. Verlassen Sie sich bitte nur insoweit darauf, als Sie damit planen. Die **aktuelle Abfahrt** sollte man **immer vor Ort nachprüfen** bzw. durch Befragen anderer Traveller, die gerade die Strecke fuhren, herausbekommen. Denn Fahrpläne, die seit Jah-

ren galten, können sich überraschend sowohl vorübergehend als auch ständig ändern, offenbar geht auch Sommer- oder Winterzeit mit ein.
- Die Busse fahren häufig auch **früher** ab als im Fahrplan steht, das können 20 bis 30 Minuten sein. Also möglichst eine Stunde vor Abfahrt zur Stelle sein.
- Busse mit **Airconditioning** (AC) können sehr kühl sein. Gewarnt wird vor der sog. Luxusbussen auf langen Strecken, sie sind meist eher kalt; schlimmer sind die mit brutaler Lautstärke unentwegt abgespielten Videos, Ohrstöpsel (Ohropax) mitnehmen!
- Viele Leser klagen über die **unverschämten Preise in Luxusbussen**: Wer einen Tee bestellt, wird mit Keksen und Schokoriegeln zusätzlich überhäuft, die später überteuert zu bezahlen sind.

Innerägyptische Flugverbindungen

Innerägyptische **Flugreisen** verkürzen die Reisezeit erheblich, sind natürlich teurer als alle anderen Verkehrsmittel und geben kaum einen Eindruck von dem Land, über das man hinweggeilt. Da die Inlandflüge häufig überbucht sind, sollten Sie frühzeitig am Flughafen sein. Auch sollten Sie bedenken, daß Verspätungen vorkommen, d.h. daß Sie bei Inlandflügen vor Ihrem Heimflug nicht zu spät den Abflughafen erreichen. Eine Sicherheitsreserve von einigen Stunden oder von einem Tag ist eher angebracht.

Egypt Air greift bei innerägyptischen Flügen dem Besucher heftig in die Tasche. Z.B kostete im Frühjahr 2000 ein lokal gebuchter Flug Kairo – Assuan $ 198 (eine Strecke). Wenn Sie jedoch mit Egypt Air bereits einschweben, kostet ein zu Hause gebuchter Anschlußflug nur etwa denselben Betrag in DM.

EGYPT AIR bedient die folgenden Strecken:
- Von Kairo (und zurück) täglich nach Abu Simbel, Alexandria, Assuan, Hurghada, Luxor, Sharm el Sheikh
- Ebenfalls täglich Luxor – Assuan

- Mehrmals wöchentlich: Kairo – Kharga – Dakhla, Kairo – Marsa Matruh, Assuan – Sharm el Sheikh, Luxor – Sharm el Sheikh, Luxor – Hurghada

Auf dem Nil unterwegs

Wenn Sie per **Feluke** oder **Motorschiff** auf dem Nil kreuzen wollen, dann bietet sich die "Rennstrecke" zwischen Luxor und Assuan an. Informationen zu Nilkreuzschiffreisen finden Sie auf Seite 263 und zum Segeln mit Feluken auf Seite 306.

Per Auto in Ägypten

Autofahrer sollten in Ägypten ein paar kleine, aber feine Unterschiede zu europäischen Verhältnissen beachten:
- Gehen Sie davon aus, daß alle uns eingedrillten Verkehrsregeln durch die Macht des Alltags aufgehoben sind.
- Ganz besonders wenig Beachtung finden alle Vorfahrtsregeln außer einer: Der Größere/Stärkere hat immer Vorfahrt.
- Verkehrsampeln oder Polizisten werden nur eingeschränkt beachtet; wenn Sie Grün haben, zwängt sich der, der's eiliger hat, bei Rot noch schnell durch.
- Jeder benutzt mit jeder Art von Fahrzeug jede Straße und Straßenseite, ob Autos, Karren, Esel, Kamele, Schafe, Ziegen, Radfahrer oder Fußgänger.
- Jeder macht soviel Lärm, wie er kann: je lauter eine Hupe ist und je öfter man sie betätigt, um so mehr wird man respektiert.
- ABER: Jeder gibt dem anderen eine Chance; man macht Platz, wenn z.B. der Vordermann ausscheren muß oder will; man blockiert nicht den Verkehr, nur um auf seinem Recht zu bestehen.

Auf der anderen Seite können Sie alle Vorteile dieses Systems in vollen Zügen ausschöpfen, solange Sie sich anpassen; wir trafen deutsche Rentner mit Wohnanhänger-Gespannen, die bestens zurechtkamen. Zeigen Sie sich so flexibel wie die anderen, dann werden Sie wie ein Fisch im Schwarm mitschwimmen und die-

1.4 In Ägypten zurechtkommen

se sehr unkonventionelle Art der Verkehrsabwicklung mit Vergnügen mitmachen.
Dennoch muß als Grundsatz gelten:
- Fahren Sie vorsichtig und mit wachen Augen; die Unfallrate Ägyptens ist angeblich zwanzigmal höher als die Deutschlands (jedoch handelt es sich nach unseren subjektiven Beobachtungen meistens um Blechschäden).
- Vermeiden Sie tunlichst **Nachtfahrten**. Denn nachts wird Sie das orientalische Abblendsystem sehr irritieren: Einer der beiden sich kreuzenden Wagen schaltet jeweils das Licht für ein paar Sekunden ganz aus, dann schaltet man wieder an und der andere schaltet aus; totale Dunkelpausen wie totales Blenden sind in das System fest einprogrammiert! Außerdem bewegt sich vom Esel bis zum LKW alles mögliche unbeleuchtet auf der Straße.
- **Ein wichtiger Hinweis zu Unfällen:** Sollten Sie in einen Unfall verwickelt sein, bei dem Menschen verletzt wurden, fahren Sie – falls möglich – unbedingt sofort weiter und melden Sie sich bei der nächsten Polizeistation, einerlei, ob Sie schuldig waren oder nicht. Der Volkszorn könnte sehr schnell überkochen, und an der Unfallstelle wären Sie völlig ungeschützt. Benachrichtigen Sie in schwierigeren Fällen Ihre Botschaft.
- Über **Blechschäden** zu debattieren, lohnt nicht, Schadenersatz dafür ist kaum zu bekommen. Wenn Sie eine Ziege zu Tode bringen, kostet das etwa £E 60.

In letzter Zeit bemüht sich die Polizei um mehr Ordnung im Verkehr, rote Ampeln und Parkverbote werden in Kairo strenger überwacht; ein Leser benötigte einen ganzen Tag, um sein aus dem Parkverbot abgeschlepptes Auto zurückzubekommen.

Dies gilt auch für die **Höchstgeschwindigkeit**: in Orten 50 km/h, außerhalb 90. Auch nur geringfügiges Überschreiten der Höchstgeschwindigkeit von 100 km/h auf den Autobahnen (Radarfallen; es genügen 5 km/h mehr) kann £E 50 bis 100 an Strafe nach sich ziehen. Dabei werden zunächst Führerschein und Zulassungskarte eingezogen und Ersatzpapiere ausgestellt, die man dann, gegen Zahlung der Strafe, eine Woche später in Kairo abholen muß, einerlei, wo man statt dessen sein wollte.

> **Verkehrssünder**
> Sollten Sie bei Verkehrsvergehen erwischt werden und im Giseh Traffic Office Ihren **Führerschein abholen** müssen, dann können Sie sich wie folgt zurechtfinden: Vom Sheraton Hotel Sharia Murad Richtung Zoo, großes Eckgebäude an letzter Querstraße – Sharia Abd El Salam Arif – rechts vor Zoo, dort durch Haupteingang und Außentreppe hinauf, dort rechte Tür ins angrenzende Gebäude, durch langen Gang mit Schaltern, am Ende graue Eisentreppe hinauf, an deren Ende rechts und in dieser Richtung an Aufseherbude vorbei, wieder rechts durch Gang mit ein paar Treppenstufen. Vor der abschließenden Wand sind links zwei Türen, die zweite von links ist Ihr Ziel.

Größere Straßenkreuzungen wurden in Kairo, aber auch auf dem Land "entschärft": Der Mittelstreifen wurde zugemauert, so daß jeder, der die Kreuzung in gerader Linie überqueren wollte, nun rechts abbiegen, sich dann auf die

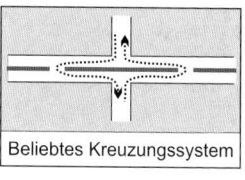

Beliebtes Kreuzungssystem

linke Seite hinüberquetschen muß, nach ca. 100 m folgt ein U-Turn, dort fädelt man sich in die Gegenrichtung ein, drängelt möglichst schnell nach rechts, um schließlich in die Straße abzubiegen, auf die man bei Geradeausfahrt sofort gekommen wäre.

Bahnübergänge wirken seit eh und je als die besten Speedbraker, man kann sie in der Regel nur im Kriechgang überwinden. Ist die Schranke geschlossen, stellen sich auf jeder

Seite die Auto- und Eselskarrenfahrer über die ganze Straßenbreite auf, um dann beim Öffnen mit lautem Gehupe aufeinanderloszufahren. Aber das, was wie eine Katastrophe aussieht, löst sich schnell wieder in flüssigen Verkehr auf.

Abenteuerliche Gefährte bewegen sich auf der Straße, vom Oldtimertaxi, dessen Fahrgäste die Türen zuhalten müssen, bis zum übervoll besetzten aber kürzlich verunglückten Minibus, dessen Karosserie zum Parallelogramm verschoben ist, dessen Türen nur mit großem Spalt schließen, die Frontscheibe ist der Einfachheit halber durch ein Stück Fensterglas ersetzt. Grundsätzlich ist bei Minibussen und Taxis höflicher Abstand geboten, denn bei jedem Menschen am Straßenrand, der wie ein Fahrgast aussehen könnte, steigt der Fahrer voll in die Bremse und wechselt dabei abrupt von der ganz linken Spur zum Straßenrand hinüber.

Der starke Verkehr belastet natürlich die Straßen entsprechend, d.h. **Spur- und Querrillen** gehören zum Alltag, genauso wie Bodenwellen aller Art, die bei jeder Neuasphaltierung liebevoll erhalten werden. Eine gewisse Vorsicht ist auch bei Kanaldeckeln angebracht; sie sind entweder zu hoch oder zu tief eingebaut, in - seltenen - Fällen fehlt der Deckel überhaupt.

Verzagen Sie nicht über den ägyptischen **Straßenzustand**: gute und schlechte Abschnitte wechseln sich in schöner Regelmäßigkeit ab. Verzagen Sie auch niemals über ägyptische Straßenschilder. Diese können Sie u.U. in die genau verkehrte Richtung weisen, weil derjenige, der sie installierte, sie nicht lesen konnte.

Mietwagen

Wenn Sie Ihr eigenes Fahrzeug nicht mitnehmen wollen, dann könnte ein Mietwagen eine Alternative sein. Die Preise liegen deutlich unter den europäischen, Sie können bei den internationalen Anbietern bereits zu Hause buchen, preiswerter dürfte es jedoch sein, das lokale Angebot vor Ort zu prüfen.

An Mietkosten muß man mit etwa DM 75 – 100 pro Tag und ca. DM 0,30 – 0,50 pro km mindestens für ein einfaches Auto wie Toyota Corola rechnen. Aktuelle Preise können Sie zur Information z.B. bei Europcar bereits in Europa abfragen. Verleiheradressen finden Sie bei den jeweiligen Stadtbeschreibungen. Beim Preisvergleich sollten Sie fragen, ob jeweils Steuer und Versicherung enthalten sind. Lesen Sie vor Unterzeichnung des Mietvertrages nach, welche Kosten tatsächlich bei einem Unfall an Ihnen hängenbleiben.

Achtung: Das Mindestalter für Mieter beträgt bei den meisten Vermietern 25 Jahre, Europcar läßt auch 23jährige, Hertz schon 21jährige ans Steuer. Ex-DDR-Bürger haben Schwierigkeiten mit der Anerkennung des DDR-Führerscheins; lassen Sie sich daher einen neuen internationalen Führerschein ausstellen.

Wenn Sie sich zum Mietwagen entschließen, informieren Sie sich auf Seite 49 über das Verkehrsverhalten der Ägypter. Für einen Neuling im Orient in ungewohntem Fahrzeug können die Verkehrsbedingungen sehr oder gar zu stressig sein.

Mietwagen sind mit einem entscheidenden Nachteil behaftet: der Mieter ist der Zuverlässigkeit des Fahrzeugs ausgeliefert, ohne dieses zuvor testen zu können (wir hatten bei fast jedem Wagen mit mehr oder weniger großen Schwierigkeiten zu kämpfen).

Daher ein paar Tips:

● Die internationalen Anbieter schienen uns genauso gut oder schlecht wie die nationalen, letztere sind jedoch billiger. Sollte es allerdings zu Auseinandersetzungen (Regreß) kommen, können Sie bei den Internationalen Ansprüche u.U. noch von zu Hause durchsetzen.

● Achten Sie besonders auf den Zustand der Reifen (Schnitte, Beulen in der seitlichen Karkasse, auch auf der Wageninnenseite) und des Ersatzrades, nehmen Sie es aus der Halterung und prüfen Sie ebenfalls beide Seiten wegen schadhafter Karkassen. Reifenpannen gehören zum Straßenbild Ägyptens!

1.4 In Ägypten zurechtkommen

- Verlangen Sie ausreichendes Werkzeug und testen Sie den Wagenheber (auch ob die Einführungen für den Wagenheber auf beiden Seiten des Fahrzeugs in Ordnung sind); der Vorsichtige bringt einen Minimalwerkzeugsatz von zu Hause mit ...
- Feuerlöscher sind obligatorisch; bei Straßenkontrollen kann Ihnen das Fehlen eines Löschers viel Ärger bereiten.

Übernachten

Da Ägypten jährlich Millionen von Besuchern unterzubringen hat, sind viele Hotels in der Hauptsaison aus- oder überbucht und der Einzeltourist hat oft seine liebe Not, eine Unterkunft zu finden. Häufig zaubert ein etwas ansehnlicheres Bakschisch dennoch ein Bett im ausgebuchten Hotel herbei.

Offiziell dürfen Privatleute Ausländer nicht zur Übernachtung einladen, ohne eine Erlaubnis der Polizei einzuholen. Andernfalls sind Strafen bis zu £E 2000 oder 10 Monate Gefängnis fällig.

Die ägyptischen Hotels sind in Kategorien eingeteilt, die mit 5 Sternen am oberen Ende beginnen und bei keinem Stern enden. Die 5*-Herbergen gehören fast ausschließlich internationalen Ketten und kosten deutlich ab $ 150 aufwärts. 4*-Hotels sind meist in ägyptischer Hand, durchwegs recht gepflegt und eine echte Alternative zur teuren Kategorie. Die Kosten liegen ab £E 100.

Auch 3*-Unterkünfte bieten gute Konditionen fürs Geld: In der Regel Aircondition (zumindest vorteilhaft gegen Moskitos und Straßenlärm), eigenes Bad mit warmer Dusche und übliche, durchaus akzeptable Sauberkeit. Meist stehen ein Kühlschrank sowie ein TV im Zimmer und morgens ein annehmbares Frühstück auf dem Tisch. Für den anspruchsvollen, aber preisbewußten Traveller sind sie die beste Wahl, denn sie liegen zwischen £E 40 und 100 für das Einzelbett.

Zwischen den Zwei- bis Kein-Sternhotels gibt es bestenfalls Preisdifferenzen, aber in der Ausstattung zeigen sich die Unterschiede eher zwischen mehr oder weniger einfach bis miserabel. Speziell in der untersten Klasse sind Etagenduschen und -toiletten der Standard, bei der Sauberkeit muß man ein oder zwei Augen zudrücken, die Zimmer stehen voller Betten, die beliebig belegt werden. Man muß seine Ansprüche schon ziemlich gegen Null schrauben und Ungemütlichkeiten (z.B. kein AC, häufig nicht einmal ein Ventilator) auf sich nehmen, wenn man dort übernachtet. Andererseits sind sie die typischen Traveller-Hotels, hervorragede Informationsbörsen und nach überstandener Nacht für viele Abenteuergeschichten gut.

Ein paar Tips und Infos:
- Theoretisch kommen bei allen Hotelkategorien **Steuern und Servicegebühren** in Höhe von bis zu 26,6 Prozent auf die Rechnung. Die Angaben in diesem Buch nennen bis auf wenige Ausnahmen den Endpreis einschließlich aller Steuern und Gebühren.
- Preisgünstige Hotelbuchungen: Wenn Sie dem Streß der ersten Hotelsuche in Ägypten vorbeugen wollen, dann können Sie bereits von zu Hause aus eine preiswerte Einzelunterkunft buchen, siehe Seite 40. Auch im Land selbst haben Sie noch die Möglichkeit bei American Express, Wagons-lits-Travel oder Thomas Cook nach einem "Hotel Voucher" zu fragen. Mit einem solchen Voucher kann man zu wesentlich günstigeren Preisen einchecken (besonders bei den besseren Unterkünften). Bucht man ein Zimmer über einen in Ägypten stationierten Vertreter einer heimischen Reiseagentur (Sprechzeiten hängen meist in größeren Hotels aus), spart man u.U. 30 Prozent und mehr.
- In der Sommersaison (Mai bis September) sind viele Hotels deutlich billiger. In der Spitzen-Hochsaison (Weihnachten, Ostern) langen

Übernachten

viele Hoteliers mit gewaltigen Zuschlägen kräftig zu.
- Auch in Hotels gehört Feilschen zum Handwerk, zumindest in den mittleren und unteren Kategorien. Verschenken Sie daher Ihr Geld nicht!
- Die teuren Hotels rechnen meist in harten **Devisen** ab (bar oder Kreditkarte), dies kann auch in mittleren Hotels passieren.
- Etwa vom **5. bis 20. Januar sind Ferien** an Schulen und Universitäten Ägyptens. Dann kann es durchaus passieren, daß man aus Hotels herausfliegt, weil eine Gruppe lange im voraus buchte und kein Mensch daran dachte ...
- Wenn Ihnen jemand – vornehmlich an Bahnhöfen, Bushaltestellen etc. – anbietet, bei der Hotelsuche behilflich zu sein, so handelt es sich meist um einen **Schlepper**. Er bekommt eine Provision vom Hotel, die Sie natürlich mitbezahlen müssen. Andererseits kann sich der häufig nicht hohe Betrag lohnen, weil sich zumindest die Wege und die Sucherei verkürzen.
- Achten Sie darauf, daß Sie Ihr **Zimmer verschließen** können und daß Sie sich als Frau ungestört bzw. unbeobachtet durch Löcher in Wand oder Tür waschen können. Fragen Sie vorab in Billighotels, ob bereits jemand im Mehrbettzimmer einquartiert ist.
- Schauen Sie sich das Zimmer möglichst genau an und **testen Sie** Wasser, Toilette, Dusche, Ventilator oder Airconditioner, bevor Sie buchen.
- An die Sauberkeit der billigen Unterkünfte darf man keine hohen Ansprüche stellen. Wenn die **Bettwäsche** noch vom Vorgänger stammt, so wird sie doch in den meisten Fällen gewechselt, wenn der Gast nachhaltig darauf besteht. Nehmen Sie eigene Handtücher, Seife und Toilettenpapier mit.
- Wahrscheinlich wollen Sie unterwegs mal Ihre Wäsche waschen lassen: Viele Hotels bieten schnellen und preiswerten **Wäscheservice** an.
- In der untersten Hotel-Kategorie sind **Flöhe** keine Seltenheit (die allerdings auch gern in dichtem Gedränge oder in öffentlichen Verkehrsmitteln auf frisches Blut umsteigen). Gegen Wanzen – die sich von der Decke auf ahnungslose Schläfer fallenlassen – und natürlich Moskitos schützt ein Moskitonetz.
- Ein simpler Ratschlag: Nehmen Sie in heißer Zeit **kein Zimmer nach Westen**, dort heizt sich die Mauer, besonders der Beton so auf, daß er bis tief in die Nacht alle Wärme in Ihr Zimmer strahlt.
- Ab Seite 317 haben wir aus den uns zugänglichen Unterlagen, aus eigenen Erfahrungen und aus den vielen Leserzuschriften eine Hotelliste zusammengestellt, in der Sie im wesentlichen Hotels der mittleren und unteren Preisklasse finden.

Ein paar Bemerkungen zum – unvermeidlichen – Thema **Toiletten** in Ägypten: In den allermeisten Hotels findet man heute Sitztoiletten, auch wenn viele davon nicht gerade zum Sitzen einladen (Infektionen holt man sich übrigens weniger durchs Sitzen als durch zurückspritzende Flüssigkeit). Häufig ragt in der Mitte ein nicht gerade sauberes Röhrchen empor, das anstelle des Abputzens Wasser zum Waschen (und zwangsläufig auch Fäkalienreste) nach oben spritzen läßt. Oder es gibt einen flexiblen Schlauch mit Wasserhahn, was etwas hygienischer sein kann. Häufig steht in der Toilettenkabine ein Papierkorb für benutztes Toilettenpapier, weil Toilettenkonstruktion und Kanalisation dem ungewohnten Medium nicht gewachsen sind und dann gern verstopfen. Das ist die Horrorseite des "Call of Nature", die hygieneversessenen Europäern das Fernreisen vergällen kann.

Was läßt sich tun? Am besten nie auf eine Brille setzen oder aber entsprechende Unterlagen mitbringen oder aus Toilettenpapier zurechtlegen oder, falls vorhanden, die "türkischen" Hock-Klos mit einfachem Loch im Boden aufsuchen und beim Ziehen der Spülung fluchtartig die häufig dann unter Fluten stehende Kabine verlassen. Als weitere Alternative bietet sich die freie Natur – sofern vorhanden – an, in der Wohlerzogene und Umweltbewußte ein

Loch graben und dieses wieder abdecken. Allerdings sollte man in der Wüste das benutzte Toilettenpapier nicht mitvergraben sondern verbrennen, weil es irgendwann vom Wind freigelegt wird und durch die Lande flattert.

Essen und Trinken

Zahllose Restaurants, Garküchen und Imbißstände sorgen dafür, daß man nicht verhungert. Daß es in den meisten dieser Etablissements nicht so fürchterlich hygienisch zugeht, kann der vom üppigen Mahl erfreute Besucher kurze Zeit später erleben, wenn ihn ein Durchfall plagt. *Je teurer, je ungefährlicher* – ist keine feste Regel, besitzt aber doch etwas Wahrheit. Wer mit empfindlichem Gedärm in den Orient reist, sollte Garküchen und vor allem Imbißstände am Straßenrand meiden, denn dort wird z.B. das Fett selten gewechselt oder wenig frisches Wasser benutzt. Vielleicht als Faustregel für Billigangebote: Dort, wo großer Andrang herrscht und viele Portionen verkauft werden, haben die vorbereiteten Speisen oder Lagerbestände weniger Zeit, schlecht zu werden.

Die typische Mittagessenszeit beginnt gegen 13 Uhr, Dinner wird etwa ab 20 Uhr serviert, wobei Ägypter lieber ab 22 Uhr speisen; dies gilt vornehmlich für die besseren Restaurants.

Die ägyptische Küche ist stark geprägt von türkisch-arabischer Tradition, außerdem sind mediterrane Einflüsse erkennbar. Als Anregung hierzu einige Erklärungen, die Ihnen die Wahl des vielseitigen und meist sehr schmackhaften Angebots erleichtern sollen:

● **Foul** – *das Fleisch des armen Mannes* genannt. Kleine, getrocknete braune Bohnen werden viele Stunden – häufig über Nacht – auf sehr kleinem Feuer gekocht. Foul hält sich trotz des heißen Klimas über mehrere Tage. Gewürzt und endgültig zubereitet wird jedes Gericht erst kurz vor der Mahlzeit. Zum Frühstück ißt man's aus der Schüssel mit Olivenöl und Zitrone angemacht; als kleinen Imbiß zwischendurch belädt man Fladenbrot mit Foul und gehacktem Salat und gießt darüber Tahina; als Hauptmahlzeit genießt man es mit eingelegten Gurken, frischem Salat (Vorsicht), Tomaten und hartgekochten Eiern. – Foul mit Fladenbrot und Salat kostet z.B. als Abendmahlzeit etwa £E 1.

● **Tahina** – eine köstliche, dicksämige Sauce aus Sesamöl und feingemahlenen Hülsenfrüchten; viel Knoblauch, Zitrone, Salz und Pfeffer geben die nötige Würze. Mit ihrem starken Nuß-Aroma schmeckt sie vorzüglich, wenn man – ganz nach orientalischer Art – kleine Stücke von frisch gebackenem Fladenbrot in die Sauce tunkt.

● **Hummus Bi Tahina** – kaltes Kichererbsenpüree mit Tahina.

● **Betingan** – geröstete Auberginenscheiben, die meist mit Tahina und Fladenbrot angeboten werden.

● **Mussaka** – dem griechischen Mussaka ähnliche Speise aus Auberginenscheiben, Tomaten, Zwiebeln.

● **Machschi Kooßa** – Zucchini mit köstlich gewürzter Reisfüllung.

● **Machschi Betingan** – dasselbe mit Auberginen.

● **Filafil** – Gemüsefrikadellen: Braune Bohnen, Zwiebeln, Erbsen, Petersilie und andere Kräuter werden durchgedreht, scharf gewürzt und in Öl ausgebacken.

● **Molucheya** – eine Art Suppengericht aus spinatartigem, kleingehacktem und in Fleischbrühe gekochtem Gemüse, als Einlage dienen Reis oder Fleisch. Es ist kräftig gewürzt und viel Knoblauch angereichert. Das Gemüse sieht wie unsere Brennesseln aus, man verwendet nur die Blätter. Molucheya ist eines der beliebten Nationalgerichte Ägyptens.

● **Baba Ghanush** – kaltes Auberginenpüree mit rauchigem Beigeschmack, weil die Auberginen bei der Zubereitung angeröstet werden. Es eignet sich zu Vorspeisen wie z.B. eingeleg-

Essen und Trinken

ten Möhren, Gurken, Rettichen oder anderem Gemüse. Es wird auch häufig als Salatsauce und zu Fisch serviert.
- **Feta** – ein in eine Schüssel geschichtetes Gericht. Die unterste Lage besteht aus Fladenbrot, darüber kommen Reis und obendrauf Fleischstücke. Alles ist mit Knoblauch zubereitet und mit würziger Brühe durchtränkt.
- **Kushari** – ein Gericht aus Spaghetti, Reis und Linsen, darüber geröstete Zwiebeln und ein Schuß Tomatensauce. Bei Bedarf gibt man über das eigentlich milde Gericht Knoblauch-Essig und Chili-Sauce. Diese Speise wird häufig an kleinen, fahrbaren Kushari-Ständen angeboten.
- **Haman Mashi** – gedünstete Täubchen. Sie sind eine ägyptische Delikatesse, der Höhepunkt vieler Festessen. Bei der traditionellen Art der Zubereitung wird der Vogel mit gestoßenen, grünen Weizenkörnern gefüllt und in einer Tonkasserolle gedünstet. Frische Minzeblätter sorgen dabei für ein anregendes Aroma. Als **Haman Maschwi** ist das Täubchen gegrillt.
- **Mashi Wara Ainab** – Weinblätter mit gewürzter Reisfüllung.
- **Dolma** – gefüllte Paprikaschoten oder Weinblätter.
- **Batata** – heiße Süßkartoffeln, die vor allem im Winter auf den Straßen verkauft werden.
- **Pasterma** – Rindfleisch, das mit einer dicken Gewürzschicht umgeben ist (manchmal wird ersatzweise junges Kamelfleisch verwendet, das aber auch gut schmeckt).
- **Kebab** – ein typisches, auf Reis serviertes orientalisches Gericht aus am Spieß gegrilltem Hammel-, Rindfleisch- oder Leberstücken, Zwiebeln und Tomaten.
- **Kufta** – am Spieß gegrillte Hammel-Hackfleischröllchen.
- **Betingan** – gegrillte Auberginen.
- **Fassulja** – weiße Bohnen in Tomatensauce.
- **Aish Baladi** – frisches Fladenbrot.
- **Banja** – ein zucchiniähnliches Gemüse, das mit viel Knoblauch und Tomaten gekocht wird.
- **Kibda** – fritierte Leberstückchen.
- **Gibna Bejda** – ein recht schmackhafter, weißer Schafskäse, den es gelegentlich auch zu kaufen gibt.
- **Fetir Mishalet** – ein blätterteigähnliches Gebäck aus mehreren Teigschichten, gefüllt mit Pistazien und gehackten Nüssen, das mit dunklem Likör aus Zuckerrohr übergossen wird.
- **Aish es Seraya** – ein in Zuckersirup eingeweichter Honigfladen, garniert mit frischer Sahne. Eine recht gehaltvolle Nachspeise, die ihrem Namen *Brot des Palastes alle Ehre macht*.
- **Sachleb** – ein köstliches Getränk aus Milch mit Kokosnuß, gehackten Nüssen und anderen Zutaten.
- **Zuckerrohrsaft** – wird mit meist vorsintflutlichen Walzenpressen direkt "von der Stange" am Ort gepreßt, schmeckt als Gemisch mit Orangensaft auch sehr gut.
- **Tamarhindi** – erfrischendes, süßsäuerliches Teegetränk, das aus getrocknetem Fruchtfleisch der Tamarinde gekocht und dann gekühlt wird.

Als Abschluß eines üppigen Mahles kann es anregend und verdauungsfördernd sein, gemeinsam mit den Tischnachbarn die **Shisha**, die orientalische **Wasserpfeife** zu rauchen, deren Rauch durch Wasser gekühlt wird. Das Mundstück mit seinem langen, beweglichen Schlauch wird dabei von einem zum andern Raucher gereicht. Der Tonaufsatz *(Haga)* der Shisha ist meist mit Maasal-Tabak gefüllt, dessen Aroma durch Beimengung von Zuckerrohrmasse leicht süßlich ist. Zur Shisha schlürft man meist türkischen Mokka. Als Tourist zahlt man etwa £E 1 für eine Shisha-Füllung.

Tee *(Shay)* und **Kaffee** *(Ahwa)* sind die klassischen Nationalgetränke schlechthin; wobei man Teebeutel-Tee erhält, wenn man nur Shay bestellt, aber ägyptischen Tee bei der Order Shay el arosa oder Shay Masr. Bei jeder nur denkbaren Gelegenheit wird Tee angeboten: schwarzer Tee, Pfefferminztee (Nhana) und der rote Karkade (aus Hibiskusblüten), der sowohl heiß als auch eisgekühlt getrunken wird. Beliebt sind auch Qirfa (aus Wasser, Zimt und

Zucker) oder Helba (aus Bockshornklee). Bei der Kaffee-Bestellung sollten Sie türkischen Kaffee – wobei der Begriff türkisch negativ belegt ist – ordern, der Ahwa heißt, weil Sie sonst meist Pulverkaffee bekommen.

Neben **Mineralwasser** *(Baraka, Siwa, Perrier, Evian etc.)*, das in 1,5-Liter-Flaschen zu bekommen ist, verkauft jeder Straßenhändler Pepsi Cola oder Seven-Up. Übrigens bedeutet Baraka "Segen"; ein Sprichwort heißt "Haraka – Baraka" – "sich regen bringt Segen".

Vorsicht: Evian-Flaschen lassen sich angeblich öffnen, ohne das Siegel zu brechen und dadurch mit beliebigem Wasser wieder auffüllen. Wenn der Kellner im Restaurant eine Flasche bringt, sollte man sich den versiegelten Verschluß zeigen lassen; denn manche Restaurantbesitzer füllen leere Flaschen mit Leitungswasser auf, das u.U. am Chlorgeschmack identifiziert werden kann.

Stella, das klassische in Ägypten gebraute **Bier** mit niedrigem Alkoholgehalt (auch als Export erhältlich), ist nach einem heißen Tag eine willkommene Erfrischung. Das läßt sich auch mit anderen, neu auf den Markt gekommenen Bieren erreichen, z.B. Löwenbräu. Alkoholfreies Bier namens *Birell* gibt es manchmal auch in Restaurants.

Auch der Weinanbau hat bis in pharaonische Zeiten zurückreichende Tradition. Wandmalereien in den Gräbern zeigen bereits Szenen von der Weinlese, und Amphoren mit Jahrgangsangaben wurden als Grabbeigaben entdeckt. Zwar ging mit dem Einzug des Islam, der ja Alkohol in jeder Form verbietet, der Weinbau zurück, es wird jedoch in kleinerem Umfang weiterhin gekeltert. Ergebnisse ägyptischer Winzerkunst – die sich nach der Privatisierung der bisher staatlichen Weingüter schlagartig bessern wird – erhält man in einigen Supermärkten wie auch in internationalen Hotels und Restaurants.

Importierter Alkohol ist überdurchschnittlich teuer (etwa das Vierfache von europäischen Preisen), jedoch in Großstädten erhältlich. Vorsicht bei höherprozentigem Alkohol: Immer wieder werden – sogar in seriösen Geschäften – der Originalverpackung täuschend ähnlich nachgemachte Spirituosen angeboten, die aber gepanscht sind, u.a. mit Methylalkohol. Bereits geringe Mengen davon können tödlich sein; 1988 und 1991 starben jeweils zwei Deutsche in Ägypten an Methylalkoholvergiftung.

Gesundheit

(Impfungen vor der Reise siehe Seite 27.) Zwar zählt Ägypten nicht gerade zu den hygienischsten Ländern dieser Erde, aber mit etwas Um- und Vorsicht läßt sich das Land mit heiler Haut bereisen. Wenn Sie ein paar Regeln beachten, werden Sie die meisten Gefahren stark reduzieren oder ganz ausschalten können.

Rohes Gemüse oder auch Obst dienen vielen Krankheitskeimen (u.a. wegen der Kopfdüngung) als Sprungbrett in des Genießers Innenleben. Daher möglichst nur "natürlich **Eingepacktes**" wie z.B. Bananen essen, Äpfel waschen und dann schälen. Neben der ohnehin üblichen Hygiene gilt die etwas harte, aber sehr effektive und altbekannte Regel:

Auf alles rohe Obst und Gemüse, auf Salat, Eiswürfel und Speiseeis verzichten, Wasser nur abgekocht oder mechanisch oder chemisch entkeimt trinken.

Die Engländer haben diese Weisheit sehr griffig formuliert: *Cook it, boil it, peel it or forget it!* Wenn Sie diese Regel praktizieren, haben Sie schon mal die Gefahren für eine ganze Reihe möglicher Erkrankungen auf ein Minimum reduziert, und mit ein bißchen Glück werden Sie gesund über die Runden kommen. – Ein Leser bezahlte den Trick von Obsthändlern, etwas ältlichen Melonen mit einer Wasserinjektion (meist aus direkter Umgebung) zu frischem

Gesundheit

Aussehen zu verhelfen, mit einem üblen Durchfall.

In Kairo und anderen Großstädten ist übrigens das **Wasser** so stark gechlort, daß nicht nur Bakterien einen großen Bogen darum machen. Obwohl das Wasser (das aus dem Nil gewonnen wird, der im übrigen als einer der am wenigsten umweltbelasteten Flüsse der Erde gilt), am Ausgabepunkt der Stadtwerke bakteriell einwandfrei ist, können unter ungünstigen Umständen infolge von Leitungsbruch oder bei ungenügender Pflege der Hauswassertanks Bakterien eindringen. Viele Ausländer trinken das Kairo-Wasser seit Jahren problemlos und unbehandelt.

Auch **eiskalte bzw. stark gekühlte Getränke** können durchschlagend aufs Gedärm wirken; einmal durch den Temperatursturz, den Sie Ihren Eingeweiden zumuten, zum andern – bei Eiswürfeln im Glas – durch u.U. darin aufgetaute Bakterien.

Wenn beim Anblick der Toiletten oder aufgrund der Umstellung der Darm mit **Verstopfung** reagiert, dann helfen als natürlichstes Mittel frische, geschälte Feigen (allerdings nur während der Erntezeiten erhältlich) oder bereits zu Hause gekaufte Früchtewürfel oder Trockenpflaumen mit viel Flüssigkeit..

In sehr kühlen Wintern holten sich viele Touristen böse **Erkältungen** mit Fieber. Daher gegen Abend oder bei kaltem Wind rechtzeitig etwas Wärmendes anziehen.

Die **Wund-Infektionsgefahren** sind in Ägypten höher als bei uns, Staub oder Fliegen können leicht Bakterien in offene, auch kleine Wunden verschleppen. Ein rechtzeitig aufgeklebtes Pflaster bietet hinreichend Schutz.

Auf Erkrankungen, die speziell in Ägypten vorkommen, sei besonders hingewiesen. Die **Bilharziose** ist eine der am längsten bekannten Tropenkrankheiten. Sie hat sich seit dem Bau des Assuan-Hochdamms epidemisch im gesamten Niltal ausgebreitet, denn früher trockneten die Kanäle nach der Nilflut aus. Dies hatte zur Folge, daß die Ausbreitung der Süßwasserschnecken (als Zwischenwirte) natürlich begrenzt war; heute sind die Kanäle jahrein, jahraus gefüllt. Die eigentlichen Erreger sind bis zu 26 mm große Würmer, die in den Blutgefäßen des Darms und der Blase leben. Sie gelangen als sog. Gabelschwanz-Zerkarien beim Trinken, Baden oder Waschen in Süßwasser (besonders gefährlich sind Tümpel, ruhige Gewässer mit Ufergras, Bewässerungskanäle) in Sekundenschnelle durch die Haut, setzen sich im Darm, den Harnwegen und der Leber fest und reifen zu Würmern heran.

Die Krankheit führt zu schweren Schäden dieser Organe und in ernsten Fällen zum Tod. Krankheitssymptome sind Fieber, Kopf- und Gliederschmerzen, Leber- und Milzvergrößerung und allgemeine Schwäche. Seit wenigen Jahren allerdings kann Bilharziose durch die Einnahme von Tabletten geheilt werden. Einer Professorin der Universität von Kairo gelang die Entwicklung eines vorbeugenden Impfstoffs, der mit Beginn des neuen Jahrtausends auf den Markt kommen soll. – Entwarnung für Vorsichtige: In den Gewässern der Oasen ist Bilharziose nicht bekannt.

Die "einfache" Heilung der Bilharziose hat unter anderem dazu geführt, daß die Kanalränder heute nicht mehr in dem Maße mit Pestiziden behandelt werden wie früher. Dadurch kann sich der **Leberegel** (Faschiola) wieder vermehrt ausbreiten. Er wird durch Blattgemüse (Salat, Brunnenkresse, Porree, Petersilie) übertragen, an dem sich die Bläschen des Egels anheften. Die Keime gelangen über die Darmwände in die Leber, von dort in die Galle, in der sie sehr starke Entzündungen auslösen. Ein durchschlagendes Mittel gegen diese Krankheit gibt es nicht, außer Vorsorge: Grünzeug mindestens 15 Minuten in Essigwasser oder eine schwachkonzentrierte Permanganatlösung legen – oder auf frische Vitamine verzichten.

Eine weitere Gefahr ist die *Ägyptische Augenkrankheit*, das **Trachom**. Sie wird durch den Kontakt mit Bindehautsekret bzw. Tränen eines Erkrankten (Fliegen!) übertragen. Unbehandelt

1.4 In Ägypten zurechtkommen

kann sie bis zur Blindheit führen. Deshalb bei Augenentzündungen einen Augenarzt aufsuchen. Verleihen Sie nicht Ihre Brille, Fernglas, Fotoapparat etc. oder benutzen Sie umgekehrt keine fremden Utensilien dieser Art.

Die **Malaria** hat sich auch in Ägypten nicht ausrotten lassen. Sie tritt während der Monate Juni bis Oktober in verhältnismäßig geringem Umfang auf. Sie wird von der Malaria(Anopheles)-Mücke übertragen, die von ihrem Brutplatz in seichten Tümpeln bis zu 3 km ausschwärmt. Prophylaxemaßnahmen sind auf Seite 27 genannt.

Amöben sind Parasiten, die durch Fäkalien von Kranken auf Gesunde übertragen werden. Durch mangelnde Hygiene gelangen sie ins Trinkwasser, auf Speisen oder z.B. durch Fäliendüngung auf Obst oder Gemüse. Ein typisches Zeichen von eingefangener **Amöben-Ruhr** ist blutiger Durchfall ohne Fieber. In diesem Fall Arzt aufsuchen und Stuhl untersuchen lassen.

Eine andere Infektionskrankheit ist **Hepatitis A**, die nicht nur durch Schmierinfektion auf Toiletten, sondern auch durch unsaubere Eß- und Trinkwerkzeuge wie herumgereichte Becher oder auch das ungesäuberte Mundstück der Schisha (Wasserpfeife) übertragen wird. Lassen Sie sich unbedingt zu Hause gegen diese Krankheit impfen.

Tollwut ist auch in Ägypten stark bei Tieren verbreitet. Wenn ein streunender, tollwütiger Hund zubeißt, ist guter Rat teuer, da entsprechender Impfstoff in Ägypten nicht oder nur schwer aufzutreiben ist. Empfehlenswert ist, sich bereits zu Hause gegen Tollwuts impfen zu lassen.

Noch ein Hinweis auf einen simplen, häufig unbeachteten Effekt: Durch das viele Schwitzen oder bei Durchfall verliert der Körper mehr Salz als guttut, man fühlt sich schlapp und hat u.U. mit Kreislaufbeschwerden zu kämpfen. Man kann dem mit einem Teelöffel Salz abhelfen, täuscht dann aber dem Körper eine zu hohe Salzkonzentration vor, was zu vermehrtem Salzausstoß führt. Besser ist: Speisen kräftig salzen und würzen, gesalzene Nüsse und salzige Lakritze essen. Auch getrocknete Aprikosen enthalten Minerale, die man beim Schwitzen verliert.

Ein paar Worte zum Thema **AIDS**. Viele Ägypter sehen AIDS als ein typisch westliches Problem, vielleicht sogar als gerechte Strafe Gottes für unseren lockeren Lebenswandel. Selbst wenn es denn so ist, kann auch der "Gerechte" in den Strudel dieser Strafe geraten, wenn er der Versuchung zu nahe kommt. Zahlen über AIDS-Fälle in Ägypten sind uns nicht bekannt geworden, doch ist kaum anzunehmen, daß dieses von unzähligen Fremden überschwemmte Land frei von dem heimtückischen Virus sein könnte. Zwar besteht für den Normaltouristen kaum eine Gefahr der Infektion aus ägyptischen Quellen, viel eher durch Zufallsbekanntschaften aus dem eigenen Kulturraum. Umgekehrt aber der Appell, diese Krankheit nicht unter die Ägypter zu bringen – sie haben wahrlich genug andere Überlebenssorgen.

Eine Leserin berichtet, daß man trotz des Staubes auch in Ägypten **Kontaktlinsen** tragen kann, wenn man sich eine Sonnenbrille mit seitlichem Schutz und für die Dunkelheit eine Kunststoffbrille für Radrennfahrer besorgt.

Man sollte eine den individuellen Bedürfnissen angepaßte **Reiseapotheke** mitnehmen, in der zunächst alle Medikamente, die Sie zu Hause regelmäßig einnehmen, in ausreichender Menge vorhanden sein müssen. Wenn wir im folgenden eine Medikamentenliste zusammenstellen, so muß das keinesfalls bedeuten, daß alles und jedes wichtig ist. Prinzipiell können Sie alle bei uns üblichen Medikamente in Ägypten kaufen – und das zu Spottpreisen im Vergleich zu hier –, allerdings ist die Verständigung ein Problem. Packen Sie nur das ein, was aus Ihrer persönlichen Sicht während der Reisedauer notwendig sein könnte; im Zweifel sollten Sie mit Ihrem Hausarzt sprechen.

Als pauschale Empfehlung: Medikamente gegen Erkrankungen des Magen-Darm-Traktes, gegen Allergien und Insektenstiche, Erkältungskrankheiten (relativ häufig wegen der Temperaturwechsel); fiebersenkende Mittel,

Antibiotika, Schmerzmittel, Verbandszeug, Fieberthermometer, Einwegspritzen, Einwegkanülen, Desinfektionsmittel; als Malariaprophylaxe Resochin und – last but not least – die Pille.

Für die häufigsten Erkrankungen empfiehlt ein in Ägypten lebender Arzt folgende, in ägyptischen Apotheken erhältliche Medikamente: als Fieberzäpfchen *Gripo-* und *Spasmo-Cibalgin,* für bakterielle und amöbenbedingte Durchfälle *Entocid* (dem *Immodium* ähnlich, aber besser auf ägyptische Verhältnisse abgestimmt) – in Giseh hergestellt.

Als wirkungsvollste Medikamente bei Magen-Darm-Erkrankungen helfen: *Perenterol* /pflanzliches Präparat, auch prophylaktisch zur Verdauungsregelung), *Immodium* bei starkem Durchfall: nach jedem flüssigen Stuhl 1 bis 2 Tabletten, bei zusätzlichem Fieber das Antibiotikum *Eusaprim forte* mit 2 x 1 Tablette täglich; falls nach drei Tagen keine Besserung eintritt, Arzt aufsuchen; Antibiotikum nur nach Angaben auf Beipackzettel einnehmen. Ebenso kann *Tannacomp* als rein pflanzliches Mittel sowohl vorbeugend als auch zur Heilung genommen werden. Unbedingt mit *Rehydran* oder *Elotrans* gegen Mineralverlust vorbeugen.

Ein ägyptisches Hausmittel gegen Magenkrämpfe und leichten Durchfall ist ein Tee aus Halfa Barrahs, den man in vielen Cafés und Restaurants bestellen oder im Bazar kaufen kann.

Wenn Sie allergisch auf Wanzen und anderes Kleingetier reagieren, dann sollten Sie *Ultralan-Creme* und *Incidal-Tabletten* mitnehmen.

Bei unseren langjährigen Reisen wurden wir mit Situationen konfrontiert, in denen eine medizinische Sachinformation mit Anleitung zur Selbsthilfe sehr nützlich war. Empfehlenswert sind u.a. *Medizinisches Handbuch für Fernreisen* von dem ebenfalls erfahrenen Fernreisenden Dr. Wolf Lieb (DuMont Reisetaschenbücher) und die Broschüre *Gesund reisen – ärztlicher Ratgeber für Tropen- und Fernreisende* von Dr. H. Ritter, K. Stein Verlag.

Ein Tip für Leute, die dringend ein Medikament benötigen: die **Flughafenapotheke in Frankfurt** ist Tag und Nacht geöffnet und sorgt für schnellsten Transport.

Zum Schluß dieses Kapitels ein paar Worte zum Sinn und Wert der obigen Empfehlungen. Ein Leser schrieb fast empört, daß wir „Angst und Zittern" mit der Schilderung der Gefahren verbreiten, er selbst habe nicht das geringste Übel während seiner langen Reise verspürt und alles wie die Ägypter gegessen.

Das glauben wir gern. Jedoch sind die menschlichen Abwehrkräfte individuell unterschiedlichst stark verteilt, ihre Grenzen lassen sich nur durch schmerzhafte Erfahrung ausloten. Wir würden es als verantwortungslos ansehen, nicht auf mögliche Krankheiten hingewiesen zu haben und dabei durchaus von einer Art *worst case* ausgegangen zu sein; zumal wir aus Leserbriefen wissen, daß viele Leute mit einer Ägyptenreise zum ersten Mal den Sprung in ein Land dieser Art wagen.

Wenn man die Gefahren kennt und sie nüchtern und realistisch beachtet, muß das keineswegs die Reiselust oder das Reisevergnügen dämpfen; wir selbst sind jahrelang in manchmal gesundheitlich sehr viel riskanteren Gegenden herumgereist und waren – außer einem Beinbruch – dank üblicher Vorsicht kein einziges Mal krank.

Sicherheit, Polizei

Trotz der großen Enge und Armut im Niltal gehört Ägpten zu den sichersten Reiseländern überhaupt (sieht man von der derzeitigen Bedrohung durch die Fundamentalisten ab). Das dürfte u.a. an der gutmütigen Mentalität und der sprichwörtlichen Genügsamkeit der Leute liegen. Dennoch: Gelegenheit macht Diebe, und leider bieten allzu nachlässige Touristen häufig solche Gelegenheiten reichlich an.

1.4 In Ägypten zurechtkommen

Touristenpolizei auf dem Weg zum Einsatz

Wie überall auf der Welt gilt auch hier, Dieben das Geschäft so schwer wie möglich zu machen:
- Je weniger Wertvolles Sie mitnehmen, um so weniger Sorgen müssen Sie sich machen.
- Zeigen Sie nicht, wie reich Sie sind (z.B. durch teuren Schmuck).
- Tragen Sie Ihr Geld nicht gut sichtbar in einem Brustbeutel herum (der von geschickten Dieben sehr leicht entwendet werden kann), Bauchtaschen oder Taschen auf der Innenseite der Hosenbeine sind weniger auffällig und weitaus schwieriger zugänglich.

Von einem **Taschendiebtrick** im Kairoer Khan el Khalili Bazar berichtet ein Leser: Kinder bewerfen das Opfer mit Staub oder spritzen es naß, hilfreiche Erwachsene entschuldigen sich und klopfen den Betroffenen sauber – erst zu spät stellt er fest, daß dabei Wertsachen verschwanden.

Brutale Raubüberfälle – wie in westlichen Ländern schon fast an der Tagesordnung – kommen in Ägypten offenbar so selten vor, daß wir, trotz einiger Nachforschungen, nichts darüber erfuhren. Trotzdem sollte man Vorsicht walten lassen und nicht unbedingt in tiefster Nacht allein und juwelenbeladen durch dunkle Gegenden wandern.

Es soll selbsternannte oder sogar echte Polizisten in Uniform geben, die Fremde in eine Falle locken, ihnen sogar Drogen unterjubeln, um dann mit Papieren und Wertsachen unter Drohungen zu verschwinden. Sollten Sie bei einer dubiosen Begebenheit Zweifel an der Echtheit Ihres uniformierten Gegenübers haben, so versuchen Sie, so schnell wie möglich wegzukommen oder durch lautes Schreien Passanten aufmerksam zu machen.

In Kairo macht sich in letzter Zeit leider auch ein internationales Phänomen bemerkbar: die Beschaffungskriminalität von Heroinsüchtigen. Ägypten blieb von der harten Drogenwelle schließlich nicht verschont, die Folgen sind zwar noch nicht so schlimm wie in Frankfurt oder Zürich, doch die sprichwörtliche Sicherheit könnte längerfristig einen Einbruch erleiden.

Von Vergewaltigungen von Touristinnen haben wir bisher zweimal gehört, eine davon in Nuveiba durch Angestellte des Hafens. Frauen sollten diese Gefahr nicht aus dem Auge verlieren und kritische Situationen (z.B. allein an menschenleerem Strand) vermeiden. 1986 – aktuellere Daten liegen uns nicht vor – wurden insgesamt 19 Vergewaltigungen in Ägypten offiziell registriert; den Tätern droht die Todesstrafe durch Erhängen, die auch meistens vollstreckt wird. Die Dunkelziffer bei Vergewaltigungen ist allerdings unbekannt.

In allen Touristenzentren ist die Touristenpolizei stationiert, die wohl allein durch ihre Anwesenheit für mehr Sicherheit bürgt. Leider sprechen die wenigsten dieser Beamten eine Fremdsprache, so daß Hilfe von dem Mann mit der Binde *Tourist Police* nur dann zu erwarten ist, wenn er kapiert, um was es geht. Die Touristenpolizei wurde sicher nicht nur geschaffen, um Planstellen für Dienstgrade aller Ränge zu installieren, sondern neben dem Touristenschutz vermutlich auch, um die Ägypter vor dem schädlichen Einfluß des Tourismus zu bewahren.

Andererseits hat die Touristenpolizei den Vorteil, daß man sich bei wirklich negativen Vorkommnissen an diese Leute wenden kann, ja daß die bloße Drohung schon ein Einlenken herbeiführen kann.

Wir haben uns bisher in ganz Ägypten vollkommen sicher gefühlt, obwohl wir z.B. im Wohnmobil, im Zelt oder unter freiem Himmel übernachteten. Das bestätigt u.a. auch ein Leser, der schreibt: *"Ich möchte noch erwähnen, daß ich mich absolut sicher in Ägypten gefühlt habe. Weder um mich selbst, noch um mein Gepäck habe ich jemals Angst haben müssen."* Einem anderen Leser wurde zweimal Bargeld, das er verloren hatte, nachgetragen.

Zum Thema Polizei gilt es einige Anmerkungen zu machen. In Ägypten laufen viele Uniformierte aller Schattierungen herum, die hoheitliche Aufgaben ausführen, wie z.B. die ganz normale Polizei, die Verkehrspolizei, die Touristenpolizei, Militärs und Geheimdienste.

Eine Leserin, die Ärger mit anmachenden Männern hatte, empfiehlt grundsätzlich, sich vor dem Gang zur Polizei den Sachverhalt mit Namen der Beteiligten, Zeugen, Ort, Datum und Uhrzeit in möglichst einfachen englischen Sätzen aufzuschreiben und auch anzugeben, was man eigentlich von der Polizei will. Bei der Touristenpolizei einen englisch sprechenden Beamten suchen und diesen den Text erst einmal in Ruhe lesen bzw. übersetzen zu lassen. Den Namen des Beamten herausfinden und ihn stets namentlich ansprechen, das macht viel aus. Ansonsten jede Menge Ruhe und etwas zu lesen mitbringen, denn die Mühlen mahlen langsam.

Rundfunk, Fernsehen, Zeitungen

Rundfunk und Fernsehen

Informiert zu sein, ist vor allem in politisch kritischen Situationen wichtig. Nachrichten aus Europa treffen häufig besser das Bild als lokale, politisch gefärbte Sendungen. Daher zunächst die empfangsgünstigsten Frequenzen einiger Kurzwellensender (der Empfang ist tages- und jahreszeitlich unterschiedlich, die Frequenzen müssen auch häufig geändert werden):

Deutsche Welle 6075 kHz (abends), 11795 kHz (abends), 13780 kHz (abends und tags), 17845 kHz (tags), 21600 (morgens); Österreich 11670 und 11715 kHz, Schweiz 9885 kHz. Auch Fernsehsendungen des Deutschen Welle-TV und von DW-Radio sind über Eutelsat II-F 1 (Transponder) auf 13 Grad Ost zu empfangen. Das Schweizer Radio SRI geht auf 9860, 13635 und 17565 kHz ab 7.15 Uhr MEZ auf Sendung.

Deutschsprachige Sendungen von Radio Kairo täglich von 18-19 Uhr auf Mittelwelle 558 kHz und UKW 95,4 MHz, in Alexandria 97,0 MHz, Luxor 96,3 MHz und Assuan 92,1 MHz. Französischsprachige Sendungen von 19-19.15 Uhr, englisch von 20-20.15 Uhr.

Radio Kairo sendet im 31-Meter-Band auf 9900 kHz täglich von 19 bis 20 Uhr UTC in Richtung Europa (meist gut zu empfangen), wobei das Programmangebot von arabischer Musik über Nachrichten, Tourismusinformationen bis zu einer Serie über das Leben des Propheten reicht.

Kanal 2 des ägyptischen Fernsehens sendet täglich englischsprachige Nachrichten um 20.15 Uhr; in vielen Hotels können jetzt Kabel- oder Satellitenprogramme u.a. auch mit deutschsprachigen Sendungen empfangen werden.

Zeitungen/Zeitschriften

In den englischsprachigen Zeitungen EGYPTIAN GAZETTE und in der AL-AHRAM WEEKLY (einmal wöchentlich) finden Sie auch Informationen über gerade laufende Ausstellungen,

1.4 In Ägypten zurechtkommen

Konzerte, Zugverbindungen etc. Ebenfalls wöchentlich erscheint die MIDDLE EAST TIMES, die auch ägyptische Themen ausführlich behandelt. Monatlich erscheint u.a. EGYPT TODAY, ein recht anspruchsvolles Magazin mit Beiträgen aus Kunst und Kultur; auch gute und stets aktualisierte Tips zu Kultur und Nightlife in Kairo und Alexandria. Ähnlich gelagert ist EGYPT'S INSIGHT, die neben interessanten Artikeln viele Adressen von Art Galleries bis Theatres bringt.

An deutschsprachigen Zeitschriften erscheint nur *Papyrus*, das Sprachrohr der deutschsprachigen Gemeinde, das aber nicht im öffentlichen Handel erhältlich ist (siehe auch Seite 32).

Cairo's Cultural & Entertainment Guide (monatlich erscheinend), zu £E 3 in Hotels erhältlich, mit einer Menge nützlicher Adressen bzw. Informationen (z.B. aktuelle Flugpläne) und einem guten Überblick, was Kairo an Unterhaltung zu bieten hat.

Europäische Zeitungen und Zeitschriften gibt es in den internationalen Hotels oder z.B. auch beim Zeitungshändler am Café Groppi am Midan Talaat Harb.

Telefon und Post

Telefonieren ins Ausland

Von Europa aus kann man im Selbstwähldienst die großen Städte Ägyptens anwählen: Landeskennzahl 0020. Häufig teilen sich verschiedene Leute einen Anschluß: Wenn sich also jemand anderes meldet, deutlich nach dem Gewünschten fragen.

Von Ägypten ins Ausland zu telefonieren, war früher ein aufwendiges Unterfangen und kostet auch heute noch viel Geld (Ägypten zählt weltweit zu den drei teuersten Telefon-Ländern). Heute findet man nahezu überall internationale Telefone in den Telefonämtern, von denen aus man per Telefonkarte selbstwählend nach Hause anrufen kann. Dies gilt grundsätzlich auch für Hotels, die allerdings saftige Aufschläge kassieren. Ein Drei-Minuten-Gespräch nach Deutschland kostet von 8-20 Uhr £E 27, von 20-8 Uhr £E 16 beim Telefonamt (selten identisch mit Postamt). Wenn Sie sich verbinden lassen, zahlen Sie mindestens die Drei-Minuten-Gebühr, vom roten Telefoncard-Apparat nur die tatsächlich genutzte Zeit. Nicht alle der roten Telefone sind international geschaltet, es hilft nur probieren oder fragen. Wer seine Landesvorwahl nicht kennt: Deutschland 0049, Österreich 0043, Schweiz 0041; dann weiter mit der Ortsnetzkennzahl, aber ohne 0!

Es gibt Telefoncards zu £E 15, £E 20 und £E 30, man kauft sie in den Telefonämtern. Achtung: Die Verkäufer geben gern falsche Karten, d.h. eine 20er anstelle einer 30er oder zu wenig Wechselgeld; MENATEL-Telefonkarten aus Kairo können nur dort verwendet werden.

In Kairo bieten u.a. die Telefonämter in der Sharia Adly, Sharia Muhammad el Alfi oder Sharia Muhammad Bey Izz el Arab 24-Stunden-Service. Am Midan Tahrir finden Sie in der Nähe Sharia Talaat Harb ein kleines Telefonamt mit einer Selbstwählzelle. In Giseh gibt es in der Pyramid Road ein Telefonamt, das an dem danebenstehenden Sendemast zu erkennen ist. In Dokki bietet schräg gegenüber des Shooting Clubs neben dem Café Germain ein *Communication Service* Telefonverbindungen in alle Welt zu günstigeren Preisen als die Hotels an.

Faxen ist ebenfalls möglich (Post, Hotel); eine A4-Seite nach Deutschland kostet ca. £E 30, manchmal auch weniger. Mit Abstand am billigsten sind **Telegramme** für Leute, die nur ein Lebenszeichen von sich geben wollen: ein Wort kostet £E 0,66 in Kairo (Telegraphenamt Sharia Alfi Bey), in Luxor £E 1 (auch Anschriftswörter!) – und erzeugt zu Hause eine schon nahezu anachronistische Überraschung.

GSM-Handys funktionieren inzwischen – je nach lokalem Provider – fast überall in den besiedelten Gebieten, sogar in Abu Simbel. Erkundigen Sie sich vorsichtshalber bei Ihrem eigenen Provider, welche Roamingabkommen bestehen. Achtung, die Tarife z.B. nach Deutschland liegen z.B. im D1-Bereich bei über DM 6 pro Minute.

Die billigste Möglichkeit, mit der Heimat zu kommunizieren, ist **SMS**. Auch die zahlreichen Internet Cafés bieten reichlich Gelegenheit, per Email mit der Heimat in Verbindung zu treten, allerdings zahlt man Mindestgebühren für eine Viertelstunde.

Telefonieren im Inland

Früher war Telefonieren Glückssache, die Situation hat sich inzwischen sehr gebessert. In Ägypten gibt es kaum Telefonbücher. Die Telefon-Auskunft in Kairo hat die Nummer 140 (früher: Für Privatanschlüsse 778 800 – erste Hälfte des arabischen Alphabets – und 779 900 – zweite Hälfte –; Ministerien, Ärzte, Krankenhäuser 767 000; Firmen, Behörden, Hotels, Geschäfte, Fluggesellschaften etc. 768 800; diese Angabe nur, falls die 140 nicht funktioniert).

In lokalen Telefonzellen zahlt man entweder mit Token, die zuvor gekauft werden müssen oder mit silbernen 5- oder 10-Pt Münzen (eine Münze für Drei-Minuten-Stadtgespräch). Bei einigen Apparaten muß man den Antwortknopf drücken, wenn sich der Angerufene meldet.

Post

Post heißt *Bosta*, Briefkästen sind blau für Luftpost-Auslandssendungen, rot für innerägyptische Post. Postkarten und Briefe sollte man sicherheitshalber im Postamt oder in großen Hotels abgeben. Das Porto für Postkarten sowie für Briefe beträgt £E 1,25. Postkarten im Briefumschlag kommen übrigens mit höherer Erfolgsquote beim Empfänger an.

Falls Sie sich Briefe nach Ägypten schicken lassen wollen, so können Sie die Adresse der Botschaft (M. Müller, c/o Embassy XY) angeben lassen oder die von American Express (*Client's Mail*; Adresse siehe bei den jeweiligen Städten) oder postlagernd *(poste restante)* an das Hauptpostamt.

Für denjenigen, der ein **Paket** in die Heimat schicken will, hier eine Preisinformation: Ein 5-kg-Paket kostet normal £E 50, als Express (Luftpost) £E 110. Vor dem Absenden muß man zum Zoll und sich dort eine Bestätigung holen (daher erst danach endgültig verschnürt aufgeben.

Souvenir- und Einkaufs-Tips

Souvenirs

Passen Sie beim Souvenirkauf stets auf, daß Sie nicht übers Ohr gehauen werden, vor allem von fliegenden Händlern. Nach dem Kauf entpuppt sich dann der schöne Edelstein als Plastik, das Leder als Kunststoff und das Silber als poliertes Blech. Beliebt ist auch nachgemachtes Pharaonisches, das ganz Naiven als echt (und teuer), dem Normalverbraucher aber zumindest als handgemachte Basaltskulptur angedreht wird; bei genauem Hinsehen entdeckt man dann die Bläschen im Polyester.

Schlepper, aber auch Reiseagenturen oder Busunternehmer erhalten Provisionen um 50 Prozent für die Käufe der Touristen, die sie in entsprechende Geschäfte schaffen; die Provision wird natürlich auf den Verkaufspreis geschlagen. Bei deartigen Gelegenheiten sollte man sich lediglich informieren, aber nicht kaufen.

Papyrusbilder gehören zu den beliebten Souvenirs. Doch hier gibt es viele Fälschungen, die auf Extrakt aus Bananenblättern gemalt sind. Falsches Papyrus erkennt man daran, daß es beim Knicken an z.B. einer Ecke bricht bzw. brüchig wird, während echtes Papyrus unverändert bleibt. Echtes Papyrus ist kaum unter £E 30 zu kaufen. Blankes Papyruspapier (z.B. DIN-A3 Größe £E 10) kann man selbst bemalen und dann verschenken.

1.4 In Ägypten zurechtkommen

Mit Parfümessenzen – die Ihnen ständig in aufdringlichster Weise angeboten werden – wird viel Schindluder getrieben; fast immer erhalten Sie mehr oder weniger wohlriechendes Wasser, aber selten echte Essenz. Ein üblicher Trick ist das Versetzen mit Speiseöl. Tröpfeln Sie einen Tropfen in ein Glas Wasser: wenn kein Ölfilm erscheint, halten Sie wohl tatsächlich Parfüm, jedenfalls kein Öl in der Hand. Außerdem sollten Sie erst kaufen, wenn Sie den Duft einer Probe nach ca. zwei Stunden noch riechen können.

Silber und Gold werden nach Tagespreisen verkauft; lassen Sie sich den aktuellen Preis von Ihrem Hotelrezeptionisten aus ägyptischen Zeitungen ermitteln, denn die Händler im Khan el Kalili Bazar in Kairo – größtes und qualitativ bestes Angebot im Land – schlagen automatisch 5 bis 6 £E/Gramm auf den Tagespreis. Passen Sie auf den Stempel auf, denn gern wird anstelle von 21 Karat 18karätiges Gold verkauft. Die Edelmetalle selbst dürften kaum billiger als auf dem Weltmarkt sein. Wesentlich billiger allerdings sind die Gold- und Silberschmiede: Je mehr handwerkliche Kunst im Schmuckstück steckt, um so preiswerter können Sie es in Ägypten erwerben - falls Sie dem Händler gewachsen sind.

Vorsicht ist beim Kauf von **Edelsteinen** (Opale, Alexandrite etc.) geboten; wegen der täuschend echten Imitationen nur etwas für Kenner!

Leicht lassen sich **Leinentaschen** nach Hause transportieren, die es preiswert z.B. in der Gegend des Bab Zuwela in Kairo gibt.

Auch **Gewürze** und **Heilkräuter** bringen wenig Gewicht auf die Waage. Beim Heilkräuterkauf muß man wissen, um was es geht. Gewürze gibt es in nahezu jedem Souk, z.B. kann jeder Koriander, Kreuzkümmel (Kumin) oder Pfeffer zu Hause gebrauchen. Wem einmal im Gewürzmarkt die Augen überliefen (buchstäblich), der wird dick bepackt mit der Fülle orientalischer Ingredienzen die Stätte verlassen. Doch auch hier heißt es aufzupassen: Z.B. wird gern Kurkuma als Safran verkauft, Kurkuma kostet ca. £E 1,50, Safran mehr als das Zehnfache. Daher zunächst nach Kurkuma fragen und dann erst nach Safran.

An **Textilien** herrscht nahezu unbegrenzte Auswahl. Natürlich steht die westliche Mode kaum zurück. Frauen werden neben gängiger Mode ungewöhnliche oder ungewöhnlich preiswerte Dinge finden, wie z.B. bestickte Kleider. Hier sollte frau auch ein Auge auf das werfen, was Beduinenfrauen herstellen oder direkt anbieten.

Beduinenschmuck gehört sicher nicht zu den Alltagserscheinungen in Europa. Mit etwas Suchaufwand lassen sich in vielen Souks oder aber in Galerien für den Kunsthandel sogar noch alte Stücke auftreiben.

Eine riesige Auswahl an **Kupfer- und Messinggefäßen** liegt in fast jedem größeren Souk zu Ihren Füßen. Nahezu alles stammt aus heutiger Produktion, ist aber meistens noch in Handarbeit hergestellt. Ältere Stücke mit entsprechender Patina werden immer seltener; wer darauf aus ist, muß suchen.

Auch beim Thema **Keramik** verfolgt den Interessenten die Qual der Wahl, denn gerade in diesem schon von den pharaonischen Künstlern zur Meisterschaft entwickelten Fach bieten die Nachkommen eine schier unendliche Auswahl.

Die ägyptischen **Glasbläser** beschäftigen sich vorwiegend mit blauem Material. In vielen Shops findet sich reichlich Auswahl.

Shopping

Generelle Einkaufstips

Noch vor wenigen Jahren galten strenge Importverbote für viele westliche Waren des täglichen Bedarfs. Heute stehen die Türen von Supermärkten offen, in denen es nahezu alles zu kaufen gibt, was z.B. ein in Ägypten lebender Europäer braucht oder zu brauchen meint. Dieser Trend kommt natürlich auch Reisenden zugute, die z.B. längere Zeit per Wohnmobil unterwegs sind.

Grundsätzlich sind alle lokal hergestellten Waren preiswerter als im Westen, in vielen Fäl-

Souvenir- und Einkaufs-Tips

len allerdings auch bei geringerer Qualität. Bei Textilien – vor allem solche aus Baumwolle – dürfte dieses Risiko geringer sein oder durch den geringen Preis aufgefangen werden. Vielleicht wollen Sie sich neu einkleiden: Wenn Sie Ihre Größe nicht finden, dann lassen Sie doch anfertigen, viele Schneider warten auf Kunden.

Vor allem Männer können durch den Kauf von Baumwoll-Unterwäsche Geld sparen. In jeder größeren Stadt werden Sie die "Kaufhaus-Kette" Omar Effendi und dort qualitativ sehr gute Baumwollwäsche zu einem Bruchteil des hiesigen Preises finden.

Vielleicht werfen Sie auch einmal einen Blick in eine größere Apotheke. Eventuell ist das Medikament, das Sie regelmäßig einnehmen und heutzutage teuer bezahlen müssen, in Ägypten deutlich billiger – unter anderem Namen zwar, aber bei gleicher Zusammensetzung – erhältlich.

Nur ein paar Beispiele aus der Überfülle von Souvenir-Angeboten.

Schreiben Sie uns bitte, wenn Sie Neuigkeiten oder Veränderungen gegenüber diesem Buch entdecken. Alle brauchbaren Informationen honorieren wir mit einem Buch aus unserem Verlagsprogramm und veröffentlichen sie zwischen zwei Auflagen regelmäßig auf unserer Internetseite. Schauen Sie, bevor Sie abreisen, unbedingt vorbei, um den aktuellen Stand zu erfahren:
www.tondok-verlag.de oder www.reise-know-how.de

2. Land, Leute und Vergangenheit

2.1 Die Landschaft

Ägypten – das ist der Nil. Dieser gewaltige Strom ist mit 6670 km der längste Fluß der Erde. Der eine seiner Quellflüsse, der Weiße Nil, entspringt in 2620 m Höhe in Burundi, der andere, der Blaue Nil, in rund 2000 m Höhe in Äthiopien. Nach der Vereinigung der beiden Arme in Khartoum liegen vor den nun gemeinsamen Wassern – an denen der Blaue Nil 85 Prozent Anteil hat – immer noch 3000 km Reise bis zur Mündung ins Mittelmeer. Dieses letzte Stück führt ausschließlich durch Wüstenlandschaften, in denen der Fluß eine sehr schmale, aber die längste Oase der Welt geschaffen hat. Während er sich südlich von Assuan durch Sandstein beißen mußte, konnten ihm die Kalksteinschichten, die etwa 70 km nördlich von Assuan beginnen, nicht so viel Widerstand entgegensetzen. Ab hier wird das Tal deutlich breiter, das Nilbett variiert dort zwischen 4 und 12 km Breite, an den Rändern steigt es um etwa 150 bis 200 Meter an. In Assuan macht der sogenannte Erste Katarakt der Schiffahrt ziemlichen Kummer, weil hier um mächtige Granitfelsen im Fluß Stromschnellen entstehen. Bis Khartoum folgten einst weitere fünf Katarakte; allerdings ging der zweite von ihnen (südlich von Wadi Halfa) im Nasser-Stausee verloren.

Erst im Deltagebiet Ägyptens weitet sich das Fruchtland zu einem fast gleichschenkligen Dreieck von etwa 250 km Seitenlänge aus. Ein Blick auf die Karte verdeutlicht den häufigen Vergleich mit der Lotosblume: das Delta als reiche Blüte, der Lauf des Nils verbildlicht den Stengel. Auch läßt sich die bereits von Herodot beschriebene Tatsache nicht übersehen: das

2. Land, Leute und Vergangenheit

Land, besser das Fruchtland, ist ein Geschenk des Nils. Daß dieses Geschenk im Delta reichere Früchte trägt als im engen Niltal, zeigt der Vergleich ebenfalls treffend: Etwa zwei Drittel der Anbaufläche Ägyptens liegt im Delta (ähnlich verteilt sich – abgesehen von den Städten – die Bevölkerung). Gab es zur Zeit Herodots noch sieben Mündungsarme des Nils, so teilt er sich heute im Delta nur noch in zwei Flußläufe auf, den Rosetta- und den Damietta-Arm (nach den an der Mündung liegenden Städten benannt).

Der mächtige Fluß speist zahllose Kanäle, die sich immer weiter auffächern, um auch die entferntesten Felder zu erreichen. Einer der ältesten Kanäle – ursprünglich ein Seitenarm des Nils – ist der Bahr Yussuf, der heute aus dem Ibrahimiya-Kanal abzweigt, das Fayum bewässert und schließlich im Qarun-See verdunstet.

Das Nilwasser teilen sich, vertraglich abgesichert, der Sudan mit 18,5 und Ägypten mit 55,5 Milliarden Kubikmetern jährlich (diese Zahlen entsprechen dem langjährigen Jahresdurchschnitt). Als Vergleich ist interessant, daß der Rhein mit 73 Milliarden Kubikmetern etwa gleichviel und die Donau mit 197 Milliarden Kubikmetern über das Doppelte an Wasser führen. Als weitere Wasserquellen Ägyptens dienen noch das Grundwasser mit etwa 1 Prozent der Nilwassermenge und der Regen mit 0,25 Prozent.

Das Nilwasser ist eines der kostbarsten Güter in einem Land, in dem es praktisch nicht regnet. Daher wird es von alters her peinlich korrekt mittels eines ausgefeilten Systems auf die einzelnen, rundherum eingedämmten Felder aufgeteilt. Allerdings fließt das Wasser längst nicht immer von selbst zu allen Feldern, häufig muß es angehoben werden: Nur noch selten mit pharaonischen Mitteln wie dem Göpelwerk (Sakija), das von Ochsen oder Eseln angetrieben wird, oder – mühseliger – mit dem Schaduf, einem in der Mitte gelagerten Balken mit einem Eimer an der einen und einem Gegengewicht an der anderen Seite oder der archimedischen Schraube, einer handbetriebenen Schneckenwelle, die sich in einem Rohr dreht. Heute übernehmen weitgehend Motorpumpen diese Arbeit.

Die Monsun-Regenfälle in Äthiopien lassen jährlich den Nil so anschwellen, daß er zwischen Juli und Oktober seinen Wasserspiegel bis zu 6 m hebt und das gesamte Tal in einen einzigen See verwandelt. Allerdings ist der Unterlauf seit dem 1971 fertiggestellten neuen **Staudamm** (Sadd el Ali) verschont: An der mächtigen Mauer unweit von Assuan staut sich das Hochwasser und kann jetzt gleichmäßig während des gesamten Jahres das Land versorgen. Doch löst der Staudamm keineswegs alle Probleme, sondern schafft eine Menge zusätzlicher Sorgen, lesen Sie mehr hierzu auf Seite 298 nach.

Das Niltal ist mit einem weiteren Vorteil gesegnet: der Wind weht, bis auf relativ kurze Unterbrechungen, fast immer von Nord nach Süd, d.h. entgegengesetzt der Laufrichtung des Nils. Diese so günstige Laune der Natur trug sicher mit zur frühen Entwicklung des Landes bei. Denn bereits die ersten Bewohner ließen sich in ihren Papyrusbooten flußabwärts treiben, flußaufwärts hißten sie Segel und überließen dem Wind den Antrieb.

Aber Ägypten besteht nicht nur aus dem Nil. Im Westen erstreckt sich die endlose Weite der **Libyschen** (oder **Westlichen**) **Wüste** mit dem, wegen seiner immensen Ausdehnung "Sandmeer" getauften Dünengebiet, mit dem siziliengroßen Tafelberg namens Gilf Kebir und den von der Erosion zernagten Felsgebilden, gesprenkelt mit ein paar, von Dattelpalmen gesäumten Oasen. Auch diese einsame Landschaft hat sich seit den 70er Jahren dem Besucher erschlossen: Eine Asphaltstraße verbindet die Oasen und ermöglicht eine Reise weit entfernt von der Hektik der Zivilisation.

Östlich des Nils erstreckt sich die **Arabische Wüste** bis an die Küste des Roten Meeres, deren bis zu 2000 m hohe Gebirgszüge aus Basalt,

Granit, Diorit und anderem Hartgestein eine streckenweise bizarre Kulisse am Roten Meer bilden. Die Breite dieses Wüstenstreifens beträgt im Norden etwa 120 km, im Süden bis zu 300 km.

Über das **Rote Meer** sind auch ein paar Worte zu sagen. Es liegt so weit nördlich des Äquators, daß die Wassertemperatur wesentlich niedriger sein müßte, und daß dort normalerweise keine Korallen gedeihen könnten. Doch ein paar glückliche Umstände machen das Gegenteil möglich: Die stets von Norden blasenden Winde treiben das Oberflächenwasser nach Süden, es wird aber an der nur 27 km breiten Schwelle zum Indischen Ozean am Bab el Mandeb nach unten gedrückt und fließt langsam zurück nach Norden. Dort taucht es im Winter wieder auf, wenn die kalten Nordwinde das Oberflächenwasser abkühlen. Dieser Kreislauf – der übrigens ähnlich für den Golf von Aqaba gilt – sorgt dafür, daß die Wassertemperaturen nie unter 20 Grad sinken; eine absolut lebenswichtige Voraussetzung für Korallen. Weiterhin besitzt das Rote Meer ein felsiges Ufer mit nur ganz wenigen Zuflüssen, d.h. nährstoffarmes, sehr klares Wasser; wiederum eine Überlebensbedingung für Korallen.

Landschaftlich am beeindruckendsten ist der **Sinai**, die wüstenhafte Halbinsel mit ihren herrischen Gebirgszügen. Sie zwängt sich zwischen Afrika und Asien und liegt am Grabenbruch des Roten Meeres, der Fortsetzung des ostafrikanischen Grabenbruchs. Am Golf von Aqaba, an den steil ins Meer abfallenden Hängen des Grabenbruchs, liegen die wohl schönsten Korallenriffe der Welt.

Ein paar Worte zu **Fauna und Flora**. Der Esel als geduldigstes Lasttier begegnet dem Besucher allenthalben, häufig sieht man Wasserbüffel, die sich in Kanälen suhlen. Kamele werden mit zunehmender Motorisierung immer weniger, irgendwann trifft der Besucher nur noch auf "Bismarcks" (oder wie immer die Dragomane die Kamele werbewirksam taufen) in der Nähe der Touristenzentren. Eine ähnliche Entwicklung haben die Pferde offenbar schon hinter sich, man sieht sie hauptsächlich in Reitschulen oder bei Züchtern. Die Fellachen halten als Haustiere Ziegen, Schafe und Kleintiere wie Hühner und Gänse.

Die auf pharaonischen Bildern häufig vorkommenden Wildtiere sind fast vollkommen verdrängt. Nur mit sehr viel Glück wird man in den Wüstenlandschaften noch auf Gazellen oder Wüstenfüchse, vielleicht auch auf Schakale oder Hyänen stoßen.

Wichtig für den Besucher ist es, die **gefährlichen Tiere** zu kennen. Es gibt eine ganze Reihe von giftigen Schlangenarten, die sich im Sommer auf Steinen oder auf Sand aufhalten, sich nachts oder in der kühleren Jahreszeit im Sand eingraben oder unter Steinen Schutz suchen. Als sicherste Mittel gegen Schlangenbiß gelten: Augen offenhalten und aufpassen, Geräusche machen, damit die Schlange flüchten kann, festes Schuhwerk und Hosen als Schutz der Haut tragen. Ähnlich gefährlich wie Schlangen sind die grünen und schwarzen Skorpione, die sich an dunklen Stellen wie z.B. in Stein- oder Mauerritzen aufhalten.

In den Berichten aus pharaonischer Zeit ist von einer Menge Wildtieren die Rede, die heute spurlos aus dem ägyptischen Leben verschwunden sind. Um die vorhandenen Bestände zu retten, ratifizierte Ägypten verschiedene internationale Konventionen, doch die Umsetzung in die Praxis fand kaum oder nur schleppend statt. So sollten Zugvögel geschützt werden, tatsächlich werden immer noch Hunderttausende rastende Tiere an der Mittelmeerküste gefangen und auf Märkten verkauft, auch wenn vielversprechende Ansätze zum Schutz zu verzeichnen sind. Auf dem Sinai wurden Nationalparks zum Schutz der Unterwasserwelt abgegrenzt, doch nur am Ras Muhammed kontrollieren Ranger die Einhaltung der Bestimmungen. Lediglich in der Gegend von Hurghada wurde auf US-Initiative ein Minimalschutz der Korallenriffe durch (freiwillig) umwelthe-

2. Land, Leute und Vergangenheit

wußtes Verhalten der Tauchschulen ins Leben gerufen.

Auch das Niltal wurde nicht von landwirtschaftlichen Monokulturen verschont. Baumwoll- und Getreidefelder bestimmen vor allem im Delta die **Flora**. Die Fellachen bauen außerdem Reis, Zuckerrohr, Bohnen, Zwiebeln und eine Reihe von Gemüsesorten an, um nur das Wichtigste zu nennen. Im übrigen wurde die Baumwollproduktion, die Nasser stark förderte, in ihrer Bedeutung von staatlicher Seite zurückgenommen, um die Gefahr der Monokulturen und der Abhängigkeit von Weltmarktpreisen zu mindern, obwohl Ägypten mit die beste Baumwolle weltweit produziert.

Bei den Bäumen beherrscht die Dattelpalme das Bild, die in etwa 40 Arten in Ägypten vorkommt und deren Früchte zwischen August und Dezember reif werden. An den Kanälen stehen viele dornige Akazien, die Niltalstraße ist vielfach von Eukalyptusbäumen gesäumt. An seinen scharlachroten, großen Blüten wird Ihnen – wenn er im Frühling blüht – der Flamboyant-Baum auffallen. Der Jacaranda mit seinen blauen Blüten betört fast genauso durch seinen Duft wie durch sein Aussehen.

Verschwunden war das Wappenzeichen der Pharaonen, die Papyruspflanze, obwohl sie einst weite Flächen vor allem im Delta bedeckte und außerordentlich vielseitige Verwendung fand: Die Wurzel und der untere Stamm als stärkehaltiges Nahrungsmittel, der Schaft für Behältnisse von Körben bis zu seetüchtigen Schiffen. Erst dem Exdiplomaten Dr. Rhagab gelang es, diese so elegante Pflanze im Südsudan wiederzufinden und für die Papiergewinnung nach altem Brauch nach Ägypten zurückzuholen.

2.2 Der Staat und seine Probleme

Staatshaushalt

Hervorragende Informationen zu diesem Themenkomplex finden Sie in dem Band *Ägypten von Büttner/Klostermeier, Beck'sche Reihe* (siehe Seite 29).

Erst seit 1952 wirklich unabhängig, trotzdem immer wieder eine Art Spielball zwischen den Mächten, mit der Last von Kriegen und ständigen Militärausgaben befrachtet, mit einem hohen Anteil Analphabetentums geschlagen, hat sich Ägypten eine erstaunliche Position im internationalen Staatengerangel geschaffen. Obwohl das Camp-David-Abkommen, d.h. der Frieden mit Israel, eine schwere Belastung für die Führungsrolle Ägyptens in der arabischen Welt war, scheint diese Problematik inzwischen ausgeräumt zu sein.

Die Arabische Republik Ägypten – El Djumhuriya Misr El Arabiya – ist eine präsidiale Republik mit sehr starker Stellung des Präsidenten und allgemeinem Wahlrecht. Amtsinhaber ist seit der Ermordung Sadats im Oktober 1981 Hosny Mubarak, der im Oktober 1993 mit 94,6 Prozent der Stimmen für eine dritte Amtsperiode wiedergewählt wurde. Bei den Wahlen von 1995 gewannen die regierenden Nationaldemokraten erneut mit 417 Mandaten die absolute Mehrheit, daneben zogen 14 Unabhängige, 6 Mitglieder der Wafd Partei, 5 der Tagammu Partei und je ein Kandidat der Liberalen und der Nasseriten ins Parlament ein. Bei den 10 vom Präsidenten ernannten Parlamentsmitgliedern sind immerhin vier Frauen, weitere vier Frauen wurden gewählt.

Inzwischen wurde auch eine Grüne Partei gegründet, die sich für den Umweltschutz engagiert, die aber bisher den Sprung ins nationale Parlament nicht schaffte.

Eine starke Belastung des ägyptischen Haushalts stellt mit etwa 10 Prozent Anteil der Militäretat dar. Diese Tatsache läßt sich – vor allem in den Randzonen des Landes – kaum übersehen: Zum Schutz vor unliebsamen Überraschungen sind die endlos langen Küstenlinien mit Militär gesäumt, ebenso wimmelt die Libysche Wüste von Soldaten; die ungeliebten Umarmungsversuche des westlichen Nachbarn sind in bester Erinnerung.

Rund 6 Prozent des Staatshaushalts sind Schule und Bildung gewidmet. Doch dieser Betrag reicht vorn und hinten nicht aus, um die vordringlichsten Probleme zu lösen, obwohl Ägypten im internationalen Vergleich nicht schlecht dasteht. Seit der Revolution von 1952 wurden große Anstrengungen zur Besserung der Situation im Bildungsbereich unternommen.

Schule, Bevölkerungsexplosion

Der Schulbesuch wurde bei Schulgeld- und Lehrmittelfreiheit obligatorisch. Innerhalb von fünf Jahren wurden 2000 Schulen aus dem Boden gestampft – doch in der gleichen Zeit hatte sich die Schülerzahl wegen der Bevölkerungsexplosion verdoppelt; z.Zt. haben die ägyptischen Schulen jährlich etwa 1 Mio Schulanfänger zu verkraften. Dies und der finanzielle Aufwand, ein Kind zur Schule zu schicken, sind Gründe für die hohe Analphabetenquote der über 15jährigen von 70 Prozent.

Der ägyptische Schüler hat sechs Grundschuljahre vor sich, an die sich eine dreijährige Mittelstufe anschließt, danach folgt die Oberstufe mit einer abiturähnlichen Abschlußprüfung. An den Universitäten und technischen Fachschulen sind über 500 000 Studenten eingeschrieben, davon etwa 30 Prozent Frauen.

Um den Bildungswillen auch breiter Bevölkerungsschichten anzureizen, hatte sich der Staat verpflichtet, alle Hochschulabsolventen, die anderweitig keine Anstellung finden, nach zwei Jahren Wartezeit in den Staatsdienst zu übernehmen. Diese löbliche Absicht führte dazu, daß sich die Bürokratie, wo immer möglich, noch mehr aufblähte, und daß viele Stellen mehrfach besetzt wurden, ja daß es Büros gibt, in denen weder genug Tische noch Stühle für die Staatsdiener vorhanden sind. Hinzu kommen die "fürstlichen" Gehälter, mit denen Ägyptens Beamte abgespeist werden und die das Engagement der Staatsdiener nicht gerade fördern.

Die Verwaltung, die auch Propaganda und Beratungsstellen für Familienplanung betreibt, hat unter vielem anderen eines nur in Grenzen zuwege gebracht: Den Bevölkerungszuwachs des überaus fruchtbaren Landes wirklich einzudämmen. Denn so lange eine Altersversorgung nicht glaubwürdig gesichert ist, nimmt einem Ehepaar eigentlich nur eine entsprechende Anzahl von Nachkommen die Vorsorge fürs Alter ab; dies sei als einer der wichtigen Gründe für den Geburtenüberschuß genannt.

Während Sie die letzten Zeilen gelesen haben, sind bereits zwei Kinder in Ägypten (statistisch) auf die Welt gekommen, alle 27 Sekunden eine Geburt. Abzüglich der Sterberate ergibt sich derzeit ein Geburtenüberschuß von 2,1 Prozent (vor 10 Jahren 2,6 Prozent). D.h. alle zwölf Monate wächst Ägypten um etwa 1,25 Millionen Menschen; und diese Menschen benötigen Schulen, Universitäten, Arbeitsplätze, Wohnungen – selbst hochindustrialisierte Länder wären mit einem derartigen Problem überfordert. Es ist daher eher ein Wunder, daß die Arbeitslosenquote bei offiziell nur 9,4 Prozent (1997) liegt; in Wirklichkeit dürfte sie mindestens doppelt so hoch sein.

Seit der Revolution von 1952 hat sich die Bevölkerungszahl mehr als verdoppelt, bei der letzten Volkszählung von 1996 lag sie bei 61,5 Millionen, Mitte 1998 wurde sie auf 66 Millionen geschätzt; knapp die Hälfte davon ist jünger als 18 Jahre. Die Lebenserwartung beträgt 62 Jahre. Obwohl Ägypten dreimal größer als die Bundesrepublik Deutschland ist, steht nur eine landwirtschaftliche Nutzfläche von ungefähr der Größe Baden-Württembergs zur Verfügung. Auf dieser Fläche drängen sich fast

2. Land, Leute und Vergangenheit

sechsmal mehr Menschen als im Land der Schwaben.

Nicht zu vergessen ist, daß die Nutzfläche trotz aller Anstrengungen nicht beliebig in die Wüste ausdehnbar ist. Vielmehr geht auch in Ägypten wertvoller Ackerboden durch Straßen- und Hausbau verloren. Es war schlechterdings unvorstellbar, wo die nächsten 50 Millionen Ägypter Platz finden sollen – bis das sogenannte *Toshka-Projekt* ins Leben gerufen wurde, das die Agrarfläche Ägyptens verfünfachen soll, siehe Seite 314.

Auch der Wohnungsmarkt ist mit Problemen befrachtet. So kostet eine mäßige Dreizimmer-Altbauwohnung in Kairo nur ein paar Pfund Miete, weil Nasser die Mieten auf einem niedrigen Niveau eingefroren hatte, seither sind sie nicht dem allgemeinen Preisniveau entsprechend erhöht worden. Die Mieteinnahmen sind heute jedoch noch so gering, daß sie die Unterhaltskosten für die Häuser kaum oder überhaupt nicht tragen, so daß viele Hausbesitzer keinen Handgriff zur Erhaltung oder gar Modernisierung unternehmen.

Der trotzdem vorhandene Bauboom treibt immer wieder tödliche Blüten. Da werden Häuser mit so schlechtem Baumaterial zusammengeklebt, so daß sie die Last der Bewohner nicht tragen und einstürzen. Oder man stockt ohne Überprüfung der Statik und ohne Baugenehmigung alte Häuser auf, die dann gemeinsam mit dem neugebauten zusammenfallen. 1983 und 1998 kamen viele Menschen in Kairo, 1991 in Alexandria bei Hauseinstürzen ums Leben.

Nach der Volkszählung von 1996 ist die Landflucht stark zurückgegangen. Es hat sich ein Trend verstärkt, ein Häuschen weit entfernt von der Großstadt zu bauen und per Minibus täglich bis zu 50 km zur Arbeit zu pendeln. Allerdings steht es um die Infrastruktur der meist illegal gebauten Häuser ziemlich schlecht. 20 Prozent der Häuser fehlt der Zugang zu elektrischem Strom, 50 Prozent zur Trinkwasserversorgung und 80 Prozent der Haushalte auf dem Land haben keinen Abwasseranschluß, d.h. das Abwasser versickert oder wird auf die Straße geleitet.

Die heutige und zukünftige Bevölkerung will und muß auch ernährt werden. Bis in die 60er Jahre konnte Ägypten den Eigenbedarf im Agrarsektor selbst decken. Durch Bevölkerungsexplosion und höheren Pro-Kopf-Verbrauch haben sich die Verhältnisse stark geändert, große Mengen Grundnahrungsmittel wie Weizen, Zucker, Fleisch u.a. müssen importiert werden, weil die Nahrungsmittelproduktion nicht mithalten kann und die Unterdeckung, die erst 1978 einsetzte, immer mehr zunimmt. So sank z.B. der Selbstversorgungsgrad des Landes bereits 1987 bei Weizen auf 26 Prozent, bei Mais auf 65 Prozent und bei Zucker auf 62 Prozent. Nach Zahlen, die Ende 1991 publiziert wurden, reduzierte sich die Selbstversorgungsrate bei Grundnahrungsmitteln inzwischen auf unter 50 Prozent des Bedarfs.

Da eine wesentliche Zunahme des fruchtbaren Bodens nicht mehr möglich erscheint, kann nur der Ertrag des vorhandenen Ackerlandes gesteigert werden. Dies ist nach Meinung von Landwirtschaftsexperten durchaus möglich, stößt jedoch auf eine Reihe von Hindernissen, die teils in der Tradition uralter Anbaumethoden zu suchen sind, zum anderen in der mangelnden Investitionskraft und -bereitschaft der Bauern.

Schon heute reicht der durchschnittliche Ertrag den meisten Fellachen kaum für das Nötigste zum Lebensunterhalt; wo sollen Mittel für z.B. besseres Saatgut, zusätzliche Düngemittel, notwendige Drainage gegen die Versalzung der Böden u.a. herkommen? Die Ägypter haben sich in der Vergangenheit als sehr anpassungsfähig erwiesen. Dies muß einer der Schlüssel sein, um die immer größere Enge im Niltal in der Zukunft zu meistern.

Die skizzierten Probleme stellen nur einen kleinen Ausschnitt des Berges dar, vor dem Ägypten steht. Der Besucher des Landes darf diese Probleme nicht außer acht lassen – weder antike Stätten, noch Badestrände, Wüsten oder die Souks der Städte machen allein das Land am Nil aus. Die Realität, vor der wir als verantwortungsvolle Einzelgänger nicht die Augen schließen können, liegt während jeder Stunde unseres Besuchs vor uns: Vergessen Sie die Menschen mit ihren Freuden, Sorgen und Nöten nicht.

Wirtschaft, Öl und Energie

Ägypten zählt nach Weltbank-Klassifikation auch heute noch zu den sogenannten halbindustrialisierten Ländern mit einem mittleren Pro-Kopf-Jahreseinkommen von $ 1213 (1996/97) — mit 30,5 Milliarden $ (1997) allerdings auch zu den stark verschuldeten Ländern der Dritten Welt. Aus Dankbarkeit für die Beteiligung am Golfkrieg auf Seiten der UN-Truppen erließen 1991 die USA, die Golfstaaten und die wichtigsten Industrieländer Ägypten Schulden in Höhe von knapp 24 Milliarden Dollar; inzwischen sind sie wieder kräftig gestiegen.

Die Klassifikation der Weltbank kann dem Besucher durchaus Anlaß sein, über die Zeitläufte und das Auf und Ab der Geschichte zu philosophieren: Ein Land, das jahrtausendelang Weltmacht oder führende Macht war, um dessen Gunst so viele buhlten, kämpft heute eher ums Überleben als um weltpolitischen Einfluß.

Mit der von Sadat eingeführten sog. *Open-Door-Wirtschaftspolitik* ist Ägypten wirtschaftlich ein Stück vorangekommen. Zwar sind immer noch 40 Prozent der Erwerbstätigen in der Landwirtschaft beschäftigt, aber 22 Prozent hat die aufkeimende Industrie absorbiert, 38 Prozent arbeiten im öffentlichen Bereich einschließlich Verwaltung und Militär, zu den restlichen 10 Prozent zählen vor allem die 2,5 Millionen Gastarbeiter, die hauptsächlich in der Golfregion beschäftigt sind. Sie tragen mit ihren Devisenüberweisungen erheblich zur Entlastung des Staatshaushaltes bei. Die Entlastung des einheimischen Arbeitsmarktes hat durchaus eine Kehrseite: Diejenigen, die ins Ausland gehen, sind meist die Tatkräftigsten und Hochqualifizierten. Damit fehlen gute Handwerker und Facharbeiter, aber auch gute Ärzte oder Ingenieure in dem Land, das sie unter hohen Kosten ausgebildet hat.

Im vorigen Jahrhundert eroberte sich Ägypten mit seinen Baumwollexporten eine zeitweise dominierende Stellung auf dem Weltmarkt. Die Böden des Nildeltas sind besonders für den Anbau des *weißen Goldes,* der langfasrigen Baumwolle, geeignet. Auch heute ist die Naturfaser noch ein wichtiger Rohstoff, sowohl für die inländische Weiterveredelung in Spinnereien und Textilfabriken als auch für den Export. Erst die Revolution Nassers zerschlug den monopolartigen Großgrundbesitz der "Baumwollbarone", seither herrscht der Staat als alleiniger Monopolist über dieses Wirtschaftsgut — mit allen negativen Konsequenzen der ägyptischen Bürokratie.

Doch das *schwarze Gold* hat der Baumwolle als Exportschlager den Rang abgelaufen. Ägypten liegt zwar nicht weit von der ölreichen Golfregion entfernt, hat aber vergleichsweise nur bescheidene eigene Ölvorkommen. Sie konzentrieren sich vor allem im Golf von Suez mit Schwerpunkt bei Abou Rudeis auf der Sinai-Seite und Ras Gharib auf der "Festland"-Seite. Weitere Explorationen finden in der Libyschen Wüste statt, wo relativ ergiebige Lagerstätten gefunden wurden.

Die Erdölproduktion wuchs von 8,5 Millionen Tonnen im Jahr 1973 auf über 40 Millionen Tonnen pro Jahr, etwa die Hälfte davon wird für den Eigenbedarf des Landes benötigt. Mit viel Macht wird an neuen Energiekonzepten für die Zukunft gearbeitet. Alle Ressourcen des Landes sollen genutzt werden. Wichtiger Energielieferant in Form von Elektrizität ist der Nasser-Stausee. Zusammen mit dem Bau bzw. Ausbau von Staustufen bei Esna, Nag Hamma-

2. Land, Leute und Vergangenheit

di und Assiut konnte die vorhandene Wasserkraftkapazität noch um etwa 20 Prozent gesteigert werden. Alle weitere elektrische Energie muß aus fossilen Brennstoffen erzeugt werden, unter anderem durch das als Nebenprodukt der Erdölförderung gewonnene Erdgas. Zusätzlich ist der Bau eines Kernkraftwerks bei El Daaba an der Mittelmeerküste vorgesehen.

Gern spricht man in Ägypten von den *Big Four* der Devisenbringer, das sind die Überweisungen der ägyptischen Gastarbeiter (10 Milliarden $), die Einnahmen aus dem Touristikgeschäft (3,1 Milliarden $), Erdölexporte (2,8 Milliarden $) und Einnahmen aus dem Suezkanal (0,9 Milliarden $).

Der Tourismus als zweitwichtigste Stütze des Devisenhaushalts hatte 1996, im Jahr vor dem Luxor-Massaker, 3,9 Millionen Besucher zu verbuchen, 1998 ging diese Zahl drastisch zurück, aber bereits 1999 kamen wieder gut 4 Millionen Gäste. Das Tourismusministerium ließ verlauten, daß 78 Prozent der Touristen-Deviseneinnahmen im Land verbleiben, d.h., daß weniger als ein Viertel der Einnahmen für den Unterhalt touristischer Einrichtungen wieder abfließen. Für die Richtigkeit dieser guten Quote – in anderen Drittweltländern sollen 3/4 der Einnahmen wieder abfließen – spricht auch die weitgehend inländische Versorgung mit langlebigen Konsumartikeln wie Kühlschränken, Fernsehern etc.

Obwohl Ägypten sehr viel bessere Voraussetzungen für eine wirtschaftlich gute Entwicklung als andere Entwicklungsländer hat, sorgt der Staat selbst nicht nur durch eine ausufernde Bürokratie, sondern auch durch zum Teil extreme "Subventionitis" für negative Preisverzerrungen und nimmt manchem Erzeuger Anreize zu mehr Produktion. So liegen die Energiepreise unterhalb des Weltmarktniveaus, was einer sehr hohen indirekten Subvention gleichkommt. Die Preise von Grundnahrungsmitteln werden in der Größenordnung von $ 6 Milliarden gestützt. Dadurch ist bzw. war Fladenbrot so billig, daß vielfach Tiere damit gefüttert wurden, weil es für den Bauern eins der preiswertesten Futtermittel war. Zwar wurden die Spritpreise massiv angehoben, z.B. für Diesel von ehemals 10 Pt auf derzeit 40 Pt, doch liegen sie immer noch deutlich unter dem üblichen Niveau. Die niedrigen Preise führen zur gedankenlosen Verschwendung; jeder Autofahrer kann an der Tankstelle den sorglosen Umgang mit dem billigen Sprit beobachten.

Die direkten und indirekten Subventionen kosten den Staat viele Milliarden Pfund jährlich. Aber ein Ausweg aus diesem Dilemma ist nicht in Sicht: Die Einkommen der sozial schwachen Bevölkerungsgruppen sind so niedrig, daß sie auf die preiswerten Grundnahrungsmittel angewiesen sind.

1991 setzte der Internationale Währungsfond (IWF) bei der ägyptischen Regierung ein Liberalisierungsprogramm zur Sanierung der Wirtschaft durch. Damit sind die meisten Preise freigegeben, Einfuhrbeschränkungen – welche vor allem die häufig unwirtschaftlich produzierenden Staatsbetriebe schützen – aufgehoben und der Kapitalmarkt geöffnet. Kairo, das vor dem Zweiten Weltkrieg die sechstgrößte Börse der Welt besaß, will im internationalen Börsengeschehen wieder mitmischen und die ehemalige Bedeutung zurückgewinnen. Aber solange die prinzipiellen Probleme der Wirtschaft, wie gesetzlich verordnete Überbesetzung, Schutz vor Wettbewerb und damit international nicht wettbewerbsfähige Unternehmen, nicht gelöst sind, werden Investitionen oder der Aktienmarkt für ausländische Anleger kaum interessant sein.

Der IWF konnte auch durchsetzen, daß eine Reihe von Staatsbetrieben privatisiert werden, allerdings verläuft der Prozeß sehr schleppend, nicht zuletzt weil viele Management-Posten mit Günstlingen besetzt sind, die bei der Privatisierung ihre Positionen verlieren würden. Bis 1998 waren von 314 vorgesehenen Firmen erst 100 veräußert worden.

Dennoch hat sich die ägyptische Wirtschaft in den 90er Jahren gut entwickelt, das Bruttoinlandsprodukt wuchs stetig zunehmend um durchschnittlich 5 – 6 Prozent pro Jahr; nach Expertenaussagen ist diese Rate auch in Zukunft dringend erforderlich, um die "Kosten" des Bevölkerungswachstums aufzufangen.

Bis 1997 war seit Beginn der 90er Jahre die Leistungsbilanz positiv, sie rutschte aber wegen geringerer Tourismuseinnahmen und gesunkener Ölpreise ins Negative ab. Die Reserven an harter Währung entwickelten sich positiv, 1998 wurde von 18,5 Milliarden $ berichtet, umgekehrt hatten sich die Auslandsschulden auf 25 Milliarden $ verringert. Sollten aber die Kapitalzuflüsse abnehmen, dann ist mit einem fortlaufenden Devisenabbau zu rechnen, der wiederum die Glaubwürdigkeit in die ägyptische Wirtschaft erschüttern würde. Die Direktinvestitionen, die davon besonders betroffen sind, gehen bereits 1999 u.a. wegen der schleppenden Privatisierung zurück.

Ab 1996 wurden alle Investitionsgesetze novelliert, um mehr ausländisches Kapital ins Land zu locken. So fiel die Beschränkung auf 49 Prozent bei der Gründung oder Beteiligung von Unternehmen. Immobilien bis hin zu Flughäfen oder Energieanlagen können uneingeschränkt gekauft werden. Wenn Sie also in ägyptische Feriensiedlungen investieren wollen: Es winken 10 Jahre Steuerfreiheit und – angeblich – hohe Renditen...

Wenn man abends durch Kairos enge Gassen wandert und noch ganze Heerscharen bei der Arbeit sieht, glaubt man kaum, daß Ägypten sehr stark gewerkschaftlich organisiert ist. In allen Betrieben mit mehr als 50 Mitarbeitern sind Gewerkschaftskomitees zu wählen, die u. a. über die Gewinnverteilung und eine Gratifikation der Arbeitnehmer in Abhängigkeit vom Unternehmensgewinn mitbestimmen. Darüber hinaus kümmern sie sich um die Arbeitsbedingungen, Alphabetisierungsmaßnahmen, soziale Einrichtungen oder Wohnungsbaugenossenschaften.

Die gesetzliche Arbeitszeit ist auf 48 Wochenstunden begrenzt, allerdings gilt praktisch überall die 42-Stunden-Woche. Für die über 20 Einzelgewerkschaften gibt es kein Streikrecht, Streitfragen sind durch Konsens zu lösen, Löhne und Gehälter legt die Volksversammlung fest.

2.3 Die Menschen und ihr Alltag

Die Menschen

Städtische Bevölkerung

Sehr bald kann der Besucher der Metropole Kairo erkennen, daß sich die Gesichter und Gestalten der Ägypter deutlich in verschiedene Kategorien einteilen lassen. Im Zentrum der Stadt könnte man sich fast wie in Südeuropa fühlen, sowohl vom Flair als auch von den westlich angezogenen Menschen her. Hier begegnet man der modernen, für ein Entwicklungsland erstaunlich breiten Mittelschicht. Männer, die mittlere oder höhere Schulbildung erworben haben, die durch Kasernen geschleift wurden oder gar Erfahrungen auf Kriegsschauplätzen machen mußten, die betont nationalistisch und stolz auf ihr Land sind. Ebenso Frauen, die durch gute Schulbildung ansehnliche Stellungen im Berufsleben erreichten.

Für sie bestimmt nicht die Religion allein den Tagesablauf, sie kennen zumeist westliches Denken und handeln weit pragmatischer als es in den orthodoxen Nachbarländern vorstellbar ist. Dennoch bleiben sie fest im Islam verwurzelt. Von dieser Mittel- und Oberschicht leben z.B. nur noch 2 Prozent in Polygamie.

Der überwiegende Teil der städtischen Bevölkerung setzt sich aus Nachkommen der Ara-

2. Land, Leute und Vergangenheit

ber zusammen, die im 7. Jhd das Land besetzten und kolonisierten. Ihr Anteil wird auf etwa 20 Prozent der Gesamtbevölkerung geschätzt. Sie sind mittelgroß, schlank und grazil, relativ hellhäutig und haben die typisch semitische, keilförmige Nase.

Die Fellachen

Etwas anders sieht die Situation nur wenig entfernt von Kairo aus: Das Leben in den Dörfern änderte sich seit Jahrtausenden nur wenig. Die Fellachen (arabisch *Bauern)* haben sich kaum mit Fremden vermischt, sie sind die direkten Nachkommen der pharaonischen Ägypter, kräftig-drahtige Menschen, genügsam und sehr konservativ. Für sie gibt es keine andere Vorstellung und kein anderes Lebensziel als die Traditionen der Väter und Vorväter fortzuführen, mit Hingabe und fast ausschließlich für die Familie zu leben. Hier bestimmt die Zahl der Kinder sehr wesentlich das Ansehen des Mannes, die Frau hat sie zu gebären und aufzuziehen.

Die Fellachen sind von Natur aus fröhliche, herzliche Menschen, die gern lachen und das Leben auf ihre Art, manchmal durch "positives Nichtstun" genießen. Ihrer Umwelt gegenüber sind sie freundlich und hilfsbereit. Wer diese Menschen bei ihrer Feldarbeit beobachtet und die Gelassenheit wahrnimmt, mit der sie ihrem nicht leichten Los nachgehen, der findet bald viel Bewunderung – und eine Art von menschlicher Geborgenheit, wenn er näher mit ihnen bekannt wird.

Die Tage gehören vom frühen Morgen bis zur Dämmerung der Feldarbeit. Dann sind die Dörfer fast ausgestorben. Erst am Abend kehrt Leben im Dorf ein. Die Leute sitzen vor den Häusern und schwatzen, die meisten Männer schlürfen Tee oder türkischen Kaffee bei der Wasserpfeife im Kaffeehaus.

Bis zur Revolution 1952 gehörte der allergrößte Teil des fruchtbaren Landes nur wenigen großen Familien. Die Fellachen waren zumindest im übertragenen Sinn mehr Sklaven als Pächter der Landeigner. Unter der von Nasser eingeleiteten Agrarreform wurde das Land gleichmäßiger verteilt, die Fellachen avancierten von Pächtern zu Eigentümern. Allerdings hat die Tradition der Erbteilung bereits jetzt die Erbmasse stark zerstückelt, weil der Vater seinen Besitz unter den Söhnen aufteilt. So bleibt häufig für den einzelnen Erben so wenig übrig, daß er kaum davon leben kann.

Die Fellachen leiden unter einer ganzen Reihe von Übeln, wenn man von den wirtschaftlichen ganz absieht. Da sie nach wie vor häufig im Nil oder in seinen Kanälen baden oder daraus Wasser trinken, sind mehr als die Hälfte von Bilharziose befallen. Diese uralte Krankheit Ägyptens erzeugt Schlaffheit, Gleichgültigkeit und Müdigkeit. Immer noch ziehen viele Fellachen den Quacksalber im Dorf, der mit Sprüchen und dubioser Medizin häufig mehr schadet als nützt, dem Arzt in der Stadt vor.

Die Genügsamkeit der Fellachen hat uralte, pharaonische Vorbilder und Wurzeln – allerdings steht sie der heutigen Entwicklung auch im Weg: Solange der Einzelne zufrieden (und dabei glücklich) ist, wenn er sich selbst versorgt hat, solange kann er keinen Überschuß produzieren, den die anderen, die sich nicht selbst ernähren, dringend brauchen. Als Konsequenz aus dieser glücklichen Genügsamkeit des Einzelnen muß das Land Weizen teuer importieren – um etwas überspitzt diesen Konflikt zu formulieren, aber auch aufzuzeigen, daß der "Idylle" auf dem Lande in absehbarer Zukunft ein viel härterer Wind entgegenwehen wird.

Die koptische Bevölkerungsgruppe

Als weitere eigenständige Bevölkerungsgruppe – allerdings nicht im ethnologischen Sinn – sind die Kopten zu betrachten, die der koptischen Form des Christentums anhängen. Sie vermischten sich ebenfalls kaum mit Fremden, sie sind daher auch oder besonders zu den Nachkommen der pharaonischen Ägypter zu zählen, weil sie auch in der Liturgie die Sprache

Die Menschen

der Vorfahren erhielten. Die Kopten nennen sich *Gypt* und sind der Meinung, daß die Bezeichnung Ägypten auf sie zurückzuführen sei. Zahlenangaben über ihren Bevölkerungsanteil schwanken, sie dürften etwa 5 bis 10 Prozent der Gesamtbevölkerung stellen.

Durch die ihnen vom Islam auferlegte Isolation wurden die Kopten von vielen Berufen und vom politischen Leben über viele Jahrhunderte ausgeschlossen. So spezialisierten sie sich u.a. auf das Bank- und Finanzwesen, das ohne sie zusammenbrechen würde, und auf handwerkliche Berufe.

Eine koptische Gruppe allerdings wurde weit abgedrängt und beherrscht ein ganz anderes Gebiet: die Müllabfuhr von Kairo, über sie wird auf Seite 214 berichtet. – Zum koptischen Christentum können Sie ab Seite 91 nähere Informationen nachlesen.

Die Beduinen

Wenden wir uns noch den Beduinen als einer weiteren Bevölkerungsgruppe zu. Nur etwa 50 000 (die Zahlenangaben schwanken sehr) leben noch als Nomaden, die überwiegende Anzahl wurde in den letzten Jahrzehnten seß-

Selbstbewußte Beduinenmädchen

2. Land, Leute und Vergangenheit

haft. So verdingen sich viele Sinai-Beduinen in den Ölfeldern, Bergwerken und im Tourismus.

Die Awlat Ali Beduinen der Libyschen Wüste siedelten sich in den neu erschlossenen Gebieten im Bereich der Mittelmeerküste oder des Deltas an. Auch von ihnen leben einige vom Tourismus; die Fremdenführer bei den Pyramiden stammten ursprünglich fast ausschließlich aus ihren Reihen. In den Gebirgen der Arabischen Wüste, also östlich des Niltals, nomadisieren noch Ababda-Beduinen. Sie sind übrigens nicht arabischen Ursprungs, sondern Hamiten.

Das Leben der Beduinen hat fast nichts mit dem der Fellachen gemein. Im Gegenteil, die stolzen Beduinen schauen auf die in der Erde wühlenden Fellachen etwas mitleidig herab, die Fellachen wiederum sorgen sich beim Auftauchen von Beduinen-Viehherden um ihr Grünzeug. Der Unterschied zwischen den beiden Gruppen könnte kaum krasser sein, denn das harte Leben in der Wüste verlangt den Bewohnern ganz andere Verhaltensweisen ab.

Die (nomadisierenden) Beduinen müssen um jede Möglichkeit der Selbsterhaltung wissen, die geringsten Zeichen von Fruchtbarkeit oder Wasser erkennen können. Sie sind auch heute noch gezwungen, alle ihre Fähigkeiten zum Überleben einzusetzen, sie müssen weite Entfernungen mit ihren Herden zurücklegen, um den spärlichen Bewuchs der Wüste für Tier und Mensch zu nutzen.

Daher zählt ständige Beweglichkeit zu einer Grundbedingung ihres Lebens. Ihre Zelte aus schwarzen Ziegenhaardecken können schnell abgebaut und auf die Kamele verladen werden. Die Gerätschaften des täglichen Lebens sind auf das Nötigste beschränkt, der größte Teil der Besitztümer muß aus eigener Kraft mitwandern. Viehherden sind die entscheidenden Mittel im Überlebenskampf; diese Besitztümer wird man nur dann verzehren, wenn festliche Anlässe oder wirkliche Notfälle danach rufen. Normalerweise ernährt sich der Beduine von den Grundprodukten Datteln, Ziegenkäse, Brotfladen und Kamelmilch, die entsprechend miteinander verarbeitet werden, z.B. die wichtigste Speise – *Ayesh* genannt – besteht aus Kamelmilch, die mit Mehl verrührt wird. Im Küstenbereich bringt Fischfang Abwechslung in den Speiseplan.

Die Sinai-Beduinen – von denen hier vor allem die Rede ist – halten als Hauptherde Ziegen, seltener Schafe (obwohl diese ökologisch angepaßter wären, da sie beim Fressen nicht die Wurzeln der Pflanzen herausreißen) und Kamele, die mehr als Arbeitstiere anzusehen sind. Jeder Stamm – dem ein Sheikh vorsteht – hat ein bestimmtes Territorium, in dem er die saisonal günstigsten Weidegebiete aufsucht. Während der Dattelernte im Spätsommer kehrt zumindest der größte Teil der Familie in die Oasen zurück.

Die Beduinen-Frauen sind sehr viel selbstbewußter als andere Muslimdamen, da hier jede Aufgabe mehr oder weniger direkt mit dem Überleben zusammenhängt. Wie üblich auf der Welt, gehört zu ihrem Aufgabenbereich das Kochen, aber sie müssen auch das nötige Brennmaterial dafür einsammeln. Sie kümmern sich um die Kinder, sie hüten die Ziegen und weben z.B. die Ziegenhaar-Zeltbahnen.

Die Männer sind verantwortlich für die Tiere, insbesondere die Kamele, und für die täglichen Entscheidungen, deren wichtigste der richtige Weg zum nächsten Weideplatz ist. Sie sind die Beschützer der Familie, und sie waren, zumindest in früheren Zeiten, die Stammeskrieger. Sie betreiben, sofern möglich, Fischfang oder verdingen sich als Tagelöhner in den Minen oder auf den Ölfeldern bzw. im Tourismus.

Die Wüste ist erbarmungslos, Fehlverhalten kann schnell zum Tod führen. Daher gibt es seit alters eherne Gesetze, die unbedingt konformes Verhalten einer Gruppe und Sippe erzwingen. Noch heute hinterlassen z.B. die Sinai-Beduinen beim Aufbruch unbenötigte Dinge (meistens ein Zelt) in einem Baum, um sie bei der Rückkehr wieder benutzen zu können.

Solange etwas in einem Baum hängt, wird sich kein Mensch an einem solch scheinbar herrenlosen Stück vergreifen.

Die Nubier

Die Nubier, mit denen sich die Pharaonen so manche Schlacht lieferten, lebten ursprünglich südlich von Assuan nilaufwärts an den dort immer karger werdenden grünen Flecken bis in die Gegend des sudanesischen Dongola. Mit dem ersten Staudamm in Assuan schrumpfte ihr Land erheblich, die letzte Erweiterung verschlang es vollends.

Die etwa 120 000 ägyptischen Nubier sollten eine neue Heimat hauptsächlich in der Nähe von Kom Ombo finden, eine kleinere Gruppe bei Esna. Die vor der Umsiedlung gegebenen Versprechen wurden zwar einigermaßen eingehalten, aber die neu angelegten Schachbrettdörfer entsprechen nicht dem ehemals gewohnten Großfamilienleben. Seit sich die Lage des Staussees stabilisiert hat, zieht es eine ganze Reihe Nubier zurück an den Rand der alten Heimat. Für einige mag tatsächlich die Hoffnung bestehen, am neuen Ufer ein neues Leben beginnen zu können, zumal es in Wadi Halfa und Abu Simbel lebensfähige Siedlungen gibt.

Heute trifft man in den neuen Dörfern hauptsächlich Frauen und Kinder, die Männer verdingen sich in den Städten als Wäscher, Bügler, Köche etc. Die dunkelbraunen, schlanken Menschen galten schon immer als besonders sauber. Sie sprechen eine dem Arabischen fremde Sprache, für die es keine Schrift gibt. In christlich-koptischen Zeiten diente eine modifizierte koptische Schrift lediglich religiösen Texten.

Häufig sieht man sehr dunkle Menschen mit negroiden Zügen. Es sind die Nachfahren der vor allem aus dem Sudan stammenden Sklaven, die im vorigen Jahrhundert die niedrigsten Arbeiten in Ägypten zu verrichten hatten.

Täglich Freud und Leid

Das tägliche Leben zeigt in jedem Land viele Gesichter, diese in wenigen Sätzen zu pauschalisieren, ist zumindest schwierig, und kann lediglich einzelnen Aspekten gerecht werden. Daher hier nur ein paar Blicke hinter die hohen Mauern, die ägyptisches Familienleben abschirmen. Wenn Sie ein bißchen mehr vom Leben auf dem Land wissen wollen, so können Sie z.B. aus Jehan Sadats Buch "Ich bin eine Frau aus Ägypten" sehr informative Details aus dem Alltag erfahren.

Die aus Nilschlamm errichteten Häuser der Fellachen (im Delta-Gebiet wegen des häufigeren Regens meist Ziegelbauten) könnten wegen ihrer Isolationseigenschaften den klimatischen Verhältnissen kaum besser angepaßt sein; leider werden sie zusehends von Betonbauten abgelöst. Meistens bestehen sie aus einem Hauptraum, der direkt hinter der Eingangstür liegt, in dem sich der größte Teil des Lebens abspielt. Die Einrichtung besteht aus Sitzbänken, Matten und, in bessergestellten Haushalten, Radio und Fernseher. Dort, wo die Elektrizität noch keinen Einzug hielt, werden abends Öllampen angezündet.

Einen Küchenraum in unserem Sinn gibt es selten, Backofen und offene Feuerstelle – getrockneter Kuhmist dient häufig als Brennmaterial – liegen meist im Innenhof, daneben mag ein Gas- oder Petroleumkocher stehen. Nachts legt sich jedes Familienmitglied eine Schlafmatte aus; fest vorgesehene Schlafzimmer gibt es zwar, sie dienen aber häufig als Lagerraum. In weiteren Räumen des Hauses leben die Tiere, vom Wasserbüffel bis zu Hühnern.

Toiletten gehören nicht überall zum Einrichtungsstandard einfacher Häuser im Dorf; wenn kein Plumpsklo mit Versitzgrube vorhanden ist, benutzt man die Umgebung. Als Bad dient eine größere Schüssel, die in einer uneinsehbaren Ecke des Hauses aufgestellt wird und in die

2. Land, Leute und Vergangenheit

sich der Badende kauert und mit Wasser übergießt. Sofern kein Wasseranschluß besteht, muß Wasser vom öffentlichen Brunnen oder vom Nil geholt und in Tonkrügen aufbewahrt werden.

Der traditionelle Hausbau aus Nilschlamm stößt seit dem Assuan-Hochdamm mehr und mehr an Grenzen, weil kein Schlamm mehr nachgeliefert und statt dessen auf wertvollen Ackerboden zurückgegriffen wird; anderes Baumaterial kann sich der Fellache aber kaum leisten.

Bevor das Land mit den Segnungen der Zivilisation überschwemmt wurde, war die Hauptbeschäftigung nach getaner Arbeit der gemeinsame Schwatz im Teehaus oder einfach das nachbarliche Palaver. Heute zählen Fernsehen und Kino zu den beliebtesten Freizeitbeschäftigungen.

Die Ägypter sind nach den Indern das filmbesessenste Volk: Kinos sind fast immer ausverkauft, die Zuschauer nehmen aktiv am Geschehen auf der Leinwand teil; sie leiden unter Tränen mit den Helden, sie freuen sich voll echter Begeisterung. Nicht anders mit den per Fernsehen ins Haus gelieferten Schnulzen. Auch hier hängen die Familien an der Mattscheibe, lassen kaum einen Film aus – und verlieren den Kontakt untereinander.

Beim Sport zählt Fußball über alles. Wo immer ein Stück Land frei ist, findet sich ein Bolzplatz. Den jeweils eigenen Spielern gehört das Herz der Zuschauer – ein bißchen emotionaler als bei uns, aber ohne die hierzulande schon zur Tagesordnung gehörenden Gewalttätigkeiten.

In der breiten Masse hat sich der Dämonenglaube fast aus pharaonischen Zeiten bis heute erhalten. Von morgens bis zum späten Abend schlägt sich die Dorfbevölkerung mit Geistern herum, vornehmlich den Djin ("Dschin" gesprochen), die stets zu besänftigen sind, denen man beileibe nichts Schlimmes antun darf.

Die – nicht greifbaren – Djin wurden von Gott aus rauchloser Flamme geschaffen, die Engel aus Licht, die Menschen aus Lehm. Es gibt gute und böse Djin, sie sind mehrfach im Koran genannt. Auf der Erde wohnen sie bevorzugt an schmutzigen Orten wie in Ställen oder Toiletten. Man schützt sich gegen die Djin durch Reinheit, das Rezitieren von Koranversen und durch Amulette, auf denen meist Koranverse und geheimnisvolle Formeln stehen.

Ebenso muß man sich ständig vor dem *Bösen Blick* in acht nehmen und auch in dieser Beziehung allerlei Regeln beachten. So darf der Besucher z.B. ein Baby nicht wegen seines schönen Aussehens loben, er könnte es ja mit neidischem Bösen Blick betrachten oder Dämonen auf das Kind aufmerksam machen.

Zum Schutz erhält das Baby sofort nach der Geburt Amulette aus Gold oder nur einen blauen Plastikarmreifen. Generell bieten blaue Perlen guten Schutz vor dem so manche Heimtücken verursachenden Bösen Blick. Aber auch die vielen Augenabbildungen oder Handamulette sind vorzügliche Gegenmittel. Häufig behilft man sich damit, die Kinder schlecht und unansehnlich zu kleiden, sie schmuddelig zu belassen, um gar nicht erst neidische Blicke anzuziehen. Angeblich schützen sich sogar wohlhabende Fellachen durch schlechte, schmutzige Kleidung gegen den Bösen Blick Neidischer.

Wenn nun tatsächlich jemand von einem bösen Geist befallen wurde, dann kann – allerdings nur Frauen – mittels einer Zeremonie, die *Zar* genannt wird, geholfen werden. Die Betroffene begibt sich zu einer Expertin in solchen Dingen, einer Sheika. Nachdem festgestellt ist, um welche Art von Geist es sich handelt, wird er während eines Zar ausgetrieben.

Die Zeremonie besteht im wesentlichen aus stundenlangen, von Trommeln begleiteten Tänzen und dem Anrufen der Geister durch die Sheika. Der Rhythmus steigert sich, bis die Tänzerin in Ekstase fällt. Anschließend wird ein Tier geopfert, blutige Handabdrücke auf die Patientin und häufig auch auf Türpfosten und Wände gedrückt.

Auch der Tod hat seinen festen Ritus. Ein Toter wird unter lautem Schreien und Weinen der weiblichen Angehörigen beklagt; professionelle Klageweiber gibt es nicht mehr. Die rituellen Waschungen des Toten erfolgen noch am Sterbetag, der Körper wird in Leichentücher gehüllt und in einen Sarg oder auf eine Bahre gelegt. Er wird dann ausschließlich von Männern zur nächsten Moschee getragen (oder gefahren) und nach entsprechenden Gebeten zum Friedhof gebracht und dort mit dem Kopf in Richtung Mekka beerdigt. Abends treffen sich die Trauernden zur Koran-Rezitation. Meist wird dazu ein großes Zelt auf der Straße errichtet; aufmerksamen Besuchern werden diese Zelte, in denen allerdings nur schweigende Männer sitzen, immer wieder auffallen.

Die Frauen treffen sich im Haus des Verstorbenen. Dies alles geschieht am Tag des Todes, 40 weitere Tage wird strenge Trauer eingehalten, wobei sich die nahen Verwandten jeweils donnerstags am Grab treffen, Koranverse rezitieren und milde Gaben an Arme verteilen. Am 40. Tag findet eine abschließende Trauerfeier statt, bei der sich noch einmal alle Verwandte und Freunde/Freundinnen einzufinden haben.

Mulid – ägyptische "Kirmes"

Mulid, das ist der Inbegriff eines **ägyptischen Volksfestes**. Dieses im wesentlichen religiös inspirierte Fest aus Anlaß des Geburts- oder Todestages eines Heiligen hat auch sehr profane und säkulare Begleiterscheinungen. Schießbuden, Zirkusvorführungen, Zauberdarbietungen, Schlangenbeschwörer, Puppentheater, farbenfrohe Umzüge, Märkte etc. ziehen manchmal hunderttausende Besucher an. In Zelten spielen Musiker auf oder es drehen sich Sufis (Derwische) in ekstatischem Tanz zum Trommelwirbel.

Es gibt tausende Mulids in ganz Ägypten, denn jeder Heilige hat sein eigenes Fest. Für große Heilige können mehrere Mulids im Laufe eines Jahres zelebriert werden. Im übrigen feiern Muslims wie Kopten Mulids, es gibt sogar ein jüdisches Mulid. Oft sind beide Religionsgemeinschaften im Publikum vermischt, da beide zum gleichen Heiligen pilgern und von ihm oder durch ihn Segen und Heil erflehen. Die Gläubigen beginnen bis zu zwei Wochen vor der "Großen Nacht" zum Ort des Geschehens zu pilgern.

Schon Herodot berichtet, daß die Ägypter gerne Feste feiern. Historisch ziemlich gesichert ist, daß der Mulid auf pharaonische Zeiten zurückgeht, ja daß die alten pharaonischen Gottheiten in späterer Zeit ganz einfach durch christliche und islamische Heilige ersetzt wurden. Das ist am deutlichsten in Luxor erkennbar, wo der pharaonische (Luxor-)Tempel zunächst in eine Kirche und später in eine Heiligenmoschee umgewandelt wurde. Die heutige Prozession anläßlich des Mulids von Sidi Abou el Haggag geht eindeutig auf das Opet-Fest zu Ehren des Gottes Amun zurück. Noch heute werden die *Barken des Amun* während einer überaus farbenprächtigen Prozession durch die Stadt getragen.

Die meisten der muslimischen Mulids finden ad hoc statt oder folgen dem arabischen Mondkalender. Die koptischen Mulids liegen kalendermäßig fest.

Einige große muslimische Mulids:
<u>Kairo</u>: *Sayida Nafisa, Dezember/Januar; Sayida Zaynab, Januar/Februar; Sayida el Husayn, Oktober;* <u>Luxor</u>: *Sidi Abou el Haggag, Ende Februar;* <u>Tanta</u>: *Sayyid Ahmad el Badawi, Oktober.*
Einige große koptische Mulids: <u>**Bilqas/Delta:**</u> *St. Damiana, 20. Mai;* <u>**Assiut/Der el Muharraq,**</u> *Jungfrau Maria, 28. Juni;* <u>**Massara/Heluan**</u>: *St. Barsum el Aryan, 28. September.*

Die Stellung der Frauen

Es hat sich herumgesprochen, daß die Stellung der Frau in islamischen Ländern anders als bei uns ist. Die Religion prägt oder fördert eine patriarchalische Gesellschaftsstruktur, in der eindeutig der Mann an der Spitze steht. Viele, z.T. sehr feingesponnene Mechanismen sorgen dafür, daß diese Stellung nicht so leicht zu erschüttern ist.

Es beginnt bei der Geburt eines Mädchens. Sollte es das Pech haben, die Erstgeborene einer Familie zu sein, so wird man sich meist nicht gerade freuen. Wenn mehrere Mädchen nacheinander auf die Welt kommen, dann ist das Unglück groß, man wird zumindest indirekt der Mutter Vorwürfe machen, daß sie keinen Sohn zu gebären vermag. Früher kam es durchaus vor, daß Mädchen in solchen Situationen nach der Geburt getötet wurden.

Das Erziehungsprinzip für die Mehrheit der Mädchen läßt sich, sehr grob vereinfacht, auf die Formel bringen: sie werden darauf vorbereitet, die treusorgende Mutter der Kinder ihres künftigen Ehemannes zu sein und diesen Mann mit allem zu umgeben, was das Leben angenehm macht. Die andere Rolle, die den Mädchen von frühester Kindheit an eingeprägt wird, besagt, daß sie von Natur aus sündig seien und deswegen eine Gefahr für die Männerwelt darstellen.

Obwohl per Gesetz verboten, werden daher auch heute noch Mädchen beschnitten; d.h. im Alter von etwa sechs bis acht Jahren werden Klitoris und zumeist auch die (inneren, seltener auch die äußeren) Schamlippen amputiert. Diese Maßnahme soll die sexuelle Lust mindern und der künftigen Ehefrau alles Interesse an anderen Männern nehmen. Viele Generationen haben die Beschneidung der Mädchen praktiziert; traditionell wurde sie damit gerechtfertigt, daß die Frau von einem "unreinen" Körperteil befreit würde. Die Zeitschrift EGYPT TODAY (damals noch CAIRO TODAY) berichtet im July 1991, daß 98 Prozent der Mädchen der unteren sozialen Schichten noch die brutale, von älteren Frauen bzw. Hebammen oder Barbieren mit meist untauglichen und unsterilisierten Instrumenten (sogar Glasscherben!) vorgenommene Beschneidung über sich ergehen lassen müssen; daß besonders die Mütter auf die Operation pochen, weil "es sich so gehört".

Zur Weltbevölkerungskonferenz 1994 strahlte der amerikanische Fernsehsender CNN einen Film aus, in dem die Beschneidung eines neunjährigen Mädchens in all ihrer Brutalität offengelegt wurde. Zwar regten sich zunächst die ägyptischen Medien über die Darstellung intimer innerägyptischer Vorgänge maßlos auf, bald wurden aber auch kritische Stimmen über den Vorgang selbst und seine vielen negativen Folgen laut. Schließlich verbot 1996 der Gesundheitsminister per Dekret die Operation. Krankenhäusern werden bei Zuwiderhandlungen geschlossen, Ärzten wird die Zulassung entzogen. Orthodoxe Islamisten liefen dagegen Sturm, ein Verwaltungsgericht hob den Erlaß wegen "Machtmißbrauch" auf. 1998 bestätigte jedoch das oberste Verwaltungsgericht das ministerielle Verbot erneut. Einerseits kann dieses Verbot als ein Meilenstein auf dem Weg in eine normale weibliche Zukunft betrachtet werden, andererseits ist zu befürchten, daß die unheilvolle Tradition außerhalb der Krankenhäuser von Quacksalbern fortgeführt wird; zum doppelten Schaden der betroffenen Mädchen. 1998 veröffentlichte Studien berichten, daß immer noch über 90 Prozent aller ägyptischen Mädchen – Musliminnen wie Christinnen – beschnitten werden. Wobei die Rate in gebildeten Familien nahe Null, in Analphabetenkreisen extrem hoch liegt.

Im übrigen ist die Beschneidung nicht eine Erfindung des islamischen Ägyptens, sie wird

Die Stellung der Frauen

ebenso konsequent bei koptischen Mädchen vorgenommen. Diese Sitte ist in vielen afrikanischen Ländern, unabhängig vom Islam, verbreitet. Sie wurde zumindest auch in Südamerika, Südostasien und Australien praktiziert, nicht jedoch in Saudi-Arabien, Iran, Irak, Algerien oder Marokko. In Ägypten läßt sich die Mädchen-Beschneidung bis in die ptolemäisch-pharaonische Zeit zurückverfolgen, aus der zum ersten Mal über derartige Praktiken berichtet wird. Anders bei den Knaben, deren Beschneidung seit alters bekannt und dokumentiert ist. Ihnen sollte das weibliche Element, dessen Sitz und Symbol die Vorhaut ist, genommen werden.

Bei Bildung und Ausbildung haben innerhalb der Familie die Knaben Vorrang, selbst beim Spielen dürfen die Jungen ausgelassen toben, während sich die Mädchen zurückhalten bzw. der Mutter bei der Hausarbeit helfen müssen. Etwa ab 15 Jahren steht die Hochzeit ins Haus. Die Eltern bestimmen in den meisten Fällen den Ehepartner, der entweder aus dem weiteren Kreis der Familie kommt oder nach wirtschaftlichen Gesichtspunkten ausgewählt wird. Die Hochzeit dauert mehrere Tage, viele hundert Gäste sind keine Seltenheit. Wichtigstes Kriterium für den Vollzug der Ehe ist die Jungfräulichkeit der Braut. Den Beweis muß nach der Hochzeitsnacht ein blutiges Bettlaken erbringen; es ist bekannt, daß in ärmeren Schichten ersatzweise Hühnerblut den Dienst erweist, in besseren Klassen helfen weitbekannte Ärzte, eine abhanden gekommene Jungfräulichkeit wiederherzustellen.

Nach einer Fatwa (rechtskräftiger Erlaß eines Mufti), die 1999 bekanntgegeben wurde, darf eine vergewaltigte Jungfrau innerhalb der ersten vier Schwangerschaftsmonate die Frucht des Verbrechens abtreiben. Anschließend darf sie ihre Jungfräulichkeit operativ wiederherstellen lassen und muß nicht einmal ihrem künftigen Ehemann davon berichten, es sei denn, sie wird von ihm ausdrücklich danach befragt. Die psychischen Folgen der Vergewaltigung sind dem Autor der Fatwa nicht erwähnenswert.

Für den Europäer etwas ungewöhnlich ist die Sitte, daß Frauen alle Körperhaare außer dem Kopfhaar regelmäßig mit einer aus Zucker und Zitronen hergestellten Substanz *(Hallawa)* entfernen, Männer rasieren in der Regel die Achselhaare, häufig auch die Schamhaare ab.

Die Ehe unterliegt religiösem Recht, der Sharia. Danach übt der Mann die "eheliche Gewalt" aus, d.h. ihm steht das Recht zu, seiner Frau im täglichen Leben ziemlich enge Grenzen zu ziehen, z.B. über ihre Besucher zu bestimmen. Die Frau ist verpflichtet, ihrem Mann gehorsam zu sein, am ehelichen Aufenthaltsort zu leben, sich tugendhaft zu verhalten und über den Haushalt zu wachen.

Die verheiratete Frau behält ihren Mädchennamen und ihr Vermögen, sie kann frei über ihre Mitgift entscheiden, ihr Ehemann darf sich nicht in ihre finanziellen Angelegenheiten mischen. Wegen der gesetzlich vorgeschriebenen Gütertrennung kann die Frau in geschäftlichen Dingen völlig unabhängig von ihrem Mann agieren. Die Kinder nehmen den Namen des Vaters und seine Religion, den Islam, an.

Noch vor wenigen Generationen übertraten Frauen die Schwelle ihres Hauses praktisch nur zweimal: bei der Hochzeit und bei ihrem Begräbnis. Seit einigen Jahrzehnten kann die Frau auch einer Tätigkeit außerhalb des Hauses nachgehen. Etwa 10 bis 15 Prozent der Ägypterinnen machen von diesem Recht Gebrauch – neben den vielen Frauen, die in der Landwirtschaft seit Menschengedenken mitarbeiten müssen. Im Beruf ist die Frau gesetzlich dem Mann gleichgestellt, sie hat zumindest theoretisch auch gleiche Chancen. Während des gesetzlich bis zu zwei Jahren garantierten Mutterschaftsurlaubs erhält sie ihre vollen Bezüge.

Die Majorität der Frauen rackert – nach statistischen Untersuchungen – 16 bis 19 Stunden täglich: Mann und Kinder mit Essen versorgen, Kleinvieh und eventuell vorhandene Kuh füt-

2. Land, Leute und Vergangenheit

tern und melken, Brennmaterial beschaffen, Wasser holen, Geschirr und Wäsche (meist im Kanal) mit Sand und bestenfalls Seife waschen, jedes Jahr ein Kind in die Welt setzen sowie die vorhandenen versorgen und, als Hauptbeschäftigung, auf dem Feld arbeiten wie der Mann. Schließlich hat sie die landwirtschaftlichen Produkte auf dem Markt zu verkaufen. Erst die heranwachsende Tochter wird sie entlasten.

Die alltägliche Kleidung besteht aus einem langen, weit herunterhängenden Kleid, langärmelig und mit kleinem Ausschnitt. Um den Kopf ein Tuch geschlungen, über das bei Verlassen des Hauses noch ein schwarzes längeres kommt, das fast den ganzen Oberkörper bedeckt. Auf den Rücken baumeln zwei lange Zöpfe, wenn nicht aus eigenem Haar, dann aus Stoffäden geflochten.

Für Töchter aus bessergestellten Familien zeichnet sich bereits früh ein anderes Leben ab. Sie drängen in die Hochschulen und sind in akademischen Berufen sehr viel stärker repräsentiert, dabei scheint das Bildungswesen eine Domäne der Frauen zu sein bzw. zu werden. Während die typische Landfrau nur zum Arbeiten Zeit hat, schlagen sich die Frauen aus einkommensstärkeren oder städtischen Schichten mit den Problemen der Familie und deren sozialer Stellung herum.

Im privaten Bereich gibt es kaum gesellschaftliche Beziehungen von Frauen zu anderen Männern. Bei Parties oder ähnlichen Veranstaltungen sondern sich die Frauen in eigene Gruppen ab, in denen es dann meist wesentlich fröhlicher zugeht als in der politisierenden Männerrunde nebenan. Innerhalb dieser Frauengruppen gibt es kaum Geheimnisse, allerdings auch wieder Hierarchie: Die älteren Frauen geben den Ton an und achten darauf, daß Sitte und Anstand gewahrt werden und daß die unverheirateten Töchter unter die Haube kommen.

Ein Mann kann bis zu vier Frauen heiraten, eine Frau aber nur einen Mann. Will sich eine Frau gegen weitere Partnerinnen in der Ehe wehren, so konnte sie früher die Scheidung verlangen. 1985 wurde ein neues Gesetz verabschiedet, wonach die Frau im Falle einer Zweitehe nachweisen muß, daß sie dadurch materiell oder seelisch schwerwiegend beeinträchtigt wird. Erst dann ist die Scheidung möglich. Außerdem wurde sie materiell insofern schlechter gestellt, als sie nur so lange Anrecht auf Unterhalt und Wohnung hat, bis der Sohn 10 bzw. die Tochter 12 Jahre alt ist. Der Ehemann kann sich im Grunde selbst von seiner Frau scheiden, indem er dreimal nacheinander sagt: "Ich verstoße dich!" Er muß zwar Alimente zahlen, die sind jedoch mäßig – falls sie überhaupt aufgebracht werden.

Für die Frau hingegen sieht die Lage nicht so einfach aus. Selbst wenn sie sich im Ehevertrag die Selbstverstoßung ausbedungen hat, erkennen ägyptische Richter diese Bedingung heutzutage nicht mehr an, weil sie der Sharia nicht entspricht. Eine von der Frau ausgehende Scheidung ist nur in gegenseitigem Einvernehmen möglich, durchsetzbar von der Seite der Frau aber nur in Fällen nachgewiesener Impotenz oder der Unfähigkeit des Mannes, die Familie ernähren zu können. Die Frau trägt die Beweislast.

Ende 1999 wurde nach Jahren heftigster und kontroverser Diskussionen ein neues Gesetz beschlossen, wonach die Frau entweder wie bisher vor einem Familiengericht die Scheidung wegen triftiger Gründe, z.B. Mißhandlung, beantragen und dann im Falle des (relativ seltenen) Erfolgs eine materiell halbwegs ausgeglichene Regelung erreichen kann. Oder, und das ist neu, sie kann wegen Zerrüttung der Ehe die Scheidung verlangen, muß drei (bei kinderlosen Paaren) bis sechs Monate warten, während denen ein Richter versucht, zwischen den Partnern zu vermitteln. Wird die Scheidung dann ausgesprochen, muß sie alles Geld, alle Wertsachen und Besitztümer rückerstatten, die sie während der Ehe erhielt. So sehen die Kritiker auch ein Zweiklassenrecht, das nur den Frauen diesen relativ einfachen Weg öffnet, die nach einer Scheidung materiell nicht ins Leere fallen.

Eine geschiedene Frau verliert häufig ihre gesellschaftliche Stellung; in gebildeten Kreisen weniger als auf dem Land. Denn in gehobenen sozialen Schichten hat sie weniger Schwierigkeiten, erneut zu heiraten. Normalerweise muß sie zu ihren Eltern oder anderen Mitgliedern der Familie zurückkehren und versuchen, über die Runden zu kommen. Verläßt die nicht geschiedene Frau ihren Mann, weil er sie z.B. mißhandelte oder aus anderem Grund, so hat er das Recht, sie per Polizei in seinen Haushalt zurückzuholen.

All das oben Gesagte klingt aus unserer Sicht nicht gerade schmeichelhaft für die arabische Gesellschaft (die Stellung der Frau ist in allen arabischen bzw. islamischen Ländern ähnlich, meist jedoch weit orthodoxer als in Ägypten). Auf der anderen Seite behaupten wir, aufgeklärt zu sein und die Frau in unserer Gesellschaft gleichberechtigt neben den Mann zu stellen. Daß es damit auch nicht zum allerbesten steht, können wir täglich in der Zeitung lesen. Die Einstellung der islamischen Gesellschaft zu diesen Fragen mag aus unserem Selbstverständnis negativ beurteilt werden, aber wir haben zu berücksichtigen, daß wir einem völlig anderen Kulturkreis mit ganz anderen Wertmaßstäben angehören.

Es mag in diesem Zusammenhang nicht uninteressant sein, daß seit einigen Jahren die Frauen zur islamischen Tracht, manchmal sogar zum Schleier zurückkehren. Viele sind gebildet, ja Karrierefrauen. Die Gründe für diese Tendenz sind sicher vielschichtig, nicht zuletzt zeigt sich darin auch eine Protesthaltung gegen westliche Überfremdung. Aber der Schleier gibt auch einen gewissen Schutz, besonders vor der "Anmache" von Männern. Ich erinnere mich an den Konflikt eines guten Freundes in Pakistan, der seine junge Frau – eine Lehrerin – nach der Hochzeit zwingen wollte, den Schleier abzulegen. Sie lehnte dies vehement mit den Worten ab: "Ich fühle mich dann wie nackt".

Wir sollten auch sehen, daß der Mann in der islamischen Ehe wesentlich mehr Verantwortung für das Wohlergehen und den Bestand der Familie übernimmt, als es bei Europäern gewöhnlich der Fall ist. Die islamische Familie besitzt ein ungleich stärkeres Zusammengehörigkeitsgefühl, die Mitglieder fühlen sich einander viel mehr verpflichtet. Und in dieser Beziehungswelt spielt die Frau die dominierende Rolle.

Betrachten Sie daher dieses Kapitel als Information, mit der Sie die eine oder andere Lebensäußerung des Gastlandes besser interpretieren können. Völlig falsch wäre es, daraus eine Aufforderung zu lesen, quasi missionarisch nach Ägypten zu reisen und dort die Frauen *befreien* zu wollen. Ebenso falsch ist das Argument dürftig bekleidet reisender Mädchen, den Leuten im Lande mit viel nackter Haut zeigen zu wollen, was persönliche (Pseudo-)Freiheit ist.

Die mehrfach zitierte Christine Pollok schreibt in ihrem Buch *Kulturschock Islam* (siehe Seite 29): *"Während wir uns in vielfachen Diskussionen über Selbstverwirklichung ergehen, ist die Identität der arabischen Frauen von Geburt an festgelegt. Trotz dieser aus unserer Sicht beschnittenen Entwicklungsmöglichkeit sind die Menschen und Frauen vielleicht sogar zu beneiden, da sie ganz in ihrem Dasein aufgehen, ohne intellektuellen Krisen ausgesetzt zu sein. Hinzu kommt die Zugehörigkeit zur Frauengemeinschaft, in der soziale und emotionale Bedürfnisse befriedigt werden und zwar in einem Maß, das innerhalb der weiblichen Solidarität einen ausgleichenden Gegenpol zur männlichen Vorherrschaft aufbaut."* Auch wenn diese Interpretation der Lage im Prinzip aussagt, daß die Ungebildeten und Unfreien glücklicher sind, weil sie nicht über ihre Situation und die der Welt nachdenken müssen, so spiegelt sie doch die Lebenssituation vieler Frauen wider. Nicht zuletzt werden viele Nachteile durch enge soziale Bindungen kompensiert, Glück ist nicht allein eine intellektuelle und demokratische Freiheitsfrage.

2.5 Die heutigen Religionsgemeinschaften

Der Islam

So wie die pharaonische Religion das alte Ägypten in all seinen Lebensäußerungen prägte, so bestimmt der Islam das heutige – auch das moderne – Leben des Landes. Zwar pflegen die Kopten ihre eigene christliche Religion, doch die Dominanz des Islam ist so stark, daß nach außen die koptischen Einflüsse fast völlig überdeckt werden.

Um die Lebensäußerungen der Ägypter, die der Besucher täglich, ja stündlich miterlebt und manchmal mitertägt, besser verstehen oder interpretieren zu können, ist eine wenigstens minimale Information über diese Religion unbedingt notwendig. Nehmen Sie sich daher Zeit, die folgenden Zeilen zu lesen oder, besser noch, sich über entsprechende Literatur etwas tiefer mit dieser Thematik zu befassen.

Mohammed und seine Zeit

Zunächst ein kurzer Blick auf die Entstehungsgeschichte des Islam: Seit Menschengedenken verehrten die Beduinen der arabischen Halbinsel bereits die Kaaba, einen großen schwarzen Meteoriten, um den herum sich die Stadt Mekka entwickelt hatte. Dort wächst Ende des 6. Jhds das Waisenkind Mohammed aus dem Stamm der Hashemiten als Hirte unter Hirtenkindern bei seinem Onkel Abu Talib auf. Später engagiert eine reiche Kaufmannswitwe den zuverlässigen jungen Mann als ihren Vertreter, der auf vielen Reisen in die nähere und fernere Umgebung nicht nur den Geschäften nachgeht, sondern auch mit scharfer Beobachtungsgabe die jüdischen und christlichen Religionsinhalte wahrnimmt. 610 nC werden dem etwa 40jährigen göttliche Offenbarungen zuteil, die er als Koran *(Offenbarung, Rezitation)* den Menschen um ihn herum mitteilt.

Die monotheistische Lehre Mohammeds, der **Islam**, von einem einzigen Gott knüpft an jüdische und christliche Überlieferungen an. Aber der Prophet gilt im eigenen Land nicht, die Mitbürger befürchten Einkommensverluste, wenn infolge der neuen Religion die beduinischen Pilger zur Kaaba ausbleiben sollten. Sie verehren lieber ihre traditionellen Fetisch-Götter und Idole weiter, die sie um den Meteoriten herum aufbauen.

622, nach 12 wohl ziemlich frustrierenden Jahren, erhält Mohammed einen Ruf aus Medina (damals Yathrib), dort die religiös-politischen Streitigkeiten zwischen zwei Araberstämmen und einer jüdischen Gemeinde zu schlichten. Zusammen mit 70 Gefolgsleuten zieht er nach Medina: Mit dieser *Hedschra* (englisch *Hejra)*, traditionell als Flucht bezeichnet, beginnt die muslimische Zeitrechnung. In *Medina* muß Mohammed in erster Linie politisch agieren, damit er Gehör und Erfolg finden kann. Er gewinnt Anerkennung und gründet die Umma, die Gemeinschaft der Muslime, eine theokratisch organisierte Gesellschaftsform. Auf diese Verschmelzung von politischer und religiöser Handlungsanleitung wird der spätere Erfolg des Islam zurückgeführt.

Mohammed will Mekka, d.h. die Kaaba zurückerobern, weil er diesen Sammelpunkt der Beduinenstämme zur Vereinigung Arabiens nutzen kann. 630 gelingt seinem kleinen Heer die Eroberung der Stadt. Die Bewohner ergeben sich ohne großen Widerstand und schließen sich weitgehend seiner Lehre an. Mohammed reinigt die Kaaba von Götzenbildern und bestimmt sie zum Heiligtum und Zentrum des Islam.

Als der Prophet zwei Jahre später stirbt, hat er nicht nur eine neue starke Religion gestiftet, sondern auch die zerstrittenen arabischen Stämme soweit unter dem Zeichen des Islam geeint, daß diese den neuen Glauben und den darin formulierten Gottesstaat blitzartig im Orient ausbreiten können.

Zum besseren Verständnis der historischen Zusammenhänge muß noch auf weitere Ereignisse aufmerksam gemacht werden. Mohammed hatte seine Nachfolge nicht geregelt. Als sein erster Kalif, d.h. Statthalter des Propheten, tritt Abu Bekr von 632-634 die Nachfolge an. Auf ihn folgt Omar als Kalif, der in seiner zehnjährigen Herrschaft von Persien im Osten über Syrien bis Ägypten im Westen einen großen Teil der damaligen Welt unterwirft und islamisiert. Nach Omars Ermordung wird von einem Wahlkollegium Othman als Kalif bestimmt, doch dagegen wendet sich Ali, der Schwiegersohn des Propheten. 661 verlieren die Anhänger Alis die Schlacht bei Kerbala, Ali wird getötet. Seine Anhänger spalten sich vom Hauptstrom der Muslime als *Schiiten (Schiat Ali, Partei Alis)* ab. Die anderen werden Sunniten (Befolger der Sunna) genannt. Die Schiiten leben in großen Teilen des heutigen Irak und des heutigen Iran. Das Kalifat besetzen nun die Omaijaden, die aus dem Hause Othmans stammen. 750 folgen ihnen für fast fünf Jahrhunderte die Abbasiden.

Die von Mohammed verkündete Religionslehre des Islam (deutsch Hingabe) ist im Koran festgehalten. Doch Mohammed hatte selbst keine schriftlichen Dokumente hinterlassen, erst 20 Jahre nach seinem Tod wurde eine verbindliche Fassung seiner Lehren schriftlich fixiert. Die zu jener Zeit noch nicht voll ausgeprägte arabische Schrift ließ Mehrdeutigkeiten zu. Insgesamt besteht der Koran in heutiger Fassung aus 114 *Suren (Abschnitten, Kapiteln)*, die sich wiederum in *Ayat (Verse)* unterteilen, wobei die kürzeste Sure drei und die längste 306 Verse enthält. Da Gott den Koran dem Propheten mitteile, wird er von den Gläubigen als heilig und unveränderbar angesehen.

Anders verhält es sich mit der Sunna, einer Textsammlung aus dem 9. Jh, die im wesentlichen den Lebensweg des Propheten, sein Denken und Handeln beschreibt. Sie gilt nicht als unfehlbar, spielt jedoch eine wichtige Wegweiser-Rolle im Leben eines Gläubigen.

Viele Elemente des Islam basieren auf der Thora bzw. Bibel. So betrachtet Mohammed auch Jesus, Moses und die anderen Propheten der Bibel als seine Vorgänger, er selbst allerdings sei der letzte in der Reihe der Propheten, dem die größte und abschließende Offenbarung mitgeteilt wurde.

Der Begriff Allah für den Gott des Islam ist nicht nur das arabische Wort für Gott, *Allah* ist grundsätzlich auch bedeutungsgleich mit dem jüdischen und christlichen Gott. Doch Allah ist einzig, er hat im Gegensatz zum christlichen Gott oder zu den früheren arabischen Göttern keine Söhne oder Töchter. Er, der allwissend ist, verlangt unbedingte Hingabe und die Befolgung seiner Gebote.

Mohammeds Religion

Wie auch in anderen Religionen glauben die Muslime an das Leben nach dem Tod, werden die Taten des Menschen nach dem Tode bewertet (allerdings erst beim Jüngsten Gericht), landen die Bösen unter furchtbaren Qualen in der Hölle, die Guten im Paradies. Jedoch verhält sich der Mensch prinzipiell nach Allahs Willen, er kann sein irdisches Wandeln nur bedingt entgegen Allahs Wunsch modifizieren. Daraus resultiert ein gewisser Fatalismus, dem wir Europäer häufig erstaunt oder gar fassungslos gegenüberstehen.

"Es gibt keinen Gott außer Allah, und Mohammed ist sein Prophet" (arabisch: "La illaha Allah wa Muhammadun rasulu Allah"), dieses Glaubensbekenntnis und Grunddogma ist einer der fünf Grundpfeiler des Islams. Täglich hören Sie es von den Minaretten der Moscheen schallen.

Eine weitere Grundpflicht sind die täglichen fünf Gebete: Bei Sonnenuntergang (Beginn des neuen Tages) erfolgt das erste Gebet, zwei Stunden nach Sonnenuntergang das zweite, in der Morgenröte das dritte, mittags das vierte und gegen drei Uhr nachmittags das fünfte.

2. Land, Leute und Vergangenheit

Das Gebet muß rein, d.h. mit gewaschenen Füßen, Händen und sauberem Gesicht, barfuß und auf einer reinen Unterlage (Gebetsteppich) mit dem Kopf in Richtung Mekka erfolgen. Daher hat auch der Besucher einer Moschee entweder die Schuhe auszuziehen oder die häufig angebotenen Stoffüberschuhe anzulegen.

Einmal im Jahr hat der Muslim einen Fastenmonat einzuhalten, der im Mondmonat Ramadan liegt und 30 Tage dauert (ebenfalls einer der fünf Glaubens-Grundpfeiler). Von der ersten Dämmerung bis zum Sonnenuntergang darf weder gegessen noch getrunken, geraucht oder sonstigen fleischlichen (sexuellen) Genüssen nachgegangen werden. Darüber hinaus sollen keine bösen Worte gesagt oder gedacht und Streit sowie kriegerische Auseinandersetzung vermieden werden. Für den Besucher kann der Monat Ramadan ein paar praktische Probleme mit sich bringen, da viele Restaurants tagsüber geschlossen und nach Sonnenuntergang total überfüllt sind.

Wir selbst erlebten mehrfach die Ramadanzeit in Ägypten und fanden sie eigentlich attraktiv, vor allem in Kairo, wo das Leben nach Sonnenuntergang in eine zweite, sehr intensive Runde geht. Zunächst herrscht Ruhe vor dem Sturm nach Sonnenuntergang, dann setzt der Verkehr mit voller Vehemenz ein, denn Ramadan ist Besuchs- und Gastgeberzeit. Die Hausfrauen versuchen einander in den köstlichsten Gerichten zu übertreffen. Kinder ziehen mit Ramadan-Laternen durch die Straßen. Wer die Gelegenheit hat, den Abend in der Gegend von Kairos Hussein-Moschee (Khan el Khalili Bazar) zu verbringen, wird von der brodelnden Lebensfreude förmlich mitgerissen. Wirkliche touristische Einschränkungen – wie wir sie aus anderen islamischen Ländern kennen – konnten wir kaum feststellen.

Es ist erstaunlich und bewundernswert, mit welchem Durchhaltewillen tatsächlich die gesamte islamische Welt diesem Gebot folgt. Angemerkt sei, daß der Lebensmittelkonsum in allen islamischen Ländern während des Ramadan zum Teil weit über das übliche Maß hinaus ansteigt. Samira Fikry, eine ägyptische Kolumnistin, schreibt, daß im Ramadan so viele Lebensmittel verbraucht werden wie in "normalen" sechs Monaten.

Als ein weiterer Glaubenspfeiler gilt die Almosenpflicht gegenüber Armen. Mit dieser "Armensteuer" reinigt sich der Besitzende vom Makel des Besitzes, für den Habenichts ist sie eine Art von Rentenversicherung (siehe auch Seite 17). Ziemlich genaue Vorschriften regeln, welche Anteile abzugeben sind.

Weiterhin soll – als letzte der fünf grundlegenden Vorschriften – jeder Muslim einmal im Leben eine Pilgerfahrt (Haj) nach Mekka unternehmen. Sie zählt zu den Höhepunkten im muslimischen Leben; das gemeinsame Gebet mit vielen tausend anderen Pilgern vor der Kaaba in Mekka ist ein tief prägendes und die Glaubensgemeinschaft verbindendes Erlebnis.

Die Pilgerfahrt findet im Monat Dhul-Hijra statt, am zehnten Tag wird das Opferfest zelebriert, das die gesamte muslimische Welt mit den Pilgern in Mekka verbindet, die zu dieser Zeit die Kaaba umschreiten. Zum Gedenken an die Barmherzigkeit Gottes, der letztendlich Abrahams Menschenopfer nicht zuließ, sondern sich mit einem Tier begnügte, wird an diesem Tag ein Lamm geschlachtet und das Fleisch mit Verwandten, Freunden und Armen geteilt. Das Fest dauert in der Regel drei Tage; in dieser Zeit ist das öffentliche Leben praktisch lahmgelegt.

Häufig zeigt der Pilger mit einem Gemälde an seiner Hauswand, auf dem bevorzugt die benutzten Verkehrsmittel dargestellt werden, seine erfolgreiche Reise der geschätzten Mitwelt an.

Schwache und Gebrechliche können sich, solange ihr Zustand anhält, von diesen Pflichten suspendieren.

Zu den weiteren Vorschriften des Korans zählt die Beschneidung der Knaben. Die meist mit einem großen Fest verbundene Zeremonie findet heute kurz nach der Geburt statt. Strenge, den klimatischen Verhältnissen angepaßte Verbote herrschen auch bei Tisch: Es gibt kei-

Phantasie in Formen und Mustern: Elfenbeinintarsien im Zedernholz einer Gebetskanzel (Minbar)

2. Land, Leute und Vergangenheit

nen Alkohol oder andere berauschende Getränke; der Verzehr von Schweinefleisch, ebenso wie von Fleisch fleischfressender Säugetiere ist verboten.

Als Mohammed vor knapp eineinhalb Jahrtausenden seine Lehre verkündete, stellte er die Frau dem Mann rechtlich und ethisch in jeder Weise gleich – damals ein ungeheurer emanzipatorischer Sprung nach vorn. Auch vor Allah sind beide Geschlechter gleich, lediglich auf Erden sind ihnen, da unterschiedlich geschaffen, auch unterschiedliche Pflichten auferlegt, aus denen wiederum unterschiedliche Rechte folgen. Dennoch bestimmt der Koran eine Gleichwertigkeit, indem er der Frau Eigenbesitz, Erbrecht und standesgemäße Versorgung zusichert. Selbst für den Fall der Scheidung wird noch vor der Heirat in einem rechtlich verbindlichen Ehevertrag vorgesorgt, der festgelegt, für was der Mann aufzukommen hat.

Der Koran verlangt, daß die Ehepartner sich gegenseitig Schutz und Geborgenheit gewähren. Weder verpflichtet er zum Geschlechtsleben, noch wird es als Sünde betrachtet. Im Grunde ging Mohammed die Probleme des täglichen Lebens und Zusammenlebens sehr pragmatisch an, indem er Scheidungen zugestand, andererseits aber den Lebensunterhalt der Frau sicherte. Wer diesen Pragmatismus mit den eher verkrampften Regeln anderer Religionen in der damaligen Zeit vergleicht, wird einen der Gründe finden, warum sich der Islam so schnell verbreitete.

Wenn heute westliche Überheblichkeit mit dem Finger auf die Ungleichstellung der Frau in islamischen Ländern zeigt, so sollte man vielleicht einmal in unserer Entwicklungsgeschichte zurückblättern, wie düster es vor sechs Jahrhunderten für Frauen in der christlichen Welt aussah. Obwohl dieser Vergleich ziemlich hinkt, so sollte man bedenken, daß die um 600 Jahre jüngere islamische Lehre sich ähnlich wie das Christentum weiterentwickeln und sich um das Jahr 2600 vermutlich anders darstellen wird als heute.

Die progressiven Ideen von damals, die sowohl dem Mann als auch der Frau Verpflichtungen auferlegten, verkrusteten im Laufe der Jahrhunderte. Die Männer verstanden es, eine patriarchalische Ordnung aufzubauen, in der die Frau in mancher Hinsicht ins Hintertreffen geriet. Doch auch in der islamischen gesellschaftlichen Welt wandeln sich Ansichten und Einstellungen, wird die Abhängigkeit der Frau vom Mann durch Berufstätigkeit und die Tendenz zur Kleinfamilie gelockert. Ein aktuelles Beispiel mag der Iran sein, dessen streng orthodoxe Restriktionen sich nun wieder aufzulösen scheinen.

Daß es in derartigen Phasen Menschen – Traditionalisten oder Fundamentalisten – gibt, die sich neuen Ideen oder Praktiken in den Weg stellen, läßt sich beliebig in der Geschichte aller Religionen verfolgen. Häufig geht es nur darum, daß Machthungrige ihr Süppchen zu kochen versuchen, um ihre Postionen zu halten. Daß sie wie in Afghanistan oder Algerien dabei ihre Umgebung in einer Weise tyrannisieren, die weit entfernt von den Idealen des Islam ist, spielt für sie keine Rolle.

Im Islam ist besonders die bildliche Darstellung von Menschen verpönt, weil sich Mohammed in dieser Richtung äußerte. Allerdings waren seine Äußerungen – keine ausdrücklichen Verbote – mehr gegen den Götzendienst als gegen figürliche Malerei gerichtet. Dennoch scheuen auch heute noch strenge Muslims vor Kameras zurück. Dieses "Verbot" hatte allerdings extreme Auswirkungen auf die Kunst: Es führte zu der reichen Flächenornamentik des Islams. Die antike Blattranke wurde zur Arabeske stilisiert, einem fortlaufenden Rankenmuster aus Stengel, Blatt und Blüte. Darüber hinaus entstand die arabische Schriftkunst, die Kalligraphie, die in keiner anderen Kultur ihresgleichen hat.

Auch in Ägypten hat in den letzten Jahren eine Renaissance des Islam eingesetzt, die mehr und mehr das öffentliche Leben durchdringt. Als typisches Beispiel mag die Rückbesinnung auf die Sharia, das islamische, gottgegebene Recht gelten. Hatte Nasser die Rechtsprechung noch sehr an demokratischen Vorbildern orientiert, so kehrt sie jetzt schrittweise zur orthodoxen Richtung zurück.

Die islamischen Fundamentalisten, vor allem durch ein fast subversives Netz der (bislang verbotenen) Muslimbrüderschaft sehr einflußreich vertreten, gewinnen an Boden im öffentlichen Bewußtsein. Sie widersetzen sich allen säkularen Bestrebungen und möchten den Staat voll in das religiöse Leben integrieren. Für sie gibt es keinen Widerspruch zwischen Islam und Staat, da die Religion das gesamte Leben und alle seine Äußerungen integriere. Auch die Sharia sei daher fundamental für die Zukunft des Staates, zumal etwa 80 Prozent der Gesetzgebung ohnehin den Ansprüchen des Islam entsprechen. Andererseits darf der Widerstand vieler Intellektueller und besonders der Kopten gegen diese häufig intolerante Linie nicht übersehen werden.

Es sollte noch angemerkt werden, daß die Ägypter in überwiegender Mehrzahl der sunnitischen Glaubensrichtung angehören; die andere Richtung, die Schiiten, erlangten durch Khomeni und den Iraner Weltberühmheit.

Nicht unwichtig für den Besucher des Landes ist der islamische Kalender, der auf dem Mondjahr basiert. Da es elf Tage kürzer als das Sonnenjahr ist, beginnt das islamische Jahr jährlich jeweils elf Tage früher, d.h. daß sich z.B. der Fastenmonat Ramadan und auch sämtliche religiöse Festtage gegenüber unserem Kalenderjahr ständig verschieben.

Die Monate werden wie folgt bezeichnet (in Klammern die Anzahl der Tage): Moharam (30), Safar (29), Rabei el Awal (30), Rabei el Tani (29), Gamad el Awal (30), Gamad el Tani (29), Ragab (30), Shaaban (29), Ramadan (30), Shawal (29), Zoul Qidah (30), Zoul Hagga (29). Die Anzahl der Tage kann variieren, da sie von der Sichtbarkeit des Neumondes abhängt. Die aktuellen Daten finden Sie auf Seite 39.

Die Kopten und andere Christen

Der Apostel Markus brachte das Christentum nach Ägypten, 68 nC starb er in Alexandria den Märtyrertod. Auf ihn beziehen sich die heutigen Patriarchen (Päpste) der koptischen Kirche, der gegenwärtige Patriarch, Shenuda III, ist der 117. Nachfolger.

Alexandria entwickelte sich schnell zu einem christlichen Zentrum, die neue Lehre verbreitete sich durchs ganze Land. Es konnte daher nicht ausbleiben, daß die alten Machthaber mit Neid den neuen Einfluß beobachteten und zu begrenzen oder zu vernichten trachteten. Am eifrigsten tat sich Kaiser Diocletian hervor, der angeblich 800 000 Christen ermorden ließ. Die Zeitrechnung der Kopten geht in Erinnerung daran – *anno martyrii* – *auf die Thronbesteigung Diocletians im Jahre 284 nC zurück.*

Doch das nächste Unglück der Kopten ließ nicht lange auf sich warten. Auf dem Konzil von Chalkedon 451 nC konnte man sich nicht über die Natur Christi einigen, die ägyptische Kirche unterlag mit ihrer Ansicht der monophysitischen Lehre von der *einen Natur Gottes,* die Fleisch angenommen hat, während Byzanz von den zwei Naturen sprach. Mit dem Konzil und dem Bruch begann die eigentliche Geschichte der Kopten und sehr bald eine neue Unterdrückung – durch die Glaubensbrüder in Byzanz. Die gnadenlose Ausbeutung der ägyptischen Provinz und ihrer abtrünnigen Christen wurde so schlimm, daß die Kopten die muslimische Eroberung 639 nC zunächst als Befreiung empfanden.

Erstaunlicherweise ließen die islamischen Herrscher der koptischen Landbevölkerung über viele Jahrhunderte relative religiöse Freiheit. Die Klöster erlebten ihre Blüte gerade in den ersten islamischen Jahrhunderten. Schließlich griff 1005 nC der schiitische Fanatiker El Hakim streng durch, alle koptischen Kir-

2. Land, Leute und Vergangenheit

chen Ägyptens wurden zerstört und ihre Anhänger unterdrückt.

Aus der ursprünglichen Majorität wurde eine häufig geächtete und gedemütigte Minorität. Dennoch konnte sich diese Minorität über die Jahrhunderte hinweg erhalten. Erst unter Mohammed Ali gewannen die Kopten im 19. Jhd mehr persönliche und religiöse Bewegungsfreiheit. Offiziell sind sie (die Zahlenangaben schwanken je nach Standpunkt zwischen 6 und 10 Millionen) heute gleichberechtigt. Ob dies die Realität widerspiegelt, mag fraglich sein, zumindest genießen sie Freiheiten wie selten zuvor in ihrer langen Geschichte.

Allerdings gab es Ende der 70er Jahre – wie heute wiederum – Schwierigkeiten, die aus den alten Spannungen zwischen Kopten und islamischen Fundamentalisten herrührten. Einige Kirchen wurden angezündet, Bombenattentate beunruhigten die koptische Bevölkerung. Präsident Sadat ließ 3000 Unruhestifter beider Seiten verhaften, den Patriarchen Shenuda III stellte er unter Hausarrest im Kloster Der Amba Bishoi im Wadi Natrun. Anfang 1985 wurde der Patriarch von Präsident Mubarak rehabilitiert.

Dem Besucher aus dem religiös doch sehr nüchternen Europa fällt die Aktivität der Gemeindemitglieder auf. Beobachten Sie einmal die Pilgerscharen, die sich an einem ganz normalen Wochenende zu einem Kloster auf den Weg machen. Ihre Bereitschaft zu dienen und zu opfern ist bewundernswert; nicht zuletzt trägt sie zum Aufblühen der Klöster erheblich bei. Aber auch im täglichen Leben betätigen sich die Kirchenmitglieder sehr aktiv, vor allem im sozialen Bereich.

Die Kopten dokumentieren ihren Glauben auch nach außen durch ein kleines Kreuz, das bereits den Kindern im 4. oder 5. Lebensjahr auf das innere rechte Handgelenk oder zwischen Daumen und Zeigefinger tätowiert wird.

Ein wichtiges Wort ist über die **Klöster** zu sagen, denn dort kommt der Tourist am häufigsten in Kontakt mit dieser christlichen Religionsgemeinschaft. Bereits sehr früh zogen sich fromme Männer zur Askese in die Einsamkeit der Wüste zurück, Schüler schlossen sich ihnen an. Da die entstehenden Gebäude oft räuberischen Überfällen ausgesetzt waren, wurden bald hohe Schutzwälle errichtet. Innerhalb der Mauern entstanden – als das typische Kloster-"Ensemble" – Basiliken, Wohn- und Wirtschaftsgebäude, ein Fluchtturm mit Kapellen als letzte Rückzugsmöglichkeit und der überlebenswichtige Brunnen.

Das Mönchstum hat in den letzten Jahren großen Aufschwung genommen. Bei einigen Klöstern bestehen Wartelisten für die Aufnahme, generell müssen sich die künftigen Novizen im täglichen Leben bewährt, d.h. einen Beruf ausgeübt haben, viele sind Akademiker. Die Mönche leben im Zölibat, dagegen sind die Pfarrer der Gemeinden verheiratet.

Die Basilika, die koptische Kirche, hat gewisse Ähnlichkeit mit pharaonischen Tempeln. An eine Vorhalle (Narthex) schließt sich ein nach Osten gerichtetes, von Säulen getragenes Langhaus an, dahinter liegt das Allerheiligste (Sanktuar) mit dem Altar. Das Sanktuar ist durch eine Holzwand (Ikonostase), die nur während der Gottesdienste geöffnet wird, abgetrennt. Nur einmal täglich darf an einem Altar eine Messe gelesen werden, daher stehen häufig mehrere Altare nebeneinander. Gottesdienste finden mittwochs, freitags und sonntags statt, sie dauern bis zu drei Stunden.

Auch die Kopten halten Fastenzeiten ein. Generell jeweils mittwochs und freitags, aber auch lange Zeiten wie das *Große Fasten* 55 Tage lang vor Ostern, das *Kleine Fasten* mit 43 Tagen vor Weihnachten am 7. 1., 15 bis 35 Tage zu Maria Himmelfahrt am 22. 8. und ein bis drei Tage zum Fest Christi Taufe am 19.1.; insgesamt kommen die Kopten auf etwa 250 Fastentage jährlich.

Das Fasten beginnt um Mitternacht und endet in der neunten Gebetsstunde um 15 Uhr, Strenggläubige halten bis nach Sonnenuntergang durch. Während der meisten Fastenzeiten darf kein Fleisch gegessen werden.

Die größte und repräsentativste Kirche der Kopten ist die St. Markus Kathedrale in Kairo im Stadtteil Abbasiya, die bei ihrer Einweihung 1986 die aus Venedig zurückgeführten Gebeine des hl. Markus aufnahm (siehe auch Seite 164).

Auch in der Kunst haben die Kopten eigene Formen vor allem der menschlichen Darstellung entwickelt (siehe auch Seite 212, *Koptisches Museum* in Alt-Kairo). Die koptische Schrift entstammt dem Griechischen, wurde aber um acht zusätzliche Buchstaben erweitert, um die altägyptische Sprache zu beschreiben. Heute hat sich als Alltagssprache Arabisch in Wort und Schrift durchgesetzt, die eigene Sprache – also die auf pharaonische Ursprünge zurückgehende – dient nur noch der Liturgie.

Zum Schluß des Kapitels noch ein paar ergänzende Bemerkungen. Neben den Kopten sind fast sämtliche christlichen Religionsgemeinschaften in Ägypten vertreten. Stärkste Gruppe dürfte die griechisch-orthodoxe Kirche sein mit einem Patriarchat in Alexandria und dem weltbekannten Katharinen-Kloster auf dem Sinai. Aber auch die Kopten haben sich aufgespalten. So gibt es etwa 300 000 protestantische Kopten, die aus der Missionsarbeit der amerikanischen United Presbyterian Church of North America hervorgingen. Bekanntestes Zeichen ihrer Existenz ist die Amerikanische Universität in Kairo (siehe Seite 155).

Die koptische Kirche ist auch im Ausland vertreten. So existieren koptische Gemeinden in verschiedenen größeren Städten der Bundesrepublik. Ein koptisches Zentrum ist das St. Antonius-Kloster in Kröffelbach im Taunus (Hauptstr. 10, 35647 Waldsolms). Dort weihte Patriarch Shenuda III im November 1990 die St. Antonius-Kirche ein.

2.6 Die längste Vergangenheit der Welt

Im Eilgang durch die Geschichte

Weltmacht am Nil

Die Rekonstruktion der Geschichte der Pharaonenreiche gelang den Historikern anhand unzähliger Inschriften und Papyrii. Doch es gibt auch Zeugen der ausgehenden pharaonischen Kultur, die ihre Eindrücke beschrieben. Der fleißigste und bekannteste ist der Grieche Herodot. Er prägte zunächst das europäische Bild der alten Ägypter. Neben vielen historischen Beschreibungen berichtet er auch über das tägliche Leben, z.B. darüber, daß die Männer Lasten auf dem Kopf, Frauen auf den Schultern tragen, Frauen stehend, Männer sitzend urinieren, der Abort im Gegensatz zu anderen Ländern im Hause und nicht draußen sei, wohingegen das Essen draußen eingenommen werde. Denn alles, was häßlich sei, würde im Verborgenen getan. Während andere Völker getrennt von ihren Tieren leben, hielten die Ägypter ihre Tiere sozusagen in ihrer Wohnstube ...

Doch nun zur Geschichte des Niltals, die sehr weit zurückgeht. Belgische Archäologen entdeckten in den 80er Jahren das bisher älteste Bergwerk der Welt in der Nähe von Assiut. In einem Wadi fanden sie etwa 1,50 m tiefe Schächte, in denen ganz offensichtlich Feuerstein abgebaut worden war. Da die Bergwerker Licht brauchten, mußten sie Feuer unterhalten. Aus den vorgefundenen Kohleresten ließ sich bestimmen, daß vor rund 33 000 Jahren an dieser Stelle gearbeitet worden war.

Amerikanische Archäologen entdeckten Siedlungsreste etwa 100 km westlich von Abu Simbel

2. Land, Leute und Vergangenheit

bei Nabta Playa, die sie auf die Zeit ab 10 000 vC datieren. Vermutlich handelt es sich um die älteste bisher bekannte Siedlung der Welt mit 75 ovalen Steinhäusern und einem Kultplatz, der an Stonehenge in England erinnert.

Demgegenüber scheint die bekannte Vergangenheit des Niltals als kurz. Dennoch können die Ägypter als einziges Volk der Erde auf eine kontinuierliche Geschichtsschreibung von stolzen 5000 Jahren zurückblicken; das sind, anders ausgedrückt, gute 150 Generationen. Doch auch diese Zahl ist irgendwo so abstrakt, daß sie nur schwer eine wirkliche Wertvorstellung vermitteln kann.

Vielleicht eine andere Argumentation: Die Blütezeit der Pharaonenreiche umfaßte eine Zeitspanne von rund 2000 Jahren; also wie von Beginn unserer Zeitrechnung bis heute – und sie war bereits 500 vC beendet. Zu dieser Zeit bestand die Weltkarte hauptsächlich aus weißen Flächen, Mitteleuropa lag noch im Dunkel der Geschichte. Erst knapp 500 Jahre nach dem Niedergang der Hochkultur im Neuen Reich (NR) tauchten fellbehangene Germanen in der geschichtlichen Chronologie auf (deren – politisch unbedeutende – Existenz sich allerdings weiter zurückverfolgen läßt).

Doch nun zur historischen Entwicklung selbst. Das Niltal bot, wie kaum ein anderer Platz auf der Erde, ideale Voraussetzungen für das Entstehen sozialer Gemeinschaften: Es ist durch die beiderseitigen Wüsten hervorragend geschützt, der Nil sorgte mit seinen regelmäßigen Überschwemmungen für eine unerschöpfliche Fruchtbarkeit des Bodens, zusätzlich liegt er als idealer Transportweg vor der Tür.

Die Überschwemmungen forderten andererseits die Anwohner zur Zusammenarbeit heraus. Je besser man sich organisierte, um so günstigere Ergebnisse ließen sich in der Feldbestellung und Ernte erzielen. Bereits in der Vorgeschichte (5000 – 3000 vC) entwickelten sich dörfliche Gemeinschaften, dann größere Verbände und schließlich Königreiche. Gegen 3000 vC vereinigte Pharao Menes das oberägyptische mit dem unterägyptischen Reich, eine Tat von großer historischer Tragweite, die immer wieder in der späteren Geschichte durch die Doppelkrone von Unter- und Oberägypten bzw. durch das Umschlingen der Wappenpflanzen Papyrus und Lilie dargestellt wird.

Pharaonische Zeit

Die Epoche der Pharaonenzeit wird in Dynastien, also Herrschaftsgeschlechtern, eingeteilt. Da die Dynastien von sehr unterschiedlicher Dauer waren, muß man die Abfolge mühselig erlernen. Andererseits ist sie allgemein üblich, sie muß daher auch hier verwendet werden.

In der von Pharao Menes eingeleiteten sog. **Frühzeit** findet eine sprunghafte Entwicklung statt. Die Erfindung der Schrift macht die staatliche Organisation großer Räume dadurch möglich, daß Anordnungen über weite Entfernungen erteilt, daß sie und die Ergebnisse kontrolliert und zeitlos festgehalten werden können.

Die pharaonische Schrift, deren Ursprünge nach jüngsten Grabungsergebnissen des Deutschen Archäologischen Instituts (DAI) in Kairo auf die Zeit um 3400 vC datiert werden können, hat einen damals noch nicht vorhersehbaren Vorteil gezeigt: ohne sie (und ihre Entzifferung) wäre uns die Welt der Pharaonen weitgehend verschlossen geblieben. Denn erst aus den unzähligen schriftlichen Zeugnissen ließen und lassen sich große Zusammenhänge bis hin zu kleinsten Details des pharaonischen Lebens rekonstruieren.

Mit der 3. Dynastie beginnt das sog. Alte Reich (AR), das von 2670 – 2195 vC dauert. Für uns Besucher dokumentiert sich diese Zeit als die der großen Pyramidenbauer, beginnend mit Pharao Djoser in Sakkara (3. Dynastie) und ihren Höhepunkt findend mit den Pyramiden von Giseh (Cheops, Chephren, Mykerinos; 4. Dynastie).

Neben diesen baulichen Großtaten blühen Kunst und auch Literatur auf. In der Religion tritt insofern ein Wandel ein, als der Pharao bis dahin selbst ein lebender Gott war, nun aber

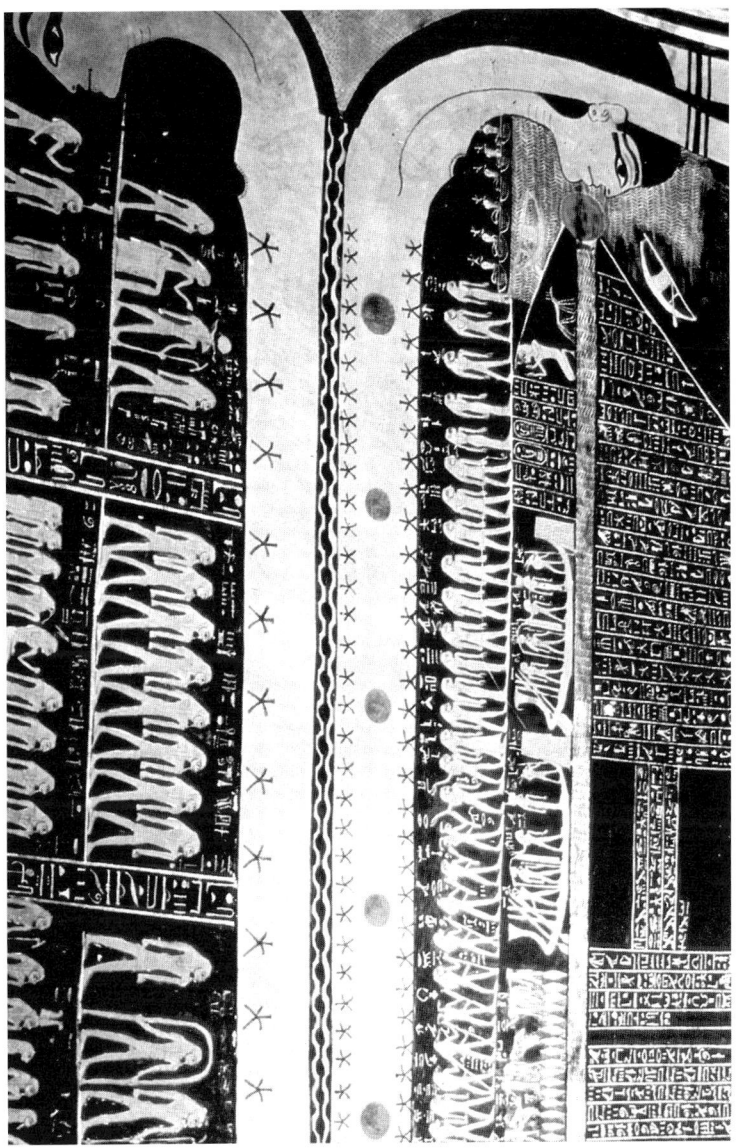

Die Göttin Nut verschluckt allabendlich die Sonne, um sie morgens wieder zu gebären

2. Land, Leute und Vergangenheit

Horus wird, d.h. als Sohn eines Gottes zu interpretieren ist. Schließlich zerfällt das AR durch innere Unruhen, die durch das Machtstreben der Gaufürsten ausgelöst werden. Während der sog. **Ersten Zwischenzeit** halten politische Wirren Ägypten in Atem.

Mentuhotep II, ein Gaufürst aus Theben, stabilisiert gegen Ende der Ersten Zwischenzeit das Land und leitet die Epoche des **Mittleren Reiches (MR)** ein. Wieder herrscht eine straffe Zentralgewalt, die eine neue Blütezeit von hohem Niveau einleitet, auch das "Goldene Zeitalter" des pharaonischen Ägyptens genannt. Interessante Bilder aus dieser Epoche finden Sie in den Gräbern von Beni Hassan. Als wichtige Erweiterung des Fruchtlandes fällt die Urbarmachung des Fayum in die Zeit des MR. Doch die Ägypter verschlafen die Erfindung des Rades: Als 1650 vC Kampfwagen fahrende Fremde, die Hyksos, eindringen, können diese das Land leicht unterwerfen und damit die **Zweite Zwischenzeit** einleiten. Erst 1550 vC gelingt es Ahmose, die Hyksos zu vertreiben und so das **Neue Reich** (NR) zu begründen.

Die glanzvollste Epoche Altägyptens ist eingeleitet. Die politische Landkarte der bekannten Welt wird durch die Eroberungen Nubiens bis zum 4. Katarakt und Vorderasiens bis zum Euphrat nachhaltig verändert. Theben ist Haupt- und Weltstadt zugleich, der Tempel von Karnak entsteht in all seinem Glanz; Kunst und Kultur blühen, Ägypten ist die Weltmacht schlechthin. Pharao Amenophis IV, der sich in Echnaton umbenennt, versucht, das ägyptische Götterpantheon auf einen einzigen Gott, den Sonnengott Aton, zu reduzieren. Doch nach seinem Tod erstehen die alten Götter wieder auf, die Nachfolger Echnatons tilgen nahezu alle seine Spuren.

Unter den Pharaonen der 19. Dynastie entstehen großartige Tempelbauwerke. Ramses II setzt sich als größter Bauherr in ganz Ägypten Denkmäler (u.a. Abu Simbel, Luxor, Ramesseum, Abydos). Doch auch das NR büßt an Kraft und Macht ein. Nach einer dritten Zwischenzeit beginnt 775 mit der 25. Dynastie die Spätzeit, die den stetigen Verfall des glanzvollen Altägypten einläutet.

Fremdherrschaft

Die **Spätzeit** ist vor allem auch durch die Herrschaft von Pharaonen fremder Herkunft gezeichnet, so von Libyern, Äthiopiern, Assyrern und schließlich von Persern. Zwar übernehmen kurzzeitig auch einheimische Könige den Thron, aber die Macht Ägyptens ist gebrochen.

332 vC fällt das Land Alexander dem Großen kampflos in die Hände. Nach seinem Tod übernehmen 323 vC die **Ptolemäer** die Herrschaft, die sich als Pharaonen installieren und die alten Sitten und die Religion achten, aber dennoch als Griechen herrschen. Aber sie verhelfen Ägypten zu einer nochmaligen Blütezeit, ihr Staat gilt als einer der mächtigsten der Welt.

Alexandria ist Hauptstadt und Anziehungspunkt für Kunst und Wissenschaft. In Oberägypten können Sie noch heute Bauwerke dieser Epoche bewundern, z.B. Philae, Kom Ombo, Edfu, Dendera. 30 vC erobert der Römer Oktavian das ptolemäische Ägypten und leitet als Augustus die **römische Epoche** ein.

Auch die Römer spielen ihre Rolle als Pharaonen, aber nicht mehr mit dem Verantwortungsbewußtsein der Ptolemäer. Für sie ist Ägypten Kornkammer, die Menschen gehören zum Inventar und können keine Bürgerrechte erwerben. Die Christianisierung des Römischen Reiches greift auch auf Ägypten über. Während der Christenverfolgungen retten sich viele Gläubige in die Wüste, dort entstehen die ersten Klöster.

Ägypten wird eine der wichtigsten Säulen für den neuen Glauben, es trägt wesentlich zu seinem Überleben bei. Mit der Teilung des Römischen Reiches fällt Ägypten an Byzanz, das den Staat am Nil hemmungslos ausbeutet.

Islamisch-arabische Epoche

639 nC tauchen die islamischen Eroberungsheere der Araber auf und nehmen wenig später

Ägypten unter die Fahne des Propheten. Der Islam wird Staatsreligion, die arabische Sprache Landessprache, alles Alte hinweggefegt. Aus dem Zeltlager der Eroberer, El Fustat, entwickelt sich sehr schnell eine Metropole, die heute Kairo heißt.

Ägypten bleibt für viele Jahrhunderte eine Provinz des Kalifenreiches, das von Damaskus, später von Bagdad aus regiert wird. Dennoch verstehen die Ägypter, sich auch unter der neuerlichen Fremdherrschaft eine gebührende Stellung zu verschaffen. Mit Gründung der El Azhar Universität – der ersten Universität der Welt – wird Kairo das religiös-intellektuelle Zentrum des Islam.

Die Geschichte der **islamischen Epoche** liest sich wie ein spannender Roman, der auf der einen Seite von Intrigen, Mord und Totschlag nur so strotzt, auf der anderen Seite in orientalischer Pracht von Tausendundeiner Nacht schwelgt. Allerdings sollte man nicht vergessen, daß, wer auch immer das Land regiert, seine Pracht auf Kosten der Bevölkerung entfaltet, zumeist der Landbevölkerung. So entstehen alle bedeutenden Bauwerke in Kairo, die Provinzen gehen fast leer aus.

Omaijaden, Abbassiden, Tuluniden und Ichschididen regieren in Bagdad und halten Ägypten als Provinz. Die Fatimiden, Eroberer aus dem Maghreb, machen Kairo zur Hauptstadt, werden 200 Jahre später von den Aijubiden verdrängt, die Ägypten wieder an Bagdad anschließen. Ihnen folgen die Mamluken und schließlich ab 1517 die Osmanen, in deren Regierungszeit Ägypten zu einer Randprovinz degradiert wird, in der weiterhin Mamluken die Macht halten.

Ägypten tritt aus dem Schatten der Osmanen

1798 landet Napoleon in Ägypten, weniger um das Land zu erobern, als um Englands Mittelmeerhandel zu lähmen. Die Franzosen beenden vorläufig die über 250jährige Herrschaft der Osmanen. Allerdings können sie sich, nicht zuletzt wegen des Eingreifens der Engländer unter Nelson, nur drei Jahre halten.

Das neuerliche Machtvakuum macht sich ein analphabetischer albanischer Söldner namens Mohammed Ali (1805 – 1848) zunutze, der sich durchaus brutal zum Regenten aufschwingt: Nach einem als Versöhnung deklarierten Festmahl in der Zitadelle von Kairo lockt er die 480 geladenen Gäste – praktisch die gesamte Führungsschicht der Mamluken – in einen Hinterhalt und läßt sie kaltblütig ermorden. Aber Mohammed Ali reformiert und reorganisiert den Staat, er legt den Grundstein für ein modernes Ägypten. Er holt europäische Experten ins Land und läßt die Landwirtschaft, vor allem den Baumwollanbau, reorganisieren, den Nil mit ersten Staudämmen regulieren, eine erste Industrialisierungsphase einleiten und eine schlagkräftige Armee aufbauen.

Seine Nachfolger Abbas und Mohammed Said führen das Werk der Modernisierung fort. Unter Said wird 1859 mit dem Bau des Suezkanals begonnen, den Mohammed Alis Enkel Ismail (1863-1879) vollendet. Daneben entstehen Bewässerungsanlagen, Eisenbahnen, Zuckerraffinerien und, als ganz wichtige Investition in die Zukunft, über 4000 Schulen.

Ägypten kann diese Ausgaben nicht allein finanzieren, infolge der hohen Verschuldung muß Ismail 1875 die ägyptischen Suezkanalaktien verkaufen und unter dem Druck der internationalen Finanzverwaltung 1879 zugunsten seines Sohnes Taufik abdanken. 1882 nehmen die Engländer nationalistische Unruhen ("Ägypten den Ägyptern!") als Anlaß, zum Schutz ihrer Interessen und des 1869 eröffneten Suezkanals so starken Einfluß auszuüben, daß Ägypten unter nahezu vollständige Kontrolle der Briten gerät. Von 1893 bis 1914 regiert praktisch der englische Generalkonsul Lord Comer Ägypten, der Khedive Abbas II Hilmi ist mehr oder weniger Marionette. Comers Modernisierungsbemühungen wie auch der Bau des ersten Assuandammes sind wesentlich darauf ausgerichtet, Englands Textilindu-

2. Land, Leute und Vergangenheit

strie mit der hervorragenden Baumwolle Ägyptens zu versorgen. 1914 wird diese Abhängigkeit "legalisiert", London erklärt Ägypten zum Protektorat und unterstellt den Suezkanal seiner direkten Kontrolle.

1917 setzen die Engländer Abbas II Hilmi wegen seiner Sympathien für die britischen Feinde ab und proklamieren dessen Onkel Hussein Kamil zum ersten, von der Hohen Pforte unabhängigen Sultan Ägyptens. 1919 brechen landesweite Unruhen mit Saad Zaghlul als Anführer (und späterem Führer der Wafd-Partei) aus, deren Folgen England schließlich 1922 dazu bewegen, sich formal zurückzuziehen und Hussein Kamil unter dem Namen Fuad I zum König einer konstitutionellen Monarchie Ägyptens auszurufen.

Bei den ersten Parlamentswahlen siegt die Wafd-Partei überwältigend. Auch als der charismatische Führer Saad Zaghlul 1927 stirbt, behält die Partei ihren Einfluß. 1936 kommt der junge Sohn von Fuad I, Faruk, auf den Thron. Die Engländer räumen Ägypten mehr Autonomie ein und ziehen sich militärisch auf die Suezkanalzone zurück. Doch im Zweiten Weltkrieg wird Ägypten – trotz langer offizieller Neutralität – wieder von den Briten in die Pflicht genommen. Während der Nordafrika-Kämpfe dient es den Alliierten als Basis, müssen auch Ägypter ihr Leben opfern.

Ägypten nach dem Zweiten Weltkrieg

Als 1948 Ägypten im ersten Krieg gegen Israel versagt, formieren sich "Freie Offiziere" unter General Nagib und jagen König Faruk in einer unblutigen Revolution am 23. Juli aus dem Land. Der entscheidende Schritt zur unabhängigen Republik ist getan – von vielen Beobachtern als die erste, wirklich ägyptische Selbstverwaltung seit dem Ende des pharaonischen Neuen Reiches gefeiert.

In den Folgemonaten werden nahezu alle politischen Institutionen aufgehoben, das Land zur Republik proklamiert und eine Landreform durchgesetzt. 1954 tritt der eigentliche Anführer der Revolution, General Nasser, in den Vordergrund, stürzt Nagib und übernimmt alle Ämter. Auf der ersten Konferenz der Blockfreien (1955) in Bandung macht sich der wortgewaltige Nasser zum Sprecher der arabischen Sache und wettert gegen Kolonialismus und Imperialismus.

Als 1956 die letzten englischen Besatzungstruppen die Suezkanal-Zone verlassen haben, und die Amerikaner die Finanzierung des geplanten Assuan-Hochdammes wegen Nassers neuer Politik verweigern, verstaatlicht Nasser den Suezkanal. Engländer, Franzosen und Israelis versuchen, durch militärische Intervention einzuschreiten, doch ein Veto des UNO-Sicherheitsrates stoppt den Krieg. Nasser wendet sich der Sowjetunion zu, sie übernimmt die Finanzierung des Assuan-Hochdammes und beginnt 1960 mit dessen Bau (1971 fertiggestellt). Darüber hinaus avancieren die Sowjets zum Hauptwaffenlieferanten und wichtigsten Finanzier Ägyptens, eine neue Abhängigkeit bahnt sich an.

Nasser träumt von einer panarabischen Union und gründet 1958 als ersten Schritt mit Syrien die Vereinigte Arabische Republik (VAR). Die starken sozialistischen Einflüsse wie Verstaatlichung der Banken und aller größeren Industrien führen 1961 zum Bruch der VAR, weil eine innersyrische Opposition gegen diese Tendenzen revolutioniert. In Ägypten entwickelt Nasser seine arabisch-sozialistischen Vorstellungen weiter, seine Partei *Nationale Union* wird in die *Arabische Sozialistische Union (ASU)* umfunktioniert.

1967 sperrt Nasser die Straße von Tiran und damit den Zugang zum Golf von Aqaba, d.h. zum israelischen Hafen Elat. Im darauffolgenden Sechs-Tage-Krieg dringen die Israelis über den Sinai bis zum Suezkanal vor und schlagen die Ägypter. Unter dem Schock der vernichtenden Niederlage will Nasser zurücktreten, wird aber durch spontane Demonstrationen von der überwältigenden Mehrheit des Volkes zum

Weitermachen aufgefordert. Er bleibt in seinen Ämtern.

Seit 1967 ist der Suezkanal Demarkationslinie und damit für die Schiffahrt blockiert. 1970 stirbt Nasser unerwartet, Anwar el-Sadat tritt an seine Stelle. In einer Art Staatsstreich säubert Sadat 1971 die politische Führung von allzu linkslastigen "Nasseristen", erläßt eine neue Verfassung und nennt das Land in *Arabische Republik Ägypten* um. 1972 schickt er 17 000 sowjetische Militärberater nach Hause und knüpft wieder stärkere Fäden zum Westen.

Unbemerkt von der Weltöffentlichkeit und ihren Nachrichtendiensten bereitet Sadat zusammen mit dem syrischen Präsidenten Assad einen Schlag gegen Israel vor, das sich trotz aller diplomatischen Interventionen weigert, das Ostufer des Suezkanals aufzugeben. Sadat hat Erfolg: Im Oktober-Krieg von 1973 überwindet Ägypten die gewaltigen Sperranlagen am Suezkanal und kann einen Teil des Sinai zurückerobern. Zwar gewinnen die Israelis bald wieder Boden, aber durch internationale Intervention wird der Krieg beendet, die Ägypter stehen wieder auf beiden seiten des Suezkanals. Dieser kann von gesunkenen Schiffen geräumt, erweitert und 1975 wiedereröffnet werden.

Bereits 1974 kündigt Sadat eine Öffnung der Wirtschaft durch Liberalisierung an, um ausländische Investoren anzulocken. 1975 folgt die politische Liberalisierung, indem größere Presse- und Meinungsfreiheit zugelassen wird. 1976 finden die ersten freien Wahlen seit der Revolution statt, in denen die von Nasser gegründete ASU als eine Art Sammelbecken wirkt. Nach der 1978 erfolgten Gründung der Nationaldemokratischen Partei (NPD) durch Sadat geht die ASU an Mitgliederschwund ein.

1977 fliegt Sadat nach Jerusalem und hält in der Knesset seine historische Rede, in der er zu Koexistenz und Frieden zwischen Israel und seinen Nachbarn aufruft. Unter Vermittlung des amerikanischen Präsidenten Jimmy Carter verhandeln 1978 Sadat und der israelische Premier Begin über viele Monate und erzielen schließlich im Camp-David-Abkommen den Friedensvertrag zwischen den beiden Ländern. Die meisten arabischen Staaten zeigen Unverständnis und brechen die Beziehungen zu Ägypten ab, dessen Mitgliedschaft in der Arabischen Liga suspendiert wird. Aber Ägypten erhält bis 1982 den gesamten Sinai zurück.

Doch die Enttäuschung über die Verhandlungen mit Israel sitzt besonders bei Konservativen sehr tief, trotz der Verringerung der militärischen Bedrohung und der Minderung der Militärausgaben. Im Oktober 1981 wird Sadat bei der Militärparade zur Feier des 6.-Oktober-Sieges von der islamischen Terrorgruppe El-Jihad erschossen. Sein (bis dahin blasser) Vize Hosny Mubarak übernimmt die Führung.

Als Israel 1982 in den Libanon eindringt, nutzt Mubarak die Chance, sich politisch deutlich von Israel abzusetzen, ohne bestehende Verträge zu verletzen. Dies führt zu einer Wiederannäherung an die arabischen Staaten, der Prozeß wird durch die Teilnahme Ägyptens an der arabischen Gipfelkonferenz von 1989 positiv abgeschlossen. Mubarak verfolgt auch innenpolitisch moderate Ziele, so daß er in vielen Konflikten eher einen Ausgleich findet. Allerdings zeigte er 1986 bei der brandschatzenden Meuterei der Bereitschaftspolizei in Kairo, daß er ebenso hart durchgreifen kann.

1990/91 gerät Ägypten wieder in weltpolitische Schlagzeilen, als es sich maßgeblich auf Seiten der Amerikaner und Kuwaitis in der Allianz gegen den Irak Sadam Husseins beteiligt und an der Befreiung Kuwaits aktiv mitwirkt. Weniger positive Schlagzeilen erzeugen ab Ende 1992 die Anschläge der terroristischen Fundamentalisten, die – schon lange im Untergrund aktiv – nun zur offenen Konfrontation übergehen, um das Mubarak-Regime zu stürzen und es durch eine islamisch-fundamentalistische Variante ersetzen wollen. Als leicht verwundbares Ziel auf dem Weg zur Schwächung der etablierten Regierung haben sie den Tourismus auserkoren, der einen wesentlichen Beitrag zum Staatshaushalt leistet.

Zwar geht die Zahl der Terroranschläge und -opfer in den Folgejahren zurück, doch im Herbst 1997 schlagen die fundamentalistischen Terroristen erneut massiv zu. Zunächst vor dem Ägyptischen Nationalmuseum in Kairo, im November schlachten sechs Terroristen vor dem Hatschepsut Tempel in Luxor bei einem der blutigsten Massaker weltweit 57 Touristen z.T. grausam ab. Diesmal ist ihnen ein Tiefschlag gegen den Tourismus gelungen, der sich allerdings auch gegen die Urheber wendet. Hartes staatliches Durchgreifen und tiefe Abscheu in der Bevölkerung über das Attentat scheinen ihnen zumindest vorläufig den Rückhalt entzogen zu haben.

Geschichts-Tabelle

Viele Jahrtausende ereignisreicher Geschichte sind auf den ersten Blick verwirrend. Zur hoffentlich besseren Übersicht haben wir in der folgenden tabellarischen Zusammenfassung mehr als 6000 Jahre ägyptischer Historie zusammengedrängt.

Vorgeschichte
4300 – 3600
Negade I-Kultur, in Oberägypten mit Verbindung zu Nubien und den Oasen.
3600 – 3200
Negade II-Kultur, von Oberägypten auf das Nildelta übergreifend; Beziehungen zu Vorderasien und Mesopotamien.

Frühgeschichte
Um 3150 Zusammenschluß verschiedener Stammesgebiete in Ober- und Unterägypten zu größeren politischen Einheiten. Entstehung des Gesamtstaates Ägypten südlich von Edfu bis ans Mittelmeer. Entwicklung der Schrift. Gründung der Hauptstadt Memphis.
Um 3100 **1. Dynastie**
Ausbau des Staatswesens mit differenzierter Verwaltung um die Zentralfigur des Pharao. Vereinheitlichung von Kunst, Schrift, Religion in allen Landesteilen.
2820 – 2670 **2. Dynastie**
Letzte innenpolitische Unruhen werden beigelegt. Königs- und Beamtengräber in Sakkara.

Altes Reich (AR)
2670 – 2600 **3. Dynastie**
Explosionsartiger Aufschwung der Kultur: Stufenpyramide des Königs Djoser in Sakkara als ältester Monumentalbau. Expansion nach Osten (Sinai), Westen (Libyen) und Süden (Nubien).
2600 – 2475 **4. Dynastie**
Pyramidenzeit. Vollendung des Ausbaus des zentralistischen Staates. Nubien wird ägyptische Kolonie. Entwicklung der klassischen Pyramide als Königsgrab (Cheops-, Chephren- und Mykerinos-Pyramiden in Giseh). Beamtenfriedhöfe um die Pyramiden.
2475 – 2345 **5. Dynastie**
Reichskult des Sonnengottes Re. Neben den Pyramiden von Sakkara (Userkaf) und Abusir die Sonnenheiligtümer in Abou Gorob für den Kult von König und Re. Politische und wirtschaftliche Verselbständigung der Beamtenschaft.
2345 – 2195 **6. Dynastie**
Auflösung der Zentralregierung; Autarkiebestrebungen der Gaufürsten in Mittel- und Oberägypten; außenpolitischer Rückzug Ägyptens aus Nubien und Vorderasien.

Erste Zwischenzeit
2195 – 2160 **8. Dynastie**
Kurzlebige gesamtägyptische Regierungen.
2160 – 2040 9./10. Dynastie

Auf Mittel- und Unterägypten mit Hauptstadt Herakleopolis begrenzt. Oberägypten unter thebanischen Fürsten unabhängig.

2160 – 1994 **11. Dynastie**

Mentuhotep II herrscht zunächst als Gaufürst von Theben. Ihm gelingt die Wiedervereinigung Ägyptens durch die militärische Unterwerfung von Herakleopolis (um 2040).

Mittleres Reich (MR)

1994 – 1781 **12. Dynastie**

Ägypten wird zur Großmacht im Ostmittelmeerraum. Residenz wieder in Memphis; Theben bleibt religiöses Zentrum. Nubien und Libyen werden Teil des Reiches; mit Vorderasien enge Handelsbeziehungen. Die Großoase Fayum wird erschlossen. Gaufürsten und hohe Beamte sind relativ selbständig.

1781 – 1650 **13. Dynastie**

Zahlreiche Könige mit kurzer Regierungszeit. Außenpolitischer Machtschwund, Einsickern vorderasiatischer Elemente im Delta, Kleinkönige der 14. Dynastie und Zerfall der nationalen Einheit.

Zweite Zwischenzeit

1650 – 1540 **15./16. Dynastie**

Hyksoszeit. Die Vorderasiatischen Hyksos übernehmen die Herrschaft über Unter- und Mittelägypten. Verfall von Kunst und Kultur. Oberägypten bleibt unter der lokalen 17. Dynastie weitgehend unabhängig.

Neues Reich (NR)

1550 – 1291 **18. Dynastie**

Der Thebaner Ahmose vertreibt die Hyksos (um 1544) und vollzieht die Wiedervereinigung. Wiederherstellung der außenpolitischen Vormachtstellung Ägyptens: Unterwerfung Nubiens, Intensivierung der Kontakte zu Palästina-Syrien, das zunehmend in die Abhängigkeit Ägyptens gerät.

Der Amun-Tempel in Karnak wird unter Hatschepsut und Tuthmosis III (1479-1425) zum religions- und wirtschaftspolitischen Zentrum des Reiches und zur Sammelstelle der Tribute aus der ganzen damals bekannten Welt von Punt (Somalia) bis Nordmesopotamien.

Tuthmosis III unterwirft Vorderasien bis zum Libanon. Die Innenpolitik liegt in Händen einer selbstbewußten Beamtenschaft, der gegenüber sich der König als Realpolitiker und Person behaupten muß.

Die Individualisierung der Politik und Kultur unter Amenophis III (1387- 1350) gipfelt in der *Revolution von Amarna* unter Amenophis IV – Echnaton (1350-1333) und seiner Gemahlin Nofretete. Bruch mit religiöser, künstlerischer und politischer Tradition, Einführung der monotheistischen Aton-Religion, Aufgabe der Residenzen Memphis und Theben, Gründung von Achetaton (Amarna) als neuer Hauptstadt.

Frühzeitiges Ende der Revolution von oben und unter Tutanchamun (1333- 1323) Rückkehr zu den alten Verhältnissen. Ende der Dynastie unter den Soldatenkönigen Eje und Haremhab.

1291 – 1185 **19. Dynastie**

Wiederherstellung der in der Amarna-Zeit verlorenen Hegemonie Ägyptens im Vorderen Orient. Innenpolitisch wachsender Einfluß des Militärs. Residenz im Ostdelta. Ramses II (1279-1212) bannt durch Verträge die Hethitergefahr, Merenptah kann sich gegen die Libyer behaupten. Einsickern von Ausländern in Heer und Verwaltung und wachsende innenpolitische Kritik führen zu Thronstreitigkeiten am Ende der Dynastie.

1185 – 1075 **20. Dynastie**

Außenpolitische Bedrohung durch Seevölkereinfall, innere Krise und Zusammenbruch der Wirtschaft durch Streiks, Korruption und Kriminalität (Grabräuber). Übernahme der Macht durch Militärdiktatoren.

Dritte Zwischenzeit

1075 – 945 **21. Dynastie**

Spaltung Ägyptens in ein Nordreich mit Hauptstadt Tanis und ein Südreich mit Zentrum in Karnak (Gottesstaat des Amun). Verlust der ausländischen Kolonien.

2. Land, Leute und Vergangenheit

945 – 718 22. Dynastie
Libysche Fürsten besteigen den Pharaonenthron; bewußte Pflege des national-ägyptischen Erbes. Letzter Versuch einer Vorherrschaft in Vorderasien. Nebenlinien (23./24. Dyn.) führen zum innenpolitischen Zusammenbruch.

Spätzeit

775 – 653 25. Dynastie
Die kuschitischen Fürsten von Napata im Sudan erobern Ägypten (seit 745) und werden als Pharaonen anerkannt. Durch assyrische Übergriffe werden die Kuschiten in ihr Stammland zurückgedrängt.

653 – 525 26. Dynastie
Saidenzeit. Das Fürstenhaus von Sais im Delta schüttelt die assyrische Oberhoheit ab. Es entsteht ein Gesamtreich, das noch einmal versucht, in bewußtem Rückgriff auf die Vergangenheit, Großmacht am Nil zu spielen, aber letztlich an Babylon scheitert.

525 – 404 27. Dynastie
Ägypten wird von Kambyses erobert und Teil des Perserreichs.

404 – 332 28.-31. Dynastie
Auf die durch ägyptische Aufstände in der 28. Dynastie vertriebenen Perserkönige folgen die letzten nationalägyptischen Herrscher aus Mendes und Sebennytos im Delta.
Nach der kurzen **2. Perserzeit** (sog. 31. Dynastie) erobert **332** Alexander der Große Ägypten.

331 Gründung Alexandrias durch Alexander den Großen; Alexanders Krönung in Memphis.
323 Tod Alexanders des Großen.

Ptolemäerzeit 330-30 vC

Ausstrahlung griechischer Kunst und Kultur von Alexandria auf das ganze Land. Später dann zunehmender Einfluß Roms im östlichen Mittelmeerraum; Stärkung der altägyptischen Landeshauptstadt Memphis durch Krönung der ptolemäischen Könige nach ägyptischem Ritus (ab 240). Vertreibung griechischer Gelehrter aus Alexandria (145/44), Verlust der Stellung als Kulturmetropole. Cleopatra VII (51-30): letzter Höhepunkt und Untergang der ptolemäischen Herrschaft in Ägypten.

Alexandrinischer Krieg (48/47), Bindung Kleopatras an Caesar, nach dessen Tod an Antonius. Schlacht bei Actium: Sieg Oktavians über Antonius und Cleopatra, die den Tod wählen; Einzug Oktavians in Alexandria (31/30).

Römerzeit 30 vC – 640 nC

Ägypten unter römischer bzw. oströmischer Herrschaft. Aufstieg des Christentums in Ägypten (3. Jhd); Alexandria wird ein Zentrum christlicher Theologie; Entstehen der koptischen Kirche. Bei der Teilung des Römischen Reiches (395) fällt Ägypten an Byzanz.

639 Unter Amr erobern die Araber Ägypten.

Islamisch-arabische Epoche

Ab 639 Islamisierung durch arabische Heere, 646 Endgültige Unterwerfung Ägyptens durch den Kalifenstellvertreter Amr Ibn el As, Gründung von El Fustat, aus dem schließlich Kairo hervorgeht.

661 – 750 Omaijaden
Hauptstadt Damaskus, Landessprache arabisch.

750 – 870 Abbassiden
Gründung der Hauptstadt Bagdad; Handel und Kunst blühen während der Regierung von Harun el Rashid.

870 – 905 Tuluniden
Ibn Tulun, ein Türke, gründet Dynastie. Ibn-Tulun-Moschee, Kairo.

905 – 935 Abbassiden
Nochmalige Herrschaft der Kalifen von Bagdad.

935 – 969 Ichschididen
Der Statthalter Ichschid regiert.

969 – 1171 Fatimiden
Eroberer Nordafrikas aus dem Maghreb machen Kairo zur Hauptstadt ihres Reiches. Bau der El-Azhar-Moschee und Universität, der Hakim-Moschee, der Stadttore Bab el Futuh, Nasr und Zuwela.

Geschichts-Tabelle

1171-1250 Aijubiden
Saladin schließt Ägypten wieder dem Kalifat von Bagdad an. Stadtbefestigung, Bau der Zitadelle.

1250-1517 Mamluken
Beybar, Kommandant der Sklavenleibgarde, erringt die Macht und etabliert die Mamlukendynastie. Kalaun-Moschee, Mausoleum und Medersa, Sultan-Hassan-Moschee, Kait-Bey-Moschee, Mausoleum Sultan Barquq. Blüte von Kunst und Kultur.

1517-1798 Osmanen
Ägypten wird zu einer Randprovinz des osmanischen Reiches. Gouverneure sind meist Mamluken.

1798-1801 Französische Herrschaft
Ägypten kommt mit Europa in Verbindung, französische Wissenschaftler begründen die Ägyptologie.

1805 – 1848 Mohammed Ali
Nach anarchischer Periode erringt der albanische Truppenführer die Macht. Reorganisation des Staates, erste Staudämme, Alabaster-Moschee.

1848-1892 Mohammed Alis Nachfolger: Abbas I, Said, Ismail, Taufiq. Unter Said Beginn des Suezkanalbaus. Unter Ismail Fortführung der Modernisierung: Bau von Schulen, Bewässerungsanlagen, Eisenbahnen, Häfen, Zuckerraffinerien.

Engländer

Zunächst bis 1914 nur indirekte englische Einflußnahme, danach offizielles Protektorat.

1922-1952 Von England abhängiges **Königreich** unter Fuad I und Faruk.

1952 Staatsstreich unter General **Nagib**, Gründung der unabhängigen Republik.

Republik

1954 General **Nasser** setzt Nagib ab.

1956 Die letzten englischen Truppen verlassen Ägypten. Verstaatlichung der Suezkanalgesellschaft, daraufhin "Kanal-Krieg" Englands und Frankreichs gegen Ägypten, durch UNO-Veto gestoppt.

1960 Baubeginn des **Assuan Hochdammes** (Sadd el Ali).

1967 **Sechs-Tage-Krieg** gegen Israel, Verlust des Sinai, Kanal-Schließung.

1970 **Tod Nassers**, Sadat wird Präsident.

1973 **Oktoberkrieg** gegen Israel, Teileroberung des Sinai.

1975 **Wiedereröffnung des Suezkanals.**

1979 **Friedensvertrag Israel/Ägypten**, Isolierung in der arabischen Welt.

1981 **Ermordung Sadats, Mubarak** wird Präsident.

1982 **Vollständige Rückgabe des Sinai** an Ägypten.

1992 Teilnahme Ägyptens am **Golfkrieg**

1992-1997 Terroranschläge auf Touristen

2. Land, Leute und Vergangenheit

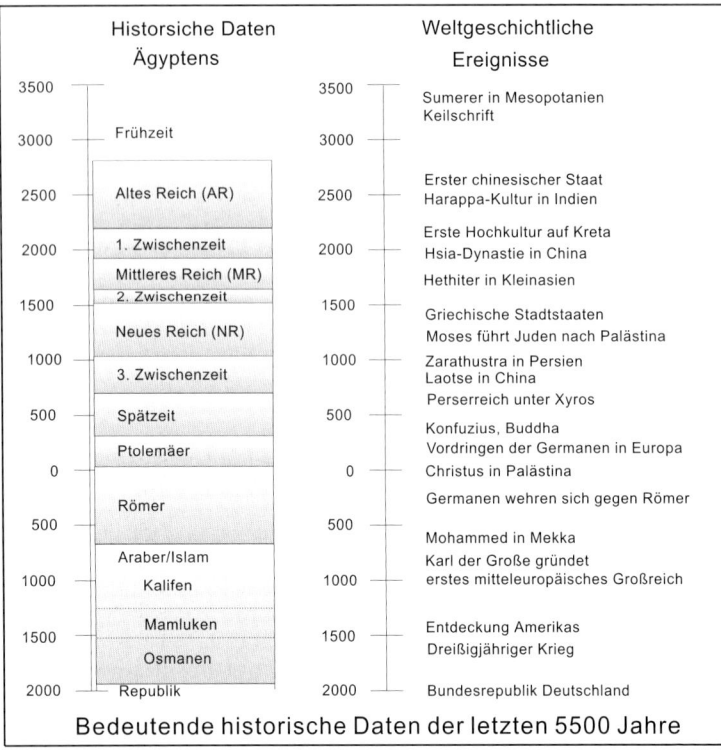

Bedeutende historische Daten der letzten 5500 Jahre

Vergleich welthistorischer Ereignisse

Die obige – nicht sonderlich maßstabsgerechte – Graphik soll die Beziehungen der Zeiträume optisch verdeutlichen, in denen der Ägyptenreisende zwangsläufig zu denken hat. Im Vergleich zu den Ereignissen der ägyptischen Geschichte sind andere weltgeschichtliche Geschehnisse gewissermaßen als Bezugspunkte in der Graphik dargestellt, die aus der Fülle der Daten fast wahllos herausgegriffen wurden.

Drei Jahrtausende kontinuierlicher, nachweisbarer Geschichte, davon fast zwei Jahrtausende als Führungsmacht der zu jener Zeit bekannten (westlichen) Welt – welches Volk auf dieser Erde kann auf eine glanzvollere Vergangenheit zurückblicken?

Zur Religion der alten Ägypter

Die äußerst günstigen geographischen und klimatischen Bedingungen des Niltals machten es für den alten Ägypter überflüssig, die Naturgewalten durch die Religion, durch Ritual und Mythos zu beschwören. Natur und Kosmos waren für ihn Ausdruck göttlicher Ordnung; der ägyptische Jenseitsglaube konzentrierte sich auf den Wunsch des Menschen, in den Kreislauf der Natur, der Sonne, der Gestirne einzutreten.

Die große Fruchtbarkeit des Niltals befreite die alten Ägypter von existentiellen Sorgen. So konnten sie sich intensiver und früher als andere Völker mit philosophischen und religiösen Fragen beschäftigen. Ihre Antworten auf die Frage nach den Ordnungsprinzipien der Welt sind über drei Jahrtausende immer wieder neu formuliert worden.

Ägyptische Götter haben nie eine endgültige, ausschließliche Gestalt angenommen. Der Gott Amun kann z.B. als Mensch mit Federkrone, als Widder oder als Gans dargestellt werden. Als Widder werden aber neben Amun auch Chnum von Elephantine und Herischef von Herakleopolis abgebildet. Hinter diesen vielen Gestalten und Namen steht ein übergeordneter, allgemein gültiger Gottesbegriff.

Die Vorstellung von der altägyptischen Religion als finsteres Heidentum mit bizarren Götzenbildern ist völlig falsch. In den ägyptischen Tempeln geht es um die Erklärung der Welt; die Tempelarchitektur ist ein Weltmodell, die Tempelreliefs mit ihren zahlreichen Bildern des Königs beim Gebet und Opfer vor den Göttern schildern und sichern das Verhältnis Gott – Mensch.

Die Grabbilder des Alten Reiches (Giseh und Sakkara) stellen eine ideale Diesseitswelt als Wunschtraum für das Jenseits dar; erst seit dem Mittleren Reich treten erdachte Jenseitslandschaften auf, unseren Paradies- und Höllenvorstellungen vergleichbar. Sie bilden das Bildprogramm der Königsgräber des Neuen Reiches.

Der Eintritt in diese ideale Ewigkeit ist weniger von materiellen Vorleistungen wie Grab, Mumifizierung oder Opfern abhängig, sondern von der moralischen Qualifikation des Menschen, die beim Totengericht festgestellt wird.

Wenn in der folgenden Auflistung aus der nie endgültig festgelegten Zahl der Namen und Gestalten ägyptischer Götter einige besonders häufig genannte herausgegriffen werden, so sei ausdrücklich darauf hingewiesen, daß jeder dieser Götter noch andere Gestalten besitzt und jede dieser Gestalten zu verschiedenen Göttern gehören kann. Entscheidend ist, was dahinter steht: eine Gottesvorstellung, die die Weltordnung garantiert und der sich die Ägypter dankbar und ehrfurchtsvoll verpflichtet fühlten.

Kurzbeschreibung der pharaonischen Götter

- **Amun**

Der "König der Götter" ist die Verkörperung aller göttlichen Eigenschaften. Er ist der alle anderen Götter überragende Reichsgott Ägyptens und göttlicher Vater des Pharao. In seiner Tempelstadt Karnak wird er wie überall sonst in Ägypten in Menschengestalt mit Doppelfederkrone, in Widdergestalt oder als Gans dargestellt, oft auch als Fruchtbarkeitsgott mit erigiertem Phallus.

- **Anubis**

Einer der Auferstehungsgötter, insbesondere als Schutzgott der Mumifizierung ein Garant ewigen Weiterlebens. Als Schakal oder schakalköpfiger Mensch erscheint er sogar noch in römerzeitlichen Grabbildern und lebt als hundsköpfiger Heiliger in Ikonenbildern fort.

- **Apis**

Fruchtbarkeitsgott, der meist als Stier abgebildet wird und im Tempel von Memphis als wirk-

2. Land, Leute und Vergangenheit

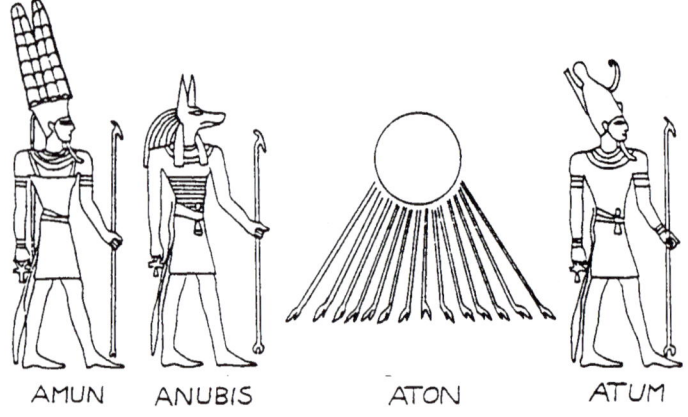

AMUN   ANUBIS   ATON   ATUM

licher Stier auf Erden weilt. Seine Bestattung als Stiermumie im Serapeum von Sakkara war eines der großen religiösen Feste. Sein Kopfputz, die Mondscheibe, spielt auf den regelmäßigen Kreislauf des Lebens an.

- **Aton**

Die in Ägypten stets vorhandene Vorstellung von einer allumfassenden göttlichen Macht wurde unter Echnaton (um 1350 vC) im Namen Aton (Sonnenscheibe) zusammengefaßt, deren Strahlen in menschliche Hände auslaufen – ein Bild des unmittelbaren Kontakts zwischen Gott und Mensch.

- **Atum**

Ur- und Schöpfergott, mit Hauptkultort Heliopolis, aber in ganz Ägypten zu Hause. Dem breiten Wirkungskreis entsprechen viele Darstellungsformen, u.a. Mensch mit Doppelkrone, Sphinx, Schlange, Aal.

- **Bes**

Schutzgott von Haus und Familie in Gestalt eines Gnoms mit Löwenfratze; Urbild des griechischen Satyrs.

- **Chnum**

Als widdergestaltiger Fruchtbarkeitsgott ist er der Schutzgott der Nilflut, aber auch der Weltschöpfer, der die Menschen auf der Töpferscheibe formt.

- **Chons**

Sohn von Amun und Mut; das göttliche Kind, das als Nothelfer große Verehrung genießt. In seinem Tempel in Karnak wurden Orakel erteilt. Als Kind abgebildet, oft auch falkenköpfig mit Mondscheibe.

- **Hathor**

Muttergöttin in Kuhgestalt, oft auch als Frau mit Kuhgehörn und Sonnenscheibe dargestellt, als Emblem auch Frauengesicht mit Kuhohren. Vor allem in Dendera und Theben verehrt.

- **Horus**

Der schon im 4. Jahrtausend vC verehrte Falkengott inkarniert sich im regierenden König; die ägyptische Mythologie macht ihn zum Sohn von Isis und Osiris, mit denen zusammen er als Horus (das *Kind*, griechisch *Harpokrates*) in der ganzen hellenistischen Welt Verbreitung findet.

- **Isis**

Oft wie Hathor dargestellt, daneben auch als Frau mit dem Thronsessel als Kopfputz, verkörpert sie ganz allgemein den weiblichen Aspekt des Göttlichen. Überall im Land verehrt, findet sie in der Römerzeit neben Osiris im ganzen römischen Reich Verbreitung.

- **Maat**

Göttin der Weltordnung; als Wesenszug aller Götter genießt sie keinen eigenen Kult. Als

Zur Religion der alten Ägypter

APIS BES CHNUM HATHOR HORUS

Frau mit einer Feder als Kopfputz, der Hieroglyphe "maa" (die "gerecht" bedeutet), führt sie den Verstorbenen zum Totengericht.
● **Mut**
Als Gemahlin des Amun und Mutter des Chons ist die Göttin und Königsmutter Teil der thebanischen Triade. Meist wird sie mit einer Geierhaube dargestellt.
● **Nut**
Die Himmelsgöttin, die täglich die Sonne gebiert; ihr nackter Leib, vom Luftgott Schu gestützt, bildet das Himmelsgewölbe; als Baumgöttin spendet sie den Toten Speise und Trank. Auf der Innenseite von Sargdeckeln abgebildet, legt sie sich über den Toten und regeneriert ihn.
● **Osiris**
Der Gott der Auferstehung, einst König auf Erden, der von seinem Bruder Seth getötet wurde und dann den Tod überwand. Er wird damit zum Vorbild der Verstorbenen, die ihrerseits Osiris werden wollen. Der "König der Ewigkeit" trägt Krummstab und Wedel als Herrschaftsembleme. Kultorte im ganzen Land.
● **Ptah**
Der in Memphis beheimatete Schöpfergott schuf die Welt durch sein Wort. In enger Verbindung mit Sokaris und Osiris ist er auch Auferstehungsgott in der Nekropole von Memphis.

Meist mumiengestaltig mit enganliegender Kappe dargestellt.
● **Re**
Der Sonnengott, meist als Re-Harachte, Re-Atum oder Amun-Re mit anderen großen Göttern zur Allgottheit verbunden und im ganzen Land verehrt. Menschengestaltig mit Falkenkopf und Sonnenscheibe. Haupttempel in Heliopolis.
● **Sachmet**
Löwenköpfige Göttin, in Memphis als Frau des Ptah, in Theben der Mut angenähert (Statuen im Mut-Tempel in Karnak).
● **Serapis**
Ein "Gott aus der Retorte"; aus der Verbindung von Osiris und Apis mit einem bärtigen griechischen Götterbild wird um 300 vC ein Gott geschaffen, der Altägyptisches und Hellenistisches in sich vereinigt. Bis in der Römerzeit im ganzen Imperium verehrt.
● **Seth**
Der Widersacher seines Bruders Osiris, für dessen Ermordung er selbst von Horus getötet wird. Als Verkörperung des Bösen kann er in Gestalt eines Nilpferds oder Krokodils dargestellt werden (Horusmythos von Edfu!); oft auch Fabeltier mit langen Ohren und rüsselartiger Schnauze.

2. Land, Leute und Vergangenheit

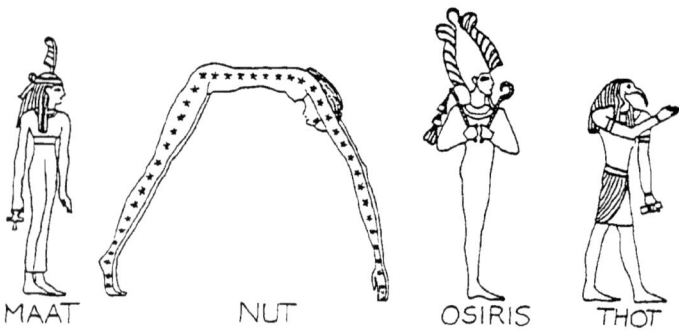

MAAT   NUT   OSIRIS   THOT

- **Sobek**
Krokodilgott, der die Sonne durch den Ozean der Nacht zum morgendlichen Aufgang transportiert. Vor allem im Fayum verehrt.
- **Thoeris**
Schwangeres Nilpferd mit Krokodilschwanz und Löwentatzen, also Konzentration der mächtigsten Tiere. Beschützerin von Mutter und Kind.
- **Thoth**
Als Ibis oder ibisköpfiger Mensch oder Affe dargestellt, ist der Weisheitsgott Thoth für Schrift und Kalender, aber auch für das Sündenregister des Menschen zuständig, das er beim Totengericht vor Osiris verliest.

Eine halbwegs vollständige Liste altägyptischer Götternamen umfaßt etwa 150 Namen; die Variationsmöglichkeiten der Götterbilder sind unbegrenzt und entziehen sich einer strengen Systematik. Als Ordnungsprinzipien in dieser Vielfalt verwendet der ägyptische Theologe u.a. die Familienstruktur Vater – Mutter – Kind (z.B. Amun – Mut – Chons in Theben) oder Zahlensymbolik wie Achtheit und Neunheit. Vorherrschend bleibt aber die Offenheit des Gottesbegriffs: Der alte Ägypter spricht oft ganz einfach von *Gott*, altägyptisch *nute*, das dem griechischen *theos* oder dem lateinischen *deus* entspricht.

Architektur altägyptischer Tempel

Der altägyptische Tempel ist gleichzeitig Kultbühne und Weltmodell. Als Kultbühne dient er als Wohnung des Götterbildes, das vom Hohepriester (in Stellvertretung des Königs) täglich bekleidet, geschminkt und gespeist wird. Bei großen Festen durchzieht die Götterstatue den Tempel, in Prozessionen verläßt sie auch den heiligen Bezirk. Die Tempelreliefs schildern ausführlich den täglichen Kult und die Feste bei der Begegnung mit dem Gottkönig.

Der pharaonische Tempel entstand als Abbild der Welt bzw. der Vorstellungswelt der Menschen. Den gestirnten Himmel stellt er an den Raumdecken dar, die Pflanzenwelt – hauptsächlich Palme, Lotos, Papyrus – in den Säulen, das Leben der Menschen in den Wandreliefs, wobei die Außenwände weltlichen Bildern wie Krieg oder Jagd vorbehalten sind, die Innenseiten religiösen Szenen. Als Abbild der Unterwelt sind die unterirdischen Krypten anzusehen.

Von außen nach innen werden die Raumhöhen (Himmel) niedriger; gleichzeitig steigt das Bodenniveau (= Erde) an und die Raumhellig-

Architektur altägyptischer Tempel

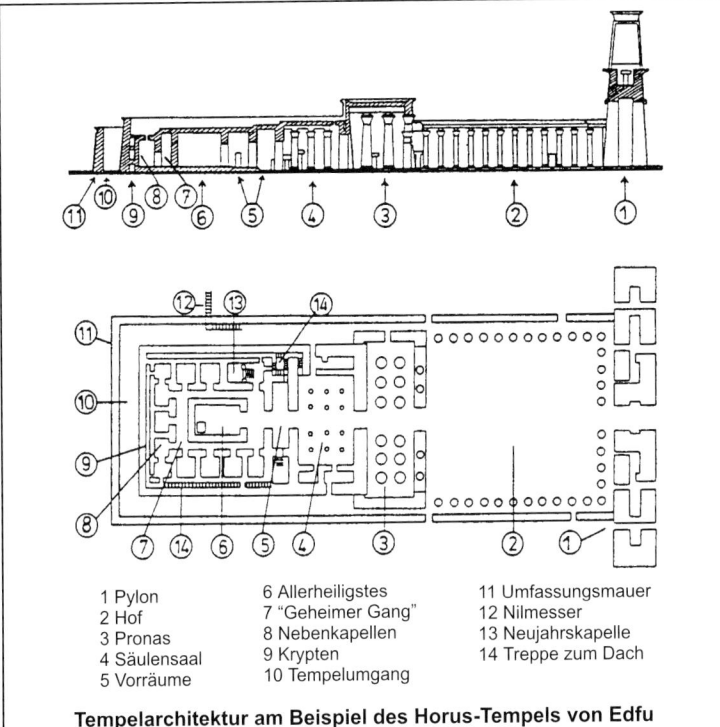

1 Pylon
2 Hof
3 Pronas
4 Säulensaal
5 Vorräume
6 Allerheiligstes
7 "Geheimer Gang"
8 Nebenkapellen
9 Krypten
10 Tempelumgang
11 Umfassungsmauer
12 Nilmesser
13 Neujahrskapelle
14 Treppe zum Dach

Tempelarchitektur am Beispiel des Horus-Tempels von Edfu

keit nimmt ab. Im dunklen, geheimnisvollen Allerheiligsten schneiden sich Himmels- und Erdlinie; im Götterbild begegnen sich Mensch und Gott.

Der eigentliche Tempel ist nach außen durch Umgang und Umfassungsmauer hermetisch abgeriegelt. Er ist Zentrum des Tempelbezirks, den wiederum eine Ziegelmauer umschließt. In diesem Bereich herrschte reges Leben: Ställe, Schlachthöfe, Vorratshäuser, Priesterwohnungen, Tempelverwaltung, Verkaufsstände, Pilgerwohnungen, Krankenhäuser – eine kleine Stadt.

In diesem Zusammenhang eine Anmerkung: Auch heute noch pulsiert in südindisch-hinduistischen, ähnlich großen Tempelanlagen ebenso reges Leben und Treiben. Neben der sakralen Funktion hat auch dort der Tempel wichtige soziale und kommunikative Aufgaben zu erfüllen.

2. Land, Leute und Vergangenheit

Keine 1000 Jahre nach der pharaonischen Epoche entwickelt die äygptische Kunst und Architektur ganz andere Stilrichtungen, die zwar nicht in Bildern erzählen, aber ebenfalls das Auge mit ihrer Ornamentik und vielen kleinen Details erfreuen.
Wie z.B. hier bei derEl Aqmar Moschee in Kairo.

3. Kairo: Das Auf und Ab einer tausendjährigen Stadt

Geschichten zu Kairos Geschichte

Die Geschichte Kairos liest sich wie ein Krimi, ein amerikanischer Thriller könnte spannender nicht sein. Wie häufig auch unsere eigene Vorgeschichte ist sie eine Abfolge von Mord und Totschlag, von Gewalt und Korruption, prosperierender Höhepunkte und tiefstem Fall. Wer die Geschichten der Rechtlosigkeit und Willkür nachliest, kann ermessen, mit welch hoher Rechtssicherheit wir heute leben und reisen, selbst wenn man die Terroranschläge auch auf Reisende einbezieht. So wurde noch Belzoni von einem Schwerthieb ernstlich verletzt (im 19. Jhd!), weil er nicht schnell genug den "Wegbereitern" einer in Kairo ausreitenden Dame auswich.

Wir wollen die Vergangenheit dieser Stadt etwas nüchterner und nur in den wesentlichen, zum Verständnis notwendigen Zügen verfolgen, d.h. den Ereignissen, die sich in der Stadtgeschichte quasi architektonisch niedergeschlagen haben. Eigentlich beginnt die Stadtgeschichte in einer Zeit, in der vermutlich Perser eine Siedlung am östlichen Nilufer errichteten, die später unter Augustus zur Festung namens Babylon ausgebaut wurde – heute das koptische Alt-Kairo – und eine strategisch wichtige Rolle am Eingang zum Nildelta spielte. Direkt an ihren Mauern floß der Nil vorbei (heute gute 200 Meter entfernt), Hafenanlagen, Docks und eine Anlage zur Messung des Nil-Wasserstandes (Nilometer) gehörten zu den technischen Einrichtungen, mit denen unter anderem auch die hier stationierte römische Legion – eine der drei über Ägypten wachenden Mannschaften – versorgt wurde.

Doch der fast siebenhundertjährigen römischen Herrschaft setzten Eroberer ein Ende, die bis dahin weltgeschichtlich unbekannt waren: Die Nachfolger Mohammeds – die Kalifen – begannen, die neue Religion mit großem Eifer und nicht ohne Selbstzweck auch in Nordafrika zu verbreiten.

So hatte es Amr Ibn el Ass, der vom Kalifen Omar ausgesandte Eroberer, 640 nC auf die Festung Babylon abgesehen. Erst als die Byzantiner nach siebenmonatiger Belagerung im April 641 kapitulierten, setzte Amr von Süden her auf die Hauptstadt Alexandria an und eroberte auch sie.

In seinem Heerlager neben der Feste Babylon hatte Amr einen Gebetsplatz eingerichtet, aus dem sich die nach ihm benannte, heute wiederhergestellte Moschee entwickelte, und bald entstand um sie herum eine Stadt, die Medinet el Fustat genannt wurde.

Die Dynastie der nach dem Kalifen Omar benannten Omaijaden konnte sich bis 750 behaupten und hatte in dieser Zeit auch Ägypten fest im Griff. El Fustat entwickelte sich bis etwa zur Jahrtausendwende zu einer der größten damals bekannten Städte mit vermutlich mehr als 500 000 Einwohnern, größer als Bagdad und Konstantinopel. Den Bewohnern ging es gegen Ende des 10. Jahrhunderts so gut, daß sie sich beim Kalifen beklagten, sie fänden keine Armen mehr, an die sie Almosen verteilen könnten. 1138 richtete ein Erdbeben große Zerstörungen an; doch das Aus für Fustat kam 1168, als man die Stadt nicht in die Hände der anrückenden Kreuzritter fallen lassen wollte

3. Kairo: Das Auf und Ab einer tausendjährigen Stadt

und sie an allen Ecken anzündete. Das Feuer soll 54 Tage lang gewütet haben.

Doch zurück zu den Anfängen der islamischen Geschichte Ägyptens. In Bagdad übernahmen 750 die Abbasiden die Macht und schickten Gouverneure nach Ägypten, in 118 Jahren Herrschaft nicht weniger als 68. Den offenbar immer schwächer werdenden Einfluß Bagdads nahm der erst 33 Jahre alte Gouverneur Ibn Tulun – Sohn eines aus Buchara stammenden Türken – zum Anlaß, sich selbständig zu machen und eine eigene Dynastie am Nil zu installieren. Ibn Tulun baute sich eine neue Hauptstadt unweit – nördlich – von El Fustat, die er El Qatai nannte. Dort ließ er die nach ihm benannte und noch heute in ihrer schlichten Schönheit erhaltene Moschee errichten. 905 zerschlugen die Abbasiden Ibn Tuluns Dynastie und übernahmen die Macht. Sie plünderten die zugehörige Stadt, nur die Moschee blieb erhalten.

935 setzte sich ein Türke, der "Ichschide" aus dem gleichnamigen Ort in Mittelasien, erneut gegen die Abbasiden durch und macht sich unabhängig vom Kalifat in Bagdad.

Von Westen her – aus einer geographisch ungewohnten Richtung – traten die Fatimiden von 969 bis 1171 auf die Bühne des wechselvollen Schauspiels. Sie waren Schiiten, die das Kalifat nicht anerkannten, sondern sich auf Mohammeds Tochter Fatima und deren ermordeten Mann Ali beriefen. Sie eroberten von ihrem Stammland Tunesien aus fast im Handstreich ganz Nordafrika und führten wie überall, so auch in Ägypten, sofort die schiitische Richtung des Islam ein.

Darüber hinaus fiel den Fatimiden eine historische Tat zu: Sie verschmähten Fustat und gründeten statt dessen ein Stück nördlich 969 eine neue Hauptstadt, die sie El Qahira ("Eroberer") nannten, das heutige Kairo. Die von ihnen erbaute Al-Azhar-Moschee sollte bis auf unsere Tage großen Einfluß auf den Islam behalten.

Der riesige Palast, den der erste Kalif namens Muizz hatte bauen lassen, bedeckte ungefähr die Fläche des heutigen Khan el Khalili Bazars. In den folgenden 200 Jahren der fatimidischen Herrschaft entstanden etwa 20 000 höfische Gebäude im Palastbereich, in denen 30 000 Menschen in verschwenderischer Pracht lebten, wie ein persischer Reisender damals berichtete. Den Höhepunkt an Macht und Reichtum erreichte der Sohn El Aziz. Doch dessen Sohn El Hakim – er errichtete u.a. die gleichnamige Moschee – herrschte mit Mord und barbarischen Strafen in einer Art religiösem Wahn, bis er schließlich selbst ermordet wurde. Ein Gefolgsmann flüchtete in den Libanon und gründete dort die auch heute noch aktive Sekte der Drusen. Erst unter dem Enkel von El Hakim, El Mustansir, erholte sich das Land und erlebte in dessen 60jährigen Herrschaft – der längsten eines islamischen Herrschers überhaupt – eine neue Blüte.

Nach dieser Epoche folgte erneuter Verfall und schließlich eine Hungersnot, die sogar zum Kannibalismus führte, nachdem alle Katzen, Hunde und Esel verzehrt waren. Schließlich setzte sich Badr – Sklave unter dem Kalifen El Mustansir – als Wesir durch, ließ neue Stadtmauern und die noch heute erhaltenen Stadttore Bab El Nasr, Bab El Futuh und Bab Zuwela errichten.

Die Wirren nach dem Untergang der Fatimiden-Dynastie nutzte ein syrischer Kurde namens Salah el Din – bekannt als Saladin – sich in Ägypten eine Basis zu schaffen: Er war von Bagdad ausgeschickt worden, um Ordnung zu schaffen und die Kreuzritter zu bekämpfen. Bald aber ergriff er selbst die Macht in Ägypten und gründete eine eigene Dynastie, die der Aijubiden, die von 1171 bis 1250 an der Macht bleiben sollte. Saladin führte mit großer Anstrengung die sunnitische Glaubensrichtung wieder ein, besiegte die Kreuzritter und stabilisierte das Land erneut. Sein monumentalstes Denkmal setzte er sich mit dem Bau der Zitadelle und dem zugehörigen Aquädukt. Darüber hinaus führte er die Madrasa-Moscheen ein, die gleichzeitig dem Studium und der Lehre des

Geschichten zu Kairos Geschichte

Glaubens dienten. Sie prägen das Stadtbild noch heute.

Der Tod des letzten Aijubiden-Herrschers, El Salih, spielte vorübergehend dessen armenischer Konkubine Shagarat el Durr ("Perlen-Zweig") die Macht in die Hände – doch eine Frau als Herrscher war undenkbar, sie wurde gezwungen, einen Mamluken-Führer zu heiraten, den sie bald von ihren Eunuchen ertränken ließ. Das war zuviel: Wenige Tage später wurde sie selbst gefangengesetzt und mit Badeschuhen erschlagen. Die Reste ihres Mausoleums sind noch ganz in der Nähe des Khan el Khalili Bazars zu sehen.

1250 übernahmen die Mamluken die Macht. Sie waren meist als "Ungläubige" in nicht-islamischen Ländern geboren, gerieten als Sklaven in den Dienst eines Sultans und wurden zur militärischen Elite erzogen. Sie bildeten im Laufe der Zeit eine Art Staat im Staate und beanspruchten nun die Führung, und zwar zunächst die Bahri-Mamluken, die aus den Kasernen am Fluß ("Bahri") stammten. Dennoch lebten sie gefährlich, Machtkämpfe um Leben und Tod waren an der Tagesordnung, die durchschnittliche Regierungszeit von rund fünf Jahren pro Sultan sagt alles.

1260 setzte sich Beybar durch, der im Ural geboren war und damals "nur" 20 Pfund gekostet hatte, weil er auf einem Auge blind war. Ihm gelang es, die Mongolen, die bereits Bagdad und damit das Kalifat zerstört hatten und nun zum Sturm auf Ägypten ansetzten, zu vertreiben und das Reich bis Aleppo auszudehnen. Seine für das Land größte Tat war jedoch, daß er den letzten Abkömmling des abbasidischen Kalifats nach Kairo holte und ihn mit Prunk – allerdings machtlos – einsetzte. Damit hatte er Ägypten die geistige Vorherrschaft über die Muslime gesichert. 1277 starb Beybar durch ein Giftgemisch, mit dem er eigentlich einen Rivalen umbringen wollte.

Die jeweiligen Nachfolger der Mamluken-Sultane eroberten ihren Platz fast ausschließlich durch Intrigen und brutalen Kampf. Sie blieben meist nur so lange an der Macht bzw. am Leben, wie sie dieses Spiel beherrschten. Einer der wenigen Sultane, der sein Amt weitervererben konnte, war Kalaun. Von ihm stammt die Kalaun Madrasa, der er ein Hospital angliederte, das damals weitbekannt war und von dem noch heute Teile vorhanden sind.

Dem Enkel Kalauns, El Nasir, gelang nach mörderischem Kampf die Eroberung des Sultanats. Durch den Ausbau des Handels mit Indien und China konnte er ungeheure Reichtümer anhäufen. Er baute u.a. die Moschee in der Zitadelle und eine Madrasa im Souk el Nahassin. Viele Stücke des Islamischen Museums stammen aus seinem Besitz.

Nach dem Tod El Nasirs herrschte wieder Kampf, nur wenige Sultane konnten sich länger an der Macht halten. Einer von ihnen war Sultan Hassan, der 1356–1359 die nach ihm benannte Moschee erbauen ließ, das wohl imposanteste Bauwerk der Mamluken.

1382 entrissen Mamluken, die in der Zitadelle stationiert waren – daher Burgi-Mamluken – den Bahri-Mamluken die Macht. Es waren Tscherkessen, die kaum weniger Willkür walten ließen als ihre Kollegen aus den Kasernen am Fluß. Aber sie verteidigten das Land erfolgreich gegen die Mongolen-Stürme unter Timur, darüber hinaus waren sie fromme Muslime, die viele Moscheen und Grabmäler errichten ließen und das Stadtbild Kairos prägten. So die Moschee des Barquq und die des Bars Bey in der Nähe des Khan el Khalili Bazars oder die Moschee des Muayyad am Bab El Zuwela.

Machtkämpfe, Korruption und die Entdeckung des Seewegs nach Indien und damit der Verlust einträglichsten Handels ruinierten das Land. Der letzte große Sultan war El Guri, ein ehemaliger Sklave, der im Alter von 60 Jahren die Macht übernahm und die Ordnung ein letztes Mal wiederherstellte. Er baute Moschee und Madrasa an der Sharia Al Azhar, die, hervorragend restauriert, das Bild dieser Gegend prägen. El Guri erlag 1516 während der fatalen

Mamluken

3. Kairo: Das Auf und Ab einer tausendjährigen Stadt

Schlacht gegen die Osmanen bei Aleppo einem Gehirnschlag.

Seinem Nachfolger Tuman Bey gelang es nicht, die Osmanen unter Selim I aus der fernen Türkei von Ägypten fern zu halten. Im Januar 1517 eroberten sie Kairo, ließen Tuman Bey am Bab Zuwela aufhängen und brachten die Mamluken um, die sie gefangengenommen hatten. Zwar war die direkte Macht der Mamluken jetzt gebrochen, doch sie behielten weiterhin den dominierenden Einfluß in Ägypten. Die Hohe Pforte in Konstantinopel setzte einen Pascha als Regenten in Ägypten ein, aber er mußte sich häufig genug die Regierungsgewalt mit den Mamluken-Führern teilen. Ägypten sank zu einer bedeutungslosen Provinz des osmanischen Reiches herab.

Die Paschas der Hohen Pforte glänzten selten als Persönlichkeiten, meistens waren sie nur zu fügsame Werkzeuge in den Händen derjenigen, die an den Schalthebeln der Macht saßen. Einige waren ausgemachte Sadisten, so Ali Pascha, der um das Jahr 1600 regierte und sein Vergnügen darin sah, bei jedem seiner Ausritte mindestens zehn Personen den Kopf zu spalten. Oder Hassan Pascha (1630): er brachte innerhalb eines Jahres etwa 12 000 Menschen um, indem er bei seinen Ausritten Menschenansammlungen dadurch zerstreute, daß er jeden Erreichbaren mit seinem Schwert durchbohrte.

Der Verschleiß an Paschas war gewaltig, im Durchschnitt regierten sie nur jeweils drei Jahre lang. Aber viel schlimmer noch litt die Bevölkerung, die am Ende der Epoche nur noch zwei Millionen zählte, im Gegensatz zu acht Millionen zu römischer Zeit.

1798 bereitete Napoleon der osmanischen Herrschaft ein vorläufiges Ende. Seine kurze Regentschaft brachte dem Land völlig neue Impulse und machte Europa auf die historischen Schätze am Nil aufmerksam, der Grundstein für die Ägyptologie wurde gelegt. Die Hohe Pforte versuchte mit Hilfe der Engländer und eines albanischen Heerführers namens Mohammed Ali die Macht zurückzugewinnen. 1801 wurden die Franzosen vertrieben, aber die Engländer blieben. 1805 wurde Mohammed Ali zum Pascha der Hohen Pforte ernannt, 1807 zogen nach mehreren Schlachten die Engländer ab.

1811 holte Mohammed Ali zu einem grausamen Schlag gegen die Mamluken aus: Er lud alle Führer – manche erst zwölf Jahre alt – zu einem festlichen Staatsbankett. In prächtigem Zug ritten 474 Fürsten durch eine enge Felsschlucht zur Zitadelle. Kaum hatte der letzte Bey die Schwelle erreicht, schlossen sich die Tore und Heckenschützen eröffneten ein gnadenloses Feuer. Alle Mamluken wurden niedergemacht, wenn nicht sofort erschossen, dann in grausamen Metzeleien. Ihre Paläste und Häuser wurden ausgeraubt und die Provinzgouverneure angewiesen, in ihrem Bereich ähnlich zu verfahren. Die Clique der Mamluken war quasi von einem zum anderen Tag ausgelöscht worden. Die damalige Welt war erschüttert, doch Mohammed Ali hatte ein Feudalsystem endgültig zerschlagen, das jahrhundertelang Einfluß ausgeübt hatte, mehr unselig und grausam als zum Nutzen des Landes.

Mohammed Ali krempelte Ägypten um. Er war zwar Analphabet, aber klug und energisch. Er setzte Landreformen durch, baute weitläufige Bewässerungssysteme und u.a. die "Barrages du Nil" unweit von Kairo. Begierig nahm er jede technische Neuerung aus Europa an, viele seiner europäischen Berater wurden zu Beys erhoben und führten ein luxuriöses Leben in Kairo.

In verschiedenen Feldzügen gegen die Hohe Pforte erreichte Mohammed Ali schließlich 1839 weitgehende Unabhängigkeit gegen jährliche Tributzahlungen. Er starb 1849 in geistiger Umnachtung, ein Jahr zuvor hatte sein Sohn Ibrahim die Regentschaft übernommen. Dem folgte 1849-1854 Abbas I, dann bis 1863 Said. Er setzte eine erneute Industrialisierungskampagne in Bewegung und begann mit dem Bau des Suezkanals.

1863 übernahm Ismail die Regierung. Er hatte Paris besucht und war fasziniert vom westli-

Geschichten zu Kairos Geschichte

chen Vorbild, das er am Nil nachzuahmen trachtete. Dazu engangierte er von 1869-74 den französischen Architekten Barillet-Deschamps, dessen "Spielwiese" sich theoretisch von den Stadtmauern der Altstadt – heutiges Islamisches Viertel – nach Westen bis zum Nil erstreckte. Er sollte ein Paris des Orients schaffen und legte breite Straßen mit Gasbeleuchtung und Kanalisation wie auch die Esbekiya-Gärten als zentralen Park an. Hier entstand das erste internationale Hotel namens *Shepards*, um das sich das neue Stadtzentrum herausbildete. Die Bauparzellen wurden verhältnismäßig preiswert an europäische Investoren und ägyptische Paschas abgegeben, die allerdings innerhalb von eineinhalb Jahren bauen mußten und dabei klassizistische Architektur hinzustellen hatten. Ferner ließ er nach dem Vorbild der Mailänder Skala ein Opernhaus errichten – aus Holz, damit es rechtzeitig zur Einweihung des Suezkanals im November 1869 fertig wurde. Von den damaligen Bauten, die nach zeitgenössischen Berichten selten die verlangten klassizistischen Fassaden aufwiesen, sind nur zwei erhalten geblieben, eins davon beherbergt heute die Schweizer Botschaft.

Ismail ließ sich selbst einen prunkvollen Palast im neoislamischen Stil zur Kanaleröffnung von seinem deutschen Hofarchitekten Julius Franz Pascha auf der Insel Gezira bauen. Auch von diesem einst berühmten Bauwerk sind nur noch Teile vorhanden – als Mariott Hotel.

Ismail überschuldete das Land total. Frühkapitalistische Zinsdiktate europäischer Banken mit bis zu 25 Prozent Zinsen rissen immer tiefere Löcher in die Staatskassen, so daß die Gläubigermächte 1879 den Rücktritt Ismails erzwangen und seinen Sohn Taufiq als ihr williges Kontrollinstrument über Ägyptens Kassen einsetzten. Die harten Sparmaßnahmen führten zu immer stärkeren Unruhen und Haß auf die Fremden im Land, so daß 1882 die Engländer Ägypten erneut eroberten. Sie setzten Taufiq nicht ab, kontrollierten aber das Land durch eigene Statthalter auf entscheidenden Posten.

Erst 1924 lockerten sie dieses System und gestanden Ägypten innenpolitische Freiheiten zu.

Mit der defacto-Machtübernahme der Briten und einer Politik, die sich im wesentlichen an der Sicherung der eigenen Macht und der Profitmaximierung orientierte, kamen viele Ausländer nach Kairo, um in Ägypten zu schnellem Reichtum zu gelangen. Sie benötigten Wohnraum und lösten einen Bauboom aus, der erst mit einem Börsenkrach 1907 zu Ende ging. Da die Architekten meist aus Südeuropa, vornehmlich Frankreich und Italien kamen, übernahmen sie im wesentlichen Stilelemente des südeuropäischen Klassizismus in ihre Gebäude. Als vermutlich größtes Bauvorhaben jener Zeit gilt das Ägyptische Nationalmuseum, das 1897 – 1902 errichtet wurde.

Erneute starke Zuwanderungen sowohl von Ausländern als auch von Einheimischen führten ab etwa 1920 wiederum zu einem heftigen Bauboom in der Neustadt Kairos. Es entstanden Gebäude der unterschiedlichsten Stilrichtungen, von Neorenaissance und -barock über Jugendstil bis hin zu Art Deco bzw. Expressionismus. In dieser Zeit erhielt Downtown mehr oder weniger das heutige Gesicht, sieht man von Neubauten der Nach-Nasser-Zeit am Nilufer ab.

Nach dem Tod von König Fuad I war 1937 dessen Sohn Faruk auf den Thron gekommen. Faruk beschäftigte sich hauptsächlich als Playboy. Er wurde nach dem Staatsstreich der Offiziere unter Abdel Nasser am 26. Juli 1952 abgesetzt. An diesen Tag, den Geburtstag der Republik, erinnern in Kairo die gleichnamige Straße und Brücke über den Nil.

Abdel Nasser verstaatlichte 1956 die Suezkanalgesellschaft. Formal war Ägypten seit dem Einfall Alexanders des Großen 332 vC zum ersten Mal wieder völlig unabhängig. Nassers größte Niederlage wurde dann der verlorene Sechs-Tage-Krieg 1967 gegen Israel.

Auch die Innenpolitik Nassers hatte viele Licht- und Schattenseiten. In starker Anlehnung an die Sowjetunion sozialisierte er das

Mohammed Ali

3. Kairo: Das Auf und Ab einer tausendjährigen Stadt

Land und schaffte damit viele wirtschaftliche Ungerechtigkeiten des Feudalsystems ab. Andererseits überzog er Ägypten mit einer ungeheuren Last an Bürokratie, die auch heute noch unbesiegbar scheint. Nasser starb 1970, Anwar Sadat übernahm die Regierung. Mit seinen Teilsiegen über Israel im Sinai-Krieg 1973 gab er der Armee das verlorene Selbstvertrauen zurück. Sadat liberalisierte Nassers Wirtschaftspolitik und öffnete Ägypten wieder für den Westen. Sein Frieden mit Israel und – nach muslimischer Ansicht – dekadente westliche Einflüsse führten zu seiner Ermordung durch fundamentalistische Fanatiker im Oktober 1981.

Die wirtschaftliche Öffnung unter Sadat und seinem Nachfolger Hosni Mubarak veränderte das Stadtbild Kairos im Zentrum, vor allem aber in den Außenbezirken. Fast von Tag zu Tag entstanden neue Gebäude, dehnte sich die Stadt in alle Himmelsrichtungen aus. Vorstädte wie Nasr City oder der Gürtel der Trabantenstädte um Kairo herum ermöglichten das explosionsartige Wachstum auf 15 Millionen Menschen (oder mehr) in dieser Megapolis – an deren Eroberung wir uns machen wollen.

Islamische Architektur

Die islamische Religion soll das gesamte Leben, auch den Alltag umfassen. Es konnte daher nicht ausbleiben, daß auch die Architektur islamischer Länder sich so entwickelte, wie es ihrem Glauben am besten dienen konnte.

Kairo ist eins der größten Open-air-Museen der Welt für islamische Architektur. Wenn auch sehr viel verfallen ist, so kann sich dennoch das Auge des Nicht-Fachmanns an den Schönheiten großartiger Bauwerke erfreuen. Die folgende Kurzbeschreibung der typischen Gebäude soll Ihnen die notwendige Hintergrundinformation zum Verständnis dieser steinernen Zeugen bieten.

Moschee

Die erste Moschee war der Hof von Mohammeds Haus in Medina: Ein offener, von der Außenwelt etwas abgeschlossener Platz, in dem sich die Gläubigen versammeln und ihre Gebete sprechen konnten. Aus diesen Anfängen entwickelte sich die sog. Freitags-Moschee – Gami –, ein großer ummauerter Hof mit Arkadengängen an allen Seiten. In Richtung Mekka (Qibla) sind diese Arkaden zu einer Halle erweitert. Eine solche, nach drei Seiten geschlossene und nur auf der vierten sich zum Hof hin öffnende Halle nennt man *Liwan*.

In die nach Mekka gerichtete Wand, in Ägypten natürlich immer die Ostwand, ist der *Mihrab*, die Gebetsnische, eingelassen, in größeren Moscheen gibt es manchmal mehrere solcher Nischen. Besonders die Mamluken legten viel Wert auf fein gearbeitete Mihrabs, sie bestehen häufig aus Marmor mit kunstvollen Intarsienarbeiten. Ganz in der Nähe steht meist der Minbar, zu dem eine Treppe hinaufführt und der als Kanzel für den Immam, den Vorbeter, dient. Auch auf die künstlerische Ausgestaltung des Minbars wird großer Wert gelegt. In einigen Moscheen findet man noch die *Dikka*, eine auf Pfosten oder Säulen stehende Tribüne, auf der Gehilfen des Immam die Gebetshaltungen vorführen.

Zu jeder Moschee gehört mindestens ein *Minarett*. Architektonisch hat es sich aus dem quadratischen Turm syrischer Kirchen entwickelt. Besonders unter den Mamluken fand es einen krönenden Abschluß als ein schlanker, in den Himmel strebender Turm, der in eine Galerie ausläuft und mit einer Kuppel überdeckt ist.

Der *Muezzin* ist der Gebetsrufer, der früher das zu jeder Moschee gehörende Minarett bestieg und von oben den Gebetsruf sang. Heutzutage bleibt er unten und läßt eine plärrende Lautsprecheranlage erschallen.

Islamische Architektur: Mihrab, die Gebetsniche des Vorbeters in der Sultan Hassan Moschee

3. Kairo: Das Auf und Ab einer tausendjährigen Stadt

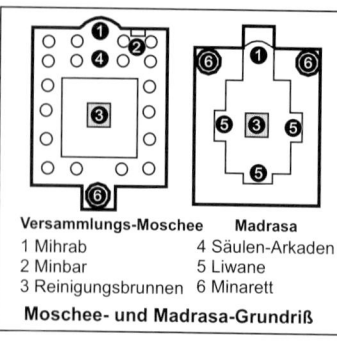

Versammlungs-Moschee   **Madrasa**
1 Mihrab   4 Säulen-Arkaden
2 Minbar   5 Liwane
3 Reinigungsbrunnen   6 Minarett

Moschee- und Madrasa-Grundriß

Madrasa

Die Errichtung der theologischen Schule, *Madrasa* genannt, geht auf Saladin zurück. Er wollte die von seinen fatimidischen Vorgängern hinterlassenen schiitischen Moslems zum rechten sunnitischen Glauben zurückbekehren und vereinte die theologische Ausbildung mit der Möglichkeit zum Gebet.

Die Grundform der Madrasa stammt aus dem schiitischen Iran: Vier Hallen (Liwane) stehen sich kreuzförmig gegenüber, im Zentrum einen offen oder mit Holzbalken oder einer Kuppel überdeckten Platz lassend. Der östliche Liwan ist meist tiefer gestaffelt, an seiner Außenwand ist der Mihrab, die Gebetsnische eingelassen. Jeder der vier Liwane ist einer der orthodoxen Glaubensrichtungen – Schafi, Maliki, Hanafi und Hanabali – gewidmet. Meist gehören eine Bibliothek, weitere Unterrichtsräume und Laboratorien zur Madrasa, häufig wohnen auch Lehrer und Schüler innerhalb des Komplexes. Ein typisches und besonders imposantes Beispiel ist die Sultan Hassan Madrasa-Moschee.

Unter den Bahri-Mamluken wurden die westlichen und östlichen Liwane stark verkleinert, die zentrale Halle überdacht. Es entstand ein mehr rechteckiges Gebäude. Eins der schönsten Beispiele dieses Typs ist die Madrasa von Qaytbay.

Mausoleum

Die islamischen Mausoleen, *Qubba* genannt, sind meist einer Moschee angeschlossen, d.h., ein Sarkophag – manchmal auch mehrere – steht in einer Nebenhalle. Oder es ist umgekehrt, die jedem Mausoleum angeschlossene Moschee hat sich bei den Gläubigen zu einem so beliebten Gebetsplatz entwickelt, daß die Idee des Mausoleums in den Hintergrund tritt.

Sebil-Kuttab

Unter den Mamluken kam die Mode auf, öffentliche Wasserstellen zu stiften, an die eine Koranschule für Knaben angeschlossen war. Meist ist die Wasserstelle im Erdgeschoß, die Koranschule darüber untergebracht. Diese Wasserstellen spielten in einem heißen Land eine sehr wichtige Funktion, sie waren zudem Kommunikationsorte höchsten Ranges für die Bevölkerung. Die wenigsten dieser Wasserstellen verfügten über eigene Brunnen oder Reservoire, viele wurden von Wasserträgern nachgefüllt. Sehenswert ist das Sebil-Kuttab von Abd el Rahman Katkhuda an der Sharia Muizz Li Din Allah (siehe Seite 184).

Wakala oder Khan

Kaufleute früherer Zeiten reisten nicht mit Prospekten, sondern direkt mit der Ware. Daher benötigten sie Unterkünfte, in denen sie ihre Ware anbieten und gleichzeitig auch übernachten konnten. Die *Wakala* ist meist ein mehrstöckiges Gebäude mit rechteckigem Grundriß, das einen großen, nach außen geschützten Innenhof umschließt. Im Hof konnten die Lasttiere entladen und in den ebenerdigen Unterkünften untergebracht werden. Dort wurden zum Teil auch Waren gelagert. Die Wohn- und Geschäftsräume lagen in den Stockwerken darüber, während meist ganz oben holzvergitterte Fenster auf die Wohngemächer der mitreisenden Frauen deuten. Ein typisches Beispiel ist die restaurierte Wakala el Guri in der Nähe der Al Azhar Moschee.

Privathäuser

Muslimische Häuser müssen nach außen möglichst abgeschlossen sein, damit sich die Damen im Inneren unverschleiert bewegen können. Aber auch sie wollen herausschauen, daher wurden sehr schöne Holzgitter – *Mashrabiya* – vor den wenigen Fensteröffnungen geschaffen, die den Einblick verbieten, den Ausblick jedoch ermöglichen. Neben der Privatsphäre sollen sie Kühle erzeugen, was durch geschickte Ventilation, hohe Räume und Springbrunnen erreicht wurde. Ein aufschlußreiches Beispiel ist das Gayer-Anderson-Haus neben der Ibn Tulun Moschee.

Koptische Kirchen

Die ältern koptischen Kirchen gehen in ihrer grundsätzlichen Struktur auf die römische Basilika zurück, für die allerdings auch eine gewisse Parallele in altägyptischer Architektur zu finden ist (z.B. Hypostyl im Karnak-Tempel), daher heißt sie allgemein Basilika. Sie ist in der Regel ein rechteckiges Gebäude, dessen Achse in Ost-West-Richtung zeigt. Der Eingang liegt im Westen und führt in einen Vorraum, Narthex genannt. Es folgt das Mittelschiff, zu dessen beiden Seiten sich durch Säulen abgetrennte, niedrigere Seitenschiffe anschließen. Das südliche Seitenschiff ist Frauen vorbehalten, das nördliche den Männern, es können dort aber auch Frauen Platz nehmen. Die Säulen sind durch Bögen miteinander verbunden. Das Dach liegt häufig auf roh behauenen Balken.

Die kultischen Handlungen werden im *Sanktuar* oder Allerheiligsten vorgenommen. Dieser erhöht liegende Bereich wird durch eine Zwischenwand *(Ikonostasis oder Haikal)*, die mit Einlegearbeiten aus Zedernholz und Elfenbein häufig sehr kunstvoll verziert und mit Ikonen geschmückt ist, vom Mittelschiff abgetrennt. Im Sanktuar stehen meist drei Altäre für die sieben täglichen Gottesdienste.

Brunnen, deren Wasser mit Duftstoffen versetzt war, gehörten zur Wohnkultur

4. In Kairo zurechtkommen

Topographie und Hauptstraßen der Stadt

Orientierung in Kairo

Kairo zu verstehen, sich im Gewirr von Gassen, Gängen, Straßen, Hochstraßen und Brücken zurechtzufinden, ist keine leichte Aufgabe. Will man nicht als blindes Huhn herumirren, sollte man ein paar Minuten Zeit investieren und sich in die Topographie der Stadt hineindenken.

Der Insel Roda gegenüber, zwischen Nil und den Mokattam-Hügeln am Ostufer des Flußtals entwickelte sich aus einem 641 errichteten Zeltlager *(Fustat)* des arabischen Eroberungsheeres eine Stadt, die sich bald ausdehnte und unter den Fatimiden 969 Hauptstadt namens el Qahira (die Siegreiche) wurde. Von Fustat sind nur noch ein paar Ruinen übriggeblieben.

Die Stadt wuchs bis in die neuere Zeit hauptsächlich am Ostufer nach Norden. So liegen die Residenzen all der glanzvollen islamischen Herrscher ein Stück nördlich von Fustat, aber stets mit gehöriger Distanz zum Nil. Dieses, Islamisches Kairo genannte Gebiet zieht sich bis zu den Resten der ehemals nördlichen Stadtmauer an der Hakim-Moschee hin. Im Osten grenzt es an den Fuß der Mokattam-Hügel.

Im ehemaligen "Freigelände" zwischen Ostufer und dem islamischen Teil entstand schließlich das moderne Stadtzentrum. Verkehrsmittelpunkt ist der Midan Tahrir ("Tachrier" gesprochen), ein Platz, auf den sechs Straßen zulaufen, an dessen Peripherie das weltbekannte Ägyptische Nationalmuseum, Bürohochhäuser und das Nile Hilton Hotel liegen. Im Dreieck zwischen Midan Tahrir, Midan Ataba und dem ein Stück nördlich gelegenen Hauptbahnhof *(Ramsis Station)* finden Sie das moderne Einkaufsviertel für den gehobenen Konsumenten.

Am Nilufer verläuft die Corniche, eine im Verkehr erstickende (ehemalige) Prachtstraße mit u.a. Hotels (Semiramis, die beiden Hiltons etc.) und Botschaften. Auch die beiden Nilinseln Roda und Gezira sind vollständig in das neuere Stadtbild einbezogen, wobei Gezira mit dem Stadtteil Zamalek die vornehmere Rolle mit entsprechenden Wohnvierteln und vielen Botschaften übernommen hat. Auf der anderen Seite des Nils liegen im Norden die neueren Stadtteile bzw. Wohnviertel Mohandissin und Agouza, südlich davon Dokki mit der Kairo-Universität und dem Zoo. Südwestlich schließt sich Giseh an, offiziell eine selbständige Stadt mit ca. 2,5 Millionen Einwohnern, zu der die Pyramiden am westlichen Wüstenrand gehören, in praxi jedoch ist sie fest mit Kairo verwachsen.

Neben diesen, zum eigentlichen Kerngebiet Kairos zählenden Vierteln sind aus touristischer Sicht noch zu erwähnen: die im Nordosten liegende Vorstadt Heliopolis (in pharaonischer Zeit bereits besiedelt) mit dem internationalen Flughafen, im Südosten die Vorstadt Maadi, ein teures Pflaster, wo viele Ausländer leben und ein Stück weiter südlich das noch ältere Heluan.

"Kairo soll schöner werden" könnte man ein Programm nennen, das vermutlich gar nicht als strenge Auflage besteht, sondern dort umgesetzt wird, wo Mittel und Möglichkeiten es zu-

4. In Kairo zurechtkommen

lassen oder vielleicht politischer Druck dahintersteht. Speziell in der Innenstadt wurden einige Plätze (Talaat Harb, Mohammed Farid) renoviert und begrünt. Auf verschiedenen Straßen entstanden Pflanzeninseln oder andere Verschönerungen, sogar erste Fußgängerzonen konnten durchgesetzt werden. Insgesamt hat sich das Bild Kairos in letzter Zeit deutlich positiv geändert.

Rund um die Hauptstadt wurden in den letzten Jahren und Jahrzehnten Satellitenstädte – die bekannteste heißt *"6.October City"* – aus dem Boden gestampft, deren Bevölkerungszahl auf derzeit etwa 5 Millionen geschätzt wird. Aber auch an die Reichen ist gedacht, denen Kairo nicht mehr attraktiv genug ist. In den neuen Städten finden sie exklusive Refugien frei von Smog und Lärm, die mit Mauern und Wachpersonal abgeriegelt sind. In diesen bestens gepflegten Zonen kauft man sich ein freistehendes Haus, "Villa" genannt, mit Marmorbädern, Whirpool und Swimmingpool ab etwa $ 600 000 aufwärts, Servant Quarters (Unterkunft fürs Dienstpersonal) inbegriffen.

Das Straßennetz Kairos

Das Fortbewegen in Kairo hat – leider – sehr viele Schattenseiten. Die Stadt wurde für etwa 2 Millionen Einwohner geplant, 1976 lebten bereits ca. 5,1 Millionen im Großraum Kairo, 1999 spricht man von ungefähr 15,5 Millionen und jährlich nimmt ihre Zahl zu, aber wie viele Menschen nun tatsächlich das Stadtgebiet bevölkern, weiß tatsächlich niemand. Diese Leute müssen sich in der Stadt bewegen, die wenigsten per Auto (aber diese verstopfen die Straßen schon genug), die meisten, nämlich täglich über 4 Millionen (!) in Bussen, 200 000 per Heluan-Vorort/U-Bahn und etwa 35 000 mit Nilschiffen. Die U-Bahn soll im Endausbau den Oberflächenverkehr um wenigstens 1 Million Passagiere entlasten.

Umgehungsstraßen in unserem Sinne gibt es erst seit Ende der 90er Jahre, seit die Ringroad stückweise fertiggestellt wird. Früher führten alle Straßen hinein in den Flaschenhals und irgendwie dann wieder hinaus: drei Straßen nach Oberägypten, zwei Verbindungen nach Alexandria, je eine nach Ismailiya, Suez und Ain Sukna/Hurghada – um nur die wichtigsten zu nennen. Heute übernehmen die fertiggestellten Teile der Ringroad (siehe weiter unten) Verteilerfunktionen.

Eine zumindest aus touristischer Sicht sehr wichtige Aufgabe muß man der von den Pyramiden und damit der Wüstenstraße von Alexandria ("Desert Road") herführenden **Sharia El Ahram (Pyramid Road)** zusprechen, die Giseh durchschneidet und über die südlichste der Kairoer Nilbrücken auf die breit angelegte **Sharia Salah Salem** führt.

Diese wiederum umgeht die Zitadelle östlich und endet als Sharia El Uruba in gerader Linie am Flughafen in Heliopolis. Zuvor zweigen, über einige Kreuzungen hinweg, die Straßen nach Suez und Ismailiya ab. Doch erwarten Sie nicht, auf dieser Strecke besonders schnell das Stadtzentrum von den Pyramiden her umgehen zu können, es gibt im engeren Stadtgebiet einige Kreuzungen und Engpässe, deren Überwindung viel Zeit kostet.

Parallel zur Pyramid Road und bereits etwas früher von der Desert Road abzweigend, führt die **Sharia Feisal** ebenfalls zum Midan Giseh. Etwa 15 km nördlich von der Kreuzung am Mena House Hotel zweigt von der Alexandria Desert Road eine Ende der 90er Jahre fertiggestellte, 14 km lange Autobahn-Verbindung in die Stadt ab, die auf den etwas ungewöhnlichen Namen **"26th July Corridor"** getauft wurde. Der nach Osten in die Stadt führende Teil endet auf dem Midan Lebanon (auch Lebnon) in Mohandissin; derzeit muß man sich von dort auf normalen Stadtstraßen zur 6.October-Brücke und damit zum Midan Tahrir durchschlagen. Eine Verbindung zur Sharia 26.July ist jedoch im Bau und wird den Eingang in die Stadt deutlich beschleunigen.

Das westlich der Desert Road gelegene Stück des 26.July Corridor führt weiter zur

Topographie und Hauptstraßen der Stadt

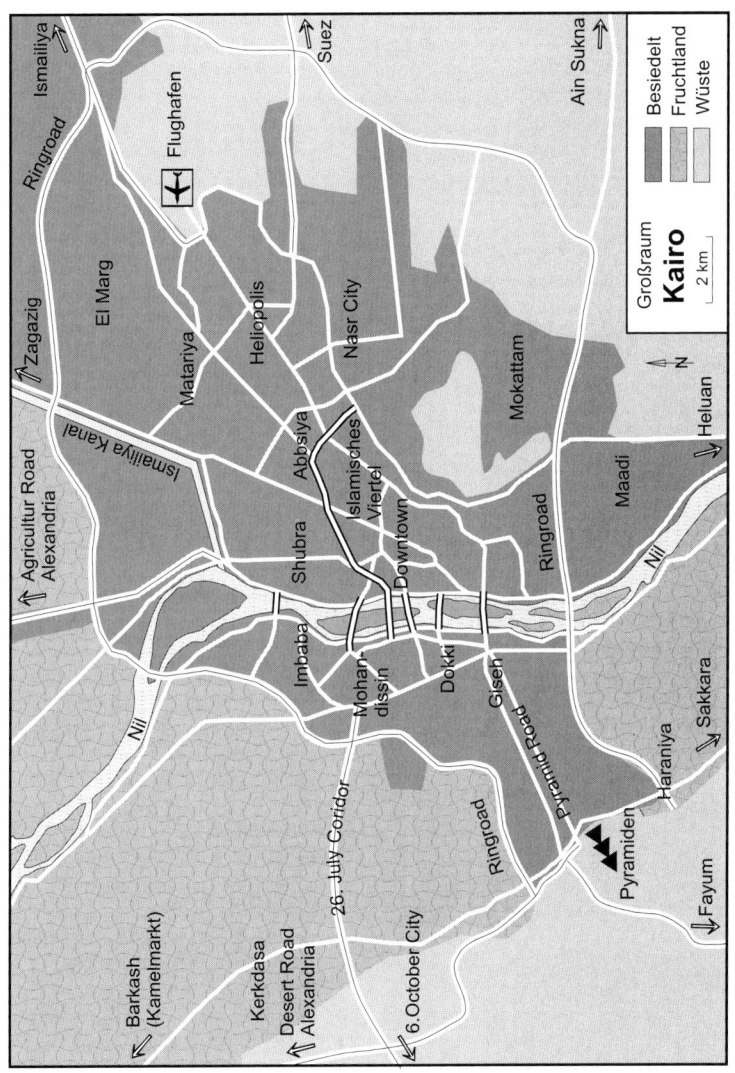

6.October City. Fährt man vom Stadtzentrum aus auf diesen Corridor nach Westen, so muß man sich also nicht auf der Pyramid oder Feisal Road mühselig stadtauswärts quälen, sondern schwebt sozusagen auf einem Hochdamm bzw. auf Brückenpfeilern durch das grün-friedliche

4. In Kairo zurechtkommen

Fruchtland mit seinen fleißigen Bauern zur Wüste hinüber.

Neue Teilstücke der **Ringautobahn** ("Ringroad") – die nicht ganz geschlossen sein wird – wurden 1999 eröffnet. Derzeit beginnt sie an der Alexandria Desert Road, 2 km nördlich vom Kreisel mit der Abzweigung zum Fayum, und führt in einem weiten Bogen um Kairo herum. 10 km nach der Abzweigung von der Desert Road kreuzt sie den 26th July Corridor, überquert nach weiteren 9 km den Nil nördlich von Shubra, kreuzt die Ismailiya- und die Suez-Autobahnen, ist derzeit in Maadi im Kreuzungsbereich mit der Heluan-Schnellstraße noch für ein kurzes Stück unterbrochen, überquert dann den Nil und endet – zumindest vorläufig – nur wenige Kilometer südlich ihres Beginns, d.h. westlich von Haraniya am Beginn der Wüste. Dort mündet sie in die schmale Straße nach Sakkara, und zwar diejenige, die als erste westlich von der Pyramid Road abzweigt. Hier geht es nicht weiter, weil nach Bekanntwerden der Baupläne massiver internationaler Protest laut wurde; denn sie hätte das archäologische Feld am Beginn der Wüste durchschnitten und unersätzliche Schäden verursacht. Probegrabungen von Archäologen auf der vorgesehenen Trasse bestätigten dies denn auch.

Eine weitere, als Schnellstraßen-Tangente angelegte innerstädtische Umgehung führt, von Suez kommend, Richtung Zitadelle, biegt dort leicht links ab, läßt El Fustat rechts liegen und umgeht Maadi ebenso wie Heluan, um schließlich am Ostufer auf die Niluferstraße zu münden.

Wichtige innerstädtische Verbindungen sind auch die Straßen zu beiden Seiten des Nils. Die östliche, die **Corniche el Nil**, nimmt im Norden den Verkehr vom Delta und von Alexandria her auf und verläuft häufig kreuzungsfrei und vierspurig immer am Nil entlang quer durch die Stadt Richtung Heluan. Ihr Gegenüber am Westufer ist die **Sharia El Nil**, die ebenfalls von Norden her in die Stadt führt, aber an der El Gala Brücke am Südende der Gezira-Insel den Verkehr an die um einen Block vom Nilufer entfernte Sharia El Giseh abgibt. Erst südlich der El Giseh Brücke wird der Nil wieder erreicht.

Der Nil, der die westlichen Stadtteile vom größeren östlichen Gebiet trennt, kann im innerstädtischen Bereich nur auf sechs **Brücken** überquert werden. Ihnen kommt fast eine Schlüsselfunktion zu. Eine der wichtigsten ist die **6.October Brücke**. Östlich wird sie von einer in Abbasiya beginnenden Hochstraße (angeblich die längste Brücke Afrikas) gespeist, die etwa dem Verlauf der Sharia Ramsis zum Ramsis-Bahnhof folgt, dann Richtung Midan Tahrir zielt, aber vorher zur 6.October Brücke abknickt, auf dieser den Nil mit der Insel Gezira nach Dokki überquert und dort auch noch kreuzungsfrei über einige Straßen hinwegführt. Ihre westliche Abfahrt endet am Landwirtschaftsmuseum und zielt in Nordwestrichtung direkt nach Mohandissin.

Die **26.July Brücke** ist die nördlichste der über die Insel Gezira führenden Brücken. Die gleichnamige Straße beginnt im Zentrum an den Ezbekiya-Gärten (Nähe Midan Ataba), durchquert zunächst den östlichen Zentrumsteil, dann Zamalek und mündet in die sechsspurige Gamniat el Doval el Arabiya im Wohnviertel Mohandissin.

Südlich der 6.October Brücke überspannt die **El Tahrir Brücke** den Nil bis zur Insel Gezira, dann verläuft die Straße ein Stück auf der Insel und findet über die **El Gala Brücke** Anschluß ans Westufer. Diese Strecke nimmt viel Verkehr vom Midan Tahrir, an dem sie eigentlich beginnt, in Richtung Dokki oder Giseh auf.

Die Insel Roda dient zwei Brücken als Stützpunkt: der **El Gamma Brücke** im Norden und der **El Giseh Brücke** im Süden, welche die Pyramid Road mit der Sharia Salah Salem verbindet. Die jüngsten Nilbrücken gehören zur Ringroad und überqueren den Strom im Norden bei Shubra beziehungsweise beim südlichen Vorort Maadi.

Autofahren in Kairo

Fürchten Sie sich nicht!

Kairo überrumpelt den ordnungsliebenden Mitteleuropäer mit dem chaotischsten Verkehr der Welt – umgekehrt wird ein Ägypter über die Sturheit unseres Verkehrssystems nur den Kopf schütteln können. Dennoch, haben Sie keine Angst, sich in Kairo ans Steuer zu setzen. Denn jeder Verkehrsteilnehmer ist ständig darauf gefaßt, daß sich alle um ihn herum jederzeit alles erlauben: plötzlich ausscheren, abbiegen, bremsen, wenden, stehenbleiben, in vierter Reihe mitten auf der Fahrbahn parken etc. Das alles geschieht hautnah, manchmal ein bißchen zu hautnah, weil keine Chance des Vorwärtskommens ungenutzt bleiben darf und jede auch nur handtellergroße Lücke sekundenschnell zu besetzen ist. Es ist erstaunlich, wie schnell man – mit etwas gutem Willen und ohne die Idee, in Kairo mitteleuropäisches Verkehrsverhalten einführen zu wollen – sich in dieses System integriert. Mir selbst macht es ausgesprochen Spaß, in dem Getümmel mitzumischen.

Diese extrem flexible Verkehrsabwicklung ist nur möglich, weil sie sich in der Praxis durch nur wenige Regeln einengen läßt; es gilt, auf den verstopften Straßen voranzukommen und sich nicht durch abstrakte Gesetze behindern zu lassen. Allerdings bemüht sich die Obrigkeit neuerdings um mehr Ordnung: Ampeln wurden mit Rotlichtblitzanlagen ausgerüstet, Polizisten greifen mehr durch.

Der Huplärm erreicht, wie Messungen ergaben, am Midan Tahrir Werte von 105 Dezibel, also weit mehr, als die Dauerbelastung zuläßt. Daher ist seit 1998 in Kairo das Hupen verboten, Zuwiderhandlungen kosten £E 100 Strafe. Wenn seither für jeden Druck auf den Hupknopf nur £E 1 kassiert worden wären, könnte Kairo schlagartig alle Finanznöte vergessen...

Als großes Problem – wie könnte es anders sein – erweist sich das **Parken**. Noch scheint es, daß jeder sein Auto stehen läßt, wo immer es ihm einfällt. An vielen Straßen hüten selbsternannte Parkwächter den arg begrenzten Raum. Häufig kann man – wenn nichts Wertvolles im Wagen liegt – Auto samt Schlüssel hinterlassen, und der gute Mann wird es in die erste freiwerdende Lücke bugsieren. Auch wenn Sie einen Platz gefunden haben, lassen Sie den Wagen ohne Bremse stehen, damit er hin- und hergeschoben werden kann. Manchmal werden wilde Parker sogar abgeschleppt, allerdings kennt niemand die Regel, warum gerade welcher der unendlich vielen Falschparker von der Bildfläche verschwindet.

Kairo für Fußgänger – Busse, Metro, Nilboot, Taxi

Fußgänger in Kairo zu sein hat etwas mit Überlebenskunst zu tun: Da jeder motorisierte Verkehrsteilnehmer den jeweils Schwächeren aussticht, ist der am Ende der Kette laufende Fußgänger der Dumme – in Kairo lernt auch der Faulste, um sein Leben zu rennen. Trotzdem sollten Sie auf Spaziergänge vor allem in den Souks nicht verzichten, nur als Fußgänger mit Muße werden Sie Blicke hinter die Kulissen werfen können.

Kairos Busse

Achtung: Es gibt professionelle Taschendiebe, die sich auf Touristen in Bussen spezialisiert haben. Frauen sollten Busse meiden und statt dessen Minibusse vorziehen, weil Touristinnen-Grapschen beliebt ist und von allen sozialen Schichten geübt wird.

Man steigt hinten im Bus ein und vorn aus; der Kampf nach vorn ist notwendig, außerdem

4. In Kairo zurechtkommen

ist dort meist ein Hauch mehr an Platz. Bleiben Sie in Türnähe (aber nicht an der Tür, denn die bleibt häufig auf oder schließt nur unvollständig) und verteidigen Sie diesen Platz mit aller Standhaftigkeit, denn rauszukommen ist manchmal schwieriger als hinein. Behalten Sie Ihr Ticket bis zum Aussteigen: Immer öfter drängen sich Kontrolleure durch die Busse (Schwarzfahren kostet £E 20). Versuchen Sie, Ihre Mitfahrer von Ihrem Ziel in Kenntnis zu setzen, damit Sie rechtzeitig darauf aufmerksam gemacht werden.

Die Liniennummern der weißroten oder weißblauen öffentlichen Busse stehen oberhalb der Windschutzscheibe und neben der vorderen Tür; allerdings in arabischen Ziffern. Die Haltestellen sind mit einer im Original roten Stange und, falls noch lesbar, einem Schild der haltenden Busnummer und einer Traube Wartender gekennzeichnet. Die meisten Busse verkehren von 6 bis 24 Uhr, während Ramadan bis 2 Uhr nachts.

Die wichtigsten **Busbahnhöfe** sind:
- **Midan Abdel Minin Riyad**: Unter der Hochstraßenbrücke an der Rückseite des Ägyptischen Museums nahe dem Ramsis Hilton Hotel entstand ein neuer Busbahnhof, der nach dem Attentat vom Herbst 1997 nahe dem Tahrir-Terminal eingerichtet wurde und zum wichtigsten Busbahnhof avancierte.
- **Midan Ramsis**: Endstation direkt vor dem Bahnhof, durchfahrende Linien vom Midan Tahrir halten in der Sharia Ramsis, die in Richtung zum Midan Tahrir unter der Hochstraße in der Sharia Galaa, zum Midan Ataba in der Sharia Gumhuriya.
- **Midan Ataba**: Normale Busse halten im Erdgeschoß des nördlicheren Parkhauses, während Minibusse das Parkhaus zwischen den beiden Hochbrückenrampen benutzen. Aber der Platz wird massiv umgebaut, vielleicht werden bessere Haltestellen geschaffen.
- Fernbusse starten vom **Midan Turgmann** und (wenige) vom Midan Ulali (südlich des Ramsis-Bahnhofs).

Aus den mehr als 200 Buslinien haben wir eine Auswahl der für Fußgänger interessanten Linien zusammengestellt. (Vorsicht, die Liniennummern ändern sich immer wieder, unsere Angaben müssen nicht stimmen; fragen Sie unbedingt im Hotel nach der richtigen Nummer oder vor dem Einsteigen nach dem Ziel).

Busse

Fahrstrecke	Liniennummer	
Md Ataba – **Flughafen**	948	٩٤٨
Md Ataba – Abbasiya – **Heliopolis**	50	٥٠
Md Ataba – Md Abdel Minin Riyad – Uni – **Md Giseh**	10	١٠
Md Ataba – Zitadelle – **Mokattam**	401	٤٠١
Md Ataba – Md Abdel Minin Riyad	99	٩٩
Md Ramsis – Md Abdel Minin Riyad – **Dokki**	810	٨١٠
Md Ramsis – Md Abdel Minin Riyad – **Maadi**	412	٤١٢
Md Ramsis – Md Abdel Minin Riyad – Maadi – **Heluan**	431	٤٣١
Md Ramsis – Md Abdel Minin Riyad – **Mokattam**	407	٤٠٧
Md Ramsis – Md Abdel Minin Riyad – **Zamalek**	23	٢٣
Md Ramsis – Zamalek – **Pyramiden**	30	٣٠
Md Ramsis – **Zitadell**e (El Qualla)	160	١٦٠
Md Abdel Minin Riyad – Corniche el Nil	26, 222, 432	٢٦، ٢٢٢، ٤٣٢
Md Abdel Minin Riyad – Md Ramsis – **Flughafen** (Terminal 1)	400	٤٠٠
Md Abdel Minin Riyad – Md Ramsis – Md Abbasiya – **Flughafen** (Terminal 2)	949	٩٤٩
Md Abdel Minin Riyad – Md Ramsis – Md Abbasiya/Sinai Term. – **Heliopolis**	500, 510	٥٠٠

Autofahren in Kairo

Strecke	Nr.	ar
Md Abdel Minin Riyad – Md Ramsis – Md Abbasiya – **Sinai-Terminal**	350	٣٥٠
Md Abdel Minin Riyad – **Sultan Hassan Moschee** – **Zitadelle**	194	١٩٤
Md Abdel Minin Riyad – Nazlit El Saman **(Sphinx, Pyramiden)**	997	٩٩٧
Md Tahrir (Mogamma) – Manial – **Pyramiden**, Haltest. Mena House	998	٩٩٨
Md Abdel Minin Riyad – **Pyramiden** (Mena House Hotel)	900	٩٠٠
Md Abdel Minin Riyad – Sh Sudan – **Md Libanon** (Mohandissin)	99	٩٩
Md Abdel Minin Riyad – **Islamisches Museum**	75	٧٥
Md Tahrir (Mogamma) – **Amr Moschee**	92	٩٢
Md Tahrir (Mogamma) – **Khan el Khalili Bazar**	186	١٨٦
Md Tahrir (Mogamma) – Sayida Zeinab – **Ibn-Tulun-Moschee** – **Zitadelle**	174	١٧٤
Md Tahrir (Mogamma) – **Südliche Totenstadt**	82	٨٢
Md Abdel Minin Riyad – **Kamelmarkt**	214	٢١٤

Daneben betreibt ein privates Unternehmen **AC-Busse** quer durch die Stadt: die Linie 356 fährt zwischen Flughafen und Midan Abdel Minin Riyad, die Nr. 355 und 357 zwischen Heliopolis, Midan Ramsis, Midan Tahrir/Midan Abdel Minin Riyad und den Pyramiden (Mena House Hotel). Fahrpreis bis zu £E 3,50.

Minibusse sind bequemer

Eine hervorragende Alternative zum normalen Bus sind die etwas teureren Minibusse, die tollkühn durch die Stadt rasen und als eines der schnellsten oberirdischen Verkehrsmittel gelten. Früher wurden nur Sitzplätze verkauft, heute ist dieses System "durchlöchert". Der Fahrpreis beträgt normal 50 Pt, die Busse fahren allerdings an den Endpunkten erst los, wenn alle Plätze besetzt sind.

Daneben gibt es diverse Strecken, die von privaten Minibussen versorgt werden, z.B. auf der Pyramid Road durch VW-Transporter aller Altersklassen. Man winkt die Busse an und nennt sein Fahrziel, wenn die Richtung stimmt und Platz ist, steigt man ein und zahlt zwischen 25 und 50 Pt. Man kann z.B. vom Midan Tahrir zu den Pyramiden, nach Heliopolis oder von der Sharia Qasr El Aini Richtung Maadi/Heluan fahren, doch sind die Busse meist total überfüllt.

Minibusse in Kairo

Fahrstrecke	Liniennummer	ar
Md Ataba – **Md Abbasiya** – **Roxy (Heliopolis)**	25	٢٥
Md Ataba – **Dokki** – **Umm El Masriyn**	77, 102	٧٧, ١٠٢
Md Ataba – Md Tahrir – **Insel Roda**	59	٥٩
Md Ataba – Sharia 26.July – **Zamalek**	8	٨
Md Ataba – Sayida Zeinab – **Amr-Moschee (Alt-Kairo)**	53	٥٣
Md Ataba – **Sharia 26.July** – Bulaq El Dakrour	76	٧٦
Md Ataba – **Zitadelle** – Basatin **(Südliche Totenstadt)**	57	٥٧
Md Ramsis – **Manial-Palast** – **Dar ElITaawun**	58	٥٨
Md Ramsis – Sharia 26.July – **Zamalek**	47	٤٧
Md Ramsis – Sharia 26.July – **Md Lebanon** (Mohandissin)	70, 72	٧٠, ٧٢
Md Abdel Minin Riyad (Tahrir) – Md Ramsis – Roxy – **Flughafen** (Terminal 1)	27	٢٧
Md Abdel Minin Riyad – Dokki – **Pyramiden**, Mena House Hotel	82, 83	٨٢, ٨٣
Md Abdel Minin Riyad – Bab Zuwela – Bab el Wazir **(Zitadelle/Hassan Moschee)**	75	٧٥
Md Abdel Minin Riyad – Md Abbasiya **(Sinai Terminal)** – Roxy (Heliopolis)	30, 32	٣٠, ٣٢
Md Abdel Minin Riyad – Sayida Zainab – **Zitadelle**	54	٥٤
Md Abdel Minin Riyad – Sharia Port Said – **Khan el Kalili**	77, 102	٧٧, ١٠٢

4. In Kairo zurechtkommen

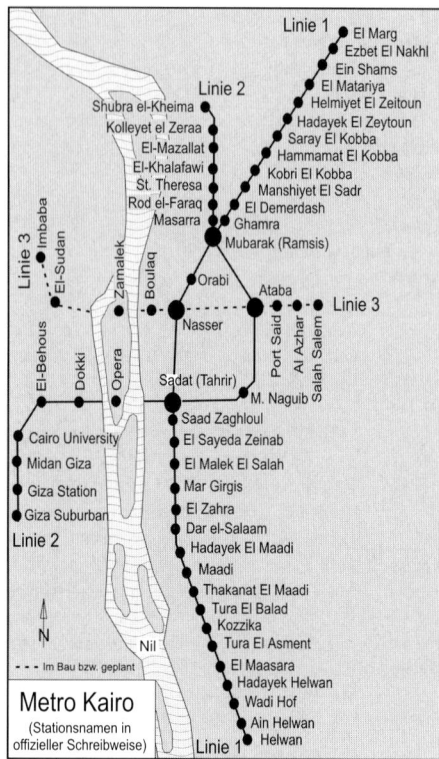

Metro Kairo
(Stationsnamen in offizieller Schreibweise)

Die Metro, Kairos U-Bahn

Im Herbst 1987 wurde die von den Franzosen erbaute Metro eröffnet, die erste U-Bahn in afrikanischem Boden. Sie verbindet die schon existierenden Vorortbahnen von Heluan im Süden quer durch die Stadt mit der Vorortbahn nach El Marq im Norden. Diese Strecken wurden überholt und für das Metro-System ausgebaut. Inzwischen wurde auch die Linie 2 fast fertiggestellt, die Planungen für die Linie 3 sind abgeschlossen, die Bauausführung verzögert sich jedoch.

Von Süden kommend verschwindet die Stammstrecke (Linie 1) der Metro im innerstädtischen Bereich bei der Station Saad Zaghlul (Nähe Sharia Qasr El Aini, Parlament) in der Erde. Die nächste Station heißt Anwar el Sadat und liegt unter dem Midan Tahrir, danach folgt die Station Gamal Abdel Nasser an der Straßenkreuzung Sharia 26.July /Sharia Ramsis, dann die Station Ahmed Orabi an der Kreuzung Sharia Orabi/Sharia Ramsis und schließlich die Station Hosny Mubarak unter dem Midan Ramsis vor dem Ramsis-Bahnhof, dann geht's wieder ans Tageslicht. Die noch junge Linie 2 verbindet Bulaq mit dem Midan Ramsis, fährt weiter über Midan Ataba zum Midan Tahrir, unterquert den Nil und endet nach verschiedenen Stops in Giseh (derzeit an der Westseite der Universität).

Die Folge der Stationen – die arabisch und englisch ausgeschildert sind – geht aus dem nebenstehenden Metroplan hervor. Oberirdisch weisen Schilder, auf denen ein rotes **M** in achteckigem Stern und der arabische Schriftzug für Metro steht, auf das Verkehrsmittel hin.

Einige wichtige Tips:

● Heben Sie das Ticket bis zum Aussteigen auf, Sie benötigen es für die Ausgangssperre (französisches System).

● Die Züge fahren in wenigen Minuten Abstand, im innerstädtischen Bereich kosten Tickets mindestens 60 Pt, z.B. von Sadat bis Maadi 50 Pt, bis Wadi Hof 60 Pt und Heluan 70 Pt.

● Achten Sie darauf, daß Ihr Ticket die gesamte Fahrstrecke deckt, andernfalls kommen Sie nicht bzw. nur gegen £E 20 Strafe aus dem Bahnhof.

● Die Züge sind nur während der Stoßzeiten von etwa 8 bis 9.30, um die Mittagszeit gegen 14 Uhr und nachmittags von etwa 15 bis 16.30 Uhr brechend voll.

● **Für alleinreisende Frauen** sind die ersten beiden Wagen reserviert; sie können aber auch

Autofahren in Kairo

Hochstraßen und Busbahnhof: Midan Abdel Minin Riyad vor der Kulisse von Downtown

andere Wagen benutzen. Männer, die versehentlich einsteigen, müssen sich gegenüber der Polizei rechtfertigen.
- Längerer Aufenthalt im Bahnhof ist verboten, der nächste einlaufende Zug muß genommen werden.

Die **Straßenbahn**, einst Hauptverkehrsmittel, dann Verkehrshindernis, ist nach dem Metrobau praktisch aus dem Innenstadtbereich verbannt worden.

Als weitere Schienenverbindung ist die **Heliopolis-Bahn** zu nennen, die aus drei Linien besteht und eher eine Schnellbahn ist. Sie startet am Ramsis-Bahnhof und fährt auf eigenem Gleiskörper. Die drei Linien steuern, nachdem sie Zentral-Heliopolis (Roxy und Sharia Al Ahram) hinter sich haben, unterschiedliche Ziele an: Sharia El Mouzha (rote Linie), bzw. Mirghani (gelbe Linie) und Higazi/Abdel Aziz Fahmy (türkis).

Motorboot-Liniendienst

Für 50 Pt Fahrpreis befördern blauweiße Linienschiffe täglich 35 000 Leute auf dem Nil. Die Haltestellen (großes weißes Schild mit roter arabischer Schrift auf weißem Untergrund am blauen Anleger) liegen:
- rechtes Nilufer nördlich der 6.October Brücke nahe dem Radio & Television Building
- linkes Nilufer in Dokki, Nähe der Universität nördlich der El Gamma Brücke
- Insel Roda, südlich der El Gamma Brücke
- Insel Roda, südlich der Giseh Brücke
- linkes Nilufer in Giseh südlich der El Giseh Brücke
- Rechtes Nilufer Alt-Kairo (etwas südlich gegenüber dem Nilometer)

Die Fahrzeit über die gesamte Strecke beträgt ca. 35 bis 40 Minuten. Letzte Abfahrt von Alt-Kairo nach Norden um 16 Uhr. Wenn Sie dieses Boot verpassen: Einige Buslinien (Haltestelle neben der Bootsanlegestelle) fahren zum Midan Tahrir. Freitags stellen die Motorboote gegen Mittag ihren Dienst ein, was nicht immer und für alle Linien stimmt.

Achtung: Manche der regulären letzten Boote fahren nachmittags nur bis Giseh. Von der Anlegestelle an der Embaba-Eisenbahn-

4. In Kairo zurechtkommen

brücke fahren auch Boote zu den Barrages du Nil ab (siehe Seite 221).

Taxi

Taxifahrten sind, verglichen mit deutschen Preisen, spottbillig. Für die hiesige Grundgebühr fährt man in Kairo durch zwei Stadtteile, z.B. vom Midan Tahrir über den Nil nach Mohandissin.

Wer günstig davonkommen will, kennt den Preis für die Strecke im voraus, hält passendes Geld bereit, zahlt kommentarlos beim Aussteigen und läßt sich auf weiteres Feilschen nicht ein. Für den ersten Kilometer sollte man ca. £E 1,50 rechnen, jeder weitere km bis zu £E 0,50, allerdings gehen auch die Verkehrssituation, die Tageszeit, die Anzahl der Fahrgäste und eventuelles Gepäck mit in den Preis ein. Mit etwa £E 2 bis 6 kann man im Stadtzentrum zurechtkommen, z.B. die Strecken Midan Tahrir – Khan el Khalili oder zur Zitadelle abfahren. Die Fahrt Midan Tahrir – Pyramiden kostet ca. £E 10 bis 15, Midan Tahrir – Sinai Terminal £E 3 bis 4 (diese Preisangaben beziehen sich jeweils auf ein bis zwei Passagiere). Der Taxameter alter Prägung, falls überhaupt eingeschaltet, zeigt meist sehr viel weniger an; denn die offiziellen Gebühren liegen weit unter dem aktuellen Niveau. Es sollen neue korrekte Taxameter eingeführt werden; ob sie dann wirklich funktionieren, sei dahingestellt.

Vielleicht zahlen Sie nach Zeitverbrauch: Ein Ägypter empfiehlt pro 10 Minuten Fahrt £E 2,50 bis 3, d.h. die Taxistunde kostet ca. £E 15 bis 20. An diesem Stundenpreis sollte man sich orientieren, wenn man z.B. ein Taxi für einen Ausflug mietet. Binden Sie dann vielleicht auch Ihren Hotelrezeptionisten mit ein, diese Leute haben meist einigermaßen zuverlässige Fahrer an der Hand, die unterwegs nicht erneut um den Preis feilschen.

Es gibt keine Taxi-Standplätze wie bei uns; man stellt sich möglichst dicht an den Straßenrand und versucht, durch Winken auf sich aufmerksam zu machen. Sobald sich ein Taxi interessiert nähert und bereits Fahrgäste befördert, rufen Sie Ihr Fahrtziel (möglichst bekannte Straße oder Stadtteil) dem Fahrer zu. Wenn dies an seiner Strecke liegt, nimmt er sie mit. Leere Taxis fahren natürlich das gewünschte Ziel an. Angesichts größerer Gewinnspanne halten Taxis bevorzugt bei Fremden.

Wichtig für Billig-Mitfahrer ist, tunlichst die schwarzweißen, meist japanischen/südkoreanischen Taximodelle anzuwinken; zwar sprechen deren Fahrer selten englisch, aber sie sind eher mit geringerem Preis für ihre Rumpelkisten zufrieden. Wenn der Fahrer Phantasiepreise für das angegebene Ziel nennt, dann lassen Sie ihn sofort anhalten, steigen Sie kommentarlos aus, das nächste Taxi kommt vermutlich nur einen Augenblick später, selbst nachts. Unterwegs nehmen die Fahrer häufig zusätzliche Fahrgäste auf, das ist üblich.

Lassen Sie sich Ihre Ziele im Hotel in arabisch auf kleine Zettel schreiben, die Sie dann dem Taxler oder seinen Gästen zeigen können, damit man Sie zum richtigen Ort bringt. Dazu gehört auch der Name des Hotels für den Rückweg.

Doch bei dem verständlichen Wunsch, nicht vom Taxifahrer übers Ohr gehauen zu werden, sollte der Fahrgast auch an den Mann/Familienvater hinter dem Steuer denken: Sein durchschnittlicher Tagesverdienst liegt nach allen Abzügen bei £E 10 – 15. Wer würde sich in Deutschland für einen ähnlichen Hungerlohn einen Tag lang durch Abgasschwaden quälen?

An Plätzen mit touristischen Attraktionen oder vor Hotels stehen häufig etwas vornehmere Taxis (bevorzugte Marke Peugeot) herum. Sie sind durchaus doppelt so teuer wie üblichen Klapperkisten, die Fahrer sprechen aber meist etwas englisch. Diese Wagen können Sie auch für Fahrten ins Fayum oder nach Sakkara anheuern. Vereinbaren Sie aber unbedingt vorher Preis, Fahrtroute, Dauer und eventuelle Sonderleistungen möglichst eindeutig und genau. Gehen Sie davon aus, daß Sie dem Fahrer unterwegs ausgeliefert sind, und daß er diese Situation u.U. zum Erpressen höherer Preise nutzen wird. Nehmen Sie ältere Fahrer, die haben den etwas besseren Ruf; zahlen Sie erst nach der Rückkehr.

Wenn Sie in aller Herrgottsfrühe zum Flughafen müssen und kein Risiko eingehen wollen, können Sie bei *Misr Travel Limousine* (Tel 285 6721) eine Limousine bestellen, die (angeblich) zuverlässig und pünktlich zu festgesetztem Preis (mindestens £E 55) vor der Tür steht. Andererseits können Sie diese Autos mit meist gut englisch sprechenden Fahrern auch halbtagesweise für nicht allzu hohe Gebühren mieten und sich von einer zur nächsten Sehenswürdigkeit chauffieren lassen.

Für längere Strecken außerhalb Kairos (z.B. Sakkara, Fayum) sind **Sammeltaxis** oder **Minibusse** eine gute Alternative zu Bussen oder normalen Taxis. Von Kairo aus können Sie in jede Richtung mit diesen (meistens Peugeot-Limousinen) fahren, die allerdings erst dann starten, wenn alle Plätze besetzt sind.

Abfahrtplätze für Sammeltaxis finden Sie in der Nähe des Ramsis-Bahnhofs und des Midan Giseh (von dort sollen zumindest die Niltaltaxen zum südlicher gelegenen Midan Monib verlegt worden sein). Zur Oase Baharija geht es vom Café Baharija, Sharia Muhammed Quadri, Ecke Haret Khorshid Bet im Stadtteil Sayida Zeinab.

Fahrrad

Besonders mutige Besucher können sich ein Fahrrad leihen (ca. £E 3 pro 6 Std) bei Fahrradhändlern in der Sharia Rushdy (Zentrum: vom Midan Mustafa Kamel in Sharia Mohammed Farid, erste größere Querstraße, bei der National Bank) oder in Zamalek bei Hannafi Mohammed Moussa, 8 El Said el Bakri.

Organisierte Bus-Trips

Natürlich freuen sich alle lokalen Reisebüros, Sie auf einen organisierten Busausflug ("Kaffeefahrt") z.B. zu den Pyramiden von Giseh und nach Sakkara mitzunehmen; unter £E 70 – 100

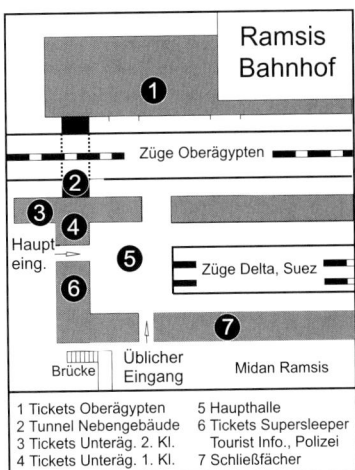

1 Tickets Oberägypten
2 Tunnel Nebengebäude
3 Tickets Unteräg. 2. Kl.
4 Tickets Unteräg. 1. Kl.
5 Haupthalle
6 Tickets Supersleeper Tourist Info., Polizei
7 Schließfächer

ist ein derartiger Trip kaum zu bekommen. Aber eine Warnung: Gewöhnlich lassen diese Busse keinen Parfüm-, Teppich-, Papyrus- oder Souvenirladen aus und halten mittags geschickt vor einem Restaurant mit angeschlossener Souvenirabteilung. Der Unternehmer/Fahrer ist mit bis zu 50 Prozent an jedem gekauften Objekt beteiligt – und Sie verlieren zusätzlich jede Menge Zeit, wenn Sie selbst nicht an den Souvenirs interessiert sind, aber auf die anderen Fahrgäste warten müssen.

Anders verlaufen hingegen die Minibus-Trips, die in Billighotels oder z.B. von Hamis Travel angeboten werden. Uns ist zumindest nicht bekannt, daß von diesen ähnliche Tricks angewandt werden. Dennoch sollten Sie sich vorsichtshalber vor der Abfahrt vergewissern.

Zugverbindungen nach Oberägypten

Luxor und Assuan:

Derzeit sind nur drei Züge für Ausländer mit folgenden Abfahrzeiten zugelassen (wenn Sie gegen diese Regel mit anderen Zügen fahren wollen, steigen Sie ein und kaufen das Ticket im Zug):

4. In Kairo zurechtkommen

- 07.30 (Ankunft Luxor 17.00, Assuan 22.00)
- 22.00 (Ankunft Luxor 7.00, Assuan 12.00); Fahrpreis: Assuan £E 60 1. Kl., £E 38 für 2. Kl.; Luxor £E 52/32; Studenten nur 35 Prozent.
- 20.30, Supersleeper (Luxor Ankunft 6.00, Assuan 10.00);Fahrpreis $ 90 einschließlich Dinner und Frühstück (Tel 574 9474).

Wer von Kairo nach Alexandria und dann von dort aus nach Luxor weiterreisen will, sollte noch in Kairo das Ticket nach Oberägypten kaufen, da es dieses in Alexandria nicht gibt.

Die Fahrkartenschalter sind im **Ramsis-Bahnhof** einigermaßen unsystematisch angelegt; siehe Plan. Tickets für Oberägypten gibt es hinter der Haupthalle, d.h. man muß die Gleise unterqueren und sich in der ersten Schalterhalle im Gebäude anstellen, das an den Midan Ahmed Helmi angrenzt. Fahrkarten für den Supersleeper (WAGON-LIT) erhält man in der Haupthalle oder im schmalen Bürogebäude neben dem Parkplatz von 9-18 Uhr. Wenn Sie Fragen haben, wenden Sie sich an das Tourist Office in der Haupthalle. Fahrkartenkauf bedeutet häufig langes Anstehen, Frauen stehen in eigener Reihe an, die meist kürzer ist.

Im Ramsis-Bahnhof gibt es am Gleis 1 Schließfächer (£E 1 pro Tag). Achtung, freitags geschlossen (zeitweise wohl auch von 16 bis 8 Uhr; also unbedingt erkundigen); wer sein Gepäck unterstellte, hat keine Chance, es während dieser Zeiten zu bekommen!

Sicherheit

Viele öffentliche Einrichtungen werden durch Personenschleusen mit Metalldetektoren "geschützt". Lassen Sie daher allzu viel Schmuck, Taschenmesser oder Ähnliches besser im Hotel.

Die Tourist Police – mit deutlicher Beschriftung der Armbinden – steht vor nahezu jedem touristisch wichtigen Gebäude. Die Männer sprechen, wie schon erwähnt, selten eine Fremdsprache, sind aber durchaus hilfsbereit. Einige haben Nebenerwerbsmöglichkeiten erkannt, indem sie sich den naiven Touristen als Fotomodell anbieten, dann aber ein kräftiges Bakschisch einfordern – den Finger an der Kalaschnikow.

Nützliche Adressen, Souvenirs, Shopping

Eine – ärgerliche – Nachricht erreichte uns kurz vor Redaktionsschluß: Mal wieder werden in großem Umfang **Telefonnummern in Kairo geändert**; denken Sie bitte daran, wenn die in diesem Buch angegebenen in die Irre führen.

Wichtige Organisationen/staatliche Stellen

- *Touristen-Information:* Hauptbüro 5 Sharia Adly, Tel 391 3454; Öffnungszeiten 9 bis 19 Uhr. Wenden Sie sich nach Möglichkeit an Mr. Mohamed Laboudi, der sich sehr gut auskennt und sehr hilfsbereit ist, z.B. auch bei Beschaffung von Tickets; leider meist nur nachmittags am Sa, Mo und Mi anwesend. Für die meisten Damen hinter dem Tresen scheinen allerdings Besucher eher Störenfriede zu sein, auf die wenigsten Fragen erhält man, wenn überhaupt, befriedigende Antworten.

Weitere Büros finden Sie in beiden Flughafenterminals, im Hauptbahnhof und an der Pyramid Road gegenüber dem Mena House Hotel.

- *Touristenpolizei:* 5 Sharia Adly, Tel 126 oder 92 60 205, in Giseh gegenüber Mena House Hotel
- *Polizei:* Tel 122 Notruf 757 987, 760 785, 930 900, 922
- *Cairo Traffic Department* (Verkehrsfragen): Ende der Sharia 26.July am Midan Opera
- *Youth Hostel Office:* 1 Sharia Ibrahim, Garden City
- Antiquitätenverwaltung: **Supreme Council of Antiquities (SCA)**, 4d Sharia Fakhri Abdelnour, Abbasiya (direkt hinter Misr Travel Tower)

- **Tasrih-Ausstellung:** *Military Intelligence, Group 26 Sharia Manshia el Bakry, Heliopolis*
- **Hauptpost:** *Midan Ataba, geöffnet 7-19 Uhr, postlagernde Sendungen (8-18, Fr 10-12) in der Seitenstraße rechts*
- **Telefon** *(Auslandsgespräche) und Telegramme mit 24 Std-Service: Central Telephone and Telegraph Office (1999 wegen Umbau geschlossen), Sharia Adly (nahe Touristeninformation), Midan Tahrir, Sharia Ramsis und Sharia El Alfy (siehe auch Seite 62)*
- **Mogamma**, *Behördensilo, Südseite des Midan Tahrir*
- **Automobile and Touring Club of Egypt:** *10 Sahria Qasr el Nil, Tel 578 355*
- **Deutsche Evangelische Oberschule** *(DEO): 6 Sharia El Dokki, Dokki*
- **Deutsche Schule der Borromäerinnen:** *8 Sh. Muhammad Mahmoud, Bab el Louk*

Diplomatische Vertretungen
- *Botschaft der* **Bundesrepublik Deutschland**, *8 Sharia Hassan Sabry, Kairo-Zamalek, Tel 339 9600, Fax 341 0530 (Geschäftszeiten Mo -Fr 9 -11 Uhr)*
- *Botschaft der* **Republik Österreich**, *Kairo-Dokki, 5 Sharia Wissa Wassef/Corner Sharia El Nile (südlich neben der Universitäts-Brücke "Kubri el Gama"), Kairo – Dokki, Tel 5702 975*
- **Schweizerische Botschaft**, *10 Sharia Abdel Khalek Sarwat, Kairo-Downtown, Tel 5758 133*

Kultur, Archäologie
- **American University in Cairo** *(AUC), Public Relation Office, Hauptgebäude Sharia Sheikh Rihan (Nähe Tahrir)*
- **Deutsches Archäologisches Institut** *(DAI): 31 Sharia Abou el Feda, Zamalek*
- **Deutscher Akademischer Austauschdienst**, *11 Sharia Slah Ayoub, Zamalek*
- *Goethe-Institut, 5 Sharia Bustan (Nähe Tahrir), Tel 5759 877; http//:www.goethe.de/na/kai (Bibliothek geöffnet So-Mi 13-19; deutsche Bücher, Zeitschriften und Tageszeitungen)*
- **Österreichisches Archäologisches Institut**: *6A Sharia Ism. Muhammad, Zamalek*
- **Österreichisches Kulturinstitut**, *Riyadh Tower, Sharia El Nil / Sharia Wissa Wassef, Dokki*
- **Pro Helvetia**, *Schweizer Kulturinstitut, c/o Schweizer Botschaft, 10 Sharia Abdel Khalek Sarwat*
- **Schweizer Institut für Ägyptische Bauforschung**: *13 Sh. El Shaer Aziz Abaza, Zamalek*
- **Schweizerverein Kairo**: *Villa Pax, Sharia El Salam, Embaba*
- **Sprachschule: International Language School** *(ILI), Sharia Mahmoud Azmy, Mohandissin, Tel 302 8358*

Fluggesellschaften
- **Austrian Airlines**, *22 Sharia Qasr el Nil, Tel 392 1522*
- **Egypt Air**, *Sharia Adly, Tel 390 0999; 9 Sharia Talaat Harb, Tel 393 2835; Reservation/Confirmation: 392 9785, 392 9787; Flughafen 245 4400, (Assuan 322 400, Luxor 224 139); weitere Büros in vielen Stadtteilen*
- **Lufthansa**, *6 Sharia El Sheikh el Marssafi, Zamalek, Tel 339 8339; Flughafen Terminal 2 417 6419*
- **MALEV**, *10 Sharia Talaat Harb, Tel 5744 959*
- **SWISSAIR**, *22 Sharia Qasr el Nil, Tel 393 7955*
- **TAROM**, *83 Sharia Ramsis, Tel 575 2307*

Banken
Banken-Öffnungszeiten: außer freitags 8.30-13.30 Uhr, sonntags 10-12 Uhr. – Die deutschen Banken sind nur durch Repräsentanten in Ägypten vertreten. Barauszahlungen mit EC-Karte sind bei einer Vielzahl von Bankautomaten der MISR und der Cairo Bank möglich.
- **American Express**, *15 Sharia Qasr El Nil, POB 2160, Tel 360 5256 (täglich 8.30-16.30 U), auch Sharia Syria, Mohandissin oder im Nile Hilton Hotel; Büros auch in den großen Hotels Kairos, im Winter Palace Hotel in Luxor und Old Cataract Hotel in Assuan*

4. In Kairo zurechtkommen

- *Citibank*, Nile Tower, 21/23 Sharia Giseh, Giseh
- *Commerzbank*, Banque Misr Tower, 22nd floor, 153 Sharia Muhammed Farid
- *Misr International Bank*, 8 Sharia Ibrahim Neguib, Garden City
- *Swiss Bank Corporation*, Sharia El Batal Ahmed Abdel Aziz, Mohandessin

24-Stunden Geldwechsel bietet die Bank im Nile Hilton Hotel. Von 9 bis 21 Uhr hält ein Geldwechsler in der Sharia Bustan Nähe Sharia Talat Harb offen.

Medizinische Versorgung

- *Krankenwagentransport*

Tel 770 018 (Sharia Ramsis), 720 123 (Giseh), 350 2873 (Maadi), 244 4327 (Heliopolis), kann sehr lange dauern, daher wenn möglich Taxi nehmen

Allgemeinärzte

- *Dr. Salah und Fardus Dusoki* (Ärztezentrum, deutschsprachig, Innere Medizin, Gynäkologie, Zahnmedizin), 8 Sharia Murad, Giseh, Tel 572 9960, Dr. Fardus D. priv. 572 3302
- *Dr. Poeschel* (Botschaftsarzt), 11 Sharia Dr. Abdallah-El Kateb, Dokki, Tel 361 0211
- *Dr. Monika Ismael* (deutsche Allgemein- und Kinderchirurgin), Child Health Institute, 14 Sharia Okasha, Dokki, Tel 348 4497, priv. 341 105
- *Frau Dr. Mona Abu-Zekry* (deutschsprachig; sehr gut), 7 Sharia El Zouhour, Mohandissin, Tel 392 4195, 360 0101, privat 340 2885, 341 4998
- *Frau Dr. Vicicevic-Salama* (deutschsprachig), 5 Road 296, Maadi, Tel 353 9858

Hals-Nasen-Ohren

- *Dr. Abdelaziz Attia* (deutschsprachig), 139A Sharia El Tahrir, Dokki, Tel 349 3513, priv. 980 857

Magen/Darm/Hepatitis

- *Dr. Nabil Elnahas* (deutschsprachig), Gastroenterology & Hepatology Centre, 9 Sharia Tahrir, Dokki, Tel 336 1688

Urologe

- *Dr. Hesham El Din Mustafa* (Assistent Dr. Samir spr. deutsch), über Shaalan Surgicenter, Mohandissin, Tel 360 3 26

Gynäkologen

- *Frau Dr. Samira El Mallah*, (deutschsprachig), 21 Sharia El Kalifa El Maamoun, Roxy Heliopolis, Tel 291 8030, priv. 245 3906
- *Dr. Sherif Hamza* (deutschsprachig), 53 Sharia El Zahraa, Mohandissin, Tel 348 3424, privat Tel 340 8874

Augenarzt

- *Dr. Hassan El Samra* (deutschsprachig), 19 Sharia Wezara El Zerai, Dokki, Tel 719 816

Zahnärzte

- *Dr. Bahira Wefky* (deutschsprachig), 3A Midan Tahrir, Asstra Building 4th Floor, Apt. 14, Tel 354 3482
- *Dr. Wafik Mahrous* (deutschsprachig), Ärztehaus 9. Str., Maadi, Tel 350 2323

Krankenhäuser:

Bei Behandlung im privaten Krankenhaus wird meist Vorschußzahlung verlangt.

- *Anglo-American Hospital*, Tel 340 6162, 340 6165, direkt westlich neben dem Cairo Tower
- *Cairo Medical Center*, Midan Roxy, Heliopolis, Tel 258 1003
- *Misr International Hospital*, 12 Sharia El Saraya, Dokki (Nähe Midan Saad El Aly), Tel 360 8261/70
- *As Salam Hospital*, 3 Sharia Syria, Mohandissin, Tel 302 9091, 302 9095
- *As Salam International Hospital*, Corniche el Nil, Maadi, Tel 524 0250
- *Arab Contractors Medical Centre*, Autostrada, Nasr City, Tel 282 5768
- *Erste Hilfe bei Vergiftungen: El Shams Universitätsklinik*, Heliopolis, Tel 828 212, 24 Std Service, Dr. Bahira Fahim oder Dr. Nefertiri
- *Qasr el Aini Teaching Hospital*, Corniche, Garden City, mit französischer Hilfe gebaut und gewartet, 1996 eröffnet, derzeit eins der besten Krankenhäuser

Apotheken

- *Abul Ezz*, 49 Qasr el Aini, Tel 843 //2
Gumhouria, Sharia Ramsis / 26.July Tel 743 369

Nützliche Adressen, Souvenirs, Shopping

- **Ali and Ali**, *37 Sharia Seliman Abaza, Mohandessin, Tel 349 3417; 22 Sharia Kasr El Aini, Downtown, Tel 365 3880; 399 Sharia Ramses, Abasiya, Tel 403 8735*
- **Attaba Pharmacy**, *17 Midan Attaba, Tel 910 831*
- **Essam**, *101 Road 9, Maadi, Tel 350 4126*
- **Seif**, *76 Qasr el Aini, Tel 354 2678 Gumhouria, Shagaret el Dor, Zamalek, Tel 816 424*
- **ZECCINI**, *21 Sharia Adli (Nähe Tourist Information)*

Reiseagenturen und -führer

Grundsätzlich muß man sich überlegen, ob man mehr Zeit fürs Anstehen und Buchen oder mehr Geld für eine organisierte Reise ausgeben will. Für diesen Fall:

- **Blue Sky Travel**, *14 Sharia Champollion (Zentrum), Tel 574 2201, besorgen Einzelplätze auf Nilkreuzfahrern (Büros in Luxor, Assuan)*
- **De Catro Tours**, *12 Sharia Talaat Harb, gegenüber Felfela Restaurant; guter Service, günstige Preise, Studentenrabatte*
- **Tele Travel**, *19 Sharia Abu Hazein, Giseh, (Seitenstraße der Pyramid Road, Nähe Sheraton Hotel), Tel 586 3146, 010142 4713 (Handy), sehr rührige Agentur, die auch Individual-Reisende betreut*
- **Eastmar**, *13 Sharia Qasr El Nil (Nähe Tahrir), Tel 753 216, auf Nilkreuzfahrten spezialisiert, seriös*
- **Etams Tours**, *99 Sharia Ramsis, Tel 745 721; spezialisiert auf Touren für* **Behinderte** *(entsprechende Fahrzeuge vorhanden)*
- **Hamis Travel**, *Ramsis Station (im Nebengebäude gegenüber dem eigentlichen Haupteingang, in dem auch die Schlafwagenreservierung ist), Tel 574 9275, hamis@ritsec2.com.eg*

Dr. Abou Shadi von Hamis Travel und seine deutsch sprechende Frau Anny haben sich auf organisierte Touren für Individual-Traveller spezialisiert: z.B. Tagesstrips nach Giseh und Sakkara, Mehrtagestrips nach Luxor und Assuan, in die Oasen, auf den Sinai und Feluka-Trips zwischen Assuan und Edfu sowie Busservice zwischen Luxor und Dahab. Die Angebote sind nach Leserangaben fair und flexibel.

- **MISR Travel**, *1 Sharia Talaat Harb, staatliches ägyptisches Reisebüro, gut englisch- auch deutschsprachiges Personal*
- **Pan Arab Tours**, *Alma Nagub, 55 Sharia Gumhuriya, Tel 902 133, deutschsprachiges Personal*
- **Thomas Cook**, *17 Sharia Mahmoud Bassiouny, Tel 5743 955*
- **Ashraf Kamal**, *52 Sharia El Zahara (Dokki), Tel 361 1195, bietet häufig gelobte Minibus-Touren nach Sakkara, ins Fayum oder zu anderen Zielen an*
- *Ein gut deutschsprechender* **Kairo-Führer** *ist Ahmed Elshebokshi, 9 Sharia Riadshams, Nasr City, Tel 287 3839, Email: elshebokshi@hotmail.com*
- *Als* **Sprachlehrer** *arabisch/deutsch kann Amr Kassem, Tel Kairo 282 0685 empfohlen werden*

Weitere Reisebüros finden Sie in der Broschüre *"Cairo by Night and Day"*.

Mietwagen

Lesen Sie hierzu auch die allgemeinen Informationen ab Seite 51.

- **AVIS**: *16 Sharia Mamaal El Sokkar, Garden City, Tel 354 7400 (auch Allradfahrzeuge)*
- *Hotel Meridien, Tel 84 5444*
- *Nile Hilton Hotel, Tel 74 0777*
- *Sheraton Hotel, Tel 98 3000*
- *Airport, Tel 96 3270*
- **Budget**: *9 Sharia El Makrazi, Zamalek, Tel 340 9474*
- *Airport Tel 66 7711*
- *Heliopolis Tel 66 6027*
- **Bita**, *34 Sharia Abu Bakr El Sidik, Heliopolis, Tel 454 2620*
- **CRC**, *66 El Orouba St., Heliopolis, Tel 417 8768, Fax 417 8765*
- **Elite**, *2 Sharia Tahran, Dokki, Tel 360 9976*
- **Europcar** *(MAX Rent a Car), 39 Sharia Lebon, Mohandissin, Tel 347 4712 (Flughafen 291 4255*

4. In Kairo zurechtkommen

Nst. 2212), führt auch Allradfahrzeuge (Jeep CJ8, Lada)
- **Hafez** Co., 4 Sharia Haroun, Dokki, Tel 360 0542
- **Hertz**, 195 Sharia 26.Juli, Tel 347 4172, auch Allradfahrzeuge (z.B. Land Rover Discovery $ 115/Tag)
- **Thrifty**, 1 Sharia El Entessar, hinter Sheraton Heliopolis, Tel 266 3313
- **T.C.S.**, 11 Sharia El Messaha, Dokki, Tel 349 9363
- **See-Land Caravan Tours**, 47 Sharia Falaki, Tel 335 5060, vermietet große Reisemobile ab £E 150 pro Tag
- **PAN ARAB TOURS**, 55 Sharia Gumhuriyya, Tel 291 2503, Fax 291 3506, vermietet Allradfahrzeuge (Toyota Landcrusier)

Internet Cafés
Downtown:
- **Cyber Café Internet**, Nile Hilton Shopping Mall, £E 3 pro 15 Minuten
- **Starnet**, Internet Café im Café de Paris, im Untergeschoß des Bustan Commercial Center, Sharia Bustan, ein Block von der Sharia Talaat Harb Richtung Midan Falaky, Email bostancyber@hotmail.com, sehr günstig gelegen, guter Service, 1 Std £E 10, 30 Min £E 5,50
- **Cyber Café**, 2 Midan Qasr el Dubara, 6. Stock, Garden City, Tel 356 2882, gute Musik, u.a. ägyptische Popmusik, alkoholfreie Getränke

Außerhalb des Zentrums:
- **Connection**, Osman Building (Maadi) und 3 Shagrah El Dor, Zamalek, Email Info@conti.net (15 Min £E 2,50, 1 Std £E 10)
- **Site**, 23 Sharia Shahab, Mohandissin, relativ groß, schnelle Leitungen, £E 10/Std

Sonstige Adressen
Anwaltskanzlei
- **LAW & TAX**, Pyramid Road, 7 Saad Ibn Abi Waggas, Giseh, Tel 582 8814, Fax 582 8815, Email Law&Tax@link.com.eg; englisch-deutsche Kanzlei, falls Bedarf besteht...
- **German-Arab Chamber of Commerce in Egypt**, 3 Sahria Abu El-Feda, Zamalek, Tel 341 3664

Wenn Sie gezielt **mit Ägyptern Kontakt aufnehmen** wollen, so bietet die
- **Tourist Friends Association Egypt**, Kairo, 33 Sharia Qasr el Nil, linker Gebäudeflügel, 9. Stock, (18-21, Winter 19-21 Uhr)

die Möglichkeit dazu. Deren Mitglieder sprechen verschiedene Sprachen und sind in der Lage, Auskunft über Kultur, Kunst und Lebensart zu erteilen.

Kirchen in Kairo
- Koptisch: **St. Markus Kathedrale**, 222 Sharia Ramsis, mit englischsprachigen Messen
- Katholisch (deutschsprachig): **Kirche der Hl. Familie**, 55 Road 15, Maadi (samstags deutsch); Kapelle der Borromäerinnen, 8 Sharia Muhammad Mahmoud, Bab el Louk
- Protestantisch: **Deutsche Evangelische Kirche**, 32 Sharia El Galaa, Boulak; Schweizerische Evangelische Kirche, 39 Sharia 26.July

Shopping: Von Souvenirs bis Blumen

Souvenirs
Die größte Konzentration und auch Ansammlung von Souvenirs bietet mit Abstand der Khan el Kalili Bazar. Wenn Ihnen die Anmache dort zu sehr auf die Nerven geht, dann sehen Sie sich im Zentrum um, z.B. in der Sharia Talaat Harb. In den einschlägigen Shops finden Sie ein ähnliches Angebot, allerdings teurer.

Vielleicht sollten Sie, bevor Sie sich ins Getümmel stürzen, die generellen Tips über Souvenirs und Einkaufen auf Seite 63 nachlesen.

Bei den folgenden Adressen können Sie **ausgefallenere und anspruchsvollere** Souvenirs zu entsprechenden Preisen zu kaufen:

- **Al Ain Gallery**, 73 Sharia El Hussein, Dokki (Nähe Shooting Club), Tel 349 3940, Sa-Do 10-21, Fr 12-21, hochwertiges Kunsthandwerk in weitestem Sinn: Schmuck, Beduinenstickereien, Messing, Klein-Möbel
- **Atlas**, im Khan el Khalili, schneidert aus großem, schönem Stoff-Angebot auf Bestellung hochwertige Kleidung; teuer
- **Ettaret el Baraka**, Sharia Muski im Khan Khalili Bezirk, vom Midan Hussein kommend sehr bald rechts, Gewürzladen, Kräuter, Nüsse, Schwarzkümmelöl (120 mL £E 15), etc.
- **Gallery Morgana**, 57 Maadi Road No. 9, Maadi, eine kunsthandwerklich orientierte Verkaufs-Galerie mit Produkten speziell aus den Oasen (es gibt in derselben Straße noch ein weiteres Morgana, allerdings nicht gut)
- **Khan Misr Touloum**, direkt gegenüber dem Eingang der Ibn Tulum Moschee, Mo-Fr 10-17, Kunsthandwerk aus ägyptischen Dörfern und Oasen, Fundgrube für Puppen, mundgeblasenes Glas, Töpferwaren, Schmuck etc.
- **Khedr al Attar**, Khan el Khalili Bazar, Sharia Muezz Li-Din Illah/Sharia Muski, bekannter und alter Gewürzladen
- **Nagada**, 8 Sgaria Darel Shefa, Garden City, 2nd floor, tgl. 10-14, Kleider aus wunderschönen Stoffen, die in Nagada bei Luxor handgewebt werden; ausgefallene Töpferwaren aus dem Fayum
- **NOMAD Gallery**, 14 Sharia Saaya al Gezira, 1st floor, tgl 10-15, traditioneller Schmuck, sorgfältig gearbeitete Textilien, Haushaltgegenstände (Shop auch im Mariott und Nile Hilton Hotel)
- **Saad of Egypt**, Khan el Khalili, an Hauptstraße vom Café Mahfus zur Hussein Moschee rechte Seite, sehr gut sortierter Silberladen, sowohl ethnischen Schmuck als auch modernes Design, Bilderrahmen etc. in hoher Qualität
- **Senouhi**, 54 Sharia Abdel Khalek Sarwat (Nähe Midan Opera), 5. Stock, erlesenes Angebot, alt und neu: Gefäße aus Silber, Kupfer, Messing, Keramik, Handgewebtes, Bücher, Stiche, Schmuck, Batiken, Wissa Wassef-Produkte; traditionsbewußt
- **Shahira Mehrez**, 12 Sharia Abi Emama, Dokki (Nähe Sheraton) 6. Stock, Tel 391 0955, Mo-Fr 10-18, traditionelle Kleider (alt und neu), Fayum-Keramik, Schmuck, Stickereien; edel, teuer
- **SHEBA Gallery**, 6 Sharia Sri Lanka, 1st Floor, Zamalek; moderner dekorativer Schmuck unter Verwendung alter jeminitischer Silberelemente (erlesen und teuer)
- **Samir el Guindi**, 261 Sharia Sudan (Nähe Midan Lebnon), Tel 347 3445, ungewöhnlich schöne Arbeiten der traditionellen ägyptischen Töpferkunst (Academy of Fine Arts), viele Ausstellungen im Ausland
- Künstlerisch außergewöhnliche **Teppichknüpfkünste** können Sie bei Wissa Wassef (Seite 217) bewundern und erwerben, übliche Ware im Weberdorf Kerkdasa (Seite 217) kaufen.
- Die am besten verarbeiteten **Leinentaschen** zu fairen Preisen gibts bei Yosri M. Ouf, zwischen Bab Zuwela und Eingangstor zum überdachten "Zeltmacher-Bazar" (Souq el Khayamiya), gegenüber der Sali Talai Moschee, der letzte kleine Laden rechts. Er fertigt auch auf Bestellung innerhalb von zwei bis drei Tagen. – Im überdachten Bazar residieren einige Lederhändler.
- Für **Papyrusbilder** wird häufig das Delta Papyrus Center, 21 Sharia Ghouria, 3. Stock empfohlen; der Besitzer Said hat recht gute Kenntnisse – aber lassen Sie sich nicht übervorteilen.
- Das angeblich größte Angebot an **Heilkräutern** und **Gewürzen** – vier Stockwerke, eigene Gärten – hat das 1885 gegründete Harraz Herb Shop, 39 Sharia Ahmed Maher.
- Falls Sie unbedingt **Parfüm** kaufen wollen, seien Sie besonders kritisch z.B. im Palace of Thousand Flowers Parfumes in der Sharia Qasr El Nil – und in allen anderen Shops, die Sie zum Parfümkauf drängen.
- **Wasserpfeifen**, schmucklos, sowie alles Zubehör für den ägyptischen Konsumenten gibt es etwas nördlich des Khan el Khalili in der Sharia Muizz li Din Allah; reich dekorierte Objekte dagegen in der Gegend der Hussein Moschee.
- **Messing-Türschilder**, Stempel, Visitenkarten etc. bieten viele kleine Shops in der Sharia

4. In Kairo zurechtkommen

Qala (früher Mohammed Ali), die zur Zitadelle führt. Hier gibt es auch preiswerte Musikinstrumente, arabische wie importierte; typisch ist die Gegend um die Nr. 160.

- **Weitere Messingwaren** im Khan el Khalili Bazar, z.B. bei Hassan Mohammed Said, 99 Sharia Muezz Li Din Allah.
- Wer Transportkapazität für relativ ungewöhnliche **Ton- und Keramikerzeugnisse** hat, kann in der Sharia Mari Girgis in Alt-Kairo für wenig Geld schöne Mitbringsel erwerben.
- **Preiswerte Kleidung** wird zwischen Sharia Khalek Sarwat und Qasr el Nil angeboten. Hosen, Hemden etc. können Sie sich in Assuan innerhalb kurzer Zeit schneidern lassen (siehe Seite 292). Große Auswahl an bestickten Beduinenwesten gibt es in Luxor.
- **Maßgeschneiderte Galabeyas** kann man sich u.a. in einer kleinen Seitengasse der Sharia Muezz Li-Din Illah etwa gegenüber der Fakhami-Moschee machen lassen.
- **Stoff für Hochzeitszelte** gibt es im überdachten Bazar südlich vom Bab Zuwela oder in der Darb el Ahmar, ganz in der Nähe der Maridani Moschee (Nr. 31 auf der Karte vom südlichen Islamischen Viertel).
- **Bauchtanzzubehör** gibt es bei Al-Wihalah-Mahmoud Abd El Ghaffar, 73 Sharia Gawhar el Qayid oder im oberen Teil der Sharia Muski (Parallelstraße der Sharia El Azhar) in der Nähe des Midan Hussein.
- **Musikkassetten** mit ägyptischer Musik konservieren allgegenwärtige akustische Eindrücke; fragen Sie nach der berühmtesten Sängerin Umm Kaslsum oder dem Sänger Abdel Halim Hafez.
- Ausgefallenes können Sie vielleicht auch auf auf dem **sudanesischen Flohmarkt** am Ataba-Parkhaus finden.
- **Bilder** moderner ägyptischer Maler gibt es in der Wakalat el Guri. Z.B. verkauft der Maler Ragheb Eskander, der gut deutsch spricht und schon an vielen Ausstellungen in Europa teilnahm, Bilder in seinem Atelier, das ohnehin einen Besuch wert ist.

"Normales" Shopping

Im Grunde ist ganz Kairo ein Einkaufszentrum, jedoch gibt es einige Schwerpunkte. Die höchste Konzentration an Boutiquen mit den letzten Modehits finden Sie im Diplomatenviertel Zamalek. Ähnlich, etwas billiger und weniger elegant, hat sich Heliopolis herausgemausert: Der Midan Roxy und die Sharia Bagdad sind die ersten Adressen, aber in der Umgebung gibt es noch viele andere. Schließlich versucht man im Stadtzentrum alles zu verkaufen, was ein Mensch begehren könnte. Das ist aber mehr auf den Normalverbraucher ausgerichtet und entsprechend preiswerter.

Duty-Free

- Innerhalb von 24 Stunden nach der Ankunft läßt Ägypten noch Einkauf in Duty-Free-Shops der **Egypt Free Shops Company** in der Stadt zu, z.B. in 106 Sahria Gamaet El Dewal El Arabia, Mohandessin, im Cairo Sheraton Hotel oder in 16 Road 78, Maadi (Dikla). Notwendig sind – neben Geld – Paß und Flugticket.

Supermärkte

- **ABC**, Sharia Malek el Afdal, Zamalek, auch Sportkleidung, Elektroartikel; sehr teuer
- **Alfa**, Dokki, Sharia El Nil, Nähe El Gamma Brücke (kurz nach der Brücke links, unten Bank, im selben Haus ist die Österreichische Botschaft), sehr gut sortiert (gut per Nilboot erreichbar, zwei Stationen südlich des Hilton aussteigen)
- **Al Bustan Commercial Center**, Sharia Bustan, eher unscheinbares Gebäude (teils Parkhaus) ein Block von der Sharia Talat Harb Richtung Midan Falaky, mit einer Unzahl von Schuh-, Hosen- und T-Shirt-Boutiquen westlicher Prägung
- **Dary**, 330 Sh Ahram (Pyramid Road), rechte Seite stadtauswärts, Do-it-yourself und Autoartikel
- **Fairway**, Sharia Al Asari Ibn Nafi, Heliopolis; das derzeit neueste und am reichhaltigsten mit westlichen Gütern ausgestattete Kaufparadies
- **Cash and Carry**, Midan Lebnan, Mohandissin (10-15, 17-22 Uhr), gute Auswahl an Europäischem

Shopping: Von Souvenirs bis Blumen

- *Maxim*, 30 Sharia Syria, Mohandissin (9.30-19 Uhr, täglich).
- *Metro Supermarket*, Sharia El Misaha, Dokki, (8.00 – 6.00 geöffnet), sehr gut und europäisch sortiert, eigener Hausbäcker
- *Saudi*, Sharia El Missaha, Dokki (9.30-21.30 Uhr).
- *Sunny*, 1 Midan Fuad el Din, Sharia Gamat Al-Duwal Al Arabiya, Mohandissin und 11 Sharia Aziz Osman, Zamalek (vom Zentrum kommend auf der Sharia 26.July über den Nil fahrend im zweiten Kreisel rechts oder, etwas abseits, die Dependance in Zamalek)
- *Capri*, Sharia Abbas El Aqad, Nasr City
- *Tamco Market*, Maadi gegenüber Maadi-Hotel; gute Auswahl für Europäer (im Vorort Maadi leben viele Ausländer)

Bekannte Frischmärkte
- *Ataba* Markt, am Midan Ataba (Fleisch und Fisch)
- *Bab el Louk Markt*, am Midan el Falaki (Gemüse, Obst)
- *Taufikiya Markt*, am Midan el Orabi
- Jeweils donnerstags verkauft die Sekem Farm vor der Deutschen Botschaft Graubrot, Käse, Quark, Milchprodukte, Honig. Ein Besuch der Farm in Bilbeis (Gesundheitszentrum, Schule, Berufsbildungseinrichtungen) an der Landstraße nach Ismailiya ist zumindest für Antroposophen interessant.

Lebensmittel
- In den staatlich kontrollierten **ALRAHAM**-Läden sind Lebensmittel gut und billiger als auf den Märkten, allerdings beschränkte Auswahl.

Bäckereien/Konditoreien
- *Groppi*, Midan Talaat Harb (Café, Kuchen)
- *L'Amandine*, 12 Midan Mesaha, Dokki (Nahe Safir Hotel), hervorragende Konditorei
- *Semiramis*, 72 Qasr el Aini
- *Thomas*, 23 Sharia Adly
- *Simonds*, 112 Sharia 26.July, Zamalek
- In folgenden Hotels gibt es **Bäckereien** mit Kuchen, Brötchen und dunklen Broten: Marriott (gutes Schwarzbrot), Meridien, Nile Hilton, Sheraton, Semiramis, President (braunes Brot); Vollkornbrot in den Hotels Jolie Ville, Mövenpick Airport, Meridien Heliopolis. Sheraton, El Salam

Lokaler Alkohol
- *Christos Orphanides* (Wein, Bier, Gin, Whisky), 23 Sharia 26.July (vom Ezbekiya kurz vor Sharia Ramsis rechts).
- *Comparos*, 19 Sharia 26.July, in der Nähe der Kreuzung Talaat Harb

Ägyptischen Wein gibt es auch links neben dem Rivoli Kino, importierten Alkohol in den oben erwähnten Egypt Free Shops.

Blumen
- *Fleurop*, Sharia 26.July, Zamalek, gegenüber von Tankstelle am Midan Orabi, in der Sharia Zaky

Einige Kaufhäuser
- *Chalons*, Sharia Qasr El Nil
- *Chemla*, Sharia 26.July
- *Cicurel*, Sharia 26.July
- *Hannaux*, Sharia Mohammad Bassioni
- *Omar Effendi*, Sharia Talaat Harb und an vielen anderen Stellen

Bücher
- *American University Cairo Press*, 11 Qasr el Aini, vielfältiges, englischsprachiges Angebot vor allem eigener Produktionen
- *Anglo Egyptian Bookshop* (englisch), 165 Sharia Muhammad Farid
- *Lehnert & Landrock*, 44 Sharia Sherif, (9.30-14, 16-19) größte Auswahl deutschsprachiger Ägyptenliteratur, Karten, ein weiterer Laden im Komplex des Ägyptischen Museums
- Deutschsprachige Literatur auch in einem Bookshop neben dem Hotel Tulip am Midan Talaat Harb
- Außerdem Buchläden in den internationalen Hotels
- Gute Auswahl fremdsprachiger Zeitschriften, auch deutsche Regionalzeitungen, vor dem Cafe Groppi am Midan Talaat Harb

Sonstige Artikel
Foto (Entwicklung von Filmen, teilweise auch Reparaturen)
- *Actina*, 4 Talaat Harb (wird empfohlen)

4. In Kairo zurechtkommen

- **Photo Centre**, 3 Sharia Mahrani (Nähe Kosmopolitan Hotel), gut und preiswert
- **Kodak**, 20 Sharia Adly, Kodak Passage (1 Std-Filmentwicklung, gutes Ergebnis)
- **Agfa** (eigener Laden), Sharia Abd el Hamid Sayed, Seitenstraße der Talaat Harb.
- **Bedewi**, 34 Sharia Adly (macht auch Farbabzüge)
- **Photo Labib**, 26 Sharia Sheikh Rayhan (Ecke Sharia Nubar), Tel 355 1642, angeblich bester Reparateur Kairos

Musikinstrumente
- Zahlreiche Shops für Flöten, Trommeln, Lauten etc.in der Sharia El Quala (ehemals Sharia Mohammed Ali)

Gaskartuschen
- Gaskartuschen gibt es bei Adib (Mo-Fr 10-16), Sharia Orabi (vom Midan Taufik in Richtung Sharia Ramsis, 7. Geschäft links) oder im Haus der Österreichischen Botschaft in Dokki neben der Giseh-Brücke.

Was man alles unternehmen kann

Kairo ist eine Weltstadt und bietet Unterhaltung jeder Art. Typisch ägyptischen Veranstaltungen von Derwish-Tänzen bis Bauchtanz, aber auch Konzerte, Theater, Oper, Kunstausstellungen und viels mehr begeistern den Kulturbeflissenen. Nachtschwärmer müssen dem nicht nachstehen, zwar wechselt die Szene wie überall ständig, aber ein Urlaub wird nicht ausreichen, um alle Möglichkeiten durchzuprobieren. Nehmen Sie eine der englischsprachigen Zeitschriften in die Hand, Sie werden erstaunt über das Angebot sein. *Egypt Today oder auch Egypt's Insight* geben sich nach unserem Eindruck am meisten Mühe und listen fast akribisch über viele Seiten auf, was ein Monat zu bieten hat, sowohl in Kairo als auch in den andern wichtigen Städten. Wir publizieren hier wegen der Schnellebigkeit nur einen Ausschnitt des Geschehens.

Es sei noch auf die
- **Community Services Organisation (CSA)**, 4 Shria 21, Maadi, Tel 350 5284

hingewiesen, eine Organisation, die ein ziemlich breites Spektrum an Ausflügen – von Sakara bis zu Besuchen bei Kupferschmieden oder Zeltmachern im Khan el Khalili Bazar und einiges mehr für Interessierte anbietet.

Kunstgalerien, Kino, Theater

Galerien
- **Center of Arts, Akhnaton Gallery**, 1 Sharia Mahed el Swissry, Ecke Sharia 26.July, Zamalek.

In einer alten Villa direkt am Nil Ausstellungen moderner ägyptischer Kunst oder auch ausländische Ausstellungen

- **Cairo-Berlin Art Gallery**, 17 Sharia Youssef El Guindi, Bab el Louq, *ägyptische und ausländische Künstler, geöffnet 12-15 und 17-20 Uhr außer sonntags*
- **Cairo Opera House Art Gallery**, *Gezira, Kunstgalerie am Opernhaus, Ausstellungen ägyptischer und ausländischer Künstler*
- **Egyptian Centre for International Cultural Cooperation**, *11 Sharia Shagaret el Dorr, Ecke Sharia 26.July, Zamalek. Dieses Zentrum besitzt zwar auch eine Galerie, dient aber mehr dem internationalen Austausch: Arabische Sprachkurse, ägyptische Filme mit englischen Untertiteln, Volksmusikabende etc.*
- **Cairo Atelier**, *2 Sharia Karim al Dawla (Querstraße Sharia Mohammed Bassioni, Nähe Ägyptisches Museum), Ausstellungen junger Künstler, aber auch Lesungen, Filmvorführungen, Kunstdiskussionen; im kleinen Garten kann man ausruhen und etwas trinken*
- *Das* **Museum of Egyptian Modern Art** *neben der neuen Oper soll hier noch einmal erwähnt werden (siehe Seite 166)*

Kino
Nicht entgehen wird Ihnen die Kinoreklame. Wenn Sie von den ägyptischen Filmen auch kein Wort verstehen, so werden Sie dennoch die meistens sehr einfache Handlung eines

Films nachempfinden können; Filme bieten einen guten Blick hinter die Traum- und Wunschkulisse des jeweiligen Volkes. Die Vorstellungen beginnen gewöhnlich um 15.30, 18.30 und 20.30 Uhr, Karten – £E 3 bis £E 10 – sollten vorab gekauft werden. Für Europäer mag ein Open-Air-Kino interessant sein, z.B. im Gezira Sportclub auf der Gezira-Insel oder *Sphinx*, Midan 26.July. Sehr gelobt wird das *Tahrir-Kino* in der Sharia Tahrir in Dokki; täglich wechselnde ausländische Filme, sehr gute Klimaanlage. Vielleicht wäre auch ein Besuch in einem der alten Paläste wie *Metro* (35 Sharia Talaat Harb) oder *Radio* (24 Sharia Talaat Harb) etwas; dort werden häufig US-Filme mit arabischen Untertiteln gespielt, an denen das Publikum lautstark Anteil nimmt.

Deutsche oder deutschsprachige Filme bietet häufig das Goethe Institut an, in anderen Kulturzentren gibt es ebenfalls Filmprogramme. Westliche Filme kann man im Metro Kino oder im Ramsis Hilton Kino anschauen.

Aber vielleicht denken Sie eher an einen

Theaterbesuch
- **Um-Kulthum-Theater** (*Balloon Theater*), Sharia El Nil (südlich der 26. July Brücke), Agouza: Folklore, arabische Stücke, ägyptischer Volkstanz der bekannten Reda Gruppe; beliebtestes Theater Kairos (Kasse ab 10, Vorführungen ab 20 Uhr).
- **Zaki-Tolaimat-Theater**, Midan Ataba: Arabische Avantgarde.
- **Gumhuriya Theater**, 12 Sharia Gumhuriya: Ausländische Bühnen, aber auch Arabic Music Troupe.
- **Sayyid Derwish Concert Hall**, Sharia Gamal el Din el Afghani, arabische Musikgruppen, Kairo Symphonie Orchester.
- **Cairo Opera**: *Im neuerbauten Opernhaus auf der Insel Gezira gibt es eine große Opernbühne, vier Kinosäle und einen Musiksaal. Kartenvorbestellung 10 bis 13 und 17 bis 20 Uhr unter Tel 342 0598, 34 2061 oder 34 2063. Jackett- und Krawattenzwang für den Besuch von Vorführungen (werden dort verliehen). Die Eintrittspreise variieren in Abhängigkeit von Vorstellung und, natürlich, Sitzplatz.*

*Sollten Sie allerdings das jährlich im Oktober stattfindende Freilicht-Opernspektakel **Aida** bei den Pyramiden besuchen wollen, müssen Sie für den billigsten Platz $ 100 an der Kasse abliefern.*

- *Vielleicht ist Ihnen auch der **Ägyptische Staatszirkus** einen Besuch wert. Sein Stammquartier liegt an der Corniche gleich nördlich der 26.July Brücke.*
- *Auch das **Cairo Puppet Theatre** (Oktober bis Mai, Midan Ataba) kann sehr unterhaltsam sein – vielleicht mehr wegen der jungen Besucher als wegen der eigentlichen Vorführung; denn hier ist der Fremde völlige Nebensache, er hat Muße, die aufgeregten Kinder zu beobachten und zu fotografieren.*
- *Die **Ägyptische Nationalbibliothek, Darb El Kutub**, stellt mittelalterliche Meisterwerke des islamischen Schrifttums, u.a. auch persische Miniaturen aus. Der Ausstellungsraum liegt gegenüber dem Eingang, leider gibt es nur Erklärungen in arabischer Schrift. Die Darb el Kutub (9 bis 15 Uhr, Eintritt frei) liegt an der Corniche el Nil nördlich der 26.July Brücke.*
- ***Cooki Park**, Sharia Eryani, Giseh, hinter Jolie Ville Hotel (Alexandria Desert Road), eine Art Kirmes-Park mit Karussels o.ä.*
- ***Merryland Park**, Sharia Hegaz, Roxi, Heliopolis: Familienausflugsziel mit kleinem Zoo, Spielplätzen, Booten, Nachtclub.*

Nightlife

Im Gegensatz zu anderen arabischen Ländern bietet Ägypten ein reges Nachtleben. Als größte Attraktion (besonders für die orthodoxen arabischen Nachbarländer) gilt der Bauchtanz, die ägyptische nationale Unterhaltungsshow schlechthin (die zwölf erfolgreichsten Tänzerinnen zahlen zusammen jährlich etwa $ 260 Millionen an Steuern!). Eine solche Veranstaltung wird mit anderen Varieté-Einlagen verbrämt, wir haben uns köstlich amüsiert. Es lohnt sich, eine Show zu besuchen; in der Regel beginnt sie

4. In Kairo zurechtkommen

kaum vor 23 Uhr. An der Pyramid Road finden Sie eine ganze Reihe von (nicht sonderlich guten, aber teuren) Nightclubs mit "Oriental and Belly Dance", außerdem bieten alle internationalen Hotels in ihren Nachtbars Bauchtanz und ähnliche Shows. Da die wirklich guten Stars hauptsächlich in diesen Hotels auftreten, lohnt sich die Mehrausgabe gegenüber einer mittelmäßigen Veranstaltung. Bekannte Tänzerinnen sind u.a. Fifi Abdou, Soher Zaki, Sahar Hamdi, Nagwa Fouad, Lucy und Diana. Die mittelmäßigen Shows sind während der Woche wegen Besuchermangels noch weniger als mittelmäßig, man sollte sie nur am Wochenende besuchen.

In den besseren Etablissements herrscht häufig Krawattenzwang. Erkundigen Sie sich auch nach einer Minimum Charge, falls Sie nur kurz hineinschauen wollen; es könnte sonst ein etwas teurer Kurzbesuch werden.

Gutes Essen und Getränk zu £E 55 pP gibt es im **Qasr El Nil** gegenüber dem Hilton auf der Insel Gezira am Nilufer (gute Show ab 23 Uhr). Oder im **New Arizona** (nur arabisch beschriftet), 6 Sharia Alfi Bey, Nähe Nordende Sharia Talaat Harb (auch negative Kritik: "Ältliche Damen tänzelten lustlos zur lustlos spielenden Band ..."); besser scheint es im **Palmyra**, Sharia 26.July zu sein. Nicht ganz so gut/lustig, aber billiger ist **Sharazad**, Sharia Alfi, in der Fußgängerzone am Midan Orabi. Außerdem gibt es auf der südlichen Seite der Sharia 26.July zwischen Sharia Sherif und Sharia Muhammad Fuad diverse Nachtclubs, auch mit Bauchtanz ab 22 Uhr. Immer wieder gelobt: Das **Ramses Hilton** mit gutem Bauchtanz um 20 Uhr, verbunden mit einem obligatorischen, aber guten und teuren Dinner.

Mit **Nile Cruise Boats** kann man sowohl Tages- als auch Abendtouren auf dem Nil unternehmen. Abends sehr schöner Blick auf die erleuchtete Stadt, Musik und Bauchtanz (etwas mittelmäßig). Die Preise liegen zwischen £E 80 und 100 pP einschließlich Dinner, Anbieter:

- *Aquarius*, Tel 525 3690
- *Nile Crystal*, Tel 363 9021
- *Nile Maxim*, Tel 340 8888
- *Nile Pharao*, Tel 570 1000
- *Scarabee*, Tel 355 4481
- *Nile Peking*, Tel 353 1517

Wirklich sehenswerte Derwish-Tänze ("Sufi Dancers") finden jeweils am Mittwoch- und Samstagabend ab 19.30 (Winter) bzw. 20.30 Uhr (Sommer; Achtung, Anfangszeit ändert sich häufiger) in der El Guri Moschee (siehe Seite 191 und Plan vom Khan el Khalili Bazar) statt, Tel 511 0472; der Andrang ist groß, besser mehr als eine Stunde als nur eine halbe vor Beginn dort sein.

Spieler können in diversen Casinos – die in der Regel zu den großen internationalen Hotels gehören – ihr Geld riskieren: z.B. Hilton, Mena House, Sheraton, Shephard, Pyramisia und einige andere.

Eine ganze Reihe von **Discos** warten auf Publikum (die meisten allerdings in den internationalen Hotels). Hier ein paar Adressen für Discos, Bars und Pubs:

- **Absolute**, *Midan Anan, Mohandissin, Upper Class, sehr elegant, sehr teuer, Bier £E 25*
- **After Eight**, *6 Sharia Qasr El Nil*
- **Audio 9**, *Wahba Building, 33 Sharia Qasr El Nil, günstig im Hotelbereich gelegen*
- **B's Corner**, *22 Sharia Taha Husayn, Zamalek, Video-Bar, beliebter Treffpunkt der Ausländer in Kairo. Im selben Gebäude ist auch das Restaurant El Capo*
- **Cairo Jazz Club**, *197 Sharia 26.Juli (gegenüber Balloon Theater), (mäßiges) Restaurant und Jazz Club mit Live Music (von Jazz, über Rock und Reggae bis Klassik) bis 2 Uhr, überwiegend Ausländer*
- **Crazy House Cairo Land Entertainment Center**, *1 Sharia Salah Salem, Disco in drei Stockwerken mit zwei Bars*
- **Balimoral** – *The German Corner –, 175 Sharia 26.July, vom Zentrum kommend gleich rechts nach der Brücke, viele ausländische Geschäftsleute, gute Stimmung*
- **Deals**, *Sharia Sayyid el Bakry, Zamalek (nördliche Parallelstraße zur Sharia 26.July), von in Kairo lebenden Ausländern gern besucht*

Was man alles unternehmen kann

- ***Disco Horris***, im Hotel Horis, 5 Sharia 26.July, Nähe Midan Opera im 15. Stock im Freien, eher langweilig, aber guter Blick auf Kairo
- ***Flat Black Pussy & Jazz Dog***, 32 Sharia Jeddah, Mohandissin, "IN-Kneipe", sehr gemütliche Bar, Jazz, Bier £E 10
- ***Four Corners***, 2 Sharia Hassan Sabri, Zamalek, eine "IN-Kneipe" mit drei Restaurants, Bar und Disco
- ***Jackie's***, Nile Hilton Hotel, Corniche; eine der besten Discos, aber teuer, vor allem am Wochenende überfüllt, nur für Paare, häufig Live Music
- ***Le Cameleon***, Disco im Safir Hotel, Midan El Messaha, Dokki
- ***Le Tabasco***, 8 Midan Amman, Dokki; relativ kleines, aber gutes Restaurant, in dem ab 23 Uhr Jazz, Rock oder andere Musik die Räumlichkeiten platzen läßt
- ***Harry's Pub***, Marriott Hotel, Zamalek; typische amerikanische Bar mit guter Atmosphäre, viele Ausländer
- Hotels mit Dachterrassenbar und gutem Blick: ***Carlton***, 21 Sh 26.July und ***Odeon Palace Hotel***, 6 Sharia Abd el Hamid, Seitenstraße der Sharia Talaat Harb, bekannte Dachterrassen-Bar, gute Atmosphäre
- ***Jimmy's***, beliebte Bar und Disco im Pyramisia Hotel (gegenüber Cairo Sheraton, Dokki)
- ***Magha***, 36 Sharia Talaat Harb (neben Brazilian Burger), typische Bierbar, eher schmierig
- ***Merryland***, Sharia Hegaz, Heliopolis, bekannter Nachtclub vornehmlich mit asiatischen Tänzern
- ***Pizza Pomodore***, Corniche neben dem World Trade Center, "IN-Restaurant" mit sehr guter Pizza und nachts bis 3.30 Uhr Live-Musik, junges Publikum
- ***Pub 28***, Sharia Sharagat el Dur, Nähe General Hotel, Zamalek, gute Kneipe, auch als Gay-Lokal bekannt
- ***Sultana***, Semiramis Hotel, Corniche
- ***Tamango***, Atlas Zamalek Hotel, Sharia Gameat el Dowwal el Arabia, Mohandissin; preiswertere und populäre Disco, allerdings nur für Paare

- ***Taverne Du Champs De Mars***, im Nile Hilton Hotel, teuer, auch Gay-Treffpunkt
- ***Windows Of The World***, Ramsis Hilton im Zentrum, ist für uns der obligatorische und schönste Platz Kairos für den Sundowner: mit Glück sieht man die Sonne im Dunst direkt hinter den Pyramiden versinken, die Lichter der Stadt flammen auf – ein phantastischer Ausblick; in dieser Bar kann man, etwas teuer zwar, den Abend bei Live-Musik verbringen
- ***Windsor***, 19 Sharia Alfi (Downtown), altes Hotel, Bar wurde als Offizier-Treff englischer Truppen im 2. Weltkrieg bekannt, hat viel vom alten Geist herübergerettet, gute Atmosphäre, mittlere Preise
- ***World Trade Center***, Corniche, hier ist für teure Unterhaltung und Abwechslung gesorgt: Im Bar-Restaurant **Piano Piano** kann man bis 3 Uhr bei Pianomusik gepflegt speisen, sich im ***Upstairs***, einer American Bar, mit Cocktails aller Art vergnügen oder sich in der Disco ***Downstairs*** austoben
- ***Yolli***, 44 Sharia Mohy el Din Abou el Ezz, Dokki; (ehemalige) "IN-Kneipe"

Sport

Wer in Kairo nicht auf sportliche Aktivitäten verzichten will, kann in einem der Sportclubs eine – in der Regel ziemlich teure – temporäre Mitgliedschaft erwerben und dann die angebotenen Möglichkeiten nutzen.

Am meisten bietet der Gezira-Sporting-Club auf der Insel Gezira mit 20 Tennisplätzen, 18-Loch-Golfplatz, Bowling, Squash, Schwimmbad, Sauna, Reiten etc; Eintritt für Tagesgäste nur in Begleitung eines regulären Mitglieds zu £E 20, Poolbenutzung nur für Mitglieder.

Im Al Qahira Sport Club, gegenüber der neuen Oper auf der Insel Gezira, können Sie gegen £E 5 pro Tag Tennis, Fußball, Squash, Volleyball spielen. Andere Sportclubs gibt es in Heliopolis und Maadi. Ein weiterer Sportclub mit Golfplatz wird vom Oberoi Mena House Hotel in Giseh unterhalten (auch z.B. Tennis und Schwimmen).

Der Sakkara Country Club (rechts ab von der Sakkara Road etwa in Höhe der Abusir Pyramiden) bietet – neben sauberen Hotelzimmern – jede Menge sportlicher Aktivitäten: Schwimmen, Golf, Tennis, Reiten.

Health Clubs mit allen Marterwerkzeugen der modernen Gyms bieten vor allem die großen internationalen Hotels wie Sheraton, Siag, Sofitel, Sonesta und andere.

Reiten ist relativ preiswert. Entweder handeln Sie mit den Leuten, die Ihnen in der Nähe der Pyramiden ohnehin ein Pferd aufdrängen wollen, oder Sie gehen zu einem der renommierten Ställe ganz in der Nähe des Sphinx. Dort sind die bekannten Ställe "AA" und "MG" ausgeschildert, die im übrigen auch Reitunterricht erteilen oder Pferde für den Ritt nach Sakkara vermieten. Die Pferde sind so billig, weil das Angebot – etwa 2000 Pferde – bei weitem die Nachfrage übersteigt. Neben den Besitzern haben vor allem die Pferde darunter zu leiden.

Vormittags kann man das Ägyptische Nationalgestüt *El Zahra* mit seinen Araberpferden anschauen. Es liegt in der Nähe des El Shams Club in Heliopolis.

Ein paar Tips zur Wahl des Pferdes: Schauen Sie, daß das Tier keine Blutflecken bzw. Narben hat, daß das Maul nicht vom Vorgänger blutig gerissen wurde und unter dem Sattel keine wundgescheuerten Stellen sind. Fragen Sie nach einem ruhigen Pferd. Für längere Ritte sollten man eine weiche lange Hose tragen, damit man sich nicht an den Beinen aufscheuert. Nicht zuletzt: sich dick mit Sonnencreme einschmieren.

Im Wüstenland Ägypten wurden in den letzten Jahren verschiedene Golfplätze angelegt, die mit ihrem satten Grün im heftigen Kontrast zur umliegenden Wüste stehen. Als der derzeit schönste Platz gilt Katamaya Hights, der 23 km südöstlich außerhalb Kairos liegt.

Restaurants

Wir haben versucht, eine gewisse geographische Zuordnung von Kairos Restaurants zu treffen, damit Ihnen auch aus diesem Blickwinkel die Entscheidung leichter fällt. Doch ist uns klar, daß wir nur einen kleinen Ausschnitt aus der Fülle von Eßplätzen auflisten konnten.

Wer Weihnachten oder Silvester in etwas teureren Restaurants diniert, muß zusätzlich 20 Prozent "Spezial Christmas and New Year's Tax" zahlen, eine quasi offizieller Brauch.

Ein Teil der Restaurants im Zentrum sind in **dem Plan Seite 150 markiert.**

Zentrum

Internationale Küche (auch ägyptisch)
- ***Arabesque***, *6 Sharia Qasr El Nil, nahe Midan Tahrir; gutes Lokal mit arabischer und französischer Küche in geschmackvoller Atmosphäre und mit entsprechenden Preisen; angeschlossen ist eine Galerie mit Exponaten zeitgenössischer Künstler*
- ***Caroll***, *12 Sharia Qasr El Nil; sehr gutes internationales Restaurant, gepflegt, teuer*
- ***Excelsior***, *Sharia Talaat Harb/Sharia Adly; lieblos, Weißwein, Stella-Bier, Essen mäßig, Take-away-food, untere mittlere Preislage*
- ***Evergreen***, *10 Sharia Talaat Harb, Neubau im Hinterhof; Pizza, Pasta, Stella Bier, relativ ruhig, relativ teuer, Terrasse*
- ***Fu Ching***, *28 Talaat Harb; gute Auswahl nordchinesischer Küche, schmackhaft, mittlere Preise*
- ***Groppi Restaurant***, *Midan Talaat Harb; Essen sehr mäßig, schlechter Service*
- ***Sushiyama***, *World Trade Center, 1191 Corniche el Nil; originale japanische Küche, eins der exquisiten, aber auch teuersten Restaurants in Kairo, hauptsächlich Geschäftsleute*
- ***Kowloon***, *im Cleopatra-Hotel, Sharia Bustan Nähe Midan Tahrir; gute chinesische Küche, sehr sauber und gemütlich, freundlicher Service*
- ***La Chesa***, *21 Sharia Adly; exzellentes Schweizer Restaurant, freundlich, hervorragendes Es-*

sen, gutes Frühstücksbuffet, nicht zu teuer, Creditcard, internationale Zeitungen
• *Le Grillon*, 8 Qasr El Nil; ein bißchen lauschig eingerichtet (teilweise), "französische" Küche, diese allerdings sehr abgewandelt und weniger schmackhaft, nicht billig
• *Nile Hilton*; Frühstücksbar, **IBIS-Café**, Restaurants, sehr gute Küche, sehr empfehlenswerte Abend-Buffets (besonders während Ramadan), Preise angemessen bis teuer, Touristen-Treffpunkt. Gutes italienisches Restaurant Da Mario, auch Wein zu akzeptablen Preisen; mittags im zugehörigen Außenrestaurant Kushari und andere ägyptische Spezialitäten.
• *Peking*, 14 Sharia el Ezbekeya, Nähe Kino Diana (auch in anderen Stadtteilen); gute chinesische Küche, auch Take-away-food
• *Rex*, 33 Sharia Abdel Khaled Sarwat; gut und preiswert

Ägyptische Küche

Es gibt einige "Schwerpunkte" typisch ägyptischer Lokale: vom Midan Taufiq nach Osten in der Sharia El Ezbekiya, zwischen Midan Falaki und Sharia Muhammad Mahmud
• *Abou Shakra*, 69 Sharia Qasr el Aini; bekanntes Spezialitätenrestaurant für Kufta und Kebab, viele leckere Vorspeisen, trotz relativ geringer Auswahl sehr empfehlenswert
• *Alfi Bey*, Sharia Alfi (Nähe Midan Orabi; neben Nachtclub Shahrazad), brauchbare ägyptische Gerichte, gutes Lamm, freundlich, sauber, reichhaltige Portionen, sieht nobel aus, ist aber relativ preiswert
• *Coin De Kebab*, 28 Sharia Talaat Harb (dort in kleiner Seitenstraße); sehr gutes Kebab und Kufta, Huhn, preiswert
• *El Guesh*, Midan Falaky; sehr gut, teuer, unfreundlicher Service
• *El Haty*, 8 Sharia 26.July; relativ gediegen, sauber, gutes Kufta und Kebab, gute Tahina
• *El Tabie El Domiati*, 31 Sharia Orabi, zwischen Sharia Taufikiyakia und Sharia Ramsis; "mensa-ähnlich", vorwiegend vegetarisch, sehr gutes Salatbuffet, gutes Foul und gutes Filafil, sehr preiswert

• *El Tahrir Kushari*, Sharia Tahrir Nähe Midan Tahrir, gutes, preiswertes und reichliches Kushari
• *Fatari El Tahrir*, Sharia Tahrir Nähe Midan Tahrir; Spezialist für Feteer (ägyptischer Pfannkuchen), sehr gut, preiswert, Tag und Nacht geöffnet
• *Filfila* (auch *Felfela*), 15 Sharia Hoda Shaarawy, Querstraße der Sharia Talaat Harb, Nähe Midan Talaat Harb; das "Touristenrestaurant" mit ägyptischer Küche, empfehlenswert, relativ sauber, bekannt für viele Foul-Arten und gute Vorspeisen; Preise halten sich in Grenzen. Zum Filfila gehört eine Art Schnellimbiß (Eingang Sharia Talaat Harb) mit preiswertem Take-away-food, Portionen eher spärlich. Weitere Filfila gibt es am Midan Ahmed Orabi, das wesentlich weniger von Touristen heimgesucht wird, ebenfalls als Uferrestaurant an der Corniche in Maadi sowie an der Wüstenstraße nach Alexandria
• *GAD*, 20 Sharia Adly, preiswertes und gutes Schnellrestaurant, Take-away-food, mittags überfüllt von Büromenschen

Wasserpfeifen gehören zum Eßplatz

4. In Kairo zurechtkommen

- **Odeon Palace Hotel**, Sharia Abd el Hamid, Seitenstraße der Sharia Talaat Harb; Dachterrassen-Restaurant im 10. Stock, internationale und ägyptische Gerichte, relativ preiswert, Treffpunkt ägyptischer Künstler und Journalisten
- **Zeina**, 34 Sharia Talaat Harb (gegenüber Einmündung Sharia Adly); gute ägyptische Küche, relativ sauber, eher teuer, unpersönlich, man wird zur Eile getrieben, unfreundlich

Schnellimbisse, Garküchen

Gute einheimische Imbißstände findet man östlich der Moschee am Ramsisbahnhof, auch am Midan Orabi.

- **American Fried Chicken**, 8 Sharia Hoda Shaarwy; auch gute Pizza, nicht billig
- **Domiati**, Midan el Falaki/Sharia Tahrir; sehr gute kleine ägyptische Gerichte, preiswert
- **Fatarane El Tahrir**, Sharia El Tahrir, zwei Blocks vom Tahrir; gute ägyptische Fleisch- oder Gemüsepastetchen
- **Filfila** (Fast-Food-Abteilung), Sharia Talaat Harb
- **Izaevitch**, Midan Tahrir, Sharia Talaat Harb; Sandwiches, Salate
- **McDonald** und **Kentucky Fried Chicken** sind in der Sharia Muhammad Mahmud (südlich vom Tahrir abgehend) zu finden
- **Pizza Hut**, Midan Tahrir, gute Lasagne und Pizzas
- **Take Away**, 1 Sharia America el Latineya, Garden City
- **Wimpy**, 26 Sharia Sherif, Immobilia-Building, Sharia Talaat Harb und Sharia Hoda Sharawi (Nähe Midan Falaki)

Kaffee- und Teehäuser

Typische ägyptische Kaffeehäuser, in denen die Besucher den Tag mit Backgammon, Domino oder Schach verspielen, findet man u.a. am Midan el Falaki sowie in der ersten Querstraße rechts von der Sharia El Ezbekiya am Midan Taufiq

- **Brazilian Burger**, 34 Sharia Talaat Harb, Stehcafé mit hervorragendem Kaffee
- **El Abd Konditorei**, 25 Sharia Talaat Harb; sehr guter ägyptischer Kuchen und sehr gutes Gebäck, besser als Groppi

Nostalgisches Ambiente

- **Fishawi**, Midan Hussein/Khan El Khalili (enge Parallelgasse hinter Senussi Teahouse); "altehrwürdiges", stimmungsvollstes, verstaubtes Café und Teehaus, in dem sich Intellektuelle trafen/treffen – werfen Sie wenigstens einen Blick ins Café und in seine vergilbten Spiegel
- **Groppi**, Midan Talaat Harb/Sharia Qasr El Nil; große Auswahl an Kuchen und Süßigkeiten; das Groppi – einst eine Institution – glänzt heute durch miserablen Service
- **Groppi Garden**, 2 Sharia Abdel Khalek Sarwat; hier sitzt man in weinumrankten Gartenlauben, etwas besserer Service
- **Hurriya**, Sharia Tahrir, Nordseite, Nähe Midan Falaki, traditioneller Stil, ägyptische Intellektuelle spielen Schach, korrekte Abrechnung, es gibt auch Bier
- **L'Americaine**, Sharia Talaat Harb/Sharia 26. July; guter Kaffee, Torten, Snacks, Eis und Getränke, langsamer Service
- **Rhaghadan**, 25 Sharia Adly; hervorragende ägyptische Kuchen und Kekse
- **Senussi Teahouse**, Khan el Khalili Bazar, gegenüber Hussein-Moschee; guter Platz zum Entspannen nach einem Khan el Khalili-Bummel, teuer, Vorsicht: Kellner sind auf Nepp aus

Khan el Khalili

- **Al Dahan**, 4 Khan el Khalili (direkt neben El Hussein Hotel); Kufta und Kebab, einfach, nicht sonderlich sauber
- **Chicken House**, Sharia Muski kurz vor Midan Hussein, gut und preiswert

- **_Egyptian Pancake_**, Straße, die links von der Fußgängerunterführung von der Sharia El Azhar zur Sharia Muski führt; preiswerte und sehr gute Pfannkuchen (ab £E 10), gute Pizza
- **_El Halwagy_**, Nähe Egytian Pancake, sehr gutes Foul und andere Gerichte, preiswert
- **_Nagib Mahfus_** Restaurant und **Coffeeshop** (gehört zum Mena House Oberoi; Restaurant mittags häufig ausgebucht, Vorbestellung nötig, viele Gruppen), direkt im Khan el Khalili Bazar an der Hauptgasse Sekket el Badistan, geschmackvoll ausgestattetes "Nobel"-Kaffeehaus im islamischen Stil; gute orientalische Gerichte, mäßiger Service. Das zugehörige
- **_Khan El Khalili Restaurant_** bietet gutes Essen, sehr sauber, stilvoll, Preise angemessen

Gezira und Zamalek

Internationale Küche (auch ägyptisch)
- **_Cairo Tower_**, Insel Gezira, Aussicht bestens, Menüs mittelmäßig
- **_Cloche d'Or_**, 3 Sharia Abou El Feda, (Nähe Pizza Hut), Zamalek; gute internationale und arabische Küche, teuer, angeblich das beste Restaurant westlich des Nils
- **_La Pacha 1901_**, ein Restaurantschiff, Sharia Gezirah in Zamalek etwa gegenüber dem TV-Gebäude; insgesamt sorgen sich neun Restaurants und Pubs um das Wohl der Gäste, d.h. für jeden Geschmack ist etwas geboten, nicht billig
- **_Chin Chin, Justine, La Piazza_**, Four Corners, 4 Sharia Hassan Sabri, Zamalek; drei Restaurants im Vier Ecken Haus, alle grundsolide, alteingeführt und ziemlich teuer, chinesisch speist man im Chin Chin, französisch im Justine und italienisch im La Piazza
- **_101 CoffeeOlogy_**, 22 Sharia Taha Hussein, im Gebäude des President Hotel, Studenten-IN-Kneipe und -Restaurant, italienisch geprägte Küche, mittlere Preise

Ägyptische Küche
- **_Casino Qasr El Nil_**, gegenüber Cairo Tower auf der Insel Gezira, direkt am Nilufer; teuer, aber nicht sonderlich gut

- **_River Club_**, an der Nordspitze der Insel Zamalek, bestehend aus den Restaurants **ANDREA** (bekannt in Giseh und Maadi) mit sehr guter Küche (besonders Huhn), durchaus noch preiswert; Fischrestaurant ITALAKA, mittlere Preise; "Nobelrestaurant" SULTAN; guter Eßplatz am Nil

Schnellimbisse und Garküchen
- **_Maison Thomas_**, Sharia 26.July, Zamalek; gute Pizza, Sandwich, relativ teuer
- **_Pizza Hut_**, Sharia Abu El Feda, Zamalek
- **_Wimpy_**, 6A Ismail Muhammad, Zamalek
- **_Zamalek Restaurant_**, Sharia 26.July, gleich hinter Sharia Hassan Sabri; mehr Schnellimbiß als Restaurant, Filafil

Agouza und Mohandissin

Internationale Küche (auch ägyptisch)
- **_Chili's_**, Sharia El Themar, Nähe Mustafa Mahmoud Moschee, Mohandissin; gutes amerikanisch-mexikanisches Restaurant, nicht billig
- **_Flying Fish_**, 166 Sharia El Nil, Agouza; sehr gutes Fischrestaurant, aber auch Kofta und Kebabs, gute Atmosphäre, nicht billig
- **_Kandahar_**, 3 Sharia Gameat el Dowal el Arabia, Mohandissin; gutes pakistanisches Restaurant mit Tandoori und Curries
- **_Marush_**, Midan Lebnon, Mohandissin, gute libanesische Küche
- **_Papillon_**, Sharia 26.July, Mohandissin, gegenüber Sporting Club; gute Atmosphäre, hervorragende libanesisch-arabische Küche, Bier und Wein, relativ teuer
- **_Pizza Pronto_**, 53 Gameat El-Dowal El-Arabia; eins der hervorragenden italienischen Restaurants in Kairo, beste Pizzas und sonstige italienische Gerichte, mittlere Preise
- **_Taj Mahal_**, 5 Sharia Lebanon, Mohandissin (Schwester-Restaurant in Maadi: **Bukhara**, 43 Sharia Misr Heluran); gute indische Restaurants mit indischen Köchen, bekannt für gute vegetarische Gerichte, Take-away
- **_Tikka Chicken_**, Mohandissin neben Wimpy, Sharia Abd el Aziz/Gama el Dawat el Arabiya; sehr gutes Huhn und Salatbuffet; unten Take-away, oben gutes Restaurant

4. In Kairo zurechtkommen

- **Tirol**, Mohandissin, 38 Sharia Gezirat El Arab; österreichische und deutsche Spezialitäten vom Chef Alois Gartner zubereitet, "urgemütlich"
- **Tokyo**, Zamalek, erste Parallelstraße zur Sharia 26. July; japanisches Restaurant, teuer, hat nachgelassen

Ägyptische Küche

- **Abou Shakra**, 17 Sharia Gamit el Dawal el Arabiya Mohandissin (Filiale des Restaurants im Zentrum); ein "In-Restaurant" der Upper Class mit sehr gutem Essen, aufmerksamer Bedienung
- **Al Omda**, 6 Sharia El Gazayer (Nähe Atlas Hotel), sehr gute ägyptische Küche mit reichhaltiger Auswahl, große Portionen, schneller Service, preiswert
- **Filfila El Ahram**, Sharia Ahmed Orabi, Mohandissin; touristisch, gut

Schnellimbisse und Garküchen

- **Kentucky Fried Chicken**, El Batal Ahmed Aaziz, Mohandissin; gute Hamburger, Salat-Bar, reichlich
- **Wimpy**, Sharia Gamiat el Doval el Arabia, Mohandissin

Dokki und Giseh

Internationale Küche (auch ägyptisch)

- **Andrea**, am Maryutia Kanal in Giseh, stadtauswärts auf der Pyramidenstraße an der Kreuzung der Sakkara Straße rechts ab (ausgeschildert); sehr bekanntes und beliebtes Gartenrestaurant mit hervorragenden Brathühnchen und ägyptischen Spezialitäten, Familienrestaurant, preiswert, empfehlenswert
- **Le Chalet**, 3 Sharia Ahmed Nessim, Dokki Nähe University Bridge; gute Snacks und Kuchen, im oberen Stockwerk **Le Chateau**, Spezialität Hühnchen auf Holzkohle gegrillt und Steaks
- **Christo**, gegenüber Mena House Hotel (Pyramiden); ausgezeichnetes Fischrestaurant, große Auswahl von frischem Fisch, relativ teuer
- **La Farnesia** im Hotel Forte Grand Pyramids, Alexandria Desert Road, Giseh, hervorragendes italienisches Restaurant, nicht billig
- **Mena-House Hotel**, Pyramid-Road; Khan El Khalili, sehr empfehlenswerter Coffee Shop, sehr gut mit Superblick auf Pyramiden. Im Moghul Room wird indische Küche in "Mogul-Athmosphäre" serviert, teuer
- **Pizza Express**, 52 Sharia Michel Bakhum, Dokki; hervorragendes italienisches Restaurant mit Schwerpunkt Pizza (riesige Auswahl), guter und schneller Service, mittlere Preislage
- **Scoozi**, 16 Midan El Masaha, Dokki, gehobenes libanesisches Restaurant, sehr gut, sauber, sehr freundlich
- **Steak Corner**, 8 Midan Amman, Dokki; gute, preiswerte Steaks
- **TGI Friday's**, amerikanische Kette ("Gottseidank es ist Freitag"), Sharia el Nil, Giseh, schwimmendes Restaurant mit typischer amerikanischer Küche, nicht teuer

Ägyptische Küche:

- **Americana Fish Market**, 26 Sharia El Nil, gutes Fischrestaurant ägyptischer Küchenprägung, relativ große Auswahl, mittlere Preise
- **Bawadi**, Dokki, Midan Messaha; arabisch/libanesische Küche, (auch gutes Take-away-food), empfehlenswert
- **Casino Des Pigeons**, Giseh, südl. von Kubri Abbas am Nilufer; Spezialität: gegrillte Täubchen
- **Filfila** (auch **Felfela**), ziemlich zu Beginn der Wüstenstraße Kairo-Alexandria; große Filiale des gleichnamigen, sehr bekannten Restaurants in Downtown (siehe dort)
- **Radwan**, Midan Dokki, Sharia Dokki Ecke Sharia Tahrir; im 1. Stock, gutes Kebab, preiswert
- **Mashrabia**, 4 Sharia Ahmed Nessim (Seitenstraße der Sharia El Nil), Giseh, sehr gute ägyptische Küche in eher eleganter Atmosphäre, auch Take-away, mittlere Preise
- **Sakkara Nest**, etwas außerhalb der Straße nach Sakkara; typisches Familienziel im Grünen
- **Sun Rise**, Sharia El Nil, Dokki, Eingang neben Bowling Club; ägyptisches Lokal direkt am Nil, mit sehr angenehmer Atmosphäre, gutes Kebab, sehr preiswert

Schnellimbisse und Garküchen:

- **Pizza Hut**, 64 Sharia Mosadak, Dokki; Midan Mesaha, Dokki; 37 Sharia Giza, Giseh
- **Wimpy**, 8 Sharia Mourad, Giseh

Kaffee- und Teehäuser:
- ***Swissair Coffeeshop (£Le Chalet)***, El Nasr Building, Sharia Shahid Abdel Hady Salah Abdullah/Sharia El Nil, Giseh; Kuchen nach Schweizer Art und Käsespezialitäten

---

Schreiben Sie uns bitte, wenn Sie Neuigkeiten oder Veränderungen gegenüber diesem Buch entdecken. Alle brauchbaren Informationen honorieren wir mit einem Buch aus unserem Verlagsprogramm und veröffentlichen sie zwischen zwei Auflagen regelmäßig auf unserer Internetseite. Schauen Sie, bevor Sie abreisen, unbedingt vorbei, um den aktuellen Stand zu erfahren:
www.tondok-verlag.de oder www.reise-know-how.de

4. In Kairo zurechtkommen

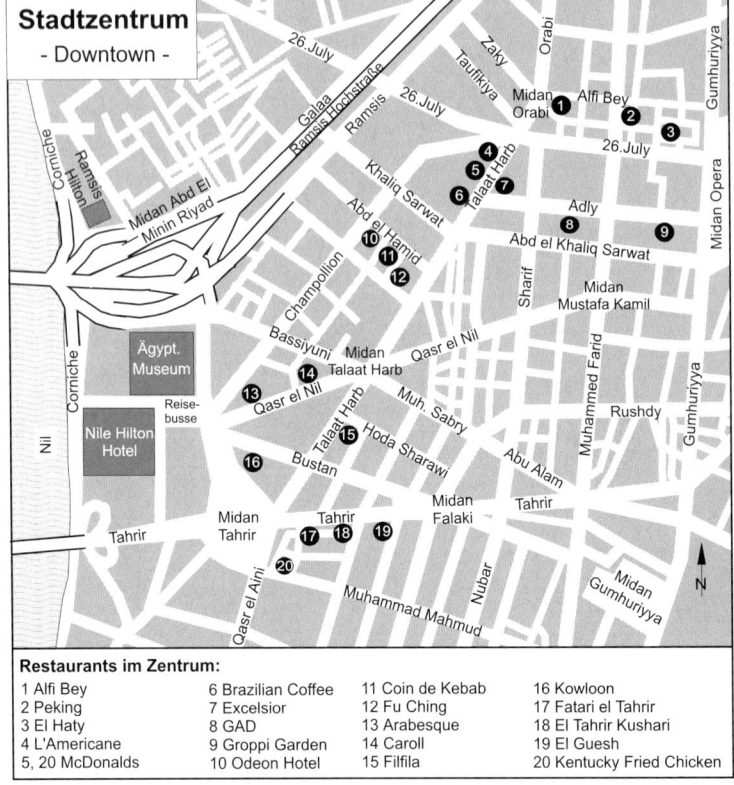

Restaurants im Zentrum:

1 Alfi Bey	6 Brazilian Coffee	11 Coin de Kebab	16 Kowloon
2 Peking	7 Excelsior	12 Fu Ching	17 Fatari el Tahrir
3 El Haty	8 GAD	13 Arabesque	18 El Tahrir Kushari
4 L'Americane	9 Groppi Garden	14 Caroll	19 El Guesh
5, 20 McDonalds	10 Odeon Hotel	15 Filfila	20 Kentucky Fried Chicken

5. Kairo kennenlernen

Kairo kennenlernen – das ist eine Monate währende Entdeckungsreise. Doch Touristen steht normalerweise nicht soviel Zeit zur Verfügung, sie müssen sich auf wenig, viel zu wenig beschränken. Die folgenden Informationen sollen Ihnen die Auswahl erleichtern helfen. Dabei müssen wir uns eher auf Tips und kürzere Infos zu den einzelnen Sehenswürdigkeiten beschränken. Es geht mehr darum, Ihnen das Einleben, das Hineingleiten in das Abenteuer Kairo zu erleichtern.

Doch nun kommen Sie mit in ein Riesenlabyrinth, das überquillt von Lärm, Menschen, Autos, Dreck, in dem neben Hochhäusern das Leben in pharaonisch geprägten Lehmhütten wie vor Jahrtausenden (scheinbar) dahinplätschert, dessen durch und durch orientalische Bazare alle Wohlgerüche des Orients verströmen und dessen chronische Verkehrsstaus zusammen mit allen anderen Luftverpestern den Himmel verdüstern. Und dennoch: wenn Ihnen Schafe oder (immer seltener) Kamele über den Weg laufen, wenn im Bazar Pfefferschwaden die Nase reizen oder der Bazari zu einem Glas Tee im Dämmerlicht drängt, dann ist das Orient in all seiner phantastischen und sympathischen Vielfalt.

Die Lobeshymne auf Kairo soll Ihnen den "Einstieg" erleichtern helfen; denn viele Touristen schrecken entsetzt vor dem vermeintlichen (und tatsächlichen) Chaos zurück, trauen sich kaum einen eigenen Schritt. Aber erst wenn Sie allein oder zu zweit durch die Straßen wandern, werden Sie das echte Kairo erleben können. Sie werden, vielleicht etwas abseits der Tourismusgebiete, die Menschen erleben, die Ihnen freundlich mit offenen Augen begegnen, die Ihnen sofort weiterhelfen, wenn Sie sich verloren glauben und – wo gibt es das noch – unter denen Sie sich sicher fühlen können.

Modernes Kairo

Midan Tahrir und Umgebung

Das moderne Leben pulsiert im Stadtzentrum mit seinen Geschäftsstraßen, Bürohäusern, Banken. Die City (häufig auch *Downtown* genannt) breitet sich vom Midan Tahrir mit der Sharia **Talaat Harb** nach Norden aus, südlich liegt die Garden City mit (ehemals) vornehmen Wohnpalästen, Botschaften und Hotels. Ein wichtiger Knoten ist der **Midan Talaat Harb**, der von der Geschäfts- und Bankenstraße Qasr El Nil und der Sharia Mohammad Bassioni gekreuzt wird. Ein spitzwinkeliges Gebäude an diesem Platz beherbergt das Café Groppi, ein bekannter Treffpunkt.

Das Shopping-Leben im modernen Kairo spielt sich im wesentlichen im Gebiet zwischen Midan Talaat Harb, der Sharia Qasr El Nil, der Sharia Gumhuriya, der Sharia 26.July und der Sharia Talaat Harb ab. Besonders in der Sharia Talaat Harb und Qasr el Nil (bis zum Midan Mustafa Kamil) drängen sich am Abend die Fußgänger, stehen die Parkplatzsucher in einer einzigen Schlange. Es ist wirklich interessant, zu dieser Zeit hier zu bummeln, entweder

Zentrum

5.Kairo kennenlernen

INTERESSANTES

Nachfolgend haben wir die interessantesten Sehenswürdigkeiten Kairos für Ihren Überblick zusammengefaßt:

Modernes Kairo
****Ägyptisches Nationalmuseum, berühmtestes Museum der Pharaonenzeit mit mehr als 100 000 Exponaten, u.a. Grabschatz des Tutanchamun
*****Insel Gezira** mit **Cairo Tower** (guter Aus- und Überblick), **Opernhaus**, **Museum of Modern Egyptian Art** und weiteren Museen
*****Museum für Islamische Keramik**, relativ kleines Haus, aber mit auserlesenen Keramiken aus der islamischen Welt
****Mahmoud Khalil Museum** sehenswerte Sammlung impressionistischer Maler
****Geschäftszentrum Taufikiya** nördlich des Midan Tahrir
***Landwirtschaftsmuseum** (in Dokki) mit Gebrauchsgegenständen des täglichen Lebens seit den ersten Pharaonen
***Botanischer und Zoologischer Garten**

Islamisches Kairo
******Souks und Märkte**, insbesondere beiderseits der Sharia El Azhar (u.a. der **Khan el Khalili Bazar**)
******Beyt el Suhaimi Palast**, typischer und sehr stimmungsvoller Sheikh-Palast und Nachbarhäuser
*****Gayer-Anderson-Haus**, ein im alten Stil restauriertes Wohnhaus direkt an der Ibn-Tulun-Moschee
*****Ibn-Tulun-Moschee**, altes, imposantes und ausgewogenes Bauwerk aus der Frühzeit des Islam in Ägypten
*****Museum für Islamische Kunst**, quasi das "Standardmuseum" der islamischen Kunst mit hervorragenden Stücken
*****Zitadelle** u.a. mit *****Mohammed-Ali-Moschee** ("Alabaster-Moschee"), **Mohammed Alis Palast**, ****Nasir-Moschee,** Militärmuseum und herrlichem Ausblick
*****Sultan-Hassan-Moschee**, eines der Meisterwerke islamischer Architektur
*****El-Azhar-Moschee**, einflußreichste Moschee und Institution mit ältester Universität des Islam
*****Mausoleum-Sabil-Kuttab** und **Moschee von El Guri**; vor allem das erstere Gebäude ist wegen seiner hervorragenden Restaurierung sehenswert
*****Kalaun Mausoleum und Madrasa**, interessanter Komplex mit schönen Mashrabien und Dekorationen
*****Totenstädte**, Kairos Friedhöfe mit einer Vielzahl von Kuppelgewölben, besonders sehenswert in der nördlichen Totenstadt die Mausoleen von *****Sultan Barquq** und von *****Sultan Ashraf Qaytbay**, in der südlichen Totenstadt das Mausoleum des ****Immam el Shafi**
****Hussein-Moschee** mit dem Kopf des Enkels des Propheten als Reliquie (beliebte Moschee für die täglichen Gebete)

**El-Hakim-Moschee, renoviert, daneben die beiden nördlichen
*Stadttore Bab el Futuh und **Bab el Nasr mit zugehöriger Stadtmauer**
Ak-Sunkur-Moschee, die wegen ihrer glasierten persischen Fliesen auch **Blaue Moschee genannt wird
**Er-Rifai-Moschee, ("Schwester" der Sultan-Hassan-Moschee) mit vielen Stilelementen aus der islamischen Vergangenheit
*Aqmar Moschee, sehenswertes Bauwerk aus der fatimidischen Epoche (10. Jhd)
*Beshtak-Palast, typischer Wohnpalast aus dem 14. Jhd für ehemals gehobene Verhältnisse
*Mausoleum des Saleh Nageh Ad Din Ayyub, gut restauriertes Bauwerk, das mit den besten Eindruck von alter islamischer Architektur vermittelt
*Wakalat El Guri, sehr gut restaurierte ehemalige Karawanserei, heute ein Atelier-Haus
*Muayad-Moschee mit dem Bronzetor der Sultan-Hassan-Moschee und baumbestandenem Innenhof
*Qajmas el Ishaqi Moschee, interressantes Bauwerk aus dem 15. Jhd mit schönen Marmor-Intarsien und guter Ventilation
***Altinbugha el Maridani Moschee**, aus dem 14. Jhd stammende Moschee mit großer Holztrennwand zum baumbestandenen Innenhof

Alt-Kairo und Insel Roda
***Alt-Kairo, der älteste Stadtteil, ist wegen seiner koptischen Kirchen – besonders **El Moallaka und **St. Sergius –, des *****Koptischen Museums** und seiner engen Gassen einen Besuch wert
**Manial-Palast (Insel Roda), etwas überprächtiges Gebäude aus dem 19. Jhd mit schönem Garten und Jagdmuseum
*Nilometer (Insel Roda), der viele Jahrhunderte zur Bestimmung des Wasserstandes diente und eindrucksvoll zeigt, wie hoch die Fluten stiegen
*Fustat, spärliche Ruinen einer einstmals blühenden Stadt
*Amr-Moschee, die älteste Moschee Kairos

Umgebung von Kairo
****Pyramiden von Giseh, Sphinx, Sonnenboot, Gräber, von alters her zu den Weltwundern zählend, am besten erhaltene Pyramiden
****Nekropole von Sakkara mit der Stufenpyramide des Djoser, vielen interessanten Gräbern und den Resten der im Fruchtland gelegenen ersten Hauptstadt **Memphis**
**Pyramide von Medum, 80 km südlich von Kairo, bekannt wegen des an den Seiten liegenden Bauschutts
Pyramiden von **Abusir und ****Dashur**
*Pharaonic Village, ein auf einer Nilinsel nachgebautes pharaonisches Dorf
*Heliopolis, nordöstlich gelegener Vorort, eine Anfang des Jahrhunderts geplante Reißbrett-Stadt mit Atmosphäre
*Heluan, einstige Kurstadt, heute Schlaf- und Industriestadt, Observatorium, Wachsfigurenkabinett
*Barrages du Nil, Staudämme aus Mohammed Alis Zeiten, beliebtes Ausflugsziel der Bevölkerung Kairos

5. Kairo kennenlernen

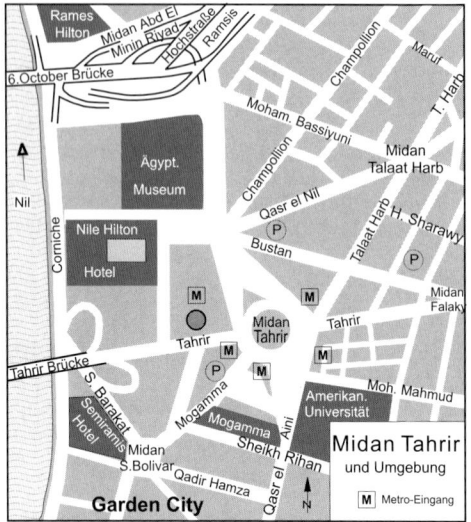

Midan Tahrir und Umgebung
Ⓜ Metro-Eingang

führungen vorziehen, weil der Verkehr lawinenartig über Platz und einmündende Straßen rollt.

Von Nord nach Süd liegen am Tahrir oder in unmittelbarer Nähe: das Ägyptische Nationalmuseum, das Nile Hilton Hotel, das ehemalige Gebäude der Arabischen Liga, das Außenministerium, das Mogamma-Gebäude mit vielen Verwaltungsstellen sowie die Amerikanische Universität. Zwischendrin finden noch ein Busbahnhof (vor der Mogamma) und natürlich eine Menge von Geschäften und Restaurants Platz.

Das **Nile Hilton Hotel** war früher die Touristen-Drehscheibe und (während der Nasser-Zeit) auch für viele Ägypter selbst einzukaufen oder nur den Ägyptern beim Shopping zuzuschauen. Wer es bis etwa 22 Uhr aushält, kann in der Gegend des Midan Orabi in einen der Nachtclubs gehen und den Ausflug mit einer Bauchtanzaufführung beschließen.

Aber auch am Tag lohnt ein kurzer Abstecher zum Midan Orabi mit dem kleinen Taufikiya-Frischmarkt und der kurzen Fußgängerzone, die nicht nur autofrei gehalten wird, sondern auch mit Grünanlagen und Sitzbänken aufgewertet wurde. Sogar die Häuserfronten sind neu gestrichen und im Farbton auf die Straßenpflasterung abgestimmt. Hier und in der Parallelstraße bieten viele kleine und größere Restaurants alle Genüsse der ägyptischen Küche.

Der **Midan Tahrir** (der offiziell *Midan Anwar el Sadat* wie die Metro-Station heißt), ist eine Art Institution in Kairo. Sechs Straßen spucken allen Verkehr auf dieses Areal, Massen von Fußgängern – meist um ihr Leben rennend – überqueren die Straßenzüge, obwohl der Metro-Bahnhof sicheres Unterqueren ermöglicht. Besonders Neuankömmlinge sollten die Unter- ein wichtiger Treffpunkt; in den letzten Jahren kam es ein wenig aus der Mode. Es entstand 1959 in den fast puritanischen, nach Moskau ausgerichteten Zeiten unter Nasser. Damals wurde es von dem mehr kosmopolitischen Teil der Bevölkerung gern als eines der wenigen Fenster Richtung Westen genutzt. Trotz des Menschenumschlagplatzes findet man in dem eher unansehnlichen Bau mit seinen Restaurants doch meist eine ruhige Ecke.

Vor einigen Jahren wurde als Schwester-Hotel das Ramsis Hilton gleich nördlich der 6. October Brücke in den Himmel geklotzt, ebenfalls kein Architektur-Denkmal. Von der Bar *Windows on the World* (die kurz vor Sonnenuntergang öffnet; Mindestverzehr £E 36 pP) im 30. Stockwerk überrascht der phantastische Ausblick, u.a. auf den Midan Tahrir und Umgebung. Außerdem ist sie ein sehr brauchbarer Platz für einen (teuren) "Sun-downer", den Drink nach englischer Art bei Sonnenuntergang. Mit etwas Glück und Bakschisch kann man noch eine Treppe höher auf das Dach steigen und gute Fotos machen.

Modernes Kairo

Blick über den Nil auf Downtown

Parfümiertes Wasser
Schlepper nutzen die Not der Touristen auf den Straßen, springen ihnen schnell zur Seite, halten die heranbrausenden Autos auf und geleiten den Fremden freundlich auf die andere Seite mit dem Spruch: "I saved your life!" Der so Gerettete kann dann kaum die Einladung ins Parfümgeschäft und dort den Kauf einer Literflasche überteuerten parfümierten Wassers ausschlagen...
Das ist übrigens nur einer der Tricks. Besonders am Midan Tahrir, in der Sharia Talaat Harb und den umliegenden Straßen sind **Schlepper** sehr geschickt auf ahnungslose Touristen aus. Meist sprechen Sie ein paar Sätze deutsch und verwickeln den höflichen Zuhörer in ein Gespräch. Die Freundschaft endet schließlich in einem Parfüm-Shop, dessen Preise um den Faktor 10 überhöht sind (als Anhaltspunkt: 1 ml Parfümessenz sollte ca. £E 1 kosten). Aber es geht nicht nur um Parfüm. Andere Schlepper versuchen, Ihnen überteuerte Ausflüge z.B. nach Sakkara oder sonstwohin anzudrehen oder sich Ihnen den ganzen Tag über als freundschaftlicher Führer anzudienen und am Ende ein saftiges Honorar zu verlangen.

Eine ganz andere Atmosphäre vermittelt das Mogamma-Gebäude am südlichen Midan Tahrir. Früher gab es einen guten Vorwand, die Arbeitsweise der ägyptischen Bürokratie hautnah zu erleben, wenn man die obligatorische Registrierung dort selbst vornahm. Heute könnte man das Visum verlängern lassen, um einen Blick in die Ameisenburg alptraumhafter Bürokratie zu werfen. Schauen Sie am Weg zu den Schaltern in die Büros, in denen sich meist mehrere Mitarbeiter einen Schreibtisch teilen müssen. Europäische Büromenschen werden nach diesen Einblicken gern wieder an den eigenen Arbeitsplatz zurückkehren.

Sollten Sie etwas mehr Zeit haben, so könnten Sie der **American University of Cairo** (AUC) an der Südostecke des Midan Tahrir einen Besuch abstatten. Dort finden häufig auch für Fremde interessante Vorträge oder Theateraufführungen statt. Informationen im Public-Relation-Office, Eingang Sharia Sheikh Rihan

(Querstraße der parallel zum Nil verlaufenden Sharia Qasr el Aini, an der auch das Parlamentsgebäude liegt). Im Bookshop der AUC gibt es jede Menge Literatur, vor allem alle Bücher, Karten etc., die von der American University in Cairo Press herausgegeben werden, aber auch weitergehende Literatur z.B. über Ägypten anderer Verlage. Im Café/Mensa läßt sichs gut frühstücken und mit Studenten in Kontakt kommen. Bei einer Tasse Tee können Sie die Studenten beobachten, die sich frei und ungezwungen verhalten wie auf jedem Campus eines westlichen Landes, obwohl auch hier einige verschleierte Mädchen von den strengen islamischen Vorstellungen künden.

Im nächsten Block der Sharia Qasr El Aini ist das Haus der sehr betagten Geologischen Gesellschaft von einer Polizei- oder Militärkaserne vereinnahmt worden. Das interessante **Geologische Museum**, das einst hier verstaubte, ist in die Corniche Nr. 2-4 in der Gegend von Alt-Kairo verlegt worden, Eingang Atar el Nabi (Nähe Metro-Station Zahra). Es beherbergt beeindruckende Tertiär-Fauna, Meteoriten, Minerale etc.

Ein sehenswerter Fokussierungspunkt des täglichen ägyptischen Lebens ist der unweit gelegene **Bab el Luk Markt** zwischen Midan Falaki und Midan Bab el Luk in der Verlängerung der Sharia el Tahrir. Er läßt sich sehr leicht ausfindig machen, in dem Sie vom Midan Tahrir nur ca. 5 Minuten stadteinwärts bis zur häßlichen Eisengestell-Fußgängerbrücke gehen, dort liegt er rechts, nur an unscheinbaren Eingängen zu erkennen. Allerdings ist der Bab el Luk Markt ein bißchen verkommen. Weitere typische Märkte sind das Ataba Markt (siehe weiter unten) und der bereits erwähnte El Taufikiya Markt in der Nähe des Midan Orabi.

****Ägyptisches Nationalmuseum

Vielleicht denken Sie zunächst an einen Besuch des Ägyptischen Nationalmuseums (tgl 9-16.30, Einlaß bis 16.00, während Ramadan bis 14.45; £E 20; Fotografiererlaubnis – kein Blitz erlaubt – £E 10; Video £E 100; Pharaonen-Mumiensaal zusätzlich £E 40; Ticket ist für "multiple entry" gültig). – Vorsicht vor Parfümladen-Schleppern: Sie behaupten, das Museum sei erst später für Individualtouristen geöffnet oder ähnliche Phantasie-Stories und daß man am besten die Zeit bis dahin beim Tee (im Parfüm-Shop) verbringen würde...

Auf die hier gebotenen Eindrücke sollte man selbst dann nicht verzichten, wenn man normalerweise einen Bogen um Museen macht; denn hier finden Sie weltweit einmalige Exponate von unschätzbarem Wert (z.B. Tutanchamun), andererseits aber auch so lebendige Darstellungen des täglichen Lebens vor 5000 Jahren, daß es einem den Atem verschlägt.

Für das mit Exponaten und Besuchern vollgestopfte Museum (Neubau geplant) sind ein paar "strategische Überlegungen" angebracht. Um 9 Uhr warten lange Schlangen an den Gepäckdurchleuchtern und hetzen dann im traditionellen Schema durch die Räume, ein Führer schreiend voran. Folgt man dem üblichen Schema, dann bringt der spätere Vormittag (ab 11 oder 11.30 Uhr) erste Erleichterung, weil die meisten Gruppen jetzt bereits andere Programme abzuarbeiten haben. Daraus folgt auch eine andere Alternative: beginnen Sie gegen den Uhrzeigersinn mit dem Besichtigen, denn die Gruppen laufen quasi mit der Uhr. In unserem früher verkauften Tonführer hatten die Autoren Sylvia Schoske und Dietrich Wildung die Besichtigung genau antizyklisch aufgebaut, d.h. mit der Spätzeit beginnend und immer tiefer in die Geschichte bis zur Frühzeit eintauchend. Die noch aktuellen Teile dieses Tonführers können Sie sich von unserer Website aus dem Internet herunterladen und als ausführlichen, sehr interessanten Führer mitnehmen (oder den Text auf eine Kassette sprechen und sich dann akustisch führen lassen). Erstaunlicherweise kommt fast keiner der Guides auf die Idee, gegenläufig zu führen; d.h. um 9 Uhr und noch eine Weile später ist z.B. der Tutanchamun-Saal 3 fast leer.

Modernes Kairo

Es gilt noch einen anderen Aspekt zu bedenken. Man kann durch das Museum rennen, viele Bilder abspeichern und jede Menge Fotos machen (lichtempfindlichen Film mitnehmen), aber das Ganze bleibt zusammenhanglos und damit fast uninteressant, wenn man sich nicht vorher ein wenig über den geschichtlichen Hintergrund informiert. Lesen Sie bitte das Kapitel *Im Eilgang durch die Geschichte*, siehe Seite 93, nach und versuchen Sie, die Daten mit Bildern und Inhalt auszufüllen.

Schließlich sollte man sich über das Ordnungsprinzip des Museums klar werden. Im Erdgeschoß sind – mit Ausnahmen – die Stücke und Raumthemen chronologisch angeordnet. In Raum 47 mit der Frühzeit um 3000 vC beginnend, arbeitet man sich – links herum gehend – in immer jüngere Schichten der pharaonischen Zeitläufte vor. Das Obergeschoß hingegen ist sachlich sortiert, den meisten Platz nimmt die Tutanchamun-Ausstellung ein. Bei der folgenden Beschreibung halten wir uns an den klassischen Rundgang, d.h. im Uhrzeigersinn von der Frühzeit zur Spätzeit und dann themenbezogen im Obergeschoß (siehe Plan). Bei der Fülle der Exponate beschränken wir uns auf die wichtigsten Stücke.

Auf eine weitere Erschwernis muß noch hingewiesen werden: Es gibt mehrere Katalogisierungsschemata der Exponate. Man findet daher unterschiedlichste Nummern an den Stücken oder Vitrinen; manchmal auch gar keine. Da verschiedene Räume neu angepinselt wurden, verschwanden teilweise die Raumnummern unter der neuen Farbe, und Plan ist man manchmal hilflos. Da die Raumnummern in beiden Stockwerken identisch sind, wurden sie, sparsam wie die Antikenverwaltung nun einmal ist, meist nur ans obere Stockwerk angeschrieben, also raufschauen.

An den Kiosken am Eingang sind ausführliche und bebilderte Führer erhältlich. Dem historisch Interessierten sei geraten, sich bereits zu Hause den hervorragend bebilderten Katalog *Das Ägyptische Museum Kairo* zu kaufen (siehe Seite 30) und sich anhand der ausführlichen Beschreibungen auf die für ihn wichtigen Stücke vorzubereiten; allerdings folgt das Buch dem Nummerierungsschema, d.h. die Stücke werden nicht raumorientiert aufgelistet. Im Museumsshop am Eingang ist der sehr hilfreiche bebilderte und mehrsprachige (auch deutsch) Rundgangs-Führer *Illustrated Guide of the Egyptian Museum* von Dr. E. Lambelet erhältlich, dessen Tour auch wir weitgehend folgen wollen.

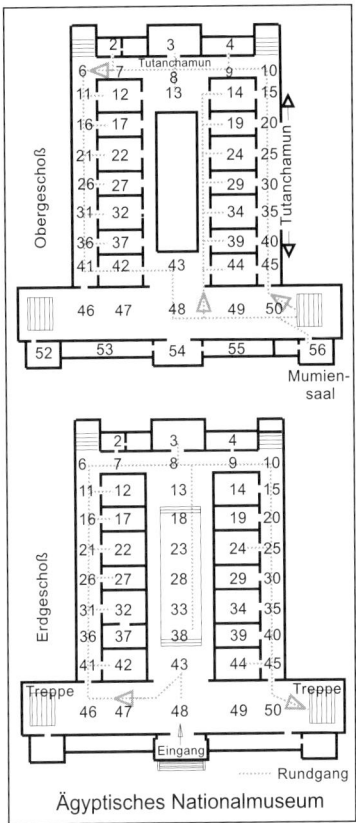

Ägyptisches Nationalmuseum

5. Kairo kennenlernen

Abkürzungen für die Aufstellungsplätze

Ansonsten ist zu überlegen, die Besichtigung auf mehrere Tage zu verteilen, z.B. vor und nach einem Oberägyptenbesuch zu legen. Man sollte auch in abgelegenen Galerien stöbern, überhaupt auf Entdeckungstour gehen. Ein Rundgang durch das Ägyptische Museum kann so spannend wie eine Ägyptenreise sein, und man wird bei jedem Besuch wiederum Neues entdecken.

In der folgenden Beschreibung wird nach der Raumnummer – wobei S für Saal, G für Galerie steht – auf die wichtigen Stücke pro Raum hingewiesen. Jeweils in Klammern ist zunächst die sichtbarste der individuellen Katalognummern angegeben, dann eine Buchstabenkombination zur groben Lokalisierung des Aufstellungsplatzes:

> **E** – Eingangsbereich, **r** – rechts, **l** – links, **m** – mittig (nicht an der Wand), **h** – hinten, **v** – vorn, **W** – Wand, **M** – Raummitte, **V-x** – Vitrine x (Nummer bzw. Buchstabe der Vitrine, wenn vorhanden (z.B. V-C, M = Vitrine C in Raummitte, oder 63, lE = Nummer 63 im linken Eingangsbereich). Die Beschreibung erfolgt jeweils vom Saal- oder Galerie-Eingang im Uhrzeigersinn und bezieht sich auf den Standort der Exponate zur Zeit der Recherche.

Für Besucher mit wenig Zeit haben wir die wichtigsten Räume mit * markiert.

Erdgeschoß

Nach dem Gedränge im Eingangsbereich und den Sicherheitskontrollen betritt man die sogenannte Rotunda (Saal 48) mit Kolossalstatuen aus dem NR von Amenhotep und Ramses II sowie einer Kopie des Rosetta-Steins, dessen Dreisprachigkeit die Entzifferung der Hieroglyphen ermöglichte. Gehen Sie zunächst in den Saal 43 und von dort dann wieder zurück.

Frühzeit

*S43: Narmer-Palette (8, M), die in früher Darstellung (um 3000 vC) den Sieg Narmers als Lönig Ägyptens zeigt; hervorragend geschnitzte Holzpanele aus dem Grab des Schreibers Hesira (21, rM); Schieferstatue des Pharao Khasekhem, 2. Dynastie (14, rE).

*S47: Kalkstein-Statue von Pharao Djoser (16, EM); Sarkophage mit Hausdekoration (l); Pharao Mykerinos zwischen Hathor und einer Gaugöttin (149, lm; 180 rm); interessante Figurinen aus dem täglichen Leben im AR (V-D, M); Opfertisch (119, lh).

S46: Zwerg Khnumhotep (V-B, 160, vM); Statuenkopf des Pharao Userkaf (V-C, 32, hM).

Altes Reich

G41: (Pasten)Reliefs des Nefer-maat (25, lW, rW), Reliefs mit bunter Paste ausgefüllt (Hund beißt Fuchs; Vogelfang).

*S42: Statue des Arztes Ni-Anch-Re (6138, lE), äußerst lebendige Holzfigur des Priesters Ka-aper – "Dorfschulze" – (40, lM), Steinfigur von Pharao Chefren mit Falke (31, M), hölzerne Frauenstatue "Frau des Ka-aper" (41 hm); Schreiber im Schneidersitz (41, rE).

*S32/37: Doppelstatue von Pharao Pepi I aus Kupfer (63, lE); Schifferstechen, bemaltes Relief (60, lWv); herrliche 5000 Jahre alte Farben: Gänse von Medum (26, lWM); Zwerg Seneb mit Frau (49, lWM); Oberpriester Rahotep und Gemahlin Nofret (27, h); Scheintür der Mastaba des Ateti (239, hW); Nebenraum 37 (Hetepheres, Mutter von Pharao Cheops, gewidmet):

Sessel (6161, hr); 7 cm hohe Elfenbeinstatue von Pharao Cheops (V-, rWM); Sänfte (vr); wieder Raum 32: Grabherr Ti (49, rE; Grab in Sakkara!)

G31: Priester Ranofer, langer Schurz, kurze Haare (45, hl); derselbe mit kurzem Schurz, Perücke (46, hr).

Mittleres Reich (MR)

G26: Pharao Mentuhotep II, Gründer des MR, als Osiris, daher schwarze Hautfarbe (67, r).

G21: Hofmeister Amenhet und Familie, Opfergaben (79, r); Granitstatue von Pharao Amenhet III (284, r).

*S22: Zehn lebensgroße Statuen von Pharao Sesostris I um die ausgemalte Grabkammer des Harhotep herum (M), Holzfigur von Sesostris I (V-88, mr).

G16: Doppelstatue und Mähnensphingen, vermutlich von Pharao Amenemhet III.

G11: Statue des Königs Hor (280, vl); Statue von Pharao Tuthmosis III, NR (400, hr).

Neues Reich (NR)

*S12: 18. Dynastie-Raum: Marmorstatue von Tuthmosis III (135, lE); Amenophis II beschützt von einer Kobragöttin (470, IM); Relief der verkrüppelten Königin von Punt (130, IWM); Amenophis, Sohn des Hapu (461, 465, 496, l); Pharao Amenophis III mit Kriegshelm (V-C, hWl); ausgemalte Kapelle mit Hathor-Kuh, am Euter trinkt Amenophis II (138, hW); Statue der Pharaonin Hatschepsut, als männlicher Pharao mit Bart dargestellt (952 rWh); Würfelhocker von Senenmut, Günstling von Hatschepsut (418, rWM); Kalksteinstele von Pharao Amosis (415, rWM); Granitstatue von Isis, Gemahlin von Tuthmosis II (137, Mr).

G7: Kolossalstatue von Hatschepsut, kniend und opfernd (6153, M).

G8: Sargdeckel von Pharao Semenchkare, Nachfolger Echnatons (V-E, 6873, vM), ursprünglich für Kija, Nebenfrau Echnatons.

*S3: Amarna-Saal: Drei Kolossalstatuen von Pharao Echnaton (lE, rE, hr); Tontafel-Korrespondenz mit asiatischen Fürsten (V-A, lE); Malereien aus dem Palast Echnatons (Wl, Wr); Kopf der Nofretete (V-L, 161, ml); Kalksteinrelief von Echnaton und Familie beim Gebet (V-C, 165, ml); Echnaton mit blauem Kriegshelm (V-F, 160, ml); Kopf einer Echnaton-Tochter (V-K, 163, mr) königlicher Sarg.

S18-33 (Mittelhalle): Kolossalstatuen von Amenophis III und Gemahlin Teje (610, E); bemalter Palastfußboden aus Amarna (M); Spitze der Pyramide von Amenemhet III (626, hM).

G10: Königstafel von Sakkara mit 47 Königsnamen (660, M); Falkengott Hurun bewacht jungen Ramses II (6245, hM).

G15: Bemalte Kalksteinbüste von Merit-Amun, Tochter von Ramses II (208, M).

S14: Statue von Ramses III (EM), Statue von Sethos I (724, rE).

G25: Kopf des Taharqa, 25. Dynastie.

S24: Psametik-Figuren aus grünem Schiefer, 26. Dynastie (854-857, M); Thueris, Göttin der Fruchtbarkeit (248, ml).

G30: Alabasterstatue von Prinzessin Amenirdis, 25. Dynastie (930, M).

G40: Objekte der meroitischen Kultur im Nordsudan

S44: Objekte der X-Group (4.-6. Jhd nC): Kronen und Schmuck aus Silber, Pferdegeschirre (Bestattung), Waffen.

G50/49: Spätzeitsarkophage.

Von hier aus geht man die rechte Treppe (vom Eingang gesehen) hinauf.

Obergeschoß

Tutenchamum-Grabschatz

Die Räume 45, 40, 35, 30, 25, 20, 15, 10, 9, 8, 7 und 3 sind dem Grabschatz des Tutanchamum gewidmet. Goldmaske und Sarkophage stehen im eigens klimatisierten Raum 3.

G45: Wächterfiguren, die einst die Grabkammer bewachten (5, lE; 6, rE).

G40: Tutanchamun auf einem Boot und auf einem Panther (V-192, rM); Uschebtis (V-81, rh); Holztruhe mit Kriegs- und Jagdszenen (lh).

5. Kairo kennenlernen

G35: Thronsessel (V-179, IM); Spielbretter (V-189 auch 49, IM).
G30: Fächer aus Elfenbein und Straußenfedern (V-448, rE); Krummstäbe, einige Griffe mit unterworfenen Nubiern (V-187, M).
G25: Thronsessel aus Zedernholz mit Königsnamen (V, M)..
G20: Alabasterschiff mit farbigen, eingelegten Pigmenten (V-59, M); Alabastervase für Parfüm (V-190, lh); Alabastergefäß für Salben (V-16, rh); Gott Nefertum mit Gesichtszügen von Tutanchamun (V-118, rWh).
G15: Verschiedene Betten; Anubissymbole (V-F, lE); verschiedene Schiffe (hr).
*G10/9/8/7/13: In der Mitte von G10-7: drei hölzerne Totenbetten mit Schutzgöttinnen, Himmelsgöttin Mehurt (183), Fabeltier (3), Löwin (70); Schatztruhe mit Totengott Anubis (185); Kanopenschrein aus Alabaster (V-176); Kanopen-Kapelle, beschützt von vier Göttinen (V-177); es folgen vier vergoldete Eichenholzschreine (1319-1322), die ineinandergefügt waren, im innersten (als erster auf diesem Rundgang zu sehen) stand der Quarzitsarkophag mit den drei inneren Särgen, der Goldmaske und der Mumie (siehe Saal 3); zusammenklappbare Nackenstütze (V-184, rW); königliche Kutschen in G13.

Die Säle 2, 3 und 4 zählen zu den **Highlights** des Museums, zumindest was Schmuck- und Edelmetallkunsthandwerk betrifft..

*S3: Grabschatz des Tutanchamun: Goldmaske, die den Mumienkopf bedeckte (V-, M); innerster Sarg (V-, lv); zweiter Sarg (V-, lh); Schreib- und Malwerkzeuge (V-, hWl); Dolch, Brustschmuck, Diadem etc. (V-, r); Sandalen, Handschuhe (V-, lE).
*S4: "Ancient Egyptian Jewellery", Schmuck aus 3000 Jahren; die Ausstellung ist chronologisch aufgebaut, rechts vom Eingang mit den ältesten Exponaten beginnend und gegen den Uhrzeigersinn jünger werdend; die Stücke sind erklärt.
*S2: Grabschatz aus Tanis (3. Zwischenzeit); Silbersärge, Goldmasken, Schmuck; Goldmaske des Pharao Psusennes I (6290, Mr); Brustschmuck des Psusennes I (rE); Sarkophage (hWl).

Themenbezogene Räume

G6: Siegel, Amulette, Halsbänder.
G11/16/21: Sarkophage aus dem MR bis zur römischen Zeit.
S12: Funde aus thebanischen Königsgräbern (Uschebtis, Kanopengefäße, Perücken etc.).
S17: Funde aus dem Grab des Grabbaumeisters Sennedjem (19. Dynastie).
S22: Funde aus Gräbern des NR.
S27: Interessante Modelle aus dem MR aus dem Grab des Meketre: Opferträgerin mit Gans und Vasen (74, lE); Spinner und Weber bei der Arbeit (77, lvM); Tischlerei mit sägendem Schreiner (78, IM); Bootsmodelle (6077, hM); Fischer ziehen Netz von zwei Booten aus (75, rM); Viehzählung vor Meketre (76, rE).
S32: Grabfunde aus dem AR.
S37: Funde aus dem Grab des Prinzen Mesehti, 12. Dynastie; 40 ägyptische Soldaten mit Lanzen und Schildern; 40 nubische Bogenschützen; weitere Modellgruppen.
G36/41: Interessante Funde aus dem Grab des Hemaka, 1. Dynastie: Spielbretter, Schieferteller, Vasen, Pfeile, Holzsichel mit Feuersteinschneide etc.
S42: Objekte aus der Frühzeit.
S43: Grabschatz von Yuya und Tuya (Eltern der Teje, 18. Dynastie) aus dem Tal der Könige.
*S56: **Mumiensaal** (£E 40 Zusatzeintritt)
1994 wurde der Mumiensaal wiedereröffnet, nachdem Präsident Sadat ihn 1980 schließen ließ, um die Ruhe der Toten nicht zu stören und die empfindlichen Gebilde vor endgültiger Zerstörung durch Pilze und Bakterien zu bewahren. Dies soll in Zukunft durch technische Maßnahmen verhindert werden. Die Toten liegen daher jetzt in Edelgas gefüllten Glassärgen. Der Weg führt durch eine informierende Galerie in denSaal. Die Glassärge sind U-förmig parallel zu den Wänden aufgestellt. Nur Ramses II mit seinem scharfen Profil und den rotblonden

Haaren liegt im schützenden Glassarg bzw. -kasten im Sarkophag in der Mitte des Raumes. Die Toten sollen tatsächlich ruhen, daher werden die Besucher um Ruhe gebeten. Nur elf der 27 in Theben-West gefundenen Pharaonen-Mumiensind – in chronologischer Reihenfolge – hier aufgebahrt:

- **Sekenenra** (17. Dynastie, 1600 vC), tödliche Kopfverletzung in einer Schlacht, ca. 40 Jahre alt
- **Amenophis I** (18. Dyn.), noch vollkommen in Mumienbinden, ca. 48 Jahre alt
- **Meritamun** (18. Dyn.), Frau von Amenophis II, ca. 50 Jahre alt
- **Thutmosis II** (18. Dyn.), durch Mumifizierung schwarz gefärbtes Gesicht, ca. 30 Jahre alt
- **Thutmosis IV** (18. Dyn.), schöner, behaarter Kopf, ca. 50 Jahre alt
- **Sethos I** (19. Dyn.), am besten erhaltene Mumie, ca. 40 Jahre alt
- **Ramses II** (19. Dyn.), größter pharaonischer Bauherr, Mumie aufwendig restauriert, ca. 90 Jahre alt
- **Merenptah** (19. Dyn.), 13. Kind von Ramses II, kaum verfärbtes Gesicht
- **Ramses V** (20. Dyn.), sehr gut erhaltenes, mit roter Farbe bemaltes Gesicht, jung gestorben
- **Nedjmet** (21. Dyn.), Gemahlin Herihors, ein bißchen auf jung getrimmte Mumie
- **Henut-Tauwi** (21. Dyn.), Gemahlin des Pinodjem I, Körper mit Sand und Stoff aufgefüllt, um ihn lebendig wirken zu lassen.

G48: Särge der Königinnen Kawit und Ashait, 11. Dynastie, kleine Preziosen-Vitrine, davor in mehreren Vitrinen wechselnde Ausstellung neuester Grabungsfunde.
G49: Mobiliar; Grundsteinbeigaben.
G50: Wasseruhr mit unterschiedlicher Stundenanzeige (4950, nahe Eingangswand).
S44: Opfergaben für Tempel, Schlösser.
S39: Ägyptische und griechische Terrakotta-Figuren.
S34: Gebrauchsgegenstände wie Spiegel, Spiele, Maße und Gewichte etc.
S29/24: Ostraka ("Schmierzettel") und Papyri.
24: Ostraka.
S19: Götterbronzen.
S14: Mumienportraits.

Downtown

Jetzt wollen wir uns vom Midan Tahrir und seiner Umgebung lösen und uns auf der Sharia **Talaat Harb** stadteinwärts auf den Weg machen. Bald stoßen wir auf den Midan Talaat Harb, ein wichtiger Knoten, der von der Geschäfts- und Bankenstraße Qasr el Nil, der Sharia Talaat Harb und der Sharia Mohammed Bassioni gekreuzt wird. Im spitzwinkeligen Gebäude zwischen den letztgenannten Straßen bietet das *Café Groppi* guten Kuchen (und schlechten Service). Auf dem Bürgersteig daneben ein gut bestückter Zeitungsstand (neben Egyptian Gazette auch Süddeutsche Zeitung, Welt, FAZ).

Wenn Sie nun die Sharia Talaat Harb hinaufwandern und in die Sharia Adly rechts einbiegen (an der Ecke ein guter Softdrink-Laden mit frischgepreßten Fruchtsäften), werden Sie im letzten Block vor dem Opernplatz links das **Tourist-Information-Office** (Haus Nr. 5) mit seinen meist freundlichen Auskunfts-Damen aber wenig Informationsmaterial finden. Genau gegenüber führt ein Eingang in das "Garden Groppi". In diesem Zweigbetrieb des Groppi vom Midan Talaat Harb sitzt man unter ein paar Bäumen im Freien und kann sich ausruhen. Hier treffen sich gern ältere Männer, um über bessere Zeiten zu palavern, auch gibt es eine Toilette.

Folgen Sie weiterhin der Sharia Adly, Sie landen auf dem **Midan Opera**. Das zugehörige Opernhaus brannte 1971 aus. Es war 1869 nach nur sechs Monaten Bauzeit zur Eröffnung des Suezkanals und zur (nicht stattgefundenen) Uraufführung von Verdis Oper Aida eingeweiht worden. Über viele Jahrzehnte galt es als bedeutender Bestandteil des kulturellen und gesellschaftlichen Lebens. Heute steht ein Parkhaus an seiner Stelle, ein Neubau wurde 1988 auf der Insel Gezira (siehe Seite 166) eingeweiht. Um den Platz gibt es eine ganze Reihe von Textil-

5. Kairo kennenlernen

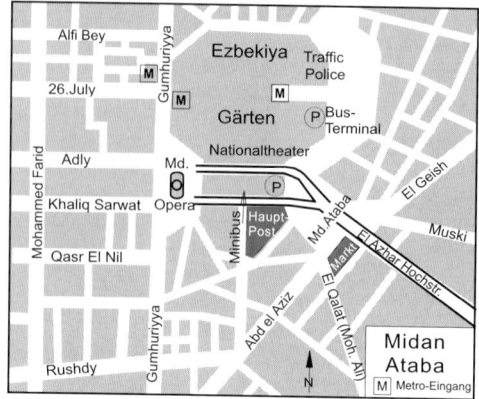

geschäften und Schneiderwerkstätten: Wenn Sie auf die Schnelle eine neue Hose brauchen, dann lassen Sie hier maßschneidern.

Vor dem unübersehbaren "Midan Opera Office Building" steht eine Reiter-Statue des Ibrahim Pascha. Diese Gegend war übrigens das Stadtzentrum bis etwa in die 50er Jahre, als es sich mehr und mehr zum Midan Tahrir und Nil verlagerte. Damals gaben hier Hotels wie Shepard's, das bei Unruhen im Februar 1952 in Flammen aufging, den Ton an. Auch heute noch zehren Hotels der Umgebung wie das *Victoria* oder *Windsor* vom ehemaligen Ruhm.

Gleich hinter dem Midan Opera und noch im Auffahr-Rampenbereich der Sharia El Azhar treffen Sie auf den **Midan Ataba** mit der **Hauptpost** (Sa-Do 8-15, Fr 8-13), dem Postmuseum und der Hauptfeuerwache. Postlagernde Sendungen gibt es auf der rechten Postgebäudeseite (Schild "Correspondence Delivery" über dem Eingang), Einschreiben werden nur im Paketpostamt (links auf der gegenüberliegenden Straßenseite) angenommen. An einem der Schalter können Sammler Briefmarken kaufen; "alle erdenklichen Marken ohne Umstände", schreibt ein begeisterter Briefmarkenfreund. Philatelisten dürften am Postmuseum interessiert sein, das im zweiten Stockwerk der Hauptpost untergebracht ist.

Der eigentliche Midan Ataba wird von Hochstraßen "in den Schatten gestellt", bis zum Abschluß der Untertunnelungsarbeiten der Sharia El Azhar dürfte er eine riesige Baustelle bleiben. Wenn Sie von der Feuerwache aus der Hochstraßenkonstruktion nach Osten folgen, treffen Sie auf der gegenüberliegenden Straßenseite auf den überdachten **Ataba-Markt**. Dieser sehr lebendige Markt versorgt die ägyptische Hausfrau mit allem, was die tägliche Küche an Frischem verlangt. Das emsige Marktgeschehen zeigt viel vom ganz normalen Alltagsleben im Orient, sehr direkt und interessant dazu.

Sie könnten von hier aus der Sharia El Azhar folgen und würden bald im Herzen des Islamischen Kairo und in der Nähe des Khan el Khalili Bazars stehen, doch dies wollen wir später angehen (siehe Seite 168).

Etwas weiter östlich durchschneidet die **Sharia Bur Said** das Häusermeer, die erst Ende des letzten Jahrhunderts dadurch entstand, daß der damalige Khaliq el Misr Kanal zugeschüttet und damit eine neue Verkehrsachse geschaffen wurde. Dieser Kanal bildete die Grenze der von den Fatimiden gegründeten Altstadt, dort zog sich auch die westliche Stadtmauer entlang, die heute verschwunden ist. Der Kanal wurde übrigens während des Niedrigwassers des Nils durch einen Damm vom Fluß abgetrennt. Bei einem bestimmten Hochwasserpegel riß man den Damm mit einer großen Zeremonie ein, weite Gebiete versanken dann in den fruchtbaren Fluten.

Jetzt gehen Sie am besten bis zur Post zurück, überqueren den quirligen Midan Ataba und flüchten sich in die **Ezbekiya Gärten** (falls wiedereröffnet), die während des U-Bahnbaus als Lager dienten und nachher weitgehend neu entstanden. Bis zur Mitte des 19. Jahrhunderts dehnte sich hier der Ezbekiya-See aus, ein für Kairo typischer Teich, der sich bei der Nilflut mit Wasser füllte und dann im Winter langsam austrocknete. Um diesen kleinen See herum waren unter den Osmanen herrliche Paläste entstanden, häufig wurden illuminierte Wasserfeste mit bunten Booten veranstaltet. Schließlich schüttete man den See zu, 1870 legten französische Architekten Gartenanlagen mit exotischen Gewächsen an, die aber auch den Umbauten zum Opfer fielen.

Bis zum U-Bahnbau zerschnitt hier einer der wichtigsten Busterminals Kairos die Gärten in zwei Hälften und hüllte sie in Abgaswolken. Dann wühlten die Metrobauer alles durch; nach deren Abzug blieben neu angelegte Gärten zurück, der Busbahnhof wurde ins Erdgeschoß des Parkhauses neben der Traffic Police verlegt. Weiterhin finden Sie im Komplex zwischen Opera-Parkhaus (nicht zu verwechseln mit dem des Busterminals) und der Sharia 26.July das **Nationaltheater** (das aber eventuell verlegt werden wird) und das **Cairo Puppet Theater**.

Sie können nun auf der Sharia Gumhuriyya (sie begrenzt die Gärten im Westen) nach links, nach Süden bis zum Midan el Gumhuriyya wandern und damit im eigentlichen Regierungsviertel landen. Links liegt der **Abdin Palast** aus dem 19. Jhd, der heute als Sitz des Staatspräsidenten offiziellen Anlässen dient.

Das unübersehbar ausgeschilderte **Abdin Palace Museum** (9-15; £E 10; Eingang quasi auf der Rückseite des Palastes) dürfte besonders für den Waffenfreund eine Fundgrube aller möglichen Handwaffen, aber auch alter Geschütze darstellen. Die Deutschen sind u.a. mit Schmuckwaffen der Nazis sowie einem Standbild von Friedrich III. (!) vertreten. Es gibt außerdem Medaillen, Silberarbeiten und Porzellan zu betrachten.

Wenn Sie der Palast nicht interessiert, schlendern Sie vom Midan Ataba einfach Richtung Midan Tahrir zurück, unterwegs gibt es viel tägliches Leben zu sehen.

Hauptbahnhof, Midan und Sharia Ramsis

Interessanter als vom Midan Ataba zum Midan Tahrir zurückzukehren ist es, entweder per Metro eine Station zum Ramsis Bahnhof (Station *Mubarak*) zu fahren oder der Sharia Gumhuriyya nach Norden zu folgen, sie endet am **Midan Ramsis**. Dieser Platz stellt einen ähnlich wichtigen Knotenpunkt wie der Midan Tahrir dar. Zentrales Bauwerk ist der **Hauptbahnhof** – *Ramsis Bahnhof* –, an den sich nördlich der Vorortbahnhof für Heliopolis namens Pt. Limoun anschließt. Gleich links in der Hauptbahnhofshalle sind – außer einer Polizeistation – ein Postamt zum Briefmarkenkaufen und eine Touristeninformation untergebracht (mehr Details zum Bahnhof siehe Seite 132).

Der Platz verdankt seinen Namen der Ramses-Statue, die ihn einst groß und einsam beherrschte. Heute enden die Fahrbahnen der Ramsis-Hochstraße respektlos zu ihren Füßen

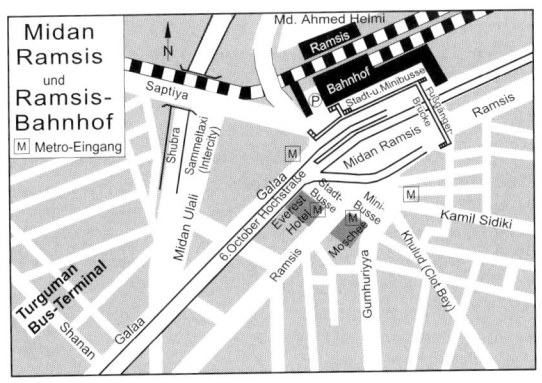

5. Kairo kennenlernen

bzw. stellen sie buchstäblich in den Schatten. Den Bahnhofsvorplatz kann man entweder auf Fußgängerhochbrücken über- oder durch die Metro-Station *Mubarak* unterqueren.

Wenn gerade kein Erdbeben stattfindet oder ein Feuer ausbricht, dann nehmen Sie doch den (langsamen) Lift ins Everest-Hotel im Hochhaus an der Bushaltestelle. Vom "Café" im 15. Stock können Sie das Straßengewirr bestens überblicken, es fotografieren und sich einen Eindruck von der Umgebung verschaffen.

Am Nordende des Bahnhofgebäudes (ca. 70 m rechts vom Eingang) liegt das zumindest für Eisenbahn-Fans und Nostalgiker sehenswerte **Eisenbahnmuseum**, das bereits 1933 eröffnet wurde (Sa-Do 11-17, £E 1,50, freitags £E 3) und heute fast charmant verstaubt-veraltet ist. Als Attraktion gilt eine von Stephenson in England gebaute Lokomotive, deren Kohle-Tender der Khedive Ismail zum kleinen Salon ausbauen ließ. Mit diesem prunkvoll verzierten Gefährt bereiste er sein Reich. Nicht uninteressant dürfte auch eine Darstellung über den Transport einer Monumentalstatue in pharaonischen Zeiten sein.

Einen interessanten Abstecher können Sie von hier aus zum modernen koptischen Zentrum mit dem Neubau der **Markus Kathedrale** (angeblich nur bis 16 Uhr geöffnet) machen. Am besten nehmen Sie die Metro bis zur Station El Demerdash und gehen dort ca. 500 Meter südwärts, unterwegs sehen Sie die Kuppel der Kathedrale. Oder Sie fahren per Taxi ca. 2 – 3 km auf der Sharia Ramsis stadtauswärts, kurz nach der Kreuzung mit der Sharia Bur Said (Fly-Over), ist auf der linken Straßenseite die riesige Betonkuppel der Markus Kathedrale – das bedeutendste Gotteshaus der Kopten – nicht zu übersehen. Die Kathedrale gilt als die größte christliche Kirche auf afrikanischem Boden. Die Gebeine des Heiligen Markus – der christliche Missionar Ägyptens – wurden bei der Einweihung der Kathedrale teilweise aus Venedig hierher zurückgeführt.

Innerhalb eines Verwaltungskomplexes mit einer alten Basilika erhebt sich auf einem Grundriß von 100 x 150 m der mächtige, 1960 begonnene Bau mit seiner 41 m hohen Kuppel. Ein Besuch der Kathedrale ist beeindruckend, zum einen wegen des imposanten Bauwerks, zum andern wegen des hier zur Schau gestellten Überlebenswillens der koptischen Gemeinschaft. Das nicht minder sehenswerte alte koptische Viertel namens Alt-Kairo ist ab Seite 210 beschrieben.

Man könnte meinen, daß die unweit der Markus Kathedrale ebenfalls an der Sharia Ramsis stehende El Noor Moschee als Antwort der Muslime auf die koptische Kathedrale verstanden werden sollte. Rein subjektiv wirkt ihre Baumasse unter den fünf grünen Kuppeln mit zwei extrem hohen Minaretts sehr viel gewaltiger als die des christlichen Pendants.

Die bisher abgewanderten Markierungspunkte grenzen zumindest den wichtigsten Teil von Downtown, d.h. des eigentlichen Stadtzentrums, ein. Wenn Sie Hotels, Schuhgeschäfte, teure Souvenir-Shops, Kaufhäuser, Buchhandlungen, Reisebüros etc. suchen, dann gehen Sie hier richtig.

Insel Gezira – Zoo – Insel Roda

Ein Ausflug zur Insel Gezira (das arabische *Gezira* heißt Insel) bietet als Hauptattraktion den Ausblick vom ****Cairo Tower** (£E 25; keine Studentenermäßigung, kein Warten in der Schlange der Einheimischen). Von oben gewinnen Sie einen vortrefflichen Überblick über die Stadt und ihre Lage am Nil, besonders schön ist die Sonnenuntergangsstimmung. Falls Sie oben speisen wollen, müssen Sie bereits unten am Eingang Gutscheine kaufen, das Restaurant hat nicht den besten Ruf; vor allem bei Sonnenuntergang wartet man lange auf seine Bestellung.

Der Turm steht am Rand der Sportplätze, die meisten davon gehören dem Gezira Sporting Club. Vor allem gegen Abend wird hier eifrig trainiert. Im Postamt, links vom Turmaufgang, kann man telefonieren, links vom Turm ist ein Kartentelefon. Unweit vom Tower sind zwei Restaurantschiffe am Nilufer vertäut, die sich als beliebter Treffpunkt der Ägypter entwickelten, bekannte Sängerinnen und Sänger treten während der Mahlzeiten auf.

Gegenüber dem Eingang zum Gezira Sporting Club, 1 Sharia El Sheikh El Masrafi, steht ein exquisiter, kleiner islamischer Palast (1927 für einen Ururenkel des Khediven Ibrahim gebaut), der das ***Museum für islamische Keramik** (Di-So 10-13.30, 18-22, z.Zt. kein Eintritt) beherbergt. In den Sammlungen des Museums scheinen sich die hervorragendsten Keramiken der islamischen Vergangenheit zu vereinen. Neben arabischen und türkischen sind vor allem auch die andalusischen Stücke sehr sehenswert; ein Raum ist pharaonischer Kunst gewidmet. Im Untergeschoß (östlicher, tieferliegender Seiteneingang) finden wechselnde Ausstellungen zeitgenössischer ägyptischer Künstler statt.

Jetzt sind Sie bereits im Herzen von Zamalek gelandet, einem ehemals recht feudalen Wohnviertel auf der Insel Gezira, in dessen Straßen Sie manche vornehme alte Villa betrachten können. Noch heute besitzt Zamalek Anziehungskraft für die gehobene Mittelschicht, wie die Boutiquen an der Sharia 26.July und in den nördlichen Querstraßen zeigen. Aber auch die Diplomaten fanden mit ihren Botschaftsgebäuden Gefallen an dieser Gegend. Sollten Sie zur Deutschen Botschaft kommen, dann werfen Sie einen Blick in den **Gabalaya Aquarium Park**, Eingang Sharia Hassan Sabri (der Park gegenüber der Botschaft). Er bot bis Ende des 20. Jh in labyrinthartige Grotten gehauene Aquarien mit Nilfischen, die Aquarien sind aber nicht mehr vorhanden. Der von König Ismail im 19. Jh angelegte Park ist gepflegt (9-15.30, £E 0,50). Achtung: In den Cafés im Park wird gern abgezockt, ein Leser bezahlte für zwei Tee und ein Mineralwasser £E 19,50.

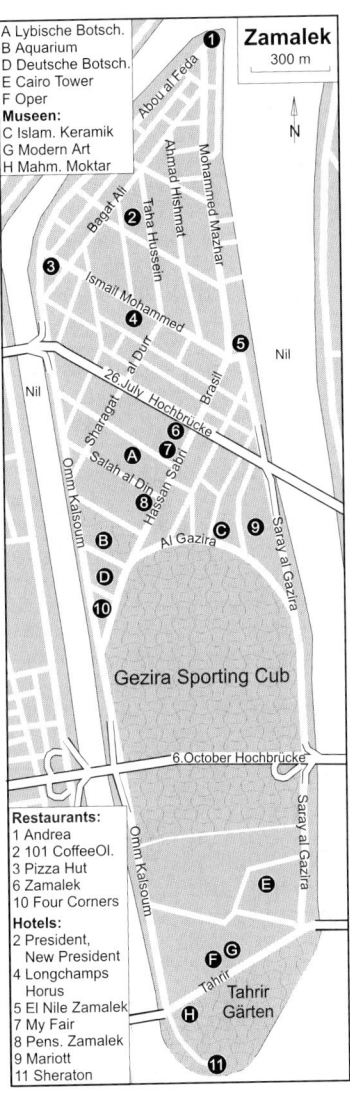

Für einen Abstecher sollten Sie über die 6.October Brücke zum linken Nilufer fahren. Praktisch an deren Ende steht das *Landwirt-

5. Kairo kennenlernen

schaftsmuseum (Di-So 9-13.30, £E 0,20). Im ersten Gebäude wird das Landleben mit seinen Gebrauchsgegenständen zur Pharaonenzeit – von Broten bis zu Tiermumien – dokumentiert, im zweiten Gebäude sind Alltagsszenen, Nilbarken und Tiere zu sehen; im dritten ist der Feldanbau mit Schwerpunkt bei Getreide, Baumwolle und Zuckerrohr dargestellt. Jeweils Ende März findet hier eine Pflanzen-Ausstellung statt, zu der Blumen- und Pflanzenliebhaber aus ganz Kairo pilgern.

Relaxen

Vielleicht wollen Sie sich nach anstrengender Besichtigungsarbeit zwischendurch mal gepflegt erholen: Im Hotel Fontana, Midan Ramsis, kann man am **Swimmingpool** zu £E 10 pP relaxen, im Meridien Hotel gegen £E 60 in den Pool springen, im Cairo Sheraton zu £E 89, im Semiramis für £E 84, im Atlas-Zamalek in Mohandissin für £E 25, im Mena House mit Pyramidenblick und Lunch zu £E 85. Besonders schöne Swimmingpools bietet das Hotel Forte Grand Pyramids, Alexandria Desert Road, Giseh (bei der Abzweigung zum Fayum): Sechs Becken unterschiedlicher Tiefe mit Blick auf die Pyramiden (£E 60).

Die Spätnachmittags- oder die Abendstimmung können Sie besonders auf dem Wasser genießen, indem Sie per **Feluke** auf dem Nilabschnitt der Stadt kreuzen; Kosten etwa £E 25 bis maximal £E 35 pro Boot. Schiffe liegen am Ufer des Nile Hilton, des Shephard und des Meridien Hotels. Für längere Trips empfiehlt sich, eine Feluke am Filfila in Maadi zu heuern, weil dort keine Brücken das Vorwärtskommen hindern. Nehmen Sie abends ein Mückenmittel mit!

Wenn wir auf die Insel Gezira zurückkehren und ein Stück weiter nach Süden wandern, so fällt ein Geschenk der japanischen Regierung an Ägypten unübersehbar auf, das an der nördlichen Seite der Sharia Tahrir liegende neue **Opernhaus**. Das 1988 eingeweihte Bauwerk ist einer fatimidischen Burg nachempfunden und bietet neben der Oper mit 1200 Plätzen in weiteren Sälen Kino, Musik und Unterrichtsräume. Kartenvorverkauf 10-13, 17-20; £E 15 – 50.

Häufig sind an der Abendkasse noch Plätze zu bekommen, die Preise liegen dann zwischen £E 5 und £E 30, eventuell auch £E 50. Wenn gute Plätze leer bleiben, lassen die Platzanweiser ganz offiziell von den billigeren dorthin aufrücken. – Das Ganze hat allerdings einen Haken: "Full dress", d.h. Krawatte und Jackett (hier ausleihbar) sind für Männer obligatorisch, bei Damen bleiben die Übergänge zwischen Jeans und Nerz fließend.

Die künstlerisch sehr gelobte Oper bietet ein breites Repertoire von sehr guten Eigenproduktionen (z.B. Zauberflöte auf Arabisch) oder Ballett-Aufführungen wie auch von internationalen Gastspielen; von jedem Platz ist die Bühne sehr gut zu sehen. Das Opernhaus (großer Saal, Konzertsaal und Freilichttheater) kann auch zu £E 5 pP mit englischsprachiger Führung (11- 14 außer Fr) besichtigt werden, ein durchaus lohnenswerter Einblick.

Das **Museum of Modern Egyptian Art** (11-14, 17-21; £E 10), das früher in Dokki zu Hause war, ist in das neue Kunstmuseum umgezogen, das im Komplex der Oper entstand. In drei Stockwerken sind Gemälde, Grafiken, Zeichnungen und Keramiken ausgestellt, vor dem Museum stehen 60 Skulpturen. Vorhanden war hier bereits das kleine **National Museum for Civilization** mit etwa 1600 Ausstellungsstücken und das **Planetarium**. Sehenswert ist übrigens auch das kleine Museum des Bildhauers **Mahmoud Moktar** an der Sharia Tahrir südlich kurz vor der Galaa Brücke in der Nähe des Eingangs zum Cairo Club. Hier finden Sie über 100 Arbeiten Moktars, der moderne Kunst in Ägypten einführte und von dem übrigens die Plastiken auf der Pyramid Road stammen.

An der Südspitze der Insel Gezira erhebt sich der schlanke Rundturm des El Gezira Sheraton

Hotels. Sein Terrassenrestaurant, das fast wie ein Wellenbrecher der Inselspitze aussieht, bietet einen fast schon ungewöhnlichen Ausblick nilaufwärts, besonders der frühe Abend beschert schöne Stimmungen.

Wenn Sie jetzt den Nil nach Westen überqueren und vom Sheraton Hotel aus der Sharia Giseh nach Süden folgen, stoßen Sie im nächsten Block links auf das **Mahmoud Khalil Museum** (Di-So 9.30-18; £E 25, Stud. £E 5), Sharia Giseh, zwei Blocks südlich vom Sheraton Hotel, das erst kürzlich hierher in das ursprüngliche Haus von Mahmoud Khalil verlegt wurde. Die Sammlung mit einer hervorragenden Kollektion impressionistischer Maler wie van Gogh, Renoir, Gaugin ist wirklich sehenswert.

Ein Stück weiter liegen an der Sharia Dokki – dort, wo die Straßenbäume vom Vogelmist weiß gefärbt sind – der *Botanische Garten und der *Zoo. Dort hinein führen drei Eingänge, zwei in der Nähe des Midan Giseh. Der Zoo wurde in den letzten Jahren umgestaltet, die meisten Tiere – bis auf Löwen, Tiger und einen Elephanten – sind jetzt in artgerechten Gehegen untergebracht. Die weit ausladenden Baumgruppen spenden kühlen Schatten, ein Spaziergang durch die schön angelegten Gärten, darunter ein Korallengarten aus der Zeit Mohammed Alis, kann Erholung und Abwechslung bieten. Der Zoo ist vor allem freitags ein beliebtes Picknick-Ausflugsgebiet, Familien lagern in den Grünflächen, Kinder spielen und Radios plärren. Den Star des Zoos spielt ein 130 Jahre alter Anden-Kondor. Weit weniger Betrieb herrscht im angrenzenden Botanischen Garten, der mit weitläufigen Rasenflächen angenehmere Erholungsplätze unter ebenfalls alten Bäumen bietet.

Etwa 1 km weiter südlich treffen Sie auf den **Midan Giseh**, der, von einer Hochbrücke ("Fly-Over") verdunkelt, ein wichtiger Knotenpunkt ist: Nach Süden geht es auf die oberägyptische Niltalstraße, nach Westen auf der breit ausgebauten Pyramid Road (Sharia El Ahram) zu den Pyramiden und weiter nach Alexandria.

Vom Zoo zurück zum Stadtzentrum gibt es den direkten Weg, aber wenn Sie noch Lust haben, legen Sie einen kleinen Umweg über die Insel Roda ein.

Insel Roda

In einem kleinen Park an der Südspitze der Insel Roda liegt der 715 nC erbaute ***Nilometer** (9-15, £E 6), ein seit dem Assuan-Stausee außer Interesse geratenes, durchaus sehenswertes Bauwerk. Früher konnte aus dem Höchststand einer Überflutung der Ertrag der nächsten Ernte geschätzt werden; heute läßt die Meßlatte nur noch ahnen, welch ungeheure Unterschiede die Wasserstände erreichten. Gerade dieser so ins Auge springende Unterschied macht den Besuch des Nilometers wert.

Im Komplex des Nilometers steht der zumindest ehemals prächtige Palast des Manisterli, der um 1850 Innenminister war. Derzeit werden die Gebäude restauriert, nach Fertigstellung soll dort anstelle des bisherigen *Center of Art and Life* ein *Center of Making Art* untergebracht werden. Von hier aus führt eine Fußgängerbrücke ans westliche Ufer, d.h. quasi direkt Richtung Alt-Kairo. Es macht durchaus Sinn, einen Besuch Alt-Kairos mit Roda zu verbinden.

Mehr im Norden der Insel ließ Mohammed Ali, ein Bruder von König Fuad, zwischen 1901 und 1933 den **Manial-Palast** (9-14, £E 10) erbauen, der heute samt angeschlossenem Jagdmuseum besichtigt werden kann. Gleich im Eingangsbereich stehen die ehemaligen Empfangsräume offen, im oberen Geschoß lag der reichlich dekorierte Ballsaal, daneben getrennte Räume für die Damen und Herren der Gesellschaft. In der Nähe des Uhrenturms überrascht eine sehenswerte Moschee mit blumenornamentierten blauen Kacheln, mittags erhellen viele Lichtstrahlen das Gebäude, wenn die Sonne durch 81 gelbe Glasfenster in der Decke einfällt. Es folgt das Jagdmuseum mit Trophäen, Geräten und ausgestopften Tieren. Ein Stück südlich im Garten steht der Wohnpalast des Prinzen Mohammed, in dem der verschwenderische Reichtum der Familie zum Ausdruck kommt. Im Thronpalast wurde der Thronsaal von Mohammed Ali, dem Gründer der Dynastie, wiederaufgebaut.

Kairos Altstadt: Islamisches Viertel

Ein paar Hinweise vorab
In dieser Gegend steht Ihnen der Besuch einer ganzen Reihe von Moscheen bevor. Nach uralter Tradition betritt man islamische Gotteshäuser nur barfuß. In der Regel hinterläßt man seine Schuhe in einem Regal am oder in der Nähe des Eingangs; manchmal können auch Stoffüberschuhe gegen ein Bakschisch von etwa £E 2 "gemietet" werden. Auch der Mann, der am Regal eher herumsteht als aufpaßt, erwartet ein Bakschisch, hier genügt eine Halbpfundnote. Nimmt man statt dessen die Schuhe mit in die Moschee (was ungern gesehen wird), so sollte man sie ehr unauffällig und stets mit den Sohlen gegeneinander tragen und sie niemals mit den Sohlen auf dem Boden abstellen.

Besuchen Sie Moscheen möglichst nicht während der Gebetszeiten, besonders der mittäglichen Hauptgebetszeit.

Khan el Khalili Bazar und umliegende Souks
Ein Hinweis: Die Sharia El Azhar wird derzeit untertunnelt, um den gesamten Verkehr unter die Erde zu verlegen, oberirdisch soll eine Fußgängerzone entstehen. Während der Bauarbeiten ist mit Einschränkungen und Behinderungen zu rechnen. – Historisch Interessierten sei *A Practical Guide to Islamic Monuments in Cairo* sehr empfohlen.

Tauchen Sie ein in den Orient, in das quirlige, immer noch einen Hauch Mittelalter, einen Hauch Tausendundeine Nacht versprühende Leben des Islamischen Kairo. Hier, zwischen den stellenweise noch vorhandenen Stadtmauern, lag über viele Jahrhunderte das Zentrum Ägyptens, viele historische Bauwerke spiegeln das Auf und Ab der Geschichte seit der islamischen Eroberung wider.

Wandern Sie durch diese verschachtelte Welt mit ihren Moscheen und Palästen, zwischen denen immer wieder enge Ladenstraßen – Souks – auftauchen. Besonders in der nördlichen und südlichen Umgebung des Khan el Khalili Bazars werden Sie Souks finden, in denen Sie fast ausschließlich Ägyptern und nur selten den Mitmenschen deutschen Zungenschlags begegnen. Doch bummeln Sie auch durch den Khan el Khalili Bazar, der zwar zu den üblichen touristischen Pflichtübungen gehört, dessen Kitsch-Kulissen aber nach dem zweiten oder dritten Besuch zusammenfallen und der dann sein sympathischeres Gesicht zeigt.

Nehmen Sie sich viel Zeit für das Islamische Kairo, denn hier finden Sie Kontakt zu einem Ausschnitt sehr lebendigen ägyptischen Lebens, hier werden Sie ungezwungener als in anderen Städten die täglichen Sorgen und Freuden der Ägypter studieren können, weil hier Fremde zum gewohnten Bild gehören.

Dieser vor Ihnen liegende Komplex aus engen Gassen funktioniert heute in vielen Beziehungen noch wie vor Hunderten von Jahren. Wohn- und Arbeitsstätte gehen vielfach ineinander über, theoretisch herrscht hier immer noch eine ausgeglichene soziale Struktur – bis auf die Tatsache, daß sich in den letzten Jahrzehnten die Wohnbevölkerung mehr und mehr zurückzieht, Kleinindustrie die billigen Flächen übernimmt und die damit verbundenen Belastungen wie mangelnde Infrastruktur (z.B. überlastete Kanalisation) und zusätzlicher Verkehr, Unruhe und Umweltschäden entstehen. Allerdings versucht man jetzt, den Prozeß umzudrehen und beginnt, größere Betriebe auszulagern.

Durch Umweltbelastung und mangelhafte Unterhaltung verfallen die historisch wichtigen

Bauwerke immer schneller. Zwar versucht die ägyptische Antikenverwaltung zusammen mit ausländischen Partnern zu erhalten und zu restaurieren, aber der Wettlauf gegen den Zerfall ist schon an vielen Stellen verloren. Hinzu kommt, daß zusätzliche schwere Schäden durch das Erdbeben von 1992 entstanden, die noch lange nicht beseitigt sein werden. Daher ist durchaus auch Vorsicht beim Besteigen von Minaretts geboten.

> **Goldgräber**
>
> Als in den 80er Jahren bei Restaurierungsarbeiten an einer Moschee ein Arbeiter von Goldmünzen förmlich überschüttet wurde, sprach sich diese verheißungsvolle Nachricht wie ein Lauffeuer herum. Seither buddeln immer wieder Gold-Träumer in den Hinterhöfen des Islamischen Viertels. Nennenswerte Funde wurden bisher nicht gemeldet, aber einige der Goldgräber fielen ihrer Leidenschaft zum Opfer, weil die ungesicherten Gruben über ihnen zusammenstürzten. Selbst Zauberer aus Oberägypten wurden engagiert, um die bösen Geister – Djins – zu vertreiben, die über den Schätzen unter ihren Häusern wachen. 1998 kam wiederum ein junger Mann in der Nähe des Bab Zuweila kurz vor seiner Hochzeit in seiner selbstgebauten Grube ums Leben – vielleicht waren die Djins eifersüchtig und versuchten nur die Hochzeit zu verhindern...

Noch ein Hinweis: Die Häuser des Viertels – wie auch vieler Neubaugegenden – rücken eng aneinander. Auf diese Weise entsteht während der meisten Zeit des Tages kühler Schatten. Auch die Düsternis in vielen, vor allem historischen Gebäuden ist gewollt, da Lichteinfall Wärme erzeugt.

Bevor wir uns auf die Wanderungen durch das Herz der Altstadt begeben, könnte ein Besuch des zum Thema passenden, quasi auf dem Weg liegenden Museums für die Einstimmung sorgen:

***Islamisches Museum

Das Museum für Islamische Kunst (9-16, F 9-11, 13.30-16, £E 16) besitzt die umfassendste Sammlung islamischer Kunst der Welt. Wenn Sie sich an Dingen erfreuen können, die Menschen geschaffen haben, denen die Darstellung ihrer selbst aus religiösen Gründen untersagt ist und die sich daher auf Ornamente und Kalligraphie stürzten und in diesen Bereichen unübertroffene Meisterwerke hinterließen, dann dürfen Sie einen Besuch des Museums mit seinen 86 000 Objekten nicht versäumen. Andererseits ist das Museum nicht so riesig, daß man es als normalinteressierter Besucher nicht in ein bis zwei Stunden angeschaut haben könnte.

Es liegt am Midan Ahmed Maher, an dem sich die Sharia Port (Bur) Said und die Sharia Qala (Mohammed Ali) kreuzen, der Eingang jedoch an der nördlichen Stirnseite des Gebäudes in der Sharia Port Said. Auch dieses Museum benötigt – ähnlich wie sein pharaonisches Pendant – ein paar Augenblicke der Vororientierung. Leider sind die Nummern einiger Säle, wie auch die beiden Säle 17 und 18 (gegenüber älteren Angaben) abhanden gekommen. Da der ehemalige Haupteingang verlegt wurde, die Nummerierung aber dort begann, ist das ursprüngliche Ordnungssystem durchbrochen.

Obwohl wir bei der folgenden Beschreibung vom heutigen "Hintereingang" ausgehen, sollte man in Erwägung ziehen, dem ursprünglichen Schema zu folgen und die paar Schritte zum Ex-Haupteingang zwischen Saal 2 und 23 zu gehen und dann der ursprünglichen Systematik zu folgen. Denn die Säle 2 – 5 wurden den großen Kunstepochen des islamischen Ägypten gewidmet, die Exponate der anderen Säle beziehen sich jeweils auf ein bestimmtes Thema, z.B. Holz-, Keramik- oder Metallarbeiten, Fayencen, Teppiche etc. Noch ein Tip: Die Wärter schalten ungern oder nur mit Bakschisch-Blick die Vitrinenbeleuchtung ein; wenn

5. Kairo kennenlernen

man sich selbst hilft, erspart man sich den Ärger. Die Schalter oder Stecker sind meist seitlich unten angebracht. Wichtige Exponate in einzelnen Sälen:

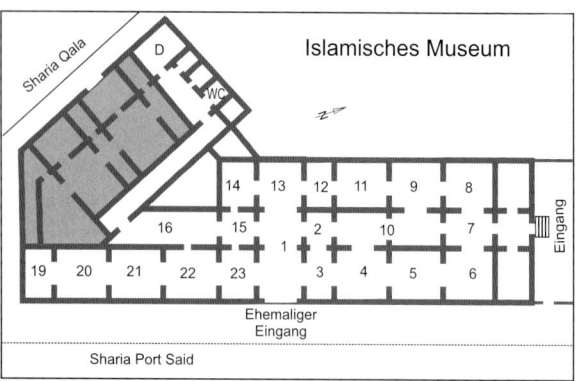

7, 8: Ajubidische und mamlukische Holz- und Elfenbeinarbeiten
Eine Fülle von Holzschitzereien und Haushaltsgegenständen. Zwischen Raum 7 und 6 ein großes Tor aus Damnietta, dessen kleinere Flügel benutzt wurden, wenn die größeren geöffnet waren; im Übergang zum mittleren Raum 10 eine osmanisches Mashrabiya, in deren linkem Gitter ein Löwe unter Palmen, rechts Krüge zu erkennen sind; interessante Knochen- und Elfenbeinschnitzereien, viele aus Fustat; Holztafeln mit z.T. Goldintarsien

9: Möbel, Metallarbeiten
Möbel mit Perlmutteinlegearbeiten; bemalte und vergoldete Deckentäfelungen; Koranbehälter mit schönen Einlegearbeiten; schwerer Bronze-Kerzenständer aus dem 13. Jh (Wandseite); im Durchgang zu Raum 11 Türflügel aus der Moschee des Salih Talai mit Bronzebeschlag auf der Außenseite, Schnitzereien im Hochrelief auf der Innenseite

10: Sehenswerter rekonstruierter **osmanischer Wohnraum**
Marmorbecken mit buntem Mosaikboden, aus dem heraus eine Marmorsäule die reich dekorierte Holzdecke stützt; Holztische mit schönen Intarsien

11: Metallarbeiten, mamlukische Epoche
In den Vitrinen Vasen und Leuchter mit feinem Design (ähnliche Stücke noch heute im Bazar); Haushaltsgegenstände; astronomische Instrumente; an der Decke Messingkandelaber, u.a. achteckiger Kandelaber aus der Sultan Hassan Moschee; im Durchgang zu Raum 12 Doppeltür aus dem Imman Shafi Mausoleum

12: Waffen
Vom Schwert bis zu Feuerwaffen; verschiedene (luftige!) Kettenhemden; Schwerte mit reich verzierten Scheiden; Pfeile; manche Waffen mit dem Namen des Eigentümers

13: Ägyptische Keramik
Herrliche Fayencen mit unterschiedlichen Motiven, z.T. floralen oder auch Tierdarstellungen, einige mit menschlichen Figuren (vermutlich koptisch beeinflußt); Töpfersignaturen; Fayumkeramik mit chinesischem Einfluß; silberbeschlagene Tür aus der Moschee von Sayida Zeinab; typischer Glasleuchter der Sultan Hassan Moschee (Vitrine zur Wand); schöner Weihrauchbrenner mit Silbereinlagearbeiten (Vitrine gegenüber der vorigen); im Übergang zu Raum 1 zwei fein gearbeitete hexagonale Metalltische; Teppichausstellung an den oberen Wänden

14: Keramik aus anderen Ländern
Keramik mit Darstellung der Kaaba innerhalb einer Moschee (rechts nach Durchgang); an der Decke großer irakischer Leuchter; sehr dekorative Kacheln an den Wänden; Teppiche an den oberen Wänden

15, 16: Ausländische Töpferware
Wiederum schöne Kacheln; Steinformen für Metallguß; Öllampen; Spielzeugfiguren; fein

gearbeitete Filter für Krüge und Kannenausgüsse; Grabsteine; Teppiche an den Wänden; am Ende des Ganges Teil einer Koranschule aus Rosetta, in der großen Nische saß der Lehrer, in den kleinen wurden die Bücher aufbewahrt

Von hier aus sollte man zur **Münzsammlung** in Raum **D** weitergehen, die etwas bescheiden ist, wenn nicht die Münzen ausgestellt sind, die in den Ruinen eines Hauses im Islamischen Viertel gefunden wurden (siehe hierzu Seite 169). Auch Medaillen, hauptsächlich aus der Mohammed Ali Dynastie. Danach wieder zurück und am besten zu Raum 19 durchgehen und von hier aus die Port-Said-Straßenseite besichtigen.

19: Kunst im arabischen Buch
Wertvolle Bücher in Bücherschränken aus der Sammlung von König Faruq (an beiden Außenwänden); sehr wertvolle Korane unterschiedlicher Herkunft; persische Miniaturen, mogul-indische und andere Malereien

20: Textilien, Teppiche, Gebrauchsgegenstände
Reich dekorierte Textilien; Teppiche; emaillierte Keramik aus Asien; Pilgerflaschen; kleine Teller

21: Glas und Moscheenlampen
Glas aus dem 11.-15. Jh, vor allem Moscheelampen (hauptsächlich in Syrien hergestellt); Stunden-Sanduhr (Vitrine in Raummitte); Flaschen, Parfümbehälter und Vasen (meist ägyptischen Ursprungs); persische Teppiche

22: Persische Kunst
Verschiedene Gefäße; Fayencen; Keramiken mit blaugrünem Dekor oder eingeritzten Motiven; Fayence-Plastiken wie Vögel, Tiere, Blüten; Teppiche

23: Eigentlich wechselnde Ausstellungen
Offensichtlich permanente Ausstellung von medizinischen Instrumenten, Schreibutensilien, Navigationsgeräten; Textilfragmente

1 (mit früherer Eingangshalle)
Koranbehälter des König Faruk mit einem Koran in Kufi aus dem 7. oder 8. Jh; Wanddekoration mit Teppichen (iranisch und türkisch); großer oktogonaler Messingleuchter (14. Jhd)

2: Omaijadische Kunstepoche (7.-8. Jhd)
Schönes Fußbodenmosaik aus mehrfarbigem Marmor; Bronzekanne mit Blütenornamenten und Ausguß als krähender Hahn (Sassanidenzeit; Vitrine am Gang); hübsches kleines Arkaden-"Regal" an der Gangwand; Grabsteine mit Namen der Verstorbenen

3: Abbassiden, Tuluniden (8.-10. Jhd)
Einflüsse aus Persien und der Türkei; Stuck- und Holzplatten an den Wänden, noch groberes Dekor; Keramik mit kobaltblauem und grünem Dekor; Ampeln mit Metallfarben, die beim Brennen oxydierten (Vitrine zur Straßenseite); imitierte chinesische Keramik aus Persien (Vitrine zum Gang)

4: Fatimidische Epoche (10.-12. Jhd)
Erste Kalligraphien und Arabesken; zierliche Kufischriften in der Vitrine unter dem Fenster; Holzschnitzereien mit (noch) figürlichen Motiven; Wandmalerei aus Fustat (Person mit Trinkbeutel, an der Wand zu Raum 3); schöner polygonaler Springbrunnen aus der Aijubidenzeit; im Durchgang zu Raum 5 Moscheefenster aus durchbrochenem Stuck mit Glasmosaiken

5: Mamlukische Epoche (13.-16. Jhd)
Starker syrischer Einfluß z.B. Bronzegfäße mit Gold- oder Silbereinlagen; vergoldete und emaillierte Glasampeln (Vitrine Mitte); Glasmosaik-Fenster zur Straße; interessante Metallarbeiten in den Vitrinen; Wasserbecken eines Springbrunnens mit Marmormosaiken aus dem Kalaun Mausoleum, im Durchgang zu Raum 6 große Holztüre aus der (nicht mehr vorhandenen) Madrasa des Salih Aijub

6: Fatimidische Holzarbeiten
Holzteile aus frühen Moscheen, u.a. tragbare Mihrabs (Sayida Zeinab Moschee, Raummitte, El Azhar Moschee, Fensterfront); Holzpanele aus dem fatimidischen Westpalast (Wand Richtung Garten).

Nach dem Besuch kann man die Beine im Museumsgarten ausruhen und dann die Sharia Port Said nur ein paar hunder Meter nach Norden bis zur querenden Sharia El Azhar gehen.

5. Kairo kennenlernen

Khan el Khalili Bazar und Umgebung

Nun wollen wir unsere Wanderungen beginnen. Zur besseren Übersicht haben wir bei den folgenden Sehenswürdigkeiten jeweils die in den Plänen auf Seite 178 und 179 angegebenen Nummern dem Namen in eckigen Klammern vorangestellt. Vom Zentrum aus können Sie entweder einen Bus nehmen (fragen Sie nach "El Hussein") oder aber zum Midan Ataba bummeln und, falls noch nicht geschehen, dort einen Blick in den überdachten Gemüse- und Fleischmarkt werfen. Nach dieser "Einstimmung" verlassen Sie den Markt zur Sharia El Azhar (oder zur Sharia Muski, siehe nächsten Absatz) hin. Dieser ewig im Verkehr erstickenden und von einer Hochbrückenkonstruktion zusätzlich verunzierten Straße könnten Sie zu Fuß folgen. Kurz hinter dem Ende der Hochbrücke werden Sie eine Fußgängerbrücke quer über die Straße sehen, dort liegt das Zentrum.

Als viel interessantere Alternative zur Sharia El Azhar bietet sich eine Wanderung durch ihre nördliche Parallelstraße Sharia El Muski vom Midan Ataba aus an. Früher war diese Straße eine der Hauptverkehrsadern durch das Islamische Kairo. Sie führt heute durch lokale Souks, in denen es wirklich alles fürs tägliche ägyptische Leben gibt. Hierher strömen die Bewohner von weit und breit zum Einkauf. Besonders in der Nähe des Midan Ataba herrscht häufig ein unglaubliches, schier erdrückendes Gedränge. Doch keine Angst, hier geht es zwar hautnah zu, aber hier feiern Angebot und Nachfrage Orgien – vom Spottbilligstangebot des "billigen Jakob" über vergoldete Sitzgarnituren bis zum zentnerschweren Kronleuchter findet sich in der Sharia El Muski alles, was eine ägyptische Familie gebrauchen könnte oder sich aufschwatzen läßt. Die Sharia El Muski steigt leicht bergan, durchschneidet den Khan el Khalili Bazar und endet am Midan Hussein, dem großen Platz vor der Hussein Moschee.

> **Gedränge gab es schon immmer...**
> "In den Straßen, in denen man die beiden Seitenmauern beinahe mit dem Ellenbogen streift, gallopieren Esel, Saphis laufen vor einem trabenden Reiter her und schlagen mit der Karbatsche in die Menge, Kamele bewegen sich in langer Reihe vorwärts, beladen mit Bausteinen oder Balken, die quergelegt sind, so daß sie die Passanten zu zermalmen oder zu durchbohren drohen...' (J.J. Ampere, 1844)
> "Die arabischen Kutschenfahrer sind tollkühn und dickköpfig und schlagen sich wie wild durch die Menge, während ein 'Sais' oder Läufer mit einem langen Stock bewaffnet vorauseilt, um den Weg für das Gefährt freizumachen". (M.I. Whatley, 1863)

Doch zurück zur unübersehbaren Fußgängerbrücke über die Sharia El Azhar: Überqueren Sie diese zur linken Straßenseite und gehen Sie noch bis zur ersten Kreuzung mit Autoverkehr (Sharia Muezz Li-Din Illah) zurück. Biegen Sie danach in die erste enge Gasse rechts ab. Nach wenigen Schritten verstummt der Verkehrslärm, Sie hören das Klappern von Nähmaschinen oder das Feilschen um Kleider und Stoffe. Hierher verirrt sich seltener einer der Pauschaltouristen.

Gehen Sie geradeaus bis zur nächsten (engen) Kreuzung, dort links und dann wieder rechts einbiegen. Bald wird Ihnen der Geruch von orientalischen Gewürzen entgegenwehen: Sie stehen im jahrhundertealten Gewürzmarkt (Souk el Attarin). An dem kleinen Platz können Sie rechts Gewürzmühlen beobachten, die Müller haben – je nach Auftrag – die Farbe ihrer Gewürze angenommen, starker orientalischer Gewürzgeruch steigt in die Nase und reizt die ungewohnten Schleimhäute. Die Gasse endet an der Sharia El Muski – siehe die Bemerkungen ein paar Absätze zuvor.

Sollten Sie den "Einstieg" in die enge Gasse verpaßt haben, so können Sie auch der Sharia El Azhar noch ein Stück bergab folgen und in

Kairos Altstadt: Islamisches Viertel

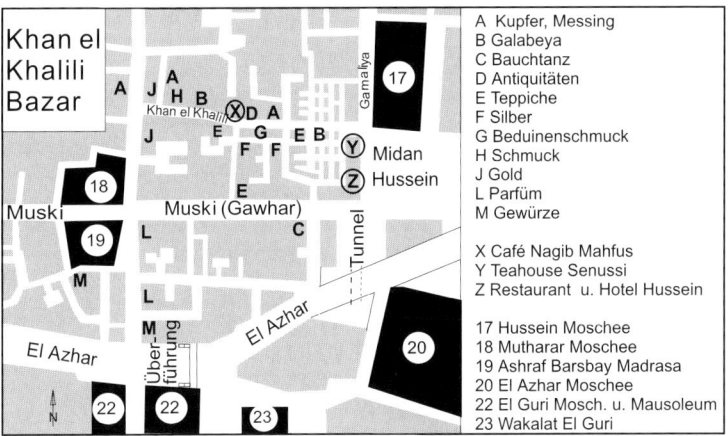

die Gasse einbiegen, die spitzwinklig einmündet. Wenn Sie diese durchwandern, wird sich bald der Gewürz-Reiz in Ihrer Nase melden, biegen Sie dann rechts ein, um die laut dröhnenden Gewürzmühlen zu sehen und sich von dem feinen Staub ähnlich wie von Schnupftabak reizen zu lassen. Im übrigen sollte man beim Einkauf spezieller Gewürze daran denken, daß es hier leider immer noch Zubereitungen von Tieren gibt, die unter das Artenschutzabkommen fallen – bitte unterstützen Sie das Abmetzeln von z.B. Nashörnern nicht.

Aus dem Gewürzmarkt sollten Sie in die Sharia El Muski zur Fortsetzung des Spaziergangs gehen und dort bergauf bis zur nächsten Kreuzung mit Autoverkehr. Das ist nur ein kurzes Stück, die Straße heißt Sharia Muizz li Din Allah und ist die alte, unter den Fatimiden – damals noch *Qasaba* genannt – angelegte Nord-Süd-Achse der heutigen Altstadt. An der rechten Ecke der Sharia Muski steht die 1425 von Sultan [19] **Ashraf Barsbay** erbaute **Madrasa**. Sultan Barsbay hatte den Gewürzhandel verstaatlicht und nutzte das hohe Steueraufkommen aus diesem Zweig unter anderem zum Bau religiöser Monumente (sein Mausoleum in der nördlichen Totenstadt ist unbedingt einen Besuch wert, siehe Seite 206). Barsbay baute hier Madrasa, Mausoleum und ein Sebil-Kuttab, das gleich links vom Eingang zu sehen ist: Unten der Brunnen, oben die Koranschule. Im Korridor zur Madrasa verbirgt ein Holzgitter (Mashrabiya) den Wasserbehälter für den Brunnen. Im Nordwest-Liwan der Madrasa sind die Decken und die marmorverkleideten Böden sehenswert. Werfen Sie auch einen Blick auf den Mihrab mit seinen schönen Intarsien-Arbeiten. Vom Minarett (Aufstieg £E 3) schweift der Blick direkt über den Khan el Kalili Bazar (und das Gerümpel auf den Dächern).

Links gegenüber erhebt sich die etwas angestaubte [18] **Mutahar Moschee** mit Sebil-Kuttab (1744). Ihr Minarett und der Eingangsbereich stammen von einer Moschee, die Katkhuda im 12. Jhd hier erbauen ließ. Sie sollten nun links (nördlich) der Sharia Muizz li Din Allah folgen, an der sich hier Goldschmuck-Händler niedergelassen haben und die bald den Souk der Kupferschmiede (Souk el Nahasin) durchquert. Wenn Sie der nächsten, rechts abzweigenden Gasse – Achtung, der Eingang ist schmal und leicht zu übersehen – unverzagt folgen, werden Sie im Herzen des ******Khan el Khalili Bazar** landen.

5. Kairo kennenlernen

Dieser Bazar mit seinen zahllosen, häufig winzigen Läden ist *die* Shopping-Adresse schlechthin für Touristen, die orientalische Souvenirs nach Hause schleppen wollen, er ist einer der bekanntesten Bazare Nordafrikas. Noch dazu hat er Tradition: 1382 wurde an dieser Stelle von Jarkas el Khalili, Stallmeister des Sultan Barquq, eine Karawanserei (Khan) gegründet, in der vor allem fremde Kaufleute – Perser, Armenier, Juden – ihre Waren anbieten durften. Reste der ehemaligen Karawanserei sind noch heute in der Nähe der Polizeistation an der Gasse, die von der Hussein Moschee nach Westen führt, zu sehen. Im übrigen beherbergte der Khan el Khalili Bazar noch vor gut hundert Jahren einen der bekanntesten Sklavenmärkte Nordafrikas.

Heute erscheint dieser Bazar dem flüchtigen Besucher als eine große Nepp-Falle. Wenn Sie allerdings an mehr als dem üblichen Touristenkitsch interessiert sind, dann müssen Sie sich Zeit nehmen, viel Tee trinken und sich dem orientalischen Handel und Wandel anpassen. Dann öffnet der eine oder andere Bazari auch mal die Schublade, in der er die besseren Stücke für interessierte Kunden aufbewahrt. Mit etwas Gespür können Sie unter all dem Ramsch auch heute noch Kostbarkeiten finden. Freilich dürfen Sie sich nicht im Glauben wiegen, daß auch nur einer der Händler Ihre Finanzkraft unterschätzt.

Doch es bleibt kein Zweifel: der Khan el Khalili Bazar hat sich voll auf Touristen eingestellt. Wer das unverfälschtere und stimmungsvollere Bild orientalischen Handels sucht, sollte in die umliegenden Souks gehen.

Zur Orientierung ein paar Preisbeispiele: Galabeyas (ägyptischer "Kaftan") je nach Stoffqualität ab £E 15 – 20, Wasserpfeifen ab £E 50, Leinenrucksäcke mit Applikationen ab £E 25. Ein Tip: Wenn Sie Gold kaufen wollen, bestehen Sie darauf, daß die Händler elektronische Waagen verwenden, den mechanischen ist nicht immer zu trauen. Im Herzen des Khan el Khalili, an der Hauptgasse, betreibt die Oberoi-Kette ein Café, *Nagib Mahfus,* nach dem Namen des Literatur-Nobelpreisträgers und ein angeschlossenes, gut eingerichtetes Restaurant (Mindestverzehr £E 15; saubere Toilette).

Das Leben im Khan el Khalili beginnt kaum vor 10 Uhr und endet zwischen 20 und 21 Uhr, einige Shops öffnen noch länger; viele Läden sind zumindest während der freitäglichen Gebetszeit und – in noch größerer Zahl – sonntags geschlossen (daher eignet sich der Sonntag wegen der dann geringeren Menschenmassen besonders für eine Besichtigungstour durchs Islamische Viertel). Eine sehr gute Orientierungshilfe für den Khan el Khalili und für das Islamische Kairo sind die Karten von *SPARE MAP*, z.B. in Hotel-Buchhandlungen erhältlich.

Geht man in die Gasse, die vor dem Café Mahfus rechts abzweigt und zur Sharia Muski führt, so wird man etwa auf halbem Weg rechts ein modernes Shoppingcenter namens Khan Azzam entdecken, das vom Stil her direkt aus Singapur importiert sein könnte. Um einen Innenhof mit dem Al Khan Café gruppieren sich über drei, durch Rolltreppen verbundene Stockwerke die Shops. Das gesamte Gebäude ist klimatisiert, man betritt also angenehme Kühle. In jedem Stockwerk gibt es Toiletten. (Zur Zeit der Recherche noch nicht eröffnet).

Der Khan el Khalili Bazar besteht aus einem Gewirr schummriger, gegen die Hitze überdachter Gassen. Hier müssen Sie sich treiben lassen, mal rechts, mal links einbiegen. Sie brauchen keine Angst zu haben, die Richtung zu verlieren: Die Gegend steigt sanft an. Wenn Sie sich zum Schluß Ihrer Entdeckungsreise in die höher gelegenen Regionen begeben, stoßen Sie auf das Ende des Bazars und an die Mauern der [15] ****Hussein Moschee**.

Sie ist eine der sehr beliebten Moscheen Kairos. In der großen Bethalle murmeln fromme Männer Gebete, im Seitentrakt steht – unter einer mit Goldintarsien geschmückten silbernen Mausoleumskuppel – der verzierte Sarkophag mit dem Kopf Husseins. Ehrfürchtig umschreiten die Gläubigen das Heiligtum und murmeln

Gedränge an der Hussein Moschee beim Freitagsgebet

5. Kairo kennenlernen

Gebete, in denen sie Hussein ihre Wünsche mitteilen.

Hussein – der vierte und letzte der orthodoxen Kalifen – war der Sohn Alis und dieser wiederum der Schwiegersohn des Propheten. Er wurde 680 in der Schlacht von Kerbala im Iraq getötet. Bei diesem Streit spalteten sich die Schiiten von den Sunniten; die Schiiten gedenken jährlich des Todes von Hussein mit blutiger Selbstkasteiung. Die Kopfreliquie wird außer in der Hussein Moschee noch an sechs weiteren Orten aufbewahrt und verehrt.

Während der Regentschaft der schiitischen Fatimiden wurde 1153 der Kopf Husseins nach Kairo gebracht und in einer eigens errichteten Moschee aufgebahrt. Von diesem frühen Bauwerk sind neben dem Mausoleum nur das südöstliche Tor (der Eingang der Frauen) und das Minarett erhalten. Auf den Grundmauern der damaligen Moschee ließ der Khedive Ismail die jetzige riesige Bethalle von 1864-1873 in typisch türkischem Stil erbauen. 44 Marmorsäulen tragen ihre hölzerne Decke.

Obwohl die Moschee einen stark schiitischen Hintergrund hat, ist sie bei den sunnitischen Ägyptern zu einer Art Institution geworden. An hohen Feiertagen fahren hier die Mercedes-Staatskarossen mit Präsident und Ministern vor, nachts während des Ramadan oder beim Mulid el Hussein ist sie (erlebenswerter) Mittelpunkt von Festlichkeiten, die in Zelten ringsum stattfinden. Freitags faßt sie gewöhnlich nicht den Ansturm der Gläubigen, daher werden zusätzliche Gebets-Matten auf dem Vorplatz ausgebreitet.

Weil es sich hier um eine Art heiligen Platz mit einer Reliquie handelt, sind Ungläubige, d.h. Touristen nicht gern – eigentlich sehr ungern, zumindest freitags – gesehen oder es wird ihnen sehr strikt der Zutritt verwehrt. Frauen müssen angemessen gekleidet sein, sie müssen den östlichen Seiteneingang benutzen.

Schräg gegenüber der Hussein-Moschee bietet in dem Eckhaus mit den zum Platz zeigenden Arkaden das **Teahouse Senussi** Getränke an. Es ist ein guter Ort für eine ausgiebigere Verschnaufpause; beim Tee kann man ungestört dem ameisenhaften Treiben zuschauen. Leider ist das Senussi inzwischen eine ziemlich unverschämte Touristenfalle geworden: Erfragen Sie zuvor Preise und gehen Sie u.U. demonstrativ in ein anderes Lokal. Auch vom Restaurant des *El Hussein Hotels* im 4. Stock können Sie den Platz gut überblicken (siehe auch weiter unten).

> **Ein paar wichtige Begriffe**
> (Auszug aus Glossar, siehe Seite 339)
> **Liwan** – nach drei Seiten geschlossene Halle einer Moschee
> **Khanqa** – muslimisches Kloster
> **Madrasa** – höhere theologische Schule
> **Mashrabiya** – gedrechselte Holzgitter, ineinander verzapft
> **Mausoleum** – Grabbau
> **Mihrab** – Gebetsnische
> **Minbar** – Gebetskanzel
> **Sebil-Kuttab** – öffentlicher Brunnen mit angeschlossener (meist darüber liegender) Koranschule
> **Wakala** – Handelshaus, Karawanserei

Im übrigen gibt es in diesem Gebäudekomplex eine brauchbare **Toilette**: durch die 9. Arkade von links gehen, Herren müssen gegenüber dem Laden mit dem Schild *Bazar East Khan Oriental Souvenirs* eine Treppe hinunter. Damen haben noch ein paar zusätzliche Schritte einzulegen: weiter in die nächste Quergasse links, erste Gasse rechts, dort gleich links.

In der schummrigen Quergasse hinter dem Senussi erinnert das ehemals sehr bekannte **Teahouse Fishawi** mit seinem verblaßten Interieur an bessere Zeiten. Dieses Café war über zweihundert Jahre im Besitz der Familie Fishawi und entwickelte sich vor allem im 20. Jahrhundert zu einer Institution in Kairo, in der sich nicht nur Könige, Intellektuelle und Politiker ins Gästebuch eintrugen, sondern auch Ausländer

الحديقة النباتية بأسوان

Aswan Governorate
ASWAN BOTANIC ISLAND

محافظة أسوان
الحديقة النباتية بأسوان

رسم دخــول
Entrance -Fee
PRICE 5 L.E

٠٨٨٢٠٧

التاريخ	المحصل	Collector
Date		

Kairos Altstadt: Islamisches Viertel

Islamische Monumente in chronologischer Reihenfolge

Zahllose Bauwerke wurden seit der arabischen Eroberung durch Ibn Amr in Kairo geschaffen, ein Bruchteil davon stehen heute noch mehr oder weniger wohlbehalten im Islamischen Viertel. Die wichtigsten sind im Text beschrieben und hier als Überblick in chronolgischer Reihenfolge aufgelistet (jeweils nach Fertigstellungsjahr):

Nilometer 814
Amr-Moschee 827
Ibn-Tulun-Moschee 879

Fatimidische Epoche
Al-Azhar-Moschee 972
El-Hakim-Moschee 1013
Bab el Nasr, Bab el Futuh 1087
Bab Zuweila 1090
Hussein-Moschee (alter Teil) 1154
Sali-Talai-Moschee 1160

Ajubidische Epoche
Zitadelle 1176
El Shafi Mausoleum 1211
Salih Aijub Mausoleum 1249

Mamlukische Epoche
Kalaun-Mausoleum und Hospital 1284
Mausoleum von El Nasir Mohammed ... 1296
El-Nasr-Moschee (Zitadelle) 1335
Beshtak-Palast 1339
Ak-Sunkur-Moschee 1347
Sultan-Hassan-Moschee 1363
Moschee Madrasa von Sultan Barquq .. 1384
Mausoleum von Sultan Barquq 1411
El-Muayad-Moschee 1423
Mausoleum von Sultan
Ashraf Qaytbay 1432
Qajmas el Ishaqi-Moschee 1481
Wakalat el Guri 1504
El Guri Madrasa und Mausoleum 1517

Osmanische Epoche
Beyt el Suhaimi (Palast) 1648
Sebil-Kuttab von Rahman Katkuda 1744
Mohammed Ali Moschee (Zitadelle) 1824
Hussein Moschee (Bethalle) 1864-1873
Er-Rifai-Moschee 1911

---

wie Jean-Paul Sartre schlürften ihren Tee in den Stuben. Doch heute ist es nahezu vollständig in den Sog des Tourismus geraten. Sollten sich Einheimische in diese Gegend verirren, so wird häufig das Klappern des beliebten Tricktrack-Brettspiels das Hupkonzert der Sharia El Azhar übertönen. Leser berichteten vom *Darwash Caffee*, das vom Midan Hussein links an der Moschee vorbei in der ersten Querstraße rechts und dort gleich links liegt. Es scheint bisher noch völlig untouristisch zu sein, man schlürft seinen Kaffee in ziemlich typischer ägyptischer Atmosphäre.

In der kleinen Gasse des Fishawi stoßen Sie auf den Eingang zum Hotel El Hussein, von dessen (nicht sonderlich empfehlenswerten) Restaurant im 4. Stock sich ein noch besserer Ausblick auf den Midan Hussein bietet. Für Hungrige gibt es in der Umgebung auch noch andere Restaurants (siehe Seite 146).

Nördliches Islamisches Viertel

Wenn Sie – hoffentlich erholt – aus dem Teahouse Senussi heraustreten, sich nach links (Norden) wenden und der Straße zwischen Hussein Moschee und dem Khan el Khalili Bazar folgen, treffen Sie nach etwa 15 – 20 Minuten (ohne Besichtigungen) auf die Stadtmauer. Die Straße heißt zunächst Sharia El Hussein, danach El Gamaliya wie auch das umliegende Viertel, die Namen sind aber selten ausgeschildert.

Zunächst steht Ihnen ein sehr aufschlußreicher Weg durch das tägliche Leben im manchmal mittelalterlichen, stellenweise auch neu-

5. Kairo kennenlernen

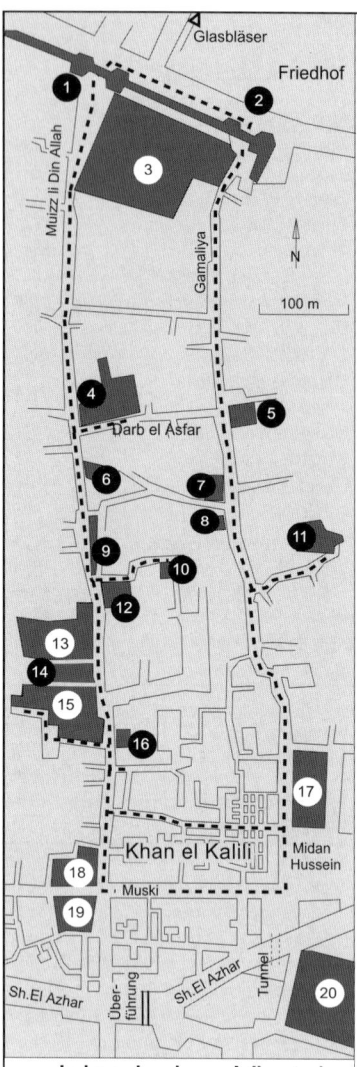

Zeichenerklärung für beide Pläne

1. Bab el Futuh
2. Bab el Nasr
3. Hakim Moschee
4. Beyt el Suhaimi Palast
5. Mausoleum Beybar II
6. El Aqmar Moschee
7. Wakalat el Bazara Ustadar Moschee
8. Tatar el Higaziya Moschee
9. Katkhuda Sebil-Kuttab
10. Mithgal Moschee
11. Musafirkhana Palast
12. Beshtak Palast
13. Barquq Moschee und Madrasa
14. Nasir Moschee
15. Kalaun Komplex
16. Salih Aijub Mausoleum Khussru Pascha Sebil-Kuttab
17. Hussein Moschee
18. Mutahar Moschee
19. Ashraf Barsbay Madrasa
20. Al Azhar Moschee
21. Maison Zeinab Khatum
22. El Guri Moschee und Mausoleum
23. Wakalat El Guri
24. Fakahani Moschee
25. Muayyad Moschee
26. Bab Zuwela
27. Qajmas el Ishaqi Moschee
28. Zeltmacher-Bazar
29. Salih Talai Moschee
30. Mahmud el Kurdi Moschee
31. Mihmandar Moschee
32. Altinbugha el Maridani Moschee
33. Amir Gani Bak Madrasa
34. Ganim el Bahlwan Moschee
35. Bayt el Razzaz Palast
36. Ak Sunqur Moschee
37. Aytmish el Bagasi Moschee
38. Bab Magak el Silahdar
39. Ilgay el Yusufi Madrasa
40. Muayad Maristan
41. Madrasa des Amir
42. Er Rifai Moschee
43. Sultan Hassan Moschee

Islamisches Viertel Nördlicher Teil

- - - Beschriebener Besichtigungsweg

Kairos Altstadt: Islamisches Viertel

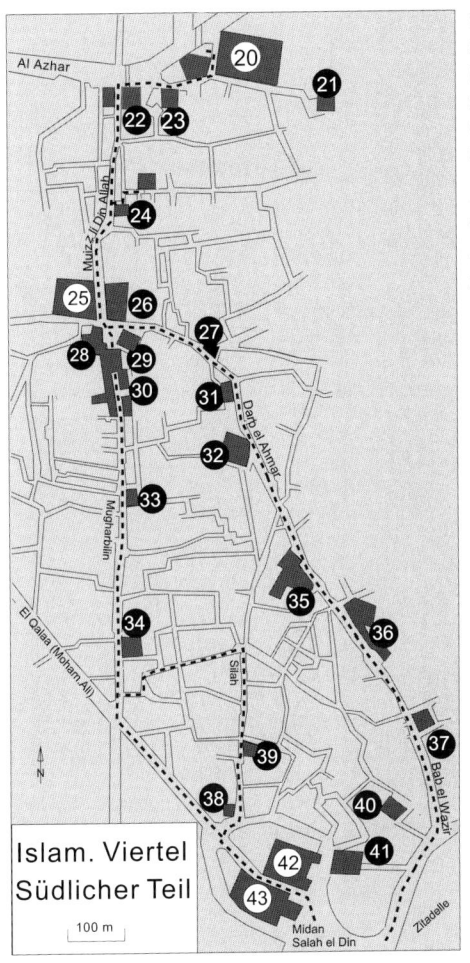

Islam. Viertel Südlicher Teil

normale tägliche Leben des Islamischen Viertels. Sollten Sie z.B. einen Friseurstuhl als Souvenir mit nach Hause nehmen wollen, so finden Sie gerade hier das entsprechende Angebot.

Die Straße verschiebt sich mit Hilfe einiger Kurven ein Stück nach Westen und verläuft dann wieder einigermaßen geradeaus. An der zweiten Querstraße, (an der Ecke steht eine Moschee) könnten Sie rechts und wenige Schritte weiter halblinks in die Gasse Darb el Tablawi abbiegen. Sie ist ein typisches Beispiel für eine "Shilla", eine Gasse, in der jeder jeden kennt und die jeder gegen Eindringlinge in den Sozialbereich verteidigt. Die "Verkehrsfläche" der Gasse gehört den Kindern, sie spielen Fußball oder helfen den Erwachsenen. Aber nicht nur Kinder, auch Schafe oder Ziegen müssen sich mit den Autos in das bißchen Fläche teilen. Bis zum Erdbeben lohnte sich der Abstecher, denn in dieser Gasse stand der [11] ***Musafirkhana-Palast**, der im 18. Jhd von einem reichen Kaufmann im Mamluken-Stil errichtet, später aber von der königlichen Familie übernommen und ausgebaut wurde. In seinen Gemäuern erblickte der Khedive Ismail das Licht der Welt, später wurde das Gebäude als königliches Gästehaus (Musafirkhana) benutzt. Leider fiel es durch die Erdstöße in sich zusammen, es wird derzeit unter Mitfinanzierung der UNESCO wieder aufgebaut, ist jedoch für Besucher vorläufig geschlossen.

Als nächste Straße zweigt rechts die Darb el Massmat ab. Schräg gegenüber kann man einem Sträßlein folgen, das nach wenigen Schritten nach links abbiegt. Geht man in die-

zeitlichen islamischen Kairo bevor. Die enge Straße – eine der Haupt-Querverbindungen zwischen den ehemaligen Stadtmauern – verläuft anfangs an der hohen Außenmauer der Hussein-Moschee entlang. Die links abzweigenden Gassen führen in Außenbereiche des Khan el Khalili Bazars; aber dies sind schon touristische Randzonen, hier dominiert bald das

5. Kairo kennenlernen

ser Kurve geradeaus weiter, landet man in der [8] **Moschee der Tatar el Higaziya**, die – wie verschiedene andere Bauwerke im Islamischen Viertel – in Zusammenarbeit mit dem Deutschen Archäologischen Institut (DAI) renoviert wurde. Es handelt sich um eine kleine hübsche Moschee, die leider auch unter dem Erbeben erneut sehr gelitten hat und derzeit renoviert wird. Zwischen den Baugerüsten ist das vergoldetes Spruchband zu sehen, das fast durch die gesamte Anlage verläuft.

Zurück auf der Sharia Gamaliya folgt links die Moschee [7] **Gamal el Din el Ustadar** aus dem 15. Jh, deren Mauern nach dem Erdbeben einzustürzen drohten; Stützgerüste verengen die Straße auf Fußgängerbreite. Nach dem Namensgeber, einem mächtigen Amir, erhielt auch die Straße ihren Namen. Ursprünglich war der Komplex reich dekoriert, denn Gamal el Din wollte hier seinen "Ruhestand" verbringen – aber Sultan Barquq beendete den Wunsch per Exekution. Die Restaurierung der direkt westlich nebenan liegenden [7] **Wakalat el Bazara** war zur Zeit der Recherche fast abgeschlossen; das Gebäude aus dem 17. Jh, in der hauptsächlich Tabakhandel betrieben wurde, dürfte in jedem Fall einen Blick wert sein (Zugang durch die Gasse links nach der Moschee). Auch hier ist die typische Aufteilung zu sehen: Im großen Innenhof wurden die Tiere der rastenden Kaufleute entladen und die Waren im Erdgeschoß gelagert, im ersten Stock standen entsprechende Verkaufsräume zur Verfügung, und in den Wohnungen darüber – die sich intern jeweils über drei Stockwerke zogen – konnte der Händler samt Harem unterkommen.

Ein kurzes Stück weiter auf der Sharia Gamaliya steht auf der rechten Seite eine große Moschee. Es ist das 1310 errichtete [5] **Kloster und Mausoleum (Khanqah) Beybars II** (el Gashankir, ein nur ein Jahr regierender und dann von seinem Nachfolger exekutierter mamlukischer Sultan, der während seines Aufstiegs eine Zeit lang Vorschmecker – Gashankir – war. Es handelt sich um das älteste Sufi-Kloster Kairos. Zwischen den beiden Hauptliwanen sind die Wohnzellen für die Sufis (muslimische Mystiker) angeordnet, bis zu 400 von ihnen lebten im 14. Jhd hier. Das Mausoleum, in dem heute ein islamischer Heiliger ruht, erreicht man durch einen separaten Gang vom Eingang. Die gesamte Anlage ist ziemlich heruntergekommen. Über dem Eingang verläuft ein vergoldetes Spruchband, von dem ein Stück fehlt: dort stand einst der Name Beybars, den sein Nachfolger entfernen ließ. In dieser Gegend der Sharia Gamaliya bieten viele Garküchen ihre Speisen an, besonders am frühen Abend kann man hier die friedliche Feierabendstimmung der Bewohner miterleben.

Gleich an der nächsten Straßenecke hämmern (rechts in der Gasse) fleißige Kistenbauer wie wild und teilweise in "Fließbandverfahren" Obstkisten zusammen. Die Straßenfabrik mit ihren freundlichen Arbeitern ist sicher einen anerkennenden Blick wert.

Die Sharia Gamaliya zieht sich noch ein Stück hin, nach der nächsten Kreuzung rechts erkennt man eine alte Fassade. Sie gehört zur 1673 errichteten Wakala und Sebil des Oda Bashi, die größtenteils erhalten und bewohnt ist. Schräg gegenüber (nach der nächsten Kreuzung links) lag die Wakala des Amir Qausum (1330), von der nur der Eingang erhalten blieb. Einen etwas besseren Eindruck macht die letzte der Wakalas direkt links vor dem Bab el Nasr, 1481 von Sultan Qaytbay errichtet. Die Nähe der drei Wakalas zu den nördlichen Stadttoren kommt nicht von ungefähr, denn ab dem Mittelalter wurden die Waren, die über das Rote Meer verschifft worden waren, in Suez auf Kamele verladen und per Landtransport nach Kairo geschafft.

Die Straße führt jetzt durch das gut erhaltene "Stadttor des Sieges", das [2] ***Bab el Nasr**. Dieses wie auch das gleich nebenan liegende Schwestertor [1] ***Bab el Futuh** (Tor der Eroberung) wurde 1087 von den Fatimiden unter dem Armenier Badr el Gamali gebaut, um sowohl die Hakim Moschee in die ummauerte Stadt einzubeziehen als auch vorhandene Lehmziegelbefestigungen zu ersetzen. Es handelt sich um eins der bemerkenswertesten Stücke islamischer Militär-Architektur. Die soliden Steine sind z.T. pharaonischen Ursprungs aus Memphis, wie u.a. ein Nilpferd-Relief an einer Treppe des Bab el Futuh beweist. Beide Tore sind jeweils von stabilen Türmen flankiert, zwischen denen ein Gewölbegang verläuft, in dem sich die Verteidiger in voller Deckung bewegen konnten. Ursprünglich lag übrigens das Niveau der umgebenden Straßen wesentlich tiefer als heute, der Graben auf der Außenseite demonstriert dies deutlich.

Dieser Teil der Stadtmauer zwischen den Toren kann besichtigt werden. Fragen Sie am Eingang der El Hakim Moschee, dort verkauft man Ihnen das Ticket (£E 6) und dort führt auch der Weg hinauf. Wenn Sie für den etwas schummrigen Gewölbegang eine Taschenlampe mitnehmen, können Sie den **lohnenswerten Spaziergang** dort oben ohne den aufdringlichen und geldgierigen Muezzim (es ist nicht der Ticketverkäufer) unternehmen. In den Gewölbegang finden Sie über eine Treppe, die aus der Stadtmauer (etwa in der Mitte der nördlichen Hakim-Moschee-Abdeckung) herauskommt oder über die Treppe, die auf der Westseite des Bab el Futuh ein Stockwerk hinunterführt. Von oben blicken Sie über die Dächer hinweg, in den Innenhof der El Hakim Moschee und auf der gegenüberliegenden Seite in die Bretterbehausungen auf den Gräbern des gleich anschließenden Friedhofs.

In der Nähe liegt eine **Glasbläserei** (in der Haret Elbeerkedar), die man wie folgt findet: Sie gehen aus dem Bab el Futuh hinaus, überqueren die Hauptstraße, biegen gleich dahinter in die erste schmale Quergasse rechts ab, ein paar Schritte weiter die erste Straße links. Am Ende der leicht ansteigenden Gasse – etwa 100 m nach der Abzweigung einer Gasse namens Atfet el Ghannam – raucht die *"glas factory"*, in der Sie sowohl dem schweißtreibenden Umgang mit dem Blasrohr zuschauen als auch die gerade entstandenen Produkte kaufen können.

Wenn Sie die Nördliche oder Südliche Totenstadt nicht besuchen, dann können Sie hier einen Blick auf einen ägyptischen Friedhof werfen, der mit unseren Vorstellungen von Begräbnisstätten nicht viel gemein hat. Gehen Sie wie bei den Glasbläsern beschrieben schräg gegenüber dem Bab el Futuh in die erste Querstraße rechts und – leicht bergan – ca. 100 bis 200 m in dem Parallelweg zur Hauptstraße. Links zweigen enge Gassen, dann Eingänge in die Totenstadt ab. Sie sollten auf manchmal nicht allzu freundlichen Empfang vorbereitet sein. Verhalten Sie sich daher eher zurückhaltend.

Hier herrscht – wie an vielen anderen Stellen Kairos – Armut. Als Besucher kommt man sich etwas wie ein Voyeur dieser Armut vor, denn die Leute leben nach unserer Definition tatsächlich auf dem Friedhof. In Wirklichkeit mögen viele besser dran sein als die Menschen, die sich in dunkle Mietverließe quetschen müssen.

Traditionelle Grabwächter wohnen seit Generationen mitsamt ihren Familien auf den Friedhöfen. Ihr Beruf ist heute um so wichtiger, weil es in Kairo sehr schnell passieren kann, daß eine länger unbesuchte Grabanlage von Fremden okkupiert wird. Denn viele der ummauerten Grundstücke sind auch heute noch in Funktion befindliche Gräber. Sie bestehen jeweils aus der eigentlichen Familiengruft und oberirdischen Wohnbauten, in welche die Anverwandten während der Totenfeste einziehen – während der übrigen Zeiten stellen sie natürlich eine günstige Wohngelegenheit dar.

Unsereinen mag es schon etwas seltsam berühren, wenn zwischen den Grabsteinen Wäscheleinen gezogen sind und daran die Familienwäsche im Wind baumelt oder das Bettzeug zum Lüften über die Grabbauten gelegt wird und bunte Fähnchen im Wind flattern. Deutlich wird auch, daß es unter den Toten ebenfalls eine Mehrklassengesellschaft gibt,

5. Kairo kennenlernen

denn die einen kommen in mehr oder weniger umfangreichen Grab-Villen unter, während andere mit größtenteils windschiefen Bretterbehausungen vorlieb nehmen müssen.

Mehr über die Gräber und ihre Bedeutung können Sie im Kapitel *Totenstädte* (siehe Seite 204) nachlesen.

Für den Rückweg sollten Sie die vom Bab el Futuh stadteinwärts führende Sharia Muezz Li-Din Allah wählen. Diese Straße war im Mittelalter die Hauptstraße, die *Qasaba* – Haupt- oder Hochstraße –, die sich von Nord nach Süd bis Fustat zog. Gleich nach dem Tor durchstreifen Sie den Knoblauchmarkt oder eher den Umschlagplatz für die Knollen. In dieser Gegend werden auch Wasserpfeifen (Shisha) produziert und gehandelt.

Gleich nach dem Bab el Futuh dehnen sich links neben Ihnen die Mauern der 990-1013 erbauten, wie eine Trutzburg wirkenden [3] **El Hakim Moschee** (£E 10) aus. Bahnen Sie sich einen Weg durch den Zwiebel- und Knoblauchmarkt (je nach Saison auch anderes) vor ihrem Eingang. Das recht klar gegliederte, vor allem wegen seiner Größe imposante Bauwerk wurde unter dem Fatimiden El Aziz begonnen und von seinem religiös-exzentrischen Sohn El Hakim bi-Amr Allah (wörtlich "Herrscher durch Gottes Befehl") fertiggestellt. Vorbild in Größe und Stil war offenbar die Ibn Tulun Moschee, allerdings ist der Eingang monumentaler. Ein fünfschiffiger Liwan mit dem Mihrab weist nach Osten in Richtung Mekka, die übrigen Liwane sind zweischiffig. Die beiden sehr schönen Minarette an den Enden der Westwand wurden nach einem Erdbeben 1303 mit einer Verstärkung im Basisbereich versehen. Die Moschee ist erst in den 80er Jahren renoviert worden, nachdem sie über die Jahrhunderte einiges mitgemacht hatte: Gefangenenlager für Kreuzfahrer, Stallungen unter Saladin, Versorgungslager napoleonischer Truppen und Schule während der Nasser-Zeit.

Nun beginnt der Rückweg Richtung Sharia El Azhar. Sie können natürlich auch hier ein Taxi anhalten und sich zu einer Erholungspause ins Hotel fahren lassen und den Spaziergang später fortsetzen. Doch verzichten sollten Sie darauf nicht, denn der Weg zurück in das Herz der alten Stadt birgt einige Überraschungen.

Der Beginn unseres Weges ist nicht sonderlich aufregend, doch biegen Sie unbedingt in die zweite Gasse links (Darb el Asfar – "gelbe Gasse") ab, sie wurde komplett renoviert und als Fußgängerzone hergerichtet. Zur Zeit der Recherche für dieses Buch war die in neuem Glanz strahlende Gasse mit einigen historischen Bauten gerade von der Präsidentgattin Susanne Mubarak eröffnet worden, daher waren weder Öffnungszeiten bekannt, noch wurden Eintrittspreise verlangt. Gleich am Beginn der Gasse liegen die drei historischen Gebäude, beginnend mit dem Haus des Gaafar (1713, relativ klein, schöne Mashrabien, bemalte Holzdecke, holzverschalte und bemalte Wände), dann dem Palast des Kharazati (1881) und schließlich der Hauptattraktion, dem [4] ****Beyt el Suhaimi Palast** (1648). Er gehörte dem gleichnamigen Stadtteil-Scheich aus dem 17. Jhd, der grüne Innenhof ist noch heute eine sehr erholsame Oase im Trubel der Umgebung. Hier finden Sie ein im Original vollständig erhaltenes Domizil, zum Teil noch mit den Einrichtungsgegenständen des Besitzers – im Grunde ein wesentlich authentischeres Beispiel der Vergangenheit als das auf Seite 203 beschriebene Gayer Anderson Haus mit seinen unterschiedlichen Sammlungen.

Rechts gleich nach dem Eingang befand sich der etwas nüchternere Eßraum für Männer, viel farbenfreudiger ging es dagegen im Harem (hinten oben) zu, dem schönsten Raum im Haus. Links hinten im Harem führt eine Tür in einen kleines Zimmer, in dem Wirbelknochen eines Wals liegen: wenn die Damen siebenmal darüber schritten, unterstütze dies den Wunsch nach Schwangerschaft. Weiterhin war dieser Bereich mit einer Toilette, einem Massageraum und einem Dampfbad ausgerüstet. Im gegenüberliegenden Trakt an der Stra-

Innehof im Beyt el Suhaimi Palast

5. Kairo kennenlernen

ßenseite im ersten Stock war ein Raum für Schwangere eingerichtet und daneben ein Speisesaal für die Damen des Hauses. Gleich nebenan öffnet sich eine Loggia ("Maqad" genannt), hier empfing der Hausherr abends seine Freunde oder im Erdgeschoß (Mitte links) in der "Manadara", der sehr stimmungsvollen großen Empfangshalle mit Springbrunnen, Marmorverkleidungen und schönen Einlege-Arbeiten. Hier rezitierten Koranvorbeter oder es fanden auch sehr weltliche Empfänge mit üppigen Tafeln, Musikern und Tänzerinnen statt. Geschäfte dagegen wickelte er im überdeckten Raum gegenüber am Durchgang zum Garten ab. Im renovierten Gartenbereich hinter dem Haus sind noch eine alte Ölmühle und ein Wasserschöpfwerk (Sakiya) neben einem sehr alten Olivenbaum zu sehen.

Zurück zur zuvor verlassenen Hauptstraße. Im nächsten Block kommen Sie links an der [6] *Moschee von El Aqmar vorbei, die 1125 für den Kalifen el Amir erbaut wurde. Sie gilt als ein gutes Beispiel der fatimidischen Architektur, einstmals markierte sie die Nordostecke des großen (östlichen) fatimidischen Palastes. Sie wurde 1121-1125 erbaut und gilt als die erste Moschee, deren reich verzierte Außenfassade – historisch erstmalig – sich nicht an der Hauptachse Richtung Mekka orientiert, sondern sich dem Verlauf der Straße anpaßt. Das Innere hingegen zeigt in klassischer Weise nach Mekka. Es wurde vor einigen Jahren von indischen Islamiten leider nicht sehr originalgetreu renoviert.

Am Ende des nächsten Blocks wird Ihnen ein spitzwinkliges Haus auffallen, dessen Stirnseite mit sehr hübschem Holzgitterwerk geschmückt ist. Dieses [9] **Sebil-Kuttab von Rahman Katkuda** ("Brunnenhaus") aus dem Jahr 1744 gehört eigentlich zu den Schmuckstücken seiner Art. Es wurde Anfang der 80er Jahre unter Mithilfe des Deutschen Archäologischen Instituts (DAI) renoviert. Wenn Sie es besichtigen wollen, so finden Sie den Mann mit dem Schlüssel meist im nebenan liegenden Beshtak-Palast oder am Kalaun Mausoleum. Er führt im Erdgeschoß vor, wie die Leute damals ein Trinkgefäß durchs Gitterwerk zum Füllen ans Wasserbecken reichten. Gehen Sie auch in den oberen Raum hinauf mit einer recht schönen Decke und gutem Ausblick in die umliegenden Gassen. Das direkt nach Norden anschließende Gebäude ist übrigens ein "Appartement Haus", Baujahr 1300.

Weiter auf der Hauptstraße liegt gleich links der sehenswerte [12] *Beshtak Palast (£E 6), der – als ältester Palast von Kairo – ebenfalls unter Mithilfe des DAI renoviert wurde. Der Erbauer Al Din Beshtak ließ 1335 eine Reihe älterer Bauten abreißen, um Platz für seinen überdimensionierten Palast zu schaffen. Eine ebenfalls im Weg stehende Moschee bezog er kurzerhand ins Gebäude ein. Der Palast war ursprünglich fünf Stockwerke hoch, die alle mit fließendem Wasser ausgestattet waren. Von der Architektur her geht es auf die fatimidischen Palastanlagen zurück, die einst hier standen.

Heute betritt man die immer noch beeindruckenden Überreste des Beshtak Palastes durch einen Seiteneingang von der schmalen, links abzweigenden Gasse aus. Eine Treppe führt in die große Empfangshalle, deren schöne Zedernholz-Kassettendecke gute drei Stockwerke höher ist. In der Mitte der Halle erfrischte einst ein kunstvoller Marmor-Springbrunnen die Atmosphäre, Musikanten und Tänzerinnen sollen ihren Teil zur Unterhaltung der Gäste beigetragen haben.

Von oben herab konnten die Haremsdamen des Hauses durch Holzgitter auf das Treiben in der Halle unbemerkt herunterschauen oder in der Halle selbst durch Gitter zur Straße das dortige Leben beobachten. Beides ist auch heute noch nachvollziehbar, der Ausblick jedoch weit nüchterner als zu Zeiten von Tausendundeiner-Nacht. Gehen Sie ganz hinauf bis aufs Dach, von oben bietet sich ein guter Ausblick über die Dächer und Minarette der Umgebung.

Wenn Sie der kleinen Seitengasse (durch die Sie zum Hintereingang des Beshtak Palastes fanden) folgen, so werden Sie links das etwas unter Straßenniveau geratene Grabmal des Heiligen **Scheich Sinan** sehen. Am Ende der Gasse überspannt rechts die renovierte **Moschee des Amirs Mithgal** einen Fußweg; der Amir war Chef der Eunuchen unter Sultan Shaban von 1361-1374. Sehenswert ist der schöne, aus grauem und rotem Marmor errichtete Mihrab.

Mittelalterlicher Luxus
Die Reichen im mittelalterlichen Kairo ließen ihre Paläste meist ungemein prunkvoll ausstatten. Die Wände waren mit Stuckornamenten, Mosaiken und Malereien dekoriert, in eingelassenen Nischen standen Nippesfiguren, Porzellangeschirr oder andere, teure Dekorationsgegenstände. Entlang der Wände waren mit Kissen ausgelegte Bänke angebracht, in den Haupträumen plätscherten Springbrunnen, um Kühle zu verbreiten. Anstelle von Schränken dienten kupferbeschlagene Truhen als Aufbewahrungsort. Es gab Destillationsapparate zur Wasserentkeimung, in vielen Badezimmern sogar fließendes warmes und kaltes Wasser.
Über den Sultanspalast schreibt ein Zeitgenosse: *"Die Ausstattung der Räume sind das reichste, was man sich vorstellen kann. Sowohl die Wände als auch die Fußböden sind gänzlich mit den verschiedenartigsten polierten Steinintarsien aus weißem, schwarzem oder rotem Marmor, aus Serpentin (Schlangenstein), Porphyr, Kornalin und anderen erlesenen Steinen in verschiedenen Farbtönen verziert. Man kostet im Voraus die Wonnen des Paradieses."*

Zurück auf die Hauptstraße. Hier beginnt eigentlich der ehemals prächtigste Teil der Qasaba, des Hauptverkehrsweges durch das mittelalterliche Kairo. Denn hier standen sich während der Fatimidenzeit der östliche und der westliche Palast gegenüber, spätere Generationen wollten gerade in diesem Straßenabschnitt mit großartigen Bauwerken glänzen. Von den beiden Palästen ist übrigens außer einigen schönen Holzschnitzereien im Islamischen Museum nichts übrig geblieben.

Gegenüber dem Beshtak Palast können Sie einen Blick auf die **Madrasa des El Kamil Aijub** werfen, eines der sehr wenigen Relikte aus der kurzen Aijubiden-Epoche. Doch gleich nebenan sehen Sie gewaltige Mauern aufsteigen, in die sich drei bekannte Bauwerke teilen. Das erste ist die [13] **Moschee und Madrasa von Barquq** (£E 6), 1384-1386 erbaut. Die Machtergreifung von Barquq – eines ursprünglich aus Kaukasien stammenden Sklaven – verlief nicht gerade sanft, vielleicht baute er daher eine um so größere Madrasa (und eins der schönsten Grabmäler in der nördlichen Totenstadt, siehe Seite 206). Er war der erste der sogenannten Burgi Mamluken, seine Regierungszeit dauerte immerhin von 1382 bis 1399.

Ein monumentaler Torbogen aus weißem und schwarzem Marmor und bronzebeschlagenen Toren führt in einen Korridor mit anschließendem Hof, um den sich vier Liwane gruppieren. Dort lohnt ein Blick in den rechts liegenden Haupt-Liwan, der sehr massig wirkt und dessen gut restaurierte Decke mit ihren vergoldeten Facetten von pharaonischen Porphyr-Säulen getragen wird. Man geht daran vorbei durch die hintere Türe zum Mausoleum. Bunte Glasfenster werfen diffuses Licht in den hohen Raum mit seinem Marmorboden und verschiedenfarbigen Wänden. Hier sind Familienangehörige bestattet, für den Sultan selbst war dieses Mausoleum wohl nicht gut genug.

Gleich anschließend stoßen Sie auf einen ungewöhnlichen Moschee-Eingang, er ist gotisch. Es handelt sich um [14] **Mausoleum und Madrasa von Al Nasir Mohammed** (1296-1304 erbaut), einem Sohn von Kalaun (siehe nächste Moschee). Er regierte – mit zwei Unterbrechungen – 30 Jahre lang während der Hochblüte der Mamluken-Ära, baute etwa 30 Moscheen und das Aquädukt vom Nil zur Zitadelle. Das gotische Eingangsportal ist ein Beutestück von der Kreuzfahrerkirche von Akko, das von Nasirs Bruder El Ashraf als Sieges-Demonstration über die Kreuzritter abmontiert und nach Kairo transportiert wurde. Der hinter dem Portal liegende Eingangsbereich wurde unter Mithilfe des DAI restauriert (schöne Decke), mehr ist eigentlich nicht zu sehen. Bemerkenswert ist noch das Minarett mit außergewöhnlich feinen Stuckverzierungen.

Sie könnten in der nächsten links abzweigenden Gasse das ehemalige Haus des **Utman Katkuda** besichtigen, das als schönes Beispiel der osmanischen "Wohnlandschaften" gilt, leider ist es wegen Baufälligkeit geschlossen. Der Ghafir der Kalaun Moschee schließt zwar auf, aber der Blick hinein lohnt kaum das Bakschisch für den Mann. Zwar ist die einzig erhaltene Haupthalle überraschend hoch und harmonisch, aber vom Marmorbrunnen in deren Mitte bis zum Dach mitleidheischend heruntergekommen.

Doch der wirklich dominierende Komplex dieser Gegend ist der des gleich anschließenden [15] *****Kalaun Mausoleums** (£E 6) mit Madrasa und Hospital. Kalaun (zu deutsch "Ente"), ein vom letzten Aijubidenherrscher Salih Aijub importierter mongolischer Sklave, entwickelte sich als erfolgreicher Mamluken-Sultan, der sowohl die Mongolen als auch die Kreuzritter in Schach hielt und eine Dynastie gründete, die immerhin drei Generationen lang an der Macht blieb. Kalaun ließ an der Stelle, an der einst des fatimidischen Sultans Muez li-Din Allah stand, ein imposantes und reich ornamentiertes Bauwerk errichten, das die Stilrichtung für viele nachfolgende Mamlukenbauten vorgab. In den 1284 erbauten Komplex integrierte er ein für die damalige Zeit sehr ungewöhnliches Bauwerk, ein Hospital (Maristan), von dem praktisch nur Ruinen übrigblieben. Aber auch heute noch wird eine Augenklinik unterhalten, die im rückwärtigen Bereich liegt (Zugang gleich nach dem Komplex rechts entlang der schattigen Baumallee).

Das ursprüngliche Hospital – das vom heutigen Haupteingang des Kalaun-Komplexes her betreten wurde – war in Kreuzform mit vier Liwan-Hallen und anschließenden Krankensälen angelegt. In jedem der Liwane wurden bestimmte Krankheiten behandelt: Fieber, Augenkrankheiten, Magen/Darmerkrankungen und ein Operations-Liwan. Dieses Hospital galt aus medizinischer und auch sozialer Sicht als eine Weltberühmtheit seiner Zeit. Es stand allen Patienten offen, die sogar durch Geschichtenerzähler und Musikanten unterhalten wurden. Damals mischten sich Patienten, Besucher und Betende im Korridor, der von der bronzebeschlagenen Eingangstür des Kalaun-Komplexes (gleich neben der Nasir Moschee) zur Madrasa, zum Mausoleum und zum Hospital führte. Heute gehört er nur mehr den Betenden.

Versäumen Sie auf keinen Fall einen Blick in den Kalaun-Komplex (der allerdings derzeit renoviert wird). Man betritt ihn durch ein großes, mit geometrisch gemustertem Bronzeplatten beschlagenes Portal. Die erste Tür links im Korridor führt in die Madrasa, deren Dach nicht mehr existiert. Sie ist rechteckig angelegt und endet jeweils in einem Liwan. Bemerkenswert ist der östliche, nach Mekka ausgerichtete Liwan, der mit Stuckarbeiten reich verziert ist und mit seinen drei Gängen und klassischen Säulen an sein Vorbild, eine syrische Basilika, erinnert. Die Wölbung des Mihrab ist mit einem Goldmosaik geschmückt.

Die zweite Tür rechts öffnet sich zum Mausoleum. Diesen Eingang überwölbt ein schöner stuckverzierter Bogen. Die Mausoleumshalle selbst überrascht durch ihre ungewöhnliche Höhe und ihren in ein Quadrat gelegten oktagonalen Grundriß sowie die antiken Rosengranitsäulen. Glasmosaikfenster werfen bunte Strahlenzüge in das Dämmerlicht der riesigen Halle. Die Wände im unteren Bereich schmücken sich mit schier endlosen Arabesken und Schriftzügen aus feinsten Marmor-Einlege-Arbeiten, die Holzkassettendecke ist bemalt. Der Sarkophag (eigentlich Kenotaph) ist durch eins der schönsten (und das flächenmäßig größte) Mashrabien (Holzgitterwerk) Kairos vom Eingangsbereich abgetrennt. Ein interessantes Detail: Anhand der Fensteröffnungen läßt sich erkennen, daß die Wand zur Straße unterschiedlich dick ist. Damit wurde im Innenraum die Ausrichtung des Mihrab (mit schönen Marmor-Mosaiken) nach Mekka erreicht und außen die Anbindung an die vorhandene Straße.

Sie sollten nicht versäumen, auf das Dach und das Minarett hinaufzusteigen; von oben bietet sich ein eindrucksvoller Ausblick, der Mausoleumswärter weist den Weg. Das Minarett selbst geht auf syrische und andalusische Einflüsse zurück, was besonders in den Stuckverzierungen des oberen Stockwerks zum Ausdruck kommt.

Gegenüber dem Kalaun-Komplex steht das [16] *Mausoleum des Salih Aijub** (Offizielle Bezeichnung "Al Salih Nadjmed Din Ayyub"; £E 6). Salih Aijub war der letzte Regent aus Saladins Dynastie und der "Erfinder" der Gebäudekombination aus Madrasa und Mausoleum, die häufig nachgeahmt werden sollte.

Salih Aijub führte auch ein, daß in seiner Madrasa alle vier orthodoxen Riten des Islam gelehrt wurden. Später interpretierten die Lehrer Urteile niederer Gerichte, daraus entwickelte sich eine Art oberster Gerichtshof der dann regierenden Mamluken. Der Platz vor diesem Gericht hatte zentrale Bedeutung für Kairo. Als Salih Aijub kurz vor der Schlacht von Mansura gegen die Kreuzritter starb, ließ seine Frau Shagarat el Durr das Mausoleum für ihren Mann bauen. Sie war übrigens die einzige Frau, die in der islamischen Epoche kurzzeitig Ägypten regierte (siehe auch Seite 209).

Das Mausoleum wurde in den 90er Jahren vom DAI sehr sorgfältig restauriert und im Originalzustand wiederhergestellt. Viele Details des Bauwerks kamen zum Vorschein. Nicht zuletzt wurde viel Kunstsinn und Geschmack in die Restaurierungsarbeiten investiert, Schautafeln erklären Details. Allerdings setzt der allgegenwärtige Verfall auch hier wieder ein: der Sarkophag steht bereits wegen Bodenverwerfungen schief, nur noch ein Teil der Lampen brennen und die seltenen Besucher hinterlassen Fußspuren auf dem staubigen Boden. Für Öffnen und Eintrittsgeld ist der Wärter der Kalaun Moschee zuständig.

Von der ursprünglichen Madrasa- und Mausoleums-Kombination, die 1242-1250 errichtet wurde, sind neben dem Mausoleum nur die heute weitgehend verdeckte, 70 m lange Westfassade und ein Minarett ziemlich an deren Ende erhalten geblieben. Sie finden diese Reste, wenn Sie links in die nächste Gasse gehen, durch den Minarettsockel führt ein Durchgang zum Khan el Khalili Bazar.

Zuvor steht das Eckgebäude dieser Gasse ziemlich weit in die Hauptstraße hinein, es ist das [16] **Sebil-Kuttab des Khussru Pascha**, welches der vom Sultanat in Damaskus entsandte, aber nur ein Jahr regierende osmanische Sultan 1535 erbauen ließ. Trotz seines osmanischen Hintergrundes wird es stilistisch weitgehend von mamlukischen Vorgaben bestimmt.

Der folgende Bereich der Hauptstraße gehört zum *Souk el Nahasin*, dem Gebiet der Kupferschmiede, wie sich unschwer an den Auslagen der Shops erkennen läßt. Die nächste Gasse links führt direkt in den Khan el Khalili Bazar, wie wir uns vom Beginn des Ausflugs ins Islamische Kairo erinnern.

Doch lassen Sie uns noch ein paar Schritte geradeaus weitergehen. Die jetzt folgende Querstraße ist die Sharia El Muski, ihr folgen wir nach Osten (links) und gönnen uns nach dem langen Spaziergang in einem der Teehäuser am Midan Hussein eine Pause. Sollte Ihnen nach mehr als einer Tasse Tee gelüsten, so wäre das Hotel und Restaurant (oberstes Stockwerk, guter Ausblick) El Hussein eine brauchbare Adresse (Eingang noch in der Sharia El Muski links kurz vor dem Platz).

Beim Tee können Sie über das Leben vor etwa 900 Jahren in der unmittelbaren Umgebung nachdenken: Unter der Herrschaft des Kalifen

5. Kairo kennenlernen

Muizz entstand in dieser Gegend der sogenannte *Große Palast*, der bis zum 11. Jhd ständig durch neue Paläste erweitert wurde. Sie trugen Namen wie "Perlen-Pavillion" oder "Pavillion der Gazellen". Sie waren verschwenderisch ausgestattet, durch unterirdische Gänge miteinander verbunden und enthielten Wasserbecken, die nicht zuletzt als Löschwasserreservoir angelegt waren. Gegen Ende der fatimidischen Herrschaft lebten und wirkten hier schließlich 12 000 Diener und die gleiche Anzahl an Sklavinnen.

> **Tunnel unter der Sharia El Azhar**
> Auto und Omnibusschlangen schieben sich seit Jahr und Tag durch die Sharia El Azhar. Eine Hochstraße brachte in den 80er Jahren zunächst Entlastung, aber auch sie ist nicht der Weisheit letzter Schluß. Langfristig will man die historischen islamischen und koptischen Viertel als Fußgängerbereiche ausweisen. Ein erster Schritt in dieser Richtung soll durch einen Tunnel geschaffen werden, der am Midan Opera beginnt und erst nahe der Sharia Salah Salem wieder das Tageslicht erreicht. Ein unterirdisches Parkhaus am Midan Opera wird zusätzlichen Parkraum bereitstellen. Die Bauarbeiten laufen mit angeblichen 1200 Arbeitern auf Hochtouren, ein Ende ist aber noch nicht abzusehen.

Zentrales Islamisches Viertel

Wenn Sie Lust haben, kann es im Islamischen Kairo weitergehen: Unterqueren Sie die Sharia El Azhar durch den Fußgängertunnel. Auf der anderen Seite laufen Sie links direkt in das *Tor der Barbiere der [20]* *****Al-Azhar-Moschee** (£E 12 Eintritt; Frauen müssen ein Kopftuch tragen). Die Moschee wurde nach den Erdbebenschäden von 1992 komplett renoviert. Sie ist als einer der intellektuellen Mittelpunkte in der gesamten islamischen Welt bekannt.

Der 970 von dem fatimidischen Eroberer Gawhar errichtete Moschee wurde bereits 988 eine Madrasa angegliedert, um die ägyptischen Sunniten im schiitischen Denken zu unterweisen. 1005 bestimmte El Hakim, daß auch naturwissenschaftliche Fächer in den Lehrplan aufzunehmen seien. Damit ist die El Azhar die älteste (mindestens jedoch zweitälteste) Universität der Welt.

1961 wurde sie modernisiert, von den 37 Fakultäten stehen seither neun für Frauen offen. Als Hauptfächer werden Theologie, Islamisches Recht und Arabisch, als Nebenfächer Geschichte, Geographie, Mathematik, Chemie, Biologie und Astronomie gelehrt. Die durchschnittliche Studienzeit beträgt 15 Jahre, die Studienbewerber werden schon in frühester Jugend, u.a. nach ihrer Religiosität, ausgewählt, wobei ein wichtiges Kriterium eine strenge islamische Einstellung der Väter ist. Die Studentenzahl der El Azhar liegt bei über 100 000; viele Fakultäten und Institute sind über ganz Ägypten verstreut.

Als Rektor der Universität fungiert der Immam (Vorbeter der Moschee), der gleichzeitig Vizepräsident des Staates ist; woran der Einfluß der Institution El Azhar gemessen werden kann. Wenn auch heute bei weitem nicht mehr alle Studenten in der großen Gebetshalle der El Azhar – in Gruppen um den Lehrer lagernd – unterrichtet werden können, so ist die Moschee dennoch das Zentrum der Uni geblieben. In den 30er Jahren entstand direkt östlich ein großer Universitätskomplex mit modernen Hörsälen, Laboratorien etc. 1950 wurde im Osten der Moschee eine Aula mit 4000 Plätzen und ein weiteres Gebäude für die juristische Fakultät errichtet.

Die El Azhar Moschee besitzt drei Minarette, von denen sowohl das El Guri- als auch das Quaytbay-Minarett gegen ein Bakschisch bestiegen werden können, der Ausblick über die Umgebung und die Studentenquartiere ist beeindruckend. Beim Dekan der Universität (gegenüber der Moschee) gibt es deutschsprachige Literatur über den Islam.

Die tausend Jahre Geschichte sind nicht spurlos am Gebäudekomplex der Moschee vor-

El Azhar Moschee

5. Kairo kennenlernen

beigegangen. Im Laufe der Zeit haben Um- und Anbauten die Originale überdeckt oder verdrängt, so daß es sogar für Kenner schwer ist, die einzelnen Bereiche korrekt zuzuordnen. Dennoch wirkt dieses Konglomerat an Bauten harmonisch, majestätisch, fern vom Lärm der Außenwelt. Der Eingang führt heute durch das **Tor der Barbiere**, so genannt nach den Friseuren, die früher den Studenten den Schädel kahlschnitten. Links liegt die Madrasa El Akbughawija, die jetzt als Bibliothek genutzt wird, rechts die Madrasa El Taibarsija, die 1309 erbaut wurde und den Mihrab aus der Gründerzeit beherbergt. Dieser Mihrab gilt als ein ganz besonderes Juwel; leider sind beide Madrasas nur mit besonderer Genehmigung zugänglich.

Besucher werden gern von (selbsternannten) Muezzims der Moschee angesprochen, die Führungen anbieten. Bei einem solchen – niemals kostenlosen – Rundgang sieht man u.U. Räume, die ein normaler Besucher nicht zu Gesicht bekommt.

Das Tor der Barbiere öffnet sich – nach einem Korridor – in den großen Innenhof, dessen Dimensionen noch dem Originalplan entsprechen. Drei Liwane, deren Decken von z.T. antiken Säulen getragen werden, umgrenzen den Innenhof. Im 80 x 50 Meter großen Ostliwan – dem Eingang gegenüberliegend – dominieren acht Reihen mit insgesamt 140 Marmorsäulen, von denen etwa hundert aus pharaonischen Quellen stammen. Der schöne, stuckverzierte Haupt-Mihrab noch aus der Gründerzeit stammend – im Zentrum des Liwans erreicht nicht wie üblich die Abschlußwand, da diese im Laufe der Jahrhunderte weiter nach außen versetzt wurde. Dieser Liwan ist Betsaal und Auditorium der Universität zugleich.

Lassen Sie sich irgendwo auf dem Teppich nieder, der Verkehrslärm verstummt, bald werden Sie nur noch das Murmeln der Studenten hören, und tausend Jahre Geschichte werden wach. Gerade die El Azhar Moschee reizt zum Nachdenken und Philosophieren: Ist sie nicht das Pendant zum christlichen Peters-Dom, der in die strenge Hierarchie des Vatikan eingegliedert ist? Hat die Institution der Moschee als genereller Versammlungsort nicht einen wichtigen Anstoß zur islamischen Renaissance gegeben?

Nach dem Besuch der El Azhar können Sie sich noch zwei typische ehemalige Paläste anschauen: gehen Sie links, die nächste Straße wieder links bis diese, nach etwa 100 m, ein Gebäude zum umgehen hat. Gleich nach der Kurve an dem kleinen Park macht ein Schild auf [21] **Maison Zeinab Khatum** aufmerksam, das – 1486 erbaut und 1713 erneuert – in den 80er Jahren von den Franzosen renoviert und kurzerhand *Maison* beschrieben wurde. Es handelt sich um ein altes arabisches Haus, das im Erdgeschoß etwas besser sortierte Souvenirgeschäfte beherbergt, für den oberen Stock zahlt man £E 10 (!) Eintritt und sieht ein paar schöne Räume mit alten Mashrabien. Wer aber nicht gerade ein Fan ist, sollte sich das Geld sparen und die interessanteren Räume z.B. im Beyt el Suhaimi Palast anschauen.

Auf der anderen Seite des Parks wurde ebenfalls ein Palast von den Franzosen restauriert, **Beit el Harar** (Maison Harabi). Dieses Gebäude wird für kulturelle Veranstaltungen genutzt, es bietet architektonisch nicht so viel wie der Nachbar. Hier schirmen sehr hübsche und alte Mashrabien die Außenwelt ab, einige Räume besitzen bemalte Decken. Der Besuch ist kostenlos.

Nun kehrt man wieder zurück, läßt den Obst- und Gemüsemarkt links liegen und wirft im nächsten Block einen Blick in die 1504 erbaute [23] *****Wakalat el Guri** (£E 6), die sehr gut restaurierte ehemalige Karawanserei mit 365 Räumen, die heute als Begegnungsstätte und Ausstellungsgalerie für das Kunsthandwerk dient (meist nicht viel geboten).

Gehen Sie weiter in Richtung der Fußgängerbrücke, biegen Sie jedoch links in die nur noch optische Verlängerung der Sharia Muizz Li Din Allah ein; denn diese ehemalige Hauptstraße ist durch das Ende der Hochstraße und die hohe Mittelabsperrung praktisch unterbrochen. Gleich die beiden ersten Gebäude rechts und links der Straße sind sehr dominant und wirken als eine Art harmonischer Einlaß in diesen Teil der Qasaba, der ehemaligen Hauptverkehrsverbindung. Es handelt sich um die sogenannte Guriya (1504-1505 erbaut): Rechts liegt die **Madrasa von Sultan el Guri**, links sein ***Mausoleum-Sebil-Kuttab** (1503-1505 erbaut). Die Madrasa wurde beim Erdbeben sehr stark beschädigt, die derzeitigen Restaurierungsarbeiten dürften wohl noch einige Zeit andauern. Das Gebäude ist sehr ausgewogen in Kreuzform mit vier Liwanen angelegt, die Innenausstattung ist – hoffentlich auch nach der Wiederöffnung – sehenswert. Vielleicht wäre dann auch eine Exkursion auf Dach und Minarett eine Überlegung wert: wegen des Ausblicks und der Erkenntnis, daß das rotweiße Schachbrettmuster des Minaretts lediglich aufgemalt ist.

Das Mausoleum auf der linken Straßenseite sollten Sie auf gar keinen Fall auslassen. Gleich rechts der Eingangstür betreten Sie die für El Guri geplante letzte Ruhestätte, in der sein Leichnam jedoch nicht bestattet wurde, weil er in einer Schlacht gegen die osmanischen Türken bei Aleppo verlorenging. Heute ist der Gesamtkomplex eine Nachbarschaftseinrichtung des umliegenden Viertels, in der vor allem Erwachsenenbildung betrieben wird. Der Mausoleumsraum dient als Bibliothek – sehr ehrwürdig und mit fein restaurierten Wänden. Ungewöhnlich sind die Stuck-Arabesken oberhalb des Marmorsockels. Die ursprüngliche Kuppel existiert nicht mehr.

Links des Vorraums betreten Sie die ehemalige Koranschule mit einem Mihrab, die seit der Restaurierung als Theatersaal benutzt wird. Auf den gepolsterten Stühlen läßt sich gut ausruhen; hier sollte man etwas verweilen und dabei die wunderschönen Holzarbeiten und die Decke bewundern. Dieser Raum gehört nach unserem Eindruck zu den stimmungsvollen der islamischen Epoche in Kairo, seine Eleganz

Eingangsbereich der El Guri Madrasa

spiegelt Reichtum und Pracht vor 500 Jahren wider. Der Theatersaal wird u.a. jeweils mittwochs und samstags ab 20.30 Uhr für atemberaubende Derwish-Tänze genutzt ("Sufi Dancers"), ein Erlebnis, das man sich nicht entgehen lassen sollte (siehe Seite 142).

Beim Hinausgehen sollten Sie sich einen Augenblick lang vorstellen, daß früher die Straße zwischen den beiden Guri-Bauwerken überdacht war und daß hier die Seidenhändler ihre Ware aufbauten und lautstark verhökerten. Dies war beim Bau der Guriya geplant, wie die

5. Kairo kennenlernen

Ladenfronten heute noch zeigen. Die Shops sollten zum Unterhalt der Bauwerke beitragen, wie das bei einer ganzen Reihe ähnlicher Anlagen auch der Fall ist..

Doch zurück zur Hauptstraße, der Sharia Muezz Li Din Allah, in der es allerdings auch Interessantes zu sehen gibt wie etwa den Herrn, der – ungefähr nach der ersten Hälfte der Straße links – getrocknete Tiere feilbietet; nicht unähnlich einem afrikanischen Fetischhändler. Wenn Sie Zeit haben, so biegen Sie in die kleine Gasse ein, die links vor der ersten Moschee [24] ("**Fakahani**", d.h. Frucht-Händler-Moschee, wird derzeit restauriert) abzweigt. Die Gasse führt bald links um eine Ecke, biegen Sie die nächste Gasse gleich wieder rechts ab. Nur ein kurzes Stück weiter sehen Sie links ein typisches altes Gebäude: Es handelt sich um das **Wohnhaus von Gamal el Din el Dhabai**, einem reichen Goldhändler im 17. Jhd. Auch dieses Gebäude wird derzeit renoviert. Der Blick auf den grünen Innenhof mit seinem Brunnen und die schönen Holzgitterfenster ist eine wohltuende Abwechslung.

Danach wieder zurück zur ewig überfüllten Hauptstraße und links (südlich) weiter. In einer leichten Kurve wird links das Sebil-Kuttab von Tusun Pascha (1820) von kleinen Shops fast verdeckt. Unsere Straße mündet nach wenigen Minuten in das fatimidische Stadttor [26] **Bab Zuwela**, das die südliche Stadtmauer verschloß und das als eins der fatimidischen Stadttore 1092 errichtet wurde. Sein volkstümlicher Name lautet eigentlich *Bab el Mitwalli* nach einem lokalen Heiligen, der hier lebte und viele Wunder wirkte. Die alte fatimidische Stadtmauer läßt sich noch ca. 100 Meter nach Osten verfolgen. Um dieses Tor ranken sich eine Menge Geschichten.

So startete hier während der Mamluken-Epoche der Prozessionszug, der das neue Tuch (Kiswa) nach Mekka brachte, mit dem die Kaaba bedeckt wird. Häufig war das Tor beliebter Exekutionsplatz mit allen möglichen Arten der Beförderung vom Leben zum Tode; die Osmanen erhängten hier den letzten Mamluken-Sultan Tuman Bey nach der Eroberung Kairos. Am Ost-Turm hängen noch Gewichte, die mittelalterlichen Sportlern zum Training dienten.

Rechts vor dem Tor steht die sehenswerte [25] ***Muayyad Moschee** (£E 10) aus dem 15. Jhd, in deren schön gearbeitetem Portal die berühmten Bronzetüren der Sultan Hassan Moschee eingesetzt wurden. Von dort kommt man in einen Vorraum, dann in das Mausoleum mit geometrischer Marmordekoration und schließlich in den Moscheebereich. Dort überrascht ein großer baumbestandener Innenhof, der mit seinem Vogelgezwitscher ein angenehmes Kontrastprogramm zum Straßenlärm bietet (allerdings erst dann wieder, wenn die derzeitigen Renovierungsarbeiten abgeschlossen sind). Hier kann man sich ungestört ausruhen und versuchen, ein wenig von der kontemplativen Stimmung einer Moschee einzufangen. Die Gebetshalle besitzt noch viel ihrer wertvollen Originalausstattung wie die farbigen Marmoreinlegearbeiten, den schönen Minbar und die Vorbeterkanzel aus Marmor.

Der Erbauer Sultan El Muayyad saß übrigens einst an dieser Stelle in einem Gefängnis, in dem er von Fliegen und Flöhen schrecklich heimgesucht wurde. Er schwor, falls er herauskäme, eine Moschee und Madrasa statt dessen errichten zu lassen. Die Madrasa wurde zu ihrer Zeit eine berühmte Institution, nicht zuletzt wegen ihrer umfangreichen Bibliothek. Die Minarette, die auf dem Bab Zuwela stehen, können von der Moschee her bestiegen werden (guter Ausblick). Auch hier hat das Erdbeben starke Schäden angerichtet, die wohl bald behoben sein werden.

Südliches Islamisches Viertel: Zentraler Bereich

Am Bab Zuwela verzweigen sich unsere Spazierwege, sowohl geradeaus als auch nach links führt je eine Straße zur Zitadelle. Es lohnt sich, zunächst den Spaziergang vom Bab Zuwe-

"Welcome, welcome", ruft der freundliche Barbier am Bab el Nasr

Ein moderner Brunnen – Sabil – neben der Hussein Moschee

Die Sultan Hassan Moschee lädt zum Verweilen ein

Kairo...

... ist voller Kontraste

Manchmal kommt noch die alte Wahrsagerin ins einst berühmte Cafe Fishawi

Nur der junge Mann erinnert an unser Jahrhundert

Im Islamischen Viertel Kairos ist Betrieb in allen Gassen

Unterwegs im Fayum

Die gesamte Töpferfamilie belädt den Brennofen (Nazla im Fayum)

Bei Wisa Wassef wachsen Kinder mit Kunsthandwerk auf

Wasserpfeifen gehören zu jedem Cafe

Wo immer jemand Hunger verspührt: Eine kleine Garküche ist um die Ecke

Wie wär's mit orientalischen Gewürzen als Souvenir

Kupferbazar in der Sharia Muizz li Din Allah

Märkte sind immer ein Erlebnis

la aus geradeaus weiter auf der zentralen Straße, der historischen Qasaba, fortzusetzen.

Gleich rechts am gegenüberliegenden schmalen Platz haben Händler von aparten **Leinentaschen** ihre Produkte ausgebreitet, hier findet man recht schöne Stücke als Souvenir (oder zum Tragen der unterwegs erstandenen Schätze). Die Moschee auf der linken Seite wurde 1160 von [29] **Salih Talai** errichtet. Sie ist die letzte der fatimidischen Epoche, sie besticht durch ihre Schlichtheit. Ihr Niveau liegt inzwischen unterhalb der Straße, die im Laufe der Jahrhunderte aufgeschüttet wurde. Schon damals war sie in das Marktgeschehen durch Läden und Magazine in den Außenwänden einbezogen. Die große Eingangstür wird heute im Islamischen Museum ausgestellt, hier sehen Sie eine Kopie. Die Händler an der Straßenseite und links der Moschee haben sich auf Kleinvieh spezialisiert, das an Ort und Stelle geschlachtet und – zur Freude der streunenden Katzen und Hunde – auch gleich ausgenommen wird.

Der Weiterweg führt durch den überdachten [28] **Zeltmacher-(Kiyamiyya)-Bazar**, in dem es bunte, teilweise sehr geschmackvolle Stoff-Applikationen zu kaufen gibt, die in großen Bahnen zu Zelten zusammengeschnürt werden können. Gleich außerhalb des kurzen, überdachten Straßenstücks kann man die Sorglosigkeit der Ägypter betrachten: Rechts weist ein schmaler Weg in einen "Handwerkerhof", althergebracht und nur mit ein paar neuen Maschinen angereichert. Vor allem bieten die Schreiner- bzw. Holzsägewerkstätten eine Horrorvorstellung von Arbeitsbedingungen: Die Luft ist von Sägemehl-Staub geschwängert, man glaubt, in den Hallen auf der Stelle ersticken zu müssen. Die Arbeiter machen einen quicklebendigen Eindruck und begrüßen den Fremden mit freundlichem Hallo. Dieses "Ensemble" wurde wie auch der überdachte Zeltmacher-Bazar 1650 von Ridwan Bey errichtet. Nur an der Südfront zeugen noch ein paar Loggias vom ehrwürdigen Alter. Dort saßen abends die Handwerker und diskutierten den Lauf ihrer Welt.

Sie sollten dieser mit Souks gesäumten Straße bis zur Sultan Hassan Moschee folgen, unterwegs werden Sie das tägliche Leben Kairos finden. Zunächst könnte man nach dem überdachten Stück gleich links der Straße einen Blick auf die [30] **Moschee Mahmud el Kurdi** aus dem Jahr 1395 und nur etwa 70 m weiter

Herrliche Stoffaplikationen im Zeltmacher-Bazar

5. Kairo kennenlernen

die **Madrasa von Imal el Yusufi** (1392) werfen, allerdings sind derzeit auch hier Renovierungsarbeiten im Gang.

Bald verbreitert sich die Straße etwas, und der zusätzliche Platz wird gleich von einer Menge Händlern genutzt: Hier kauft die Hausfrau für die tägliche Versorgung ein, allerhand Reparatur-Shops bieten ihre Dienste an und natürlich findet man Kaffeehäuser, in denen Männer Wasserpfeife rauchen oder sich mit Brettspielen die so reichlich vorhandene Zeit vertreiben. In einer der rechts abzweigenden Querstraßen gibt es Marktstände mit Gemüse und Kräutern. Die links sich erhebende Madrasa mit Mausoleum (1426) stammt von [33] **Sultan Amir Gani Bak**, der unter Sultan Barsbay in steiler Karriere aufstieg und sich so viele Feinde erwarb, daß er bereits mit 25 Jahren vergiftet wurde.

Bald fällt Ihnen links die mit schönen Stuckverzierungen versehene Kuppel der [34] **Ganim el Bahlawan Moschee** auf, die das Bild der Straße beherrscht. Das Innere ist stark heruntergekommen, es lohnt nicht, die Schuhe auszuziehen und einen Blick hineinzuwerfen. Nur ein kurzes Stück weiter treffen Sie auf die Sharia El Qala (ehemals Sharia Mohammed Ali), die ihr damaliger Namensgeber als Verbindungsstraße zwischen Zitadelle und Midan Ataba in die Altstadtsubstanz "hacken" ließ und die auch heute noch eine der Hauptstraßen dieses Viertels ist.

Jetzt können Sie dieser sehr frequentierten Straße bis zur Sultan Hassan Moschee folgen oder Sie heben sich diesen Leckerbissen für später auf und kehren kreuz und quer durch die kleinen Gassen, die seitlich der eben durchwanderten Sharia Muizz li Din Allah liegen, zum Bab Zuwela zurück. Gerade diese Seitengassen sind voll täglichen Arbeitslebens der hier wohnenden Menschen. Bei dem Spaziergang werden Sie von mittelalterlichen Eindrücken ins 20. Jahrhundert und wieder zurück gerissen. Auch sollten Sie keine Sorge haben sich zu verirren, wenn Sie sich unsicher fühlen, fragen Sie die Leute z.B. nach Bab Zuwela oder besser nach Bab Mitwali, es wird sich immer jemand finden, der Ihnen Auskunft gibt oder Sie vorsichtshalber gleich so weit begleitet, bis kein Verirren mehr möglich ist.

Südöstliches Islamisches Viertel

Ein anderer Spaziergang beginnt wieder am Bab Zuwela, führt uns aber in die südöstlicheren Gebiete des mittelalterlichen Kairo. Wenn Sie sich nun hinter dem Bab Zuwela links halten und der Sharia Darb el Akmar folgen, werden Sie nach einem etwas längeren Spaziergang ebenfalls die Zitadelle erreichen. Diese schmale Straße führt ständig leicht bergan, sie hat eine Menge Verkehr zu bewältigen, Verstopfungen sind an der Tagesordnung, als Fußgänger gehört man zu den unliebsamen Verkehrshindernissen und sollte vor allem den Minibussen durch rechtzeitiges Deckungsspringen zu entkommen versuchen. Schon bald erblicken Sie quasi frontal die schöne Fassade der [27] ***Qajmas el Ishaqi Moschee**, die inmitten einer Y-förmigen Straßengabelung 1480-1481 errichtet wurde. Über die linke Gasse führt ein Übergang zum Sebil-Kuttab, der damals abgesetzt von der eigentlichen Moschee war. Besonders an heißen Tagen bietet eine Pause in dieser Moschee Abkühlung durch Ventilation, denn das nach allen Seiten frei stehende Gebäude besitzt eine gute Querlüftung.

Das Portal ist mit roten, weißen und schwarzen Marmor-Intarsien in Form einer Rosette geschmückt. Kurz hinter dem Eingang führt ein Korridor nach links in den Innenraum, der sowohl als Ventilations-Schacht als auch als Lichtquelle geplant war und den eine zweiflügelige Schiebetür (immerhin Baujahr 1480) verschließt. Der Grundriß des Bauwerks ist in Kreuzform ausgelegt, jedoch sind der Nord- und der Süd-Liwan zu Nischen zusammengeschmolzen. Im Innern fallen bunte Lichtbündel durch die Glasfenster, Marmor-Arabesken und umlaufende Spruchbänder schmücken die Wände. Der Aufgang zum Minbar ist mit schönen Holz-Intarsien verziert, auch der Mihrab ist einen Blick wert. Der Erbauer Qajmas el Ishaqi hatte hohe Posten unter Sultan Quait Bey inne; er starb in Syrien und ist auch dort beerdigt. Im Mausoleum (Zugang durch das südliche Portal des Ost-Liwans) ruht ein heiliger Scheich namens Abu Hurayba, nach dem die Moschee volkstümlich auch benannt wird.

Bald folgen rechts zwei quasi aneinander gebaute Moscheen, wobei die zweite – die [31] **Ahmad el Mihmandar Moschee** – 1324 errichtet wurde und zu den ältesten Bauwerken des Viertels zählt.

Einen wiederum recht guten Platz zum Ausruhen finden Sie im nächsten sakralen Bauwerk rechts, der [32] *****Altinbugha el Maridani Moschee**. Von der Straße her auffallend ist ihre zinnenbekrönte Außenmauer mit Nischen, Fenstern und einem umlaufenden Koran-Spruchband. Sie wurde 1339 errichtet, ungewöhnlich ist eine Holztrennwand zwischen dem offenen, baumbestandenen Innenhof und dem Ost-Liwan, der eigentlichen Gebetshalle. Diese, mit schönen geometrischen Mustern versehene Wand zieht sich über eine beachtliche Länge hin.

Die Straße steigt weiter bergan, das nächste historische Bauwerk auf der rechten Seite ist der [35] **Palast des Bayt Ahmad Kakuda el Razzaz**, der von Sultan Qaytbay gebaut wurde, zu erkennen u.a. auch den schönen Mashrabiya-Fenstern im zweiten Stockwerk. Das großflächige Bauwerk mit einstmals über 80 Räumen erstreckt sich bis zur Sharia Souk el Silah. Das Gebäude wird derzeit mit Beteiligung der USA renoviert.

Gleich Wand an Wand mit dem Palast liegt die **Umm el Sultan Shaban Madrasa**, die der Sultan Shaban 1368 für seine Mutter (Umm) baute, während sie auf Pilgerfahrt war.

Gegenüber diesem Palast blieb praktisch nur die Fassade von Haus und Brunnen des Ibrahim Agha Mustahfizan erhalten, aber gleich nach der nächsten Querstraße namens Sekhet Darb el Kazzazin und gegenüber von Haus Nr. 40 finden Sie die [36] ****Ak Sunqur Moschee**, die wegen ihrer blauen Schmuck-Fliesen als **Blaue Moschee** bekannt und durchaus sehenswert ist. Man sollte aber nicht ein in Blau leuchtendes Gebäude erwarten; vielmehr liegt hier die Schönheit im Detail der Fayencen. Die Moschee wurde 1346 von dem Emir gleichen Namens erbaut, 1652-1654 von Ibrahim Agha Mustahfizan nach Erdbebenbeschädigungen restauriert und mit den bewußten blauen Kacheln gefliest. Im offenen Innenhof stehen Bäume, in denen Vögel zwitschern – eins der so sympathischen Bilder in einigen Moscheen Kairos. Gleich links vom Eingang liegt das Grab des Sultans El Ashraf Kuchuk, der im zarten Alter von sechs Jahren für fünf Monate Sultan spielte, dann von seinem Bruder El Kamil Shaban abgelöst, in den Kerker der Zitadelle geworfen und drei Jahre später von eben diesem Bruder ermordet wurde.

Auf der rechten Seite des Innenhofs ist das mit blauen persischen Fayencen verkleidete Marmor-Grabmal Ibrahim Aghas zu sehen, östlich davon das Grab Ak Sunqurs. Die bekannte Ostwand der Moschee ist großflächig mit Fließen verkleidet, die – ähnlich wie das Ibrahim Agha Grab – zarte Pflanzen- und Blumenmuster im Grundton von blau und türkis darstellen. Diese Fliesen wurden von den Osmanen besonders geliebt und gern in Kairos Privathäusern verwendet. Auch der Marmor-Mihrab ist sehenswert, der Marmor-Minbar ist das älteste, noch vorhandene Beispiel seiner Art.

Gleich anschließend an die Ak Sunqur Moschee lag einst das Haus von Ibrahim Agha, von dem nur noch Ruinen blieben. Ein paar Schritte weiter folgt auf der linken Seite Moschee und **Mausoleum von Khayrbak**, der als erster Vize-König Konstantinopels herrschte. Vorsichtshalber baute er bereits 1502 sein Mausoleum und erst 1520 die Moschee mit anschließendem Sebil. Für diese Bauten okkupierte er teilweise den Palastbereich von Alin Aq aus dem

5. Kairo kennenlernen

Jahr 1293, dessen imposante Ruinen sich an den Komplex anschließen. Alin Aq war unter Sultan Kalaun hoch aufgestiegen und konnte sich offenbar einen großen Palast leisten.

Noch einmal gehts ein Stück bergan, dann liegen an einer Gasse links wiederum zwei historische Bauwerke: Zunächst das Sebil-Kuttab-Mausoleum von **Tarrabay el Sharifi**, das 1503-1504 erbaut wurde. Danach folgt die [37] **Aytmish el Bagasi Moschee** aus dem Jahr 1383, die recht schlicht in Ausführung und Dekoration gehalten ist.

Die Straße steigt jetzt steil an, Kaffeehäuser und kleine Handwerksbetriebe säumen sie. Schließlich ändert sie ihren Namen in Sharia el Maghar. Kurz bevor sie gegenüber der Zitadellenmauer endet, zweigt rechts eine Gasse namens Sikkat el Gomi ab. Dort finden Sie auf der linken Seite die beeindruckenden Ruinen des [40] **Muayyad Maristan**, eines mamlukischen Krankenhauses, das parallel zu dem von Kalaun den Bezirk der Zitadelle versorgte.

Früher konnte man von hier aus zur Zitadelle hinaufgehen, aber das Bab el Gedid (Tor A im Plan) darf nur als Ausgang, nicht als Eingang (!) benutzt werden. Es geht also nur rechts den Berg hinunter bis zum Midan Salah el Din, von wo man – falls man jetzt die Zitadelle auslassen will – dem übernächsten Kapitel folgend noch durch den Souk el Silah wandern kann.

***Zitadelle und Umgebung

Die Zitadelle – jahrhundertelang und teilweise noch immer in der Hand der Militärs – wurde restauriert und erst 1983 in wesentlichen Teilen der Öffentlichkeit zugänglich gemacht. Zu sehen gibt es vielerlei in der Festung hoch über Kairo: Da ist zunächst einmal der phantastische Ausblick auf die Stadt zu nennen, dann sind innerhalb der Zitadellenmauern die Moscheen Mohammed Ali und El Nasir einen Besuch wert, weiterhin Mohammed Alis Gawhara Palast und sein Harem Palast, der heute (sinnigerweise) das Militär-Museum beherbergt, außerdem ein Kutschen-, ein Polizeimuseum sowie ein Museum für beschlagnahmte Gegenstände und schließlich der tiefe, per Wendeltreppe begehbare Josephs-Brunnen. Insgesamt sollten Sie sich etwa einen knappen halben Tag Zeit nehmen.

Die Zitadelle erreicht man mit öffentlichen Verkehrsmitteln, indem man zum Midan Salah el Din (in der Nähe der Sultan Hassan Moschee) fährt. Hier gibt es aber nur das geschlossene Tor Bab el Azab (das einst den Mamluken zum Verhängnis wurde). Sie sollten sich nach rechts wenden und der Straße an der Festungsmauer folgen, bis Sie auf das Eingangstor stoßen. Da es ohnehin genug innerhalb der Festung zu laufen gibt, sollte man entweder am Midan Salah el Din, besser bereits in der Stadt ein Taxi direkt zum Bab el Gabal (Berg-Tor) anheuern.

Autofahrer nehmen die Sharia Salah Salem vom Nil her Richtung Mokattam und bald nach dem Fly-Over die steile Straße links den Hügel hinauf, um am Bab el Gebel zu parken. Falls Sie nicht abbiegen können, fahren Sie bis zum Polizisten an der Mokattam-Abzweigung und machen Sie dort einen U-Turn.

Am Eingang ist Eintritt für die gesamte Zitadelle (8-17, Sommer 8-18, freitags und während Gebetszeiten sind Moscheen geschlossen; £E 20) zu bezahlen, also nicht für jedes einzelne Objekt, ausgenommen die Mohammed Ali Moschee, die ebenfalls £E 20 Eintritt kostet. Vermeiden Sie den **Besuch freitags und an Feiertagen**, weil dann viele Ägypter hierströmen, um innerhalb der Festungsmauern zu picknicken und die Museen zu besuchen. Dann ist Gedränge und häufig nervige Anmache angesagt.

Die Idee, eine Festung hoch über Ägyptens Hauptstadt zu bauen, geht auf Salah el Din Ibn Aijub (kurz Saladin) zurück. Er war eigentlich von dem in Damaskus auch über Ägypten herrschenden Kailfen Nur al Din geschickt worden, die Fatimiden in ihrem Kampf gegen die Kreuzritter zu unterstützen. Anstatt nach dem Sieg über die christlichen Heerscharen nach Da-

Kairos Altstadt: Islamisches Viertel

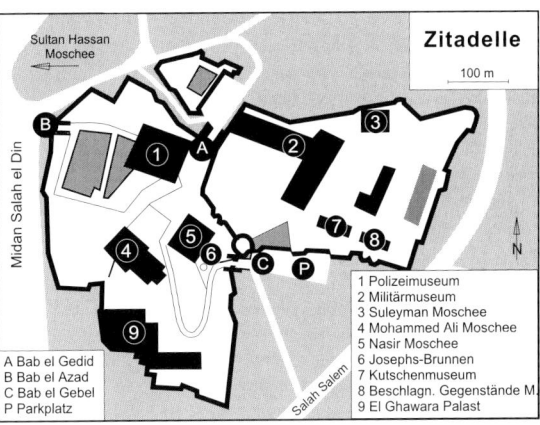

maskus zurückzukehren, besann sich Saladin eines anderen und unterwarf schnell seine Gastgeber, die er schließlich auch noch von der schiitischen in die sunnitische Glaubensrichtung umdrehen mußte. Damit nicht genug, gründete er die Aijubiden-Dynastie, baute 1176 bis 1182 die Zitadelle hoch über dem Häusermeer von Kairo und erweiterte die Stadtmauern, die er im nördlichen Bereich bis etwa zum heutigen Ramsis-Bahnhof und südlich bis nach El Fustat verlängerte. Saladins Bruder und Nachfolger El Aldil befestigte die Zitadelle weiterhin, sein Neffe El Kamil verlegte im 13. Jhd endgültig auch die Residenz hinter ihre Mauern.

Im 14. Jhd beschäftigte sich Sultan el Nasir Muhammed mit größeren Um- und Neubauten, er konzentrierte die gesamte politische, militärische und administrative Macht in der Zitadelle und baute die nach ihm benannte Moschee. Schließlich riß Mohammed Ali im 19. Jhd fast alle Bauten seiner Vorgänger – so weit sie nicht ohnehin durch eine gewaltige Pulverexplosion im Jahr 1823 zerstört worden waren – nieder, baute seine Moschee und neue Paläste. Als schließlich Ismail 1874 in den neuen Abdin Palast im Zentrum Kairos umzog, gingen fast sieben Jahrhunderte politischer Macht in der Zitadelle zu Ende.

Sie betreten also ein Stück Erde, auf dem Geschichte in allen denkbaren Spielarten stattfand. Hier lag zeitweise zumindest das Zentrum des Orients, immer aber das der leidgeprüften Nil-Oase. Hier fanden Intrigen und trickreichste Morde statt, vielleicht zur gleichen Zeit verzauberte Liebesnächte und Märchen aus Tausendundeiner Nacht. Hier inszenierte schließlich Mohammed Ali das Mamlukenmassaker, das sogar die damals gar nicht so zimperliche westliche Welt in heftige Erregung versetzte.

Mohammed Ali ließ die nach ihm benannte, allgemein als *****Alabaster Moschee** bekannte Moschee 1830-1848 von einem bosnischen Architekten an der Stelle des mamlukischen Thron- und Justizpalastes bauen. Sie kann ihr Vorbild, die Blaue Moschee von Istanbul, nicht verleugnen. Obwohl sie stilistisch zumindest ein Unikat in Kairo, wenn nicht gar ein Fremdkörper ist, wurde sie – vielleicht gerade deswegen – mit ihren Kuppeln und 82 Meter hohen Bleistift-Minaretten zu einem Wahrzeichen der Stadt.

Vom Eingang her kommt man zunächst in den Vorhof, der von einem kuppelüberwölbten Arkadengang umgeben ist. Im Zentrum steht ein Brunnenhaus, dessen Kuppeldach den Reinigungsbrunnen überdeckt. Der neugotische Uhrenturm auf der Westseite des Vorhofs wurde Mohammed Ali vom französischen König Louis Philippe als Gegengeschenk für den Obelisken gemacht, der heute auf dem Place de la Concorde steht. Die eigentliche, etwas pompös ausgestattete Gebetshalle beeindruckt durch ihre Ausmaße und Höhe, immerhin "schwebt"

5. Kairo kennenlernen

die Zentralkuppel auf vier Pfeilern in 52 Metern Höhe über dem Boden. Auf den vier Seiten schließen sich Halbkuppeln an und kleinere Kuppeln an den Ecken. Auch der Mihrab ist von einer eigenen Halbkuppel überspannt. Mohammed Ali, der 1849 starb, fand in seiner Moschee seine letzte Ruhestätte. Sein Sarkophag aus weißem Marmor steht rechts vom Eingang hinter einem vergoldeten Bronzegitter.

> **Touristen**
> *"...Und alles scheint in Mohammed Alis Moschee von unentweihbarem religiösem Frieden umfangen – da plötzlich lärmende Unterhaltung in teutonischer Sprache, schallende Stimmen und Gelächter! Ist's glaublich, hier in nächster Nähe des großen Toten? Eine Horde Touristen erscheint, nach der neuesten Mode gekleidet. Ein Führer mit albernem Gesicht betet die Sehenswürdigkeiten her, mit schallender Stimme wie ein Ausrufer im Zirkus. Und eine der Besucherinnen lacht über die zu großen Überschuhe, in denen sie stolpert, lacht mit einfältigem, fortwährendem Kichern, wie eine glucksende Pute. Gibt es denn keinen Wächter, keine Polizei in dieser heiligen Moschee? ... In jeder beliebigen Kirche Europas, wo Gläubige knien und beten, möchte ich sehen, wie man mohammedanische Touristen empfinge, die – wenn dies überhaupt möglich ist – sich so aufführten wie diese Barbaren!' (Pierre Loti, 1907)Unvergeßlich wird der Ausblick sein, dem Sie auch von den Terrassengärten neben der Moschee unbedingt hingeben sollten: Direkt zu Ihren Füßen stehen die Moscheen Sultan Hassan und El Rifai wahrzeichengleich nebeneinander, dann folgt der Wald der Minarette des Islamischen Kairo, schon fast direkt dahinter die Hotel-Hochhausketten auf beiden Seiten des Nils und in der Ferne – wenn Ihnen der Smog gnädig ist – markieren die Pyramiden von Giseh den Übergang des Fruchtlandes zur Wüste.*

Östlich, fast gegenüber der Alabaster Moschee erhebt sich die ****El Nasir Moschee**, die von Sultan El Nasir Muhammed, dem größten Bauherrn der Bahri Mamluken Periode, 1318-1335 errichtet wurde und die über viele Jahrhunderte die Hauptmoschee der Zitadelle war. Auch sie ist gewaltig in ihren Dimensionen, kann sie doch 5000 Besuchern Platz bieten. Zum Bau der Moschee wurden viele antike Säulen verschiedenster Epochen verwendet, wie sich aus den unterschiedlichen Kapitellen und Basen leicht erkennen läßt. Die Wände im Innenraum sehen etwas nackt aus, weil der osmanische Sultan Selim die gesamte Marmor-Verkleidung abmontieren und nach Istanbul schaffen ließ. Dieses Bauwerk gefiel uns von der Atmosphäre her besser als die Alabaster Moschee, zumal man hier eine ruhige, fast besinnliche Pause ohne allzu viel Touristenrummel einlegen kann.

Ganz in der Nähe (südlich) ließ Saladin den 88 Meter tiefen **Josephs-Brunnen** z.T. von gefangengenommenen Kreuzrittern bauen. Der Brunnen erreicht das Grundwasser des Nil-Niveaus, ein sanft geneigter Pfad windet sich hinab, nur durch eine dünne, mit Fenstern versehene Wand vom Schacht getrennt. Auf der Höhe von 40 Metern war eine von Ochsen angetriebene Sakiya (Göpelwerk) installiert, von dort wurde das Wasser durch ein weiteres Hebewerk ans Tageslicht befördert. Dieser Brunnen stellte die Versorgung der Zitadelle auch im Kriegsfall sicher, während das über das Aquädukt herangeführte Wasser von jedem Feind abgezapft werden konnte.

Südlich der Alabaster-Moschee stehen die nach einem Brand im Jahr 1974 übriggebliebenen Teile des **Gawhara- oder Bijou-Palastes** von Mohammed Ali. Hier lebte der Schöpfer des neuen Ägypten, hier wartete er auch das von ihm befohlene Massaker an den Mamlukenfürsten ab, das unterhalb des Palastes seinen grauenvollen Verlauf nahm. Das heute gezeigte Interieur mutet uns etwas simpel an im Vergleich zu der Persönlichkeit, die hier einst einem gedemütigten Land Selbstbewußtsein zurückgab.

> **Mamluken-Massaker**
>
> *"In dem Augenblick, da der erste Teil des Zuges durch das Tor el Azab hindurch war, befahl Salech Odsch, das Tor zu schließen, und enthüllte seinen Soldaten die Verschwörung. Die wenden sich unverzüglich gegen die Emire, die sich genau in dem engen Durchgang eingezwängt fanden, der zum Bab el Azab hinabführt. Als die Emire sich angegriffen sahen, wollten sie auf der Stelle umkehren, doch das gelang ihnen nicht. Denn einerseits versperrten die Pferde den Durchgang, andererseits schossen die Soldaten, die auf den Felsen und Mauern postiert waren, von hinten auf sie. In ihrer Bedrängnis und da sie sahen, daß eine Anzahl der Ihren schon gefallen war, stiegen die Emire von den Pferden. ... Doch in diesem Durcheinander wurden die meisten von ihnen getötet. Sobald die Soldaten (in der Stadt) Mohammed Alis die Neuigkeit erfuhren, fielen sie wie Heuschrecken über die Häuser der Emire und die Nachbarhäuser her, um zu plündern. Das geschah im Handumdrehen. Sie taten den Herrinnen Gewalt an und zerrten sie und die Frauen und die Sklavinnen hinter sich her, um ihren Schmuck und ihre Gewänder zu rauben. Mit einem Wort, sie ließen ihren Gelüsten freien Lauf."* (El Djabarti, 1811)

Zwischen dem nördlichen, militärischen Teil der Zitadelle und dem südlichen mehr repräsentativ genutzten Bereich baute Mohammed Ali den **Haremspalast**. Heute finden Sie dort ein **Militärmuseum** mit Waffensammlungen der neueren ägyptischen Geschichte, wobei Beutestücke aus den Kriegen mit den Israelis den chronologischen Abschluß bilden. Riesige Wandgemälde, Panoramen, Dioramen und Plastiken stellen vor allem die jüngsten Kriege für unseren Geschmack ziemlich kitschig dar. Schulklassen werden durch die Räume getrieben – und konzentrieren sich mehr auf die wenigen europäischen Besucher als auf die heroische Vergangenheit. Man sollte allerdings gute Miene zum Spiel machen und die arg naive Ausstellung nicht belächeln, Ägypter fühlen sich dann schnell in ihrem Nationalstolz beleidigt.

Auch für Nicht-Waffen-Fanatiker ist dieses Museum einen Blick wert, weil die Palasträume zumeist original erhalten sind und die unverfälschten Decken einen Eindruck vom Prunk an Mohammed Alis Hof vermitteln. Sicher wird Ihnen das Café neben dem Militärmuseum auffallen, in dem man eine Pause einlegen kann.

Das **Kutschenmuseum**, das auch im nördlichen Bereich der Zitadelle liegt, erhielt die prächtigsten Gefährte aus dem ursprünglichen Kutschen-Museum (86 Sharia 26.July, etwa 100 m rechts von der Corniche aus), das dort in den ehemaligen königlichen Ställen untergebracht war und immer noch einige verstaubte Gefährte jener Zeit ausstellt.

In naher (nördlicher) Nachbarschaft verspricht das **Museum für gestohlene Gegenstände** ("Seized Museum", auch "Museum of Stolen Things") mehr als es eigentlich zeigt: gestohlene und von der Polizei wiederentdeckte Artefakte quer durch die ägyptische Geschichte, von Sarkophagen über Statuen, Stelen bis hin zu Schmuck und Waffen, aber eigentlich erwartet man zusätzlich die Geschichten hinter einzelnen Stücken.

Etwas abseits steht – in dieser Gegend – die hübsche **Suleyman Pasha Moschee**, die 1528 als erstes osmanisches Gotteshaus von ihrem Namensgeber erbaut wurde. Nach sorgfältiger Restauration in den letzten Jahren ist sie zugänglich und mit ihren hübschen Intarsienarbeiten und kalligraphischen Bändern sicher einen Blick wert.

Direkt am Bab el Gedid wurde ein **Polizeimuseum** installiert (derzeit im Umbau), das u.a. das Gefängniswesen im Spiegel der Entwicklung darstellt. Leider ist die etwas naive Abteilung derzeit geschlossen, in der Gipsfigu-

5. Kairo kennenlernen

ren aus alten Zeiten dahinschmachteten, während der moderne Gefangene eifrig lesend/lernend seiner Resozialisierung entgegenharrte. Eine **Cafeteria** lädt bei herrlichem Ausblick über die Stadt zu einer Pause ein.

Wenn Sie von der Zitadelle aus auf der Verlängerung der Sharia Salah Salem nach Südwesten Richtung Nil weiterfahren, werden Ihnen bald links hohe Mauern auffallen. Dies ist das 1311 erbaute **Aquädukt**, auf dem Wasser zur Zitadelle befördert wurde. In dem hohen Gebäude an der Corniche, an dem das Aquädukt endet, schöpfte ein riesiges, vom Nil angetriebenes Wasserrad das kostbare Naß auf das entsprechende Niveau.

Sultan Hassan und Rifai Moschee, Souk El Silah

Achtung: Eintrittskarten für die Sultan Hassan und die Rifai Moschee gibt es im Tickethäuschen im unteren Drittel des kleinen Parks.

Zu Füßen der Zitadelle liegt links an der Sharia el Qala – die in diesem Bereich Fußgängerzone ist – die 1356-1363 erbaute [43] *****Sultan Hassan Moschee** (£E 12). Sie gilt als das hervorragendste Beispiel arabischer Moscheen-Baukunst; angeblich ließ der Sultan dem Architekten die Hand abschlagen, damit er nicht ein weiteres, ähnlich schönes Bauwerk zeichnen könne.

Sultan Hassan war eher ein willensschwacher Sohn des eisernen Bauherrn El Nasir Mohammed. Die Gelder für den Bau der Moschee verdankte er der Pest des Jahres 1348, da viele Besitztümer Verstorbener der Staatskasse anheimfielen. Sultan Hassan erlebte übrigens die Fertigstellung seiner Moschee nicht mehr, er wurde 1361 von seinen Mamluken-Fürsten hingerichtet (nach einer anderen Version verschwand er spurlos aus seiner Gefangenschaft).

Die Sultan Hassan Moschee scheint von der Baumasse her alle Dimensionen des islamischen Kairo zu sprengen, sie bedeckt fast 8000 Quadratmeter, ist 86 Meter hoch, die Längswand mißt gute 150 Meter. Durch Blendnischen mit Rundbogenfenstern werden die riesigen Wände geschickt unterteilt, sie wirken aber dadurch eher noch imposanter. Vom Grundriß her stellt die Moschee ein unregelmäßiges Fünfeck dar, in das die kreuzförmige Madrasa mit den vier Liwanen eingebettet ist. Dieses gewaltige Bauwerk wirkt als eine Art Pendant zur Zitadelle – und zweimal wurde es auch als Wehrburg gegen die Inhaber der Festung benutzt, 1391 von rebellierenden Mamluken-Fürsten und 1517 als Zufluchtsort für den letzten Mamluken-Sultan Tumam Bey.

Auch die Minarette der Moschee haben ihre Geschichte. Ursprünglich waren vier geplant, doch als beim Bau von zwei Minaretten über dem Eingangsportal eins zusammenbrach und 300 Menschen erschlug, wurde auch das zweite abgebrochen. Heute beherrscht das 86 Metern hohe Minarett an der Südwestecke das Gebäude, das kleinere an der Ostfassade fällt optisch nicht so sehr ins Gewicht.

Man betritt die Moschee durch ein überdimensionales Portal von 26 Metern Höhe, das mit Stalaktiten und einem schönen Gesims geschmückt ist. Bei genauem Hinsehen wird Ihnen auffallen, daß viele Details des Portals nur angefangen, aber nicht beendet wurden. Die Bronze-Torflügel ließ Sultan Muayyad entfernen und in seiner Moschee neben dem Bab Zuwela anbringen.

Der Weg führt weiter in ein Vestibül, von dort durch zwei Korridore in den Sahn (Innenhof), im Zentrum steht ein sehr hübscher Brunnen, der ursprünglich zur Erfrischung, aber nicht für Waschungen vorgesehen war. Der Haupt-Liwan – der östliche – liegt dem Korridor gegenüber, aus dem man in den Innenhof trat. Aus allen Bögen hängen Ketten herunter, an denen früher Hunderte von Öllampen befestigt wurden, sicherlich ein stimmungsvolles Bild in der Dunkelheit. In der Mitte steht eine Art Plattform – Dikka – für Koranlesungen. In der Ostwand sieht man den Mihrab und daneben den Minbar, der einst ähnlich wie der in der Ak

Sunqur Moschee dekoriert war. Die beiden Türen in der Ostwand führen in das Mausoleum, wobei die rechte Originaltüre wegen ihrer Silber- und Gold-Intarsien besonders schön ist. Im Mausoleum – das von der großen, den Gesamtkomplex der Moschee überragenden Kuppel überwölbt wird – sind zwei Söhne Sultan Hassans bestattet. Der von einem Gitter umgrenzte Katafalk Hassans ist vermutlich leer, sein Leichnam ging wahrscheinlich verloren. Auf das vergitterte Ostfenster stürzen sich alle Fotografen wegen des unvergleichlichen Durchblicks auf die Zitadelle.

Vom Innenhof führen seitlich neben den Liwanen Türen zu den vier, innerhalb der Moschee untergebrachten Madrasas für die vier orthodoxen islamischen Riten. Innerhalb jeder dieser Madrasa gibt es einen nach Osten weisenden Liwan und Wohnzellen für die Studenten in vier bis fünf Stockwerken. Die Hanafi Madrasa (Eingang rechts vom Haupt-Liwan) ist die sehenswerteste.

Genau gegenüber der Hassan Moschee stoßen Sie auf die [42] ****Er Rifai Moschee** aus dem Jahr 1912, die am Ruhm der Nachbarin zu partizipieren versucht und von Fremdenführern gern als "Schwester" der Sultan Hassan Moschee genannt wird. In Wirklichkeit bildet sie lediglich eine Art städtebauliches Gegengewicht gegen die viel ältere Nachbarin. Sie wurde von der Mutter des Khediven Ismail initiert, erhielt das Grab des lokalen Scheich-Heiligen Ali el Rifai und sollte als Grabmoschee der königlichen Familie dienen (nur Fuad und Faruk sind im Haupttrakt, die Stifterin, Ismail mit Familie und König Husayn Kamil sind im Nebentrakt an der Nordseite bestattet). Außerdem fand hier für den letzten persischen Schah Reza Pahlawi eine vorläufige Ruhestätte.

Die Bauarbeiten begannen 1869, wegen finanzieller Probleme und des Todes von sowohl der Stifterin als auch des Architekten ruhten ab 1880 alle Arbeiten und erst 1905 wurde erneut begonnen. Da der Architekt keine Pläne für die Innendekoration hinterlassen hatte, nahm sich der Nachfolger Max Herz Bey die schönsten Stücke aus Kairos Moscheen als Vorlagen – schon von daher ist die Moschee einen Besuch wert.

Nach Verlassen der Rifai Moschee gehen Sie durch den kleinen Park hinunter, gleich nach dem Park sollten Sie rechts abbiegen, wenn Sie der jetzt beschriebenen Strecke in den früheren Souk der Waffenschmiede mit einigen historischen Bauwerken folgen wollen.

Wir biegen in die erste links von der Umgehungsstraße abzweigende Gasse, in den *Souk el Silah* ein, den Waffen-Souk, in dem heute zwar keine Schießeisen mehr gehandelt werden, aber immer noch kleine Metall-Handwerksbetriebe zum Teil auf der Straße tätig sind. Als erstes sieht man gleich links nach der Kurve die Ruinen des [38] **Bab Mangak el Silahdar**, das einstmals zum Palast des Mangak el Yusufi el Silahdar führte.

Nach einem kurzen Stück Weg liegt rechts die Madrasa des [39] **Ilgay el Yusufi** aus dem Jahr 1373, aus der späten Bahri-Mamluken-Epoche, die wegen der Kuppel mit gedrehten Rippen auffällt. Auch hier ist an der Nordwestecke ein öffentlicher Brunnen (Sebil) angebaut, zum ersten Mal wurde der Platz darüber für eine Koranschule (Kuttab) genutzt. Dieses Ensemble entwickelte sich dann quasi als Standard.

Keine 100 Meter entfernt treffen Sie rechts auf ein eigentlich wunderschönes **Sebil-Kuttab**, das von **Ruqayya Dudu**, der Tochter eines hohen Mamluken, im Jahr 1761 im osmanischen Stil errichtet wurde. Leider ist das Bauwerk etwas heruntergekommen, dennoch vermittelt es vor allem durch seine Ornamente einen Eindruck seiner ehemaligen Schönheit.

Von hier aus stehen drei Möglichkeiten für den Weiterweg offen: Entweder folgen Sie der Sharia el Silah bis sie auf die Darb el Ahmer trifft, oder Sie biegen an der Kreuzung zuvor rechts und werfen – ebenfalls auf dem Weg zur Darb el Ahmer – einen Blick in die 1711 erbaute Moschee des Alti Barmaq, oder Sie halten sich links und stoßen – ein Stück bergab –

5. Kairo kennenlernen

auf die Sharia el Qala (ehemals Sharia Mohammed Ali) und gehen dann zurück zur Sultan Hassan Moschee.

Ibn Tulun Moschee, Gayer Anderson Haus

Wenn Sie von der Sultan Hassan Moschee zur Ibn Tulun Moschee gehen wollen, dann wandern Sie am besten den Fußgängerweg empor bis zum Midan Salah el Din (Richtung Zitadelle), biegen dort rechts und die dritte Straße – Sharia Saliba – wieder rechts ab und folgen ihr etwa 10 – 15 Minuten. Der Fußweg ist wegen der lärmigen Straße nicht besonders attraktiv, aber zu überstehen.

Das erste historische Bauwerk, das Ihnen schon bald auffallen wird, ist das **Sebil-Kuttab des Sultans Qaytbay** (links der Straße) aus dem Jahr 1479. Dies war das erste freistehende Sebil-Kuttab in Kairo. Es ist reich und sorgfältig dekoriert.

Etwas weiter stehen sich zwei alte Gebäude gegenüber, es handelt sich um die **Moschee** (rechte Straßenseite) und die **Khanqah** (links) von **Amir Shaykhu**, 1349 und 1355 errichtet. Der Amir baute zuerst die Moschee, in der sich 20 Sufis (Mönche) niederließen, denen er später dann die Kanqah, das Kloster, und sein Mausoleum auf der anderen Straßenseite mit identischer Fassade folgen ließ. Die Moschee – eine typische Versammlungs-Moschee – bietet nicht allzu Überraschendes, aber mit einem grünen Baum im recht großen Innenhof doch etwas Abgeschiedenheit gegenüber dem Lärm der Straße. Die heute ziemlich heruntergekommene Khanqah beherbergte bis zu 700 Sufi Derwische, die in Zellen um einen Innenhof untergebracht waren. Das obere Stockwerk ist zugänglich und bietet einen guten Einblick in die Anlage. Nach der folgenden Kreuzung steht rechts der Sebil von Umm Abbas (1867), dann die Madrasa Taghri Bardi aus dem Jahr 1440 mit einer reich verzierten Marmorfassade.

Schon bald taucht links das absolut dominierende Mauerrechteck und das Minarett mit der Wendeltreppe der *****Ibn Tulun Moschee** (£E 6) auf. Sie hat den nachhaltigsten Eindruck auf uns gemacht. Bei der Betrachtung der großen, aber doch sehr klar gegliederten Baumasse spürt man, daß hier in erster Linie ein Platz zum Beten, zum Meditieren geschaffen werden sollte und – vielleicht – weniger ein Denkmal des Erbauers. Diese sehr alte Moschee Kairos (879 nC) und drittgrößte der Welt sollten Sie in jedem Fall in Ihren Besichtigungsplan aufnehmen.

Ahmed Ibn Tulun, Sohn eines türkischen Sklaven des Abbasiden-Kalifen el Mamun, wurde im Alter von 33 Jahren 868 vom Kalifen-Hof in Bagdad als Gouverneur nach El Fustat geschickt und schon zwei Jahre später zum Gouverneur des gesamten Landes ernannt. Kurz danach machte er sich unabhängig und gründete eine kurzlebige Dynastie (bis 905), die der Tuluniden, die dem Land Wohlstand und Glanz bescherte. Er verschmähte El Fustat und gründete nordöstlich davon auf dem Hügel Yaskhur eine neue, äußerst prächtige Hauptstadt namens El Qatai mit seiner Moschee als Mittelpunkt. Als schließlich 905 die Abbasiden das Land rückeroberten, machten sie El Qatai dem Erdboden gleich, ließen aber die Moschee unangetastet.

Die Ibn Tulun Moschee ist das älteste islamische Bauwerk Kairos, das im Originalzustand erhalten ist (die ältere Amr Moschee wurde viele Male umgebaut). Es handelt sich um eine klassische Portikus-Moschee mit vier Liwanen, wobei der nach Mekka weisende Ost-Liwan fünfschiffig angelegt ist, die anderen sind zweischiffig. Die Moschee ist mit einer zweiten Außenmauer versehen, so ergibt sich ein umlaufender Außenhof zwischen den Mauern. Diese Konstruktion war wohl nicht so ssehr als Schutz gegen Feinde als viel mehr gegen die herandrängenden Läden der Bazaris und dem damit verbundenen Lärm vorgesehen. Die schmucklose Strenge der inneren Mauer wird von 128 Fenstern und 23 Toren – die sich gegenüberliegend in der Außenmauer wiederholen – gemildert.

Die Konstruktion der Liwane weist zwei neue Merkmale auf: Zum einen wurden keine Säulen als tragende Elemente verwendet, sondern gemauerte Ziegelpfeiler, die mit Putz überzogen und an den Ecken säulenartig geformt wurden. Zum anderen kommen hier zum ersten Mal leicht hufeisenförmige Spitzbogen in den Arkaden vor. Auch die Verzierungen wurden mit mehr Liebe hergestellt und nicht wie üblich aus vorgeformten Gipsabgüssen zusammengesetzt, sondern in den frischen Putz hineingeschnitten. Die Kapitele der Pfeiler sind mit Knospen und Blättern nach dem zeitgenössischen Geschmack verschönert, die Gewölbe zeigen erste Ansätze für Arabesken-Verzierungen. Ein Abschlußfries aus Sykomorenholz verläuft unterhalb der Decke über alle Joche, in ihm sind etwa sechs Prozent der Koran-Suren in kufischer Schrift eingeschnitzt – immerhin ein Band von knapp 2000 Meter Länge. Der Minbar ist ein hervorragendes Zeugnis der frühen Mamluken-Zeit, denn er stammt, wie auch der Reinigungsbrunnen in der Mitte des Innenhofes, vom ersten Restaurateur der Moschee im Jahr 1296, dem Sultan Husam el Din Lagin. Der Haupt-Mihrab in der Mitte der Ostwand ist Original, rechts daneben eine Tür, die Ibn Tulun als Privatzugang zur Moschee vorbehalten war.

Sehr ungewöhnlich ist auch das Minarett, das nach dem Vorbild des Original-Minaretts von Husam el Din Lagin offenbar neu aufgebaut wurde (wie aus verschiedenen Details hervorgeht). Ibn Tulun hatte wahrscheinlich das Minarett der Großen Moschee von Samarra, das wiederum von den Zigarrats in Mesopotamien inspiriert war, zum Vorbild genommen. Steigen Sie unbedingt hinauf, der Ausblick lohnt die geringe Anstrengung (Zugang im Bereich zwischen den Mauern, also direkt nach dem Tickethäuschen rechts gehen).

Wenn Sie die Moschee verlassen, vergessen Sie auf keinen Fall das rechts liegende *****Gayer Anderson Haus** oder Bayt el Kritliya (9-16; Fr 9-11,13.30-16; £E 16). Es handelt sich eigentlich um zwei alte arabische Häuser, die auf das frühe 17. Jhd zurückgehen. 1934 wurden sie in verwahrlostem Zustand vom Staat übernommen und dem britischen Armee-Arzt Gayer-Anderson, der als Sammler islamischer Kunst bekannt war, überlassen.

Gayer-Anderson faßte die Gebäude zu einem Doppelhaus zusammen, ließ so renovieren und vor allem die Inneneinrichtung mit Originalelementen aus Abbruchhäusern so wiederherstellen, daß sie dem Stil eines vornehmen arabischen Hauses entsprachen. Allerdings stammt ein Teil der Möblierung aus islamischen Nachbarländern. Die einzelnen Räume und Einrichtungsgegenstände sind ausgeschildert, so daß man sich gut zurechtfinden kann. Nehmen Sie sich Zeit, besser Muße, für ein altes arabisches Haus. Hier können Sie den Komfort und den Luxus erleben, mit dem sich wohlhabende Bürger Kairos vor 300 Jahren umgaben. – Üblicherweise wird man geführt; machen Sie Ihrem Führer deutlich klar, daß Sie das Museum in Ruhe anschauen wollen.

Nur ein kurzes Stück weiter (westlich) in der Sharia Saliba erhebt sich links die sehr hoch erscheinende **Madrasa der Emire Salar und Sangar**, die 1304 geschickt über einen Felshang gebaut wurde, ihre Außenmauer verdeckt den Hang und erzielt damit die optische Höhe. Unter den beiden Kuppeln befinden sich die Mausoleen der beiden engen Freunde Salar und Sangar (Emir unter Nasir Mohammed), die auch im Tod einander nah bleiben wollten.

Gar nicht weit von der Ibn Tulun Moschee entfernt liegt die Moschee der **Sayida Zeinab** am gleichnamigen Platz. Man geht die Sharia Qadry, oder von der Sharia Saliba rechts abzweigt (quasi gegenüber dem Minarett der Tulum Moschee), bis zur Einmündung in die Sharia Port Said und dort nach links, oder nimmt ein Taxi. Die Namensgeberin der Moschee war die Tochter Alis, d.h. die Enkelin des Propheten Mohammed. Sie gehört zu den drei "Stadtheiligen", um deren Segen viele Besucher bitten. Die heutige Grabmoschee stammt aus dem Jahr 1885; Nicht-Muslims sind hier ungern gesehen. Südlich der Moschee besteht ein lebendiger Stadtteilmarkt, auf den sich äußerst selten Touristen verirren.

Ganz in der Nähe, 17 Haret Monge, wartet normalerweise das schöne alte **Beit es Sennari** auf Besucher, es wird aber derzeit renoviert und ist vorübergehend geschlossen. Ab Ende 2001 soll es wieder als Begegnungsstätte und Atelier für angewandte Kunst eröffnet werden. Hier arbeitete ab 1798 das napoleonische Komitee, das letztendlich den Grundstock der Ägyptologie legte. Das Gebäude ist etwas schwierig zu finden: Mit dem Rücken zum Haupteingang der Moschee stehend, sieht man schräg links gegenüber das Sabil-Kuttab von Sultan Mustafa. In die Seitengasse links daneben hineingehen, bald wieder links, dann rechts und wieder rechts oder, etwas einfacher, in die vom Platz wegführende Sharia Al Nasiriya gehen und dort in die erste rechts abzweigende Gasse, an deren Ende steht das Haus.

Die Totenstädte

Wenn anderswo die Muslime ihre Toten in der Erde verscharren und das Grab namenlos mit einem Stein bedecken, so folgen die Ägypter – Muselmanen wie Christen – häufig 5000 Jahre alten Bräuchen. Sie errichten Mausoleen und bleiben über diese Bauwerke mit ihren Toten verbunden. Im Laufe der Zeit entstanden ganze Stadtteile für die Toten, die sich völlig von unseren Friedhöfen unterscheiden: Der Verstorbene hat sozusagen nur seinen Wohnsitz gewechselt, das Leben um ihn herum kann wie gewohnt weitergehen.

> **Totenfest**
> *"Die Wohlhabenden bauen Häuser um ihre Familiengrüfte, in denen sie an hohen Festtagen weilen und der Toten gedenken. In dieser Nacht (Vollmondnacht des Totenfestes) saßen die schwarzen Frauen vielfach unverschleiert auf den Gräbern, damit sie von dem verstorbenen Gatten gut gesehen werden können, es ist das einzige Mal, daß das Ablegen des Schleiers außerhalb des Hauses von der Religion gestattet wird. Die Gräber, die ja nur Mauerwerk sind, das niemals mit Blumen geschmückt wird, zeigen je einen Pfeiler am Kopf- und Fußende. Auf diesen Pfeilern lassen sich nachts die beiden Frage-Engel nieder, Munkar und Nakir, sie fragen dem Toten das Glaubensbekenntnis ab, das jeder Gläubige nach Mohammeds Gebot fünfmal am Tag in der Richtung nach Mekka sprechen muß, es besteht also keine Gefahr, daß der Tote es nicht kennt. Sollte er es aber dennoch nicht aufzusagen wissen, so kommt Iblis, der oberste Teufel, und wie es dem armen Toten dann ergeht, kann man sich denken...."* Hans Bethge, 1926

Auch gab oder gibt es den Brauch, die Nacht von Donnerstag auf Freitag, besonders aber die vom 14. zum 15. des islamischen Monats Schaaban auf dem Familiengrab zu verbringen. Bei solchen Gelegenheiten herrscht reges Treiben mit fliegenden Händlern auf den Friedhöfen. Bei bestimmten Festen zieht die ganze Familie zur Familiengruft und veranstaltet dort ein üppiges Festessen zu Ehren der Verstorbenen.

Die eigentlichen Grabstätten bestehen meist aus einem ummauerten Hof, in dem ein mit Deckel verschlossener Schacht in die Familiengruft führt. Von diesem Schacht aus werden schmale waagerechte Stollen gegraben und nach dem Einbringen des Leichnams verschlossen. Ein Wärter, der traditionell im Friedhofsbereich mit seiner Familie wohnt, beaufsichtigt meist mehrere Grabanlagen. Bereits Mamlukenherrscher wie die Sultane Barquq oder Barsbay ließen Wohnungen für die Bediensteten der Grab-Moscheen oder für Theologiestudenten um die Grabanlagen herum bauen.

Die Totenstädte

In Kairo haben die Lebenden ganze Totenstadt-Bezirke zurückerobert; angeblich wohnen 150 000 Menschen auf den Friedhöfen. Wo immer eine Familiengruft nicht mehr beaufsichtigt wird, läßt man sich in den Innenhöfen nieder, respektiert aber weiterhin das eigentliche Grab. In den Fällen, in denen Anverwandte überraschend wieder auftauchen, macht man bei Festen bereitwillig Platz und begeht sie gemeinsam mit den Grabeigentümern. Die Besiedlung hat schon so viel Tradition, daß die Stadtverwaltung Wasser- und Elektrizitätsversorgung auf den Friedhöfen installierte.

Fremden begegnet man in abgelegeneren Bereichen manchmal mit etwas Mißtrauen, zumindest sollten Sie sich darauf gefaßt machen, die Aufmerksamkeit von Kindern und Jugendlichen auf sich zu ziehen. Trotzdem lohnt ein Besuch, zum einen wegen des streckenweise blühenden Lebens auf den Friedhöfen, zum anderen wegen einiger sehr sehenswerter Bauwerke.

Fährt man ein bißchen kreuz und quer durch die Totenstädte (besonders die südliche), so stößt man auf fast schon lauschige Plätzchen: Unter schattenspendenden Bäumen versammeln sich die Bewohner, Hühner scharren im Sand, Schafe blöken, die Männer rauchen Wasserpfeife, die Kinder tollen umher. Wenn so mancher Bewohner von engen Mietskasernen wüßte, wie großzügig und verkehrsarm es hier zugeht...

Es gibt zwei große Nekropolen, die eine liegt südlich der Zitadelle, die andere nördlich, und

Wohnen zwischen Grabsteinen – in Kairo nichts Ungewöhnliches

zwar östlich der Sharia Salah Salem. Die interessantesten Gebäude finden Sie im nördlichen Gebiet, es ist auch etwas einfacher zu erreichen. Und hier sollten Sie nicht zu geizig sein mit der Zeit, wählen Sie wegen der Lichtstimmung den späteren Nachmittag. Wenn Sie sich andererseits nicht mit etwas aufdringlichen Kindern herumärgern wollen, wäre die beste Besuchszeit während der Schulzeit am Vormittag. Man kann die drei sehenswertesten Mausoleen in etwa zwei Stunden besichtigen – eine gut investierte Zeit.

Nördliche Totenstadt

Die Verlängerung der Sharia El Azhar führt(e) direkt in die nördliche Nekropole. Durch die Bauarbeiten in Zusammenhang mit der Straßenunterführung der Sharia El Azhar kann sich hier aber jederzeit viel ändern. Per Bus kommen Sie z.B. von der El Azhar Moschee bzw. dem Khan el Khalili Bazar nach nur zwei Stationen direkt zum Barquq Mausoleum. Viele Taxifahrer verstehen "Sultan Barquq" Mausoleum; falls nicht, lassen Sie sich auf der Sharia Salah Salem kurz vor dem Fly-over (dem ersten nach der Zitadelle) absetzen und gehen Sie rechts in die Straße, die am Beginn des Fly-over abzweigt, einfach zu dem größten der Bauwerke mit den beiden Minaretts hinüber. Als Autofahrer biegen Sie am Fly-over rechts ab, folgen der ersten Parallelstraße zur Salah Salem in Richtung Zitadelle, die Abzweigung zum Mausoleum ist nicht zu übersehen. Den Eingang finden Sie an der Südwestecke des Gebäudes.

Der *****Mausoleumskomplex von Faraq Ibn Barquq** ist für uns eine der schönsten Grabmoscheen in Kairo. Ihr Besuch lohnt sich wirklich. Sie wurde 1400 bis 1411 von seinem Sohn Farag als Kanqah – Kloster und Mausoleum – gebaut. Schon von weitem fallen die Zwillingsminarette, die Zwillingskuppeln und schließlich die beiden gleichen Sebil-Kuttabs jeweils an den Enden der langen Fassade auf. Vom Eingang führt der Weg zunächst in ein Vestibül, von dort nach links in einen Korridor, an dem links die Wirtschaftsräume lagen, rechts ist der Hof mit dem Reinigungsbrunnen. Der Korridor mündet in den Sahn, den großen Innenhof mit einem schönen, achteckigen Brunnen. Ein paar Bäume mildern die graue Strenge des Mauerwerks und tragen, besonders am späteren Nachmittag, sehr zur weltabgerückten Stimmung bei.

Die Liwane sind ein- oder zweischiffig, lediglich der Ost-Liwan ist dreischiffig angelegt. Hier steht ein wunderschöner Minbar. Das Eckquadrat zwischen Ost- und Nord-Liwan ist dem Mausoleum Barquqs vorbehalten, sein Sarkophag steht auf einem Sockel aus schwarzem und braunem Marmor. Der gegenüberliegende Eckbereich dient als Mausoleum für die drei Frauen Barquqs.

Die Kanqah-Funktion (Kloster mit Mausoleum) wird an den "Studierzimmern", die den Innenhof säumen, deutlich. In der Nordwestecke führt eine Treppe in die oberen Stockwerke mit weiteren Zellen für die Derwische. Von hier kann – und sollte – man weiter hinauf aufs Dach und weiter auf eins der Minarette steigen. Dabei läßt sich sowohl die leichte, fast gebrechliche Konstruktion dieser Türme bewundern als auch der weite Ausblick über die Gräberstadt und besonders über das nördliche Kairo.

Wenn Sie die Moschee verlassen, gehen Sie links die Gasse nach Süden, nach nur einem kurzen Stück fällt Ihnen auf der linken Seite ein langgestreckter Komplex auf. Hier ließ sich ****Sultan Ashraf** bestatten, der von 1422-1438 für Mamluken ungewöhnlich lange regierte. Auch dieses 1432 errichtete Bauwerk war ein Kanqah. Auffallend ist die schön dekorierte, übermächtige Kuppel. Im Innern finden Sie die wohl schönsten Dekorationen der Totenstädte, unter den Strohmatten auf dem Boden verbergen sich beachtenswerte Marmor-Mosaike. Der Minbar besteht aus Holz mit sehr feinen Elfenbein- und Perlmutt-Einlegearbeiten, er wird als der schönste in Kairo apostrophiert. Im Mausoleum – am nördlichen Ende des Komplexes – überrascht zunächst die unerwartete Hö-

Die Totenstädte

he der Kuppel. Aber auch der Mihrab direkt hinter dem Sarkophag gehört zum Feinsten und sollte beachtet werden.

Der Weg führt weiter nach Süden durch einen mit Wohnhäusern dicht bebauten Bereich des Nordfriedhofs. Kinder haben das allgegenwärtige "Hallo Mister, Bakschisch" auf der Zunge, die Erwachsenen "Welcome to Egypt". Lassen Sie sich nicht aus der Ruhe bringen, die Menschen sind freundlich. Die Straße macht ein paar leichte Windungen, plötzlich erkennen Sie rechts den stark zerfallenen Rab des Qaytbay, ein ehemaliger "Appartement-Block", der als eine Art Hotel für Reisende und damit als Einnahmequelle für die Moschee diente. Heute ist nur eine langgezogene Mauer geblieben, das Grundstück dahinter wird – wie könnte es anders sein – als Müllhalde benutzt. Nach dem Rab folgt ein hübscher überdachter Brunnen, dessen Tröge für Tiere vorgesehen waren.

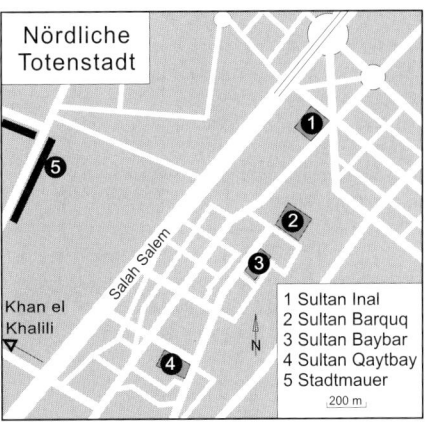

Nördliche Totenstadt

1 Sultan Inal
2 Sultan Barquq
3 Sultan Baybar
4 Sultan Qaytbay
5 Stadtmauer

200 m

Verweilen Sie jetzt ein wenig auf dem kleinen Platz vor dem ***Sultan Ashraf Qaytbay Mausoleum**. Dieses Bauwerk gehört zu den ausgewogensten der islamischen Grabbauten (daher auf der £E-1-Geldnote abgebildet). In der Mitte befindet sich das schöne Portal mit einem Medaillon aus Metall, links der Sebil-Kuttab-Komplex mit dem Brunnen an der Straße und – im Stockwerk darüber – die Koranschule. Über diesen Bereich ragt von hinten her die Mausoleums-Kuppel ins Bild, sehr dominant und sehr schön mit Arabesken und, kontrastbetont, mit geometrischen Sternmustern geschmückt. Rechts vom Portal erhebt sich das Minarett, es gehört zu den architektonisch gelungensten der Epoche: Die kubische Basis geht über einen oktogonalen Abschnitt in einen eleganten zylindrischen Schaft über, der mit fein gearbeiteten Dekorationen versehen ist. Auch dieses Minarett ist ein guter Aussichtsplatz, besonders geeignet jedoch, um die Ornamente der Mausoleums-Kuppel aus der Nähe zu betrachten. Die in Kreuzform angelegte Madrasa hat einen lichtdurchfluteten (am späten Nachmittag), überdachten Innenhof mit einer wunderschönen Holzdecke, die man in Muße betrachten sollte. Hinter dem Ost-Liwan liegt das Mausoleum mit seiner erlesen schönen Kuppel von unerwarteter Höhe. Gegenüber dem Mihrab ist ein Stück Fels mit dem Fußabdruck Mohammeds eingemauert, das Qaytbay bei einer Pilgerfahrt nach Mekka erwarb.

Südliche Totenstadt

Die südliche Totenstadt wird von der Sharia Salah Salem durchschnitten, der südliche Abschnitt bietet für Touristen – obwohl seltener von ihnen besucht – die interessanteren Objekte. Höhepunkt ist das **Mausoleum des Immam el Shafi** (£E 10) das knapp 2 km südlich des Midan Salah el Din an der Sharia Immam el Shafi liegt.

Autofahrer unterqueren, vom Midan Salah el Din unterhalb der Zitadelle kommend, den Fly-over der Sharia Salah Salem und folgen den Schienen der aufgelassenen Straßenbahn bis zu deren Ende und immer weiter geradeaus. Die riesige Kuppel des Mausoleums ist von

5. Kairo kennenlernen

weitem zu sehen, lange bevor sie – auf der rechten Straßenseite – erreicht wird. Fußgänger nehmen entweder ein Taxi oder folgen den Schienen der Straßenbahnlinie zu Fuß über die Endstation hinaus, nach 20-30 Minuten dürfte das Ziel erreicht sein.

An einem kleinen Platz treffen Sie rechts auf das gewaltige Bauwerk, das als das größte freistehende islamische Mausoleum Ägyptens gilt. Es ist von der Größe her der Bedeutung des **Immam Shafi** durchaus angepaßt. Er war ein Nachkomme des Onkels des Propheten und daher schon von Geburt her ein wichtiger Mann. Er gründete den nach ihm benannten orthodoxen Ritus, der neben den drei anderen Riten in den meisten Madrasas gelehrt wird. Shafi kam zu Beginn des 9. Jhds nach Ägypten, wo er bis zu seinem Tod im Jahr 820 blieb. Zu seinen Ehren findet jeweils im 8. Monat des islamischen Jahres ab dem ersten Mittwoch ein großes, eine Woche dauerndes Fest (Mulid) in diesem Mausoleum statt. Wenn Sie zufällig zu dieser Zeit Kairo besuchen, so sollten Sie auf keinen Fall das Fest versäumen.

Der Immam Shafi gilt als einer größten muslimischen Heiligen. Ihm werden wunderwirkende Heilkräfte zugesprochen, Muslime aus ganz Ägypten und dem Ausland besuchen sein Mausoleum, umrunden betend sein Grab und hoffen auf Heilung von Krankheiten. Im Gegensatz zu den übrigen Mausoleen findet man an diesem Wallfahrtsort – in einem der wichtigsten islamischen Heiligtümer Ägyptens – stets Besucher. Wenn Sie es besichtigen, nehmen Sie daher Rücksicht auf die Gefühle der Gläubigen, vermeiden Sie Gebetszeiten für den Besuch. Frauen dürfen nicht den Haupteingang benutzen, sondern müssen am Haupteingang vorbei, rechts um die Ecke zum dortigen Seiteneingang gehen.

Das Mausoleum wurde erst 1211 von Saladins Neffen El Kamil wohl auch in der Absicht gebaut, nach der schiitischen Epoche ein Zeichen für die Sunniten Ägyptens zu setzen. Seither sind mehrere Um- und Anbauten vorgenommen worden. So auch die Kuppel des Mausoleums, die aus dem Jahr 1772 stammt und von der man nicht genau weiß, wie ähnlich sie dem Original ist. Sie besteht aus einer Holzkonstruktion, die mit Blei verkleidet ist. Auf der Spitze ist ein halbmondförmiges Boot aus Kupfer angebracht – quasi das Symbol des Mausoleums –, das mit Körnern als Vogelfutter gefüllt wird oder zumindest werden sollte.

Der Haupteingang führt zunächst in eine Moschee, die 1891 anstelle der ursprünglichen Madrasa errichtet wurde. Man geht dann in das Mausoleum, dessen weiter Raum von diffusem Licht durchdrungen ist. Der mit einer Teakholzschnitzerei bedeckte Kenotaph des Immam Shafi ist ein Meisterstück seiner Zeit. Daneben steht noch der Kenotaph des Abd el Hakim, in dessen Grab der Immam Shafi zunächst beerdigt war und außerdem der des Sultans El Kamil Aijub und dessen Mutter.

Nur ein kurzes Stück hinter dem Mausoleum des Immam Shafi (davorstehend die erste Straße rechts, dann die erste links) erhebt sich ein kürzlich renovierter Komplex mit fünf Kuppeln, der **Hosh el Basha** (£E 10) genannt wird und in dem die Mitglieder der **Familie Mohammed Alis** – außer ihm selbst – beerdigt sind. Hier liegen die Söhne seiner Lieblingsfrau, Tusun, Ismail und Ibrahim neben weiteren etwa 40 Mitgliedern der Familie ebenso wie einige der von Mohammed Ali ermordeten Mamluken(!!), Diener und hochrangige Mitarbeiter. Die reich verzierten Kenotaphen rechtfertigen den kurzen Abstecher: Vom Eingang führt ein kurzer Weg in eine dreifach unterteilte Halle. Geradeaus liegt die Mutter von Mohammed Ali, im ersten Raum links Imsail mit Familie, gegenüber die Mamluken, im letzten Raum links Ibrahim mit Familie, rechts Faruk mit Familie.

Nördlich der Sahria Salah Salim liegt noch ein kleines Restgebiet der Totenstadt mit dem Midan Sayida Nefisa an der Sharia Ashraf (die an der Kreuzung von der Sharia Salah Salem abzweigt, an dieser nach Süden abknickt und man halbrechts dem Aquädukt folgend

Die Totenstädte

zum Nil kommt). Dort steht rechts die **Sayida Nefisa Moschee**. Die Namensgeberin war die Urenkelin von Hassan, dieser wiederum ein Enkel des Propheten Mohammed. Sayida Nefisa bewirkte bereits während ihres Lebens Wunder, nach ihrem Tod 824 versuchten viele Anhänger, durch ein Grab in ihrer Nähe an ihrem Segen teilzuhaben; einige abbasidische Gräber sind noch in der Umgebung vorhanden. Die heutige Moschee stammt aus dem Jahr 1897. Mit ihren Marmorböden und der großen Gebetshalle macht sie einen gepflegten Eindruck und lädt von der Atmosphäre her zum Verweilen ein. Sie zählt zu den beliebten Hochzeitsmoscheen von Kairo. Denn Sayida Nefisa gehört zu den drei Stadtheiligen, um deren Segen nicht nur die Hochzeiter, sondern auch viele andere Besucher bitten.

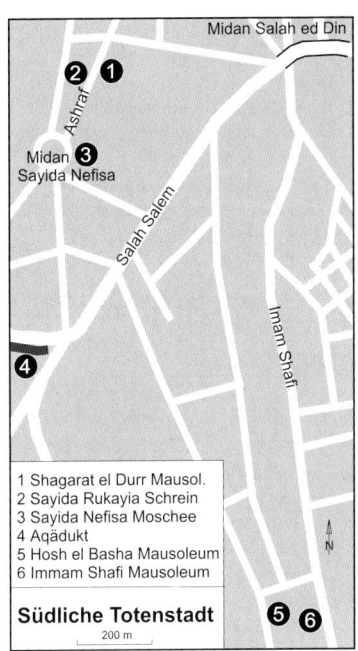

1 Shagarat el Durr Mausol.
2 Sayida Rukayia Schrein
3 Sayida Nefisa Moschee
4 Aqädukt
5 Hosh el Basha Mausoleum
6 Immam Shafi Mausoleum

Südliche Totenstadt

200 m

Gegenüber ragt ein großes modernes Gebäude auf einem Hügel auf, in dem mehrmals täglich von einer religiösen Stiftung Speisen an Bedürftige ausgegeben werden. Geht man vom Midan Sayida Nefisa auf der Sharia Al Ashraf (die viel später Sharia Muezz li Din Allah heißt) nach Norden, so teilt sich die fast dörfliche Stimmung dieses Totenstadt-Randgebiets mit. Hühner gackern in den Gassen, Knoblauch-Kochgerüche wehen durchs Viertel, Kinder schaukeln vergnügt in einer am Wegesrand stehenden Schifferschaukel, Schreiner- und Autowerkstätten säumen die Straße, auch eine Eisfabrik produziert hier. Die Menschen sind freundlich und bieten dem Fremden eine Tasse Tee an. Nach der dritten rechts abzweigenden Gasse sieht man links der Straße ein eher unscheinbares Bauwerk, den Schrein der **Sayida Rukayia**, einer Tochter Alis, also Enkelin Mohammeds. Obwohl sie in Damaskus begraben ist, gilt auch sie als eine der drei "Stadtheiligen" Kairos. Hier wurde ein Schrein mit einem Kenotaphen als Gedenkstätte errichtet.

Nur wenige Schritte nördlich steht auf der rechten Straßenseite das **Mausoleum der Shagarat el Durr**, das arg heruntergekommen ist. Obwohl der Nachbar gern das Tor öffnet, lohnt kaum ein Blick in die Grabstätte der einzigen Frau, die Ägypten in der islamischen Epoche regierte. Leider bleiben nur Müll und streunende Katzen als Eindruck hängen.

Der Mann von Shagarat el Durr, der Sultan Salih Aijub – letzter Herrscher der Aijubiden-Dynastie und Nachkomme Saladins – starb kurz vor der Schlacht von Mansura gegen die Kreuzritter. Seine Frau hielt den Tod des Herrschers geheim, um den Schlachtenausgang nicht negativ zu beeinflussen. Sie herrschte aber bald offen und ließ sich zur Sultanin ausrufen. Das wiederum ging gegen die Ehre der Fürsten, sie zwangen die Sultanin, den Kommandanten Aybek zum Gemahl zu nehmen, mit dem sie offenbar schon vorher eng liiert war. Aybek stammte aus der Provinz Kiptschak im Ural und war ursprünglich Sklave von Salih Aijub, wurde aber freigelassen und stieg zum

Kommandanten auf. Mit dieser Heirat begann die lange Reihe der Mamlukenherrscher in Ägypten.

Und Aybek endete wie viele seiner Nachfolger eines unnatürlichen Todes: als er sich eine weitere Frau nehmen wollte, ließ Sharagat el Durr ihn von ihren Eunuchen im Bad ertränken. Daraufhin nahmen die anderen Mamlukenfürsten die Sultanin gefangen, setzten den Sohn der ersten Frau von Aybek zum Nachfolger ein, dieser übergab die Ex-Sultanin seiner Mutter, die sie von ihren Sklavinnen mit hölzernen Badeschuhen erschlagen und den Leichnam von der Stadtmauer den Hunden und Schakalen zum Fraß vorwerfen ließ. Nach dem Zerfledern der Leiche wurden die Reste von ihren Anhängern in ihr Mausoleum gebracht, ihr Name dort aber – wohl vorsichtshalber – entfernt.

Alt-Kairo und Umgebung

***Alt-Kairo

Zentrum des hauptsächlich von Kopten bewohnten Alt-Kairo ist die altrömische Festung Babylon mit ihren schmalen, verwinkelten Gassen. Sie verleihen dem Viertel eine sehr eigene, erlebenswerte Atmosphäre. Zu erreichen ist es am einfachsten mit der Metro/Heluan-Bahn (Haltestelle Mari Girgis) oder per Nilboot (siehe Seite 129). Autofahrer nehmen vom Tahrir aus die Corniche in südlicher Richtung, biegen an der Giseh-Brücke links ab (dort verläuft die Straße durch eine Unterführung) und gleich nach der Unterführung rechts; an der links liegenden Amr Moschee vorbei bis zur nächsten Y-Kreuzung, dort rechts halten.

Das heutige Verwaltungszentrum der koptischen Kirche mit der neuen Markus Kathedrale liegt nicht hier, sondern im Stadtteil Abbasiya, siehe Seite 164.

Es gibt ziemlich gesicherte historische Hinweise, daß die Römer sehr frühzeitig am Eingang zum Delta eine Legion stationierten und deren Lager bald befestigten. Trajan (98-117) und Arcadius (395-408) ließen diese Bastion, die Babylon genannt wurde, ausbauen und stärker befestigen. Babylon war der Schlüssel für den Besitz Ägyptens, was sich deutlich während der arabischen Eroberung zeigte: Erst als diese Festung gefallen war, konnte das gesamte Land am Nil eingenommen werden.

Das Fort lag ursprünglich direkt am Nil, es war vom Grundriß her ein Vieleck mit diversen halbrunden Bastionen. Die Westseite zog sich geradlinig am Nil entlang, sie hatte keine Bastionen, dafür aber die beiden noch erhaltenen Türme mit einer Zugbrücke. Noch heute sind die Reste des babylonischen Befestigungsbauwerks eines der besterhaltenen Beispiele für römische Militärbauten.

Als Zugang zu Alt-Kairo wird das erhaltene nördliche Tor – etwa 100 m nördlich der römischen Türme gegenüber der Bahnüberführung –, zu dem eine Treppe hinunterführt, genutzt (8-17, £E 16). Der eigentliche Haupteingang zwischen den beiden römischen Türmen (im übrigen den einzigen Monumenten aus römischer Zeit in Kairo), läßt nur den Zugang zum Museum zu. Leider sind innerhalb der ummauerten Festung nur noch die Kirchen (und natürlich die Souvenirshops) zugänglich, die übrigen Gassen wurden für Nicht-Bewohner gesperrt.

Vom Bahnhof her betritt man Alt-Kairo (8-17, £E 16) durch das erhaltene nördliche Tor (gegenüber der Bahnüberführung). Hat man die Festungsmauer durch ein kleines Tor hinter sich gelassen, zweigt in der anschließenden Gasse bald links ein Weg zum Kloster St. Georg ab, das noch bewohnt ist. An der nächsten Kreuzung führt links eine Gasse zur Kirche der Hl. Jungfrau (Qasirat el Rihan) – das Gebäude fiel 1979 einem Feuer zum Opfer – und zur Kirche St. Georg, die nach einem Brand im letzten Jahrhundert erneuert wurde; beide sind wenig interessant.

Alt-Kairo und Umgebung

Rechts und nach ein paar Schritten links finden Sie den tiefer als das Straßenniveau liegenden Eingang zur **St. Sergius und Bacchus Kirche** (auch *Abu Sarga* genannt), der ältesten von Kairo. Sie ist den Märtyrersoldaten gleichen Namens geweiht, sie soll um die Wende vom 4. zum 5. Jhd gebaut worden sein. Bekannt ist sie vor allem wegen ihrer schönen Holz-Intarsien aus dem 12./13. Jhd auf der Abschlußwand zum Heikal, d.h. dem Sanktuarium mit den Altären. Die teils (noch) im Grundwasser stehende Krypta soll Josef und Maria auf der Flucht nach Ägypten Schutz geboten haben.

1 Mercurius Kloster
2 Amr Moschee
3 St. Georg Kloster
4 Kirche der Hl. Jungfrau St. Georg Kirche
5 St. Sergius Kirche
6 St. Barbara Kirche
7 Synagoge
8 Römische Türme
9 Museum
10 El Moallaka Kirche
11 Nilboote
12 El Fustat

Östlich der Sergius Kirche steht die **St. Barbara Kirche**, deren heutiger Bau aus dem 10. Jhd stammt. Die Namensgeberin wurde von ihrem Vater wegen ihres Übertritts zum Christentum zu Tode gefoltert. Die Basilika soll einst die schönste in Ägypten gewesen sein. Nordöstlich wurde zu Beginn des 20. Jhds eine Kirche angebaut, die dem ursprünglichen Namensgeber, St. Cyrus, geweiht ist. Nicht weit entfernt stößt man auf die **Ben Ezra Synagoge**, die zunächst als Kirche erbaut und im 12. Jhd in eine Synagoge umgewandelt wurde. Sie ist gut restauriert worden. Ein weiteres, nicht koptisches Bauwerk ist übrigens die griechische Rundkirche, die sich gleich neben der Bahnlinie nördlich des römischen Nordturms erhebt.

Zum Besuch des Koptischen Museums und der hängenden Kirche muß man das "Kirchenviertel" wieder verlassen und an der Bahnlinie nach Süden bis zu den römischen Türmen gehen. Zwischen den Türmen hindurch stößt man auf einen kleinen Platz und auf den Museumseingang. Nur wenig südlich des Südturms und durch eine Verbindungstür von der Cafeteria aus zu erreichen (falls geschlossen, zurück aus dem Turmeingang, dort links und erster Eingang links), "hängt" die auf das 4. Jhd zurückgehende **El Moallaka Kirche**, die oft erwähnte Attraktion. Sie wird "die Hängende" genannt, weil sie über das Südwest-Tor gebaut wurde und dort "hängt".

Aber dieses Attribut sollte völlig unwichtig sein, die El Moallaka Kirche ist – für uns – die stimmungsvollste koptische Basilika in Alt-Kairo. Wenn sich am späteren Nachmittag das Licht in den Mosaikfenstern im Dachgewölbe bricht und eben jenen Zedernholz-Tonnengewölbe-Dachstuhl ausleuchtet und auch die Intarsienarbeiten im Kirchenschiff tiefer erstrahlen, dann kann man hier die abgeschiedene Stille einfangen und ein wenig meditieren – der sehr harmonisch wirkende Innenraum der El Moallaka verführt ganz einfach dazu. Aber auch Details wie die fein gearbeitete Abschlußwand zum Heikal (Sanktuar mit den Altären) und die beachtenswerte Kanzel mit ihren feinen Marmorsäulen bestimmen den Eindruck dieser altehrwürdigen Basilika. Die El Moallaka wurde im übrigen im 7. Jhd erbaut, von dem armenischen Statthalter Ali Ibn Jahja 840 zerstört und im 10. Jhd unter dem Patriarchen Alexander schließlich wieder errichtet.

Derzeit läuft ein Restaurierungsprogramm für Alt-Kairo, das mit einer gründlichen Überholung der El Moallaka Kirche begann. Es kann also sein, daß Sie auf Bauarbeiten bzw. geschlossene Objekte stoßen.

Das ***Koptische Museum** (9-16, Fr 9-11, 13-16, £E 16) wurde wie ein koptisches Haus um einen rechteckigen Hof errichtet, viele Bauteile wie Türen und Fenster entstammen alten koptischen Gemäuern. Es besteht aus einem *Old Wing*, der seit dem Erdbeben leider gesperrt ist, und einem *New Wing* mit insgesamt etwa 15 000 Ausstellungsstücken. Das sehenswerte Museum hat sehr viel Atmosphäre, es wurde Anfang der 80er Jahre vollkommen renoviert. Die meisten Stücke sind dreisprachig beschriftet. Im Shop neben der Kasse gibt es für den Interessierten einen sehr guten und detaillierten Führer (Gawdat Gabra: Cairo, the Coptic Museum & Old Churches, The Egyptian International Publishing Company; im Buchhandel in der Innenstadt wesentlich billiger als hier). Beim Besuch sollten Sie auch öfters mal einen Blick nach oben werfen, denn die Decken vieler Räume entstammen alten Häusern und sind immer mit sehr schönen Intarsienarbeiten dekoriert.

In den **Räumen 1 bis 8** findet man im wesentlichen Architekturfragmente (z.B. Säulen, Friese, Kapitelle, Fenster oder Türstöcke) und auch Fresken aus koptischen Klöstern.

In **Raum 9** ist das große Fresko aus Umm el Bregaat (Fayum) beachtenswert: Rechts sind Adam und Eva nackt vor dem Fall, links verschämt nach dem Essen der verbotenen Frucht dargestellt.

Im Obergeschoß geht es weiter mit **Raum 10** mit Manuskripten und Keramikfragmenten. Die **Räume 11 und 12** enthalten im wesentlichen Textilien mit religiösen Darstellungen.

Raum 13 ist Malereien und Elfenbeinschnitzereien vorbehalten, z.B. Teile von kirchlichen Fresken, die Elfenbeinstücke mit z.T. Miniaturmalereien gehen auf das 2. und 3. Jhd zurück.

In den **Räumen 14-16** finden Sie hauptsächlich Metallarbeiten wie Lampen, Waffen oder die vergoldete Krone eines Patriarchen.

Raum 17 überrascht mit Freskenfragmenten und Keramiken aus Nubien, **Raum 18** mit Stein- und Marmorarbeiten aus den frühen christlichen Jahrhunderten.

Die **Räume 22-30** liegen im Old Wing, sie sind derzeit nicht zugänglich.

Wenn Sie einen Abstecher in eine etwas ruhigere Gegend machen wollen, dann wäre vielleicht ein Spaziergang auf dem römisch-katholischen Friedhof gleich südlich der El Moallaka Kirche zu empfehlen. Viele französisch-arabische Namensverbindungen erinnern an frühere Zeiten.

Fustat

Gleich östlich der Ex-Festung Babylon stößt man auf **Fustat** (9-16, £E 6), den in Ruinen liegenden Ursprungsort von Kairo. Hier errichteten die auf die byzantinische Festung Babylon einstürmenden Araber unter Amr Ibn el Ass zunächst ein Zeltlager, aus dem sie auch nach der Eroberung der Festung – nach sieben Monaten – nicht auszogen. Später entstand anstelle der Zelte eine Stadt mit fünf- bis sechsstöckigen Häusern, Wasserversorgung und Kanalisation, die um die Jahrtausendwende größer und reicher war als Bagdad oder Damaskus, ja als die meisten europäischen Städte. Zumindest war sie wesentlich zivilisierter und sauberer: Zu einer Zeit, als in Europa tägliches Waschen Sünde und verpönt war und in der die Gassen der Städte mit Fäkalien und Abfall überhäuft waren und zum Himmel stanken, da verfügte Fustat über eine zentrale Wasserversorgung und über ein Abwassersystem, an das die Toiletten angeschlossen waren. Fustat verlosch im November 1168, als die Bewohner glaubten, sich nicht vor dem anrückenden Kreuzritterheer unter König Alamaric von Jerusalem retten zu können: Mit Lampenöl und Fackeln setzten sie ihre Stadt in Brand. Das Feuer wütete angeblich 60 Tage.

Noch bis vor wenigen Jahren hatten sich auf und neben den spärlichen Ruinen von Fustat Gebrauchstöpfer niedergelassen, die in ihren Öfen alles verbrannten, was sich irgendwie verheizen ließ. Schließlich gelang es, die Töpfer weiter nach Süden an den Rand der Sharia Salah Salem zu drängen. Derzeit entsteht am Straßenrand ein Shopping Center ("Klein-Khan-el-Kalili"), das Gebiet dahinter soll ebenfalls erschlossen werden.

Der Weg zu den Ruinen von Fustat verläuft wie folgt: Vom Bahnhof Mari Girgis gehen Sie links an der hohen Mauer von Babylon entlang bis zur Ecke (dort kommt von links die Straße von der Amr Moschee und hier entsteht das Shopping Center), biegen rechts ab und gehen die an beiden Seiten vermauerte Straße entlang. Nach etwa 300 m steht links in der Mauer ein großes Eisengittertor meist offen, dort hineingehen und geradeaus auf eine Baumgruppe mit Wärterhäuschen zuhalten. Der Wärter spricht die notwendigsten Worte englisch und führt Sie herum, mit besonderem Stolz auf Wasser- und Abwassersystem verweisend.

Amr Moschee

Am westlichen Rand des Ruinenfeldes von Fustat liegt die Amr Moschee (£E 6), die von dem islamischen Eroberer Amr Ibn As vermutlich bereits im Jahr 641 gegründet wurde. Sie ist vom Ursprung her die älteste Moschee Kairos und war einst das Zentrum von Fustat. Allerdings stammt das heutige, ziemlich mächtige Bauwerk aus unterschiedlichen Epochen. Im 9. Jhd wurde das ursprüngliche Gebäude weitgehend durch ein größeres – etwa den heutigen Dimensionen entsprechend – ersetzt, im 18. Jhd fanden erhebliche Umbauten und vor einigen Jahren erfolgreiche Restaurierungsarbeiten statt. Beim Besuch sollten Sie einen Blick auf das Grabmal des Abdallah werfen (in der hinteren linken Ecke), der ein Sohn des Amr war und dessen Haus – in dem er beerdigt worden war – bei der Erweiterung im 9. Jhd einfach in die Moschee integriert wurde. Hübsch ist der Brunnen mit vergoldetem Dach anzusehen.

Um die Amr Moschee ranken sich eine ganze Reihe von Geschichten – welch Wunder bei dem ehrwürdigen Alter und der historischen Bedeutung. So wird erzählt, daß Amr während des Baus den Propheten gebeten habe, eine Säule aus Mekka zu schicken. Worauf einer Säule befohlen wurde, nach Fustat zu fliegen. Trotz dreimaliger Aufforderung rührte sie sich nicht von der Stelle, dann schlug sie der Prophet mit der Peitsche, worauf sie davonsauste. Sie landete in der Amr Moschee, eine Ader verweist auf die Spur des Peitschenhiebes. Außerdem gibt es zwei Säulen, zwischen denen sich nur tugendhafte Menschen hindurchquetschen können.

Ganz in der Nähe liegt das koptische **Kloster des Hl. Mercurius** (Deir Abou Seifein), ein Komplex mit drei alten koptischen Kirchen: Gehen Sie die Straße, die vom Eingang der Amr-Moschee Richtung Metrobahnlinie führt, bis fast zur Bahn. Dort kommt von rechts die Sharia Aly Salim. Direkt an der Kreuzung sehen Sie die Kirchengebäude hinter hohen Mauern. Die drei Kirchen *Mercurius* (vom Eingang her die letzte), *Anba Shenuda* und *El Adra Damjirja* (Jungfrau von Damjirja) stammen nach Angaben auf der Beschilderung aus dem 4. Jhd, in der Literatur ist vom 7./8. Jhd die Rede. Die dem oberägyptischen Abt Schenute geweihte Kirche wird 743 anläßlich einer Bischofsversammlung erstmals erwähnt. Sie liegt heute 2 m unterhalb des Straßenniveaus, Säulenreihen teilen das Innere in zwei Seiten- und ein Hauptschiff. Die Zedernholz-Altarschranke trägt sehr schöne Ikonen, in der Westwand des Narthex steht ein Schrein mit den Reliquien von Shenute und Wissa. Auch die Mercurius Kirche besitzt wertvolle alte Ikonen.

Hinter dem Klosterkomplex – vom Eingang aus gesehen – liegen die christlichen Friedhöfe der koptischen, maronitischen, anglikanischen und protestantischen Kirche.

Andere Attraktionen Kairos

*Pharaonic Village und Papyrus Institut

Dr. Ragab, Wiederentdecker der Papyrusherstellung, baut seit vielen Jahren auf einer Nilinsel Papyrus an. Mitten in dieser Pflanzung errichtete er nach alten Vorbildern ein typisches pharaonisches Dorf. Dort versucht er, die alltäglichen Arbeiten jener Zeit vorzuführen. Wenn auch das Ganze den Eindruck eines pharaonischen Disneylandes macht, so ist doch die Reise durch die Vergangenheit einigermaßen informativ, allerdings mit £E £E 60 pP auch teuer. Immer mehr Leser beklagen die lustlosen Komparsen und die wenigen Vorführungen – der anfängliche Schwung scheint entschwunden zu sein.

Die Rundfahrt per Boot durch papyrusgesäumte Kanäle passiert zunächst Götterstatuen, dann führen in handgewebte Originalkleidung gehüllte Komparsen das Landleben vor. Da wird gepflügt, gesät, geerntet und gedroschen, Brot gebacken, Feuer geschlagen und einiges mehr aus längst vergangenen Zeiten vorgeführt. Zum Schluß können Sie einen Tempel, das Haus einer reichen und einer armen Familie besuchen.

Wenn Sie die Zeitmaschine in die pharaonische Vergangenheit besteigen wollen, fahren Sie am Westufer nilaufwärts, ca. 2 bis 3 km südlich der Giseh-Brücke taucht links ein unübersehbares Schild *Pharaonic Village* auf. Vom Zentrum können Sie Bus Nr. 107 oder 109 nehmen.

Das Papyrus-Institut-Hausboot ankert in der Nähe des Sheraton Hotels, es war der Ausgangspunkt von Dr. Ragabs Aktivitäten. Seit der Eröffnung des Pharaonic Island scheint es etwas ins Hintertreffen geraten zu sein. Sehenswert: Die Herstellung von Papier aus Papyruspflanzen. Wenn Sie hier die Eintrittskarte für das Pharaonic Village kaufen, können Sie sich für £E 3 ein Geschenk aussuchen.

Dr. Ragabs Wiederentdeckung und -entwicklung fand viele Nachahmer, die vor allem im Pyramidenbereich ihre Fangarme nach Touristen ausstrecken und versuchen, viel Schund, aber wenig Gutes abzusetzen. Bevor Sie kaufen, lesen Sie vorsichtshalber auf die Tips zum Thema auf Seite 63 nach.

Mokattam Berge

Von der Sharia Salah Salem zweigt in nördlicher Richtung hinter der Zitadelle eine Straße ab, die in Serpentinen auf die etwa 200 m hohen Mokattam-Berge hinaufführt. Am Rand des Steilabfalls liegen einige Restaurants. Die oben am Hügelrand entlang führende Straße bietet gute Ausblicke über Kairo, soweit der Smog dies zuläßt. Auch können Sie von dort den langen Weg des Pyramiden-Baumaterial verfolgen: In den Steinbrüchen zu Ihren Füßen wurden Verkleidungsplatten gebrochen, durchs Niltal transportiert, über den Nil übergesetzt und schließlich die Anhöhe zu den Pyramiden hinaufgeschafft.

Wer länger in Kairo bleibt, sollte nicht zuletzt zum Schnappen besserer Luft den Weg hinauf auf die Berge nehmen, abends wird diese Erholung mit einem besonders schönen Blick über das Lichtermeer von Kairo belohnt.

Müllprojekt und koptische Kirchen St. Samaan (Höhlenkirchen)

Am Mokattam entstanden in den vergangenen Jahren zwei Projekte, die unter Touristen wenig bekannt, aber dennoch für diejenigen einen Besuch wert sind, die sich für die Schattenseite des Lebens in Kairo interessieren und schließlich eine weitere Fleißarbeit der Kopten besuchen wollen.

Bei Ihren Spaziergängen in Kairo werden Ihnen sicher unförmige Eselskarren begeget sein, randvoll mit Müll beladen und von Kindern gelenkt. Auch diese Müllmenschen, **Zabbalin** genannt, sind ein Mosaiksteinchen im Bild Kairos. Es handelt sich um Kopten, die Ende der 40er Jahre als Arbeitslose aus Mittelägypten, vornehmlich aus Assiut, nach Kairo zogen und keine andere Arbeit fanden. Sie schaffen gegen geringes Entgelt die Abfälle der Geschäfte, Restaurants und vieler Bürger in ihre Müllsiedlungen an der Peripherie Kairos. Dort sortieren sie per Hand den Unrat und verwerten ihn soweit wie möglich.

Der größte Teil der organischen Rückstände wird an die von den Zabbalin gehaltenen Schweine verfüttert, andere Abfälle gehen in die Hände von spezialisierten Altwarenhändlern. Insgesamt leben mehr als 50 000 Menschen in sechs Siedlungen am Stadtrand von Kairo, z.T. in primitiven Papp- oder Blechhütten inmitten der Müllberge und vom Müll – ein Los, das die ägyptische Gesellschaft kaum als besondere Tragik wahrnimmt.

Dieses System funktionierte jahrzehntelang perfekt, heute kommen die Zabbalin mit ihren ehemals etwa 1700 Eselskarren nicht mehr nach, die sie allerdings mehr und mehr durch klapprige Lastwagen ersetzen. Aber auch die städtische Müllabfuhr schafft die Aufgabe nicht, trotz modernerem Gerät und zu vierfach höheren Kosten. So müssen, wie von alters her, Katzen, Ziegen, Ratten oder die (wenigen) streunenden Hunde bei der Stadtteilarbeit mitwirken.

Durch ausländische Hilfe wurden vor allem in der Zabbalin-Siedlung am Mokattam die Hütten durch Beton/Ziegelhäuser mit Elektrizität, fließendem Wasser, Toiletten und Kanalisation ersetzt, in deren Erdgeschoß der angelieferte Müll geschüttet wird. Nachts ab 3 Uhr

Zabbalin-Kinder transportieren Müll "nach Hause"

5. Kairo kennenlernen

macht sich der Vater mit Söhnen und kleineren Töchtern auf den Weg in die Stadt, um den Müll einzusammeln. Sobald der Eselskarren oder Pickup vollgeladen ist, wird der Heimweg angetreten. Nun folgt die Arbeit der Frauen und älteren Mädchen, die den angelieferten Unrat mit bloßen Händen nach Wertstoffen sortieren; Verletzungen und Infektionen sind stetige Begleiter dieser Arbeit, besonders Krankenhausmüll führt sehr häufig zu Infektionen mit der gefährlichen Hepatitis C. .gründete

Früher wurde der in großen Mengen anfallende Schweinekot unbehandelt an Farmer verkauft. 1984 gründeten engagierte Ägypter die **Assosciation for the Protection of the Enviroment (A.P.E.)**, die zunächst eine Kompostierungsanlage baute, um vor allem den Schweinemist zu hochwertigem Dünger zu verarbeiten. Dr. Leila Iskandar initierte unter dem Motto *"learning and earning"* in einem neuen Gebäude am Rand des großen Kompostierungsfeldes eine Papier-Recycling-Anlage, eine Teppich-Webschule und Unterrichtsräume für Patchwork für junge Mädchen, die hier Alphabetisierungskurse absolvieren, systematisches Arbeiten, Hygiene und nicht zuletzt Selbstbewußtsein erlernen. Denn das Gesamtprojekt trägt sich inzwischen selbst und kann die Mädchen je nach Arbeitsleistung entlohnen; dies gibt ihnen in ihrer Familie und künftigen Ehe mehr Selbständigkeit und Unabhängigkeit.

In den 70er Jahren begannen Zabbalin oberhalb ihrer Siedlung dem Freilegen alter Felsenkirchen, die ab dem 4. Jhd in aufgelassene Steinbrüche gebaut worden waren. Mit Spenden der koptischen Christen entstand ein religiöses Zentrum zu Ehren von **St. Samaan** mit heute sieben Kirchen und einem Kloster. Der Legende zufolge hatte Samaan, ein Schuster, in der fatimidischen Zeit die Kopten vor dem Untergang bewahrt, in dem er durch ein Wunder den Mokattam-Berg spaltete, um den fatimidischen Herrschern die Kraft des christlichen Glaubens zu demonstrieren. Heute, gut 1000 Jahre später, überrascht hier eine Openair-Kirche unter einem mächtigen Felsvorsprung, die 10 000 Quadratmeter Fläche einnimmt und Tausenden Gläubigen Sitzfläche bietet. Andere Kirchen sind vollständig in den Berg hineingebaut. Denn St. Samaan ist eine Pilgerstätte geworden, die Kopten aus ganz Ägypten anzieht. Die Pilgerrastplätze bieten einen fast herausfordernden Ausblick über das Müllviertel im Vordergrund und die quirlige Metropole mit ihren Hochhäusern und Minaretten gleich dahinter.

Es lohnt aus zwei Gründen, sich auf den Weg in die Müllstadt zu machen: Einmal, um das A.P.E.-Projekt kennenzulernen, am Ort der Entstehung handgemachte Souvenirs zu kaufen und damit die Frauen sowohl materiell als auch ideell zu unterstützen. Zum anderen läßt sich der Besuch mit dem des St.-Samaan-Zentrums verbinden, das in seiner frommen Zurückgezogenheit in krassem Gegensatz zu dem Viertel steht, durch das sich unzählige Pilgerbusse quälen.

Anfahrt: Es gibt keine öffentlichen Verkehrsmittel, zumindest keine zumutbaren. Die Straßen im gesamten Viertel sind übelste, ungeteerte Wege mit tiefen Schlaglöchern. Penetranter Müllgestank dringt in die Nase und läßt einen schnell die Autofenster schließen. Hier muß man den Gestank ertragen und kann die Bewohner nicht vor den Kopf stoßen, indem man sich die Nase zuhält oder in allzu voyeuristischer Manier Fotos von den größten Müllbergen schießt, die sich vor und in den Häusern türmen.

Rufen Sie am besten bei A.P.E., Tel 510 2723, oder bei Nahed Saleh, Tel 259 7847, an und vereinbaren Sie einen Termin und Abholung vom Hotel bzw. einem Treffpunkt; montags und donnerstags finden offizielle Führungen statt, aber auch andere Termine sind möglich. Falls Sie doch per Auto hinauffahren wollen, so können Sie sich an die folgende Wegbeschreibung halten: Auf der Sharia Salah Salem stadtauswärts fahren und nach der Mokattam-Abzweigung die erste breite Straße (die nach Nasr City

Kirchenkomplex St. Samaan

führt) rechts und nach insgesamt etwa 1,5 km wiederum die erste Straße rechts abbiegen, die steil aufsteigt, dann erneut rechts und ein Stück auf dieser zurück in der Richtung, in der man kam, und erste Möglichkeit in einer Art Haarnadelkurve nach links bis zu einer kleinen Moschee mit Zinnen auf der Außenmauer, dort rechts und auf ausgefahrener Erdstraße immer bergauf, bis auf der rechten Seite ein sauber eingemauertes Grundstück mit Eisentor erscheint und dahinter die riesige Komposthalde sichtbar wird. Hinter dem Eisentor verbirgt sich das saubere, aufgeräumte A.P.E.-Projekt mit seinen fröhlichen jungen Frauen. Wenn Sie weiter zu den koptischen Kirchen fahren wollen (schon als Kontrastprogramm sehr zu empfehlen), dann sollten Sie zumindest ab hier einen Führer mitnehmen.

A.P.E. unterhält auch einen Souvenirshop (Mo-Sa 8-16) in Heliopolis, 7 Sharia Soliman el Sayyed, Seitenstraße der Sharia el Montazah.

Engere Umgebung von Kairo

Wissa-Wassef-Werkstatt

Die Teppichknüpfkunst war – wie die Papyrusherstellung – in Ägypten verlorengegangen. 1939 gründete der Kunsterzieher Habib Gorgy eine Schule im Alt-Kairo-Viertel, in der er diese Kunst wiederbelebte. Sein Schwiegersohn Wissa Wassef zog 1952 in das Dorf Haraniya und ermunterte die Kinder von Fellachen, ihre Vorstellungswelt in die Teppiche einzuweben. Die herausgeforderte und geförderte Kreativität der Kinder führte zu phantastisch-naiven Kunstwerken, die sich zudem gut verkaufen ließen. Nachahmer bieten ihre – sichtbar schlechtere – Ware in den typischen Touristenläden an.

Ein Besuch in der Original-Werkstatt (10-17) lohnt sich, denn man kann in den Ausstellungsräumen einige der schönsten Stücke – Teppiche und Keramik – bewundern. Man fährt auf der Pyramid Road bis zur Ausschilderung "Sakkara, Ringroad" und biegt dort links ab. 4 km entfernt liegt im Dorf Haraniya an der rechten Seite die unscheinbare Einfahrt zum Haus des Wissa Wassef (daneben übrigens der Campingplatz *Salma Camp*).

Weberdorf Kerkdasa

In Kerkdasa, einem traditionsreichen kleinen Dorf am Rand von Giseh, weben viele Familien Teppiche nach der Schule von Wissa Wassef. Die Hauptstraße ist mit Shops gesäumt, in denen nicht nur eine reichliche Auswahl z.T. hübscher und relativ preiswerter Teppiche zu finden ist, sondern auch andere Souvenirs (Lederarbeiten, Kupfer, Galabeyas, Beduinenkleider vom Sinai, etc.). Hier lohnt übrigens das Feilschen besonders wegen des reichhaltigen, vergleichbaren Angebots. Im Dorf selbst kann man Webern (meist Kinder und junge Frauen) bei der Arbeit zuschauen.

5. Kairo kennenlernen

Anfahrt: Wenn Sie von Kairo auf der Pyramid Road stadtauswärts fahren, biegen Sie an der Kreuzung mit der Ausschilderung "Sakkara, Ringroad" nach rechts (links geht es nach Sakkara) ab, aber auf die linke (westliche) Seite des Kanals, lassen nach gut 1 km das Restaurant Andrea links liegen und nach weiteren 5 km biegt man links in das Weberdorf. Etwa 30 Meter von der obigen Kreuzung fahren Minibusse nach Kerkdasa; vom Midan Giseh der Bus 116.

> **Kinderarbeit**
>
> Eine grundsätzliche Anmerkung: Auch wenn es sich bei der Teppichherstellung meist um – bei uns verpönte – Kinderarbeit handelt, so wäre es verkehrt, dieses Problem nur durch die Augen wohlhabender europäischer Besucher zu beurteilen, für die Kinderarbeit undenkbar ist. In Ägypten gehört Arbeit der Kinder zum gewohnten Alltag, sei es auf dem Feld, in der väterlichen Werkstatt oder z.B. beim Teppichknüpfen. Selbstverständlich streichen die Carpet Schools den meisten Profit ein, doch auch die Kinder profitieren, indem sie kunsthandwerklich ausgebildet werden und mit dem kargen Lohn zum Lebensunterhalt ihrer Familie beitragen. Es wäre fatal, wenn man deswegen keine Teppiche kaufen und damit den Kindern eine Chance verweigern würde. Die Lösung des Problems kann nur in der sozialen Entwicklung der ägyptischen Volkswirtschaft liegen, die es den Familien ermöglicht, auch ohne diese zusätzliche Einnahme auszukommen. Darüber hinaus ist es wichtig, daß den Kindern der Schulbesuch ermöglicht wird, daß sie fair entlohnt werden und die Unternehmer ihre Gewinne entsprechend weitergeben.

Kamelmarkt

Eigentlich eine sehr traurige Angelegenheit: Das Ziel eines gut vierwöchigen Trekks vom Sudan bis nach Kairo ist – das Schlachthaus. Den letzten, eher qualvollen Zwischenstopp haben die Kamele auf einem tristen Marktplatz nördlich von Kairo einzulegen. Dort werden sie nach altarabischer Sitte jeweils freitags (Hauptmarkt) verschachert. Manche der stolzen Wüstentiere scheinen ihr Schicksal zu ahnen und brechen zu einem letzten Fluchtversuch aus; aber die Händler sind allemal schneller und treiben die Ausreißer mit brutalen Schlägen zurück.

Leider ist der Markt von seinem seit Menschengedenken traditionellen Standort im Vorort Embaba im Frühjahr 1995 nach **Barkash** in eine Gegend verlegt worden, die eher einer Verbannung gleichkommt: Fernab von Straßen und Bahnverbindung an den Rand der Wüste. Der Ort Barkash (in der freytag & berndt Karte als Birqash bezeichnet) liegt 24 km nördlich der Sakkara-Kreuzung der Pyramid Road.

Folgen Sie zunächst der Beschreibung zum Weberdorf Kerkdasa im vorigen Abschnitt und dann dem Kanal noch 18 km nach Norden. Barkash liegt dort, wo rechter Hand etwas entfernt eine neue große Betonbrücke einen Kanal und die Eisenbahnlinie überspannt. Halten Sie sich hier halblinks bis die Straße nach ca. 700 m wieder auf einen Kanal stößt, auf dessen anderer Seite die Eisenbahnlinie verläuft. Links breitet sich der mittelgroße Ort Barkash aus. Fahren Sie am Kanal 4 km weiter bis rechts ein Schild zu einer Farm namens Nimos verweist, hier halblinks halten. Nach 2 km ist der schattenlose Marktplatz erreicht.

Öffentliche Verkehrsmittel: Der Bus 214 fährt vom Midan Tahrir Richtung Barkash. Von der Endhaltestelle bzw. ca. 300 Meter in Rückrichtung verkehren Minibusse direkt zum Markt. Fragen Sie unterwegs nach *Barkhash* und dann nach *Souk el Gimaal*. Eine Alternative: Zum alten Markt in Embaba fahren und von dort auf einem Pickup nach Barkash. Eine Taxifahrt kostet etwa £E 70. Einige Traveller-Hotels organisieren Minibusfahrten zu etwa £E 20 pP, fragen Sie z.B. im Sun Hotel, 2 Sharia Talaat Harb.

Der Marktplatz ist weitläufig ummauert, er liegt am Rand des Fruchtlandes an der beginnenden Wüste. Eine Abteilung ist den Alltagsbedürfnissen vorbehalten, die Kamelabteilung kostet £E 5 (Ausländer) Eintritt und überrascht durch die Vielzahl der Tiere, allerdings auch mit der Brutalität, mit der sie hin und her getrieben oder verladen werden. Da der ursprünglich gleichzeitige Esel- und Pferdemarkt neuerdings samstags stattfindet, hat der Markt ohnehin an Attraktion verloren. Ein Besuch kann nur dem empfohlen werden, der unbedingt an solchen Veranstaltungen interessiert ist. Denn hier geht es mehr um die Menge an Kamelen, an Atmosphäre ist diesem Ort jeder übliche Landmarkt überlegen.

October War Panorama

Auf dem Weg zum Flughafen oder nach Heliopolis könnten Sie am **October War Panorama** (£E 8) haltmachen. Dieses, an den Oktober-Krieg 1973 gegen Israel erinnernde Denkmal wurde von Nordkoreanern gebaut. Im zylindrischen Hauptgebäude wird u.a. der Durchbruch durch die israelische Bar-Lev-Linie dargestellt. Die Vorführungen finden täglich außer dienstags um 9.30, 11, 12.30, 18 und 19.30 Uhr statt, allerdings nur mit arabischem Kommentar in den beiden Seitensälen, im Hauptsaal sind Kopfhörer mit deutscher Übersetzung erhältlich; zu anderen Zeiten kein Einlaß. Außerhalb des Hauptgebäudes sind Panzer, Flugzeuge und anderes Kriegsgerät ausgestellt.

Heliopolis und der Obelisk von Sesostris

Heliopolis, den meisten Besuchern nur als Flughafen-Vorstadt von Kairo bekannt, blickt auf eine sehr lange Vergangenheit zurück. Der altägyptischen Mythologie zufolge lag hier der Ursprungsort des Pharaonentums, daher war es über lange Zeiten hinweg religiöses Zentrum. Heute kündet nur noch der *Obelisk des

Zur Freude der Kinder stehen immer mal wieder einfache Schaukeln auf der Straße

5. Kairo kennenlernen

Sesostris (£E 12) von der ehemaligen Bedeutung. Er steht zusammen mit ein paar anderen altägyptischen Monumenten in einem Park im Dorf Matariya am nordwestlichen Rand von Heliopolis. In diesem weitab vom Massentourismus liegenden Open-air-Museum freut man sich über jeden einzelnen Besucher. Gleich nach dem Eingang liegen rechts ein paar Säulenteile und andere Fragmente von einem Tempel des Amenhotep III sowie Steinsarkophage. Der Obelisk selbst überrascht durch seine Höhe, die hier besser zur Geltung kommt, weil er quasi frei steht, ohne andere Bauten in unmittelbarer Nähe. Links vom Eingang wurde ein "Open Museum" (Schild) eingerichtet, das – tiefer liegend als das allgemeine Niveau – offensichtlich manchmal vom Grundwasser erreicht wird. Wahllos und ohne Erklärung liegen dort pharaonische Tempelfragmente herum. Am Weg nach unten stehen einige weitere Stücke, von denen zwei Scheintüren auffallen, aus einer treten Ramose und seine Frau (21. Dynastie) heraus.

Anfahrt: Am besten mit der Straßenbahn/Metro, El Marg Linie, bis zur Endstation am Midan Matariya, von dort fünf Minuten per Taxi auf der Sharia Matariya bis quasi zu deren Ende folgen, dort ist der Obelisk in einem kleinen Park am Rand eines großen Feldes zu erkennen. Oder mit Bus /50 zum Midan Hegaz, dort weiter mit Bus 55. Oder per Auto auf der stadtauswärts führenden Sharia Port (Bur) Said fahren, bis man auf einen breiten Kanal stößt, dort rechts auf der Sharia El Kablat bis zum Midan Matariya und diesen nördlich auf der gleichnamigen Straße verlassen.

In Matariyah gibt es ganz in der Nähe eine weitere Sehenswürdigkeit: Im **Shargat Mariam** (£E 6) sollen Joseph, Maria und Jesus auf ihrer Flucht Halt unter einem Baum gemacht haben, dessen Wurzelstock noch heute vorhanden und zu besichtigen ist. Durch ein Wunder entsprang eine Quelle und versorgte die Heilige Familie mit Wasser. Es ist heute untrinkbar, soll aber so aufbereitet werden, daß Pilger es als heiliges Wasser abgefüllt in Flaschen mit nach Hause nehmen können.

Die gesamte, langgestreckte Anlage wurde für die Milleniumsfeiern renoviert und bietet – zumindest im Jahr 2000 – dem Betrachter ein fast ungewöhnliches Bild von Sauberkeit und Ordnung. Der knorrige alte Baumstamm liegt würdevoll im Schatten eines jüngeren Exemplars. In einem Schrein, der andächtig von Besuchern betreten wird, zeigt ein großes Wandgemälde die Heilige Familie unter dem bewußten Baum.

Aber Heliopolis hat einen interessanten neugeschichtlichen Hintergrund. Der Belgier Edouard Empain – vom armen Lehrersohn zum Multimillionär aufgestiegen – wollte zeigen, daß man auch in der Wüste Gärten anlegen kann und plante daher eine Oase im Norden Kairos. Ohne staatliche Hilfe begann er 1905 seine Ideen in die Tat umzusetzen: Es entstand eine gut durchdachte Siedlung mit einer Kathedrale im Mittelpunkt, mit Moscheen, Klubs, Luna-Park und einem feudalen Hotel. Die Einwohnerzahl stieg von 1000 im Jahr 1909 auf 24 000 in 1928 und 200 000 in 1986. Bevorzugt besiedelt wurde und wird der inzwischen vom auswuchernden Kairo eingefangene Vorort von Freiberuflern, höheren Staatsangestellten und Europäern.

Fußgänger nehmen am besten den Minibus Nr. 24 vom Midan Tahrir oder die Nr. 25 vom Midan Ataba aus. Autofahrer halten sich auf der Sharia Salah Salem immer Richtung Flughafen und biegen vor der einzigen Unterführung bei der Ausschilderung HELIOPOLIS bzw. ROXI SQ rechts ab, überqueren die Sharia Salah Salem nach links und sind bald im Herzen von Heliopolis. Vom Midan Roxy führt die Sharia Ibrahim Laqqani ins ursprüngliche Zentrum von Heliopolis. Bald zweigt links die Einkaufsstraße Sharia al Ahram ab, an deren Ende die **Basilika** steht, die von einem belgischen Architekt der Istanbuler Haya Sofia nachempfunden wurde. Baron Empain und seine Familie sind hier begraben.

Hier und in der Umgebung können Sie sowohl alte Häuser als auch moderne Boutiquen anschauen. Nicht weit entfernt, in 5 Sharia Damaskus, haben die Palästinenser das **Palestinian Heritage** House (8.30-15, Do 8.30-13) eingerichtet, in dem sie ihre Bräuche und Kultur darstellen. – Eine weitere Attraktion vor allem für ägyptische Familien ist der **Merryland-Park** in der Nähe des Midan Roxy, dessen Seen und Wiesen vor allem freitags von Großfamilien gestürmt werden.

Baron Edouard Empain baute sich übrigens einen extravaganten Wohnpalast im Stile eines hinduistischen Tempels, der nur drei Blocks in Richtung Flughafen nach der oben angegebenen Unterführung auf der rechten Seite liegt. Leider ist das einst von grünen Gärten umgebene Gebäude – dessen Drehturm angeblich automatisch dem Sonnenstand folgte – völlig heruntergekommen, seit es in den 50er Jahren von der Familie des Barons verkauft wurde.

Der Vollständigkeit halber soll hier noch auf den südlich von Heliopolis entstandenen neuen Stadtteil Medinet Nasr hingewiesen werden. Hochhaus-Blöcke dominieren in diesem Ex-Wüstengebiet. An der Sharia Abul Atahya entsteht ein internationaler Garten, in dem Gäste aus aller Welt Bäume ihrer Heimat anpflanzen bzw. bereits angepflanzt haben.

Wadi Digla

Früher gehörte ein Ausflug zum tiefeingeschnittenen, landschaftlich sehr schönen Wüstencanyon des Wadi Digla Canyon schon zum Geheimtip. Inzwischen sind die Zufahrten durch neue Siedlungen verstellt. Allerdings soll der Canyon als eine Art Nationalpark eingerichtet und damit offiziell wieder zugänglich gemacht werden.

Heluan

Schwefelhaltige Quellen und gesunde Luft begründeten schon im Altertum den heilkräftigen Ruf von Heluan. Die Khediven Ismail und Taufik ließen fruchtbare Erde aus dem Delta heranschaffen und legten ein mondänes Heilbad mit schachbrettartigen Straßenzügen an. Im Laufe der letzten Jahrzehnte rückte die Industrie der Stadt immer näher, von der guten Luft blieb fast nichts.

Im Grunde bietet Heluan heute nicht mehr viel. Das alte Badehaus im maurischen Stil ist noch erhalten. Am einzigen **japanischen Garten** im Nahen Osten – außerordentlich fremd in diesem Wüstenland – hatte der Zahn der Zeit schon arg genagt, die Buddha-Figuren schauten traurig in die Zukunft. Doch inzwischen wird er wieder hergerichtet und besitzt vielleicht schon deutliche Ähnlichkeit mit dem Original, wenn Sie nach Heluan kommen. Der Garten liegt ein paar Blocks östlich der Endstation der Metro Kairo – Heluan.

Etwa 1,5 km von der Endstation entfernt oder einen Bahnhof zuvor finden Sie an der Westseite dieser Linie ein kleines **Wachsfigurenmuseum** (9-17, £E 1) in einem Vergnügungspark. Hier sind Begebenheiten der ägyptischen Vergangenheit in etwas naiven Szenenfolgen dargestellt, von pharaonischer Geschichte (Echnaton mit Gemahlin oder Kleopatra, sterbend mit Schlange am Busen) bis hin zu Bildern aus dem täglichen Leben vor und nach der Nasser-Revolution. Leider hat auch hier der Zahn der Zeit arg an den Figuren genagt; ein Besuch kann vielleicht einen kleinen Beitrag zur Restaurierung beisteuern.

Delta-Staudamm (*Barrages du Nil)

1835 begann Mohammed Ali, am Eingang zum Delta, Staudämme zur Regulierung der Nilfluten zu bauen, die nach knapp 20 Jahren und vielen Mißgeschicken fertiggestellt wurden; immerhin waren sie damals die größten Stauwerke weltweit. Im Laufe der Zeit mußten die Dämme mehrmals verstärkt werden, weil man die Unterspülung durch den Nil unterschätzt hatte.

Die Anlage wurde an der Stelle angelegt, an der sich der Nil in den Rosetta- und Damiet-

5. Kairo kennenlernen

ta-Arm teilt. Die ursprünglichen Dämme sind 452 und 522 m lang, der Nil strömt durch insgesamt 132 Schleusentore. Sehr grotesk wirkt die in den Fluß verpflanzte Ritterburgen-Architektur der Dammoberbauten, zumal zwischen den beiden Flußarmen schöne Gärten mit alten Banyan-Bäumen den Kontrast noch unterstreichen. Sehenswert ist das **Bewässerungsmuseum** (Mathaf Zrahi) im ehemaligen Verwaltungsgebäude mit einem Überblick über die Bewässerungstechnik und mit aktivierbaren Modellen. Die Festung El Kalaa el Saidiya wurde im Auftrag von Mohammeds Sohn Said errichtet.

Heute ist diese Gegend ein beliebtes Ausflugsziel. Besonders an Wochenenden strömen viele Familien und junge Leute aus Kairo hierher. Fahrradtouren sind neben dem obligaten Picknick auf der grünen Wiese offenbar der Höhepunkt des Freizeitvergnügens.

Am schönsten ist eine Segeltour per Feluke von Kairo aus zu dem etwa 20 km stromabwärts liegenden Damm, freitags und sonntags (je nach Jahreszeit auch an anderen Tagen) fahren Motorboote etwa ab 9 bis ca. 11 (eine Strecke 2 Std) und zwischen 16 bis 17 Uhr zurück (£E 5 pP) von der Maspero Station beim TV-Building (nebenan starten die Boote nach Alt-Kairo), ansonsten Bus Nr. 930 vom Midan Ataba oder Bus 950 von Midan Ahmed Helmi (hinter Ramsis-Bahnhof). Per Auto bietet sich eine Rundreise an: z.B. am rechten Nilufer auf der Delta-Straße flußabwärts bis Qalyub, dann über den Damm und auf der anderen Seite zurück.

6. Pyramiden und Fayum

Hintergrund

Erst in jüngster Zeit hat sich die Erkenntnis durchgesetzt, daß die Pyramiden nicht das Produkt harter Sklavenarbeit waren, sondern daß sich viele Menschen zusammentaten, um in religiöser Inbrunst Sakralbauwerke zu schaffen. Mit großer Wahrscheinlichkeit bestimmten auch innenpolitische Überlegungen die Monumentalität der Pyramiden. Es wäre daher sicher falsch, beim Anblick der Pyramiden nur an den Schweiß und die Mühsal der Arbeiter zu denken oder gar daran, daß sie zu ihrer Leistung geprügelt wurden.

Ein Bauwerk, an dem Zehntausende beschäftigt waren, bot die Gelegenheit des Kennenlernens und der positiven Zusammenarbeit der Bewohner des Niltals, nicht zuletzt auch eine Beschäftigung während der drei- bis viermonatigen Untätigkeit in den Zeiten der Nilüberflutung. Denn am Ende der Pyramidenzeit ist der noch relativ junge ägyptische Staat ein hierarchisch gestuftes Gebilde mit einer sehr differenzierten Beamtenschaft; eine Entwicklung, die zumindest teilweise auf den Bau der Mammutprojekte zurückzuführen ist.

Sicher war es kein leichter Job, viele Tonnen schwere Steinquader neben den Pyramiden oder auf der östlichen Nilseite in den Brüchen des Mokattam, Tura (Außenverkleidung) oder gar bei Assuan (Granit) mit den damaligen Werkzeugen zu brechen, sie anschließend auf Holzschlitten zum Nil, dann per Schiff nach Giseh und schließlich bis zur Spitze der Pyramiden zu schaffen. Aber der Glaube, Stein für Stein für das Überleben des Volkes aufzuschichten, versetzte buchstäblich Berge und machte den Arbeitern die Last leichter. Herodot berichtet (3 Jahrtausende nach dem Entstehen), daß 100 000 Arbeiter mit dem Bau einer Pyramide beschäftigt gewesen seien. Moderne Berechnungen ergaben, daß es etwa 10 000 bis 20 000 Menschen in 20 Jahren geschafft haben müßten, die ungefähr 2,3 Millionen Steine aufeinander zu stapeln und mit einer Mörtelschicht zu verbinden.

Dabei bewältigten die Erbauer technische Probleme wie die Nivellierung des Bodens zu einer absolut waagerechten Ebene, die exakte Ausrichtung der Cheopspyramide nach Norden (Fehler nur 5 Minuten, 30 Sekunden!), Abwei-

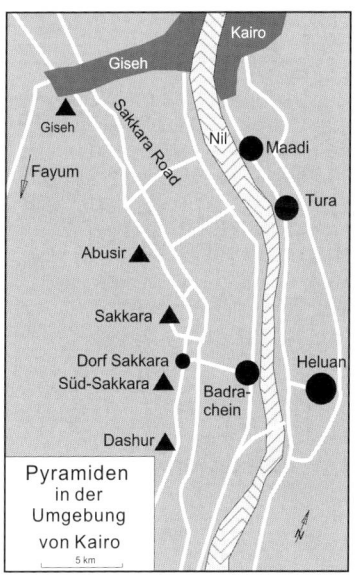

Pyramiden in der Umgebung von Kairo

6. Pyramiden und Fayum

chungen in der Waagerechten zwischen den einzelnen Steinschichtungen von nur wenigen Zentimetern und schließlich die Tatsache, daß sich die vier Kanten tatsächlich gemeinsam in der Pyramidenspitze trafen – eine Abweichung dieser Linien um nur 2 Grad würde ein Auseinanderklaffen um 15 m (!) an der Spitze bewirkt haben.

Auch unter heutigen Verhältnissen wäre das Errichten einer solch großen Baumasse (die Cheops-Pyramide ist immer noch das vom Volumen her größte, jemals von Menschen geschaffene Gebäude) eine technische Meisterleistung – um wieviel höher müssen wir diese Präzisionsbauwerke bewerten, wenn wir uns vorstellen, daß die Pyramiden in der Steinzeit mit Steinwerkzeugen errichtet wurden: mit Dolerit-Hämmern, Quarzit-Poliersteinen und Bolzen aus Kiesel. Lediglich Beile und Sägen bestanden aus gehärtetem Kupfer. Als Transportmittel dienten von Ochsen bewegte Ziehschlitten.

Die Kaiserin Eugenie in Giseh

"Am linken Nilufer, der Insel Roda gegenüber, liegt das Dorf Giseh, wo sich gleichfalls ein vizekönigliches Schloß befindet. Dieses Giseh ist der Ausgangspunkt für den Besuch der Großen Pyramiden. Die schnurgerade Allee von Nilakazien, die man auf dem Wege dahin zurückzulegen hat, wurde seinerzeit von dem galanten Ex-Khediven Ismail Pascha einzig und allein der Kaiserin Eugenie zu Ehren angelegt. Damals war die Kaiserin noch die allgefeierte und allbeneidete Monarchin, deren Huld und Liebreiz auch den modernen Pharaonen bestrickt hatten. Gegen 30 000 arme Fellachen mußten in wenigen Wochen diese 4 km lange neue Fahrstraße abgraben, ebnen und mit Bäumen bepflanzen. Was der hübsche Weg an Schweißtropfen, vielleicht auch Blutstropfen, gekostet hat, ahnte die Kaiserin gewiß nicht, als sie bald darauf sechsspännig, mit goldbestickten keuchenden Läufern voraus, und gefolgt von einer schimmernden Kavalkade, in der alle Kostüme des Orients vertreten waren, über den glatten Wüstenkies dahinfuhr, an ihrer Seite der Prinz von Wales, ihr gegenüber der glückliche Khedive." Aleph, 1904

Mit welchen Methoden die Pyramiden errichtet wurden, bleibt unter den Fachleuten wohl so lange umstritten, bis nicht ein archäologischer Beweis für die eine oder andere Bauweise gefunden wurde. Als gängige Meinung herrscht vor, daß man Rampen angelegt habe, um das Baumaterial auf einer schiefen Ebene nach oben zu schaffen. Berechnet man jedoch eine solche Rampe, so hätte sie letztlich eine Länge von etwa 3 km erreichen müssen, um ihrer Aufgabe bis zur Pyramidenspitze gerecht zu werden. D.h., daß die Erstellung der Rampe selbst eine etwa zehnmal höhere Bauleistung als die der Pyramide erfordert hätte. Herodot spricht jedoch von "Maschinen" aus kurzen Hölzern. Neuere Theorien gehen daher von hölzernen Winden (Spills) aus, mit denen man die Steine über eine schiefe Ebene hinaufzog.

Doch neben der rein technischen Großtat muß die logistische und organisatorische Leistung in ebenso hohen Tönen gelobt werden. Denn die mindestens 10 000 Menschen mußten in eigens errichteten Dörfern untergebracht, verköstigt und sozial betreut werden. Ihre unterschiedlichen Tätigkeiten waren so aufeinander abzustimmen, daß jeweils das richtige Material zum richtigen Zeitpunkt an Ort und Stelle stand, daß sich die Leute nicht gegenseitig auf die Füße traten oder z.B. nicht dort waren, wo sie benötigt wurden, um nur einige der Probleme zu nennen.

Die Pyramiden haben eine deutliche Entwicklung durchgemacht. Das erste Bauwerk dieser Art, die Stufenpyramide des Djoser in Sakkara, stellt eigentlich nur eine vergrößerte Form der vorher gebräuchlichen Mastaba (Bankgrab) dar. Bald wurden die Stufenabsätze verkleidet, und es entstand die reine Pyramidenform mit glattpolierten Außenwänden. Zwischen den Anfängen in Sakkara und dem Höhepunkt in Giseh liegen nur etwa zwei Jahrhunderte.

Aus der religiösen Bedeutung der Pyramide – dem toten Pharao (Gott) die Verbindung zwischen dem Reich der Lebenden im Osten und dem der Toten im Westen zu ermöglichen – entwickelte sich das typische Schema dieser Bauten. Ein Taltempel auf der Grenzlinie zwischen Frucht- und Ödland, mit dem Nil durch einen Kanal verbunden, diente den ersten religiösen Zeremonien und der Mumifizierung. Hier am Ende des Reichs der Lebenden endete auch die Trauerprozession. Die Mumie wurde dann auf einem überdachten Weg (Aufweg) zum direkt an der Pyramide liegenden Totentempel gebracht und schließlich in der im Westen (Reich der Toten) liegenden Sargkammer beigesetzt. Der Totentempel diente fortan den Priestern für die Totenriten.

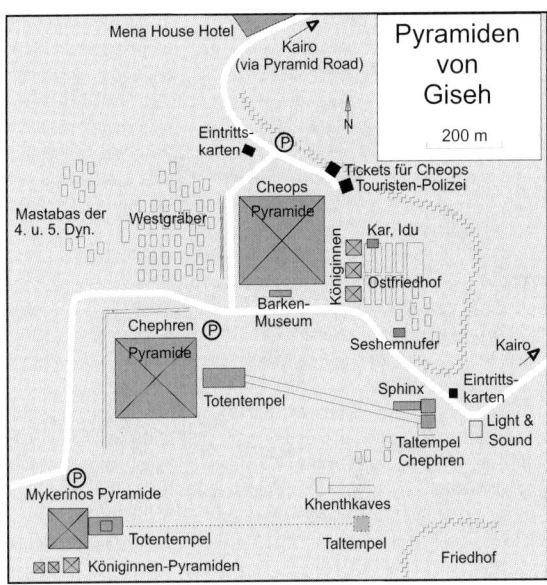

****Pyramiden von Giseh

Achtung: Die Pyramiden liegen direkt am Stadtrand, nicht mitten in der Wüste, wie raffinierte Taxifahrer glauben machen wollen! Von den beiden Eingängen zum Gelände sollten Sie für den Beginn den bei der Cheops Pyramide oberhalb des Mena House Hotel nehmen und schließlich das Gelände über den Eingang beim Sphinx verlassen.

Auf dem Weg vom Stadtzentrum her tauchen die Pyramiden, sobald man den Midan Giseh hinter sich gelassen hat und die Pyramid Road – Sharia el Ahram – ein Stück gefahren ist, zunächst schemenhaft aus dem Dunst Kairos auf, bald wachsen sie in ihrer geometrisch klaren Form immer gewaltiger gegen den Horizont. Die Straße führt schnurgerade auf sie zu und erklimmt dann am Mena House Hotel den Steilabfall der Wüste zum Fruchtland.

Hier unten, am Mena House Hotel, ist die Endstation der Buslinien 900, 998 (vom Midan Abdel Minin Riyad / Midan Tahrir), 924 (Midan Abasiya) und 30 (Midan Ramsis) oder der Minibuslinie 183 (Tahrir). Ebenso der AC-Busse 355 und 357 vom Midan Ramsis beziehungsweise Midan Tahrir. Günstig ist ein Kompromiß: mit der Metrolinie bis zur Station Giza (derzeit Universität) fahren und per Taxi zu den Pyramiden (ca. £E 7), das ist billiger und vor allem schneller als per Taxi aus dem Zentrum. Die Bus-Linie 913 endet im Dorf Nazlit El Saman am Sphinx etwa 500 m vom Taltempel entfernt mitten im Ort; sie eignet sich beson-

6. Pyramiden und Fayum

ders für die Rückfahrt, weil man nicht zum Mena House Hotel zurückwandern muß. Da sie dort startet, gibt es fast immer Platz für müde Wandersleute.

Es gibt kaum eine andere Stelle in Ägypten, an der Touristen mit so vielen Tricks und Lügen ausgenommen werden wie an den Giseh-Pyramiden; hier kann man wirklich den Glauben an die sonst so freundlichen Ägypter verlieren. Es lauert eine Horde von Bakschischjägern: Dragomanen (Führer), Kamel- und Pferdevermieter, selbsternannte Ticketverkäufer (ohne gültige Tickets!), Souvenirverkäufer etc. Versuchen Sie, alle Leute energisch abzuwimmeln, Sie brauchen wirklich keinen einzigen.

Lassen Sie vor allem als Orient-Neuling auf, die Händler merken sofort Ihre Unerfahrenheit und "ziehen Sie bis auf die Unterhose aus", wie ein Leser schreibt. Nur zwei von vielen Tricks: Sie sollen sich auf dem sitzenden Kamel fotografieren lassen, plötzlich steht das Kamel auf und Sie kommen nicht mehr ohne saftiges Bakschisch herunter. Taxis werden bereits in der Mena-House-Gegend angehalten und den darin sitzenden Touristen erklärt, man könne nur um die Pyramiden reiten – die Taxireise endet dann an einem der Reitställe. Also noch einmal: **Wimmeln Sie jeden ab.**

Fünftausend Jahre lang standen die Pyramiden einsam am Rand der Wüste, jedermann konnte sie – kostenlos – besichtigen, sie besteigen oder ganze Steine als Souvenir davontragen. Das ist nicht mehr möglich, der Gesamtkomplex ist umzäunt, die Pyramiden dürfen nicht mehr bestiegen werden, da immer mehr der Steine zerstört wurden. Ganz abgesehen von den vielen Todesopfern und Verletzten dieser Kletterpartien: Es sind zahllose vom Sand schlüpfrige, über 1 m hohe Stufen zu überwinden, einmal abgerutscht, findet man keinen Halt und stürzt nach unten. Das Verbot ist also sinnvoll. Man sollte sich daran halten, auch wenn immer wieder selbsternannte Führer zum Aufsteigen ermuntern. Wen die Polizei erwischt, der zahlt £E 200 Strafe.

Die Umweltbelastung des Großraums Kairo und der touristische Massenansturm der letzten Jahre setzen den Bauwerken, vor allem dem Sphinx, massiv zu. Für die Zukunft ist geplant, immer nur das Innere einer Pyramide zur Besichtigung und auch nur für eine maximale Zahl von Besuchern pro Tag freizugeben, um die tourismusbedingten Schäden zu minimieren.

Der Pyramidenkomplex kostet £E 20 Eintritt, damit darf man die Steinkolosse nur von außen bewundern. Für den Besuch der Grabkammern der Cheops- und Mykerinos-Pyramide wird man mit je £E 40 Eintritt zur Kasse gebeten; allerdings ist das Kartenkontingent auf 150 Stück pro Halbtag begrenzt, Tickets werden jeweils ab 10 bzw. ab 13 Uhr direkt an der Pyramide so lange verkauft, wie das Kontingent reicht. Wer den Komplex per Auto befahren will, zahlt £E 2 zusätzlich. Das Barkenmuseum kostet £E 20 Eintritt, die Fotoerlaubnis für das Innere der Pyramiden £E 40, Videofilmen £E 100; von außen darf man so viel filmen und fotografieren wie man will (wenn Sie irgendeine Pyramide von innen filmen wollen, dann fahren Sie nach Dashur, dort läßt sich über den Preis verhandeln). Allgemeine Eintrittskarten werden am Eingang bei der Cheops-Pyramide und beim Taltempel verkauft, die speziellen bei den jeweiligen Objekten. Denken Sie bei den Eintrittspreisen daran, daß Sie Spitzenerzeugnisse der Kategorie *Weltwunder* vor sich haben. Nehmen Sie für die Besichtigung der Grabkammern vorsichtshalber eine Taschenlampe mit. Die Grabkammern und das Barkenmuseum sind im Sommer von 9 bis 17, im Winter nur bis 16 Uhr geöffnet; aus dem Pyramidenareal selbst wird man – je nach Tageslaune – ab etwa 17 bis 19 Uhr vertrieben, ab etwa einer Stunde vor Schließung wird man nicht mehr eingelassen.

Freitags ist der Besucherandrang höher, weil viele Ägypter den freien Tag für eine Besichtigung nutzen. Generell günstig ist ein sehr früher Besuch; dann ist die Gegend noch vergleichsweise menschenleer. Allerdings wird das eigentliche Gelände erst um 8.30 geöffnet, bis dahin kann man sich außerhalb der Umzäunung (soweit vorhanden) aufhalten (wimmeln Sie Wichtigtuer, die Sie vertreiben wollen, einfach ab).

Sollten Sie den Wunsch nach einem Führer – Dragoman – nicht unterdrücken können, so nehmen Sie am besten einen lizensierten Mann, er muß sich mit einer Messingplakette ausweisen. Die Kenntnisse dieser Leute werden geprüft, dadurch haben Sie die Gewähr, mehr Fakten als Märchen aus Tausendundeiner Nacht zu hören. Übrigens kommen die meisten Dragomanen aus Beduinen-Kreisen.

Für Unentwegte, die auf einen Kamelritt um die Pyramiden nicht verzichten wollen, gibt es eine Tafel innerhalb des Geländes Auskunft: Eine Kamelstunde kostet ca. £E 10, Esel bekommt man bereits zu £E 6 pro Stunde, Pferde für £E 12 (im Tourist Office – gegenüber dem Mena House Hotel – erfahren Sie aktuelle Preise als Basis für Ihre Verhandlungen). Spät nachmittags sinken die Preise. Ein Kamelritt mag den Vorteil haben, daß man die Pyramiden aus einiger Distanz sieht und die Treiber die besten Fotoplätze kennen. In der Nähe der Pyramiden gibt es einige Reitställe; wer Interesse an größeren Reitausflügen hat, lese Seite 235 nach.

Doch zu den Pyramiden selbst. Im Norden erhebt sich die ******Cheops-Pyramide** (pharaonischer Name *Chufu*), mit 137 m (ursprünglich einschließlich Verkleidung 147 m hoch oder höher als ein 40-stöckiger Wolkenkratzer) die höchste und älteste der drei. Obwohl das Bauwerk jahrtausendelang allen Unbilden trotzte, schafften es die Besucher des 20. Jahrhunderts, durch Ausdünstungen soviel Feuchtigkeit zu hinterlassen, daß 1998 über 300 Risse im Gestein festgestellt wurden. Sie mußte "repariert" werden. Außerdem erhielt sie eine Belüftungsanlage, die künftige Schäden verhindern soll. Jetzt sind nur noch 300 Besucher täglich zugelassen; wer zu spät kommt, muß mit einer der anderen Pyramiden vorlieb nehmen: Ab jeweils 8 Uhr (im Winter 9 Uhr) und ab 13 Uhr

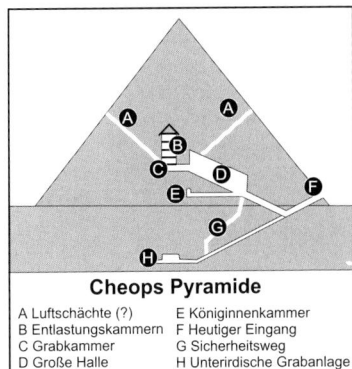

Cheops Pyramide
A Luftschächte (?) E Königinnenkammer
B Entlastungskammern F Heutiger Eingang
C Grabkammer G Sicherheitsweg
D Große Halle H Unterirdische Grabanlage

werden je 150 Tickets zu £E 40 pP verkauft. Das zuständige Ticketoffice steht neben dem Toilettenhäuschen bei der Polizeistation.

Sie können eine oder zwei **Grabkammern** der Pyramiden besichtigen; künftig sind in einem rollierenden System immer nur zwei der großen Pyramiden geöffnet. Die Grabkammer der Cheops-Pyramide lohnt sich am meisten; denn trotz aller Mühsal, schlechter Luft und dem Gedränge zeigen sich im Innern die Baumassen in ihren gewaltigen Ausmaßen sehr eindrucksvoll. Vom heutigen Eingang, einem ehemaligen Grabräuberzugang, führt der Weg zunächst nach unten, dann hinauf. Würde man sich am Wendepunkt über einen 106 Meter langen Gang (teils kriechend) weiter in die Tiefe begeben, sähe man nur eine leere Kammer. Sie ist für die Öffentlichkeit gesperrt. Also geht es weiter durch den ebenfalls engen Gang nach oben. Er öffnet sich schließlich in die (weiterhin ansteigende) sogenannte Große Halle mit polierten und fast fugenlos aneinandergefügten Steinplatten, 8,5 m hoch, bis zu 2,15 m breit und 47 m lang. Am Beginn der Halle zweigt ein horizontaler Gang zur sogenannten Königinkammer ab, vermutlich eine Alternative zur Grabkammer. Durch eine niedrige Passage am oberen Ende der Großen Halle gelangt man in die Grabkammer, die immerhin 42,30 m (gute 15 Sockwerke!) über der Pyramidenbasis liegt.

6. Pyramiden und Fayum

Die Wände wie auch die Decke bestehen aus rotem Granit, wobei die Decke selbst von gewaltigen, 5,65 m langen Granit-Monolithen gebildet wird, um überhaupt die Last der vielen Steinquader oberhalb auffangen zu können (daher wurden zur Lastminderung fünf Hohlräume über der Decke ausgespart). Etwas ausserhalb der Mitte steht der leere Sarkophag, ohne jede Beschriftung oder eine Andeutung seines Besitzers. Lediglich weit oben in der Kammer wurde mehrmals der Name Chufu (Cheops) in Rotschrift gefunden. Zwei schräg nach oben führende Schächte sollten den Flug der Seele zum Himmel ermöglichen. Die Grabkammer war ursprünglich mit Granit-Fallplatten verschlossen, von denen sich eine noch in der "Ausgangsposition" befindet.

Ein wichtiger Hinweis: Die drangvolle Enge und die Hitze können Leute mit Engen/Platzangst (Klaustrophobie), Atemnot oder Kreislaufbeschwerden in ernste Gefahr bringen, besser: draußen bleiben.

Im Westlichen Gräberfeld – rechts der Straße an der Nordwestecke der Cheops Pyramide – wurden einige Gräber restauriert und zugänglich gemacht: Das Grab des Senegemib Mehi (5. Dynastie), Oberster Richter und Wesir, ist das eher uninteressanteste mit nur zwei kleinen Räumen, links daneben das Grab des Akhetmehu Khenemente (6. Dynastie), Oberschatzmeister und Aufseher des Einbalsamierungshauses, größtes der drei Gräber mit vielen Reliefs und zwei voneinander getrennten Räumen. Das dritte Grab gehörte Senegemeb Inti, 5. Dynastie, Oberster Richter und Wesir.

An der Ostseite der Pyramide erhob sich einst auf einer Fläche von 52 x 40 m der **Totentempel** des Cheops. Allerdings sind nur noch Pflasterungen erhalten. Der zugehörige Taltempel ist komplett verschwunden, ebenfalls fehlen vom Aufweg alle Spuren. Die **drei kleinen Pyramiden**, die sich südlich an den Totentempel anschließen, dienten Königinnen als letzte Ruhestätte, d.h. (von Nord nach Süd) der Königsmutter Hetepheres, die mittlere der Nebenfrau Merititis (Mutter seines Nachfolgers Chefren) und die dritte der weiteren Nebenfrau Henutsen. Die Grabkammern wurden restauriert und können besichtigt werden. Allerdings geht es durch einen engen Gang in zusammengekrümmter Haltung 10 m tief in den gewachsenen Felsen – unten angekommen sieht man nur enge leere Räume, bei Henutsen immerhin eine Art Sarkhopag-Wanne im Boden. Die Mühe lohnt sich für den Normalbesucher in keinem der drei Fälle. Neben der Hetepheres Pyramide weisen die Wärter auf die Mastabas von **Kar und Idu** hin. Der Blick in die fast ebenerdigen Grabkammern kostet keine Mühe, Kar entschädigt mit der eigenen Statue in Begleitung von Verwandten, im rechten und linken Seitenraum sieht man die im AR üblichen Scheintüren, an verschiedenen Wänden Reliefs. Idus Grabkammer fiel etwas bescheidener aus, rechts in einer Wandnische mit Scheintür scheint er im Fels zu versinken, denn er schaut – hilfesuchend – nur ab Brusthöhe aus dem Boden.

An der Südostecke des Gräberfeldes liegt das **Grab des Seshemnufer IV**, Inspektor der Ärzte (Ende 5. Dynastie), dessen oberirdische Räume wenige, z.T. zerstörte Reliefs enthalten. Die Grabkammer selbst ist nur durch einen engen Durchgang erreichbar; hier steht noch der mächtige Steinsarkophag mit geöffnetem Deckel.

An der Südseite der Cheops-Pyramide wird Ihnen ein aus der Form geratenes Betonbauwerk auffallen. Dort ist eine erst 1954 am selben Platz gefundene **Barke des Pharao** ausgestellt. Sie war, in 1224 Einzelteile zerlegt, in einer hermetisch abgeschlossenen Kammer nahezu 5000 Jahre lang gelagert, in der weder Feuchtigkeit noch Schädlinge eindringen konnten. Versäumen Sie trotz des zusätzlichen Eintritts von £E 20 den Besuch nicht. Das Boot hat die lange Wartezeit nahezu unbeschädigt überstanden, sein Anblick ist überwältigend: Nahezu ohne jegliche metallische Elemente (lediglich zwei Kupferstifte) zusammengefügt, übertrifft es die Größe heutiger Nil-Feluken bei wei-

Pyramiden von Giseh

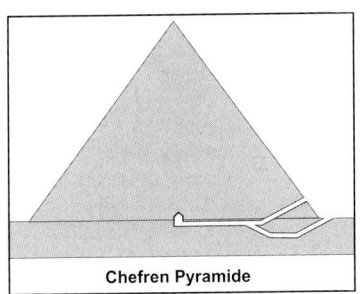

Chefren Pyramide

tem. Es maß 43 m vom Bug zum Heck und 5,66 m zwischen den Bordwänden. Die Hauptkajüte war bequeme 9 m lang und 2,50 m hoch, auch die Kapitänskajüte am Bug ist erhalten. Das Boot führt sehr deutlich den hohen Stand der Handwerkskunst sowohl in Planung als auch in der Ausführung vor Augen. Insgesamt fünf Boote waren in Gruben nahe der Pyramide untergebracht, die schon von weitem an den Schutzgeländern erkennbar sind; lediglich die beiden Boote an der Südseite waren noch erhalten. Kleinere Boote lagen zwischen den Königinnenpyramiden.

Es folgt die *****Chefren Pyramide** (pharaonischer Name *Cha-ef-Ra*), 136,50 m hoch (früher 143,50 m). Sie überragt die Nachbarin, aber nur, weil sie auf einem etwas höheren Felspodest erbaut wurde. Die Verkleidung an der Spitze blieb erhalten, sie läßt ahnen, wie die Pyramide ursprünglich aussah. Offensichtlich wurden die Baupläne während der Ausführung geändert, daher führen zwei Gänge in die Grabkammer, die – außer dem obersten Teil – im gewachsenen Felsen direkt unter der Pyramidengrundfläche liegt. Der erste Gang verläuft unterirdisch, der andere senkt sich 15 m oberhalb der Grundfläche durch die Pyramide nach unten und trifft dann auf den ersten Gang. Belzoni entdeckte die Grabkammer, die einen mit Geröll gefüllten Sarkophag enthielt, dessen Deckel zerbrochen war. Insgesamt ist dieses System bei weitem nicht so beeindruckend wie das der Nachbarin.

Östlich der Pyramide erhob sich der Totentempel, von dem noch die Grundmauern erhalten sind. Von hier führte der immer noch gut erkennbarer Aufweg hinunter zum Taltempel (Beschreibung weiter unten).

Die *****Mykerinos-Pyramide** (*Men-Kau-Ra*) mit 62 m (früher 66,50 m) ist die kleinste und südlichste des Trios. Im unteren Bereich zeigt die noch vorhandene Granitverkleidung, mit welcher Sorgfalt die Baumeister arbeiteten. Auch diese Pyramide erfuhr während des Baus Änderungen beziehungsweise Erweiterungen. Dies ist z.B. aus einem heute blinden Gang zu erkennen, dessen Eingang mit der Erweiterung überbaut werden mußte.

In das Innere gelangt man auf einer schrägen Rampe in einen Raum mit Scheintüren und weiter durch einen horizontalen Korridor in eine rechteckige, von Ost nach West orientierte Halle (Scheingrab). Hier mündet im Deckenbereich der ursprüngliche Gang. Daher wurde die Halle tiefer gelegt und unter dieser die eigentliche Grabkammer in den Fels getrieben. Der schön dekorierte Sarkophag, der hier stand, ging auf dem Weg nach England bei einem Schiffsunglück verloren. Eine Nebenkammer enthält sechs Nischen, die vermutlich für die Kanopen angelegt worden waren. Das Kammersystem wurde jüngst gründlich restauriert und mit einem Ventilationssystem versehen. Die Frage ist jedoch, ob sich das zusätzliche Eintrittsgeld für praktisch leere Räume lohnt.

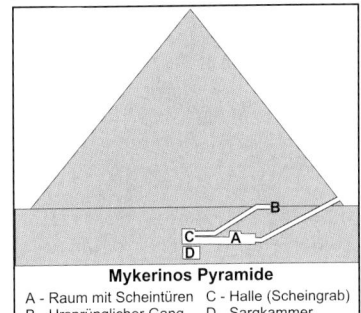

Mykerinos Pyramide
A - Raum mit Scheintüren   C - Halle (Scheingrab)
B - Ursprünglicher Gang   D - Sargkammer

229

6. Pyramiden und Fayum

Neben der Pyramide stehen drei unvollendete, kleinere Pyramiden, die der königlichen Familie zugedacht waren. Die Reste des Totentempels auf der Ostseite der Pyramide zeigen, daß zumindest hier in Eile gebaut wurde: Anstelle von Granitsteinen verwendete man teilweise Ziegel, die mit Stuck überzogen und dann schwarz angemalt wurden. Etwas entfernt wurden Gräber von Arbeitern aus der 4. Dynastie gefunden, die beim Pyramidenbau beschäftigt waren. Interessant ist, daß Armknochen mit Holzstücken geschient waren; ein Beweis, daß die Männer von Ärzten betreut wurden.

Von allen zugehörigen Tempeln ist nur noch die Ruine des Taltempels der Chephren-Pyramide übriggeblieben, die vom weltberühmten Sphinx überragt wird. Eine Asphaltstraße zwischen Cheops und Chefren Pyramide führt stetig hinab zum Tempel. Unterwegs werden Sie auf den ******Sphinx** treffen, der im ersten Augenblick viel kleiner erscheint als man erwartet, obwohl der Koloß 20 m hoch und 75 m lang ist. Nehmen Sie sich auch hier Zeit, um den Blick des Sphinx in die zeitlose Ferne zu erfassen, schauen Sie ihn zu verschiedenen Tageszeiten mit unterschiedlichem Lichteinfall an; der Kopf wird Sie wie viele Generationen seiner Besucher vor Ihnen immer mehr fesseln.

Die etwas rätselhafte Figur – von den Einheimischen *"Vater des Terrors, Abu Hol"* genannt – gab und gibt noch heute zu vielen Spekulationen Anlaß, wer sie aus welchem Grund erbaut haben könnte. Vielleicht trifft die simple These zu, daß sich der Rest eines Felsrückens im Steinbruch einfach anbot, daraus einen Sphinx als Wächter zu schaffen. Üblicherweise trug er die Gesichtszüge des Pharao, und tatsächlich läßt sich eine Ähnlichkeit mit Chefren nicht verleugnen. Daß er bereits auf die alten Ägypter Faszination ausübte, ist z.B. aus der sogenannten Traumstele von Thutmosis IV bekannt, die noch zwischen den Tatzen steht und berichtet, wie ihm der Sphinx im Traum erschien und seine Thronbesteigung voraussagte. Aus Dankbarkeit ließ er den Sand entfernen, der den Körper einhüllte.

Andererseits ist der Sphinx nicht mehr der, der er einmal war: In nachpharaonischer Zeit wurde er nicht gepflegt, sondern eher zerstört, z.B. benutzten ihn die Mamluken als Zielscheibe und zerschossen sein Gesicht. Die Umweltprobleme unserer Zeit setzten ihm bis ins Innerste zu. Eine falsche Renovierung in den 80er Jahren schadete mehr als sie nutzte, erst eine neuerliche, fünfjährige Restaurierung in den 90er Jahren konnte den Zustand stabilisieren. Eine wesentliche Ursache des ständigen Verfalls waren die unkontrollierten Abwässer des nahen, 350 Jahre alten Dorfes Nazlit El Saman und das gestiegene Grundwasser als Folge des Assuan-Staudamms (siehe auch Seite 298). Im Zuge der Renovierung wurde jedoch der Grundwasserspiegel so weit abgesenkt, daß diese Gefahr gebannt zu sein scheint. Dennoch wurde 1994 beschlossen, die Siedlung wegen der Abgase und Erschütterungen zu verlegen – allerdings fehlt bisher noch der erste Handschlag.

Doch der nahezu vollständig erhaltene ****Taltempel** des Chefren zeigt immer noch die meisterhafte Leistung der Steinmetze: Es gibt keinen noch so dünnen Spalt zwischen den übermannshohen Granitplatten. Mit seinen monolithischen Pfeilern und Deckenbalken führt er die eindrucksvolle, aber schlichte Architektur des AR deutlich vor Augen. Vom Eingang führte die Prozession für den verstorbenen König in einen Vorraum, von dort in die Pfeilerhalle mit ihren monolithischen Granitpfeilern und der ehemals aus Monolithen bestehenden Decke und nach den Zeremonien vorbei am Sphinx zum Totentempel. Im Tal- wie im Totentempel standen Statuen des Königs; aus dem Taltempel stammt das berühmte Sitzbild des Chephren mit dem Falken im Nacken (heute Ägyptisches Museum in Kairo). Achtung: Vor dem Taltempel drückt sich ein selbsternannter Führer herum, der ein Statuen-Museum zeigen will. Tatsächlich zeigt er nur ein

Blick in die Unendlichkeit: Spinx von Giseh

6. Pyramiden und Fayum

paar Reliefs und kümmerliche Statuenreste hinter dem Tempel, die zum Teil im Freiluft-Toilettenbereich dieser Verkaufs- und Anpreisleute liegen.

Südlich des Sphinx steht auf einem kleinen Hügel die Ruine des mastaba-ähnlichen Grabbaus von **Khenthkaves**, vermutlich einer Tochter von Mykerinos. In dem rechteckigen Grabbau ist die Grabkammer zugänglich, der steile Abstieg aber nicht ungefährlich; man sollte daher darauf verzichten.

Vom Pizza Hut Restaurant gegenüber dem Sphinx-Eingang kann man in klimatisierter Umgebung Sphinx und Pyramiden in aller Ruhe bewundern. Der Besitzer des dahinter liegenden Parfümladens lädt nicht nur zur Parfümprobe, sondern auch zu sehr überteuerten Pferderitten u.a. nach Sakkara ein.

Zu erwähnen ist noch das "**Light and Sound**" Spektakel (£E 33). Für manche Augen und Ohren geht es hart am Kitsch vorbei, bei manchen trifft es mitten hinein. Zumindest stehen die Pyramiden mal in anderem Licht da; wir haben es schließlich der Lichteffekte wegen nicht bereut. Die Show wird überwiegend in englisch, sonntags und mittwochs jeweils als dritte Vorstellung (Winter 20.30, Sommer 22.30) in deutsch abgespielt. Erkundigen Sie sich vorsichtshalber in einem der großen Hotels nach Termin und Anfangszeit der gewünschten Sprache. Nehmen Sie eine warme Jacke und Mücken-Schutzmittel mit.

Wenn Sie die Show aus ungewöhnlicher Perspektive ohne Ton erleben wollen: Oberhalb des Friedhofs (südlich des Sphinx) ist ein guter Beobachtungsplatz. Sollten emsige Kartenverkäufer kommen – hier kostet das Zuschauen nichts. Auch vom Restaurant am Pool im Mena House Hotel läßt sich die Show – tonlos und von der falschen Seite – verfolgen.

Pyramiden von Abusir

Auf halber Strecke zwischen Giseh und Sakkara liegt das wenig besuchte, aber durchaus sehenswerte Pyramidenfeld von ****Abusir** aus der 5. Dynastie. In dieser Zeit wurde wesentlich bescheidener gebaut als in der 4. Dynastie, doch läßt sich hier das Grundprinzip des Pyramiden-Komplexes gut erkennen: Taltempel – heute nur noch wenige Blöcke, da schon im Fruchtlandbereich liegend – Aufweg, Totentempel und schließlich das Grab, die Pyramide.

> **Sicherheit**
>
> Leser berichten, daß sie per Minibus nach Abusir fuhren und auf dem Weg vom Dorf zu den Pyramiden, von Kindern umringt, um die Brieftasche mit Geld und Papieren bestohlen wurden. Sie meldeten den Vorfall der Touristenpolizei in Sakkara, der es gelang, die Diebe ausfindig zu machen und einen Tag später alles zurückzugeben. Die Antikenverwaltung entschuldigte sich schriftlich und entschädigte mit freiem Eintritt für Sakkara.

Anfahrt per **Bus**: Vom Midan Tahrir mit Bus Nr. 8 bis zur Haltestelle Terat el Maroteiya, auf der gegenüberliegenden Straßenseite fahren Busse nach Abusir ab, dort durchfragen bzw. Beschreibung für Autofahrer folgen. Das ist auch per **Minibus** möglich; dazu an der Sakkara-Kreuzung (siehe nächster Absatz) einen Minibus ins Dorf Abusir suchen.

Anfahrt per **Auto**: Von der Pyramid Road auf die Sakkara-Straße abbiegen (mit "Sakkara" und "Ringroad" ausgeschildert). Nach 14,5 km kurz nach dem Restaurant Sakkara rechts abbiegen, nach 1 km im Dorf Abusir vor einer Kanalbrücke rechts ab am Kanal entlang, nach 1,4

Schreiben Sie uns bitte, wenn Sie Neues oder Änderungen entdecken. Alle brauchbaren Informationen fließen in die regelmäßige Aktualisierung unserer Internetseite und in die nächste Auflage ein. Holen Sie sich die neuesten Infos aus dem Internet, bevor Sie abreisen!

km links über den Kanal, 300 m weiter liegt das Pyramidenfeld. Hübschere Alternative: Bereits nach 9,5 km rechts abbiegen (Schild "Sakkara Country Club Hotel"); nach knapp 2 km stößt man auf einen baumgesäumten Kanal, dort links 3,5 km bis zu den Pyramiden.

Vom Ruinenfeld aus können Sie einen nicht uninteressanten, etwa einstündigen Spaziergang immer am Rand des Fruchtlandes entlang nach Süden nach Sakkara machen; allerdings müssen Sie dort an der Gesamtanlage vorbei zunächst zum Tickethäuschen gehen.

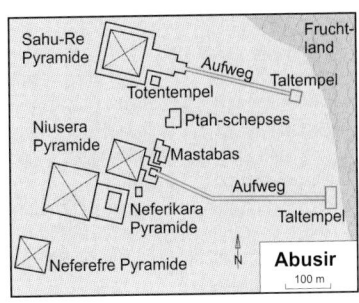

Das Gebiet war über Jahre praktisch nicht öffentlich zugänglich. Es sollte bereits 1999 wieder geöffnet werden; zur Zeit der Recherche für dieses Buch im Frühjahr 2000 war der Besuch jedoch nur gegen erkleckliches Bakschisch möglich. Immerhin wurde bereits ein großzügiger Parkplatz für den künftigen Besucheransturm angelegt, Ticketschalter und Toiletten installiert.

Insgesamt konnten 14 Pyramiden in Abusir identifiziert werden, aber nur vier sind noch real vorhanden: nördlich die Pyramide von **Sahu-Re**, südlich davon die von **Niusera**, links und direkt daneben die von **Neferirkara**, (unvollendet) und **Neferefre** (weitgehend zerstört).

Am besten ist die Pyramide von Sahu-Re mit Tal- und Totentempel erhalten, auf den man rechts vom neu angelegten Aufweg stößt. Von den ehemals 16 Säulen ragen noch zwei recht imposant in die Höhe, auf dem Boden liegende Granitbalken zeigen die Kartusche des Königs. Die Wände waren einst mit sehr guten Reliefs bedeckt, die erhaltenen befinden sich heute vor allem in den Museen von Kairo und Berlin. Neben dem hellen Kalkstein für die Wände wurde für Säulen, Fundamente, Schwellen und Architrave wertvolles "farbiges" Steinmaterial wie Rosengranit und Basalt verwendet.

Zwischen den Totentempeln der beiden nördlichen Pyramiden liegen Mastabas, deren größte und interessanteste die des **Ptahschepses** ist. Es läßt sich nachvollziehen, daß sie in üblichen Dimensionen begonnen wurde, aber mit der Karriere des Eigentümers immer weiter ausgebaut wurde. Man betritt die Anlange durch zwei Eingangshallen – hier stehen Säulen mit den frühesten Beispielen von Kapitellen in Lotusform – und kommt dann in einen Opferraum mit drei Nischen. Links führt ein Durchgang in einen offenen Hof mit 20 quadratischen Säulen. An der Westseite des Hofes liegt eine Nische, durch die man in die Grabkammer mit dem Sarkophag des Ptah-schepses und dem seiner Frau hinunterschauen kann (der Weg hinunter durch die anderen Kammern lohnt nicht). In der Südwestecke führt ein Durchgang zu zwei Gruben, die offenbar für Boote angelegt worden waren; ein Zeichen für den Einfluß des Grabherrn, denn normalerweise nahmen nur Pharaonen Boote mit in die Ewigkeit.

Tschechische Archäologen entdeckten 1989 im Gelände von Abusir den von Grabräubern geleerten Sarkophag von Udja Horesnet. Er soll den letzten ägyptischen Herrscher der 26. Dynastie, Psammetich III, an den Perserkönig Kambyses verraten haben.

1996 fanden dieselben Wissenschaftler das unberührte **Grab des Iufaa**, Vorlesepriester und Palastchef in der 26. Dynastie. Ein 28 m tiefer Schacht (neun Stockwerke!) führt zu der Grabkammer, in der noch der versiegelte Sarkophag stand. Zunächst mußten aber die eher fragilen Wände und Decken gesichert werden, bevor man sich dem bisher fünften, unversehrt gefundenen Grab näher widmen konnte. Bei

6. Pyramiden und Fayum

der Öffnung des Steinsarkophags im November 1998 stellte sich heraus, daß im Inneren ein weiterer schwarzer Basaltsarkophag einen Holzsarkophag enthielt, der durch Feuchtigkeit sehr gelitten hatte. Die Wände der Grabkammer sind mit sehr gut erhaltenen und schönen Reliefs geschmückt.

Bei klarem Wetter bietet Abusir einen guten Weitblick. Im Norden erkennt man die Pyramiden von Giseh, im Süden zunächst die von Sakkara, dann sogar Dashur.

Nördlich von Abusir liegen die **Sonnenheiligtümer der Könige Userkaf und Niusere** (etwa 1 km entfernt und in 20 Minuten zu Fuß zu erreichen, aber Achtung, teils militärisches Gebiet). Das Sonnenheiligtum des Userkaf ist heute fast völlig zerstört, das des Niusere läßt die ursprüngliche Anlage noch gut erkennen, die Parallelen zum Pyramiden-Komplex aufweist: am Fruchtlandrand ein Eingangsbereich, der Taltempel, dem sich der Aufweg anschließt.

Das eigentliche Sonnenheiligtum bestand aus einem großen offenen Hof mit einem überdimensionalen Altar aus Kalzit-Alabaster (vor Ort erhalten). Dahinter erhob sich auf einem Pyramidenstumpf ein gewaltiger aufgemauerter Obelisk, das Kultsymbol für den Sonnengott Re, dessen Verehrung in der 5. Dynastie einen ersten Höhepunkt erlebte. An den Hof schlossen sich beiderseits Magazine und Schlachthöfe an, die Opferbecken sind heute noch vorhanden.

Die Plattform des Obelisken konnte über einen mehrfach abgeknickten Gang erreicht werden – diesen Weg kann man noch nachvollziehen, während vom Obelisken selbst praktisch nichts mehr übriggeblieben ist.

In einer kleinen Kapelle im Hof und in einem geschlossenen Gang im Süden, der zu dem oben erwähnten Aufstieg führte, wurden überaus wichtige Reliefs gefunden, die zum einen das königliche Erneuerungsfest darstellen, zum anderen in der sogenannten Jahreszeitenkammer in Naturdarstellungen das Wirken des Sonnengottes schildern (heute in Kairo, Berlin und München).

Folgt man von Abusir aus der schmalen Straße am Kanal geradeaus weiter nach Süden, so erreicht man nach etwa 2 km die Zufahrt zum Sakkara-Komplex (man muß also nicht wieder zurück zur Hauptstraße fahren).

****Pyramiden von Sakkara

Hintergrund: Als am Ende des 4. Jahrtausends vC Ober- und Unterägypten zu einer politischen Einheit zusammenwuchsen, bildete sich an der natürlichen Nahtstelle zwischen Delta und Niltal die Stadt Memphis, die Waage der beiden Länder. Sie war die Hauptstadt Ägyptens in der Zeit des Alten Reiches, zeitweise auch im MR und NR. Auch in den Zeiten, als das politische Zentrum des Landes in Oberägypten oder im Delta lag, war Memphis stets einer der religiösen Mittelpunkte Ägyptens. Von der einst mit weißen Mauern umgebenen Pracht ist fast nichts geblieben, vieles versank im Nilschlamm, die meisten Bauwerke dienten als "Steinbruch" für die Umgebung, vornehmlich also für Kairo.

Im Westen von Memphis, dort wo das Reich der Toten beginnt, entstand die Nekropole der damaligen Hauptstadt. In der Nähe des heutigen Dörfchens Sakkara erhebt sich als deutliches Wahrzeichen die Stufenpyramide des Djoser. Sie ist die erste Pyramide überhaupt und die erhabenste von den 15 Pyramiden der näheren Umgebung. Weiterhin zeugen eine unübersehbare Zahl von Mastabas – die Bankgräber der Würdenträger – von der Bedeutung dieser Stätte.

Etwas verwirrend für den Besucher ist die Tatsache, daß hier bis zur Perserzeit Tote bestattet wurden. Dennoch handelt es sich hauptsächlich um die Nekropole des AR, und aus dieser Epoche sind hier einige der interessantesten Dokumente zu finden. Betrachten Sie vor allem die Reliefs in den Gräbern als eine Art dokumentarisches Bilderbuch des AR, das viele Lebensbereiche des vor fünf Jahrtausenden existierenden Gemeinwesens detailliert schildert.

Anfahrt

Sakkara liegt nur 20 km südlich von Giseh. Von Kairo aus gibt es mehrere Möglichkeiten der Anreise, von denen als billigste Alternative die folgende in Frage kommt: Per Bus oder Minibus (82, 83) vom Zentrum Richtung Pyramiden bis zur ausgeschilderten Abzweigung "Sakkara" der Pyramid Road fahren, dort in den Minibus nach Sakkara steigen, an der gut sichtbaren Abzweigung zu den Pyramiden aussteigen und von dort etwa 30 Minuten zum Tickethäuschen wandern. Oder an der Endstation den Fahrer überreden, einen Abstecher zu den Pyramiden zu machen bzw. ein Taxi nehmen.

Beachten Sie bei allen Busfahrten, daß Sie von Sakkara auch wieder zurückkommen müssen: Taxifahrer wissen das und verlangen dann soviel, wie man sonst für eine Rundreise hätte ausgeben müssen. Hierzu eine Alternative: Mieten Sie sich gegen Abend ein Kamel oder Pferd und reiten Sie bis zum Dorf Abusir, von dort fährt ein Minibus zurück. Damit sind Sie unabhängig und können außerdem die Sonnenuntergangsstimmung genießen.

Sammeltaxi/Taxi: Vom Midan Giseh, besser noch von der Pyramid Road, Abzweigung Sakkara Road, fahren Sammeltaxis nach El Badrachen. Wenn der Fahrer nicht zu einem Umweg zu den Ruinen bereit ist, muß man von der entsprechenden Abzweigung zum Pyramidenfeld ca. 30 Minuten marschieren. Man kann auch mit einer kleineren Gruppe ein Sammeltaxi für ca. £E 8 – 10 pP für die gesamte Rundreise mieten, der Taxifahrer wartet bei den Sehenswürdigkeiten.

Wenn Sie ein normales Taxi mieten, das nicht mehr als £E 50 bis 70 insgesamt kosten sollte, haben Sie den Vorteil, daß Sie definitiv wissen, wieder nach Kairo zurückzukommen. Legen Sie aber vor Abfahrt Preis und Konditionen (Aufenthaltszeit u.ä.) fest. Durchaus sinnvoll ist es, einen Pauschal-Stundenpreis inklusive km-Kosten von z.B. £E 10 zu vereinbaren, dann ist man unabhängig bei den Besichtigungen. Taxis in guter Auswahl stehen auch in der Nähe vom Taltempel bzw. Sphinx, dort ist die Auswahl größer als am Haupteingang beim Mena House Hotel.

Eine ganze Reihe von Traveller-Hotels bieten Taxifahrten an, die in der Regel sehr gelobt werden; z.B. Swiss Pension, Tulip und andere. Bei diesen Fahrten tragen zumindest indirekt die Hotels eine gewisse Verantwortung dafür, daß das Vereinbarte auch eingehalten wird. Oder Sie nehmen eine für Individualisten organisierte Tour (siehe weiter unten).

Auto: Von der Pyramid Road beim Schild "Sakkara" und "Ringroad" nach Süden abbiegen. Unterwegs passiert man das Städtchen Haraniya (Wissa Wassef, siehe Seite 217). Die Abzweigung zu den Ruinen ist ausgeschildert.

Reiten: In Giseh drängen Kamel- und Pferdetreiber jedem Fremden Ritte nach Sakkara förmlich auf. Ein solcher Ritt wäre eigentlich die dem Anlaß und auch der Umgebung am besten angepaßte Reisemöglichkeit, zumal man auch noch die Pyramidenruinen von Abusir besuchen kann. Vorausgesetzt allerdings, man hält körperlich den langen Ritt durch und reitet in der Wüste und nicht auf schmalen Straßen vorbei an Abfallhaufen am Fruchtlandrand.

Das Reiten hat jedoch einen Haken: Die Reitstallbesitzer gehen häufig mit ihren Tieren gnadenlos brutal um. Nehmen Sie daher nur gesunde, wundfreie Tiere, deren Haut vor allem unter dem Sattel heil und nicht durchgescheuert ist (siehe auch Seite 144). Als Kamel-Mieter sollten Sie sich nicht darauf einlassen, mit dem Führer für eine so lange Strecke auf einem Kamel zu sitzen, das wird unbequem und unangenehm.

Es empfiehlt sich, vor Besteigen des trabenden Untersatzes den Preis und die Konditionen fest auszuhandeln (z.B. kosten zwei Pferde mit Begleiter für den Tagesausflug zwischen £E 60 und 100, zwei Kamele mit Führer £E 30 bis 50 pro Tag). Für eine Strecke ist mit etwa 2 – 3 Stunden zu rechnen, insgesamt etwa mit 10 Stunden. Uns sind Berichte bekannt, wonach die Treiber unterwegs den zuvor vereinbarten

6. Pyramiden und Fayum

Preis mit der Drohung, die Fremden allein stehenzulassen, rigoros in die Höhe trieben.

Dagegen kann man sich wohl höchstens schützen, indem man bei der ersten Kontaktaufnahme Bezahlung am Ende vereinbart oder in einer größeren Gruppe reitet. Es passiert auch immer wieder, daß die auf etwa halbem Weg liegenden Pyramiden von Abusir als die von Sakkara ausgegeben werden, um den Trip kurz zu gestalten; viel zu häufig fallen Unwissende auf diesen Trick herein.

Stimmungsvoll ist die Rückkehr am späten Nachmittag, also bei den Giseh-Pyramiden im Sonnenuntergangslicht ankommend. – Verlangen Sie auch, daß der Treiber in Sakkara zunächst mit zum südlich gelegenen Tickethäuschen reitet, andernfalls haben Sie später den Ärger, Eintrittskarten besorgen zu müssen.

Organisierte Fahrten: Wenn man das Selbstorganisieren satt hat, sollte man zum Ramsis Bahnhof gehen. Dort stehen einige sog. Tour Operators herum, die preiswerte Minibus-Trips nach Sakkara anbieten (z.B. Hamis Travel, Büro im Ramsis-Bahnhof-Nebengebäude). Auch die Rezeptionisten von Billighotels (z.B. Lotus Hotel) kennen diese Tour Operators. Die Preise liegen bei £E 20 – 25 pP für den ungehetzten Tagestrip. Außerdem bieten viele Reisebüros in Kairo organisierte Fahrten im vollklimatisierten Bus nach Sakkara/Memphis an, aktuelle Informationen z.B. bei MISR Travel.

Besichtigung Sakkaras

(7.30-16.00; im Gebiet selbst bis 17, £E 20; Fotoerlaubnis pro Sehenswürdigkeit £E 5, generelle Erlaubnis £E 20) Die große Auswahl der zu besichtigenden Stätten droht den Besucher zu erschlagen. Es ist wichtig, sich vorher in die historischen Zusammenhänge einzulesen und sich ein Bild von dem zu machen, was einen hier erwartet:

- die früheste Steinarchitektur
- der Übergang vom Bank-Grab (Mastaba) zur Pyramide
- weiterentwickelte Pyramiden
- Scheinbauten von Kapellen und Heiligtümern (innerhalb der Umfassungsmauern der Djoser-Pyramide)
- Mastabas der hohen Beamten (Pyramiden waren den Pharaonen vorbehalten), die reich verziert und ausgestattet den gewohnten Lebensstil nach dem Tode ermöglichen sollten
- Gräber der Beamten, die ähnlich wie die Scheinbauten den Grabherren wenigstens bildlich mit der verlassenen Umwelt umgeben und das Weiterleben nach dem Tod sichern sollten
- die Begräbnisstätte der heiligen Stiere (Apis) des Gottes Ptah.

Vor allem aber erwatet Sie eine riesige Bilddokumentation des täglichen Lebens vor 5000 Jahren, von der Wiege bis zur Bahre, vom Wohnen, Leben, Arbeiten bis zum Vergnügen; Hunderte von Quadratmetern an minutiösen Darstellungen dessen, was den Menschen damals wichtig erschien – wo sonst kann man soviel im Buch der Zeit lesen?

Das wichtigste und sehenswerteste Bauwerk ist die Pyramide des Djoser. Ganz Eilige sollten zusätzlich wenigstens die Gräber des Ti, Mereruka und Idut besichtigen (diese aber in Ruhe betrachten), wenn Zeit bleibt, einen Blick in die Persergräber, die Unas-Pyramide und das Serapeum werfen. Auch zu Sakkara haben wir mit Sylvia Schoske und Dietrich Wildung einen Tonführer produziert, dessen Text Sie sich von unserer Website holen können; eine bessere Führung ist kaum zu bekommen.

Ein Hinweis: Nehmen Sie vorsichtshalber eine lichtstarke **Taschenlampe** mit, zwar sind die meisten Gräber inzwischen "elektrifiziert", manchmal fällt der Strom mehr oder weniger zufällig zur Freude der Wärter aus. Auch bakschischgierige Wärter manchmal vor, Gräber seien geschlossen, um dann gegen Extra-Trinkgeld den Eintritt doch zu ermöglichen. Die Entfernungen zwischen den einzelnen Stätten sind beachtlich. Wer sich mit öffentlichen Verkehrsmitteln nach Sakkara begibt, sollte die zusätzlichen Wanderungen einkalkulieren, sowohl zeitlich als auch in schweißtreibender

Pyramiden von Sakkara

Sicht. Wenn Sie sich am Ende der Besichtigungsstrapazen erfrischen wollen: Im *Sakkara Palm Club* – kurz nach dem Tickethäuschen rechts an der Straße nach Kairo – gibt es einen großen Swimmingpool am teuren Restaurant.

Die bemerkenswertesten der vielen Sehenswürdigkeiten Sakkaras sind im folgenden kurz skizziert, jeweils örtlich zusammengefaßt (nicht immer sind alle zugänglich).

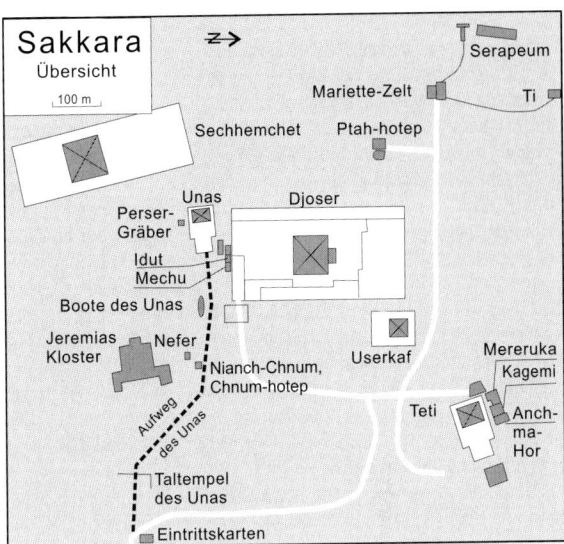

Bezirk der Djoser-Pyramide

****Stufenpyramide des Djoser** (3. Dynastie): Der Komplex der Djoser-Pyramide ist von größtem Interesse, weil hier der erste monumentale Steinbau überhaupt entstanden ist (vorher Ziegelarchitektur). Das eigentliche Grab, die Pyramide, ist umgeben von einer ganzen Reihe Bauten, die als Scheinarchitektur – nicht begehbar, innen massiv – dem verstorbenen König ins Jenseits mitgegeben wurde. Der Architekt dieser grandiosen Anlage ist bekannt: Imhotep, dem die "Erfindung" der Steinarchitektur zugeschrieben wurde, galt späteren Generationen als Weiser und wurde in der Spätzeit wie ein Gott verehrt (Heiligtum in Philae).

Der Bezirk ist von einem Mauergeviert von 277 m x 544 m umgeben (Nischenarchitektur). Der einzige Zugang liegt im Südosten, zunächst geht man durch eine Eingangshalle mit Pflanzensäulen und erreicht den offenen Hof vor der 62 m hohen Pyramide. Diese hat eine ziemlich komplizierte Baugeschichte: Ursprünglich als Mastaba begonnen, wurde sie mehrfach vergrößert, schließlich stetzte man sechs Stufen aufeinander; damit war die erste (Stufen-)Pyramide entstanden. Von der Hofseite aus sind die Vergößerungen deutlich zu erkennen.

Gehen Sie rechts an der Pyramide am *Haus des Südens* und dem *Haus des Nordens* vorbei, das Sie betreten können; allerdings endet der Gang nach wenigen Metern, dann folgt der massive Kern. Im Eingang sind Besucherinschriften aus der Ramessidenzeit zu erkennen, vergleichbar den heutigen Touristen-Graffiti. Hinter der Pyramide (im Norden) liegen die Überreste des Totentempels, von dem aus ein Schacht hinunterführt zur Grabkammer und einem verzweigten Gangsystem (wegen Einsturzgefahr nicht zugänglich). Im Bereich des Totentempels steht eine kleine geschlossene Kapelle für eine Statue des Königs (hier nur die Kopie, Original im Museum in Kairo). Beim Rückweg nicht durch den Hof, sondern leicht links durch eine Reihe von Kapellen – wieder Scheinbauten – gehen.

6. Pyramiden und Fayum

Hier läßt sich gut der Übergang von der Lehmziegel- zur Steinarchitektur beobachten: Die geböschten Wände, die Hohlkehle, der Rundstab sind Elemente aus dem Lehmziegelbau, im Steinbau funktionslos und hier erstmalig als Schmuckform übernommen. Die Kapellen bilden Heiligtümer aus Ober- und Unterägypten nach und stehen wahrscheinlich in Verbindung mit dem königlichen Erneuerungsfest (Heb-Sed), das der Tote auch im Jenseits feiern sollte. Am Südende des offenen Hofes liegt quer das *Südgrab* (nicht zugänglich) mit einem unterirdischen Kammersystem für ein rituelles Begräbnis der königlichen Seele (Ka).

**Mastaba des Wesirs Mechu (6. Dynastie): Die Reliefs sind wegen der besonders gut erhaltenen Farben von Interesse, die Motive entsprechen der Themenvielfalt am Ende des AR: Fisch- und Vogelfang im Papyrusdickicht, Landwirtschafts- und Handwerkerszenen, lange Reihen von Opferträgern.

**Mastaba der Prinzessin Idut (6. Dynastie) (derzeit geschlossen): In diesem Grab, das ursprünglich für einen Wesir namens Ihi bestimmt war, liegt der Darstellungsschwerpunkt auf der Ausfahrt der Grabprinzessin ins Papyrusdickicht (Rudern, Fischen etc.).

**Persergräber (27. Dynastie) (derzeit geschlossen): 25 m tiefe Schachtgräber. Die Wände sind z.T. mit feinsten Hieroglyphen und religiösen Darstellungen geschmückt.

***Unas-Pyramide (Ende der 5. Dynastie) (derzeit geschlossen): In der Sarg- und Vorkammer finden sich erstmalig die sogenannten Pyramidentexte. Sie sind eine Spruchsammlung aus älterer Zeit, die auf Rituale während der königlichen Bestattung anspielt, dem König den Übergang ins Jenseits und den Aufstieg zu den Göttern ermöglichen soll. Die Sargkammer ist schön ausgemalt. Auf der dem Eingang gegenüberliegenden Südseite ist eine Inschrift von Chaemwase (Sohn Ramses II) zu sehen, der die Pyramide restaurieren ließ.

Der zugehörige, östlich der Pyramide angelegte Totentempel ist praktisch nicht mehr vorhanden, weiter östlich wurden Gruben für Boote in den Felsen gehauen. Der Aufweg zur Unas Pyramide läßt sich noch etwa 700 m verfolgen, Reste der ursprünglichen Reliefdekoration (Sternenhimmel, Säulentransport) sind noch zu sehen. Auch die spärlichen Ruinen des Taltempels können – in der Nähe des Tickethäuschens – noch ausgemacht werden.

Gräber am Aufweg des Unas: Östlich der Unas-Pyramide liegen am Aufweg einige Gräber von Beamten der 5. Dynastie, die relativ bald nach ihrer Entstehung durch die Anlage des Aufwegs zugeschüttet wurden und daher z.T. gut erhalten sind.

Westlich nach dem Knick des Aufwegs liegt das Doppelgrab des **Nianch-Chnum** und des **Chnum-hotep**, vermutlich Brüder, beide Priester des Re, die sich eine relativ große Grabanlage aus mehreren Räumen bauen ließen. Auch hier zeichnen hervorragende Reliefs den Alltag jener Zeit in vielen detailgetreuen, zum Teil rührenden Szenen nach. Unweit südlich hat sich **Nefer** ein ebenfalls dekoriertes Felsengrab anlegen lassen, allerdings mit deutlich gröberen Reliefs.

Südöstlich dieser Gräber blieben vom ehemaligen **Jeremias-Kloster** fast nur noch Ruinen übrig. Südwestlich der Unas-Pyramide sind Reste des unvollendeten Grabkomplexes des **Sechemchet** (Nischen-Architektur der Umfassungsmauer) zu erkennen, der noch größer als der Djoser-Bezirk werden sollte. In der 40 m tiefen Grabkammer wurde ein Sarkophag, im Zugang zur Kammer Goldschmuck (jetzt Museum Kairo) gefunden.

Bezirk der Teti-Pyramide

***Teti-Pyramide (6. Dynastie): Zwar ist die Pyramide von Teti, dem Gründer der 6. Dynastie, in ihrem Oberbau stark zerstört, doch sind die unterirdischen Kammern mit den Pyramidentexten gut erhalten.

***Mastaba des Wezirs Mereruka (6. Dynastie): Innerhalb des Grabkomplexes des Mereruka liegen auch die Räume für den Grabkult seiner Frau Watet-chet-Hor und seines Sohnes Merjtetj. Mit seinen insgesamt 32 Räumen ist diese Anlage der umfassendste private Grabkomplex des AR. Der ursprünglich massive Oberbau der Mastaba ist jetzt vollständig "ausgehöhlt" und beinhaltet eine Abfolge von reliefdekorierten Räumen, die für den Totenkult zugänglich waren.

Wichtige Darstellungen: der Grabherr als Maler vor einer Staffelei im Eingangsbereich, dann Nilpferdjagd, im folgenden kleinen Raum Handwerksszenen (mit Zwergen), im rechten Längsraum Tanz- und Musikdarstellungen. In dem großen Pfeilersaal findet sich eine beeindruckende Kombination von Grabstatue und Scheintür – überaus lebendig tritt eine lebensgroße Statue des Mereruka aus seinem Grab heraus. An den Wänden Schiffsdarstellungen und Szenen aus der Tierzucht (Geflügelhof, Mästen einer Hyäne). – Die nicht zugängliche Grabkammer mit Sarkophag und Beigaben liegt ein Stockwerk tiefer, zu dem Schächte hinabführen.

**Mastaba des Wesirs Kagemni (6. Dynastie): Die Außenmaße der direkt an die Anlage des Mereruka anschließenden Mastaba übertreffen diese, doch ist das Grab im Innern weniger differenziert und enthält weniger dekorierte Räume.

**Mastaba des Wesirs Anch-ma-Hor (zeitweise geschlossen): Gehen Sie die Gräberstraße weiter entlang und biegen Sie bei der ersten Möglichkeit nach links ab, vorbei an einigen Scheintüren führt der Weg zum Grab des Anch-ma-Hor, in dem einige der seltenen medizinischen Darstellungen – darunter eine Beschneidungsszene – bemerkenswert sind (im Durchgang vom Eingangsraum rechts zur Pfeilerhalle).

Nordwestlicher Bezirk

***Mastaba des Ti (5. Dynastie): Obwohl dieses Grab in seinen Ausmaßen deutlich hinter Mereruka oder Kagemni zurückbleibt, ist es wegen der Qualität seiner Reliefs und deren gutem Erhaltungszustand eines der bekanntesten Gräber des AR; Sie sollten es auf keinen Fall versäumen. Aus der Fülle der Darstellungen, die das tägliche Leben und die Versorgung für das Jenseits schildern, seien nur einige besonders interessante herausgegriffen.

Im schmalen Korridor zur Kultkammer auf der linken Seite Transport der Statuen des Grabherrn, rechts Schiffsdarstellungen; in der ersten (kleinen) Kammer Szenen des Backens und Bierbrauens; in der Kultkammer links vom Eingang landwirtschaftliche Szenen (von der Aussaat bis zur Ernte), auf der rechten Wand die berühmte Szene von der Fahrt des Ti ins Papyrusdickicht mit Nilpferd, Fischen, Bootsbau.

**Serapeum (derzeit wegen Baufälligkeit geschlossen): Der Apis-Stier, die lebende Wiederholung des Gottes Ptah, wurde nach seinem Tod mumifiziert und beigesetzt. Seit Amenophis III fand die Bestattung in Einzelgräbern statt, unter Ramses II wurde mit dem Bau einer unterirdischen Galerie für viele Gräber, dem Serapeum, begonnen. Der für Besucher zugängliche Teil stammt aus der Spätzeit (ab der 26. Dynastie), beeindruckend sind die gewaltigen, tonnenschweren Sarkophage für die Stiermumien. Der letzte Sarg blieb mitten im Gang stehen. Rechts vom Eingang wurden zahlreiche kleine Nischen für Kultgegenstände des Apisstiers in den Fels geschlagen.

***Mastaba des Ptah-hotep (5. Dynastie): Obwohl kleiner in den Ausmaßen, übertrifft dieses Grab in der Qualität seiner Reliefs noch diejenigen des Ti. In einer einzigen Kammer (jenseits der Pfeilerhalle liegt die Kultkammer seines Vaters Achti-hotep) finden Sie auf engstem Raum die Vielfalt altägyptischen Lebens wiedergegeben: Fischfang und Bootsbau, Weinherstellung und Tierschlachtung, Spiel und Musik, Jagd und Tierhaltung, Handwerker und Opferträger und immer wieder, deutlich größer dargestellt (Bedeutungsmaßstab), der Grabherr mit seiner Familie. Nehmen Sie

6. Pyramiden und Fayum

sich Zeit, hier immer neue Details zu entdecken.

Etwa 1,5 km südlich liegt die stark zerfallene Nekropole Sakkara-Süd mit weiteren Pyramiden.

**Memphis

Da von Memphis nicht viel erhalten blieb, kann der Besucher ein paar Minuten Rast unter einer Palme einlegen und darüber philosophieren, daß selbst 3000 Jahre lebendigster Geschichte eine Weltstadt nicht vor dem Auslöschen bewahren. Am Rande einer Palmenplantage sind (von Sakkara kommend rechts beim Dorf Mit-Rahina) zu besichtigen (9-17, £E 14, Foto £E 10, Video £E 20):

Ramses II, liegend (19. Dynastie): Die Kolossalstatue wirkt hier fast überdimensional, da sie in ungewohnter Perspektive und noch dazu von einer Balustrade in einer überdachten Halle anzuschauen ist – ganz im Gegensatz zu ihrem Pendant, das hier gefunden und am Ramsis-Bahnhof in Kairo aufgestellt wurde, dort aber eher klein und schmächtig aussieht.

Alabaster Sphinx: Er stammt aus der ersten Hälfte der 18. Dynastie. Ursprünglich lag er vor dem Eingang des Ptah-Tempels. In seiner Umgebung liegen Architekturfragmente und Statuen, die nur noch eine schwache Vorstellung von der ehemaligen Bedeutung dieses Tempels vermitteln können.

Balsamierungshaus der Apis-Stiere: Etwa 200 m weiter an der Straße nach Sakkara finden sich die Überreste des Balsamierungshauses für die Apis-Stiere (die in Sakkara im Serapeum bestattet wurden). Erhalten blieben einige überaus fein gearbeitete Balsamierungstische aus Alabaster mit stilisierten Löwenkörpern an den Längsseiten.

Hathor-Tempel: Ziemlich unbeachtet sind die Ruinen eines kleinen Hathor-Tempels mit einigen Hathor-Köpfen. Von der rechten hinteren Ecke des Parkplatzes führt ein Pfad in südwestliche Richtung, nach etwa 50 m finden Sie die Köpfe.

Pyramiden von Dashur

Hintergrund: Fünf Pyramiden wurden bei Dahshur errichtet: Näher zum Fruchtland reihen sich in einer Linie von Nord nach Süd die Pyramiden des MR, eine Ziegelpyramide von Sesostris III, die **Weiße Pyramide** aus Kalkstein von Amenemhet II und die **Schwarze Pyramide** von Amenemhet III, wiederum eine Ziegelpyramide. Östlich davon liegen die beiden Pyramiden des Snofru aus der 4. Dynastie, deren südliche die bekannteste Pyramide von Dashur ist: die **Knickpyramide**, die in ihrer unteren Hälfte einen Neigungswinkel von rund 54 Grad aufweist, im oberen Teil sind es nur noch 43 Grad.

Jüngste Untersuchungen des Deutschen Archäologischen Instituts in Kairo brachten interessante Ergebnisse zu einer recht komplizierten Baugeschichte zutage: Infolge eines nicht geeigneten Untergrunds (Absenkungen) ergaben sich Verschiebungen und dadurch Schwierigkeiten in der Statik. Dem versuchte man zunächst durch eine Umschalung zu begegnen, dann durch das Auffüllen von Kammern und die beschleunigte Fertigstellung durch die Verringerung des Neigungswinkels. Offensichtlich fruchteten die Maßnahmen nicht, so wurde diese Pyramide aufgegeben. Nördlich davon ließ Snofru eine weitere, die **Rote Pyramide**, errichten. Sie weist gleich von Anfang an den flachen Neigungswinkel des oberen Teils der Knickpyramide auf, außerdem erhielt sie ein stabiles Fundament aus Kalksteinplatten.

Das Dashur-Pyramidenfeld lag in militärischem Sperrgebiet, eine Besichtigung war nur mit Sondergenehmigung möglich, seit 1996 hat das Militär den größten Teil des Komplexes freigegeben (8-17, £E 10).

Minibusse, Sammeltaxis oder Taxis fahren in Giseh von der Kreuzung der Pyramid Road mit der Sakkara Road (siehe oben) ab. Per Minibus nach Dashur zu kommen, stellt überhaupt kein Problem dar. Allerdings muß man vom Ort aus noch ein ganzes Stück bis zu den Pyramiden marschieren. Ein Leser heuerte in Giseh ein Taxi für den Drei-Stunden-Rundtrip zu £E 25 an.

Per Auto erreicht man die Pyramiden auf der Sakkara-Straße, fährt jedoch an Sakkara vorbei und noch 8 km weiter nach Süden bis zum Dorf Dashur. Dort, an der Kreuzung mit der Kanalüberquerung, biegt man rechts ab (auf die Straße, die eigentlich weiter ins Fayum führt, aber für Ausländer kurz hinter den Pyramiden gesperrt ist), fährt 2,5 km durchs Dorf, an dessen Ende das Tickethäuschen auftaucht. Nach weiteren 2,5 km geradeaus steht man vor der Roten Pyramide.

Besucher sollten sich entsprechend der Nähe zur militärischen Macht verhalten: Kamera und Fernglas nur auf die Historie richten oder gar nicht auspacken. Auch sollte man sich nicht zu weit von den Pyramiden entfernen.

Gewarnt wird vor dem Trick eines Polizisten, der sich Einzeltouristen aufdrängt, sie um die Pyramide herumführt, um dort ein Photo mit Kalaschnikow machen zu lassen. Dann verlangt er £E 20 Bakschisch – mit der Kalaschnikow in der Hand.

Man kann in die Rote Pyramide, die direkt neben der Straße liegt, hineinklettern, um die leere Grabkammer zu besichtigen. Ob sich die Anstrengung lohnt, muß jeder selbst entscheiden, wenn er sieht, daß man vom recht hoch gelegenen Eingang in gebückter Haltung bis etwa auf Bodenniveau hinunterklettern und später auf demselben Weg, wieder gebückt, bei schlechter Luft hinauf muß. Dennoch besticht die, leider durch eine Holzstellage verschandelte Kammer durch ihre Höhe und ihre Architektur. Nicht zuletzt auch durch die Präzision, mit der die Steinquader aufeinander gelegt wurden. – Menschen mit Atembeschwerden oder unter Klaustrophobie leidend sollten unbedingt draußen bleiben.

Etwa 2,5 km südlich erhebt sich – fast stolz ob ihres Knicks – die ungewöhnlichste Pyramide von der Kontur her. Ihre beiden Eingänge sind geschlossen, man kann hier lediglich – in ziemlicher Stille wegen des noch nicht vorhandenen Rummels – die Bautechnik studieren. Dies ist insofern interessant, weil noch ein großer Teil der Verkleidung vorhanden ist. Und wenn man ein bißchen zusätzliches Glück hat, beschwert sich der hier wohnende langohrige Wüstenfuchs mit krächzendem Bellen und argwöhnischem Schauen.

Wenn Sie per Auto kamen, können Sie relativ bequem über Heluan zurückfahren, indem Sie nicht nördlich in die Sakkara Road einbiegen, sondern den Kanal überqueren, nach gut 2 km auf die Niltalstraße stoßen, in diese kurz links ein-, nach wenigen hundert Metern aber rechts auf die Heluan-Nilbrücke abbiegen.

Pyramiden von Lisht

27 km südlich von Dashur liegen die Pyramiden von Lisht. Sie entstanden – im Gegensatz zu den Pyramiden der Umgebung – erst zu Beginn des MR (12. Dynastie), also gut 600 Jahre später als Sakkara. Die nördliche Pyramide wurde von Amenemhet I, die ca. 2 km südlicher gelegene von seinem Sohn Sesostris I errichtet. Vermutlich lag in der Umgebung auch die von Amenemhet I gegründete Königsstadt der 12. Dynastie. Beide Pyramiden sind stark zerstört und nur für totale Pharaonen-Freaks interessant. Die Grabkammer des Hohenpriesters Senuseretanch, die im Gebiet der Südpyramide liegt, ist noch relativ gut erhalten.

Anfahrt: Von Kairo aus bei km 57 von der Niltalstraße nach Westen abbiegen, 2 km geradeaus bis über eine Kanalbrücke, dort links, nach ca. 200 m rechts über den zweiten Kanal (kurz vor dem Kanal erhält man im "schönsten" Haus links den Schlüssel für das Grab des Senuseretanch), von hier aus rechts und dann wieder links zur Nordpyramide oder links, nach 100 m rechts, dann halblinks, nach 200 m erneut rechts zur Süd-Pyramide.

Pyramide von *Medum

Hintergrund: Diese Pyramide erhebt sich mit ihrer gewaltigen Bau- und Schuttmasse maje-

6. Pyramiden und Fayum

stätisch auf der Höhe des Wüstenabbruchs zum Fruchtland. Östlich steht ein kleines Heiligtum mit zwei unbeschrifteten Stelen, von dort führt der Aufweg schnurgerade zum Rand des Fruchtlandes. Es handelt sich eigentlich um den Totentempel, der hier erstmals im Osten angeordnet ist.

Am Ende der 3. Dynastie als siebenstufige Stufenpyramide begonnen, wurde die Pyramide zunächst erweitert und auf acht Stufen erhöht, schließlich wurden in einer dritten Bauphase die Stufen aufgefüllt, und sie erhielt die Verkleidung einer "echten" Pyramide. Ob diese letzte Bauphase abgeschlossen wurde, ist umstritten, vermutlich war Snofru dafür verantwortlich. Die verschiedenen Bauphasen lassen sich in der Bänderung der Pyramide, die von geglätteten und ungeglätteten Partien stammt, gut ablesen.

Die Theorie einer Baukatastrophe läßt sich nach neueren Grabungen der ägyptischen Altertümerverwaltung nicht mehr aufrechterhalten. Unter dem Schuttberg – der durch die Glättung der Außenflächen entstanden ist und aus kleinen Kalksteinsplittern besteht – wurde die vollständig erhaltene Verkleidung des unteren Drittels der Pyramide teilweise freigelegt.

Das Verschwinden der oberen Verkleidungsblöcke dürfte mit dem Abtransport von Steinmaterial im Mittelalter wie bei den anderen Pyramiden in Verbindung gebracht werden.

Anfahrt: Bei km 82 südlich von Kairo taucht ein Wegweiser zur rechts sichtbaren Pyramide auf, dort abbiegen, nach ca. 2 km steht man vor dem Bauwerk. Per Bus: Am Turguman Terminal den Bus nach Beni Suef nehmen, Fahrer hält dann am Abzweig. Von dort Minibus oder Taxi zur Pyramide.

Der Pyramide (£E 16) gegenüber erhebt sich eine gewaltige Mastaba, wohl aus der 3. Dynastie, die Identität ihres Besitzers ist nicht geklärt. Durch einen alten Grabräubergang ist die Anlage zugänglich. Obwohl es ein bißchen anstrengend und staubig ist (stellenweise geht's nur auf dem Bauch und mit Hilfe einer wackeligen Leiter weiter; nichts für Leute mit Platzangst!) sollte man diese Mühe doch auf sich nehmen. Unten wird man von einer ganz schlichten, archaisch wirkenden Architektur erwartet, die gerade dadurch perfekt ist. Der gewaltige Sarkophag ist heute leer – unter seinem beiseite geschobenen Deckel liegt noch ein altägyptischer Bildhauerschlegel!

Fayum

Überblick

Das Fayum (mit der Provinzhauptstadt *Medinet Fayum)* ist eine nur an der dünnen Nabelschnur des Bahr Yussuf Kanals (ursprünglich ein Nil-Seitenarm) hängende Semi-Oase, die zur Libyschen Wüste hin vom Qarun See *(Birket Qarun)* abgeschlossen wird. Von Beni Suef herkommend fließt der Bahr Yussuf auf 23 m Höhe ins Fayum ein. Seine Ab- und Dränagewässer münden schließlich im 46 m unter dem Meeresspiegel liegenden Qarun See, nachdem die weite Fläche von rund 4000 Quadratkilometern mit einem Netz von Kanälen bewässert wurde.

Ursprünglich bedeckte der Qarun See fast die gesamte Fläche der Oase. Die Pharaonen der 12. Dynastie regulierten den Bahr Yussuf durch Dämme und Schleusen, um der jährlichen Überschwemmungen besser Herr werden zu können und den Wasserspiegel abzusenken. Aus der Sumpflandschaft entwickelte sich fruchtbares Ackerland. Da der See von Krokodilen wimmelte, lag es auf der Hand, daß hier der Kult des krokodilgestaltigen Gottes Sobek dominierte.

Bereits die Ptolemäer erkannten im 3. Jh vC, daß man per Wasserkraft das Wasser aus den Kanälen auf die höher gelegenen Felder schaffen konnte. Sie führten die für das Fayum typi-

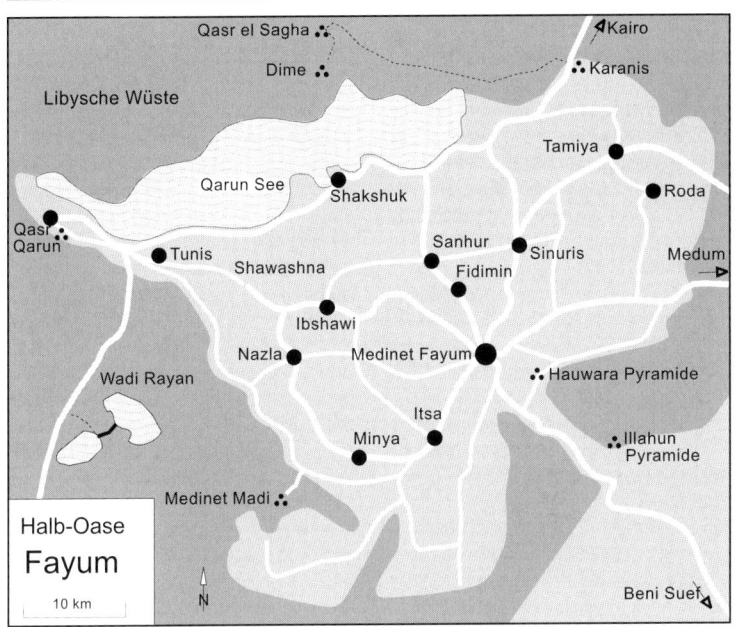

schen Wasserschöpfräder ein: Die ziemlich starke Strömung in den Kanälen treibt Schaufelräder an, an denen zugleich Schöpflöffel befestigt sind, die das Wasser bis zu 4 m hoch anheben und damit höherliegende Kanäle speisen. Insgesamt gibt es noch etwa 200 dieser Schöpfräder; sehr bekannt sind die vier Wasserräder in Medinet Fayum und die sieben Wasserräder am Bahr Sinnuris.

Am Eingang des Fayum bei Illahun wird von alters her, d.h. seit dem MR, der Wasserhaushalt mit Schleusenanlagen im Bahr Yussuf mit seinen beiden hier abzweigenden Seitenkanälen Bahr Whasif und Bahr Wahbi kontrolliert, Überschußwasser fließt zurück durch den Bahr Giza ins Niltal. In der Hauptstadt Medinet Fayum verschwindet der Bahr Yussuf dann endgültig von der Landkarte: Bei den Wasserrädern im Zentrum zweigt der Bahr Tanhala ab, wenig später im Westen der Stadt wird er in sechs Kanäle aufgeteilt.

Kein Vorteil ohne Nachteil: Bei Dauerbewässerung muß per Drainage dafür gesorgt werden, daß die gelösten Salze im Boden nicht aufsteigen. Seit alten Zeiten leiten zwei große Kanäle alles überschüssige Drainagewasser in den Qarun See. Aber der See kann nur soviel aufnehmen wie natürlich verdunstet, d.h. eine maximal nicht überschreitbare Menge. Überschwemmungen des salzigen Sees führten in der Vergangenheit zu großen Schäden auf den Feldern. Daher war wasserintensiver Anbau wie Reis bis vor kurzem nicht möglich.

Zur Abhilfe wurde eine Art Überlauf zum südwestlich gelegenen Wadi Rayan durch ein unterirdisches Kanalsystem geschaffen, welches das Fayum ein Stück nördlich von Medinet Madi verläßt. Wadi Rayan ist eine 600 qkm große Depression, die vom Fayum völlig getrennt 42 m unter dem Meeresspiegel liegt. Die Wasserableitung vom Fayum hat Süßwasserseen mitten in der noch unbewohnten Wüste er-

6. Pyramiden und Fayum

zeugt, die schon zur Fischzucht genutzt werden. Endgültig soll ein See von der Größe des Birket Qarun entstehen, und man hofft, fruchtbares Land für Bauern zu gewinnen.

Zunächst sammelte sich Wasser in drei Seen, von denen zwei inzwischen ineinander übergingen. Der nordwestliche See liegt auf einem Niveau von bereits -32 m, der südöstliche bei -42 m. Zwischen beiden plätschert ein Wasserfall (Anfahrt siehe Seite 246).

Das Fayum ist der große Garten Ägyptens, der zumindest früher bei Reisenden Vorstellungen vom Garten Eden erweckte. Heute baut man hauptsächlich Baumwolle an, die im April gepflanzt und im September geerntet wird. Auf sandigerem Boden ziehen die Bauern Tomaten, in den typischen, von Dattelpalmen beschatteten Gärten wachsen Bohnen, Melonen, Gurken, Kartoffeln, Gewürzpflanzen etc. Im zentralen Gebiet dominieren Obstgärten mit Orangen, Limonen, Mangos, Feigen und anderen Früchten.

Eine Reise durch die von etwa zwei Millionen Menschen bewohnte Halboase zeigt auf der einen Seite die mögliche üppige Natur (natürlich abhängig von der Jahreszeit), auf der anderen die Mühsal der Bauern, ihre Felder durch gezielte Bewässerung üppig zu erhalten und zum dritten, daß diese offenbar so biblisch-friedvollen Menschen sich gerade hier sehr häufig in Bakschisch-Jäger verwandeln können. Von den historischen Stätten blieb nicht viel erhalten. Ein Besuch des Fayum gilt mehr dem verschwenderischen Garten und dem Qarun See.

Rucksackreisende mit etwas mehr Zeit sollten sich in Medinet Fayum ein Fahrrad mieten und dann zum Qarun See radeln; auf diese Weise erschließt sich das Fayum wesentlich besser als per Omnibus.

Die Halboase gewinnt immer mehr Bedeutung für Wochenendbesucher aus Kairo, die der Großstadt kurzzeitig entfliehen wollen. Die Tourismusindustrie kommt diesem Trend entgegen, mehrere Feriendörfer sind im Bau bzw. wurden bereits fertiggestellt.

Rundreise durchs Fayum

Das Fayum gilt als eine Hochburg der Fundamentalisten. Derzeit werden – je nach aktueller Situation – Ausländer am Eingang zur Oase höflich aber bestimmt gebeten, nur freigegebene (durchaus wechselnde) Orte zu besuchen oder von einem Besuch Abstand zu nehmen und nach Kairo zurückzukehren.

Öffentliche Verkehrsmittel: Am besten fährt man von Kairo, Midan Giseh aus per Bus (stündlich von 6 bis 20 Uhr) oder per Sammeltaxi nach Medinet Fayum. Eine sehr umständliche Eisenbahnreise ist auch möglich: In El Wasta an der Strecke nach Beni Suef umsteigen und dann nach Medinet Fayum. Im Fayum selbst schlägt man sich per Taxi oder Sammeltaxi zum Qarun See durch. Nehmen Sie ein Sammeltaxi zum See (Pickups mit Sitzbänken, Startplatz siehe Stadtplan) nach Sanhur. Dort müssen Sie umsteigen, die Fahrer nennen der See meist "El Birka", Fahrpreis weit unter £E 1 für die gesamte Strecke.

Viel bequemer reist man – besonders zu abgelegenen Plätzen wie Wadi Rayan – per Auto. Mietwagen sind nicht so furchtbar teuer, vor allem, wenn sich mehrere Mitfahrer die Kosten teilen.

Von der Pyramid Road kommend, fährt man am Mena House Hotel rechts, am nächsten Kreisel links.

Nach 7 km: **Abzweigung**
Rechts zur **Oase Bahariya**
14 km: **Abzweigung**
Links zweigt die westliche Wüstenstraße nach Assiutab. Etwa 8 km danach liegt ein Neubaufriedhof etwas abseits westlich der Fayum-Autobahn.
51 km: **Abzweigung**
Links Ruinen von **Karanis.**

Karanis entstand unter den Ptolemäern und beherbergte etwa 3000 Bewohner. Straßenzüge und Grundmauern der Häuser sind noch gut erkennbar. Die Tempelruine im Zentrum trägt eine Inschrift Neros, vom Dach des Tempels hat man einen sehr schönen Blick weit in die Fayum-Ebene. Am nördlichen Stadtrand steht eine weitere, ähnliche Tempelruine. Das kleine, durchaus sehenswerte **Museum** (8.30-15.30; £E 8) beherbergt Funde aus dem Fayum und dokumentiert damit eine weite Geschichtsspanne. Guter Rast- und Picknickplatz.

Abstecher nach Dime und Qasr El Sagha

Achtung: Die folgende Beschreibung stammt von einer schon länger zurückliegenden Reise, es können sich vor allem im Anfangsbereich verschiedene Änderungen ergeben haben. Allradfahrzeuge (fahren Sie nicht allein) sind notwendig.

Schräg gegenüber (rechte Straßenseite) zweigt die Piste nach Dime und Qasr El Sagha ab (gelbliches Schild "DIMEH ES SIBA" am Beginn der Piste). Die Piste ist durch Sand/Erdhaufen in unregelmäßigen Abständen nicht gut markiert, bis Qasr El Sagha aber vor einiger Zeit als Fahrstrecke für Minenarbeiter aufbereitet worden, und von daher eigentlich nur schlecht verfehlbar. Knapp 1 km von der Straßenabzweigung im Sandgrubengelände biegt die Hauptpiste der LKWs links ab, hier rechts halten, 3 km später liegt rechts eine blaue Halle, etwas später sieht man die letzten grünen Ausläufer vom eigentlichen Dorf Kom Auschim.

Bald sind auch die letzten Erdbaggereien zu Ende, die Piste zieht sich ohne weitere Ereignisse bis km 22 hin, wo rechts ein verblichener Wegweiser QASR ES SAGHA auftaucht. Am Abhang der Tafelberge ist jetzt auch bereits der Tempel erkennbar, der sich ganz der Farbe seiner Umgebung anpaßt. Nach km 25 ist der Tempel **Qasr el Sagha** (N29°35,61' E30°40,70') erreicht, der ein bißchen trotzig von einem Absatz des Tafelberges in die Ferne schaut.

Imposant sind die mächtigen Steinquader der Frontseite, die hier im MR zu einem Bauwerk aufgeschichtet wurden, das mit seiner Umgebung zu einer nahezu perfekten Einheit verschmolzen scheint. Im Innern finden Sie sieben nebeneinander liegende Nischen – ein sehr ungewöhnlicher und in seiner Funktion noch nicht geklärter Grundriß. In der Antike führte der Qarun See weit mehr Wasser, der Tempel lag näher am Ufer.

Von Qasr El Sagha erblickt man am Horizont (im Süden) bereits die unverwechselbare Silhouette von Dime; wie Haifischflossen heben sich die gewaltigen Mauerreste gegen den Himmel ab. Um dorthin zu kommen, fahren Sie vom Tempel aus ca. 1 km zurück und halten sich am Rand des Absatzes rechts. Die folgende Piste ist praktisch nicht markiert, das Ziel verliert man allerdings kaum aus den Augen und erreicht es nach 7 km (N29°32,16' E30°40,10').

*Dime ist die eindrucksvollste Stadtanlage aus griechisch-römischer Zeit im Fayum. Auch diese Stadt lag einst am See, auf den man heute herabblickt. Nehmen Sie sich Zeit, durch das ausgedehnte Stadtgebiet zu streifen. Übriggeblieben sind bis zu 10 m hoch aufragende, mächtige Mauern, Tempel- und Wohnviertel, gelegentlich kann man sogar Reste der Stuckverkleidung der Wände entdecken. Interessanterweise handelt es sich größtenteils um grau-weiße Lehmziegelmauern – Millionen von Ziegeln müssen hier verbaut worden sein –, die immerhin zwei Jahrtausende dem ewigen Wind und seinen Erosionsgelüsten standhielten. In Richtung See liegen noch zwei weitere Komplexe, von denen der erste zumindest noch einen Besuch wegen erhaltener Gewölbekonstruktionen wert ist.

Dime kann auch per etwa zweistündigem Bootstrip von Shakshuk auf der anderen Seite des Sees her erreicht werden (allerdings ist es schwierig, ein Boot anzuheuern; sehr aufdringliche Kinder), von der Anlegestelle aus etwa eine Stunde Fußmarsch zu den Ruinen.

Weiter auf der Hauptstraße

3 km (nach Karanis): **Abzweigung**

Geradeaus über Sinuris nach Medinet Fayum, die rechts abzweigende Straße führt zum Qarun See, ihr wollen wir folgen. In den letzten

6. Pyramiden und Fayum

Abstecher zum Wadi Rayan

Ein durchaus ungewöhnliches Erlebnis können Sie sich gönnen, wenn Sie an obiger Abzweigung geradeaus weiter am See entlang ins Wadi Rayan fahren:

Nach 2 km: **Auberge du Lac**

Das Hotel, das zu einer Nobelherberge ausgebaut wurde, war ursprünglich eine Residenz von König Faruk. 1945 fand hier eine Konferenz mit Churchill statt. An der langen Pier legen Fischerboote an, man kann auch Boote leihen.

47 km: **Abzweigung** (ausgeschildert)

Links abbiegen

2 km: **Kreuzung**

Geradeaus weiter. Rechts zum Tempel von **Qasr Qarun** und Ruinenfeld von **Dionysias** (siehe Seite 250), links nach Medinet Fayum. Links etwa 3 km zum Dorf Tunis mit verschiedenen Töpfereien, zum Teil europäische Künstler.

5 km: **Abzweigung**

Links über einen Kanal fahren, dann diesem folgen.

2 km: **Abzweigung**

Kanal nach links verlassen; Eintritt kassierender Checkpost (£E 5 pP und Auto). Jetzt zieht die Straße schnurgerade in die Wüste.

13 km: **Abzweigung**

**Wadi Rayan

Links führt eine 3 km lange, für PKW problemlos zu befahrende Piste zum Verbindungskanal der **beiden Seen** mit einem dreigeteilten, etwa 2 m hohen Wasserfall. Dort gibt es Restaurants und Feriensiedlungen. Außerdem bietet sich hier ein guter Nachtplatz für Camper an.

Aber fahren Sie auf der Asphaltstraße noch ein paar Kilometer weiter, Sie werden mit einigen wirklich schönen Ausblicken auf den zweiten See, auf Zeugenberge und handliche Dünen belohnt. Die beiden tiefblauen Seen, die – noch – mitten in der Wüste liegen, vermitteln eine eigenartige, fremde Stimmung. Zumindest sind sie außerhalb der Wochenenden abgeschiedene Ruheplätze, an denen man bestens relaxen kann – kaum eineinhalb Autostunden von den Giseh-Pyramiden entfernt.

Die Asphaltstraße, die wir vorhin verließen, führt weiter durch die Wüste südlich des Fayum und trifft auf die westliche Wüstenstraße Richtung Assiut.

Von der Abbzweigung am Qarum See Richtung Medinet Fayum:

Jahren wurde eine sehr gute Asphaltstraße am Qarun See entlang und weiter bis über die neu entstandenen "Entlastungsseen" im Wadi Rayan hinaus gebaut. Ein Ausflug auf dieser Straße zu den stillen Seen des Wadi Rayan bietet eine echte Alternative zum betriebsamen Fayum.

Man kann hier dem Hauptverkehr geradeaus folgen, um direkt nach Medinet Fayum über Sinuris zu gelangen. **Sinuris**, das 10 km vor der Provinzhaupstadt liegt, ist die zweitgrößte Stadt des Fayum. Sollten Sie samstags vorbeikommen, dann lohnt sich ein Halt wegen des regen Markttreibens.

Der **Qarun See** ist seit Eröffnung der "Uferstraße" auf längeren Strecken zugänglich, verschiedene Strandabschnitte sind erschlossen. Da das Wasser salzhaltig ist, können Sie unbesorgt vor Bilharziose baden. Vor allem freitags entladen sich Busse mit Abwechslung suchenden Ägyptern.

Ein Leser schreibt zum Qarun See, er sei "nicht sehenswert". Tatsächlich hat diese riesige "Restwasserlache" nun wirklich nicht den Charme eines oberbayrischen Gebirgssees, in dem sich die umliegenden Gipfel spiegeln. Sein etwas knirschender Reiz liegt im Gegensatz von Wasser und Wüstenumgebung, einer Wüste, die er nicht fruchtbar zu machen vermag, deren Bedürfnis nach Wasser er buchstäblich Hohn spricht. Machen Sie sich also keine Hoffnungen auf Bodensee-Stimmung, Strandcafés und Discos.

5 km: **Abzweigung**

Links halten, um über Sanhur und Sillin nach Medinet Fayum zu fahren, geradeaus weiter ins Wadi Rayan (siehe Kasten).

Nach 7 km:

Sanhur

Die Gegend um Sanhur ist das Zentrum des Obstanbaus mit besonders reichen Gärten.

4 km:

Busse und Taxis nach:
5 Qarun
8 Cairo
14 Beni Suef

Sanhur 7 Wasserräder Cairo

1 Governorate
2 Obelisk
3 Hotel Queen
4 Hotel Montaza
6 Cafe Medina Wasserräder Tourist Inform.
7 Bahnhof
9 Souk el Sagha
10 Souk el Qantara
11 Telefon
12 Hotel Palace
13 Post

Medinet Fayum

Sillin

Eine inzwischen versiegte Mineralwasser-Quelle lieferte den Anlaß für ein beliebtes Ausflugsziel der Ägypter mit einem großen Picknick-Platz, Restaurants und Sportmöglichkeiten im Herzen des Fayum. Obwohl die Quelle vertrocknet ist, blieb der etwas einfache Vergnügungspark erhalten. Hier können Sie Körbe aller Art aus den nahen Korbflechtereien erwerben.

9 km:

*Medinet Fayum

Die Stadtgeschichte geht bis weit in die pharaonischen Zeiten zurück, als das frühere Krokodilopolis ein Zentrum des krokodilköpfigen Gottes Sobek war. Die damalige Fayum-Hauptstadt lag im Norden der heutigen, die Kultstätten des Sobek bildeten das eigentliche Zentrum. In einem Wasserbecken, von dem noch spärlichste Reste vorhanden sind, wurden heilige Krokodile für Sobek gehalten. Leider diente Krokodilopolis dem modernen Medinet Fayum als Steinbruch und Baustofflager, so daß von der einst sehr großen Stadt nur Fragmente übrig blieben. Heute ist Medinet Fayum eine sehr lebendige Provinzhauptstadt an beiden Seiten des Bahr Yussufauch.

Tourist Office: Das Hauptbüro findet man im etwas abseits liegenden Governorate-Gebäude (Sharia Saad Zaghlul); dort wurde auch ein kleines Museum mit Funden zur lokalen Geschichte eingerichtet. Im Zentrum, ganz in der Nähe der Wasserräder, gibt es eine Zweigstelle mit brauchbaren Infos (derzeit geschlossen).

Bekannter Treffpunkt im Zentrum ist die **Cafeteria El Medina** (in der man auch relativ gut essen kann, allerdings auch derzeit geschlossen) an den **Wasserrädern** am Bahr Yussuf. Die Wasserräder markieren das touristische Zentrum der Stadt, obwohl sie nur noch Ansichtswert besitzen; sie drehen sich zwar unermüdlich – aber für nichts. Vorsicht: In der Abenddämmerung versammeln sich Tausende von Vögeln in den Bäumen und lassen jede Menge Mist herunterfallen.

Restaurants:

• ***Im Nadi El Muhafza*** *(Governorate Club) gibt es brauchbares westliches Essen, das auch im Garten am Sinnuris Kanal serviert wird*

• ***Mokhimar****, Nähe Tourist Office, sehr gutes Huhn und Tahina*

6. Pyramiden und Fayum

Wenn Sie durch die Stadt radeln wollen: Der sehr gut englisch sprechende Manager des Hotels Palace, Ashraf Arafa, (schräg rechts über den Kanal vom Café Medina aus) verleiht Räder gegen £E 5 pro Tag. – Achtung: Kinder werfen manchmal mit Steinen nach radelnden Touristinnen. Meiden Sie den Freitag, dann wird das Fayum von Ausflüglern überschwemmt. Zum Qarun See radelt man etwa zwei Stunden, ein Taxi kostet etwa £E 15.

Der mit seinen verwinkelten Gassen erlebenswerte **Souk el Qantara** für den täglichen Bedarf liegt in der Nähe des Bahr Yussuf Kanals, dahinter der **Souk el Sagha**, der allein den Gold- und Silberhändlern vorbehalten ist (etwas schwierig zu finden, am besten durchfragen).

Jeweils dienstags findet der **Souk el Talat**, ein großer Viehmarkt, statt; dabei füllt sich die Stadt mit ambulanten Händlern, obwohl der eigentliche Viehhandel etwa 6 km außerhalb an der Straße nach Beni Suef abgehalten wird. Zeitgleich kommen in der Gegend der nördlich gelegenen Sharia Madaris Töpfer und Geflügelhändler zusammen. Wenn Sie dichtes Gedränge nicht scheuen, dann können Sie beste Einblicke in den ägyptischen Alltag gewinnen.

Bekannt sind die sieben **historischen Wasserräder** des Bahr Sinuris, die etwas außerhalb liegen: Bei den Wasserrädern im Zentrum überquert man die Eisenbahnlinie (die allerdings während unseres letzten Besuchs im Frühjahr 2000 demontiert oder vielleicht nur erneuert wurde), links halten bis zum (ersten) Kanal Bahr Sinuris und diesem unentwegt auf der rechten Seite folgen. Nach knapp 2 km stehen Sie am ersten Wasserrad, etwa 300 m weiter folgen vier und 700 m weiter noch einmal zwei sich gemütlich drehende Räder.

Unterwegs, etwa auf halbem Weg zu den ersten Wasserrädern, liegt auf der linken Kanalseite des Governerate Club an der hier zweispurigen Einfahrtsstraße von Sanhur/Siliim her.

Die spärlichen Ruinen der historischen Fayum-Hauptstadt **Krokodilopolis**, die heute Kiman Faris genannt wird, liegen im Norden; allerdings gibt es kaum etwas zu sehen. Im ersten Kreisel der Kairo-Straße wurde ein 13 m hoher "Obelisk von Abgig" aus der 12. Dynastie wieder errichtet, der aus dem gleichnamigen Dorf nahe Itsa stammt und tatsächlich eine überlange Stele ist.

Wenn Sie als Fußgänger zur Hauwara Pyramide kommen wollen, gibt es entweder die Anreise per Taxi oder per Bus Richtung Beni Suef und in Hauwara el Makta aussteigen. Als letzte Alternative sei die Empfehlung eines Lesers genannt, der zur Pyramide marschierte und sich dabei durchfragte; als Lohn traf er auf freundliche Menschen und gewann ungestörte Einblicke ins ländliche Leben.

Eine sehr interessante **Rundreise** läßt sich von Medinet Fayum aus ins westliche Fayum nach **Medinet Madi** unternehmen. Dort scheinen nur selten Touristen aufzutauchen, daher reagiert die Bevölkerung wesentlich gelassener. Dieser Ausflug ist am besten per Auto/Taxi zu machen, zumal Medinet Madi – eines der lohnenswerten historischen Ziele – kaum per Bus zu erreichen ist. Bei einer Sammeltaxi-Reise muß man sich durchfragen, Taxis kosten mindestens £E 30. Ein Leser probierte die Reise mit öffentlichen Verkehrsmitteln, kam bis Abou Gandir mit Minibussen und mußte anschließend auf ein Motorradtaxi umsteigen, das ihn bis fast zum Tempel brachte - allerdings dort nicht wartete. Der 3-km-Fußmarsch zurück zum Fruchtland war etwas anstrengend.

Rundreise durchs westliche Fayum

Medinet Fayum in Richtung Itsa verlassen. Nach 12 km (2 km nach Itsa) Kreuzung, rechts halten.

4 km:

El Minia

Größeres Städtchen, an dessen Stadtausgang links auf eine stark frequentierte Staubstraße abbiegen. Die Asphaltstraße führt weiter über Abou Gandir nach Nazla.

3 km: **Kreuzung**

Die Straße wird von einer schönen Baumallee flankiert, sie stößt auf eine Kanalverzweigung, rechts vor dem Kanal abbiegen und auf dem Damm stets geradeaus.

7 km: **Abzweigung**

Links über Kanalbrücke zum 300 m entfernten "Vorort" namens Kashef von **Medinet Madi**. Beim ersten Anhalten wird sich ein Führer zum Tempel anbieten; zwar ist der Tempelhügel am Grabungshaus durchaus von der Ferne zu identifizieren, aber die Mitnahme eines Führers als "Pistensucher" ist beim ersten Besuch der Anlage empfehlenswert.

Oder: Geradeaus durch den Ort fahren und der Piste nach Südosten zum Grabungsgelände folgen. Die 4 km lange Piste läßt sich bis kurz vor dem Hügel mit dem Grabungshaus relativ gut fahren, im Hügelbereich wirds ziemlich sandig. (Vom Dorf vor der obigen Abzweigung führt auch eine Piste zum Tempel, sie soll aber sehr versandet sein).

*Tempel von Medinet Madi

Der – relativ kleine – Tempel (£E 12) wurde im MR von Amenemhet III gegründet und von den Ptolemäern erweitert. Er gilt als eines der wenigen Architekturbeispiele eines kompletten Tempels aus dem MR und ist daher für Enthusiasten des pharaonischen Ägyptens von besonderem Interesse.

Von der ehemaligen (ptolemäischen) Löwen- und Sphingen-Allee sind noch einige Exemplare gut erhalten. Auch der dem Krokodilgott Sobek geweihte MR-Tempel hat die Jahrtausende in wesentlichen Teilen überdauert. Die Wände sind mit Szenen ausgeschmückt, die meist Amenemhet III und seinen Sohn bei der Opferung darstellen. Im Sanktuar sind noch die drei Nischen vorhanden, in denen einst die Götterstatuen standen. An der Rückseite des MR-Tempels finden Sie einen kleinen ptolemäischen Tempelbau, der, wie die gesamte Anlage, arg vom Dünensand bedroht ist, obwohl erst in den 60er Jahren die letzten Grabungen stattfanden. (Detailliertere Informationen im *Guide to the Antiquities of the Fayum*, in Kairo erhältlich).

Fahren Sie zurück zum Dorf und biegen Sie nach der Kanalbrücke links ab.

5 km: **Abzweigung**

Hier die Kanaldamm-Straße nach rechts verlassen und in den folgenden Dörfern geradeaus.

4 km: **Kreuzung**

Rechts nach El Minia, links nach Nazla halten.

An der Straße zwischen Abou Gandir und Nazla zweigt links (also nach Süden) eine Straße zum Wadi Rayan mit seinen künstlichen Seen ab. Es wird dringend davon abgeraten, diese Route zu fahren, folgen Sie lieber der offiziellen, die weiter oben beschrieben ist.

3 km:

**Nazla

Die **malerischen Töpfereien von Nazla** sind unbedingt einen Besuch wert. Nach der Moschee biegt man rechts ab und blickt bald in das tief eingeschnittene Wadi Masraf, an dessen Ufer Töpfereien und Brennöfen stehen, umgeben von frisch geformten, zum Trocknen in die Sonne gestellten Gefäßen. Schwarze Qualmwolken steigen zum Himmel, fleißige Töpfer formen hauptsächlich *Bukla*, kugelige Wassergefäße, die fürs Fayum typisch sind. Übrigens wird die Porösität des Tons – die für die Wasserverdunstung und damit Kühlung des Inhalts notwendig ist – durch Zugabe von Strohhäcksel zum Ton erreicht, das nach dem Brennen des Tons Kapillaren hinterläßt.

Im Laufe der letzten Jahre hat die Tourismusbranche die Töpfer entdeckt, seither gehört aufdringliches Bakschisch-Fordern zum ortsüblichen Ton. Allerdings sollte man bedenken, daß die Menschen hier trotz harter Arbeit sehr wenig verdienen, weil ihre Arbeit und damit sie selbst von der Bevölkerung nicht sonderlich anerkannt werden.

6. Pyramiden und Fayum

Nach 4 km: **Y-Kreuzung**

Rechts nach Medinet Fayum über Ibshawai. Links führt ein interessanter Abstecher nach Qasr Qarun. Unterwegs, 10 km nach der Y-Kreuzung hinter einer kleinen Brücke, rechts abbiegen, nach weiteren 15 km ist nach einem Ort links der **Tempel von Qasr Qarun** nicht zu übersehen. Der eindrucksvolle ptolemäische Sobek-Tempel (£E 16) ist im Innern relativ gut erhalten (schöne Reliefs mit geflügelter Sonne; nehmen Sie eine Taschenlampe mit), vom Dach weiter Ausblick. Gleich nebenan liegt das Ruinenfeld von **Dionysias**, einer ptolemäischen Stadt und Garnison.

Etwa 8 km vor Qasr Qarun zweigt links eine ausgeschilderte Straße ab, die zum **Wadi Rayan** führt, siehe Seite 246.

Zurück zur Y-Kreuzung.

22 km über Ibshawai nach Medinet Fayum; unterwegs rechts halten über El Agamiyin (Zentrum von Korbflechtern). Ende der Rundreise.

Fortsetzung der Hauptroute

In Medinet Fayum müssen Sie sich Richtung Beni Suef an die im Zentrum aufgestellten Schilder "HAUWARA PYRAMID" halten.

5 km: **Kreuzung**
Links 3 km zur

*Hauwara Pyramide

Die Pyramide des Amenemhet III (£E 16) wurde aus Nilschlammziegeln erbaut und von der Witterung bis auf einen hohen Stumpf zerstört. Ebenso erging es dem daneben liegenden, im Altertum zu den sieben Weltwundern zählenden **Labyrinth**, das aus 1500 Räumen in zwei Stockwerken bestand und den eigentlichen Totentempel bildete; nur noch Schutthügel lassen die Dimensionen erahnen.

In römischer Zeit lag hier eine ausgedehnte Nekropole, aus ihr stammen die meisten der sog. Mumienporträts der römischen Bevölkerung (3./4. Jhd nC).

Ein Besuch am späteren Nachmittag ist wegen der langen Schatten und des Blicks über die Umgebung recht stimmungsvoll.

10 km:

Illahun

Hier kreuzen Sie die Schleusen, die den Wasserhaushalt im Fayum kontrollieren. Die älteste, aus dem 13. Jhd stammende Schleuse ist noch erhalten, doch darf sie wegen der strategischen Bedeutung der Gesamtanlage nicht näher besichtigt werden: Fotografieren ist streng verboten.

Wenn Sie die Ruinen der stark zerstörten **Pyramide von Illahun** (£E 8) – die Sesostris II zugeschrieben wird – besuchen wollen, fahren Sie nach den Schleusenanlagen und dem Überqueren einer modernen Eisenbrücke links ab auf die erste Staubstraße. An der nächsten Kreuzung rechts, dann durch das Dorf Illahun, nach ca. 2 km links ab auf einen Deich, diesem folgen, in der Ferne ist die Pyramide zu sehen.

Diese Pyramide ist interessant wegen ihres Konstruktionsprinzips: Da durch die Erosion die ursprüngliche Steinverkleidung der Ziegelpyramide verschwunden ist, kann man heute die aus Kalkstein bestehende, strahlenförmige Innenkonstruktion des Baus erkennen.

Im Norden liegen Mastaba-Gräber. In der zur Pyramide gehörenden, östlich gelegenen Stadt wurde ein umfangreiches Papyrus-Archiv gefunden.

42 km bis **Beni Suef**
Rückfahrt nach Kairo

7. Luxor, Karnak und Theben-West

Überblick

Theben ist die griechische Bezeichnung für die altägyptische Hauptstadt *Waset*. Zu ihr gehörten die heutigen Ruinen
- des Amun-Tempels von Karnak,
- des Luxor-Tempels und
- die Nekropolen und Tempel von Theben-West.

Im Alten Reich war Theben Kultort des Falkengottes Month. Mit Vertreibung der Hyksos und der Wiedervereinigung des Landes unter der aus Theben stammenden 11. Dynastie (2050 vC) gewann der Ort an Bedeutung. Durch die Gründung des Karnak-Tempels für Amun, den König der Götter, stieg Theben zum geistigen und religiösen Zentrum Ägyptens auf. Mehrmals war es im 2. und 1. Jahrtausend vC Hauptstadt Ägyptens, immer aber blieb es jedoch der Mittelpunkt pharaonischer Kultur. Alle Könige des Neuen Reiches sind hier im Tal der Könige bestattet, und noch die römischen Kaiser kamen hierher, um die Wunder des *Hunderttorigen Theben* zu bestaunen.

Im Mittelpunkt Thebens stand der Tempel von Karnak, dessen Bedeutung u.a. aus den nüchternen Zahlen eines Papyrus aus der Zeit von Ramses III hervorgeht: Insgesamt standen 81 322 Männer im Dienst des Tempels, sie hatten sich um 421 662 Stück Vieh, 433 Gärten, etwa 2 395 qkm Ackerfläche, 83 Schiffe, 46 Baustellen und 65 Dörfer zu kümmern – übertragen auf die heutige Zeit handelte es sich um ein Großunternehmen; eine solche wirtschaftliche Konzentration zöge auch heute noch politische Aufmerksamkeit auf sich. Besonders dann, wenn man die Bedeutung des Großunternehmens Karnak mit der damaligen Bevölkerungszahl Ägyptens (geschätzt auf 4 – 5 Millionen) in Relation setzt, zeigt sich, daß sich hier ein wirtschaftlich erstrangiger Betrieb etabliert hatte.

Erst als die Ptolemäer Alexandria zu ihrer Metropole erkoren, verlor Theben endgültig an Rang. Die Römer legten eine Garnison in die Stadt, die Christen stürmten die noch sichtbaren "Götzenbilder" und funktionierten die Tempel zu Kirchen um, spätere Generationen nutzten die Trümmer als bequemes Baumateriallager.

Systematische Ausgrabungen seit der Jahrhundertwende förderten großartige Relikte zu Tage. Sie lassen erahnen, welch prächtige Bauwerke hier standen und welche künstlerischen Leistungen an diesem Ort vor 4000 Jahren erbracht wurden.

Heute sieht es hier ein wenig anders aus. Der Ort Luxor gibt der Stätte seinen Namen, er bedeckt einen Teil des ehemaligen Theben. Er zieht sich vom Nil bis zur Eisenbahnlinie, ja quillt inzwischen darüber hinaus und dehnt sich weiter und weiter am Nilufer entlang aus, immer mehr wertvollen Ackerboden verschlingend. Am Rand des Fruchtlandes zur Wüste im Osten liegt der Flughafen, am Nilufer dümpeln die Touristendampfer. Die parallel zum Nil verlaufende Straße heißt **Corniche**, ihre Uferpromenade ist besonders zur Sonnenuntergangszeit einen Spaziergang wert.

Landmarke und eine Art Mittelpunkt der Stadt ist der **Luxor-Tempel**, der gleich am Nilufer liegt. Ca. 3 km nördlich finden Sie, etwas abseits östlich des Nils, den Tempelkomplex von Karnak. Unterwegs kommen Sie am Luxor-Museum vorbei. Läßt man den Tempel

7. Luxor, Karnak und Theben-West

rechts liegen, erreicht man das etwas ruhiger wirkende "Vordorf" Karnak mit ein paar Hotels der besseren Kategorie, u.a. Hilton. Südlich des Luxor Tempels gilt das **Winter Palace Hotel** als erste und älteste Landmarke einer sich nilaufwärts ausbreitenden Hotel-Landschaft. Die Verlängerung der Corniche von hier nach Süden versetzt sich beim Novotel um einen Block zum Nilufer und heißt dann **Sharia Khaled Ibn Walid**. Hier folgt ein großes Hotel der Luxusbzw. gehobenen Kategorie nach dem anderen, vom Club Med über Sonesta, Isis und andere bis zum etwas versteckt liegenden Sheraton. Noch ein paar Kilometer weiter südlich ließ sich Mövenpick auf einer hübschen Nilinsel nieder.

Die Luxor gegenüberliegende Seite des Nils – **Theben-West** im Altertum – bietet dem historisch Interessierten viele Tage Beschäftigung: Am Rand des Fruchtlands blieben einige Totentempel sehr gut erhalten, in der Wüste wurden bisher so viele Gräber entdeckt, daß die Besichtigung der relativ wenigen freigegebenen bereits einen sehr guten Einblick in das pharaonische Leben (und Sterben) vermittelt.

Zunächst mögen die vielen Sehenswürdigkeiten in Theben-West etwas unüberschaubar erscheinen. Doch ein Blick auf den Übersichtsplan zeigt die klare Zweiteilung in Tempelbauten am Rand des Fruchtlandes und Grabbauten in der nahen Wüste. Die Totentempel dienten der Abhaltung der nötigen religiösen Zeremonien für den jeweiligen toten Pharao, während sein Grab so versteckt wurde, daß es für immer vor Räubern geschützt war.

INTERESSANTES auf der Ostseite des Nils – Luxor

******Karnak**, der große Tempel des Gottes Amun, über 2 Jahrtausende das größte Heiligtum der Ägypter

****Luxor-Tempel**, eine aus der 18./19. Dynastie stammende, gut erhaltene Tempelanlage mit vielen interessanten Details

****Luxor Museum**, das Museum mit dem besten Display Ägyptens; nicht zuviele, aber erlesene Stücke sind gut ausgestellt

Kamelmarkt, jeweils dienstags

Besuch von Nilinseln

Light and Sound-Spektakel abends im Karnak Tempel.

INTERESSANTES auf der Westseite des Nils – Theben-West

*****Tal der Königsgräber**, in dem 62 Gräber von Pharaonen entdeckt wurden, darunter das nicht ausgeraubte Grab des Tutanchamun

*****Gräber der Noblen**, Beamten und Würdenträger, in denen mit z.T. hervorragenden Bildern das tägliche Leben im NR geschildert wird

*****Tempel Der El Bahri**, Totentempel der Pharaonin Hatschepsut, förmlich in die Felswand des Steilabfalls hineinkomponiert

****Medinet Habu**, eine große, z.T. recht gut erhaltene Totentempelanlage von Ramses III

****Ramesseum**, Totentempel von Ramses II, auch in Trümmern liegend vermittelt er noch einen Eindruck seiner ehemals imposanten Größe

*Tal der Königinnen- und Prinzengräber**, nicht so prächtig wie die Königsgräber, doch das **Nefertarigrab** weist mit die schönsten Grabbilder auf

Memnon Kolosse, vereinsamte Wächterfiguren, die als einzige Reste des Totentempels von Amenophis III im Fruchtland stehen.

So sind von Nord nach Süd die **Totentempel** von Sethos I, Hatschepsut (Der El Bahri), Ramses II (Ramesseum), Amenophis III (Memnon-Kolosse) und Ramses III (Medinet Habu) mehr oder weniger dicht an dieser Fruchtland-Grenzlinie aufgereiht. Dagegen wurden die **Königsgräber** in einem weiter entfernten Tal in die Wüstenberge geschlagen. Viel näher zum Fruchtland, fast gegenüber dem Ramesseum, finden Sie die **Gräber der Noblen**, wieder etwas weiter in den Bergen die **Gräber der Arbeiter** – welche all die Anlagen schufen – und ihre Wohnsiedlung Der el Medina. In deren relativer Nähe liegt das Tal der **Königinnengräber**.

Es sollte noch an das **Fest** (*Mulid*) zu Ehren des **Heiligen Abou el Haggag** erinnert werden, das im islamischen Monat Shaaban stattfindet. Dann wird eine Barke mit dem Bild des Verehrten in großer Prozession durch Luxor gezogen; Ähnlichkeiten mit pharaonischen Vorbildern sind rein zufällig. Eine Leserin berichtet von einem großen Fest zu Ehren der arabischen Eroberung Luxors, das jeweils 15 Tage vor Ramadan stattfindet, und bei dem die Stadt von Menschenmassen überflutet wird.

Eine neuere Kreation ist das **Opet-Fest** jeweils am 4. November, das dem pharaonischen Fest gleichen Namens nachempfunden ist. Dann werden die ehemals lokalen Götter Amun, Mut und Chons per Boot vom Karnak- zum Luxor-Tempel gebracht. Die ganze Mühe

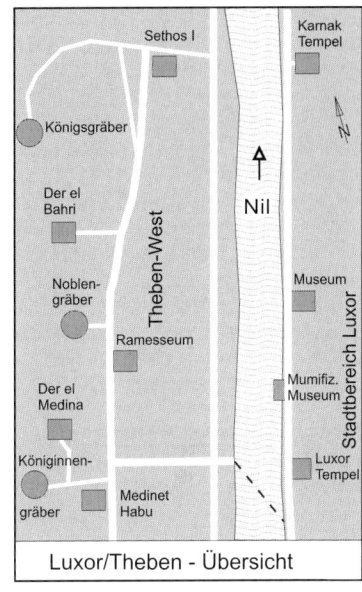

Luxor/Theben - Übersicht

nimmt man nur der Touristen wegen auf sich, die denn auch in Scharen herbeiströmen und die Rahmenveranstaltungen mitmachen sollen. Als große Attraktion für Opernfans erweist sich die zweijährlich im Oktober stattfindende Aida-Aufführung vor der Kulisse des Hatschepsut-Tempels.

Zurechtkommen in Luxor und Theben-West

Hotelsuche

Am Bahnhof (manchmal sogar schon im Zug ab Qena) und am Flughafen Luxor (Sammeltaxi ca. £E 4 pP) warten zahlreiche **Schlepper** und versuchen, üble Kaschemmen an den Gast zu bringen. Sie schrecken auch nicht vor "dirty tricks" zurück, wie z.B., in Luxor sei der Aufenthalt ohne Hotelnachweis verboten. Oder daß man Sie zum gewünschten Hotel zu führen vorgibt, Sie aber in Wahrheit ganz woanders abliefert, wo kein Schild an der Tür auf den tatsächlichen Aufenthaltsort hinweist. Immer mehr Hotels scheinen aufgrund der Konkurrenzsituation Schlepper zu beschäftigen. Ansonsten lassen Sie sich nicht beirren und gehen Sie (Taxi ist eigentlich in der kleinen Stadt nicht nötig, Pferdedroschke ist besser) in das Hotel, das Sie sich schon zuvor ausgesucht haben. Oder fragen Sie, ohne den Schlepper mitzunehmen, in der

7. Luxor, Karnak und Theben-West

Tourist Information im Bahnhof nach, dort hilft man Ihnen gern (siehe weiter unten). – Sobald Sie Luxor leid sind, können Sie auch in Theben-West übernachten, dann sind Sie ungestörter.

Im übrigen sind während der Sommermonate die Hotelpreise häufig stark ermäßigt, auch andere Dienstleistungen wie Fahrradverleih o.ä. passen sich der geringeren Nachfrage an.

Ob Hoch- oder Nichtsaison, in Luxor herrscht der Touristennepp: Jeder versucht, Ihnen mindestens das Doppelte vom Üblichen abzuknöpfen, sei es für Tee oder ein Souvenir – informieren Sie sich möglichst vor der Ankunft und feilschen Sie unerbittlich (Souvenirtips siehe Seite 63, allgemeine Preisbeispiele Seite 37).

Einige wichtige Adressen

- *Tourist Information*: Im Bahnhof (links beim Herausgehen), Tel 370 259 (8-20) und im Touristenbazar an der Corniche Nähe Winter Palace Hotel, Tel 372 215. Fundierte Informationen erhält man vom freundlichen und hilfsbereiten Mr. Salama Fakhr im Büro im Bahnhof, der meist nachmittags Dienst hat. Auch im Flughafen sollte eine Zweigstelle tagsüber geöffnet sein.
- *American Express* und *Thomas Cook* vor dem Winter Palace Hotel, Informationen, Trips, Geldwechsel
- *Geldwechseln* können Sie in der Nähe in der National Bank of Egypt oder bei Banken im Stadtgebiet, Öffnungszeiten 8.30-14, 17-18 Uhr; meist nachmittags von etwa 18 bis 20mUhr noch einmal. Geldautomaten für Kreditkarten bei der Bank Misr neben Hotel Phillippe, ebenso beim Gaddis Hotel
- *ISIC Büro* am westlichen Eingang zum Bazar, Nähe Venus Hotel, gibt Studentenausweise aus
- *Telefonieren* können Sie am preiswertesten aus dem Central Telefon Office, das in der Sharia Karnak einen Block südlich der Kreuzung mit der Sharia Nefertiti liegt (Zweigstellen vor dem Winter Palace Hotel und am Bahnhof), überall sind auch *Telefonkarten* erhältlich
- *Hauptpostamt*, Sharia Mahatta (Nähe Sharai Karnak Kreuzung), Poststelle im Touristenbazar
- *Falls Sie Ihr Visum verlängern lassen wollen/müssen, so finden Sie das ausgeschilderte Passport Office etwa gegenüber dem Club Med in der Sharia Kalid Ibn el Walid.*
- *Internet Cafés:* Zwischen Luxor Museum und Mercure Etap Hotel bietet ein *Internet Service Center* seine Dienste an. *Rainbow Café*, Corniche, ca. 1 km von der City Richtung Karnak Tempel, £E 12/0,5 Std. Tagsüber in der *Informatik-Schule*, Corniche ca. 500 m südlich der City, beschildert; hier sind Geduld und gute PC-Kenntnisse erforderlich. Barraka, Sharia Mahatta (£E 15/Std), *Aboudi*, im Touristenbazar (£E 15/h)
- *Die meisten Reiseagenturen finden Sie an der Corniche. Für Nilkreuzfahrten sollten Sie sich u.a. an Eastmar Travel, Misr Travel, Thomas Cook oder Cheops Travel wenden (alle Büros Nähe oder beim Winter Palace Hotel).*

An der Corniche wird man ständig von selbsternannten Führern angesprochen, die meistens clevere, englisch sprechende Taxifahrer sind. Ein Mann, mit dem wir recht gute Erfahrungen machten und den wir hier erwähnen, weil er Ausflüge in die Oasen bis hin nach Siwa anbietet:

- *Ahmedd Sheba El Hamd, Qourna, Noble Tombs, Tel 0310543*

Shopping

Ca. 70 m vom Bahnhof entfernt an der Sharia Mahatta zum Luxor-Tempel gibt es links eine gute **Bäckerei**, um die Ecke vom New Karnak Restaurant die Konditorei Twinky mit sehr leckeren arabischen Süßigkeiten. **Wein** und Spirituosen verkauft Mitcho's Grocery, 41 Saad Zaghlul, Nähe Post, auch in den Sharia Souk gibt es einen Bier- und Weinhändler (etwa in der Hälfte auf der linken Seite).

Wer preiswert importierten Alkohol kaufen will, sollte innerhalb der ersten 24 Stunden nach der Flugankunft in den **Egypt Free Shop** nördlich vom New Emilio Hotel gehen; Johnny Walker kostet $ 12, es gibt aber auch Wein und Bier.

Zurechtkommen in Luxor und Theben-West

Die üblichen Souvenirs kauft man am besten in der Sharia el Souk, im Hotelviertel bieten viele und meist teurere Geschäfte ebenfalls das Standard- oder etwas gehobene Souvenirprogramm. Etwas ungewöhnlichere Souvenirs können Sie in **Egypt Crafts Center** kaufen und dabei kunsthandwerklich geschickte Ägypter der unteren sozialen Schichten unterstützen, die sonst keinen Marktzugang haben: In der Sharia Abdel Monheim Adasi (auch *Manchea*), etwa 200 m vom Bahnhof neben *Fish World* oder im Hotel Marsam (Sheikh Ali) in Theben West, werden handgewebte Wollteppiche (Kelims), Textilien mit Beduinenstickereien, Tischwäsche, nubische Korbwaren etc. zu günstigen Preisen angeboten.

Alabasterbearbeitung ist die Spezialität der Gegend: In Theben-West scheinen inzwischen die Dörfer nur noch aus Alabaster Factories zu bestehen, in denen vor allem pharaonische Motive kopiert werden. Das Rohmaterial wird nicht allzu weit entfernt gewonnen, aber Vorsicht, gern dreht man dem Laien auch schlichten Kalkstein an, der nicht viel aushält und schnell zerbrechen kann oder "Granit", dessen Lufteinschlüsse zeigen, daß es sich um Kunststein handelt.

Bauchtanzvorführungen offerieren verschiedene Hotels, u.a. das Mercure an der Corniche (£E 30 Mindestverzehr).

Fernverkehrsverbindungen

Für Touristen zugelassene **Züge**:
- Assuan: 6.30 und 16.30 (£E 40 pP)
- Kairo: 8.15, 22.30 (2. Klasse AC LE 31)
- andere Züge nach Kairo: 0.30, 8.30, 10.15, 12.30, 17.00, 19.00, 21.00, 23.30

Wegen der Terroristengefahr dürfen derzeit **Fernbusse**, Taxis und Privatfahrzeuge nur im **Konvoi** und nur zu bestimmten Zeiten (zwei- bis dreimal am Tag, Abfahrtszeiten ändern sich) fahren. Erkundigen Sie sich also entsprechend frühzeitig, wann und ob überhaupt ein Bus in die gewünschte Richtung aufbricht. – Der Busbahnhof liegt in der Sharia Karnak auf einem Platz zwischen Horus Hotel und Luxor Tempel.
- **Kairo**: 19.00
- **Assuan**: 6.00-14.50, jede volle Stunde, ohne Restriktionen

Vorsicht: An den Bushaltestellen versuchen viele **Schlepper**, den Wartenden Sammeltaxis zum mehrfach überhöhten Preis anzudrehen! **Minibusse** und **Sammeltaxis** starten in der Sharia Abou Goud.

Achtung: Luxusbusse aus Kairo oder vom Roten Meer, die nach Assuan unterwegs sind, fahren Luxor nicht an, sondern halten ein paar Kilometer außerhalb an der Kreuzung der Niltalstraße mit der Flughafenstraße.

Ausflüge nach **Dendera/Abydos** sind wieder möglich: Man fährt etwa um 8 Uhr in Luxor ab, wechselt meist in Qena den Konvoi und kommt zwischen 10.30 und 11 Uhr in Abydos an. Für die Besichtigung stehen dann etwa zwei Stunden (sehr knapp) zur Verfügung, denn gegen 13 Uhr startet der Konvoi zurück nach Luxor, meist noch Halt in Dendera. Die Busreise wird für £E 200-300 pP angeboten; ein Taxi kostet etwa ebensoviel, den Preis teilen sich dann aber die Mitfahrer.

Straßenverkäuferin im Souk

7. Luxor, Karnak und Theben-West

Fortbewegen in Luxor

Vorwärtskommen innerhalb von Luxor kann teuer werden, wenn man sich den in der Regel unverschämten Taxifahrern anvertraut, die selten überhaupt unter £E 20 die Güte haben, ihre Dienste anzubieten. Man muß hart verhandeln, aber unter £E 3 setzt sich kaum einer ans Steuer. Viel billiger kommt man mit Linien-Minibussen davon, die allerdings nur bestimmte Routen fahren. Daher muß man einigermaßen wissen, wohin die Reise gehen soll und das Ziel dem Fahrer zurufen. Wenn es seine Richtung ist, hält er, und man kommt innerhalb des Stadtzentrums für 25 Pt vom Fleck, vom Hotelviertel beim Isis Hotel zum Karnak Tempel kann es auch 50 Pt kosten.

Minibusse starten südlich vom Isis Hotel und folgen der Sharia Khaled Ibn el Walid bis Novotel, Sharia Television, Bahnhof, Sharia Cleopatra zum Karnak-Tempel. Fragen Sie unbedingt beim Einsteigen, denn wegen des Einbahnstraßensystems kehren viele an der Sharia Karnak nach Süden um und fahren ihre Schleife zurück durch die Sharia Mohammed Farid.

Von Luxor nach Karnak können Sie auch mit der **Pferdekutsche** – Kalesche – reisen, die für £E 4-8 pro Fahrt zu haben ist. Luxor-Karnak-Luxor mit zwei Stunden Wartezeit sollte etwa £E 10-15 kosten. Nehmen Sie nur Kaleschen mit gesunden Pferden und versuchen Sie den Kutschern mit geschundenen Tieren klarzumachen, warum Sie dort nicht einsteigen; nicht mehr als 4 Personen pro Kutsche!

Busse zum **Flughafen** starten am Winter Palace Hotel.

Für die **Nilüberquerung** können Sie Feluken, kleine Motorboote bzw. die Motorfähre oder – als Autofahrer – die Nilbrücke südlich von Luxor benutzen. Eine Feluke (£E 1 pP) heuert man ebenso wie Motorboote auf Zuruf an; Motorboote haben den Vorteil, auch nachts den Nil zu überqueren, falls es gelingt, den Kapitän zu wecken. Sie liegen in der Nähe des Fähranlegers. Die sogenannte "Volksfähre" ist die beste Lösung für Individualisten (£E 1 für Ausländer, £E 0,20 pro Fahrrad; 24-Stunden-Dienst, Abfahrt alle halbe Stunde oder öfter). Sie legt gegenüber dem Eingang des Luxor-Tempels ab. Vom Fähranleger auf der Westseite fahren viele Pickups zum Inspektorat (danach fragen, denn einige Linien zweigen schon vorher ab).

Achtung: Taxifahrer behaupten, daß die Nilfähren wegen der neuen Brücke eingestellt seien und man nur per Taxifahrt ans andere Ufer käme. In Luxor angebotene Taxi-Trips nach Theben-West sind meist total überteuert. Versuchen Sie daher, ein für Ihre Pläne optimales Angebot direkt *in* Theben-West zu bekommen.

Fortbewegen in Theben-West

In Theben-West stehen Ihnen beachtliche Entfernungen zwischen den einzelnen Sehenswürdigkeiten bevor. Neben dem für Trainierte möglichen **Wandern** bieten sich Fahrrad, Esel oder Taxi als Fortbewegungsmittel an. Natürlich läßt sich auch ein komplettes Besichtigungsprogramm bei einem örtlichen Reisebüro buchen (siehe weiter unten). Falls Sie sich mit eigener Kraft fortbewegen, nehmen Sie genug Getränke und eventuell Essen mit nach Theben-West (teures Restaurant im Tal der Könige, manchmal Speisen ausverkauft). Ferner ist eine **Taschenlampe** wichtig und Kleingeld für die Bakschischjäger, denen Sie nicht entkommen können.

Ein Tip: Auch als Auto-, Rad- oder Motorradfahrer sollten Sie sich überlegen, den Weg ins Tal der Könige zu Fuß über den Berg oberhalb von Der El Bahri zurückzulegen, er ist sehr viel eindrucksvoller und einstimmender, als der nüchternen Asphaltstraße zu folgen. Wenn Sie noch mehr für die Einstimmung tun wollen: Klettern Sie zumindest zur Kante des Steilabfalls hinauf (vom Tal der Könige aus nicht ganz so anstrengend und die Überraschung ist beim Blick aufs Fruchtland um so größer) und erleben Sie, bei klarer Sicht, den berauschenden Ausblick übers Niltal bis hinüber zur Arabischen Wüste.

Wer sich als Frühaufsteher eine ganz besondere Morgengabe gönnen will, plant den Trip auf den Berg für den Sonnenaufgang: Vielleicht stimuliert der über dem Nil und dem Karnak-Tempel aufsteigende Sonnenball eine noch intensivere Einstimmung auf die pharaonische Philosophie, die doch soviel mit dem Weg der Sonne, zumal über den ewigen Tempeln von Theben, zu tun hatte.

Die Schönheit dieses Weges scheinen auch besonders penetrante Souvenirverkäufer sehr zu lieben: Selbst beim Sonnenaufgang stehen sie wartend bereit – auf Touristen, nicht auf die Sonne...

Zu Fuß in die Berge

Leute mit gesunden Füßen können durchaus den folgenden "Spaziergang" antreten: Ein Taxi zu den Königsgräbern nehmen, von dort zu Fuß über den Berg nach Der El Bahri, weiter zu den Gräbern der Noblen, dem Ramesseum und – soweit die Füße noch tragen – zu den übrigen Taltempeln. Wenn man nicht mehr weiterkommt, hält man auf der Asphaltstraße ein Sammeltaxi an (was ganz sicher am Inspektorat möglich ist).

Wer mit wenig Geld in die Nähe der Sehenswürdigkeiten gelangen will, nimmt bei der Volksfähre ein Sammeltaxi/Pickup (£E 0,50) zum Tickethäuschen am Inspektorat. Von dort lassen sich Der el Medina und Medinet Habu gut zu Fuß erreichen. Nach Der el Bahri und zu den Königsgräbern kommt man allerdings nur per längerem Fußmarsch. Am besten hält man wieder ein Pickup an und steigt am Abzweig nach Der el Bahri aus.

Auf dem Esel unterwegs

Sehr beschaulich ist der Ritt auf dem Esel, sofern man einen unaufdringlichen Treiber erwischt und einem die Tiere vor allem im Sommer nicht zu leid tun. Wenn Sie per Esel ins Tal der Könige reisen wollen, dann ist der Aufstieg von Der el Medina aus sinnvoller; denn von dort geht es etwas weniger steil den Berg hinauf als von Der El Bahri. Der Ritt entlang des Felsabbruchs nach Der El Bahri wird Sie mit imposantem Ausblick wirklich überraschen.

Sollten Sie sich statt dessen zum Aufstieg von Der El Bahri aus überreden lassen, ist es überlegenswert, die Esel dort stehen zu lassen und den Weg zu Fuß über den Berg zu machen (ca. 40 Minuten). Andernfalls aufpassen, der Aufstieg Richtung Königsgräber findet auf einem relativ engen, sehr steilen Pfad statt, die Esel rutschen leicht aus.

An der Anlegestelle in Theben-West werden Sie von Esel-Treibern überfallen. Ein Esel sollte um £E 15 bis 20 pro Tag kosten, weiterhin erwartet der Treiber ein Bakschisch für die "Führung", d.h. eine Art Tageslohn um £E 5 bis 10. Einige Esel-Treiber werden unterwegs immer wieder versuchen, den Preis in die Höhe zu treiben. Bleiben Sie standfest. Nehmen Sie Sättel ohne Steigbügel, es sei denn, Sie können die Füße dort einhängen; andernfalls scheuern die Bügel die Beine wund. Obwohl einige Hotels oder Organisatoren Eselstouren anbieten, sollten Sie bis zum preiswerteren Theben-West warten.

Unabhängig per Fahrrad

Unabhängiger werden Sie mit dem Fahrrad sein. Allerdings sollten Untrainierte die Entfernungen besonders zum Tal der Könige nicht unterschätzen (ca. 45 Minuten) und die Mittagshitze meiden. Fahrräder können Sie in Luxor an vielen Stellen mieten, Kosten um £E 3,50 bis 6 pro halber Tag (z.B. gegenüber New Emilio Hotel, Sharia Nefertiti, Sharia Television; Qualität des Rades, besonders der Bereifung und Bremsen sehr kritisch prüfen; es wurden sehr unangenehme Erfahrungen gemacht). Auch in Theben-West werden Fahrräder nicht allzu weit vom Anleger angeboten; gelobt wird dort Ahmed, der neue und gute Räder führt. Allerdings macht es mehr Sinn, sich bereits in Luxor (mehr

7. Luxor, Karnak und Theben-West

Auswahl) umzusehen und dann dort gleich zur Fähre zu radeln. Mieten Sie das Rad am Abend zuvor, dann ist die Auswahl größer. Wenn Sie ins Tal der Könige direkt von Der el Bahri über den Berg gelangen wollen, so bieten sich Ägypter an, Ihr Fahrrad für einige £E über den Steilabfall zu schieben; drüben kann man dann bequem den Berg hinunter zurückfahren.

Achtung: Es kommt vor, daß z.B. im Tal der Könige oder bei zu wenig Bakschisch bei den Noblen-Gräbern Ventile aus den Fahrrädern gedreht und Luftpumpen gestohlen werden – dann ist eine teure Taxi-Heimfahrt fällig. Stellen Sie Fahrräder möglichst in Sichtweite von Ticketkontrollhäuschen ab und versprechen Sie dem Mann ein Bakschisch nach der Rückkehr.

Motorrad

Als bisher einzig lizenzierter Verleiher bietet das Everest Hotel, Tel 373 260, Motorräder (Suzukis 100, £E 60 pro Stunde) an, ebenfalls die Pension Princess bzw. das Hotel Hatschepsut. Prüfen Sie die Bremsen und das Starten, bevor Sie handelseinig werden. Mit der Zuverlässigkeit scheint es nicht weit her zu sein: Ein Leser berichtet von vier Pannen in drei Tagen; er fuhr 125 km, schob 8 km und legte 30 km auf einem Lasttaxi zurück.

Taxi oder Minibus

Taxis liegen je nach Saison um £E 30 bis 50 für die Rundfahrt, offiziell ist der Preis auf £E 35 festgelegt. Nachmittagstrips sind billiger zu haben als der Vormittag (ca. £E 20 – 25). Eine Einzelfahrt ins Tal der Könige kostet um £E 20 bis 30 von der Anlegestelle aus. Man sollte grundsätzlich in Theben-West auf Suche gehen, da dort die Taxis billiger sind. Achtung: Taxifahrer erzählen gern, daß bestimmte Gräber geschlossen seien, um die Fahrzeiten abzukürzen; also nachprüfen.

Auch komplette **Minibusse** kann man mieten: Es soll schon für £E 15 pP eine Tagesrundfahrt in Theben-West geben. Eine weitere Alternative: Von der Fähre mit dem Pickup nach Qurna fahren. Dort ein Taxi ins Tal der Könige anheuern, das billiger als am Fähranleger sein kann.

Organisierte Touren

Sie können ebenso eine der **Sightseeing-Touren** buchen, die von verschiedenen Hotels oder Reiseagenturen (z.B. Ibis-Hotel, Msr Travel, Happy Land Hotel, Everest Hotel) für ca. £E 30-120 auch mit deutschsprachiger Führung im klimatisierten Bus angeboten werden; die von Cheops Travel im Winterpalace Hotel vermittelte Theben-West-Tour mit deutschsprachigem Führer wird gelobt. Prüfen Sie die Preise, die je nach Anzahl der Besichtigungen bei LE 50 beginnen, Eintritt eingeschlossen. Klimatisierte Busse sorgen besonders im Sommer für eine Abkühlungs- und Erholungspause. Diese Trips sind allerdings meist so organisiert, daß man in jedem Fall Alabaster- und Papyrus-Shops besucht, die Zeit wird dann bei den Sehenswürdigkeiten massiv eingespart. Versuchen Sie beim Buchen den Shoppingteil auszuschließen.

Besichtigungs-Programm

Eilige Individual-Besucher fassen die Besichtigung der Tempel von Karnak und Luxor an einem Tag zusammen (der Luxor-Tempel ist auch abends geöffnet), Ramesseum, Gräber der Noblen, Der El Bahri und Tal der Könige an einem weiteren, für Medinet Habu, Tal der Königinnen und Nekropolen-Arbeiter benötigt man im Eilschritt einen halben Tag.

Beim typischen Gruppenprogramm werden innerhalb von zwei Tagen der Besuch der Tempel von Karnak und Luxor, des Museums, der Light and Sound Show und in Theben-West das Tal der Könige, Der El Bahri, Gräber der Noblen, Ramesseum und Medinet Habu abgespult.

Vielleicht legen Sie Ihre Hauptaktivitäten (im Winter) auf die Zeit zwischen 12 bis 14 Uhr, weil dann die Gruppen die Mittagshitze im Hotel verbringen, oder auf den sehr frühen Morgen (viele Stätten öffnen bereits um 6 Uhr). Am

Zurechtkommen in Luxor und Theben-West

Besichtigungsvorschläge und Öffnungszeiten

In Luxor:
- 1 Tag Tempel von Karnak (besser 2 x 1/2 Tag) (6-17.30, im Sommer: -18.30)
- 1 Tag Tempel von Luxor (6-21, im Sommer -22)
- Luxor- und Mumifizierungsmuseum (9-13; 16-21, Sommer 17-22)

In Theben-West:
- Öffnungszeit: 6.30-17; Sommer 6.30-18, während Ramadan sind diese Zeiten verkürzt
- 1 Tag per Esel/Fahrrad/Taxi nach Der El Bahri, Tal der Könige *)
- 1 Tag per Esel/Fahrrad/Taxi nach Medinet Habu, Tal der Königinnen mit Nefertari Grab, Dorf der Nekropolen-Arbeiter
- 1 Tag per Esel/Fahrrad (Esel ist wegen der Kraxelei günstiger) Gräber der Noblen, Ramesseum**)
- 1 Abend *Light and Sound* im Karnak-Tempel (Mi, Sa 19.30, So 22 in deutsch)

*) Wegen der durch Besucher verursachten Schäden dürfen nicht mehr als drei Königsgräber besucht werden.
**) Gräber in folgender Auswahl: Sennefer + Rechmere; Menena + Nacht; Ramose + Userhet + Khemet.
Foto-Tickets werden übrigens auch am Tickethäuschen, allerdings von einem eigenen Verkäufer verkauft (z.B. £E 5 pro Grab).

Eintrittspreise (£E)

(Studenten zahlen 50 Prozent)

Tempel von Karnak	20
Karnak-Freilichtmuseum	10
Light and Sound	33
Tempel von Luxor	20
Luxor Museum	30
Mumifizierungsmuseum	20
Tal der Könige	20
Tutanchamun-Grab zusätzlich	40
Tal der Königinnen	12
Grab der Nefertari	100
Der el Medina	12
Peshedu-Grab (Der el Medina)	10
Gräber der Noblen:	
Nacht + Mena	12
Rechmire + Senefer	12
Ramose + Usermat + Kamet	12
Der El Bahri, Medinet Habu, Ramesseum, Sethos I, Assaif- und Kocha-Gräber je	12
(Wer alles sehen will, zahlt bis zu £E 400!)	

späteren Nachmittag ist es vor allem in Theben-West ruhiger. Ein imposanter Schattenplatz auch während der Mittagszeit ist der Säulensaal von Karnak.

Beachten Sie, daß **Fotografieren und Filmen** in Gräbern und Innenräumen von historischen Gebäuden wegen der Beschädigung der alten Farben durch Blitzlicht verboten ist; Leser berichteten, daß ihnen der Film aus der Kamera genommen wurde.

Ein mögliches Besichtigungs-Programm ist im Kasten aufgelistet. Die Zeiten sind so gewählt, daß zwischendurch Erholungspausen möglich sind. Sie können das Programm durchaus schneller abwickeln, Dinge auslassen oder es ausdehnen.

Eintrittskarten

Eintrittskarten (Preise siehe Kasten) für die Sehenswürdigkeiten von Theben-West können Sie **nur** am Tickethäuschen beim Inspektorat kaufen, also am Weg vom Nil zu den Grabtempeln und Gräbern. Von der Anlegestelle kommt man am billigsten mit einem Pickup-Sammelta-

7. Luxor, Karnak und Theben-West

xi (Pt 50) dorthin oder per Taxi (£E 2 – 5 je nach Saison). Besonders am frühen Morgen herrscht Gedränge an den Schaltern. Überlegen Sie sich vor dem Anstehen genau, welche Stellen Sie besuchen wollen. Die Eintrittskarten sind immer nur für den Tag des Kaufs gültig; es lohnt also nicht, im voraus Tickets zu kaufen. Kartenrückgabe oder -umtausch ist selbst dann nicht möglich, wenn Sie die anvisierte Stätte verschlossen fanden, weil z.B. der Wärter spurlos verschwand. Zeigen Sie später immer nur eine Karte vor; schlitzohrige Wärter reißen sonst gleich alle ab. Studenten sollten daran denken, daß sie **verbilligte Eintrittskarten** erhalten. Angeblich kann man auch im Tal der Könige am Kassenhäuschen Karten nachlösen, denn es sind in der Regel zehn bis zwölf Gräber geöffnet, die Normalkarte berechtigt aber nur für drei Gräberbesuche. – Dagegen werden die Eintrittskarten für die Sehenswürdigkeiten in Luxor intelligenterweise jeweils am Ort des Geschehens verkauft.

Die Ägypter erhöhten die Eintrittspreise aller historischen Stätten mehrfach und rigoros. Diese Maßnahmen müssen Verständnis finden, sofern die zusätzlichen Einnahmen tatsächlich zur Erhaltung der einmaligen Kulturgüter verwendet werden. Denn durch den Massenansturm der Besucher wird in wenigen Jahren das zerfallen, was das Wüstenklima über Jahrtausende konserviert hat. Betrachten Sie daher die Gebühren als einen Beitrag zum Erhalt der historischen Stätten für spätere Generationen.

Noch eine wichtige Information: Das über viele Jahre hin mühselig restaurierte **Grab der Nefertari** – das mit den schönsten Wandmalereien von Theben, ja Ägyptens geschmückt ist – darf seit seiner Wiedereröffnung nicht mehr als 150 Besucher pro Tag ertragen; daher Eintritt von £E 100. Um eins der begehrten Tickets zu bekommen, muß man sich sehr früh am betreffenden Schalter anstellen; bereits ab 6 Uhr beginnen sich Schlangen zu bilden. Gegen 7 Uhr öffnen mißlaunige Beamte den Kassenschalter, dann beginnt das große Drängeln, bis bei Ticket Nr. 150 der Schalter geschlossen wird. Das Grab selbst ist von 8.30 bis maximal 16 Uhr geöffnet, dort heißt es dann wiederum warten. Die erlaubte Besuchszeit beträgt nur 10 Minuten, das Ticket ist nur am Tag des Ausstellungsdatums gültig.

Relaxen in Luxor

Auch für den **Abend und die Nacht** ist gesorgt: Wer in Ruhe ein Bier trinken will, kann dies im Restaurant im 6. Stock des *Ramoza* Hotels am Bahnhofsplatz mit interessanter Aussicht auf die Umgebung tun. Auch von der Dachterrasse des Hotel *Emilio* bietet sich ein schöner Rundblick. Die Nacht **durchzechen** kann man im *Kings Head Pub* (siehe Seite 264 unter *Restaurants*). Nachts können Sie in den Hotels *Mercure ETAP*, *Isis*, *Mövenpick* und *Winter Palace* Bauchtänzerinnen bewundern oder deren Discos oder die anderen großen Hotels bevölkern. Sehr viel ägyptischer geht es spät nachts im *Mandaria* (Corniche, ca. 400 m vom Isis Hotel stadteinwärts) und im *Tutanchamun*, (Theben-West, direkt am Westufer des Nils; nahe der Fähre) zu; Frauen können hier nur in männlicher Begleitung erscheinen.

Falls Sie einen **Badetag** einlegen wollen und nicht in einem der feudalen Herbergen wohnen, können Sie in den folgenden Hotels den hauseigenen Pool benutzen: Winter Palace (£E 50), Isis (£E 25), Luxor (£E 10, schöner Garten), ETAP (schöner Pool, £E 42 inklusive Essen), Egotel (£E 20 inkl. Essen), Novotel (£E 15), Emilio (£E 10, Pool auf der Dachterrasse), El Shady (£E 7), Windsor (£E 7) oder Wela (£E 5, kleines Becken). Ebenso bietet das recht gut angelegte Hotel Pharao, ca. 1 km nördlich des Karnak-Tempels (Sammeltaxi £E 0,50), Poolbenutzung zu £E 10 bis 15; auch für Sonnenuntergangsstimmung empfehlenswert. Im Club Med kann der Pool gegen £E 25 inklusive Getränkegutschein benutzt werden.

Einige Nil-Inseln dienen fleißigen Fellachen als Anbaufläche. Eine davon wird **Banana-Is-

Zurechtkommen in Luxor und Theben-West

land (südlich von Luxor gelegen) genannt, da sie voll mit Bananen bepflanzt ist. Die Bananenpflanzer verlangen Eintritt bis zu £E 3,5 pP, dafür kann man drei bis vier Bananen im Souvenirshop essen. Die etwa 4 km lassen sich zu Fuß oder per Fahrrad zurücklegen; eine Felukenfahrt von Luxor aus kostet ca. £E 15 bis 20 pP, durchaus stimmungsvoll am späteren Nachmittag, Rückfahrt bei Sonnenuntergang. Allerdings ist das Ganze inzwischen stark kommerzialisiert, Feluken-Kapitäne wie auch Bananenbauern schauen nur noch nach dem schnellen Geld. Legen Sie vorher eine Mindestaufenthaltszeit fest. Natürlich können Sie auch auf die Insel verzichten und sich nur an der Fahrt auf dem Nil in dem altertümlichen Boot erfreuen: Segeln Sie gemütlich am Westufer entlang, Sie werden schöne Aus- und gute Einblicke in das ländliche Leben gewinnen.

Die Bananen-Insel ist per Damm mit dem Festland verbunden, eine Straße führt über sie hinweg zur danebenliegenden, noch echten Insel namens **Crocodile-Island**. Diese wurde vom Schweizer Mövenpick-Konzern in eine Hotelinsel verwandelt und von der Konzeption her als Erholungslandschaft angelegt – eine völlig andere, fast Schweizer Welt.

Wie immer man zu diesem "Ghetto" stehen mag, es bietet tatsächlich Gelegenheit zur Erholung bei stimmungsvollen Sonnenuntergängen (Baden im Pool nur für Hotelgäste). Der Hotelbus pendelt stündlich zwischen Winter Palace Hotel und der Insel.

Das Everest Hotel, Tel 373 260, vermittelt **"Schnupper"-Tages-Nilkreuzfahrten** nach Esna oder nach Dendera (je £E 150); das Novotel fährt diese Strecken mit eigenem Schiff.

Eine andere Art, Luxor zu betrachten, macht ein **Heißluftballon** möglich: Für $ 200 pP können Sie in die Luft gehen, "es ist wahnsinnig schön, über die Tempel und Gräber zu schweben," schreibt eine Leserin. Es gibt zwei Anbieter namens *Hod Hod Soliman*, Tel 370 116 und *Over Egypt*, Tel 376 515. Zu buchen ist das Vergnügen über Reisebüros. Der Start erfolgt am frühen Morgen zwischen 4 und 5 Uhr, zuvor gibt es am Boden ein Sekt-Frühstück. Der Flug dauert etwa 1 bis 1 1/2 Stunden.

Alternativ sind auf dem Westufer schöne Spaziergänge möglich. Eine Leserin schreibt begeistert von der friedlichen Stimmung, die sie auf dem Weg entlang des Nilufers südlich der Anlegestelle erlebte. Sie traf auf freundliche, unaufdringliche Menschen, die ihrer Arbeit nachgingen. Am Fähranleger auf der Westseite kann man auch Kamele zu etwa £E 25 pro Stunde mieten, wenn einem unbedingt danach zumute ist.

Oder man hängt einen Ausflug an eine Fahrrad-Besichtigungstour durch Theben-West und radelt z.B. von Medinet Habu ca. 100 m Richtung Nil bis zum ersten Kanal, an diesem entlang nach Süden. Unterwegs bieten sich interessante Einblicke in die Bewässerungstechnik und das ländliche Leben, nicht zuletzt werden Sie viele Vögel beobachten können. Irgendwann biegt man auf einem der größeren Feldwege nach Osten ab, fährt bis zur Asphaltstraße und kehrt zurück.

Wer die Nillandschaft reitend erkunden will, findet in Theben in der Nähe des Hotels Amon (Nähe Fähranleger) Reitställe. Ein Leser empfiehlt *Pharaos Stables Bakry el Gilany* mit gut gepflegten arabischen Pferden.

Kirchgänger finden eine katholische Kirche in der Sharia Maabad El-Karnak; es gibt auch eine evangelische Kirche, die etwa 300 m nördlich des Luxortempels neben der (schönen) koptischen St. Markus Kirche steht.

Wenn Sie von Luxor aus Abstecher in die Oasen oder zum Roten Meer unternehmen wollen, so empfehlen Leser den Taxifahrer Abdou Mohamed Ahmed, Tel 095 39 2207, Car Nr. 907, der englisch spricht, als sehr zuverlässig und freundlich beschrieben wird.

Bazar, Tiermarkt

Das heutige Luxor ist erst in jüngster Zeit von einem Dorf zu einer Kleinstadt mit etwa 50 000 Einwohnern gewachsen. Stimmungsvolle Ba-

7. Luxor, Karnak und Theben-West

Auf dem Weg zum Markt

zare wie im Islamischen Kairo gibt es nicht, doch einen "**Ägypter-Souk**" (Slang der Droschkenfahrer), der immer mehr Touristisches zu Lasten der Gebrauchsgegenstände des täglichen Lebens feilbietet.

Ein Bummel durch die Sharia El Souk, die parallel zur Sharia Karnak, der Straße hinter dem Luxor-Tempel, verläuft, ist zumindest eine sehr lebendige Abwechslung zum Besichtigungs-Pflichtprogramm; die Chancen, Ungewöhnliches zu finden, sind jedoch recht gering. Souvenir-Shops außerhalb des Souk finden Sie u.a. links neben dem Winter Palace Hotel (Touristenzentrum), hinter dem Luxor-Tempel und in den Seitenstraßen, die von der Corniche in den Stadtzentrumsbereich abzweigen.

Jeweils dienstags findet von etwa 6 bis 11 Uhr ein **Kamel- und Tiermarkt** statt, der in der Nähe der Flughafenstraße außerhalb der Stadt im Fruchtland abgehalten wird. Bei der Veranstaltung (Eintritt £E 2,50) sind manchmal alle möglichen Tierarten, von Kamelen bis Schlangen, auf engstem Raum vertreten. Doch gibt es auch Tage, an denen nur zwei einsame Kamele traurig in die Runde schauen. Taxifahrer verlangen Phantasiepreise, £E 5 sollten reichen (um sich verständlich zu machen, zeigen Sie dem Taxifahrer das Foto vom Kamelmarkt in Kairo in diesem Buch, dann ist das Ziel klar). Allerdings braucht man wegen der ständigen Anmache vielleicht noch stärkere Nerven für den Besuch des Marktes als für Luxor selbst.

Anfahrt: Von der Stadt aus Richtung Flughafen fahren, bis man auf die Niltalstraße nach Assuan kommt, rechts ab, ca. 2 km bis zu einer Kanalbrücke, dort links abbiegen, nach 2 bis 3 km ist der Markt erreicht.

Ebenfalls dienstags ist Markttag in Qurna in Theben-West, und zwar dort, wo von der nilparallelen Straße die Straße ins Tal der Könige abzweigt. Dieser Markt ist rein lokal, ohne Kamele, Esel und (kaum) Touristen. Wegen seiner Ursprünglichkeit und der Tatsache, daß Touristen nichts Ungewöhnliches sind, sollte man diesen Platz bevorzugen. Die Leute sind sehr freundlich, sie lassen sich in ihren Marktgeschäften von den Fremden kaum stören.

"Bergsteigen"

Auf der Westseite gibt es zwei recht hohe "Berge", deren Besteigen eine schweißtreibende Angelegenheit ist. Der eine, das sogenannte **Horn von Qurna,** wird von Der El Bahri aus in Angriff genommen. Man folgt dem Pfad, der zum Tal der Könige führt, hält sich unterwegs an die nicht zu verfehlenden Abzweigungen, die auf den Gipfel führen (auch als "Erholung" nach dem Besuch des Königstals empfohlen, Aufstieg von dort etwa 30 Minuten). Allerdings gibt es auf halbem Weg eine Stelle, die etwas schwierig zu überwinden ist und durchaus Bergwander-Erfahrung erfordert. Belohnt wird man mit einem noch besseren Ausblick als von den Hügeln direkt über Der El Bahri, vor allem nach Westen in die Wüste hinein; hier können Sie auch wunderschöne Wüsten-Sonnenuntergänge erleben.

Die zweite Wanderung könnte auf den **Thot-Berg** führen, der etwas höher ist und nördlich der Straße zum Tal der Könige liegt. Dieser Berg ist ein sehr altes Heiligtum, das dem Gott Month-Re geweiht war. Dort steht der einzige, auf einem Berg gebaute Tempel Ägyptens; er stammt aus der 11. Dynastie. Man biegt per Auto oder Taxi etwa 200 m nach der letzten Kreuzung rechts ab auf eine Piste und fährt ca. 2 km bis zu einer Stelle, an der links ein neuerer Steinbruch liegt und rechts die Hügelflanken so steil sind, daß man nicht mehr hinaufklettern kann, dann geht es extrem mühselig zu Fuß weiter. Die Zeitschrift Kemet schreibt in Heft 1/2000:"Nur mit guter Kondition erreicht man den hoch auf dem Felesengebirge gelegenen Komplex mit den Koordinaten 25°45'N 32°36'E, der sich in Luftlinie nur etwa 3 km nördlich vom berühmten Tal der Könige befindet." An anderer Stelle ist von einem steilen Fußpfad die Rede, "der an einer Stelle an einem fast 40 m tiefen Steilhang entlangführt." Also Vorsicht.

Kreuzfahrten auf dem Nil

Obwohl der Nil von alters her die Hauptverbindungsader des Landes war, wundern wir uns immer wieder, wie wenig Lasten, z.B. im Vergleich zum Rhein, dort transportiert werden. Es gibt – abgesehen von Kairo – auch keine öffentlichen Motorboote, die Passagierdienste übernehmen.

Allerdings kreuzen im Gebiet zwischen Luxor (vor der Terrorwelle zwischen Balyana/Abydos) und Assuan die Luxusschiffe der Touristen, auf denen man sich gegen den Preis von Luxushotels einbuchen kann: vollklimatisiert mit entsprechend ausgestatteten komfortablen Kabinen, Restaurant, Bar mit Tanzfläche und mit meist brauchbarem Swimmingpool. Die Nil-Kreuzfahrten mit gut ausgestatteten Motorschiffen sind ein besonderes Erlebnis. Man schwimmt in Vier- oder Fünfsterne-Umgebung an den tiefgrünen Nilufern entlang, die aus dieser Perspektive über lange Strecken wie unbewohnt erscheinen. Im Gegensatz zur Felukenfahrt sitzt man hier sehr viel höher und kann herrliche Ausblicke in das Fruchtland mit der dahinterliegenden Wüste genießen, besonders Sonnenuntergangsstimmungen sind von einmaligem Reiz.

Was sagen die Sterne

Die ungeheure Nachfrage nach Kreuzfahrtbetten scheint sich mit umgekehrter Wichtung auf den Service an Bord niederzuschlagen. Ein Leser schreibt, daß sogar der ägyptische Vertreter seines Reisebüros zugestand, daß man dem gebuchten 5*-Schiff nicht einmal drei Sternchen verleihen könne. Er fährt fort: "Pikanterweise wurden die in ihrer Größe und Qualität sehr unterschiedlichen Kabinen im Unter-, Haupt und Oberdeck durch den Reiseleiter an Bord verlost..." Wie bei vielen anderen Mehrsterne-Unterkünften sollte man auch bei den Schiffen zunächst wenigstens einen Stern abziehen und bereits bei der Buchung darauf bestehen, eine Kabine wenigstens auf dem Haupt-, besser auf dem Oberdeck zu bekommen.

Aber man lebt auch in einer anderen Welt, weit von der ägyptischen Wirklichkeit entfernt. Daß die Atmosphäre an Bord dem Niveau von Gruppenreisen angepaßt ist und Unterhaltung mit sogenanter Folklore und *Fancy-Bällen* die Abende laut und aufdringlich ausfüllt, muß man akzeptieren. Unterwegs stellen die Tempelbesichtigungen in Esna, Edfu und Kom Ombo informative Unterbrechungen der Reise dar.

Zwei Informationen: In Süd-Nord-Richtung, also von Assuan nach Luxor, bläst Ihnen der nahezu stetige Nordwind ins Gesicht und die Dieselabgaswolken nach hinten über Bord. In umgekehrter Fahrtrichtung mindert der Fahrtwind die erfrischende Brise, unter Umständen bleiben die Abgaswolken über dem Schiff hängen. Andererseits gehts nilaufwärts auch langsamer und gemütlicher vonstatten, im Winter freut man sich über die geringere Windgeschwindigkeit. – Buchen Sie, wenn irgend möglich, nur die reine Fahrzeit, nicht die Liegezeiten am Abfahrts- und Ankunftsort. Denn in Luxor oder Assuan liegen in der Regel mehrere (manchmal sechs und mehr) Schiffe nebeneinander. Wer nicht zufällig ganz außen andockt und eine Kabine an der Außenseite hat, schaut von morgens bis abends aus seinem Fenster auf Schiffswände. Schlimmer noch ist der Lärm der ständig laufenden Versorgungsmotoren und die vereinten Abgaswolken der Schiffspulks. Gerade bei Einzelreisenden lassen die Reedereien mit sich reden und die Aufenthaltsdauer auf die Fahrtzeit beschränken.

Wie bucht man am besten? Es sollte eigentlich immer möglich sein, unter den mehr als 260 Schiffen eine freie Liegestatt zu finden. Als Tip: Versuchen Sie bei einem Reisebüro zu buchen, das eigene Schiffe vermittelt; andernfalls müssen Sie meist zusätzlich Provisionen zahlen. Es ist verhältnismäßig leicht, als Einzelreisender eine leerstehende Kabine zu ergattern, zumindest außerhalb der Hochsaison. Klappern Sie die großen Reisebüros bereits in Kairo ab, Wartezeiten bis zu Beginn der Kreuzfahrt können Sie dann einfacher mit anderen Aktivitäten ausfüllen. In der Sommersaison (etwa Mitte Mai bis Mitte September) sind die Preise stark reduziert. Oder Sie fragen direkt bei den in Luxor oder Assuan liegenden Schiffen. Die füllen gern einen freien Platz aus, besonders dann, wenn sie leer fahren, um eine Gruppe abzuholen. Generell können Sie von etwa $ 65 pP pro Nacht aufwärts (je nach Kategorie) ausgehen, die Preise sind häufig verhandelbar!

Restaurants

Luxor:
Wirklich preiswerte Eßplätze findet man in der Bahnhofsgegend, im Soukbereich und in der Sharia Television, die besseren liegen u.a. südlich in der Gegend des Isis Hotel. Teuer dagegen sind die Restaurants in den internationalen Hotels. In den preiswerten Häusern bekommt man das halbe Huhn für £E 5 – 10, in der Mittelklasse kostet es ca. £E 15 und in den teuren Häusern etwa ab £E 25. (Wenn wir in der folgenden Liste keine Hausnummern angeben, dann daher, weil sie selbst den Besitzern häufig unbekannt sind ...)

- *1886*, Old Winter Palace, Corniche, Luxusrestaurant der Spitzenklasse mit französisch orientierter Küche und entsprechendem Ambiente
- *Abou Ashraf*, Sharia Mahatta, vom Bahnhof auf linker Seite, etwa Mitte neben Restaurant Abou Mesuhud; gutes Kushari, über dessen (eher überzogenen) Preis gehandelt werden kann
- *Abou Hager*, Sharia Abdel el Moneim el Adasi, zwischen Bahnhof und Midan Salah el Din, vom Bahnhof aus linke Seite; sauber und freundlich, AC, mittelmäßiges Essen, sehr preiswert
- *Abou Mesuhud*, Sharia Mahatta, vom Bahnhof auf linker Seite, etwa Mitte; orientalisch, gut, reichhaltig, preiswert
- *Ali Baba*, Dachterrassenrestaurant im Garten des Luxor Hotels, guter Blick, relativ sauber, eher mäßige Küche, kleine Portinonen, freundliche Bedienung, mittlere Preise
- *Al Houda*, Sharia Television, Nähe El Shady Hotel; orientalisch und europäisch, gut, sauber, große Portionen, preis- und empfehlenswert
- *Amoun*, Sharia Karnak, hinter Luxor Tempel, orientalische Küche, Pizza, sauber, freundlich, sehr preiswert
- *Anubis*, Corniche Nähe Luxortempel, schöner Nilblick, schöne Sonnenuntergänge, gutes Essen, Stella-Bier, relativ teuer
- *Class*, Corniche südlich von Club Med vor Isis Hotel; Cafeteria und Bistro, empfehlenswerte einheimische und internationale Küche, sauber, gehobene Kategorie
- *El Haty*, Sharia Mahatta, vom Bahnhof aus rechte Seite; gut, sauber, kleine Portionen
- *El Hussein*, Sharia Karnak neben Amoun-Restaurant, sauber, gute Auswahl, lange Wartezeiten, unfreundlich, preiswert
- *King's Head*, Sharia Television; ägyptische und indische Gerichte, relativ teuer
- *McDonald*, hinter Luxor Tempel
- *Marhaba*, Corniche, im Touristenbazar; Dachterrasse mit schönem Blick, Essen durchschnitt-

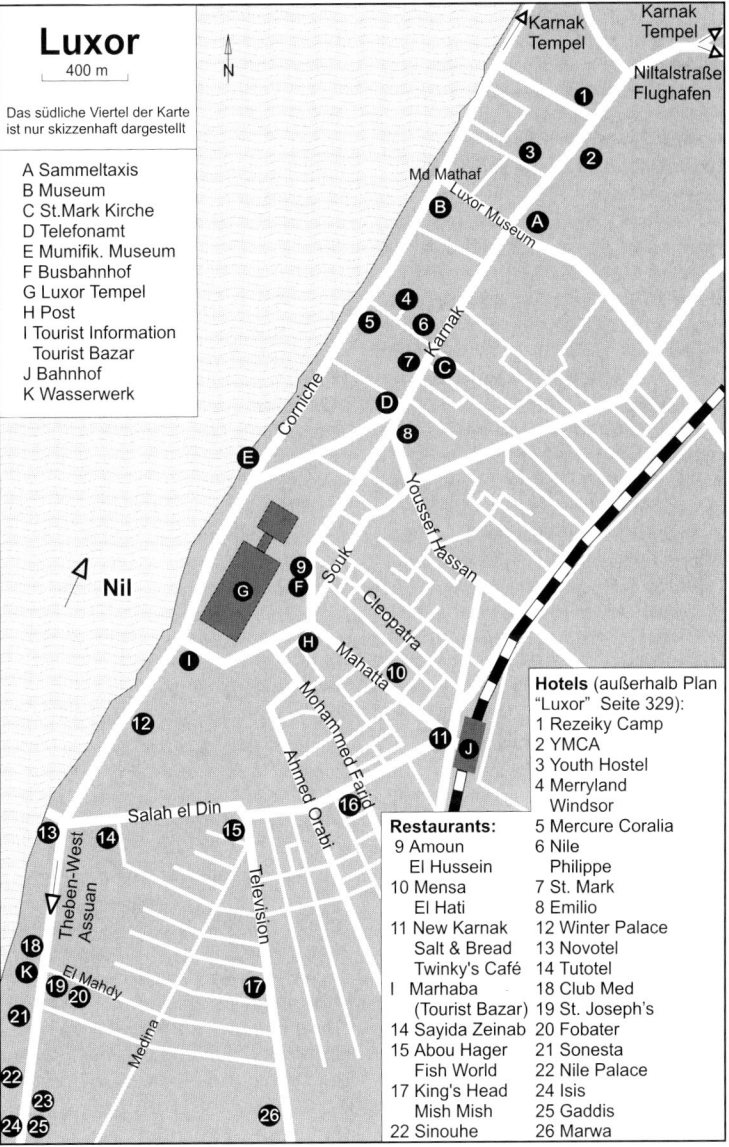

7. Luxor, Karnak und Theben-West

lich, gute Nachspeisen, mittlere Preise, Abrechnung prüfen
- **Mina Palace Hotel**, Corniche; Terrasse, gutes, preiswertes Essen, freundliche Bedienung, Stella Bier, empfehlenswert
- **Mish-Mish**, Sharia Television, schräg gegenüber Hotel Santa Maria; gut, etwas teuer, Pizza, guter Karkade
- **New Karnak Restaurant**, am Bahnhofsplatz; preiswert, geringe Auswahl, verhältnismäßig kleine Portionen, vegetarisch, Traveller-Treff
- **Pub 2000**, Nähe St. Joseph Hotel, gehört Ägypter mit englischer Frau, gut
- **Ramsis**, Nähe Emilio Hotel; freundlich, im Erdgeschoß sauber, gut; im Obergeschoß angenehmere Atmosphäre
- **Salt & Bread**, am Bahnhof; sehr preiswert, gut, aber etwas wenig
- **Sayyida Zeinab**, Sharia Television, sehr gutes Kushari, sehr preiswert, freundliche Bedienung
- **Santa Maria Hotel**, Sharia Television; Restaurant auf Dachterrasse, sehr angenehm, gut und reichhaltig, Stella-Bier, nicht billig
- **Sinouhe**, schräg gegenüber Isis Hotel; 2000 eröffnet, eher elegant, guter Service, sehr gute internationale und ägyptische Küche, gehobene Preise
- **Sunrise**, kurz vor Isis Hotel, "bürgerlich" (viele Gäste vom Isis), sauber, nicht zu teuer
- **Twinky's Café**; in Bahnhofsnähe in der Straße des Abou Hager Restaurant; ägyptische und internationale Kuchen, Tee und Kaffee sehr gut, relativ teuer, freundlich

Theben-West:
Viele der Alabaster-Factories in Theben-West betreiben ein Restaurant, um den Tour Guides eine gute Ausrede für eine Pause zu liefern; das meist preiswerte und durchaus gute Essen wird dann beim Alabasterkauf kompensiert. Leser empfehlen **No Gallab** an der Straße nach Der el Bahri, im Erdgeschoß Alabasterwerkstatt, Dachterrassen-Restaurant mit tollem Blick, ausgezeichnetes Essen, preiswert (Stella £E 7)
- **Hotel Pharaos**, an kleiner Straße von Medinet Habu; gutes Essen, schöne Terrasse
- **Ramesseum-Lokal**; Restaurant des (verstorbenen) Sheikh Hussein, jetzt unter Leitung seines Sohnes Nubi, mittelmäßige Küche, vor der Bestellung Preise aushandeln
- Beim Medinet Habu Tempel liegen drei preiswerte Restaurants: Ramses Cafeteria & Restaurant, Maratonga Restaurant, Habou Hotel
- **Hatschepsut**, Besitzer spricht deutsch, an der Straße zwischen Noblen-Gräbern und Abzweigung nach Der el Bahari, Restaurant auf einer Alabaster Factory, schöner Blick
- **Tut-Anch-Amun**, direkt am Nilufer; links vom Anleger der Volksfähre, sehr gutes ägyptisches Essen, reichlich und preiswert

Luxor kennenlernen

Tempelanlage von Karnak

Achtung: kaufen Sie gleich am Eingang das Ticket für das Freilichtmuseum (£E 10). Wie auch für Kairo produzierten wir mit Sylvia Schoske und Dietrich Wildung einen Tonführer, der **Karnak, Der el Bahri, Medinet Habu** und das **Ramesseum** beschreibt. Wenn Sie sich von Ägyptologen detailliert informieren und professionell führen lassen wollen, dann laden Sie sich bitte die Texte von unserer Website herunter.

Karnak braucht Zeit; suchen Sie sich ruhige Stunden z.B. nach 12 Uhr aus, um einen Eindruck von der Atmosphäre dieses Rom des alten Ägypten gewinnen zu können.

Im pharaonischen Ägypten hieß der Platz "Auserwählte der Stätten", denn hier stand über zwei Jahrtausende das größte Heiligtum der Ägypter. Dies bedeutete außerdem, daß hier über zwei Jahrtausende gebaut wurde. Von einem ursprünglichen Tempel im MR wuchs die Anlage immer weiter, teils nach

Luxor kennenlernen

Osten, hauptsächlich jedoch in westlicher Richtung. Daher stehen die jüngsten Gebäudeteile an der dem Nil nächsten Stelle, dort wo auch der Eingang ist. Dies zu wissen ist ein wichtiger Schlüssel für das Verständnis des verwirrenden Komplexes.

Seit 2100 vC war der Tempel des Amun-Re, des Königs der Götter, das bedeutendste Heiligtum Ägyptens, und durch ihn wurde Theben zum religiösen und geistigen Mittelpunkt des Landes. Über mehr als zwei Jahrtausende haben fast alle ägyptischen Könige in Karnak gebaut, angebaut, umgebaut, haben Reliefs anbringen und Statuen aufstellen (oder abreißen) lassen.

Die verwirrende Vielfalt der Tempel-Stadt von Karnak erschließt sich auch dem Fachmann heute noch nicht vollständig, da eine systematische Ausgrabung und Dokumentation des Tempels erst vor zwei Jahrzehnten begonnen hat.

Vier große Tempel-Komplexe bilden den Gesamtbereich der Tempel-Stadt des antiken Theben: der **Amun-Tempel**, direkt nördlich davon der (heute unzugängliche) Tempel des alten thebanischen Ortsgottes **Month**, südlich der Tempel von Amuns göttlicher Gemahlin **Mut**, und schließlich mehr als 2 km weiter im Süden der **Luxor-Tempel**, mit Karnak durch eine Sphingen-Allee verbunden, deren nördliches und südliches Ende ausgegraben ist.

Der Amun-Tempel ist von einem (teils modern rekonstruierten) Lehmziegelwall umgeben, der einen heiligen Bezirk umschließt, in dem rings um den eigentlichen Tempel zahlreiche Nebentempel liegen: am Nordtor der Tempel des memphitischen Schöpfergottes Ptah, am Osttor der Obeliskentempel von Ramses II (von hier stammt der Lateran-Obelisk in Rom), im Südosten der Heilige See (östlich über den Ruinen von Priesterhäusern die Tribünen für die Light and Sound Show), im Südwesten der Tempel des Gottes Chons, des Sohnes von Amun und Mut.

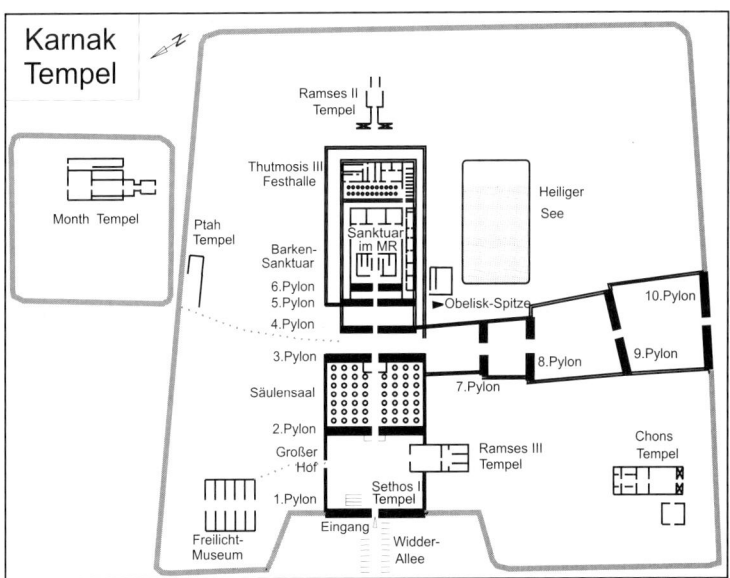

Der Tempel selbst entwickelt sich an zwei Achsen. Die West-Ost-Achse beginnt (beim modernen Zugang) bei einer Kultplattform (südlich war die antike Bootsanlegestelle), von der eine Widder-Sphingen-Allee zum **Ersten Pylon** (unfertig, ptolemäisch) führt. Vor seinem Tordurchgang können Sie sich anhand informativer Übersichtspläne gut orientieren. Dahinter folgt der **Erste Hof**; links steht ein kleines dreiteiliges Heiligtum des Sethos II für Amun, Mut, Chons; rechts Reste einer antiken Baurampe. Rechts vor dem Zweiten Pylon steht der **Tempel Ramses III**, der ursprünglich außerhalb des Tempels gebaut worden war, aber bei der späteren Anlage des Ersten Hofs in diesen integriert wurde. In der Hofmitte zieht der **Taharqa-Säulengang** mit leider nur noch einer vollständig erhaltenen Säule die Blicke auf sich. Vor dem Zweiten Pylon ist noch eine von ehemals zwei Kolossalstatuen von Ramses II erhalten.

Am Ende des Ersten Hofes weist links ein Schild zum **Open-Air-Museum**, dessen Besuch sehr empfohlen werden kann: Hier sind die Weiße Kapelle des Sesostris I (um 1970 vC, einer der Ursprünge von Karnak) und weiterhin – aus schönen Quarzit-Relief-Blöcken – die Rote Kapelle der Königin Hatschepsut wieder zusammengesetzt worden. Neben der Sesostris-Kapelle steht rechts die von Amenhotep II, daneben von Amenhotep I. Hier im Freilichtmuseum können Sie den Archäologen beim Rekonstruieren zuschauen und sich auf dem relativ wenig von Touristen besuchten Platz unter schattigen Bäumen ausruhen. Am Weg dorthin liegen links **Toiletten**.

Auf dem Weiterweg sollten Sie an der Außenwand des Ersten Hofes und des Säulensaals die detailreichen **Schlachtenreliefs von Sethos I** (um 1300 vC) anschauen.

Oder Sie lassen das Freilichtmuseum aus und gehen direkt im Verlauf der Tempelachse vom Ersten Hof durch den **Zweiten Pylon** (Haremhab, um 1300 vC) in den **Säulensaal** mit 134 Papyrus-Säulen; ein in seinen Dimensionen überwältigender Raum, der – letztlich nicht erfaßbar – sich nur beim Herumgehen etwas als ein *Stein gewordener Heiliger Hain* erschließt. Auf den Wänden und Säulen haben sich Sethos I und Ramses II mit Reliefs religiösen Inhalts verewigt. An der Ostseite der nördlichen Außenwand zeigen aktionsgeladene Reliefs Libanesen beim Zedernabholzen und die Eroberung von Kanaan durch Sethos I.

Hier, zwischen Drittem und Vierten Pylon, führt ein Pfad an die nördliche Umwallung zum kleinen, aber eindrucksvollen **Ptah-Tempel**. Im Sanktuar sind eine (kopflose) Ptah-Statue und nebenan die seiner Gemahlin Sechmet aufgestellt. Bei geschlossener Tür fällt nur ein Lichtstrahl durch eine Öffnung oberhalb der Götterfigur – ein Beleuchtungstrick, der die Statue geheimnisvoll ins Halbdunkel taucht. Hält man eine helle Fläche, z.B. den Umschlag dieses Buches, geschickt in den einfallenden Lichtstrahl, so läßt sich die Statue zusätzlich ausleuchten. Im übrigen entspricht das Arrangement des Raumes nicht den antiken Verhältnissen, da die Edelmetall-Kultstatuen der Tempelsanktuare in Schreinen aufbewahrt wurden.

Weiter in der Mittelachse des Amun Tempels durch den **Drit-**

Karnak, Botanischer Garten (Thutmosis III)

Relief an der Weißen Kapelle des Sesostris I

7. Luxor, Karnak und Theben-West

ten **Pylon** (Amenophis III, um 1360 vC), vorbei am **Thutmosis I Obelisk** (20 m hoch, auf quadratischem Sockel) in das unübersichtliche Gebiet der **Vierten bis Sechsten Pylons**. Gleich nach dem Vierten Pylon ragt der **Hatschepsut Obelsik** (23 m hoch; oberer Teil des südlichen Pendants liegt beim Heiligen See) aus bestem Rosengranit auf, der höchste und schönste in Karnak. Der gerade Weg auf der Mittelachse endet zunächst im **Granit-Sanktuar** (um 320 vC als Erneuerung eines Sanktuars Thutmosis III errichtet), in dem die Prozessionsbarke des Amun-Re aufbewahrt wurde. Auf der südlichen Außenwand sind sehr schöne Reliefs der Prozession zu sehen.

Hinter dem Granit-Sanktuar folgt der weite leere **Hof des Mittleren Reiches** mit wenigen Spuren (Türschwellen aus Granit, Kapellensockel aus Kalzit-Alabaster), des ältesten Tempels (um 2000 vC). Östlich schließt sich die querliegende, fünfschiffige **Festhalle Thutmosis III** an, hinter der das Allerheiligste lag. Dort ist der der sogenannte **Botanische Garten** einen Blick wert: ein kleiner Saal, an dessen Wänden Reliefs Tiere und Pflanzen zeigen, die der Pharao aus Syrien mitgebracht hatte (nach der Holztreppe rechts).

Jetzt sollten Sie nach Osten über die innere Tempelmauer gehen und dann rechts zum **Heiligen See** abbiegen. In der Cafeteria gibt es (nicht immer genug) Stühle und Getränke. Von hier aus fällt der Blick auf die Nord-Süd-Achse des Tempels. Sie beginnt am Säulensaal und verläuft vom Siebten bis zum Zehnten Pylon (derzeit gesperrtes Areal) nach Süden zum Mut Tempel, dessen spärliche Ruinen außerhalb der Umwallung liegen.

Der **Neunte Pylon** ist z. Zt. demontiert, da sein Kernmaterial aus Zehntausenden von Reliefblöcken Amenophis IV (Echnaton) bestand, die hier nach Ende der Amarna-Zeit als Baumaterial wiederverwendet wurden. Heute sind sie alle katalogisiert und in langen Reihen wie in einer Baustoffgroßhandlung im westlich anschließenden Gebiet gelagert. Im Luxor-Museum ist eine Tempelwand aus diesen Fragmenten zusammengesetzt. Auf der Südseite des **Achten Pylons** stehen zwei imposante Statuen, am besten ist die von Amenophis I (westlich) erhalten.

Der westlich der Nord-Süd-Achse stehende **Chons-Tempel** ist eine klar überschaubare klassische Tempelanlage mit Sphingen-Allee, Pylon, Hof, Säulensaal, Sanktuar. Von seinem Dach bietet sich ein schöner Blick zurück zum Amun Tempel. In der Umwallung südlich des Tempels befindet sich das ehemalige Südwesttor, von dem aus die Sphingenallee zum Luxortempel führte.

Als Abschluß des Besuchs faßt die **Light and Sound Show** noch einmal die Eindrücke in buchstäblich anderem Licht zusammen, ein Besuch ist eindrucks- und stimmungsvoll. Man wandert (häufig von Wärtern mit "gemmagemma, zack-zack" angetrieben) etwa 45 Minuten durch die Tempelanlage und sitzt dann ähnlich lange auf den Tribünen; nehmen Sie etwas Trinkbares und im Winter eine **warme Jacke** mit. Eintrittskarten dafür gibt es am Schalter neben den Tempel-Ticket-Verkäufern.

Luxor-Tempel

Ein Hinweis: Nur hier kann man Karten für den Tempel von el Tod (15 km südlich) sowie für das Grab des Anchtifi aus der Ersten Zwischenzeit in Moalla (ca. 20 km südlich) erwerben.

Der im Herzen der Stadt gelegene Tempel, in dessen Fleisch eine Moschee wie ein Stachel hineinragt, aber doch eine historische Symbiose bildet, dieser Komplex scheint ein Teil des täglichen Lebens von Luxor zu sein. Die beste Besuchszeit (6-22, Winter 6-21) ist der frühe Morgen; für den Nicht-Fotografen mag sogar der Abend stimmungsvoller sein, wenn die Beleuchtung Details noch besser zum Vorschein bringt.

Als südlicher Teil der Tempelstadt Theben-Ost ist der Luxor-Tempel mit Karnak durch eine über 2 km lange **Sphingen-Allee** verbunden, deren südlichstes Ende freiliegt und einen prachtvol-

Luxor kennenlernen

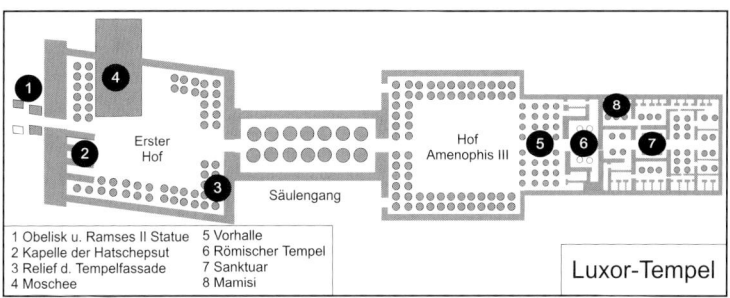

1 Obelisk u. Ramses II Statue
2 Kapelle der Hatschepsut
3 Relief d. Tempelfassade
4 Moschee
5 Vorhalle
6 Römischer Tempel
7 Sanktuar
8 Mamisi

Luxor-Tempel

len Zugang zum Tempel bildet. Der Tempel hieß altägyptisch *Südlicher Harem,* er war der Ort der heiligen Hochzeit des Amun-Re.

Der **Pylon** stammt von Ramses II (Reliefbilder der Kadesh-Schlacht auf der Pylonfront, gut sichtbar ganz früh am Morgen oder bei abendlichem Kunstlicht); vor dem Pylon stehen kolossale Sitz- und Standfiguren von Ramses II sowie ein Obelisk, dessen Bruder heute auf der Place de la Concorde in Paris (Geschenk Mohammed Alis an Frankreich) der ihm nicht gerade angemessenen Witterung ausgesetzt ist.

Hinter dem Pylon folgt der **Erste Hof** (Ramses II), dessen Nordost-Ecke von der Moschee des Ortsheiligen Abul el Haggag belegt ist. Rechts steht eine **Kapelle der Hatschepsut**. Rings um den Hof ragen Kolossalstatuen Amenophis III und Ramses II auf. Rechts vom Durchgang zur Kolonnade sollten Sie das **Reliefbild der antiken Tempelfassade** anschauen, auf dem viele Details wie z.B. die Tempelbeflaggung zu erkennen sind. Die anschließende **Kolonnade** wurde von Amenophis III erbaut. Die Wandreliefs sind unter Tutanchamun entstanden; sie erzählen in sehr lebhaften Bildern vom Opet-Fest, bei dem Amun, Mut und Chons in prachtvoller Prozession von Karnak nach Luxor ziehen (Hinweg auf der Westwand, Rückweg auf der Ostwand). Der **Säulenhof** Amenophis III, eine der ausgewogensten pharaonischen Architekturschöpfungen, leitet über zum **Säulensaal** mit 25 Papyrus-Säulen. Die daran an-

schließende **Vorhalle** wurde von den Römern zu einem römischen Heiligtum umgebaut.

Von hier führt der Weg durch einen Raum mit vier Säulen, den **Opfertischsaal**, zum **Sanktuarium**. Östlich davon liegt das **Mamisi**, dessen Reliefs den Mythos der Geburt Amenophis III darstellen. An seiner Außenwand Graffiti des Amun-Re als Fruchtbarkeitsgott mit erigiertem Phallus. Rings um den Tempel Baureste aus der Römerzeit, als der Luxor-Tempel zu einer römischen Festung umgebaut worden war.

Im Januar 1989 wurden bei Renovierungsarbeiten im Säulenhof des Amenophis III zufällig Statuen aus Hartgestein etwa 3 m tief im Boden entdeckt, u.a. Amenophis III, Haremhab, die Göttin Hathor und eine vermutlich den Gott Atum darstellende Figur. Alle sind hervorragend erhalten und meisterhaft gearbeitet. Fachleute glauben, daß dies nur ein Teil möglicher weiterer Entdeckungen in dem Säulenhof ist und bezeichnen den Fund als den wichtigsten seit Jahrzehnten. Zumindest stellt sich heraus, daß die Erde von Theben noch für manche Überraschungen gut sein wird. Diese Funde sind im Luxor Museum ausgestellt, siehe unten.

Museen in Luxor

Das erst 1976 eröffnete **Museum von Luxor** unterscheidet sich wohltuend vom Ägyptischen Nationalmuseum in Kairo: relativ wenige, aber gute Stücke in mustergültigem Display. Der Besuch lohnt sich ganz sicher, zumal die meisten Exponate aus der unmittelbaren Umgebung stammen und die Eindrücke von dort vertiefen. Gerade die Beschränkung auf wenige, aber durchwegs exzellente Stücke macht den Besuch zu einem Genuß. Ein besonderer Leckerbissen ist die Ausstellung der neuesten Funde (siehe oben), von denen sechzehn Statuen im eigens gebauten "Tiefparterre" rechts nach dem Eingang zu bewundern sind.

An der Wasserseite der Corniche gegenüber dem Mina Palace Hotel (Nähe Luxor Tempel) wurde in die Uferpromenade ein interessantes **Mumification Museum** (9-13, 16-21, Sommer 17-22; £E 20) gebaut. Zu sehen gibt es u.a. mumifizierte Tiere und die Mumie von Maseharti, einem Priester und General aus der 21. Dynastie, mitsamt dessen ineinandergeschachtelten Sarkophagen, Kanopen, Grabbeigaben, Mumifizierungs-Instrumenten und Informationen über die Technik der Mumifizierung.

Theben-West kennenlernen

Zunächst noch eine praktische Information: Wer von Luxor herüberfährt, hat die folgenden **Entfernungen** zurückzulegen: Zur Nilbrücke 9 km, quer durchs Fruchtland 4 km, dann wieder 10 km nach Norden bis Neu-Qurna.

Das tragische Attentat vom 17. November 1997 hinterließ insofern Spuren in Theben-West, als schießbereite Soldaten an allen wichtigen (und vielleicht auch unwichtigen) Stellen mit dem MG im Anschlag herumstehen. Verschiedene Straßen wurden extrem verbreitert, so daß ganze Panzerarmeen anrollen könnten. Vor den wichtigsten Sehenswürdigkeiten wurden große Parkplätze angelegt und Souvenirshops so aufgemauert, daß die ankommenden Besucher zwangsweise vorbeizugehen haben; die früheren wilden Stände sind der Ordnung gewichen.

In Der el Bahri sucht man vergebens nach einer Gedenktafel oder einer entsprechenden Erinnerung an das Attentat. An vielen Straßen stehen (statt dessen?) Schilder "Smile you are in Luxor". Diesen eher dummen Spruch kann man auch sarkastisch lesen "lächele oder lache, weil Du in Luxor bist..." Er paßt in die Reihe der Straßenschildersprüche, Ägypten sei das Mutterland der Zivilisation; das liest sich besonders gut, wenn das Schild mitten im Müll aufgestellt wurde.

Die Straße zu den pharaonischen Sehenswürdigkeiten führt an einem jungen historischen Denkmal vorbei: Neu-Qurna, eine von dem bekannten ägyptischen Architekten Hassan Fathy konzipierte Lehmhaus-Siedlung. Fathy hatte lange nach einer besseren, aber zugleich nicht teureren Baumethode als die übliche Ziegelbauweise für die Fellachen gesucht. Er entdeckte die Lehmbauweise wieder, die vor allem hervorragende klimatische Eigenschaften aufweist. Allerdings machten im holzarmen Ägypten Deckenbalken das Bauwerk wieder fast so teuer wie zuvor. Daher fand Fathy zum Gewölbe- und Kuppelbau aus Lehm zurück, der alle gewünschten Vorteile in sich vereinigte und den er durch geschickte Luftzirkulation zusätzlich kühlte.

Ende der 40er Jahre veranlaßte ein dreister Grabraub die Regierung, den Räubern das Handwerk zu legen und das buchstäblich auf "goldenem" Boden stehende Dorf Qurna zu räumen. Fathy bekam gegen viele Widerstände den Auftrag, ein neues Dorf im Fruchtland zu bauen. Allerdings waren die Widerstände so stark, daß er sein Konzept nur zum Teil realisieren konnte und es schließlich als gescheitert einstufte.

Doch es ist nicht ganz gescheitert, was ein kurzer Abstecher nach Neu-Qurna beweist. Zwar haben sich die Qurnawis erfolgreich gegen den Umzug gewehrt, von der Lehmarchitektur ist auch nicht allzu viel übriggeblieben. Aber von Fathys Ideen gingen so viele Impulse aus, daß in Ägypten mehr und mehr Lehmhäuser entstehen – freilich meist als extravagante Wohngebilde für Betuchte oder im Hotelbau.

1997 ging übrigens durch die Presse, daß die ägyptische Regierung erneut versucht, das Dorf Qurna zu verlegen und statt dessen einen historischen Park auf dem Gräberfeld anzulegen...

Geht man in Neu-Qurna die erste doppelspurige Querstraße nach der Kreuzung, so kann man die eigenwillige Moschee und ein paar Häuser nach Fathys Ideen bewundern.

Grabanlagen

Die Gräber der Könige, Königinnen, Noblen und Arbeiter liegen – jeweils erheblich voneinander entfernt – im Wüstenbereich unweit des Fruchtlandes.

Tal der Könige

Vergessen Sie nicht: **Eintrittskarten** gibt es nur am Tickethaus beim Inspektorat, nicht an den Gräbern. Dies gilt für alle Plätze in Theben-West – ohne Eintrittskarten stehen Ihnen erhebliche Umwege bevor. Lediglich für das Tutanchamun-Grab können Sie an Ort und Stelle ein Ticket kaufen. – Auch wenn Taxifahrer das Gegenteil behaupten: Man kann nach wie vor über den Berg nach Der el Bahri hinüberwandern!

Ein wichtiger Hinweis: Gehen Sie nicht aus lauter Neugierde in eines der vielen offenen, offiziell jedoch nicht zugänglichen Gräber. Dort unten ist die Luft heiß und stickig, Fledermäuse flattern um den Kopf, die akustische Verbindung zur Außenwelt reißt sehr bald ab – ein Leser berichtet von panischer Reaktion und davon, daß eine Frau, die nicht mehr herausfand, verhungerte; ihre Leiche wurde erst Jahre später entdeckt.

Das vollkommen vegetationslose Wadi mit den Königsgräbern liegt etwas versteckt hinter einer Gebirgskette nach der Fruchtland-Grenze (auf der die *Herrin des Westens,* die das Schweigen liebt, ihren Sitz hatte).

Den stärksten Eindruck von dem einsamen Wadi gewinnen Sie, wenn Sie von Der El Bahri zu Fuß oder per Esel über eben jenen Berg hinüberkommen. Doch auch die Straßenführung durch das enge Trockental vermag die Abgeschiedenheit dieser Totenwelt zu vermitteln. Allerdings ist es seit dem Massenansturm der Touristen damit nicht mehr weit her, häufig stauen sich lange Schlangen vor den Gräbern

7. Luxor, Karnak und Theben-West

und in Zeitnot geratene Gruppenführer drängen Einzelreisende rücksichtslos zur Seite. Nutzen Sie die Mittagszeit, da ist das Gedränge deutlich geringer.

Einige Vorbemerkungen zu den Königsgräbern:

- Ohne Verständnis für die Mythologie und die Philosophie, die hinter diesen Grabanlagen stehen, sehen die Gräber aus wie bemalte Bergwerksstollen. Versuchen Sie dennoch, sich stimmungsmäßig in die hier dokumentierte Gedankenwelt versetzen zu lassen.

- Unter dem Massenansturm schwitzender Touristen verändern sich die klimatischen Bedingungen in den Kammern grundlegend. Es wird nicht mehr lange dauern, bis die eindrucksvollen Bilder zerstört sind. Denken Sie an diese spezielle Umweltbelastung und vermeiden Sie, die Reliefs durch Berühren o.a. zusätzlich zu belasten. Denken Sie auch daran, daß zum vollen Erleben Ruhe und Stille gehören.

- Wie schon erwähnt, herrscht in den Gräbern wegen der Anfälligkeit der alten Farben striktes Fotografierverbot mit Blitz, bitte halten Sie sich der Kunstwerke zuliebe unbedingt daran, auch wenn Ihnen die Wärter immer wieder gegen Bakschisch das Fotografieren anbieten. Kaufen Sie sich einen Bildband; die Fotos kann man selbst abfotografieren und erhält vermutlich bessere Bilder als die hastigen in der Grabes-Dunkelheit.

- Das alte Rasthaus gegenüber dem Tutanchamun-Grab wurde abgerissen und statt dessen ein moderner Restaurantkomplex vor Beginn des Gräberbezirks erbaut (für Fußgänger, die über den Berg kamen, umständlicher zu erreichen). Am Platz des alten Rasthauses wurde eine Art Rastplatz mit Schattendach und Ventilatoren errichtet.

- Nehmen Sie einen Tagesvorrat an Kleingeld mit, eventuell auch Getränke etc., im Resthouse kostet alles mindestens £E 5.

Vom Parkplatz marschiert man entweder ca. 300 m zu den Gräbern oder steigt in eine "Bimmelbahn", die zu den Gräbern fährt (£E 1 für

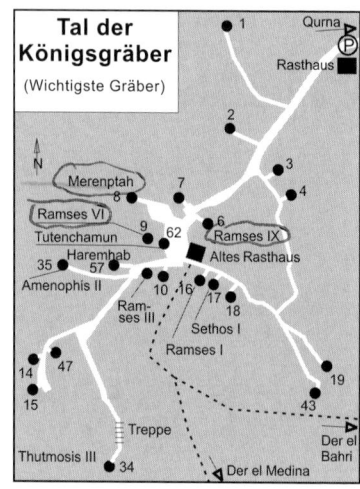

Hin- und Rückweg). Am eigentlichen Eingang, also kurz vor der Abzweigung zu Grab Nr. 9, werden im Ticket-Abreißer-Häuschen Zusatzkarten für das Grab Tutanchamuns verkauft.

Die Gräber sind zum Teil tief in den Fels getrieben. In der 18. Dynastie weisen sie eine 90-Grad-Abwinkelung in ihrem Kammer- und Gangsystem auf, in der Ramessidenzeit verläuft der Weg vom Eingang bis zur Sargkammer geradlinig. Das System der verschiedenen Räume und Schächte ist als eine Wiedergabe der Vorstellung vom Jenseits zu interpretieren, das in der Zeit des NR in der Unterwelt liegt.

Die altägyptische Vorstellung von diesem Jenseits geben auch die Dekorationen wieder, die königliche Jenseits-Texte des NR illustrieren: Das Buch Amduat schildert die Fahrt des meist widderköpfigen Sonnengottes in seiner Barke durch die zwölf Stunden der Nacht; der König möchte sich dieser Fahrt anschließen, um, gleich dem Sonnengott, am nächsten Morgen wiederaufzuerstehen. Weitere Jenseitsbücher sind das Pfortenbuch (Durchschreiten der von Dämonen bewachten Tore der Unterwelt) oder das Höhlenbuch, das die Strafen für die

Rahmose Grab: Die schöne Schwägerin des Grabherrn

7. Luxor, Karnak und Theben-West

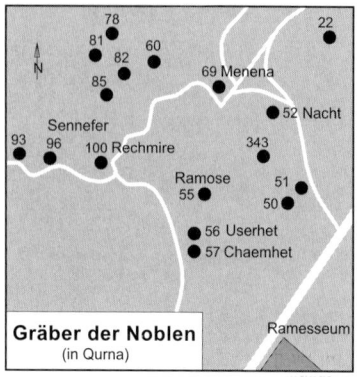

Gräber der Noblen (in Qurna)

Verdammten im Jenseits schildert. – Den Sargraum überwölbt meist eine astronomische Decke mit der Wiedergabe der Sternbilder.

Von den insgesamt 64 Gräbern sind nur etwa zehn so gut erhalten, daß eine Besichtigung lohnt. In chronologischer Reihenfolge handelt es sich um Grab Nr. 34, Thutmosis III, Nr. 35 Amenophis II, Nr. 62 Tutanchamun, Nr. 57 Haremhab, Nr. 16 Ramses I, Nr. 17 Sethos I, Nr. 8 Merenptah, Nr. 11 Ramses III, Nr. 9 Ramses VI und Nr. 6 Ramses IX. Zur Besichtigung sind meistens nur wenige Gräber, und diese abwechselnd freigegeben, um die Belastungen durch die Ausdünstungen der Besucher zu vermindern.

Zu den interessantesten Gräbern zählen:
- Nr. 17, Sethos; eines der größten und am prächtigsten ausgemalten Königsgräber (wegen Restaurierung derzeit geschlossen)
- Nr. 34, Thutmosis III; Amduat-Illustrationen, skizzenhaft wie auf einem Papyrus
- Nr. 35, Amenophis II; ähnlich wie Nr. 34 dekoriert
- Nr. 57, Haremhab; Pfortenbuch, der unfertige Zustand des Grabes ermöglicht interessante Beobachtungen zur Technik der Reliefzeichnungen (Vorzeichnungen)
- Nr. 62, Tutanchamun; ungewöhnlicher Grundriß für ein Königsgrab und sehr klein; wohl ursprünglich für einen Privatmann begon-

nen, vermutlich aus Zeitgründen für den Kindkönig übernommen.
- Nr. 9, Ramses VI, ist frisch restauriert und u.a. auch daher sehenswert.

Tip: Sie sollten nicht unbedingt mit dem schönsten Grab, dem des Sethos, beginnen; dann fallen die anderen vielleicht zu sehr ab.

Gräber der Noblen, Beamten und Würdenträger

In Theben-West gibt es über 400 dekorierte Gräber von Privatleuten, d.h. von Angehörigen der Oberschicht. Sie sind hochinteressant wegen der Darstellungen aus dem täglichen Leben, die oft in direktem Bezug zur Person des Grabinhabers, zu seinem Beruf bzw. seinen Ämtern stehen.

Schauen Sie sich diese Dokumentation des pharaonischen Alltags an und lassen Sie sich aus längst verflossenen Jahrtausenden erzählen. Der aufmerksame Beobachter findet deutliche Parallelen zu abendländischen Lehren.

Grabherr Sennefer und Gemahlin (klein)

Theben-West kennenlernen

Wenn der Verstorbene laut Totenbuch den Totenrichter beschwört: *"Ich habe kein fremdes Eigentum beschädigt, niemanden verleugnet, keinen Schmerz zugefügt, niemanden hungern lassen, keine Tränen verursacht. Ich habe niemanden getötet und auch nicht zu töten befohlen..."*, dann ist der Weg zu den biblischen zehn Geboten nicht weit und man stellt betroffen fest, daß die grundsätzlichen Probleme der Menschheit vor 4000 Jahren schon allzu bekannt waren, die Lösung aber heute ebenso weit entfernt liegt wie damals.

Die Gräber bestehen im Prinzip aus Vorhof, Quer- und Längshalle, der bei den größeren Anlagen ein Pfeilersaal vorgeschaltet sein kann. Von diesen Räumen gingen die Schächte hinunter zu den unterirdischen Grabkammern, in denen die Särge und die Grabausstattung abgestellt wurden. Während dieser Teil der Grabanlage verschlossen wurde, blieben die dekorierten Räume weiterhin für die Totengedenkfeiern zugänglich.

Für den Besucher stellt sich das Problem der Auswahl und der Orientierung. Vereinzelte Schilder weisen zwar in Richtung einiger Grabstätten, die aber dennoch schwer zu finden sind. Die Gräber liegen (von Nord nach Süd) in Dra Abou el Naga, Asaif, El Cocha, Qurna und Gurnet Murai, wobei die meisten der zur Besichtigung freigegebenen Gräber in Qurna zu finden sind. Diese Nekropole zieht sich um das gleichnamige Dorf – westlich des Ramesseums – den Hang hinauf.

Falls möglich sollten Sie in Qurna – je nach aktuellem Öffnungsstand – eine Auswahl der folgenden Gräber besuchen:
- Nr. 52, Nacht; Darstellungen aus dem bäuerlichen Leben, Musikantinnen (als Schutz wurden Wände glasverkleidet)
- Nr. 55, Ramose; Relief (Festdarstellung) und Malerei (Begräbniszug), Übergang zum Amarna-Stil
- Nr. 56, Userhet; sehr schöne Malereien
- Nr. 57, Chaemhet, schöne Flachreliefs
- Nr. 96, Sennefer; Weinlaubdecke
- Nr. 69, Menena; Landwirtschaft, Totengericht und Begräbnisrituale
- Nr. 100, Rechmire; Handwerkerszenen

Weiterhin sind sehenswert: Nr. 51, 57, 38, 50, 56, 78, 81, 82, 60, 85 und 93. Da die Gräber innerhalb der Bereiche von zwei Umfassungsmauern liegen, sollten Sie sich je nach Umfang Ihrer Besichtigungs-Ausdauer zuvor im Plan einen Rundgang markieren.

Direkt südlich der Straße nach Der El Bahri liegt die Nekropole von **Asaif**, unweit davon die von **El Cocha**. Sehenswert sind hier die Gräber Nr. 36, 39, 49, 178, während in Asaif das Grab Nr. 192 einen Besuch lohnt (u.a. sehr fein gearbeitete und dynamische Szenen des Hebsed Festes) die Nr. 194 und 414 fallen dagegen sehr ab, sind aber von der räumlichen Konzeption etwas ungewöhnlich.

Der El Medina

In dieser sehenswerten Stadt wohnten die Künstler, Steinmetze und Maler, die für die Anlage der Königsgräber im Tal der Könige zuständig waren. Für sich selbst legten sie am Hang über ihrem Dorf "nach Feierabend" ihre meist kleinräumigen Gräber an, die sich durch einen ganz eigenen Stil und eine oft recht eigenwillige Farbgebung auszeichnen. Am Rand der Siedlung steht ein kleiner, mit allen Nebenräumen erhaltener Ptolemäer-Tempel (Wärter suchen, der aufschließt und Strom besorgt).

Die Grundmauern der engen Häuser sind erhalten, manchmal sogar noch Stufen der Treppe in die oberen Stock. Die Ruinen ermöglichen eine gute Vorstellung von den damaligen Wohn- und Lebensbedingungen. Dies ist um so interessanter, als die meisten der altägyptischen Siedlungen, aus vergänglichen Nilschlammziegeln errichtet, nicht erhalten geblieben sind.

Einige Gräber sind zugänglich, aber nur für 5 bis 10 Minuten, derzeit Inerkha und Sennodjen. Dessen Grab (Nr. 1) liegt seinem Haus gegenüber, noch besser hat uns das des Onuris Cha (Nr. 359) gefallen (für uns eins der schönsten in

Noblengräber

7. Luxor, Karnak und Theben-West

Theben-West überhaupt), dessen beide Kammern mit sensiblen, sehr eindrucksvollen Bildern bemalt sind.

Übrigens konnten sehr viele Details über die Stadt und das damalige Leben rekonstruiert werden, weil hier zahllose, mit allen möglichen Notizen bekritzelte Ton- und Kalksteinscherben (*Ostraka*) gefunden wurden; allein 5000 in einem mit Abfall gefüllten unvollendeten Brunnen nordöstlich des Ptolemäertempels.

Man kann von hier aus auf schönen, aussichtsreichen Wegen nach Der El Medina wandern. Allerdings sollte man derzeit die Polizei informieren, weil die Strecke stark bewacht ist. Man wird sonst in unangenehme, ständige Fragerei verwickelt.

Königinnengräber

Das südwestlich von Der El Medina gelegene (Hoch)Tal der Königinnen birgt nicht nur Gräber von Königinnen, eine Reihe von Prinzen und Priestern wurde hier auch begraben. Die Anlagen ähneln denen der Könige, sind aber insgesamt bescheidener angelegt und ausgestattet.

Das berühmteste Grab, das der **Königin Nefertari** – Lieblingsfrau von Ramses II – hatte unter Mineralausscheidungen (hauptsächlich Salz) sehr gelitten, in einem außerordentlich aufwendigen Renovierungsprozeß wurde es wieder so hergerichtet, daß man es besichtigen kann – allerdings nur 10 Minuten lang (zum Prozedere siehe Seite 260). Ein Leser schreibt begeistert: "Es ist, wie wenn man vor einem wunderschönen, von Farben überbordenden Bild steht und dann die Erlaubnis bekommt, es zu betreten. Plötzlich ist es überall, um einen herum."

Treffender läßt sich der Eindruck kaum wiedergeben. Die frohe Farbenfülle überwältigt den Besucher; es ist kaum zu glauben, daß die wunderschönen Malereien die Jahrtausende überdauerten und ihre lebendige Ausdruckskraft behielten. Treiben Sie unbedingt den nicht unerheblichen Aufwand und besuchen Sie das Grab.

Wenn man schon den Berg hinaufmarschiert ist, sollte man zumindest auch die beiden Gräber Nr. 44 und 55 von Söhnen des Ramses III anschauen. Sie schildern Jenseitsszenen und erfreuen ebenfalls mit sehr gut erhaltenen Farben.

Grabtempel

Einst lagen die Grabtempel an der Grenze zwischen Fruchtland und Wüste. Es waren die Tempel, in denen die Bestattungszeremonien und später die Totenrituale abgehalten wurden; sie waren der thebanischen Götter-Triade Amun, Mut und Chons geweiht.

An den Grabtempeln hat der Zahn der Zeit sehr stark genagt, von manchen ist nichts oder nicht viel übriggeblieben. Daher sollen hier auch nur die wichtigsten beschrieben werden, wieder im Norden beginnend.

Grabtempel von Sethos I

Der von Sethos I begonnene und von seinem Sohn Ramses II fertiggestellte Tempel steht am Rand des Dorfes, das an der Königsgräberstraße östlich der vom Inspektorat kommenden Straße liegt und ausschließlich aus Alabasterfabriken zu bestehen scheint.

Der Tempel – relativ wenig besucht und daher ziemlich ruhig – war stark zerstört. Das Deutsche Archäologische Institut arbeitete viele Jahre an der jetzt abgeschlossenen Rekonstruktion. Es handelt sich um eine verhältnismäßig kleine, aber im Aufbau typische Anlage. Zu sehen sind die Vorhalle, der Säulensaal mit sechs Papyrussäulen, Seitenkammern und schließlich das Sanktuar, neben dem Ramses II einen Sonnenhof anlegen ließ. Eine Reihe von Reliefs sind mehr oder weniger gut erhalten. Bei Zeitmangel sollte man allerdings den Besuch des Ramesseums vorziehen.

Der El Bahri

Hatschepsut, die mächtigste Frau auf dem Pharaonenthron, integrierte ihren Totentempel in den Steilabfall des Gebirges: Er breitet sich wie

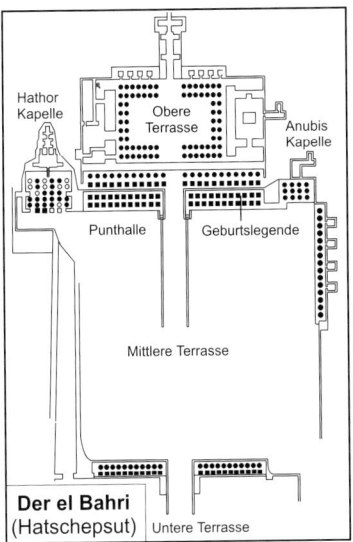

eine überdimensionale Bühne aus, die mit ihrer Hintergrundkulisse aus ockerfarbigen, senkrecht in den Himmel wachsenden Felsen verschmolzen ist.

Drei übereinander gestaffelte **Terrassen** tragen Hallen, zu denen Rampen hinaufführen. Auf der mittleren Terrasse finden Sie im Süden (links) die berühmte **Punt-Halle** mit Reliefs über eine Handelsexpedition nach Punt (heute Somalia) zur Gewinnung von Weihrauchbäumen. Diese Reliefs sind so detailliert und naturgetreu geschaffen, daß aus eigentlich nebensächlichen Einzelheiten, wie z.B. den Fischarten, der Reiseweg weitgehend rekonstruiert werden konnte. Südlich der Punthalle schließt sich das **Heiligtum der Göttin Hathor** an. Die Reliefs zeigen die Göttin überwiegend in ihrer Kuhgestalt.

Im nördlichen Teil der Mittelterrasse können Sie die Schilderung der **Geburtslegende** verfolgen: Der Reichsgott Amun zeugt zusammen mit der großen königlichen Gemahlin den zukünftigen ägyptischen König – hier Hatschepsut. Das königlich-göttliche Kind wird vom Schöpfergott Chnum auf einer Töpferscheibe geformt. Am nördlichen Ende der Terrasse liegt, in den Fels hineingearbeitet, eine **Kapelle für Anubis** mit Darstellungen des Mitregenten Thutmosis III.

Die Restaurierungsarbeiten auf der obersten Terrasse stehen kurz vor dem Abschluß, im Lauf des Jahres 2000 soll sie wieder geöffnet werden. Auch von weitem sind die kolossalen Pfeilerfiguren zu erkennen, die Hatschepsut in Gestalt des Jenseitsherrschers Osiris, darstellen.

Südlich des Hatschepsut-Tempels wurden erst 1964 unter Grabungsschutt Überreste eines **Heiligtums von Thutmosis III** entdeckt. An dieses schließt sich der **Totentempel von Mentuhotep** an, den sich der Gründer des Mittleren Reiches hier rund 500 Jahre früher in direkter Kombination mit einem Felsengrab, das tunnelartig in den Fels hineinführt, anlegen ließ und der offensichtlich als Vorbild für Hatschepsuts Bauwerk diente.

Besonders gut ist die Tempelanlage von dem darüberliegenden Felsplateau aus zu erkennen (z.B. auf dem Fußweg ins Tal der Könige).

Ramesseum

(derzeit geschlossen) Den Totentempel von Ramses II betritt man heute von Nordwesten durch den Zweiten Hof – will man ihn entsprechend seiner Raumfolge vom eigentlichen Eingang her kennenlernen, wendet man sich zunächst nach links und erreicht durch den **Ersten Hof** mit einer umgestürzten kolossalen Sitzfigur des Königs (ursprünglich ca. 17 m hoch) die Rückseite des **Ersten Pylons**, heute stark zerstört und bereits ins Fruchtland reichend.

Auf der Rückseite dieses und auch des **Zweiten Pylons** können Sie in Bildern und in Texten die Schilderung der Schlacht von Kadesh, die Ramses II in seinem 5. Regierungsjahr in Syrien gegen die Hethiter schlug, nachverfolgen – obwohl die Ägypter, wie aus den

7. Luxor, Karnak und Theben-West

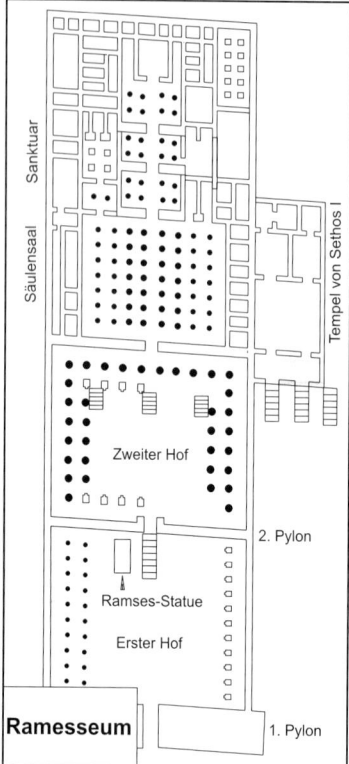

Obwohl dieser Tempel stark zerstört ist, lohnt sich ein Besuch. Wegen der Nähe des Fruchtlandes sind die Ruinen von Bäumen durchwachsen, was der Anlage eine sehr eigene Atmosphäre verleiht. Außerdem sind hier deutlich weniger Touristen anzutreffen als in Der El Bahri oder Medinet Habu.

Medinet Habu

(Neuerdings ist der Tempel mit *Ramses III* ausgeschildert). Von einer gewaltigen Umfassungsmauer aus Ziegeln umgeben, ist der Totentempel von Ramses III der größte noch erhaltene Tempel in Theben-West. Man betritt den Bezirk durch einen in der ägyptischen Architektur ungewöhnlichen Bau, das sog. **Hohe Tor**, das an syrische Festungsbauten erinnert (Zinnen).

Die Darstellungen der Feindvernichtung verstärken den Abwehr-Charakter des Torbaues. Über ein offenes Areal gelangt man zum **Ersten Pylon**, der das Erschlagen der Feinde zeigt. Im Tempelinnern ist eine sehr klare Raumfolge von Hof – Zweiter Pylon – Zweiter Hof, Säulensaal – Opfertischraum und Sanktuar zu beobachten, der Boden steigt über Rampen zum Allerheiligsten stetig an.

Im **Ersten Hof** ist links das Erscheinungsfenster zu sehen, von dem aus der König Belobungen an seine Beamten und Heerführer verteilte. Dahinter liegt eine kleine **Palast-Anlage** (von außen zugänglich), die mit Thronsaal, Schlafräumen, Badezimmer und Toilette das verkleinerte Abbild des Königspalastes darstellt: Hier nicht für den lebenden, sondern für den verstorbenen König bestimmt.

Die **interessantesten Reliefs** finden sich auf den Außenseiten: Im Norden (Rückseite Erster Pylon, Teil Außenmauer) sieht man Schlachtenbilder, die nach Vorlagen aus dem Ramesseum gearbeitet sind. Ramses III kämpft hier gegen Völker, die zu seiner Zeit gar nicht mehr existierten!

Eine grandiose Neuschöpfung dagegen ist die rechts anschließende Schilderung der See-

Berichten des Gegners hervorgeht, in einen Hinterhalt gelockt wurden und nur mühsam einer Niederlage entgehen konnten (es entstand eine Patt-Situation), stellt die ägyptische Version einen grandiosen Sieg des Pharao dar. Außer hier im Ramesseum ist die Kadesh-Schlacht noch in Abydos, im Luxor-Tempel und in Abu Simbel verherrlicht.

Im hinteren Tempelteil sind noch die Decken zweier Säle erhalten, eine davon zeigt verschiedene Sternbilder, die auch in den Königsgräbern zu sehen sind. Außerhalb des eigentlichen, aus Stein errichteten Tempels werden Ihnen ausgedehnte Ziegelgebäude auffallen, die Magazine des Ramesseums.

Der Totentempel von Ramses III beeindruckt u.a. durch seine gewaltigen Dimensionen

Grabtempel

7. Luxor, Karnak und Theben-West

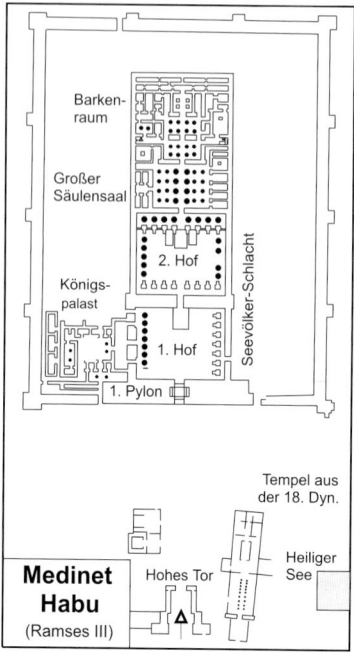

tempel gehörende Gebäude zu erreichen: Links liegen die Grabkapellen von Priesterinnen aus der Spätzeit, den *Gottesgemahlinnen des Amun* Amenirdis, Schepenupet und Nitokris (25./26. Dynastie). Rechts der **Kleine Tempel** von Medinet Habu, der in seinen ältesten Teilen (innen) auf den Beginn der 18. Dynastie zurückgeht und dann in der Spätzeit und der griechisch-römischen Zeit immer neue Anbauten erhielt, bis er schließlich nach Osten hin die große Umfassungsmauer durchbrach.

Falls Sie nach all dem Besichtigen relaxen wollen: In den Cafés gegenüber dem Eingang können Sie eine Erholungspause einlegen; noch hübscher sitzt man ein paar Schritte nördlich im Garten des Pharao Hotels.

Memnon-Kolosse

Neben der Hauptstraße stehen die gewaltigen 18 m hohen Monolithkolosse mit z.B. 3 m langen Füßen. Diese Torwächterstatuen sind fast alles, was vom einst hier errichteten Totentempel von Amenophis III – Vater von Echnaton – übrig blieb.

Nilfluten, Sonnenglut, das Sandstrahlgebläse der Wüste und der Abbruch der Steine für andere Bauten haben nichts von dem Tempel aus dem 15. Jhd vC stehen gelassen, der wohl der größte und prächtigste seiner Zeit war. "Gebaut aus weißem Sandstein, Gold, einem Boden aus Silber, mit Türen aus Elektrum" (wie es auf einer Stele im Ägyptischen Museum heißt). Erstaunlicherweise gab seit einem Erdbeben 27 nC die nördlichere der beiden Statuen bei Sonnenaufgang einen singenden Ton von sich, den vermutlich die wärmende Morgensonne durch Spannungen im Stein auslöste. Der römische Kaiser Septimius Severus wollte dem Torwächter Gutes tun und ließ ihn restaurieren – seither schweigt er.

völkerschlacht, die Ramses III gegen aus dem Norden ins Delta eingedrungene Völker tatsächlich geschlagen hat. Die Darstellung beginnt ganz rechts mit einem Aufmarsch der Truppe und Auszug aus dem Tempel. Dann folgt die Schlacht zu Lande, unterbrochen von einer Löwenjagd (symbolische Feindvernichtung), der sich die Seeschlacht anschließt – ein bewußt chaotisches Durcheinander von ägyptischen und feindlichen Schiffen, der König nimmt vom Ufer aus teil. Anschließend werden die besiegten und gefesselten Gegner vom König vor Gott Amun gebracht.

Weitere interessante Darstellungen auf der Rückseite des Ersten Pylon im Süden (von Tempelpalast aus zu sehen): der König bei der Wildstierjagd und bei der Jagd in der Wüste.

Vom offenen Areal zwischen Hohem Tor und Erstem Pylon sind zusätzliche, nicht zum Toten-

Die Kolosse waren in griechisch-römischer Zeit eine der größten Touristen-Attraktionen der damaligen Welt. Die Griechen glaubten, es seien Statuen des legendären Memnon, König von Ethiopien und Sohn der Göttin der Morgenröte Eos/Aurora, der im Trojanischen Krieg von Achilles getötet wurde. Das Weinen sei die Stimme des Memnon, der seine Mutter jeden Morgen grüßte. Die Tränen der Eos um ihren früh gefallenen Sohn legten sich wiederum als Tau auf die Gräser. Seit Septimus Severus die Steinblomben einfügen ließ, erinnert nur noch der Morgentau an die griechische Tragödie...

Junger Niltal-Bauer aus der Gegend von Luxor

Schreiben Sie uns bitte, wenn Sie Neuigkeiten oder Veränderungen gegenüber diesem Buch entdecken. Alle brauchbaren Informationen honorieren wir mit einem Buch aus unserem Verlagsprogramm und veröffentlichen sie zwischen zwei Auflagen regelmäßig auf unserer Internetseite. Schauen Sie, bevor Sie abreisen, unbedingt vorbei, um den aktuellen Stand zu erfahren:
www.tondok-verlag.de oder www.reise-know-how.de

8. Assuan und Abu Simbel

Blauer Nil, weiße Felukensegel, schwarze Kataraktfelsen, goldgelbe Wüste – die Attribute der wohl schönsten Stadt Ägyptens ließen sich noch fortsetzen. In Assuan sollte man diese Stimmungen, die sich je nach Tageslicht anders mitteilen, genießen, sollte in Ruhe mit einer Feluke segeln, von den diversen Aussichtspunkten die ungewöhnliche Landschaftskulisse betrachten, vom Ufer den sich ständig neu bildenden Strudeln im Katarakt zuschauen; kurz: sich Zeit nehmen und ein bißchen träumen.

> **INTERESSANTES**
> ******Assuan**, eine sehr lebendige orientalische Stadt mit bunten Souks und viel Atmosphäre, für viele Besucher die angenehmste Stadt Ägyptens
> ******Abu Simbel**, Tempel des Ramses II, rd. 280 km südlich von Assuan in der Einsamkeit der nubischen Wüste gelegen
> ******Nubisches Museum** mit 1200 Exponaten einer fast untergegangenen Kultur
> *****Insel Elephantine** mit Museum, Nilometer und Nubierdorf
> *****Insel Philae**, einst als "Perle Ägyptens" apostrophierte Tempelinsel, heute nach Versetzen auf die Insel Agilkia immer noch sehr sehenswerter Tempel
> *****Nilstaudämme**, d.h. besonders der Hochdamm: Sieg des Menschen über die Wassergewalten
> ****Kalabsha-Tempel**, ebenfalls vor den Fluten des Stausees geretteter Tempel.
> ****Unvollendeter Obelisk** in den Granitbrüchen, an dem deutlich die Arbeitsweise der pharaonischen Steinmetze zu erkennen ist
> ****Pflanzen-Insel** (Kitchener Island), üppiger Botanischer Garten
> ****Ausflug mit einer Feluke** durch die Kataraktlandschaft
> ****Gräber von Gaufürsten des AR und MR** am westlichen Steilufer
> ****Simeonskloster**, gut erhaltene Klosterruine in der westlichen Wüste

Überblick

Assuan ist von alters her wegen seines trockenen und ausgeglichen warmen Klimas als Kurort bekannt. Wichtiger für die Bedeutung der Stadt waren die Stromschnellen im Nil, die ersten Katarakte von der Mündung her gesehen. Sie schützten Ägypten gegen von Süden eindringende Boote und stellten daher eine Art natürliche Grenze dar. Für unzählige Generationen von Ägyptern endete an den Katarakten die Vorstellung von der Bewohnbarkeit der südlichen Erde, in der Mythologie entsprang hier sogar der Nil.

Eroberungslustige Pharaonen schoben die Grenze immer weiter nach Süden ins Land der Nubier vor – die vielen im heutigen Stausee versunkenen Tempel beweisen derartige Aktivitäten. Assuan war auch wegen seiner Granitsteinbrüche für die pharaonischen Ägypter von erheblicher Bedeutung. Dieser, im Gegensatz zum weiter nördlich vorkommenden Sand- und

8. Assuan und Abu Simbel

Kalkstein besonders widerstandsfähige Werkstoff konnte in den hiesigen Brüchen gewonnen, zu Kolossalstatuen oder Obelisken verarbeitet und ohne lange Landtransportwege verschifft werden.

Interessant ist, daß einst der Wendekreis des Krebses durch Assuan verlief, denn sonst hätte der Ptolemäer Eratosthenes keinen schattenlosen Brunnen finden können. Im Laufe der seither verflossenen zwei Jahrtausende hat sich der Wendekreis ein ganzes Stück nach Süden verschoben.

Nach fast jahrtausendelangem "Dornröschenschlaf" ist Assuan aufgewacht. Weltberühmtheit erlangte es durch zwei Bauwerke in seiner Nähe: Der gegen Ende des letzten Jahrhunderts von den Engländern errichtete alte Nilstaudamm, der über viele Jahrzehnte zu den größten seiner Art zählte und die Fluten des Nils durchaus wirkungsvoll regulierte. Und der neue Hochdamm, der nach allerlei politischem Hin und Her von den Russen in den 60er Jahren gebaut wurde und Ägypten in eine stets fruchtbare, von den Launen der Natur unabhängige Oase verwandeln sollte.

Verkehrsverbindungen

Eisenbahn nach Luxor/Kairo:
- 5.00, 7.00, 7.15, 9.35 (nur 2. u. 3. Kl., kein AC), 15.45, 19.00, 20.15 (1. und 2. Klasse)
- Supersleeper 17.00

Wer nur nach Luxor fährt, kann das Ticket im Zug kaufen, außer für die Züge um 5.00 und um 20.15

Für Fahrten nach Kairo sollte man ein bis zwei Tage im Voraus buchen, da sich ab Luxor die Wagen füllen. Obwohl Fremde nur mit bestimmten Zügen nach Norden fahren dürfen, läßt sich diese Bestimmung umgehen, wenn man das Ticket im Zug löst.

Die Bahnfahrt in der 2. Klasse AC kostet nach Luxor £E 14, nach Kairo £E 35.

Busse:
Busse und Privatautos dürfen derzeit wegen der Terrorgefahr nur im Konvoi und nur zweimal täglich (8.00 und 13.00, donnerstags 7.00 und 13.00) fahren, was sich jedoch jederzeit ändern kann. Erkundigen Sie sich also entsprechend frühzeitig nach der aktuellen Lage.

Entgegen offiziellen Angaben kann man jederzeit per Bus nach Luxor fahren – einsteigen und Vorhang zuziehen, empfiehlt ein Leser.

Busse nach:
- **Luxor**: 9.30, 12.30 (je £E 8), 13.45, 15.30 (je £E 15), 17.00 (£E 10)
- **Qena, Hurghada, Kairo**: 15.30, 16.00

Das **Bus-Terminal** liegt ziemlich zentral in der Sharia Abtal el Tahrir, der Sammeltaxistand für Verbindungen nach Süden östlich des Bahnhofs (durch Tunnel zu erreichen) etwa auf Höhe des Busstandes. Sammeltaxis vor allem für südliche Strecken stehen auch vor dem Continental Hotel.

Per **Sammeltaxi** nach Luxor: Die Fahrer behaupten gern, daß die Polizei keine Touristen durchläßt, für £E 20 anstelle von £E 7,50 würde man es jedoch riskieren. Tatsächlich können Sammeltaxis problemlos im Konvoi mitfahren.

Taxifahrer versuchen Touristen zu schröpfen, wo immer es geht – utopische Forderungen von £E 20 lassen sich häufig genug auf £E 2 herunterhandeln. Offiziell kostet der Beginn einer Taxifahrt £E 3,60, dafür kann man sich aber vom Bahnhof zum Nubischen Museum kutschieren lassen. Am billigsten sind die Sammeltaxis, die sich für unsere Augen von den anderen nur dadurch unterscheiden, daß sie meist ziemlich voll besetzt sind. Eine Fahrt vom Egypt Air Office zum Bahnhof kostet nur £E 0,50. Am teuersten sind die fein herausgeputzten Taxis vor Hotels oder am Bahnhof, deren Fahrer einem ein penetrantes "Taxi, Taxi" nachschreien. Eine **Taxifahrt zum Flughafen** kostet etwa £E 25 für das gesamte Taxi.

Wichtige Adressen

- *Bevor Sie sich in Aktivitäten stürzen, sollten Sie im **Tourist Office**, Tel 312 811, Bahnhofsvorplatz, vom Bahnhof kommend etwa 50 m rechts* *(ca. 9 -13, 18-22 Uhr; sehr flexible Öffnungszeiten), vorbeischauen.*

In diesem Office ist man sehr bemüht, den Gästen mit Informationen über Verkehrsmöglichkeiten nach Abu Simbel, Felukenfahrten, Taxipreisen oder z.B. mit einem (bescheidenen) Stadtplan zu helfen. Fragen Sie nach Mr. Schoukry Saad, Mr. Farrag oder Hakeem Hussein, die Männer kennen sich gut aus und sind sehr hilfsbereit.

- **Telefonamt**, *südliche Corniche rechts neben dem Egypt Air Office, 24-Stunden-Service*
- **Hauptpost**, *neben dem öffentlichen Schwimmbad an der Corniche, postlagernde Briefe gibt es nur im alten Postamt (um einen Block von der Corniche versetzt hinter dem Philae Hotel)*
- **American Express**, **Wagons-lits Travel** *(vermitteln günstige Abu-Simbel-Trips), im New Cataract Hotel*
- **Egypt Air**, *südliche Corniche, Tel 22 400*
- *Für Notfälle:* **Deutsches Krankenhaus**, *23 Sharia El Corniche, bekannt unter El Germania, Nähe Egypt Air Office, Außenstelle in Darau*
- **Internet Cafés** *im Nubian Oasis Hotel, Sharia el Souk (£E 1 per Minute; Email £E 12); im Keylany Hotel, 24 Stunden geöffnet, 5 Computer, £E 10/Std; Happi Hotel, 2 Minuten £E 1; Governorate; auch an der Corniche sieht man diverse Schilder*

Zollfreier Einkauf: Innerhalb von 24 Stunden nach der Ankunft aus dem Ausland läßt Ägypten noch Einkauf in Duty-Free-Shops der **Egypt Free Shops Company**, 15 Cornish El Nil in der Stadt zu.

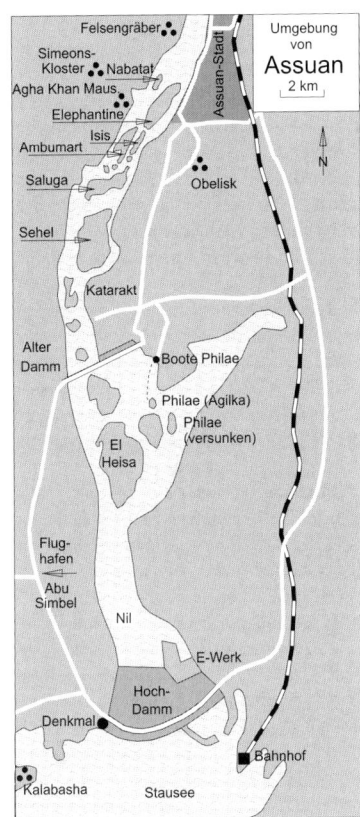

Ein paar praktische Tips

- Assuan ist eine ziemlich **langgestreckte Stadt**, Sie sollten bei der Planung Ihrer Aktivitäten daran denken. Auf der Corniche, der am Nilufer verlaufenden Straße, pendeln jede Menge Taxis und Pferdekutschen, wobei Taxis billiger als Kutschen sind.
- Oder Sie radeln. **Fahrräder** kosten etwa £E 5 und mehr pro halber Tag. Verleiher findet man im östlichen Teil der Sharia El Matar (Bahnhofsgegend), Sharia Souk neben Hotel Saber, beim Ramses Hotel oder an der Corniche Nähe Misr Bank, weitere Adressen vom Tourist Office.
- Oder Sie nehmen eine **Kutsche** (Kalesche) für eine Rundfahrt: Von der hohen Sitzposition hat man einen recht guten Ausblick, der Trip ist gemütlich und man sieht mehr als im Taxi.
- Wenn Sie Abkühlung im **Swimmingpool** suchen, so können Sie auch als Außenstehender den Pool im Cataract Hotel (nicht immer, £E 35), Isis Island Hotel (£E 15, großer Pool), im Oberoi Hotel (£E 20) auf der Insel Elephantine, im Hotel Cleopatra (£E 8) oder den des Club Med auf der

8. Assuan und Abu Simbel

hoteleigenen Insel (£E 46 incl. Lunch oder Dinner; Boot-Shuttle ab Corniche, Evangelische Mission) benutzen.
- Wenn Sie für 10 – 14 Tage ausprobieren wollen, wie ein Tatoo aussehen könnte, dann lassen Sie sich von Nubierinnen die Haut mit Henna bemalen. Das El Salam Hotel bietet professionellen Service zu £E 20 an. Auch Rachma malt hübsche Tatoos, Sharia Sultan Abu Elelast (kleine Straße neben Egyt Air Office hinaufgehen, letzte Straße links).
- Sehenswerte **nubische** und ägyptische **Tänze** werden von Oktober bis Februar allabendlich außer freitags um 21.30 Uhr im Assuan Palace of Culture – Qasr El Sakafaa – (zwischen Moschee und Hauptpost gegenüber vom Rundbau des Ruderclubs) von der bekannten Folklore-Tanzgruppe Assuans aufgeführt.
- **Nubische Folkore** versetzt mit Bauchtanzvorführungen können Sie auch im Old Cataract Hotel zu £E 40 betrachten; wobei die Musik ernüchternd, der Saal selbst ein Augenschmaus ist.
- Es existiert auch eine Art von **Nightlife** in Assuan: Viele internationale Hotels veranstalten spät abends Bauchtanzvorführungen z.B. im Old Cataract (Mindestverzehr £E 102). Bekannt ist die *King Ramses Disco* im Ramses Hotel. Die Disco *Shasha* im New Cataract, die lebhafteste in Assuan, verlangt Mindestverzehr von £E 15, die *Osiris Disco* im Isis Island Hotel ist ziemlich teuer. Wenn man so will, kann auch die "Light and Sound Show" im Philae-Tempel (siehe weiter unten) zur Bereicherung des Nachtlebens gezählt werden.
- Zum **Kamelmarkt von Darau** kommen Sie per Taxi (£E 40 – 50), Sammeltaxi oder ab 5.30 Uhr per Bus. Vereinbaren Sie gleich mit dem Taxifahrer, daß Sie alle Märkte (die an verschiedenen Stellen liegen) in Darau besuchen wollen.
- Recht preiswerte und offenbar auch gut geführte Rundfahrten zu den Staudämmen, der Insel Philae u.a. bietet der **deutschsprechende Führer** Refaat Abdel-Latif Atia, 237 Sharia Elmatar, Tel 218 9294, an.

Kreuzfahrten auf dem Nasser-Stausee

Auch auf dem Nassersee gibt es **Kreuzfahrten**, inzwischen sind fünf Schiffe unterwegs. Sie starten am Hochdamm, klappern die nubischen Tempel bis Abu Simbel ab, von dort fliegen die Gäste zurück, neue steigen für den Rückweg zu. Eine Reise dauert vier Tage nach Abu Simbel und drei zurück. Als Preisinformation: Eine Doppelkabine kostet um $ 100 pP und Nacht. Informationen u.a. bei
- *Belle Epoque Travel Bureau, 17 Sharia Tunis, Maadi/Kairo, Tel 02 516 964 oder 516 965, oder beim Tourist Office in Assuan bzw. Travel Agents.*
- *Auch Travcotels, 112, Sharia 26.July, Kairo-Zamalek, Tel 02 342 0488, Fax 02 340 3520, bietet mit der M/S Tania ähnliche Trips an.*

Restaurants

Wenn man in Assuan zum Essen geht, stellen die Restaurants am Nilufer der Corniche die erste Wahl: Die meisten sind preiswert und gut, sie bieten alle den besonders abends stimmungsvollen Ausblick auf den Nil. Allerdings kann der Lärm, der von den ankernden Nilkreuzern ausgeht, viel von der Stimmung verderben. Den besten Ausblick hat man übrigens von dem zweistöckigen schwimmenden Restaurant EMYS. In der folgenden Auflistung sind alle am Nilufer liegenden Restaurants mit einem * gekennzeichnet.
- ***Aswan Moon**, Corniche etwa Höhe Kaufhaus Benzion; ägyptisch/nubische Küche, aber auch Pizza, meistens gut, freundlich, Bierverkauf, gute Musik, nubische Veranstaltungen, relativ preiswert*
- ***Assuan Panorama**, Corniche schräg gegenüber Egypt Air Office; sauber, sehr schmackhafte ägyptische/nubische Küche (sehr gute "spicy Tadjen"), viele Kräutertees, den nubischen Kaffee nicht versäumen, verkauft auch nubische Kassetten, zeitweise nur bis 21 Uhr geöffnet*
- ***Café Mohammed**, gegenüber Abu Shelib Hotel; angenehme Atmosphäre, hilfsbereiter Besitzer, organisiert auch Felukenfahrten*

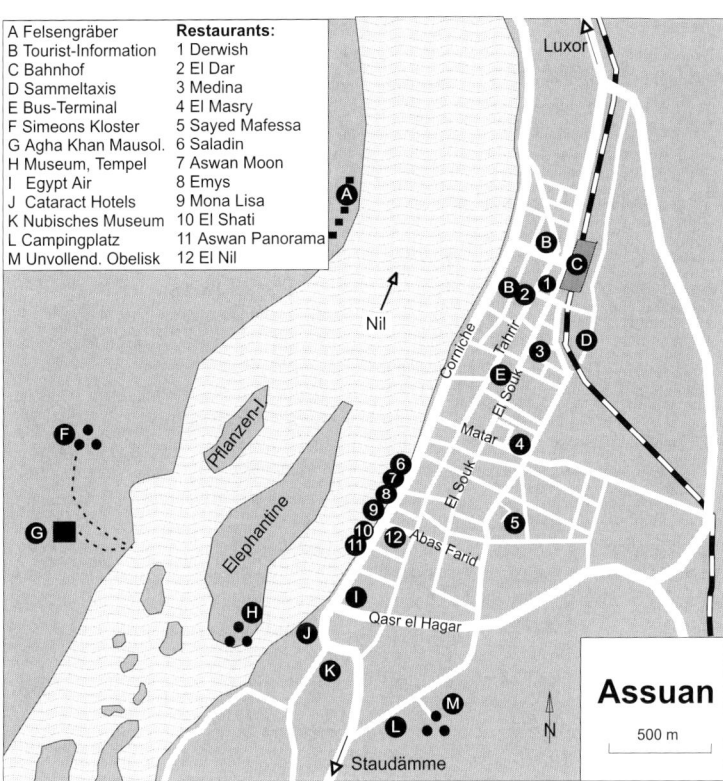

- **Darna**, hübsches Terrassenrestaurant des New Cataract Hotel, zwischen diesem und dem Nil, sehr gutes Mittagsbuffet, teuer
- **Derwish**, gegenüber Bahnhof am Beginn Sharia El Souk (Saad Zaghlul); gut, freundlich, sauber und preiswert
- **El Esmailia Sons**, mitten im Souk zwischen Verkaufsständen, weißgekacheltes, sehr sauberes Imbißlokal, preiswert, gut und freundlich
- **El Masry**, Sharia Matar; typisches und beliebtes Ägypter-Restaurant, Essensqualität unterschiedlich doch meist gut, geringe Auswahl, mittlere Preise
- *****Emys**, Corniche südlich vom Kaufhaus Benzion, neben Assuan Moon; mittelmäßig, preiswert (20 Prozent Studentenermäßigung), gute Atmosphäre, gute frische Fruchtsäfte
- *****El Shati**, Corniche nördlich des Police Department; billig, nicht sauber, nicht gut, nicht empfehlenswert
- **Gomhoreya**, gegenüber Bahnhof; gut und preiswert
- **Horus Bourger**, kleine Gasse neben Youth Hostel (Bahnhofsnähe), preiswerter Schnellimbiß
- **Medina**, Sharia El Souk, gegenüber Cleopatra Hotel, gutes Kofta und Kebab
- *****Mona Lisa**, Corniche südlich von Emys und Assuan Moon; Fisch schmeckt am besten, lahmer Service, alkoholfreie Cocktails, Stella-Bier, mittlere Preise

8. Assuan und Abu Simbel

- **Nefertari**, gutes arabisches Restaurant im New Cataract Hotel, teuer
- **Nobian Restaurant Al Dokka**, auf Insel direkt vor Elephantine, kostenloser Bootstransfer (Nähe Egypt Air Office), hervorragende nubische Gerichte, nubische Tänze, teuer
- **Panorama**, siehe Assuan Panorama
- ***Saladin**, Corniche gegenüber Kaufhaus Benzion; auf Boot, Buffet, laute Musik, ziemlich lange Wartezeit auf mäßiges Essen (besser, wenn Chef da ist) und Bedienung, relativ teuer; im gleichen Komplex Nightclub mit Bauchtanz

Assuan kennenlernen

Die Stadt

Das heute etwa 8500 000 Einwohner zählende, aber immer noch wie eine gemütliche Kleinstadt wirkende Assuan zieht sich ausschließlich am östlichen Nilufer entlang, das westliche Ufer geht abrupt in Wüste über. Allerdings verbreitert sich gleich nördlich der Felsengräber auch die Westseite als Fruchtland, dort liegen am Wüstenrand einige Nubierdörfer. Die Katarakt-Inseln im Strom sind teils bewohnt; wo immer es geht, werden sie zumindest landwirtschaftlich genutzt.

Assuan unterscheidet sich deutlich von den Orten am Unterlauf des Nils. Die Stadt öffnet sich dem Fremden schneller, drängt sich ihm aber nicht so reißerisch auf wie z.B. Luxor. Die Menschen scheinen zurückhaltend und toleranter zu sein, die Häuser und Straßen sind einen Hauch gepflegter (solange man nicht in die untouristischen Viertel gerät) – für viele Ägyptenbesucher ist Assuan die schönste Stadt des Landes.

Assuan erschließt sich vom Nil und der doppelspurigen Uferstraße Corniche her. Auf der Flußseite der Corniche ankern die Hotelschiffe, dümpeln die vielen auf Touristen wartenden Feluken. Fährverbindungen halten den Verkehr zur Insel Elephantine (südlichste Fähre), zum Hotel Oberoi und zum Westufer (£E 1) aufrecht.

An der Ostseite der Corniche erheben sich einige moderne Verwaltungsbauten wie Polizei, Post und Telegrafenamt, Banken, Hotels, das "Kaufhaus" Benzion, das "Hochhaus" des Police Department und Souvenir-Läden. Ganz am Südende der Corniche liegt das Doppel-Hotel Old and New Cataract.

Das **Old Cataract** hat sehr viel Ambiente aus alten Tagen herübergerettet; Agatha Christie arbeitete hier an ihrem Krimi *Tod auf dem Nil*, in dessen Verfilmung das Hotel ebenfalls eine passende Kulisse stellte. Früher gehörte ein Besuch dieser durchaus stimmungsvollen Stätte fast zum Standardprogramm der Touristen, heute bleibt die Hotelhalle nur noch den Hausgästen geöffnet wie auch die Restaurants auf den Nilterrassen. Mit einem kleinen Trick läßt sich zumindest ein Blick auf die Terrassen werfen und, bei wenig Betrieb und gutgelauntem Kellner, vielleicht auch etwas verzehren: Man geht um den Komplex des Old Cataract herum und wandert selbstbewußt zur Lobby oder Darna-Restaurant des New Cataract. Rechts liegen die Terrassen.

Gönnen Sie sich, wenn Sie eingelassen werden, einen Drink auf einer der Terrassen bei Sonnenuntergang (Mindestverzehr £E 25), Sie werden verstehen, daß nicht nur berühmte Reisende früherer Jahrzehnte gleich den ganzen Winter in Assuan verbrachten. Wenn Sie statt dessen nördlich vom Hotel in den gleich anschließenden kleinen Park namens *Ferial* zum Nil gehen, können Sie einen sehr ähnlichen Blick zum Nulltarif genießen, allerdings ohne Nostalgie.

Geht man direkt nach dem New Cataract Hotel rechts, so stößt man nach ein paar Schritten auf das erste der **Nubierdörfer** an diesem Niluferstück. Der Abstecher lohnt sich für Leute, die ein bißchen mehr sehen wollen als nur das übliche Touristenprogramm.

Begibt man sich vom Cataract Hotel weiter den Berg hinauf und läßt das Kalabsha Hotel rechts liegen, so trifft man bald auf das

****Nubische Museum** ("Mathaf el Nuba"; 9-13, 15-21 auch 18-22; Fr 9-11, 17-21; £E 20; Foto £E 10, Video £E 100), das im Herbst 1997 nach 17jähriger Planungs- und Bauzeit, finanziert von der UNESCO, eröffnet wurde. Das Gebäude ist im Anklang an nubischen Stil harmonisch in den Felsenhügel eingepaßt, die Außenanlagen mit einer Art Steingarten, Wasserläufen und Springbrunnen sollte man ebenfalls nicht versäumen. Ganz unten steht ein sogenanntes Nubisches Haus, das aber nur Theaterrequisiten enthält und daher nicht zugänglich ist, ganz oben ein Sheikh-Heiligtum.

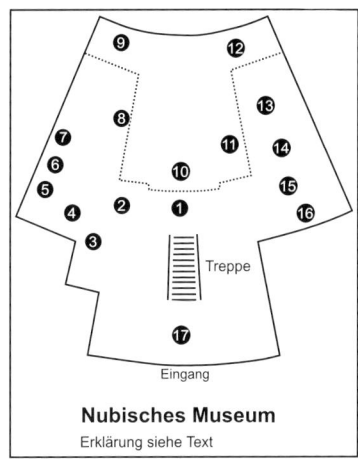

Nubisches Museum
Erklärung siehe Text

Garten und Museum sind rollstuhlgerecht angelegt. Entworfen wurde das Gebäude vom ägyptischen Architekten Mahmud el Hakim, die Innendekoration stammt vom mexikanischen Architekten Pedro Vasquez (daher auch Ähnlichkeiten mit dem mexikanischen Nationalmuseum), der hauptsächlich Assuaner Rosengranit als Verkleidungsmaterial selbst für die Vitrinen verwendete; schon allein diese harmonische Einrichtung ist einen Besuch wert.

Von den eingelagerten 5000 nubischen Exponaten sind nur 1200 in der großen Halle im Untergeschoß ausgestellt, nach Meinung von Kritikern mit zu starker ägyptischer Tendenz bei der Auswahl. Die Stücke überdecken praktisch die gesamte Geschichte Nubiens, von der prähistorischen über die pharaonische bis zur islamischen Zeit. Die aktuelle Situation der Nubier kommt dagegen eher zu kurz. Rechts neben dem Eingang stehen in einem Saal für wechselnde Ausstellungen u.a. Statuen von der Insel Elephantine und eine Widdermumie.

Man geht eine Treppe in den tieferliegenden Hauptsaal hinunter, dort zieht (mal wieder) Ramses II die Blicke als Kolosalstatue auf sich, die vom im Stausee versunkenen Tempel Gerf Hussein stammt. Die Exponate im Vordergrund sind Nubien und seiner Umgebung gewidmet.

Die weitere Ausstellung ist themenbezogen und historisch aufgebaut, links von der Treppe beginnend (siehe Plan):

[1] Nubisches Niltal
[2] Landschaft Nubiens
[3] Entstehung des Nils
[4] Nubien in prähistorischer Zeit
[5] Neolithikum (5.-4. Jahrtausend)
[6] 3. Jahrtausend
[7] 2000-1500 vC
[8] Königreich von Kerma (780 – 593 vC)
[9] Ägyptischer Einfluß in Nubien
[10] Nubier als Pharaonen der 25. Dynastie
[11] Königreich von Meroe (593 vC – 350 nC)
[12] Spätantike
[13] Christliches Nubien
[14] Islamisches Nubien
[15] Bewässerungssysteme am Nil von den frühesten Anfängen bis heute
[16] Rettung der nubischen Tempel durch die UNESCO- Kampagne
[17] Leben und Arbeiten in Nubien

Sehr lebensechte Modelle über die Wohnkultur, die bäuerlichen und handwerklichen Aktivitäten der Nubier ziehen vor allem die lokalen Besucher an, sind aber für den Fremden leider zu wenig erklärt. Hier würde man sich eine Aufklärung über das im Nasser-Stausee versunkene Nubien und die Folgen für die Bevölkerung wünschen.

8. Assuan und Abu Simbel

Autofahrer sollten der Museumsstraße den Berg hinauf folgen. Oben führt eine scharfe Abzweigung nach rechts auf ein Plateau, auf dem das **Nubische Haus** steht, auf dessen Terrasse man sich bei herrlichem Ausblick bewirten lassen kann. Das in Anlehnung an nubischen Stil errichtete Haus bietet neben Atmosphäre und weitem Blick über die Kataraktlandschaft Einblick in einen eher musealen Raum mit nubischem Ambiente. Für den Sonnenuntergang gibt es kaum einen besseren Platz in Assuan. Bei der Weiterfahrt öffnet die Straße immer wieder andere Blicke auf den Nil, obwohl sie mehr und mehr zugebaut wird. Nach ein paar Kilometern mündet sie in die Straße zum Staudamm.

Wenden wir uns vom Cataract Hotel nach Norden, dem eigentlichen Stadtzentrum zu. Gleich hinter dem Hotel breitet sich ein kleiner Park – **Ferial Gardens** – aus, der vor allem an Feiertagen als Familienausflugsziel genutzt wird. Auch von hier aus ergibt sich ein schöner Blick auf den Nil mit seinen Inseln. Stadtauswärts entsteht an der Straße eine neue Kathedrale, die weitere Sakralbauten der Umgebung leicht in den Schatten stellen wird.

Wenn man im Schatten der Corniche weiter nilabwärts bummelt, fällt bald rechts das Egypt Air Office als eine Art Landmarke auf. Links am Nilufer beginnen die Bootsanlieger für Kreuzfahrtlinien, an der linken Straßenseite trifft man immer wieder auf Restaurants, die zum Essen und Schauen einladen. Auf der rechten Seite ragt bald ein scharf bewachtes "Hochhaus" auf, das Polizeihauptquartier. Nachdem rechts zwei kleine Gassen abzweigten, folgt eine Ampel, an der rechts die Sharia Abbas Farid bergan führt, die Hotels El Amir und Abu Shelib liegen an ihr. Direkt am letztgenannten Hotel endet/beginnt im Süden die **Sharia El Souk**, die Bazarstraße, die sich bis zum Bahnhof quer durch die Stadt (zunächst in zweiter Reihe zur Corniche) zieht.

Zum Standardprogramm aller Touristen gehört ein Bummel entlang dieser Straße, die alles bietet, was das Herz eines Ägypters erfreut, vom täglichen Gemüse, über Brot, Gewürze bis hin zum ausgesprochenen Touristen-Kitsch. Gehen Sie hier oder weiter nördlich vom Nil aus nach Osten, zwei (später drei) Querstraßen weiter ist die eigentliche Sharia El Souk erreicht. Sie sollten dieser Straße, die später Sharia Saad Zaghlul heißt, bis in Bahnhofsnähe folgen. Zwar versuchen auch hier die Händler, Sie mit ihren abgegriffenen Sprüchen zu fangen, aber das ist in der Regel nicht so arg aufdringlich gemeint.

In der 5. Auflage unseres Gesamtägypten-Führers empfahlen wir den Schneider Barakat Nadir Kaldas, dessen Laden in der Sharia Saida Nafisa, einer Querstraße der Sharia El Souk, ausgeschildert ist, der "in Blitzesschnelle" billige Hosen (ca. £E 15 bis 20 für Baumwollhose, besserer Stoff kostet mehr) oder Galabeyas produziert und dabei seine Kunden wortgewaltig (ein neuerer deutscher Reiseführer, der diese Info übernahm, schreibt treffend von *Kinski*) über das Leben in Assuan informiert. Eigentlich wollten wir den schnellen Schneider nicht mehr erwähnen, doch viele Leserbriefe stimmten uns um (*"es war einfach ein Erlebnis"*).

Aber nicht nur Mr. Barakat schneidert Hosen, sondern auch seine Kollegen in der Umgebung. Grundsätzlich sollten Sie das Endprodukt sorgfältig kontrollieren: Wenn z.B. Doppelnähte angeboten werden, so schauen Sie beim Abholen nach, und zwar bei allen Nähten, weil sonst die Hose schnell ausfranst oder auseinanderfällt.

Nach dem Souk-Bummel sollten Sie für das nächste Ziel ein Taxi nehmen oder es mit den weiter unten beschriebenen Trips nach Philae oder zum Staudamm verbinden: Auf dem Weg zum Flughafen zweigt etwa 1 km südlich des Cataract Hotels und nach einem links liegenden Gräberfeld/Friedhof links eine Straße ab (*Unfinished Obelisk* ausgeschildert), die an Schutthalden vorbei zum ****Unvollendeten Obelisken** (9.00-16.00, £E 10) führt. Dieser, wahrscheinlich wegen eines Sprungs im Stein nicht fertig bearbeitete 41 m lange Granit-Gigant zeigt ganz deutlich die Handwerks-Technik: Mit Dokrit-Hämmern wurde das Granitgestein bearbeitet, die dadurch entstandenen Rillen sind noch zu erkennen. Das oben genannte Gräberfeld ist übrigens ein sehr alter Friedhof mit Grabstätten, die angeblich bis ins 9. Jhd zurückreichen. Man kann auf dem Weg zum oder vom Obelisken quer hindurchwandern und dabei auch einige mit Fahnen oder Tüchern geschmückte Gräber sehen, in denen lokale Heilige begraben wurden und zu denen häufiger Pilger zum Beten kommen.

***Insel Elephantine

Eine öffentliche Fähre legt vom südlichsten Anlieger an der Corniche ab, kurz vor dem Ferial-Park vor dem Cataract Hotel. Eine weitere Fährverbindung besteht zum zweiten, nördlicher gelegenen Dorf. Zum Oberoi Hotel verkehrt eine kostenlose Hotelfähre, die etwa gegenüber dem Oberoi von der Corniche ablegt; allerdings ist der Park des Hotels meist gesperrt und ein Weiterweg auf die Insel dann nicht möglich. Beide öffentlichen Fähren scheinen keine festen Fahrpreise zu haben, sondern eher auf Bakschischbasis zu agieren, das zwischen Pt 50 – 100 liegen sollte.

Das **Museum** (Sommer 8.30-18.00, Winter 8.00-17; £E 10, gilt auch für Grabungsgebiet) – Ex-Dienst-Villa des britischen Ingenieurs, der den alten Damm baute – liegt in einem zauberhaften Blumengarten und ist einen Blick wert (z.B. sehr schöner prähistorischer Schmuck um 4500 vC im rechten Gebäudeteil). Doch im Grunde handelt es sich um eine ungepflegte Rumpelkammer, in die lieblos beliebige Stücke geworfen wurden. In einem sogenannten Annex wurde quasi ein zweites, tatsächliches Museum mit wichtigen Grabungsfunden aus der Nachbarschaft eröffnet, das man anschauen sollte. Beachten Sie dort auch die Pläne über die Entwicklung Elephantines und das Modell der ptolemäischen Stadt, dann wird der folgende Rundgang durch das Gelände verständlicher.

Auf der Insel Elephantine – Teil der Katarakte im Strom – entstand die erste Siedlung namens Yebu (Elephant), die heutige Stadt Assuan war ursprünglich nur der Hafen von Yebu. Besiedlungsspuren reichen bis in die Vorzeit zurück. Ausgrabungen im südlichen Teil der Insel belegen, daß dieser Platz vom 4. Jahrtausend vC bis ins 1. Jahrtausend nC besiedelt war.

Verschiedene Tempel der Stadtgöttin Satet (Bringerin des Wassers) waren im Lauf der lan-

Nubisches Haus, Außenanlagen des Nubischen Museums

8. Assuan und Abu Simbel

Ein Ghafir – Wächter – in Yebu

gen Geschichte übereinander gebaut worden, der jüngste in ptolemäischer Zeit, der älteste rekonstruierbare in der 6. Dynastie. Dabei entstand die jeweils nächste Generation aus dem Baumaterial der Vorgängerin oder es wurde als Füllmaterial verwendet. Bei den Ausgrabungen (des Deutschen Archäologischen Instituts in Zusammenarbeit mit dem entspr. Schweizer Institut) ließ sich daher die Entwicklung sozusagen Stein für Stein rückwärts verfolgen. Andererseits lag eine solche Fülle von Bausteinen vor, daß sich die Tempel verschiedener Epochen in ihren Grundzügen rekonstruieren ließen, obwohl sie eigentlich mit dem Folgebau vernichtet zu sein schienen.

Die Bauten aus der 6. und 18. Dynastie sowie der ptolemäischen Zeit liegen heute immer noch quasi übereinander, die Bauten des Mittleren Reiches wurden in das nordwestliche Gelände ausgelagert und dort teilweise wiederhergestellt. Außerdem konnten Wohnbereiche, die bis zu sechs Meter dicke Stadtmauer und verschiedene andere Tempel, z.B. des widderköpfigen Gottes Chnum oder des städtischen Schutzheiligen Heqaib, freigelegt wurden. Im Grunde handelt es sich hier um einen sonst im Niltal nicht wieder vorkommenden Schnitt quer durch die Jahrtausende einer Stadtentwicklung, ungewöhnlich genug, um ihm Aufmerksamkeit und Zeit zu widmen.

Ein großer Teil der Gebäude und Anlagen wurde restauriert, sie können besichtigt werden. Ein empfehlenswerter, interessanter Rundgang ist ausgeschildert; ohne Hintergrundinformation bleibt aber vieles unverständlich. Da in Assuan keine Literatur erhältlich ist, hier eine ausführlichere Beschreibung.

Man geht durch den blumenübersäten Museumsgarten – wo gibt es sonst einen solchen Eingang zu einer archäologischen Stätte – und steht bald im Vorhof des jüngsten der drei Satet Tempel [1] (die Zahlen in eckigen Klammern beziehen sich auf die Objektnummern im Gelände). Er entstammt ptolemäischer Zeit, allerdings ist außer diesem Vorhof nichts zu sehen. Doch den Blick zieht der gleich dahinterliegende Satet Tempel auf sich, den die Pharaonin Hatschepsut in der 18. Dynastie [2] errichten ließ. Ungewöhnlich ist der um den ganzen Tempel herumführende Pfeilerumgang. Im Innern fallen zwei Pfeiler mit Hathorkapitell auf sowie ein schönes Relief, das Satet (mit Antilopenhörnern), Chnum und Thutmosis III zeigt. Eine einst auf diesen Tempel zuführende Kolonnade ließ übrigens Pharao Amasis (26. Dynastie) 900 Jahre später errichten. Die Archäologen stellten diesen zweitjüngsten Tempel auf eine Betonplatte, damit der darunterliegende Tempel für Satet [3] aus der 6. Dynastie zugänglich bleiben konnte, der wiederum auf einem Heiligtum der Frühzeit entstand.

Geht man rechts weiter, so stößt man bald auf den (örtlich versetzten) Satet Tempel von Sesostris I [25], von dessen Götterbild im Innern nur die Füße erhalten blieben. Relieffragmente zeigen die Ausfahrt der Göttin auf dem Nil und das Nilflut-Fest (rechte Hälfte der Südwand). Im Sanktuar steht eine Statuengruppe, die nur im unteren Bereich erhalten ist, deren

Inschriften das Götterbild Satet, Sesostris I und Anuket zuordnen läßt. An der Südwestecke des Tempels enthält ein etwas tiefer liegender Raum [27] ein Becken, in dem beim Nilflutfest Wasser als Kulthandlung eingelassen wurde (wie im Relief im Innern gezeigt).

Weiter westlich steht der Satet Tempel von Mentuhotep II [23], der wesentlich monumentaler baute als sein Vorgänger der 6. Dynastie, auf ihn folgte dann der Bau von Sesostris.

Jetzt muß man ein paar Schritte zurückgehen, um über Treppen direkt hinunter zum Heiligtum des Heqaib [18] zu gelangen, einem Stadtheiligen der 6. Dynastie. Es wurde ebenfalls mehrfach erneuert, der aktuelle Bau stammt aus der 12. Dynastie. Dem (vergitterten) Eingang gegenüber rechts steht die Statue des Heqaib, links des Gouverneurs Sarenput I.

Man steigt jetzt ein paar Stufen hinauf und geht in südlicher Richtung zu einer eigens angelegten Aussichtsplattform [17]. Auf dem Weg kommt man am "Steinbruch" des antiken Bereichs vorbei. Als größtes Einzelstück ist ein viele Tonnen schwerer Naos zu bewundern. Neben dem Überblick über die historische Stadt bietet sich ein Blick über die Insel Elephantine mit dem Palmengarten und die Umgebung.

Die Torpfosten eines späten Chnum Tempels, des widderköpfigen Gottes, sind als einzige Reste und imposante Ruinen eines Tempelbaues von Nektanebos II [13] erhalten, ein kurzes Stück südlich davon, das Tor des Amenophis II. Dessen Dekoration im Durchgang (im unteren Teil) wurde erst unter Ptolemmaios I angebracht, während alle anderen 1100 Jahre früher in der Zeit von Amenophis II entstanden. Bei [6] stand einst das 18 m hohe Pylontor des späten Chnum Tempels, bei [5] sind spärliche Bauteile eines älteren Chnum Tempels zu sehen. Von [12] aus sollte man den kurzen Abstecher zum Tor des Amenophis II [14] einlegen. Von hier aus gewinnt man einen guten Überblick über die Siedlungsschichten, die von römischer über ptolemäische Zeit (z.B. das gut erhaltene Gewölbe links oben) bis ins MR reichen.

Schließlich gibt es noch zwei Nilometer zu besichtigen, am südlichen Ufer den des Chnum Tempels in Art eines Heiligen Sees; an der nördlichen Treppe sind Skalen zur Wasserstandsmessung angebracht. Zum Satet Tempel gehörte dagegen der nördliche Nilometer [10], der

Von der Aussichtsplattform der Yebu-Ausgrabung schweift der Blick weit über Elephantine hinaus

8. Assuan und Abu Simbel

vermutlich aus spätptolemäischer bzw. frührömischer Zeit stammt. Die dort vorgenommenen Wasserstandsmessungen waren Grundlage für die Organisation der Feldarbeiten und nicht zuletzt der Steuerbeiträge der Antike.

Die 1,5 km lange, von Gärten und Palmen gesäumte Insel bietet Platz für zwei **Nubierdörfer** mit ihren Gärten, die sich zwischen Ausgrabungsstätte und das Oberoi Hotel zwängen. Ein Spaziergang vom Museum aus durch die Dörfer mit ihren, wie Oasengärten angelegten Feldern, bis hin zum Oberoi Hotel, versetzt Sie in eine einfache und von außen betrachtet friedliche Welt. Die Nubierhäuser – wenn, dann gelb oder blau angemalt – rücken fast auf Schulterbreite zusammen, die Gassen winden sich um viele Ecken. Die Bewohner sind freundlich, das Wort Bakschisch gehört zwar fest zu ihrem Wortschatz, nach unseren subjektiven Einschätzungen hat es aber an Aufdringlichkeit über die Jahre hin verloren. Doch machen Sie sich darauf gefaßt, daß Sie als reicher Tourist betrachtet werden und kaum ein Foto umsonst machen können.

Wenn Sie sich bei Ihrem Spaziergang immer in ungefähr nördlicher Richtung halten, so werden Sie unweigerlich auf die hohe Mauer des Oberoi Hotels stoßen, welche die Nordseite der Insel abriegelt. Sie können in dieser Gegend mit der Felukenfähre zurück in die Stadt segeln oder zum Westufer der Insel gehen. Dort gibt es ein Eisengittertor, das meist geöffnet ist und durch das man Zugang zum Hotelgarten und letztlich in eine andere Welt findet. Das Hotelpersonal versucht, diesen Durchschlupf zu unterbinden, vom Hotel zum Dorf ist häufig kein Durchkommen. Je nach Wasserstand des Nils versinkt außerdem der Zugang im Schlamm.

Der die gesamte Silhouette Assuans verschandelnde Betonturm des Hotels ist übrigens für nicht viel gut; das Dachdrehrestaurant ist meist geschlossen. Die Bauruine nördlich davon (zum Oberoi gehörend) geht angeblich auf eine Anordnung Mubaraks zurück, der entsetzt über die weitere Verschandelung gewesen sein soll.

Mit der Hotelfähre kann man zurück zur Stadt schippern. Oder aber Sie lassen sich von hier für wenige Pfund zur Pflanzen-Insel hinüberrudern. Für Fotografen: Nachmittags ab ca. 15 Uhr kreuzen die meisten Feluken zur Insel hinüber. In einer Elephantine-Bucht genau gegenüber dem südlichen Anleger der Pflanzeninsel liegt eine Fähr-Feluke des Kapitäns Abdu Almaged Dahab Ali für Einheimische, auf der man für £E 1 mitreisen kann.

**Pflanzen-Insel (Gezira El Nabatat)

Nordwestlich von Elephantine umspült der Nil die ehemalige Privat-Insel von Lord Kitchener ("Kitchener Island", allerdings hört man den Namen aus der Kolonialzeit nicht mehr gern, daher eher *Botanical Island*), heute ein Botanischer Garten mit afrikanischen und asiatischen **Tropenpflanzen** (£E 5 Eintritt). Lassen Sie sich mit einer Feluke (£E 5 – 10) von der Stadt aus hinübersegeln – es gibt keine öffentlichen Fähren – und genießen Sie den Spaziergang durch sattes Grün vor dem nur einen Steinwurf entfernten Hintergrund der Wüste. Falls Sie keine Feluke finden, nehmen Sie die Fähre zur Insel Elephantine und lassen sich von der Westseite, wie oben erwähnt, hinüberrudern. Wenn Sie Zeit haben, bleiben Sie bis zum Sonnenuntergang am Ostufer der Insel. Dann beginnen – nach ägyptischer Interpretation – die dort nistenden Ibis-Scharen mit ihrem *Abendgebet*, dem Ruf, der wie "Allah-Allah-Allah" klingt. Vermeiden Sie den Freitag, weil dann die Insel fest in der Hand der Einheimischen ist.

Das Westufer

Die Landmarke **Aga Khan Mausoleum**, in dem das 1957 verstorbene Oberhaupt der Sekte der Ismaeliten in einem Marmor-Sarkophag ruht, ist auf Wunsch der Witwe Begum wegen "unziemlichen Verhaltens der Touristen" leider nicht mehr zugänglich.

Statt dessen bleibt in dieser Gegend des Westufers nur noch der lohnenswerte Besuch des Simeonsklosters. Dazu muß man für Hin- und Rückweg eine Feluke anheuern (ca. £E 10 per Boot) oder ein Ruderboot (ca. £E 5). Eine schöne Alternative: Am Anlegeplatz angekommen schickt man die Feluke nach Hause, besucht das Simeonskloster, wandert dann zu den Felsengräbern hinüber und nimmt von dort die öffentliche Fähre zurück nach Assuan. Dieser Weg ist umgekehrt ebenfalls möglich, man muß dann aber für den Rückweg eine Feluke finden, die – hoffentlich – zufällig hier liegt und natürlich den Preis diktiert.

Der Weg zum **Simeonskloster** (9-17; £E 12) führt von der Anlegestelle etwa 15 bis 20 Minuten bergauf; hier drängen sich auch Kameltreiber auf, die ca. £E 20 für den kurzen Trip verlangen. Allerdings kümmert sich jetzt die Touristenpolizei um den Handel, man zahlt direkt bei ihr.

Man stößt auf die Ruinen einer imposanten Klosteranlage, die einst zu den größten Ägyptens zählte. Das Kloster wurde im 7. oder 8. Jhd gegründet und im 10. Jhd weitgehend erneuert, schließlich aber nach einer Reihe von Nomadenangriffen im 13. Jhd verlassen. Einst, als hier reges Leben inmitten wasserloser Wüste herrschte, muß der gewaltige Gebäudekomplex noch beeindruckender gewesen sein.

Die Ruinen bergen auf der unteren Terrasse die Basilika mit gut erhaltenem Steinplattenboden und Freskenresten im Sanktuarium. Auf der oberen Terrasse ist das früher drei Stockwerke hohe Hauptgebäude mit Mönchszellen und Refektorium gut erhalten. Außerdem zeigt der Wärter eine Mühle, eine Bäckerei und weitere Nebengebäude.

Vom Simeonskloster können Sie zu den Felsengräbern wandern (oder auch auf einem Kamel reiten): Entweder immer den Kamelspuren folgen (und dabei dauernd von Kameltreibern angequatscht werden) oder in nordöstlicher Richtung auf den Nil zuhalten und dann parallel zu dessen Ufer bis zu den Gräbern gehen. Allerdings muß man an den Gräbern zunächst zum Ufer hinunter, da dort die Eintrittskarten verkauft werden. Kalkulieren Sie ein, daß ein Fußmarsch durch den Wüstensand einigermaßen beschwerlich ist (Wasser mitnehmen).

Weithin sichtbar sind die ****Felsengräber der Gaufürsten** von Assuan aus dem AR und MR am Steilabfall der Libyschen Wüste (7-17, Winter 7-16, £E 12; Achtung: für Kameras werden grundsätzlich £E 10 verlangt, ob man fotografiert oder nicht). Zum Westufer unterhalb der Gräber verkehrt etwa alle zehn Minuten eine Fähre (die Verbindung zu den Nubierdörfern) zu £E 1, die an der Stelle an der Corniche ablegt, an der die Straße vom Bahnhof mündet.

Zu den Felsengräbern führt vom Tickethäuschen aus eine Treppe hinauf. Wer die vielen Gräber Mittelägyptens gesehen hat, wird hier nicht unbedingt Überraschungen erleben können – allerdings wird er weniger von anderen Besuchern bedrängt. Um es sehr profan zu sagen: Für den Laien ist der Ausblick vielleicht das Schönste an den Gräbern.

Am südlichsten liegt das Doppelgrab von Mechu und Sabne (Nr. 25 und 26) aus der 6. Dynastie, in dem gut erhaltenen Reliefs Opfer und Feldarbeit zeigen. Eine Inschrift auf der Fassade berichtet, daß Mechu bei einem Feldzug nach Nubien umkam, sein Sohn Sabni zog in den Kampf und konnte den betreffenden Stamm strafen und den Leichnam seines Vaters zurückbringen.

Als nächstes in nördlicher Reihenfolge ist das besterhaltene Grab Assuans, das des Sarenput II (Nr. 31) aus der 12. Dynastie, geöffnet. Auffällig ist die bunte Schichtung des Sandsteins. Es besteht aus mehreren, mit Reliefs geschmückten Räumen. Im Pfeilersaal ist eine Opfertafel aus Granit zu sehen. Von dort führt eine kurze Treppe in einen Korridor mit drei Nischen, in denen der Tote in farbenfrohen Bildern bei verschiedenen Handlungen dargestellt ist.

8. Assuan und Abu Simbel

Die Gräber nördlich des Aufwegs sind meist verschlossen, nehmen Sie sich daher einen "Ghabir" mit, der aufschließt. Zunächst kommt man an arg zerfallenen Bauten vorbei, deren Reliefs aber immer noch sehr farbenfroh sind. Das Grab Nr. 34h ist bekannt, weil der Grabherr Chuef-Hor von seinen Reisen nach Nubien und in den Sudan sehr ausführlich berichtet. Ähnlich schildert der Nachbar in Grab Nr. 35, Pepinacht, seine Feldzüge nach Nubien. Nördlich folgt Grab Nr. 36 von Sarenput I (12. Dynastie). Im Vorhof ist die Decke eingestürzt, aber auf den Säulen sind Bilder des Toten und Texte über sein Leben zu sehen. Auch der ziemlich tief in den Berg getriebene Grabstollen ist mit vielen Reliefs geschmückt. Ganz im Norden und etwas abgesetzt liegt das verschlossene Grab des Ka-Gem-Em-Ahu; durch das Gitter des Eingangs sind einige wenige Reliefs zu erkennen.

Ein noch grandioserer Aus- und Rundblick als von den Gräbern ergibt sich von der Spitze des Gräber-Berges, auf dem die Kuppel-Ruine des Sheikh-Grabes **Kubet el Hauwa** steht. Wer die Diretissima – gleich links vom Aufweg über weiter hinaufführende Treppen – scheut, kann einem etwas nördlich der Gräber abzweigenden, bequemeren Pfad folgen. Von oben überblickt man die gesamte Katarakt-Landschaft in Nord-Süd-Richtung bis hin zum Hochdamm am Horizont. Nach Osten liegt die geschäftige Stadt, direkt zu den Füßen tummeln sich Felukken auf dem Nil und nach Westen schweift der Blick in eine Wüstenlandschaft, die erst 5000 km entfernt am Atlantik endet – einer der spektakulärsten Ausblicke in der mit Aussichtspunkten nicht schlecht versorgten Stadt.

Die Fähre zu den Felsengräbern bedient eigentlich die **nubischen Dörfer** auf dem Westufer nördlich der Gräber. Diese Dörfer werden seltener von Touristen heimgesucht, hier sind die Leute weniger aufdringlich, Handicrafts etwas billiger. Fahren Sie doch einfach mit einem der Sammeltaxis von der Anlegestelle aus ein Stück nilabwärts.

***Die Staudämme

Anfahrt: Zum Sadd el Ali (auch als High Dam bekannt) kommt man per Taxi zu etwa £E 20 bis 25 hin und zurück, eine Taxi-Rundfahrt mit möglichen Stopps am unvollendeten Obelisken, Insel Philae, den Staudämmen und dem Kalabsha Tempel kostet etwa £E 30 – 40 (Taxi u.a. vor dem Hotel Continental). Auch Sammeltaxis fahren zu £E 0,50 zum Staudamm. Als derzeit nicht empfehlenswerte Alternative, da keine Fußgänger auf dem Damm geduldet werden: Vom Hauptbahnhof verkehren mehrmals täglich überfüllte, verschmutzte Züge. Zum alten Damm fährt Bus Nr. 20 oder 59 (Haltestelle vor Hotel Abu Simbel oder Hotel Hathor) bis zum Dorf Hazan, von dort gibt es aber keine Verbindung mit öffentlichen Verkehrsmitteln zum neuen Hochdamm. Nicht empfohlen wird eine Radtour wegen der teils uninteressanten Landschaft und des Gegenwinds.

Wenn Sie einen Abu-Simbel-Besuch planen, dann ist bei organisierten Fahrten meist die Staudamm-Besichtigung eingeschlossen, zumindest läßt sie sich leicht damit verbinden. Wenn Sie den Kalabsha Tempel besichtigen wollen, so sollten Sie dabei auch den Damm besuchen.

Autofahrer können vom Sadd el Ali am Ostufer entlang auf einer sehr schlechten Straße direkt zum alten Damm fahren.

An der östlichen Verbindungsstraße vom alten zum neuen Damm lädt ein Open Air Museum zur Besichtigung von Steinskulpturen ein, die während der jährlichen Bildhauersymposien geschaffen wurden.

Hintergrund

Bereits 1898 bis 1902 zogen die Engländer südlich von Assuan einen 2 km langen Staudamm quer durch den Fluß, der nach zwei Erhöhungen 1912 und 1943 51 m Höhe erreichte. 180 Tore regulierten den Wasserhaushalt so, daß der Stausee vor Beginn der Nilflut praktisch leer war, durch die dann voll geöffneten Tore konnte der Nil ungehemmt die Felder mit seinem fruchtbaren Schlamm überfluten. Im Herbst wurden die Wassermassen erneut gestaut. Der neue Hochdamm läßt dies nicht mehr zu: Der Schlamm verbleibt im Stausee, die Felder müssen künstlich gedüngt werden.

Die Planung des Hochdammes geht auf deutsche Firmen zurück, die allerdings nicht beim Bau zum Zug kamen, weil die Finanzierung scheiterte. Der damalige Präsident Nasser war über die Behandlung durch den Westen so empört, daß er aus einer Reihe von Gründen die politische Linie radikal änderte und sich fortan an die Sowjetunion hielt.

In einer Art Eiszeit der Beziehungen Ägyptens zum Westen errichtete die Sowjetunion in den Jahren 1960 – 1971 den Sadd el Ali genannten Damm und weitgehend das elektrische Verteilernetz im Land. Das Bollwerk gegen die Nilfluten ragt 111 m über das Flußbett, an der Krone ist es 3,6 km lang und 40 m breit, an der Basis erreicht es eine Breite von 980 m. Diese gewaltige Dicke ist nötig, da der Damm allein durch sein Gewicht dem Druck des Wassers standzuhalten hat; andere Hochdämme sind gewölbt und im umliegenden Fels verankert, was hier nicht möglich war. Die aufgeschüttete Baumasse entspricht dem siebzehnfachen Inhalt der Cheops-Pyramide. Der Hochdamm staut im Nassersee den Nil über eine Länge von 550 km bis weit in den Sudan. Bei voller Turbinenleistung stehen 10 000 MWh elektrischer Energie zur Disposition.

Durch das riesige Wasserreservoir konnten und können noch große Wüstengebiete urbar gemacht und bewässert werden; bis Ende der 80er Jahre wuchs die Anbaufläche um ca. 25 Prozent. Weiterhin konnte vor allem in Oberägypten die traditionelle Beckenbewässerung (bei der das Hochwasser die Becken füllte) durch Dauerbewässerung abgelöst werden. Dadurch lassen sich zusätzliche Ernten erzielen, da die Äcker nicht mehr monatelang unter Wasser stehen oder aber ausgetrocknet sind. Die gewonnene elektrische Energie machte überhaupt erst die Elektrifizierung der rund 4000 Dörfer Ägyptens möglich.

Immerhin bewahrte der Wasserspeicher während der letzten Trockenphase im Zuflußgebiet des Nils Ägypten vor erheblichen Problemen. Die lange Dürreperiode Mitte der 80er Jahre ließ den Wasserstand bis auf ein Minimum sinken, und nur den sintflutartigen Regenfällen 1988 im Sudan war ein Auffüllen in buchstäblich letzter Minute – kurz vor dem Abschalten der Turbinen – zu verdanken. In den 90er Jahren trat dann der umgekehrte Effekt ein. Heftige Regenfälle im Oberlauf des Nils füllten das riesige Becken bis zum Überlauf, aber Ägypten wurde vor verheerenden Überschwemmungen bewahrt, wie sie ohne Damm unvermeidlich stattgefunden hätten.

Doch hat der Stausee auch gewaltige Nachteile. Fuad Ibrahim (Professor der Uni Bayreuth) schreibt in der Geographischen Rundschau (1984, Heft 5), daß es sich "bei dem Bau des Hochstaudammes um einen der großen Irrtümer unserer Zeit handelt". Als Begründung für dieses harte Urteil führt er eine Reihe von Ursachen auf:

● Die **fruchtbare Schlammflut** erreicht, düngt und entsalzt nicht mehr die Felder; dies mußte durch eine drastische Steigerung der Kunstdüngeranwendung kompensiert werden. Doch ohne Kunstdünger ging es infolge der höheren Bodennutzung zuvor auch nicht mehr, denn etwa 80 Prozent des Schlamms lagerten sich in den Kanälen ab oder verschwanden im Mittelmeer. Die Düngekraft des Schlamms war ohnehin nur für eine Ernte pro Jahr ausreichend, sie hätte aber nicht die jetzt üblichen drei Ernten stützen können.

● Infolge der Dauerbewässerung steigen die **Bodensalze** an die Oberfläche und verderben den Boden, ein Problem, das nur per Drainage zu lösen ist. Ein immenses Entwässerungs-System wird überall vorangetrieben, um eine dauerhafte Entsalzung zu gewährleisten. Früher übernahm die Natur diese Drainage durch das Auswaschen der Felder während der Nilüber-

8. Assuan und Abu Simbel

flutungen und die anschließende Austrocknung der Böden. Allerdings ist das Problem nicht ganz neu; denn durch die seit Mohammed Ali großflächig eingeführte Bassinbewässerung entstanden bereits Bodensalze, die durch Drainage abgeführt werden mußten.

- Gleichzeitig reinigte die Flut die Felder vom **Flugsand**. Heute bleibt der Sand liegen; man schätzt, daß auf diese Weise etwa 8 Prozent des Fruchtlandes verloren gehen werden.
- Die **Ratten** erfreuen sich einer von Wasser-Attacken ungestörten und ungeheuren Vermehrung.
- Die **Bodenabtragung** an den Ufern und im Mündungsgebiet gleicht sich nicht mehr durch neue Anlagerungen aus, mühselige Erhaltungsarbeiten sind notwendig.
- Die großen **Brücken und Wehre** werden stark in Mitleidenschaft gezogen, ebenso nagt das aufsteigende Salzwasser an den Fundamenten vieler historischer Bauten.
- Früher schob sich das **Mündungsdelta** stetig ins Mittelmeer vor, jetzt drängen Meeresströmungen bedrohlich landeinwärts.
- Nicht zuletzt fehlt der Ziegelindustrie der Nachschub an Schlamm – mit der Folge, daß fruchtbarer Ackerboden zu Ziegeln verarbeitet wird (was inzwischen streng verboten ist, dennoch nicht konsequent genug unterbunden wird).
- Im Mündungsgebiet fehlen die **nährstoffreichen Sedimente**, was einen drastischen Rückgang des Fischfangs auslöste.
- Der Stausee **füllt sich viel schneller** mit Schlamm als ursprünglich angenommen, Wasserhyazinthen breiten sich sehr schnell aus, die Zunahme der lösbaren Salze im See hat eine Verschlechterung der Trinkwasserqualität des Nils zur Folge.
- Die **Verdunstung** von jährlich etwa fünf Meter Höhe des Stauseewassers beeinflußt zumindest in Oberägypten die klimatischen Verhältnisse.
- Durch den 250 km südlich der Mauer gelegenen **Überlaufkanal** in die Toshka-Senke soll Ge-

fahr abgewendet werden. Hier lassen sich bis zu 120 Milliarden Kubikmeter Wasser zusätzlich speichern und für die Bewässerung des *New Valley* – Oasen Kharga, Dakhla, Farafra – verwenden (der Nasser-Stausee kann 200 Milliarden Kubikmeter maximal halten). Andererseits scheinen auch bei diesem Projekt die ökologischen Folgen für die Senke nicht genügend abgeklärt worden zu sein. Auch für die Archäologie ergeben sich sehr negative Folgen, denn dieses Gebiet gilt als eine der großen prähistorischen Fundstätten, wie die Siedlungsreste z.B. bei Nbata Playa beweisen.

- Nicht zuletzt stellt der Damm ein **Sicherheitsrisiko** dar, vor allem aus militärischer Sicht. Bei seiner schlagartigen Zerstörung würden die dann freigesetzten Wassermassen innerhalb der bis zwei Tagen Ägypten praktisch auslöschen. Allerdings fällt die Zerstörung insofern schwer, als sich die gewaltigen Erdmassen des Damms nicht so einfach aus dem Weg räumen lassen.
- Weniger betont wird die Tatsache, daß im See die **Heimat von etwa 120 000 Nubiern** versank, die diesen Verlust weder wirtschaftlich noch emotional verkrafteten.

Andererseits wäre eine Rückkehr zum natürlichen Überflutungssystem kaum mehr vorstellbar. Noch sehen viele Ägypter den Damm als positive Errungenschaft, wenn auch die Euphorie der Vergangenheit einer sehr viel kritischeren Betrachtung gewichen ist. Die ökologischen und wirtschaftlichen Folgelasten sind tatsächlich noch nicht endgültig abzusehen. Vorschläge, den Damm wieder abzutragen, locken mit der Aussicht, daß dann etwa 500 000 Hektar fruchtbares Land im trockengefallenen Nasser-See zu gewinnen wären ...

Noch in den 80er Jahren vom Aussterben bedroht und durch ein Jagdverbot geschützt, fanden die Nil-Krokodile im Nassersee so ideale Bedingungen, daß sie sich sprunghaft vermehrten und heute schon eher eine Bedrohung darstellen (1997 wurden 9 Menschen und zahlreiches Vieh getötet). Besonders die Fischer sind von den Reptilien bedroht, aber auch Touristen sollten am Ufer des Sees die Augen aufhalten.

Sie können – und sollten – beide Dämme besichtigen, wobei der **alte Damm** meist bei der Anfahrt überquert wird. Ein Halt am westlichen Ende des alten Staudammes (auf dem Damm striktes Halteverbot) ermöglicht einen Blick auf das einst berühmte Mammutbauwerk. Doch der neue Damm hat ihm die Schau gestohlen. Achtung, wegen militärischer Anlagen ist das Fotografieren hier verboten.

Die Besichtigung des neuen **Hochdammes** zu Fuß ist nicht mehr gestattet; nur noch per Auto oder Fahr- bzw. Motorrad, Aussteigen/Anhalten nur am Aussichtspunkt. Die Besichtigung kostet £E 5.

Kommt man von Westen her zum Damm, dann ragt bald nach dem Tickethäuschen das Denkmal der ägyptisch-russischen Freundschaft, eine hohe Beton-Lotusblume mit (häufig nicht funktionierendem) Lift auf eine Aussichtsplattform in 74 m Höhe mit tollem Blick weit über den See und die Kataraktlandschaft. Angeblich ist eine Tasrih für die Besichtigung notwendig, die man beim ca. 100 m entfernten Kontrollposten oder im grauen Gebäudekomplex im Westen des Dammes oder bei der Polizei in Assuan erhält. Doch der Wärter bietet eine Fahrt gegen Bakschisch (ca. £E 2) nach oben bereitwilligst an – vielleicht hat er die Tasrih-Geschichte nur zur wundersamen Geldvermehrung erfunden. Südlich gegenüber dem Denkmal ist auf einem Hügel der Kalabsha-Tempel zu erkennen, auf der Dammseite in der Nähe des Denkmals riecht die einzige Fischfabrik des Sees vor sich hin, in der alle Fischer ihre Fänge abzuliefern haben.

Etwa in der Mitte des Sadd el Ali liegt der Parkplatz, von dem aus man ungestört fotografieren kann. Auf der Ostseite führt die erste Abzweigung ein Stück hinunter zu einem größeren Platz, von dem aus man einen guten Blick auf das Elektrizitätswerk und die aus den Turbinen strömenden Wassermassen hat. Die Krone des Sadd el Ali setzt sich bis in die Nähe des Stausee-Eisenbahnhofs fort.

***Insel Philae

Die ursprüngliche Insel Philae – Perle Ägyptens – war einst vollständig mit Tempelbauten, die hauptsächlich aus der 30. Dynastie (Nektanebes I, 370 vC) stammen, und schattigen Palmen bedeckt, auf ihr lebten die pharaonischen Götter am längsten in Ägypten, die letzten datierten Inschriften stammen aus dem Jahr 456 nC. Nach dem Bau des alten Staudammes versank die Insel jährlich für zehn Monate in den Fluten. Der neue Hochdamm ließ sie für immer untergehen, da der Rest des alten Stausees sich in der Höhe praktisch nicht mehr verändert. Daher wurde der größte Teil der Tempelbauten auf die benachbarte, ähnlich große Insel Agilka umgesetzt (die heute unter Philae "firmiert"). Diese mußte zunächst mit ziemlich großem Aufwand topographisch so umgestaltet werden, damit sie weitgehend der ursprünglichen Insel entspricht.

Anfahrt: Per Taxi (ca. £E 15-20 inkl. Wartezeit oder £E 8 pP einfach) bis zur Anlegestelle unterhalb des alten Staudamms oder aber per Sammeltaxi von der Corniche oder mit einem der auf der Corniche nach Süden fahrenden Busse, die meist bis zum alten Staudamm oder einem Dorf davor fahren. Vom Beginn des alten Staudamms links (östlich, die Insel ist übrigens vom Staudamm aus zu erkennen) durch ein Dorf und immer am Stausee entlang zur Anlegestelle etwa 15-20 Minuten gehen. Die Boote zur Insel fahren auf Zuruf (Hin- und Rückfahrt offiziell £E 20 (nachts £E 22) für ein Acht-Personen-Boot), allerdings muß man zuvor die Eintrittskarten zu £E 20 pP (7-16, Sommer 8-17 Uhr) am Tickethäuschen kaufen. Der Bootstrip dauert etwa 10 Minuten, man wird an Philae abgesetzt, dann parkt das Boot an der Nachbarinsel. Merken Sie sich das Boot für die Rückfahrt. Einzelgänger sollten bis zum Eintreffen einer Gruppe warten bzw. – besser – sich mit anderen Individualisten zusammen-

8. Assuan und Abu Simbel

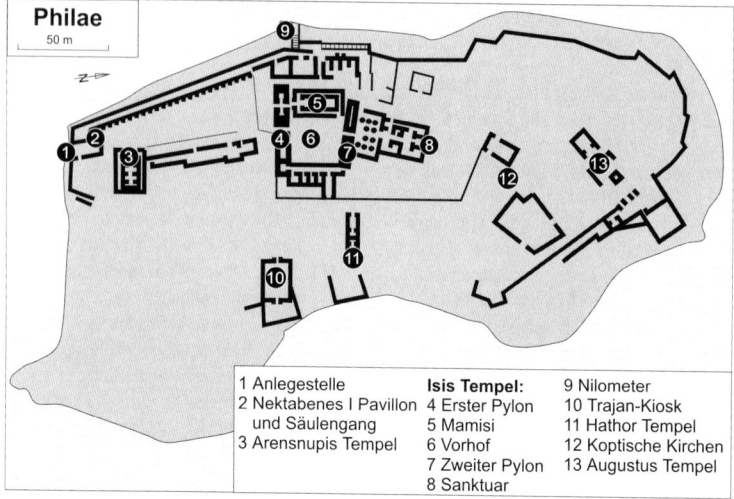

Philae 50 m

1 Anlegestelle
2 Nektabenes I Pavillon und Säulengang
3 Arensnupis Tempel

Isis Tempel:
4 Erster Pylon
5 Mamisi
6 Vorhof
7 Zweiter Pylon
8 Sanktuar

9 Nilometer
10 Trajan-Kiosk
11 Hathor Tempel
12 Koptische Kirchen
13 Augustus Tempel

tun, wenn sie nicht den vollen Mietpreis für ein Boot zahlen wollen; aber warten Sie vor der Absperrung und schließen Sie sich einer Gruppe an, bevor die Kassierer Ihrer gewahr werden.

Autofahrer nehmen in Assuan die nach Süden führende vierspurige Straße und biegen an dem Kreisel, an dem die Vierspurigkeit endet, nach links ab, nächste Straße rechts. – Wenn Sie spätnachmittags die Insel besuchen, werden Sie ziemlich allein sein und die Eindrücke um so mehr genießen können.

Vom Anleger heraufkommend betritt man den relativ weitläufigen Tempelvorplatz. Links, am südlichen Ende, steht ein kleiner Pavillon des Nektanebes I, ursprünglich aus 18 Säulen mit Glockenkapitellen gebaut. Schräg gegenüber erhob sich der Tempel des Arsenuphis, von dem nur die Nordwand erhalten blieb. Hier im Süden beginnt ein Säulengang aus einst 32 (heute 31) Säulen mit unterschiedlichen Kapitellen. Diesen stimmungsvollen Gang sollte man wählen, um zum Ersten Pylon des Isis Tempels zu gehen. Achten Sie sowohl hier als auch im Isis Tempel auf die große Vielfalt an Kapitell-Formen – es gibt fast keine identischen Stücke.

Die Achse des Isis Tempels knickt zweimal ab, um das Gebäude an die Gegebenheiten des Geländes anzupassen. Daher liegt das Mamisi hier auch im Vorhof und nicht vor dem Tempel im rechten Winkel, wie es bei den Anlagen der griechisch-römischen Zeit üblich ist. Der Tempel entstand – auf älteren Fundamenten – im wesentlichen unter den Ptolemäern im 3. Jh vC. Als Philae im 5. Jh nC christianisiert wurde, zerstörten fromme Bilderstürmer viele Relieffiguren.

Vor dem **Ersten Pylon** erhoben sich einst zwei Obelisken; die noch vorhandenen Löwen sind stark beschädigt. Auf den Reliefs findet das übliche Gefangenen-Massaker statt, der König überreicht Horus und Nephtys die Kronen von Unter- und Oberägypten, er opfert vor Isis und ihrem Sohn Harpokrates (die kindliche Variante von Horus). Der linke Eingang im Pylon führt direkt ins westlich integrierte **Mamisi**, der mittlere in einen Vorhof. Die Wandbilder des recht ansprechenden Geburtshauses schildern im ersten Raum den als Falke in den Deltasümpfen lebenden jungen Gott, im zweiten Raum Geburt, Kindheit und Eziehung des Horusknaben.

Im Vorhof erinnert eine Inschrift aus *"Jahr 7 der Republik"* an Napoleons ägyptischen Kriegszug. Der kleinere **Zweite Pylon**, der den Vorhof abschließt, ist mit Opferszenen des Neos Dionysos und Schlachtendarstellung geschmückt. Der nun folgende Hof mit gewaltigen Säulen diente den Kopten als Kirche. Von hier betritt man eine Reihe kleinerer Räume, die z.T. im Dunkel liegen und schließlich, in der Mitte am hinteren Ende, das **Sanktuar** mit einem Sockel für die Barke des Isis-Kultbildes. Von der ersten westlichen Seitenkammer führt eine Treppe aufs Dach und zum Osirisheiligtum, an dessen Wänden die Osirislegende dargestellt ist.

Westlich des Ersten Pylons blieb ein sehenswerter Nilometer erhalten, ein Stück nördlich das Hadrianstor, auf dem die Nilquellen dargestellt sind: Der Nilgott gießt zwei Wasserkrüge aus.

Östlich des Isis Tempels steht ein kleiner **Hathor Tempel**, dessen Inneres derzeit nicht zugänglich ist. Berühmt sind die Reliefs der Säulen, auf denen Affen musizieren, Besfiguren schlagen Harfe und Tamburin und tanzen dazu. Südlich davon erhebt sich das attraktivste Fotomotiv der Insel, der unvollendete, aber heitere **Trajan-Kiosk**. Seine Säulen mit Glockenkapitellen ragen anmutig und leicht in den immerblauen Himmel Nubiens. Hier, wo unter Trajan die Prozessionen empfangen wurden, vermischen sich altägyptische Formen mit Architekturelementen der Spätantike.

Der Philae-Tempel kann auch bei einer **Light and Sound Show** bewundert werden (£E 33 pP), eine Spätvorstellung pro Woche (derzeit sonntags) ist in deutsch. Allerdings gibt es negative Kritik: Die Show ist zu kurz, zumal Anfahrts- und Übersetzkosten hinzukommen.

**Tempel von Kalabsha und von Beyt el Wali

Auch dieser, ehemals etwa 40 km südlich im Ort Talmis am Bab el Kalabsha gelegene Tempel war von den Fluten des Stausees bedroht; daher wurde er im Zuge der UNESCO-Rettungsaktion von deutschen Firmen auf eine westlich des Sees gelegene Granitkuppe etwa 1 km südlich des Hochdamms verlegt. Bei der Versetzungsaktion 1961-1963 fand man wie-

Kiosk von Kertassi, Blöcke des Gerf Hussein Tempels im Vordergrund

derverwendete Blöcke eines Tores, das als Dank für die Unterstützung der Bundesrepublik Deutschland geschenkt wurde. Es steht heute im Ägyptischen Museum in Berlin.

Der Besuch des Tempels lohnt vor allem auch wegen seiner einsamen Lage hoch über dem See und der meist ungestörten Besichtigung (wenige Besucher). Nehmen Sie für im Halbdunkel liegende Reliefs eine Taschenlampe mit.

Das unter Augustus errichtete Bauwerk war der größte freistehende Tempel des ägyptischen Nubien, er gehört zu den spätesten Bauten. Er ist dem nubischen Gott Mandulis geweiht, der in den Bildern meist von der Göttin Isis begleitet wird. Die Relief-Dekoration des Tempels ist nicht fertiggestellt worden, teilweise wurde sie sehr plump und oberflächlich ausgeführt.

Der **Pylon**, der sich etwas aus der Tempelachse herausdreht, ist über eine Treppe zu erreichen, von oben herrlicher Rundblick über Stausee und Hochdamm. Auf den Säulen und Schranken zu beiden Seiten des Eingangs Graffiti und Inschriften in meroitischer Schrift, darunter die berühmte Darstellung des Silko, eines spätnubischen Königs aus dem 5. Jhd nC (Reiter ersticht Feind).

Man betritt einen **offenen Hof**, der an drei Seiten von Kolonnaden umgeben ist. In die Mauern wurden kleine Kammern eingebaut, in die Nordwand zusätzlich eine Tür zum äußeren Tempelumgang, in dessen Südwestecke ein Mamisi steht. Auf dem rechten Teil der Westwand werden Schweinebesitzer in griechischer Sprache angewiesen, ihre Tiere aus dem Tempel fernzuhalten, links sind Taufszenen mit Thoth und Horus dargestellt.

Es folgt eine nur teilweise dekorierte **Vorhalle** mit acht Säulen, deren Decke eingestürzt ist. An der Rückwand zeigt ein Relief, daß bereits Amenophis II einen älteren Tempel in Kalabsha hatte bauen lassen. Zwei Türen führen in den Inneren Tempelumgang. An der westlichen Außenwand des **Sanktuars** ist Augustus überdimensional im Ornat ägyptischer Pharaonen bei Opferhandlungen dargestellt, auf der Wand gegenüber der (nubische) Gott Mandulis in verschiedenen Formen.

Durch eine Tür in der Westwand der Vorhalle kommt man in drei hintereinander liegende Räume, deren Dekorationen hauptsächlich Augustus zeigen, z.T. nur als Aufriß zur weiteren Bearbeitung. Im ersten Raum unterlief den Künstlern offenbar ein Fehler, indem sie Thoth und Horus einen kopflosen König taufen lassen (Westseite der Südwand). Der dritte Raum ist das Sanktuar, vom ersten führt eine Treppe aufs Dach.

Auf einer Terrasse südlich des Tempels wurde der zierliche Bau des **Kiosks von Kertassi** wiedererrichtet, der ebenfalls im Stausee versunken wäre, wo er einst am Eingang eines Steinbruchs stand. Er sieht dem Trajan Kiosk von Philae durchaus ähnlich, war aber der Hathor geweiht und entstand in ptolemäischer Zeit. Von den Säulen stehen leider nur noch zwei Hathorsistrumsäulen und weitere vier mit Pflanzenkompositkapitellen. In der anschließenden Senke lagern Blöcke des Gerf Hussein Tempels mit zum größten Teil noch gut erhaltenen Reliefs aus dem rund 100 km südlicher liegenden Felstempel von Ramses II. Auch zwei Blöcke mit prähistorischen Felszeichnungen (Elefant und Gazelle) sind zu sehen.

Weiter nordwestlich steht der hierher versetzte Tempel von **Beyt el Wali**, den Ramses II größtenteils in den anstehenden Fels in der Nähe von Kalabsha hineinschlagen ließ. Er wurde in derselben Position zum Kalabsha Tempel wiedererrichtet wie er sie einst eingenommen hatte.

Der dem Amun-Re geweihte, relativ kleine Tempel besteht aus Vorhalle, Querhalle und Sanktuar, in christlicher Zeit diente er als Kirche. Reliefs in der Vorhalle zeigen sehr detailliert Kämpfe gegen die Nubier (Südwand, links), wobei u.a. Ramses II im Streitwagen, gefolgt von zwei Söhnen, anstürmt, die Nubier in ihr Dorf unter Dumpalmen fliehen, ein

Verwundeter von zwei Männern geführt wird, schließlich empfängt der König in einem Pavillon sitzend hohe Beamte mit Tributen und Gefangenen. Auf der Nordwand (rechts) ist in fünf Bildern ähnlich detailliert der Feldzug gegen Libyer und Syrer dargestellt. In dieser Zeit war Ramses II noch Mitregent seines Vaters. Die Reliefs der Querhalle und des Sanktuars sind hauptsächlich religiösen Themen gewidmet.

Anfahrt: Verbinden Sie Damm- und Tempelbesuch miteinander. Bei normalem Wasserstand ist der Tempelbezirk (7-17, Sommer bis 18; £E 12) per Boot erreichbar, das man gegenüber an der Fischfabrik mietet (£E 10 – 25 oder £E 5 pP). Bei niedrigem Wasserstand des Stausees kann man gleich links neben dem Lotosdenkmal durch das Gelände der Fischfabrik bis fast zum Tempel fahren oder etwa 30 Minuten gehen.

Katarakt-Ausflug mit einer Feluke

Am Nilufer dümpeln Segelboote, Feluken genannt, die noch aus pharaonischen Zeiten zu stammen scheinen. Sobald Sie sich in die Nähe eines Schiffes wagen, wird Sie der Kapitän zu einer Segelpartie einladen. Machen Sie nach unermüdlich-mühseligem Feilschen – am allerbesten direkt mit den Kapitänen in den Feluken und nicht mit den Schleppern auf der Straße – unbedingt Gebrauch davon (ca. £E 15 – 25 pro Boot und Stunde, bei längerer Miete reicht deutlich geringere Stundensätze). Versuchen Sie Kapitäne zu finden, die von den Inseln stammen, sie sind meist preiswerter als die aus der Stadt. Man sollte höchstens ein zweites Mal mit einem Kapitän fahren, denn die "Vertrautheit" verführt schnell zu einem vertrauensseligen Aufschlag.

Nach Auskunft eines Kapitäns gibt es etwa 500 Feluken in Assuan. Holzboote werden immer teurer seit die letzten, den Felukenbau beherrschenden Schreiner gestorben sind, sie kosten ca. £E 4000, Blechboote ca. £E 3000-3500. Blechboote sind kalt im Winter, warm im Sommer und gehen angeblich schneller unter.

Eine Segelpartie am späten Nachmittag gehört zu den stimmungsvollsten Erlebnissen, die Assuan bieten kann. Wenn man Glück hat und einen guten Kapitän findet, sollte man in den kleinen nubischen Dörfern halten; häufig gibt es abends unverfälschte nubische Musik mit Tanz am Lagerfeuer.

Üblicherweise führt die Reise zwischen Stromschnellen hindurch nilaufwärts zu einer der Inseln, die von Nubiern besiedelt sind. Machen Sie sich darauf gefaßt, daß diese Leute sehr auf Touristen eingestellt sind (Kleinkinder lernen als erstes das Wort "Bakschisch") und Sie keine Fluchtmöglichkeit haben, aber dennoch ist ein Besuch der Dörfer nicht uninteressant.

Zum festen Repertoire gehört die **Insel Sehel**, auf der auch Inschriften, bis in pharaonische Zeiten datierend, zu sehen sind. Am bekanntesten ist die sogenannte **Hungersnot-Stele** auf der höchsten Erhebung im Südosten der Insel, die von einer siebenjährigen Hungersnot berichtet. Von ihren Autoren fiktiv in die Zeit von Djoser (2650 vC) datiert, in Wirklichkeit aber erst unter Ptolemäus V (um 200 vC) verfaßt, sichert der Text die Rechte der Priester des Katarakt-Gottes Chnum. Die Stele ist eingezäunt, der Wärter verlangt £E 10 Eintritt, ist aber meist nicht zu finden.

Man kann auch schneller und billiger zur Insel Sehel kommen: per Taxi zum Nubierdorf El Mahatta, dann mit dem Ruderboot zu £E 1,50 übersetzen.

Erholsame Felukenausflüge gibt es auch nilabwärts zu einer der etwa 10 km entfernten Inseln mit Sandstrand, wo man sehr ungestört den ganzen Tag in der Sonne liegen kann. Obwohl eine Leserin schreibt, daß dort Baden wegen der starken Strömung ungefährlich sei, empfehlen wir die Bemerkungen über Bilharziose auf Seite 57 nachzulesen.

8. Assuan und Abu Simbel

Per Feluke nilabwärts

Wir wollen in diesem Städteführer nur auf diese gern geübte Reisepraxis hinweisen, sehr detaillierte Infos dazu finden Sie in unserem Hauptführer ÄGYPTEN INDIVIDUELL. Hier nur der Hinweis, daß ein Tagesausflug nilabwärts z.B. nach Kom Ombo eine interessante Abwechslung ist, etwa £E 50 pro Boot kostet, Rückfahrt per Bus oder Taxi.

Von Assuan nach Abu Simbel

Anreise

Per Flugzeug: Von Assuan aus verkehren mehrmals täglich Flugzeuge verschiedener Fluglinien nach Abu Simbel, Hin- und Rückflug $ 80 (während der gesperrten Straße), rechtzeitig am Flughafen sein, Flugzeuge starten manchmal früher. Großer Nachteil: Für die Besichtigung bleiben nur etwa 1,5 Stunden Zeit, alle Fluggäste stürzen sich gleichzeitig auf die Tempel. Überspringen einer Maschine ist schwierig, es dürfte nur außerhalb der Saison oder mit Glück möglich sein. Wenn Sie jedoch die letzte Nachmittagsmaschine für den Hinflug nehmen und mit der ersten Morgenmaschine, die leer fliegt, nach Assuan zurückkehren, sollte es keine Probleme geben; sie müssen das nur dem Buchungspersonal klarmachen. Überlegenswert ist auch, die Anreise per Bus zu bewältigen und zurück mit der leeren Morgenmaschine zu fliegen.

Beim üblichen Landeanflug vom Stausee her sieht man von der linken Fensterreihe sehr schön auf die Tempel, rechts nicht. Vom Flughafen zum Tempel fahren Pendelbusse.

Auf dem Landweg: Die Tempelgruppe liegt 290 km südlich von Assuan. Auf dem Weg überquert man nicht nur den nördlichen Wendekreis, sondern hat mit etwas Glück auch Gelegenheit, von der Straße aus Kamelkarawanen zu beobachten, die aus dem Sudan zum Markt nach Darau ziehen. Unterwegs gibt es eine Raststelle (Getränke, WC).

1998 wurde die Straße (angeblich) wegen Reparaturarbeiten gesperrt, daher kommt nur der teure Flug infrage. Sie sollte viele Male wieder geöffnet werden, aber die beiden letzten Termine vor Redaktionsschluß verstrichen erneut. Ob nach der Öffnung die weiter unten aufgeführten Regularien (Konvoi) und Preise noch stimmen werden, können wir leider nicht vorhersehen, die Preis-Größenordnung dürfte jedoch erhalten bleiben.

Vor der Straßensperre durfte nur einmal täglich ein Konvoi aus Bussen, Minibussen, Taxis und Privatwagen aufbrechen. **Die folgenden Informationen beziehen sich auf diese, möglicherweise überholte Situation.** (Nehmen Sie Ihren Paß wegen möglicher Kontrollen unterwegs mit.)

Die Fahrzeuge sammeln sich um 4 Uhr vor dem Nubischen Museum, dann rast eine lange Fahrzeugschlange nach Süden. Der Pulk der Insassen stürzt sich auf das Tickethäuschen, Wartezeit bis zu einer Stunde ist nicht ungewöhnlich. Um 10 Uhr, d.h. eineinhalb bis zwei Stunden nach Ankunft geht es bereits wieder zurück!

Man kann auch einen Konvoi "überspringen", d.h. erst am nächsten Tag zurückfahren und hat dann Abu Simbel praktisch ganz für sich. Das ist bei Autofahrern einfach; wer per Bus kam, muß versuchen, sich einen sicheren Rückfahrplatz für den nächsten Tag zu reservieren.

Der normale öffentliche **Bus** (£E 30) fährt (fuhr) ab Busbahnhof um 8.00 Uhr ab, einfache Fahrzeit etwa 3,5 Stunden, 2,5 Stunden Aufenthalt, Rückfahrt gegen 14.00 Uhr. Vorausbuchung wird empfohlen. MISR Travel verlangt für einen klimatisierten Bus mit Video-Show und Lunch $ 60 pP (einschließlich Eintritt und Führer).

Von Assuan nach Abu Simbel

Fast jedes Hotel (Hathor Hotel immer wieder gelobt) und das Tourist Office vermitteln Fahrten im **Minibus**, die Preise liegen etwa zwischen £E 25 bis £E 40 pP; erkundigen Sie sich also bei mehreren Hotels oder auch bei Wagon-lits Travel im New Cataract Hotel. Wenn möglich, schauen Sie sich den Minibus vorher an, es gibt viele Klagen über engste Sitzverhältnisse, die man über viele Stunden zu ertragen hat (meiden Sie die engen Sitze hinter dem Fahrer bzw. Beifahrer). Wenn man bei der Rückkehr den Kalabsha Tempel, den Hochdamm und die Insel Philae besichtigen will, kostet die Tour zusätzlich £E 10.

Es geht auch **per Taxi/Sammeltaxi**: Die Reise kostet hin und zurück ca. £E 30 oder £E 35 pP inklusive Hochdamm und Philae. Ein Taxi lädt bis zu sieben Personen, allerdings wird es dann für die lange Fahrstrecke unbequem eng. Sollten sogar acht Fahrgäste hineingequetscht werden, dann vermeiden Sie den Sitz auf dem Schalthebel zwischen Fahrer und Beifahrer, oder kaufen Sie sich beide Vorderplätze. Genug Trinkwasser für die Autofahrt mitnehmen.

Per Auto: Immer wieder mußte man sich eine Tasrih besorgen. Sollte der Wunsch der Bürokraten erneut aufflammen, so fahren Sie am besten 48 Stunden vor dem geplanten Trip zum Gebäude Police Department an der Corniche und verhandeln Sie mit dem Intelligent Service, dort bekommen Sie die Tasrih. Es ist möglich, daß nach der Straßenöffnung auch die weiter unten beschriebenen nubischen Tempel per Straße zugänglich gemacht werden.

Die Straße nach Abu Simbel gehört zu den unfallträchtigsten Ägyptens, vermutlich wegen der Eintönigkeit. Der Flug ist sicherer und nicht so anstrengend.

Als weitere und bei weitem teuerste Anreise sei der folgende **See-Weg** genannt (Buchungsinformationen dazu etc. siehe Seite 288).

Kreuzfahrt auf dem Nasser-See nach Abu Simbel

Das Gebiet zwischen dem Ersten Katarakt bei Assuan und dem Zweiten Katarakt bei Wadi Halfa – Unternubien genannt – unterlag über lange Zeiten pharaonischem Einfluß, wurde aber auch immer wieder von nubischen Herrschern regiert. Mindestens seit der Unabhängigkeit gehört es endgültig zu Ägypten, allerdings wurde die bewohnte Fläche inzwischen von den Wassermassen des Nasser-Stausees verschluckt.

Während der Bauzeit des Hochdammes bei Assuan begannen zum Teil fieberhafte Aktionen, um die wichtigsten der historischen Stätten Nubiens vor den Fluten zu retten. Seit etwa Mitte der 90er Jahre verkehren Kreuzfahrschiffe auf dem Stausee, die den Zugang zu einigen der geretteten, d.h. auf höheres Niveau versetzten Tempeln ermöglichen. Zugangsstraßen – jeweils etwa 60 km ab der Abu Simbel Straße – sind im Bau oder bereits fertiggestellt.

Derzeit sind vier Fünfsternschiffe und ein Viersternschiff (Tania) auf dem Nassersee un-

Der Kapitän steuert per "Fingertip"

8. Assuan und Abu Simbel

terwegs, wobei die Prince Abbas das großzügigste Platzangebot pro Passagier laut Werbeaussage bietet. Nach der Einschiffung jeweils am Montagnachmittag legen die Schiffe Dienstagfrüh am Hochdamm ab, fahren nur quer über den See zum Kalabsha Tempel und nehmen nach dessen Besichtigung die eigentliche Reise gen Süden auf. Abends erreicht man New Sebua, wo das Schiff an einem Felsen vertäut wird. Besichtigung der Ruinen am nächsten Morgen, anschließend Weiterreise nach New Amada und Besuch der Stätten am Nachmittag. Am Donnerstagfrüh werden die – wiederum um Felsen geschlungenen – Seile eingeholt, nach kurzer Fahrt hält man vor Qasr Ibrim, das bei Hochwasser bequem vom Deck aus betrachtet werden kann. Bei der Weiterreise lassen sich die Gebäude der Pumpstation von Toshka ausmachen, gegen Mittag hält der Kapitän direkt auf die Tempel von Abu Simbel zu.

Eine Absurdität (aus der Sicht eines naiven Ägyptenreisenden) ist die unverständliche Tatsache, daß alle Schiffe wie auf Kommando gleichzeitig in See stechen, alle Passagiere wiederum zur selben Zeit auf die Tempel zustürmen und dann wieder für Tage Totenstille in New Sebua oder Amada einzieht...

New Sebua, auch Al Subu

Auch dieses Wadi versank in den Fluten des Stausees, sein Tempel wurde aber von den Ägyptern um 4 km nach Westen auf sicheres Land versetzt, ebenso wie die Tempel von Dakka und Maharraka (£E 30). Zwischen dem südlicher gelegenen Sebua-Tempel und den beiden letzteren sind etwa 800 m durch den Wüstensand zu marschieren.

Wadi Sebua beudetet *Tal der Löwen* nach der Löwensphinx-Allee, die zum Tempel führt. Der Tempel war Re-Harachte und Amun-Re geweiht, später wurde er in eine koptische Kirche konvertiert. Die Gipsüberdeckungen der Kopten schützten die Reliefs vor größerem Übel.

Der Weg durch die kurze Sphingenallee im Ersten Hof ist immer noch eindrucksvoll. Im Zweiten Hof setzt sich die Sphingenallee fort, allerdings mit vier verschiedenen falkenköpfigen Formen des Horus. Von hier führt eine Treppe auf eine Terrasse, auf der sich ein Steinpylon erhebt. Links davor steht ein kolossaler Ramses II, sein rechtes Pendant hat beim Versetzen den Weg nicht ganz geschafft und liegt, etwas traurig, ca. 30 m entfernt im Sand.

Die Front des Pylons ist mit verschiedenen und typischen Ramses-Reliefs geschmückt. Durch das Portal betritt man einen offenen Hof mit Osiris-Kolonnaden, dessen Wände mit dekoriert sind. Der aufmerksame Betrachter kann hier insgesamt 53 Prinzen und 54 Prinzessinnen als Kinder von Ramses II zählen. Wieder führen ein paar Stufen auf ein höheres Niveau, hier begann der eigentliche Felsentempel mit einer Pfeiler-Halle. Zwölf Säulen "tragen" die Halle, deren Osirisfiguren von den Kopten entfernt wurden und die als Kirche diente. Die Wände sind hauptsächlich mit Ramses-Reliefs geschmückt, teilweise ist die Farbe erhalten. Nun geht es weiter durch eine kleine Querhalle mit Seitenräumen zum Sanktuar (in der Tempelachse). Hier ist noch ein Teil des koptischen Gipsüberzugs erhalten, dadurch ergibt sich im Sanktuar das etwas absurde Bild, daß Ramses II dem Petrus zu opfern scheint.

Der Tempel von **Dakka**, höher als der von Sebua auf einem Hügel stehend, beherrscht mit seinem hohen Pylon die Szene und die Landschaft. Bevor er von den Ägyptern hierher versetzt wurde, stand er 40 km flußabwärts. Er war dem Gott Thoth (Weisheit) geweiht und – ungewöhnlich – in Nord-Süd-Richtung ausgerichtet. Gegründet von meroitischen König Ergamenes, wurde er unter den Ptoloemäern erweitert und von den Römern noch einmal umgebaut. Diese Entwicklung zeigen auch seine Reliefs, die zunächst fein ausgearbeitet waren und später zu eher groben Zeichnungen degenerierten.

Der 12 m hohe Pylon war usprünglich durch Ziegelmauern mit dem Tempel verbunden. Über dem Portal ist eine geflügelte Sonnenscheibe zu sehen, die anderen Dekorationen sind eher skizzenhaft. Auf jeder Seite führen Treppen auf das Dach, von dem sich ein schöner Blick auf die Umgebung bietet. Auf den Pylon folgte ein Hof, von dem aber nichts erhalten ist. Man betritt danach eine Vorhalle, deren Seitenwände mit Szenen von Ptolemäus VII

liefs, die einst die Wände schmückten, sind weitgehend zerstört.

In einem Wadi nebenan sticht ein grünes Fruchtlandgewinnungsprojekt aus der grauen Wüste förmlich ins Auge. Hier versuchen fleißige Farmer, dem Wüstenboden Fruchtbarkeit mit Bewässerungsanlagen abzutrotzen. Dieses

Durch die Wüste schwimmen, Kreuzfahrtschiff auf dem Nassersee

und Cleopatra III dekoriert sind, an der Südwand ist Kaiser Augustus verewigt. An der Decke erkennt man geflügelte Kobras. Auf eine Querhalle, in der hinten rechts eine Treppe zum Dach hinaufführt, folgt die sogenannte Kapelle des Ergamenes, deren Wände zahlreiche Reliefs religiösen Inhalts tragen. In die Ostwand wurde während der römischen Epoche eine schmale, mit ebenfalls Reliefs dekorierte Kapelle gebrochen.

Am hinteren Ende des Tempels liegt das in römischer Zeit gebaute Sanktuar mit einem Granitschrein. Auch hier finden sich viele, meist etwas grobe Reliefs religiösen Inhalts, auf denen ein römischer Kaiser, als Pharao gekleidet, den verschiedenen Göttern Opfergaben darbringt.

Der römische Tempel von **Maharraka**, der ursprünglich 120 km südlich von Assuan stand, wurde einerseits nicht vollendet und andererseits ziemlich zerstört. Vom Eingang aus betritt man einen Hof, der auf drei Seiten von Säulengängen flankiert ist. In der Nordostecke sind Reste einer Wendeltreppe (!) erhalten. Die Re-

Gelände ist ein Außenposten des Toshka-Projekts (siehe Seite 314).

New Amada

Auch hier gibt es drei antike Stätten zu sehen (£E 30): Grab des Pennut, Tempel von Derr und der Tempel von Amada (von Südwest nach Nordost).

Das Grab des **Pennut**, eines nubischen Gouverneurs der 20. Dynastie, wurde von der UNESCO von seinem ursprünglichen Platz 40 km südlich hierher versetzt und wieder in den Fels gehauen. Es ist zwar klein, aber mit einigen erfrischend leuchtenden Reliefs geschmückt, von denen leider ein großer Teil seit einer Beschreibung von 1937 zerstört wurde.

Dennoch lohnt die Besichtigung. Es besteht aus einer Querhalle mit einer dem Eingang gegenüber liegenden Grabnische. Die linke Hälfte der Querhalle ist fast ausschließlich dem Jenseits mit Totenbuchtexten und entsprechenden Handlungen des Grabherrn gewidmet, während die rechte Hälfte Bilder aus dem täglichen Leben des Gouverneurs zeigt. Im Eingang links

8. Assuan und Abu Simbel

ist Pennut mit seiner Frau vor Thoth dargestellt. Auf der Wand rechts des Eingangs beauftragt Ramses VI einen Statthalter, dem Pennut zwei silberne Vasen zu überreichen, dann wird er, die Vasen in Händen haltend, von Dienern geschmückt (Nordwand). Schließlich opfert Pennut mit seiner Frau und sechs Söhnen vor Osiris (Wand rechts neben Nische).

Ramses II errichtete auf der Ostseite des Nils und 12 km südwestlich des heutigen Standorts den Felsentempel von **Derr**. Der bereits stark beschädigte Tempel wurde von der ägyptischen Antikenverwaltung versetzt. Äußerlich macht er keinen attraktiven Eindruck, denn nur die ehemals vollständig im Fels verborgenen Teile, zwei Hallen und drei Kapellen, blieben erhalten.

Die Wände der ersten Halle waren ursprünglich mit Szenen der nubischen Feldzüge von Ramses II dekoriert, jedoch ist nicht mehr viel davon erhalten; auf der echten Seitenwand erkennt man fliehende Nubier. Im hinteren Bereich standen vier Säulen mit Kolossalstatuen von Ramses II, die aber nur etwa hüfthoch erhalten sind. Es folgt eine Halle mit sechs Säulen, die hauptsächlich mit religiösen Motiven dekoriert ist. Von den drei Kapellen am hinteren Ende der Halle diente die mittlere als Sanktuar, in dem Reste der Kultstatuen von Re-Harachte, Ramses II, Amun-Re und Ptah erhalten sind.

Der Tempel von **Amada** – Amun-Re und Re-Harachte geweiht – stand in einer großen Nilschleife, dort wo das Wasser für ein kurzes Stück südwärts fließt. Er wurde von Tuthmosis III, Amenophis II und Tuthmosis IV gebaut bzw. erweitert und in der 19. Dynastie restauriert. Die Kopten nutzten ihn als Kirche, wobei ihr Gipsverputz der ursprünglichen Reliefs erheblich zur langfristigen Erhaltung beitrug. Als 2000 Jahre später das Wasser des Stausees zu steigen begann, setzte eine französische Firma den Tempel – der nicht zersägt werden konnte – auf niedrige Wagen, verlegte Schienen und zog ihn in dreimonatiger Arbeit 2,6 km weit und 65 m höher.

Der reizvolle und eigentlich hübscheste nubische Tempel besteht nur aus Pfeilerhalle, Quersaal und Sanktuar. Im Innern ist er jedoch sehr schön dekoriert, einige Inschriften berichten von wichtigen historischen Details. Über dem heutigen Portal wölbte sich einst ein Ziegelpylon, der nur teilrekonstruiert wurde. Auf der linken Wand im Durchgang umarmt Re-Harachte Amenophis II, rechts Tuthmosis III. Die nun folgende Pfeilerhalle war ursprünglich ein offener Hof, den Thutmosis IV in eine gedeckte Halle mit 12 Stützpfeilern umbauen ließ. So ist denn auch dieser Raum im wesentlichen mit Bildern seines Erbauers geschmückt. Es folgt ein ebenfalls schön dekorierter Quersaal, an den sich drei Räume anschließen. Im rechten Raum sind die Zeremonien dargestellt, die Tuthmosis III bei der Grundsteinlegung und schließlich der Einweihung des Tempels zu absolvieren hatte. Auf der hinteren Wand des Sanktuar (mittlerer Raum) schildert Amenophis II, wie er auf einem Feldzug nach Syrien sieben Fürsten gefangennahm und erschlug. Auf der Rückreise hingen die Toten am Schiff des Königs, sechs Leichen ließ er dann an die Mauern Thebens hängen, die siebte an die von Napata in Unternubien.

Qasr Ibrim

An strategisch wichtiger Stelle bauten hier die Römer eine Festung auf einem hohen Berg am Ostufer, die erst 1812 von den Mamluken zerstört wurde. Wie eine Stele von Amenophis I und ein Tempel aus der 20. Dynastie zeigen, geht die Besiedlung viel weiter zurück. Im NR entstanden vier Felskapellen, die gerettet wurden (eine davon im Nubischen Museum von Assuan). Ein 680 vC von Taharka erbauter Lehmziegeltempel wurde später von den Kopten in eine Kirche konvertiert, auf der Spitze des Berges entstand eine Kathedrale; erst 1528 wurde Qasr Ibrim endgültig islamisiert und die Kathedrale zur Moschee umgebaut. Insgesamt durchlief Ibrim eine über Jahrtausende dokumentierte, abwechslungsreiche, aber meist von Wohlstand begleitete Geschichte – heute schauen nur noch die Mauern der Moschee und ein paar Häuser bei Hochwasser aus dem See. Weil die letzten Relikte schon sehr fragil sind, dürfen Touristen die Insel nicht mehr betreten, sondern können nur vom Deck ihres Schiffes 15 Minuten lang hinunterschauen, dann geht die Reise weiter.

Nicht lange nach dem kurzen Stopp bei Qasr Ibrim tauchen am Westufer die Bauten für die Pumpstation des Toshka-Projekts (siehe Seite 314) auf, die per Fernglas gut zu erkennen sind.

Einlaufen nach Abu Simbel

Der Blick vom See her auf die immer imposanter aus der Umgebung hervortretenden Tempel ist schon allein die Schiffsreise von Assuan her wert. Die Bordlautsprecher untermalen den Eindruck mit dramatischer Musik – fast läuft einem eine Gänsehaut den Rücken hinunter. Während der Schiffsbug auf Ramses II zuhält, meint man, dem Steinkoloß die Hand reichen zu können – wir haben kaum jemals eine spektakulärere Schiffsankunft erlebt.

Die Schiffe bleiben über Nacht in Abu Simbel liegen, abends kann man die Light and Sound Show von Bord aus betrachten. Während die meisten Passagiere zurück nach Assuan fliegen, nutzen andere die Chance und kehren per Schiff zurück. Dieser Gesamttrip dauert dann sieben Tage.

Die Tempel von Abu Simbel

Ein paar grundsätzliche Tips:
- Obwohl Abu Simbel die südlichste Sehenswürdigkeit Ägyptens ist, haben wir (und viele Leser) dort in den kühleren Jahreszeiten schon **bitter gefroren**. Der Wüstenwind bläst ungehindert und ist morgens sehr kalt – nehmen Sie eine Jacke mit.
- **Besuchszeit**: Die Tempel werden von der Morgensonne beleuchtet, daher den Besuch möglichst für den frühen Vormittag planen. Am besten ist, in Abu Simbel zu übernachten und dabei Abend- und Morgenstimmung in der Wüste zu erleben. Allerdings sollte man im voraus ein Zimmer buchen. Zur Not vermieten auch die Bewohner "Privatpension" (im Ort oder bei den Tempel-Guides erfragen).
- Wenn Sie auf bestes **Fotografierlicht** nicht so viel Wert legen, können Sie Ihre Anreise z.B. per Taxi so arrangieren, daß Sie erst am späteren Nachmittag ankommen. Dann kehrt schon langsam Ruhe ein, der Sonnenuntergang über der Wüste ist auch stimmungsvoll.
- Gönnen Sie sich, wenn Sie hier übernachten, die **Light and Sound Show** am Abend. Sie ist – da sie nicht die hier im Berg versteckten Tempelteile ausleuchten kann – ganz anders konzipiert und nutzt die Außenflächen häufig als eine Art große Leinwand mit überraschenden Effekten.
- **Öffnungszeit** 7-18 Uhr (Winter 8-17), £E 36 Eintritt für beide Tempel, einschließlich Gebühr für obligatorischen Guide und £E 3 für örtliche Steuer. Da die Guides neuerdings ihre Gruppen nicht mehr ins Tempelinnere begleiten dürfen, sollten Sie diese Buch mitnehmen, damit Sie vor Ort nachlesen können.

Geschichte der Abu Simbel Tempel

Ramses II ließ zur Demonstration seines Einflußbereiches mitten in der Einsamkeit der nubischen Wüste in den Steilabfall zum Nil einen großen Tempel für sich und, wenige Schritte entfernt, einen für seine Gemahlin Nefertari in den vollen Fels hauen. Schließlich geriet die Anlage in Vergessenheit, Sandverwehungen bedeckten sie.

Stille und Einsamkeit wurden Jahrtausende später nachhaltig gestört. Die Fluten des Nasser-Sees drohten die Heiligtümer für immer zu versenken. Eine 41 Millionen DM teure Hilfsaktion der UNESCO erreichte schließlich die Rettung der Tempel.

Als die Entscheidung zur Versetzung gefallen war, stieg der See bereits unaufhörlich. Die Bauwerke mußten zunächst durch einen künstlichen Damm geschützt werden. Dann galt es,

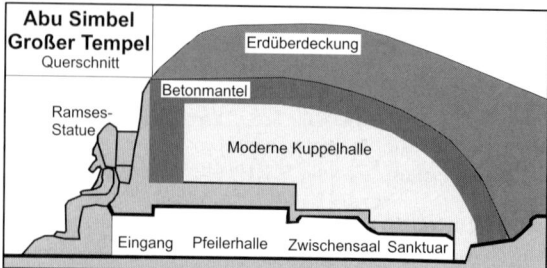

die monolithischen Tempel in handliche Blöcke zu zersägen, an einen sicheren und höheren Platz zu transportieren und wieder zusammenzusetzen. Diese gewaltige Aufgabe wurde am 10. März 1980 mit einem Festakt besiegelt, man sieht den Bauten die Reise kaum an.

Der Große Tempel

Der Große Tempel ist den Göttern Amun-Re und Re-Harachte geweiht, den Hauptgöttern von Ober- und Unterägypten. Seine Mittelachse zeigt genau nach Osten. Um den 21. Februar und 21. Oktober beleuchtet die aufgehende Sonne die Götterbilder im Allerheiligsten, ein etwa zehnminütiges, atemberaubendes Erlebnis. Durch eine leichte Winkeländerung beim Wiederaufbau ergibt sich eine Verschiebung um einen Tag gegenüber früher, als die Sonne jeweils am 20. die Tempel ausleuchtete. Diese Gelegenheit lassen sich natürlich viele Touristen, aber auch tausende Ägypter nicht entgehen. Selbst aus anderen afrikanischen Ländern kommen Folkloregruppen und machen aus dem Ereignis ein Volksfest. Doch der Rummel verleidet inzwischen das Erlebnis, wer nicht spätestens um 3.30 Uhr dort ist, hat kaum eine Chance, das Schauspiel im Tempel zu erleben – und wenn, hat es wegen der Menschenansammlung kaum mehr mit dem ursprünglichen Vorgang zu tun.

In Abu Simbel begründen Tempelführer diese Daten mit dem Geburtstag von Ramses am 21. 2. und seiner Krönung am 21.10.; das erstere ist völlig unbekannt, für das zweite Ereignis gibt es nur die vage Zeitangabe zwischen Juli und Oktober. Auch ist kaum anzunehmen, daß die Götterbilder im Sanktuarium das eigentliche Ziel der Beleuchtung waren, denn sie wurden von der sehr großen Barke mit dem Kultbild förmlich in den Schatten gestellt. Das im Vordergrund stehende Kultbild selbst sollte wohl im frühen Morgenlicht erstrahlen.

Vor der **Tempelfassade** dominieren vier, im wörtlichen Sinn *kolossale* Sitzstatuen von Ramses II, die aus dem anstehenden Fels herausgeschlagen wurden, wobei die zweite von links ihren Kopf bei einem Erdbeben um die Zeitenwende verlor; er liegt zu ihren Füßen. Trotz ihrer Höhe von 20 m wirken die Statuen nicht plump, sondern eher leicht und freundlich. Im Bereich der Beine kamen die Familienmitglieder des Königs unter: seine Mutter Tui, seine Lieblingsfrau Nefertari und seine bis dahin geborenen Kinder. Über dem Eingangsportal wacht der falkenköpfige Sonnengott, in der Hohlkehle darüber sind Amun (links), Re-Harachte (rechts) sowie die Vornamen von Ramses II abgebildet. Ganz oben begrüßen Paviane mit erhobenen Armen den Aufgang der Sonne. Besucherinschriften lassen sich von jüngster Zeit bis in die griechisch-römische Epoche zurückverfolgen.

Eine schmale Tür führt in die 48 m tief in den Berg getriebene Anlage, die in der Raumfolge einem *normalen* Tempel entspricht. Der offene "**Erste Hof**" ist hier allerdings eine große Halle mit acht kolossalen Pfeilerfiguren des Königs, sog. Osirispfeiler. Von den Seitenwänden führen Durchgänge zu insgesamt acht Lagerräumen, die z.T. mit Reliefs ausgeschmückt sind. An den Eingangswänden der 10 m hohen Halle profiliert sich der König mit dem Erschlagen von Feinden, rechts sind es Hethiter vor Re-Harachte, links Nubier vor Amun-Re. Im oberen

Der Große Tempel

Teil der linken (südlichen) Seitenwand ist der König mit Göttern dargestellt, darunter wieder in eher blutrünstigen Szenen, wie er (von links nach rechts) auf dem Streitwagen eine libysche Festung erstürmt, eine Libyer erschlägt und andere tottrampelt, schließlich im Triumphzug mit Gefangenen.

Auf der linken Vorderwand präsentiert der König nubische Gefangene dem Amun-Re, auf der rechten Vorderwand sind es hethitische Gefangene vor Re-Harachte.

Die rechte, nördliche, Seitenwand ist, in alter Tradition, der Schlacht von Kadesh gewidmet. Links marschiert die ägyptische Truppe an, dann lagert sie in einem Camp, in dem u.a. Pferde gefüttert werden, schließlich geht es zur Sache: Im Angesicht der Stadt von Kadesh findet die Schlacht statt, in der sich der von Feinden umzingelte König tapfer schlägt. Nachdem sich der Schlachtenlärm gelegt hat, führen Offiziere dem König die Gefangenen vor und zählen abgeschnittene Hände.

Die **Zweite Halle** wird von vier Pfeilern getragen. Alle Darstellungen sind religiösen Themen gewidmet. Auf der linken Seitenwand z.B. sieht man den König zusammen mit Nefertari bei einer Prozession der Barke von Amun-Re, die von Priestern getragen wird, rechts die ähnliche Szene vor Re-Harachte.

Nun betritt man das **Sanktuar**. An seiner Rückwand thronen nebeneinander vier aus dem Fels gearbeitete Götterfiguren: links Ptah von Memphis, dann Amun von Theben, der vergöttlichte Ramses II selbst und rechts Re-Harachte von Heliopolis. Vor den Götterfiguren steht der aus dem Fels gehauene, heute leere Sockel für das Kultbild.

Früher konnte man auch die moderne Technik besichtigen (was aus unerfindlichen Gründen zumindest derzeit nicht mehr zulässig ist): Rechts vom Ramses-Tempel führt eine Tür in das Stahlbetonbauwerk, das den Tempel heute überdeckt, um wieder den Eindruck eines Felstempels zu erzeugen. Der Blick hinter die Kulisse (mit Dokumentation der Technik und der Versetzaktion) ist interessant und wegen der Dimensionen überraschend. Auf den Felswänden stehen neben und zwischen den Tempeln eine

Vielzahl von Fels-Stelen, die von hierher versetzten bzw. für die Tempel zuständigen Beamten in Auftrag gegeben worden waren.

Der kleine Tempel

Dieser, der Göttin Hathor geweihte Tempel ehrt gleichzeitig die hier vergöttlicht gezeigte Große Königliche Gemahlin Nefertari, die vor der Fassade in kolossalen Standbildern mit ihrem Mann Ramses II gezeigt wird und den Kopfschmuck der Göttin Hathor (Kuhgehörn mit Sonnenscheibe) trägt. Neben dem Königspaar stehen kleine Figuren von Prinzen und Prinzessinnen.

Die **Große Halle** im Innern wird durch sechs Pfeiler mit dem Gesicht der Göttin untergliedert. Die Thematik der größtenteils sehr gut erhaltenen und farbenfrohen Reliefs wird beherrscht von Opferdarstellungen, welche die Königin bzw. das Götterpaar in Kulthandlungen vor den Göttern zeigen. Es fällt auf, daß die Figuren, insbesondere Nerfertari, hier feingliedriger dargestellt werden. In der unvermeidlichen Szene vom Niederschlagen der Feinde darf sogar Nerfertari anwesend sein. Sehr schön ist auch das Relief an der linken Eingangswand im Quersaal vor dem Sanktuar, in dem die Königin von Hathor und Isis gekrönt wird. Im **Sanktuar** sieht man in einer Nische das Relief der Hathorkuh, deren Kopf den König beschützt.

Aus privater Initiative entsteht derzeit ein Zoo/Terrarium unweit der Tempel. Hier sollen demnächst Krokodile, Schlangen, Skorpione und was die Wüste sonst noch an Lebwesen bietet, zu sehen sein.

Toshka – das Jahrhundertprojekt

Anfang 1996 wurde ein Milliardenprojekt in Angriff genommen, das von den Kosten her den Bau des Assuan-Dammes weit übertreffen und voraussichtlich erst im Jahr 2015 fertiggestellt sein wird: Ein 800 km langer Kanal soll Wasser vom Nasser-See bei Abu Simbel über Baris, Kharga, Dakhla bis nach Farafra transportieren. Damit soll der Fruchtlandanteil von derzeit etwa 5 Prozent auf 25 Prozent der Landesfläche erhöht und Lebens- sowie Arbeitsraum für Hunderttausende von Siedlern geschaffen werden.

Der Kanal zieht sich mit einer Breite von 60 m an der Oberfläche und 30 m am Boden quer durch die Wüste. Um die hohen Verluste durch Verdunstung nicht auch noch durch Versickern zu erhöhen, wird er in der gesamten Länge betoniert. Rund um die Uhr, sieben Tage die Woche wird fernab von jeder Zivilisation gesprengt, gebaggert und der Boden mit schweren LKW bewegt. Der gigantische Aufwand kreiert natürlich viele Arbeitsplätze, aber die Menschen müssen in einfachster Umgebung, mit Staub und Lärm ebenfalls rund um die Uhr fernab ihrer Familien leben.

Damit das Wasser von selbst bis zum Ende des Kanals fließt, wird es zu Beginn am Nassersee 20 m hoch gepumpt. Die Pumpstation, die in der Nähe von Abu Simbel beim umgesiedelten nubischen Dorf Toshka liegt, wird nach ihrer Fertigstellung 30 Milliarden Liter Wasser täglich in den Kanal befördern und die größte ihrer Art weltweit sein. Experten üben allerdings Kritik, daß diese Menge viel zu hoch ist, weil sie letztendlich dem Niltal entzogen wird.

Die Finanzierung des insgesamt auf etwa 90 Milliarden Dollar geschätzten Projekts – davon etwa 1,6 Milliarden Dollar für den Kanal – soll weitgehend durch Privatinvestitionen aufgebracht werden. So wurde das erste Kanal-Teilstück bis Kharga nach dem Investor in *Sheikh Sayed Kanal* getauft.

Die Reste der einstigen Idylle in den betroffenen Oasen, die Sie heute noch in quasi letzten Zügen sehen, werden also demnächst endgültig der Vergangenheit angehören.

Toshka – das Jahrhundertprojekt

Neben vielen unberücksichtigten ökologischen Folgen bereitet dieses Projekt auch den Prähistorikern ernsthafte Sorgen. Denn durch die Bauarbeiten werden Gebiete berührt und völlig "umgepflügt", in denen große prähistorische Schätze lagern und weitere vermutet werden. So gehört z.B. die Nabta-Ebene zu einem der hochinteressanten Plätze, denn die savannenartige Gegend war bis etwa 6000 vC ziemlich dicht besiedelt und mußte verlassen werden, als um diese Zeit zunehmende Trockenheit die Wasserversorgung versiegen ließ. Die Ebene war nicht nur ein Zentrum für die direkten Bewohner, sondern auch eine zeremonielle Begegnungsstätte, an der sich Menschen von weither versammelten.

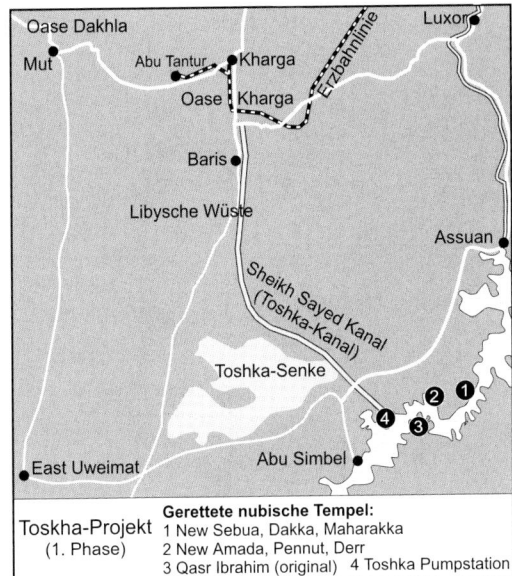

Toshka-Projekt (1. Phase)
Gerettete nubische Tempel:
1 New Sebua, Dakka, Maharakka
2 New Amada, Pennut, Derr
3 Qasr Ibrahim (original) 4 Toshka Pumpstation

Der amerikanische Archäologe Fred Wendorf konnte eine Siedlung mit 75 ovalen Häusern freilegen, die eine der ältesten menschlichen Behausungen darstellt. Weiterhin fand er eine Art "Stonehenge", einen Steinkalender, der exakt in Nord-Süd ausgerichtet ist und außerdem die Sonnenwende am 21. Juni anzeigt, dem Beginn der Regenperiode in diesem Bereich Afrikas. Schließlich kamen 30 Megalithe zum Vorschein, jeder etwa 2,5 Tonnen schwer, die von den Steinzeitmenschen bearbeitet worden waren. Eine Theorie besagt nun, daß die Bewohner nach Ausbleiben des Regens zum ständig Wasser führenden Nil abwanderten. Aus ihren Fertigkeiten entwickelten sich schließlich die Technolgien, die wir heute als Hinterlassenschaften der Pharaonen bewundern.

9. Hotels

Lesen Sie bitte die grundsätzlichen Informationen zum Übernachten in Ägypten ab Seite 52 nach, damit Sie dieses Problem optimal angehen können. Hier noch ein paar zusätzliche Bemerkungen:
- In allen Hotels müssen oder sollten amtlich genehmigte **Preislisten** aushängen, die allerdings nur dann Beachtung finden, wenn das Haus nicht ausgebucht ist. Sollte der von Ihnen ausgehandelte Preis wesentlich höher liegen als die Preisliste anzeigt, so hilft ein Hinweis auf eine der touristischen Institutionen (Polizei), die Differenz u.U. drastisch zu verringern.
- Wenn Sie mehrere Nächte bleiben, versuchen Sie **Sonderkonditionen** auszuhandeln, was in nahezu allen Hotels möglich ist.
- Fragen Sie beim Einchecken, ob der ausgehandelte Preis **Steuern** – Tax – und **Service** enthält, andernfalls können hinzukommen: 12 Prozent Service, 5 Prozent Municipality (örtliche Steuer), 4 Prozent Governorate (Provinzsteuer), 5,6 Prozent sonstige Steuern; in der Summe also 26,6 Prozent! Bei kleineren Hotels jedoch meist inklusiv.

In der folgenden Aufstellung haben wir alle Unterkünfte zusammengetragen, die uns durch eigene Recherchen oder durch Angaben aus Leserzuschriften bekannt wurden. Betrachten Sie diese Empfehlungen aber bitte nicht als das Nonplusultra für Ihre Hotelsuche; denn die Informationen sind immer unter dem **subjektiven Blickwinkel** des jeweiligen Beurteilers entstanden. Dieser Eindruck muß sich keinesfalls mit Ihren persönlichen Vorstellungen oder Erfahrungen decken. Beachten Sie bitte, daß es sich um Angaben ohne **Rechtsanspruch auf Richtigkeit** handelt, die u.U. lange bevor Sie dieses Buch in Händen halten, ermittelt wurden.
- **Alle Preisangaben sind in £E** angeführt; da viele Hotels in $ abrechnen, stellen wir in diesen Fällen der Preisangabe ein $-Zeichen voran, wobei **US$** gemeint sind. Die hier genannten Preise **beinhalten Steuern und Service**, vorausgesetzt, der betreffende Hotelier hat sie uns nicht bewußt verschwiegen.
- Soweit bekannt, geben wir **Telefon- und Faxnummern** sowie **Emailanschriften** (erkenntlich am @) an.
- Bei den meisten **5*-Hotels** verzichten wir auf eine Beschreibung, weil deren Standard weitestgehend garantiert ist.
- Sofern vorhanden oder bekannt, geben wir mit "**SatTV**" an, daß Satellitenprogramme zu empfangen sind, da normales TV nur die ägyptischen Sender ins Zimmer bringt.
- Die aktualisierten Angaben beruhen auf Informationen, die bis **Juni 2000** ermittelt wurden.
- Die Aufstellung ist jeweils nach **5-, 4-, 3-Sterne**-Herbergen **alphabetisch geordnet**, dann folgen alle übrigen Unterkünfte.
- Bei den Hotels, die **seit 1997 nicht aktualisiert** werden konnten, ist der Name *kursiv* gedruckt.
- Um die Liste nicht unnötig aufzublähen, finden Sie eine Menge **Abkürzungen**, weil sich viele Angaben ständig wiederholen. Werfen Sie bitte zunächst einen Blick auf den Abkürzungs-Kasten auf der nächsten Seite.

9. Hotels

Die in diesem Kapitel verwendeten **Abkürzungen** bedeuten:

- **AC** = Aircondition
- **ang** = angenehm
- **B** = Bad
- **D** = Doppelzimmer
- **E** = Einzelzimmer
- **einf** = einfach
- **empf** = empfehlenswert
- **F** = Frühstück
- **fr** = freundlich
- **hb** = hilfsbereit
- **HP** = Halbpension
- **Kü** = Küche, Kochgeleg.
- **Kschr** = Kühlschrank
- **la** = laut
- **li** = links
- **mä** = mäßig
- **Md** = Midan (Platz)
- **mF** = mit Frühstück
- **Dorm** = Dormitory (Mehrbettzimmer ab 3 Betten)
- **ni** = nicht
- **pP** = pro Person
- **re** = rechts
- **rel** = relativ
- **Rest** = Restaurant
- **ru** = ruhig
- **sa** = sauber
- **se** = sehr
- **Sh** = Sharia (Straße)
- **tlw** = teilweise
- **unfr** = unfreundlich
- **Ven** = Ventilator
- **wW** = Warmwasser
- **Zi** = Zimmer
- **24Std-R** = 24 Std besetzte Rezeption

Die nun folgende Auflistung ist so einfach wie möglich gehalten und nur mit den wichtigsten Informationen versehen, um Ihnen Vergleiche zu ermöglichen.

Abu Simbel (Tel-Vw 097)

Abu Simbel Nefertari, Tel 316 402, direkt am Stausee, 70 Zi, AC, Pool, sa, (überbucht um den 20.2. bzw 20.10.), HP möglich · E+B $60, D+B 75

Nobaleh Ramsis, Tel 311 660 Ortsmitte, im nubischen Stil gebaut, ca. 30 Wandermin. v. Tempel, se sa, fr, hb, wW, F 7,50 · E+B $32, D+B $60

Assuan (Tel-Vw 097)

Während der Hauptsaison – besonders Weihnachten, Ostern – rechtzeitig buchen!

Isis Island, 5*, 400-Betten-Herberge auf einer Katarakt-Insel, sehr schön und stimmungsvoll gelegen, mäßiger Service, rel sa, mF · D+B $155

New Cataract-Sofitel, 5*, Sh Tahrir, Tel 316 001/8, Fax 316011, unpersönlich, nüchtern, guter Pool, mF · E+B $75, D+B $90, Gartenblick E+B $65, D+B $80

Old Cataract-Sofitel, 5*, Sh Tharir, Tel 316 001, Fax 316011, berühmtes nostalgisches Luxus-Hotel, teilw. renoviert, viele Gruppen, Nilblick-Zi · · · · · · · E+B ab $148, D+B $164 bis$900

Amun, 4*, Amun Island, Club Mediterranée

Basma, 4*, Nähe Nubisches Museum, Tel 310 901, Fax 310 907, basma@rocklemal.com, beste Lage am Hang, herrlicher Blick, alle Zi mit Balkon, großer Pool, Rest, Bar, se ru, se sa, fr, AC, SatTV, Minibar, schöner Garten, (Preise verhandelbar, Sommer 25 % Rabatt) mF · E+B $89, D+B $119

Cleopatra, 3*, Sh Saad Zaghlul, Tel 314 003, Fax 314 002, Bhf-Nähe, Bazarseite la, se sa, fr, AC, SatTV, Minibar, Dachterrasse mit Pool, Rest, viele Gruppen, empf, mF · · · · · · · · E+B $48, D+B $62

El Amir, 3* (kaum besser als 2*), Corniche/Sh Abas Farid, Tel 314 735, Fax 304 411, Lift, kleine Zi, se sa, fr, la, AC, Rest, Dachgarten, Preis verhandelbar, mF · · · · · · · · E+B 85, D+B 120

Old Isis, 4*, Nilseite der Corniche etwa Höhe Kaufhaus Benzion, Tel 315 100, Fax 315500, zentral gelegen, se ru, se sa, AC, SatTV, Pool, Essen teuer, mF · · · · · · · · · · · · · · · · E+B $56, D+B $69

Kalabsha, 4*, Sh Tahrir, Nähe Old Cataract, Tel 302 999, Fax 305 974, se sa, ru, fr, hb, AC, freie Poolbenutz. im Cataract, mF (gutes Buffet) · E+B $35, D+B $55

Philae, 3* (derzeit kaum 2* wert), Corniche, Tel 312 090, Fax 302 089, soll angeblich 2000 renoviert werden, Balkon, fr, mä sa, ungepflegt, Bäder tlw defekt, AC + £E 7,
ni emp, mF
E 40-50, D+B 70-80

Ramses, 3*, Sh Abtal el Tahrir, Tel 304 000, Fax 315 701, Bhf-Nähe, etwas abgewohnt, Lift, fr, se sa, rel ru, AC, wW, TV, Kühlschr, mF (nicht besonders)
E+B 48, D+B 83

Abu Shelib, Sh Abbas Farid, Tel 303 051, 323 051 rel kleine Zi, sa, wW, Ven, se fr, se hb, ang, rel ru (auß. Muezzin), mF, empf für alleinr. Frauen
E 15, E+B 20, D/D+B 20, D+B+AC 30

Assuan Palace, Sh Mahmoud Jakoub, Tel 313 664, im Gemüse-Bazar, einf, sa, fr, hb, la, wW stundenweise, teilw. Ven, häufig ausgebucht, nur Etagenbad
E 6, D 12

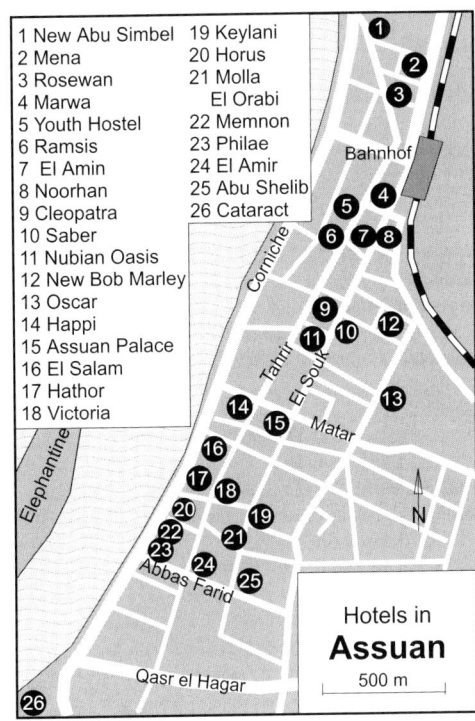

Hotels in **Assuan**
500 m

1 New Abu Simbel
2 Mena
3 Rosewan
4 Marwa
5 Youth Hostel
6 Ramsis
7 El Amin
8 Noorhan
9 Cleopatra
10 Saber
11 Nubian Oasis
12 New Bob Marley
13 Oscar
14 Happi
15 Assuan Palace
16 El Salam
17 Hathor
18 Victoria
19 Keylani
20 Horus
21 Molla El Orabi
22 Memnon
23 Philae
24 El Amir
25 Abu Shelib
26 Cataract

Brother, Sh Saad Zaghlul, neben Noorham Hotel, se sa, ru ········· pP 8

El Amin, Tel 301 213, v. Bhf li in Sh El Souk, 300 m Hotelschild, (Straßenfront Muezzin), teilw. Balkon, mä sa, fr, wW, Ven, mF ························· Dorm pP 10, E 11, D+B 20

EL Orabi, Sh El Makhama el Kadina (Nähe Keylany bzw. Molla Hotel), Tel/Fax 317 578, Dachterrasse, Wäschservice, se sa, se fr, se hb, mF ······ Dorm pP 10, E+B+AC 20, D+B+AC 25

El Safan, Sh Kamal Noor el Din (ca. 200 m nördlich vom Bhf, zwischen zwei TkSt), , Tel/Fax 302 172, 2000 renoviert, Internet Café, Dachterr., einfach, sa, mF ····· E+B+AC 18, D+B+AC 30

El Salam, 2*, 101 Corniche, neben Hathor Hotel, Tel 303 651, Fax 302 651, Dachterrasse mit Restaurant, Corniche-Zimmer la, se sa, fr, hb, se la, Nilblick, teilw. Balkon, wW, AC, für alleinr. Frauen empf, mF ·························· E+B 45, D+B 65

Happi, 2*, 10 Sh Abtal el Tahrir, Tel 314 115, Fax 314 002, happi@egypt.com, etwa Höhe Fähre Elephantine, se sa, AC, (freie Pool-Benutzg. im Cleopatra), mF ····· E+B 35, D+B 50

Hathor, Corniche, Tel 314 580, Fax 303 462, neben El Salam Hotel, Dachterr. mit kl. Pool, Nilblick, se sa, fr, la, abgewohnt, wW, AC, mF (reichhaltig) ················ E+B 25, D+B 50

Horus, 2* (etwas verblichen), Corniche, Tel 303 323, Fax 313 313, fr, zur Corniche se la, sa, AC, Balkon mit Nilblick, Dachterrasse mit Bar/Cafeteria, im Winter 2 Monate vorausbuchen, Reisegruppen bevorzugt, mF ························ E+B 45, D+B 60

9. Hotels

Keylany, 25 Sh Keylany, etwa 2 Blocks oberhalb Memnon Hotel bzw. Benzion Kaufhaus, Tel 317 332, 1999 renoviert und für diese Kategorie nett eingerichtet, Dachterrasse, se sa, se fr, Ven, AC, mF ········ Dorm 7 pP, D ab 30, E+B 22, E+B+AC 22, D+B 20, D+B+AC 40
Marwa, Seitenstr. der Sh Tahrir (vom Bhf 2. Str. li, 70 m), Tel 308 532, Fax 380840, ungepflegt, einf, mä sa, fr, se hb, wW, Ven, Kschr, häufig ausgebucht ······· Dorm pP ab 5, E 7,50, D ab 10
Memnon, Corniche (Eingang Rückseite), schräg gegenüber Mona Lisa Rest, Tel 300 483, fr, se sa, neue Inneneinrichtung, AC, Nilblick, Rest, Wäscheservice, mF········ E+B 35, D+B 50
Mena, Tel 324 388, Bhfs-Nähe (nördlich, 3. Str. links), schöner Dachgarten, sa, fr, hb, kl Zi, Ven, mF ··· E+B 25, D+B 35
Molla, Sh Keylany, Tel 319 100, Bazarviertel, rel sa, ru, ni fr, Ven/AC, wW, mF ··· E+B 10, D 14, D+B 16
New Abu Simbel, 2*, Sh Abtal el Tharir, Tel/Fax 306 096, nördlich v. Bhf 2. Str. Re, ca. 350 m neben kl. Moschee, ru, angenehm, sa, hb, fr, wW, AC, Garten, mF · E+B ab 30, D+B ab 40
New Bob Marley, Parallelstr. zur Sh El Souk, Tel 301 839, Studenten erhalten Rabatt bis 15 Prozent, bescheidene Dachterrasse, F £E 1 ················ Dorm pP 5, E/D 12, E/D+B+AC 20
Noorhan, Sh Saad Zaglul, Tel 316 069, vom Bhf zweite Seitenstr. der Sh El Souk, gr. Zi, wW, überraschend sauber für Müllhaldencharakter der Straße, AC + 5 £E, Dachterrasse, Wäscheservice, TV, fr, la ··· E 12, E+B 15, D 16, D+B 20
Nubian Oasis, Sh Saad Zaghlul/El Souk, Tel 312 123, Fax 312124, Email nubianoasis@infinity.com.eg, Dachterrasse mit tollem Blick, Rest, zentral, einfach, rel sa, Ven/AC, wW, hb, Wäscheservice, mF ··· E 10, E+B 20, D 20, D+B 30
Oscar, Tel 306 066, 326066, Bazarbereich, südl. v. Bhf, se sa, fr, hb, Dachterrasse, se la, wW, AC, mF ·· E+B 35, D+B 40
Rosewan, Tel 304 497, rosewan@aswanet.com.eg, v. Bhf nördl., nach Tkst. links, Nähe Safa Hotel, Besitzer ist Maler und stellt seine Arbeiten aus, sa, eher etwas ungepflegt, se fr, hb, wW, Ven, mF (mä) ·· E+B 18, D+B 28
Saber, li v. Bhf, Tel 302 744, äußerst einfach, ni sa, Ven, tlw Balkon, wW ········ D/D+B 10-12
Brotheren New Hotel, Sh El Souk, Nähe Nubian Oasis Hotel, Tel 310 460, se einfach, rel sa, Fst £E 1,50 ············ Altbau (ohne AC, Bad) Dorm 15, Neubau: E 12, D+B 20-25, D+B+AC 35
Victoria, südl. Sh Tahrir, Tel 303 870, fr, sa, ru, wW, Ven ································ Dorm pP 10
Yassen, Tel 317 109, neben Noorhan Hotel, teilw. Balkon, Dachterrrasse, SatTV £E 3, se sa (obwohl schmutzige Straße das kaum vermuten läßt), fr, hb, organisiert Feluken-Trips, rel große Zi, empf, mF ············· E+B 12, E+B+AC 20, D+B 16, D+B+AC 25

Fayum (Tel-Vw 084)

In Medinet Fayum:

Montazah, Sh Esmail el Medany, Tel 348 662, fr, mä sa, Ven, ru, ····· Dorm pP 10, E+B 30, D+B 35
Palace, Sh Hurya, ca. 150 m gegenüber 4 Wasserrädern, Tel 351 122, Manager Ashraf Arafa spricht se gut englisch, re große Zi, se fr, se hb, se sa, wW, Ven, tlw AC, emp, mF (gut) ································ E 20, E+B 35, D 35, D+B 45, +AC 65
Queen, 24 Sh Menshat, nahe Montazah Hotel, Tel 346 819, Manager spricht deutsch, se sa, se fr, Ven, tlw AC, TV, wW, Kühlschr., mF (gut) ························ E+B 65, D+B 130
Youth Hostel, Lux Housing Block Nr.7, 4. Stock, Flat Nr. 7 und 8, (in sog. Erholungspark), Tel 323 682, nahe Kairo-Bus-Bhf, wW, Duschen ni sa, sonst ok, F £E 2 ················ pP 5

Außerhalb von Medinet Fayum:

Auberge Du Lac-Fayum, 4*, Tel 702 730, Fax 700 730, Ex-Jagdhaus von König Faruk, immer noch Atmosphäre, schön am Qarun See gelegen, ang, erholsam ········· E+B $103, D+B $119
Ain el Sillin, Sillin, schöne Lage im Grünen, AC, sa, fr, mF ················ E+B 38, D+B 50
Panorama Shakshouk, am Qarun-See bei Shakshouk, sa, AC, wW, Balkon, Pool, schöne Gartenanlage, gut zum Entspannen, viele Wochenendurlauber aus Kairo ······· E+B 180, D+B 280

Kairo (Tel-Vw 02)

Kairo: Zentrum
(Stadtteile Taufikiyakia, Ezbekiya, Abdin und die Khan el Khalili-Umgebung)

Helnan Shephards, 5*, Corniche, Garden City, Tel 795 3900, unpersönlich, hat nichts mit 1952 abgebranntem Shephards gemein ·································· E+B $90, D+B $105
Nile Hilton, 5*, Corniche (Md Tahrir), Tel 578 0444, Fax 578 0475, nhilton@brainy1.ie-eg.com, das 1960 gebaute erste moderne und zentrale Hotel mit guten Restaurants, Shopping-Arkaden, Traveller-Treff ···································· E+B $170, D+B $ 195
Ramsis Hilton, 5*, 1115 Corniche, Tel 575 8000, Fax 575 7152, weitaus unpersönlicher als das Schwesterhotel, toller Blick von den oberen Stockwerken ··············· E+B $88 D+B $111
Semiramis Intercontinental, 5*, Corniche, Garden City (Nähe Md Tahrir), Tel 795 7171, Fax 796 3020, moderner Neubau, großzügige Lobby ························· E+B $170, D+B $195
Ambassador, 3*, 31 Sh 26.July, 7-10. St., Tel 578 3255, Fax 574 3263, 24Std-R, toller Blick, SatTV, Kschr, se sa, la, fr, AC, Herbst 95 renoviert, emp, mF ················ E+B 155 D+B 190
Carlton, 3*, 21 Sh 26.July, Tel 575 5022, Fax 575 5323, zentral, Nähe Metro, 2 eigene Lifts, fr, se sa, rel la, AC (häufig laut, defekt), SatTV, Ww, Balkon, blumengeschmückte Dachterrasse mit Rest, guter Blick, Zi unterschiedlicher Qualität (eher 2*), mF (gut) ········· E+B 65, D+B 90
Cairo Khan, 3*, Sh 26.July/Muhammed Farid, Tel 392 2015, Fax 390 6799, cairokhan@cairokhan.com.eg, SatTV, zentr. AC, se sa, Kschr, mF ············ E+B $65, D+B $85
Cleopatra, 3*, 1 Sh El Bustan/Ecke Md Tahrir, Tel 575 9900, Fax 5759807, cleopatra_sh@yahoo.com, guter Blick, hb, se sa, la, AC, für die Ausstattung zu teuer, aber günstig dem Nile Hilton gegenüber gelegen, mF ····················· E+B $78, D+B $98
Cosmopolitan, 3*,1 Sh Ben Taalab/Qasr el Nil, Tel 392 3663, Fax 393 3531, stimmungsvolles altes Hotel, zentral, sa, fr, ang, SatTV, AC, mF ············ E+B $42, D+B $54
Fontana, 3*, Md Ramsis (genau Sh Seif el Din el Mahran), Tel 592 2321, Fax 592 2145, zentral, guter Blick auf Md Ramsis, Dachterrasse mit Pool, Disco, AC, 24 Std la durch Md Ramsis und Hochstraßen, se sa, etwas abgewohnt, fr, hb, wW, TV, gutes Rest, 24Std-R, mF (gutes Buffet)··························· E+B 61, D+B 92
Grand, 3*, 17 Sh 26.July, Tel 575 7700, Fax 575 7593, gegenüber Taufik-Markt, große Zi, "old fashion", stilvoll, gute Atmosphäre, mä la, AC, SatTV, se sa, ang, empf, mF ·· E+B 117, D+B 154
Happy City, 3*, 92 Sh Mohamed Farid, Tel 395 9333, Fax 3959333, Nähe Abdeen Palast, Ende 1997 eröffnet, Dachterrasse, Rest, se sa, gepflegt, AC, SatTV, mF ······· E 85, E+B 97, D+B 135
Horris, 3*, 5 Sh 26.July (Rückgebäude), Nähe Md Opera, Tel 591 0478, Fax 591 0478, 14. Stockwerk, manchmal kein Lift, AC, sa ····························· E+B 63, D+B 105
Odeon Palace, 3*, 6 Sh Abdel Hamid Said, Tel 576 7971, Fax 576 7971, neben Cinema Odeon, zentral, 24Std-R, etwas abgewohnt, se sa, fr, rel ru, ang, AC, SatTV, Dachrestaurant, bekannte Nachtbar, mF ···························· E+B $37, D+B $49

9. Hotels

Victoria, 3*, 69 Sh Gomhuriya, Tel 589 2290, altes, gemütl. Hotel, sa, se fr, wW, z.T. se la, AC, empf, mF (gutes Buffet) ·· E+B $35, D+B $50
Windsor, *3, 19 Sh El Alfy, Tel 591 5277, Fax 592 1621, Email wdoss@link.com.eg, angeblich ältestes noch existierendes Hotel Ägyptens, ehemals beliebt bei engl. Offizieren, große alte Räume, altmodisch eingerichtet, Nähmaschine und Klavier stehen im Flur, die Bar ist einen Besuch wert, Abholservice vom Airport zu $ 5 pP, abgewohnt, sa, rel la, AC, se fr, organisiert Touren Sakkara, Luxor, mF ·································· E+B $29, D $31, D+B $39
Amin, 38 Md Falaky / Bab el Louk (Nähe Md Tahrir), Tel 393 3813, 6. und 7. Stock, abgewohnt, sa, mä la, fr, hb, gut für alleinr. Frauen, Balkon, wW ··· E 28 E+B 35, D 37, D+B 42
Anglo Swiss, 14 Sh Champollion, Tel 575 1497, 6. St., zwei Lifts, Küche zur freien Benutzung, große alte Räume, museale Badewannen, sa, Balkon, mF ··· Dorm pP 20, E 25, D 40, D+B 50
Big Ben, 33 Sh Emad El Din (unweit Md Ramsis), Tel 590 8881, 7.St., Dach-Café, rel sa, fr, Ven, wW, la, mF (wenig) ·· E+B 29, D+B 35
Blue Bird, 42 Sh Talaat Harb, 6. St., Tel 575 6377, se einf, mä sa, hb, fr, mF ······· E 20, D 50
Cairo Palace, Sh El Gumhuriya, se la, wW, mF ··· D+B 22
Ciao, 28 Sh Ahmed Helmi, Tel 235 2858, Fax 2357553, 3-Gehmin. v. Ramsis-Bhf, la, hb, wW, Balkon, Rest, AC, (Studentenermäßigung möglich) mF ································ D+B 40-60
Claridge, 41 Sh Talaat Harb, Tel 393 7776, auch Eingang mit Lift in der Sh Sherif, hübsche Cafeteria, abgewohnt, mä sa,fr, mF ··· Dorm pP 10, E+B 25, E+B+AC 45, D 40, D+B 55, D+B+AC 75
Crown, 9 Sh Emad El Din, Tel 591 8374, 5. St., Leser dieses Buches erhalten 10 Prozent Discount, tlw gr Zi, etwas abgewohnt, sa, Ven, mä ru ····· E 20, E+B+AC 32, D 29, D+B+AC 44,50
Dahab, 26 Sh Mahmoud Bassiyouni, Tel 579 9104, Email dahabhotel@hot.mail.com, im Stockwerk über Swiss Pension, nach Dahab-Vorbild wurden gemauerte "Hütten" aufs Hausdach gesetzt, viele Blumen, fast lauschige, jedenfalls interessante Atmosphäre, Leser berichten von Diebstählen, sa, fr, se hb, mF ····· Dorm. 10 pP, E 20, E+B 30, D 25, D+B 35
Des Roses, 33 Sh Talaat Harb, Tel 393 8022, 4.St., mä sa, fr, hb, la wegen Disco im Stockwerk darüber, tlw Balkon, wW, mF ······························· E 20, D 25, E+B 25, D+B 35
El Hussein, 2*, Md Hussein (Khan el Khalili), Tel 591 8664, Fax 591 8479, , z.T guter Blick ab Md Hussein und Balkone dorthin, AC, la, sa, AC + 15 LE, ················ E+B 65, D+B 75
El Matky, 4 Sh Al Hussein, direkt gegenüber Hussein Moschee, Tel/Fax 592 8804, in oberen Stockwerken guter Blick, einf, sa, viele Ägypter, mF ······· E+B 40, D+B 60, D+B+AC 70
Everest, Md Ramsis, Tel 574 2506, Hochhaus genü. Ramsis-Bhf, (15. Stock, Vorsicht: nur Lift, Treppenh. vermutl. unzugängl.!), toller Blick, mä sa, bedingt empf, mF ·········· E 12, D 19
Garden Palace, Garden City, 11 Modareat Al Tahrir, Tel 796 365, zentr, rel ru, rel sa ·· E+B 35-70
Garden City House, 23 Sh Kamal el Din Salah (direkt an Abfahrt von Tahrir Brücke), Tel 794 8400, tlw Nilblick, Balkon, se la, se sa, fr, hb, mF ············· E 43, E+B 58, D 63, D+B 83
Golden, 13 Talaat Harb, Tel 392 2659, 3. Stock, kein Lift, sa, la, kleinste Fenster ···············
·· Dorm pP 5, E+B 11, D+B 22
Gresham, 20 Sh Talaat Harb, Tel 575 9043, starco@click.com, gr Zi, fr, Ven, AC, teilw Balkon, wW, mä ru, mä sa, 24Std-R, mF ···························· E 25, E+B 35, D+B 45
Happy Dreams, 28 Sh Ahmed Helmy, Shoubra (Nähe Md Ramsis), Tel 235 8966, se sa, se ru, 12 Stockwerke, Cafeteria im 12. Stock, guter Blick, ······························· D+B 45
Happyton, 2* (aber besser), 10 Sh Ali el Kassar (Seitenstr. der Sh Imad el Din), Tel 592 8600, 24Std-R, se sa, fr, hb, wW, tlw la (Muezzin), AC, SatTV, empf, Disco, mF ······· E+B 49, D+B 64

Kairo

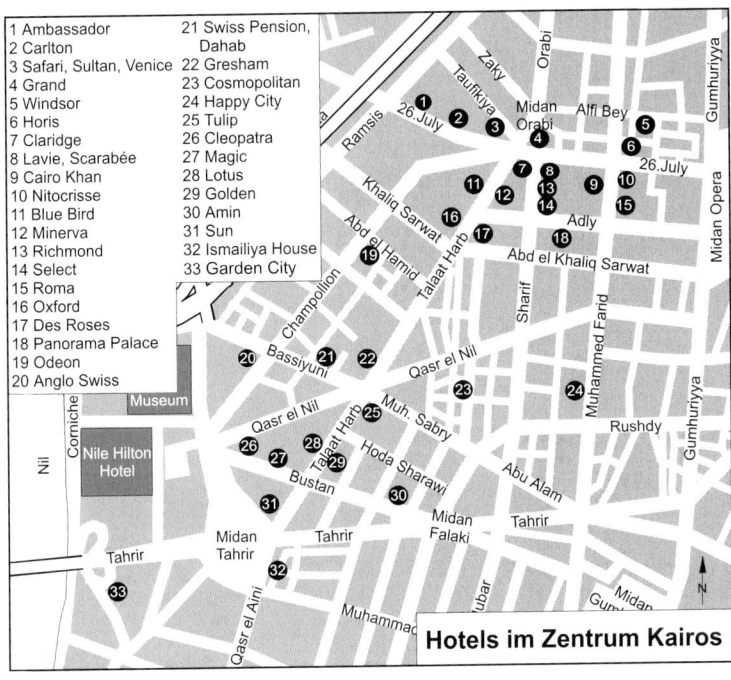

Hotels im Zentrum Kairos

Ismailiya House, 1 Md Tahrir (Eingang ziemlich genau unter Hotelschild, linkes Haus), Tel 796 3122, Fax 335 5710, 7/8. Stock, Lift, 24Std-R, Vorausbuchungen auch von Europa ok, zentral, viele Traveller, se sa, se fr, la, tlw schlecht belüftet,
mF ·· Dorm (5 B.) pP 15, E 25, D 40, D+B 48-52
Lavie, 16 Sh 26.July, Tel 393 9539, la, (ru nur Hinterhof-Zi), ni sa, AC + £E 40, ··· E+B 22, D+B 35
Lotus, 12 Sh Talaat Harb, Tel 575 0627, Fax 921621, Lift, Zi z. Str. se la, fr, hb, AC, se sa, wW, 24Std-R, preisw. Rest, mF ················· E 50, D 70, E+B+AC 70, D+B+AC 92
Magic, 10 Sh El Bustan, Eingang Seitenstraße (kein Lift), Tel 579 5918, magichotel@hotmail.com, 24Std-R, se sa, se fr, se hb, zuverlässig bei Zusagen, holt auf Wunsch vom Flughafen ab (£E 40), Küche, Ven, Internet £E 10/Std, preisw. Giseh- u. Sakkara-Trips im hauseigenen Auto, emp, mF (gut) ················· E 35, D 40
Magy, 122 Sh El Galaa (nur ein paar Schritte vom Md Ramsis), Tel 574 0330, se la, fr, sa, hb (z.B. Beschaffung von Zugtickets, Internat. Studentenausweis), viele Traveller ································· E 10, E+B 15, D 25, D+B 35, D+B+AC 40
Minerva, 39 Sh Talaat Harb, in Passage zur Sh Sherif, Tel 392 0600, 5. u. 6. St. (Lift öfter defekt), gr Zi, sa, la, fr, wW, tlw Balkon, häufig ausgeb., mF ···· pP 15-17, E 23, D 32, D+B 38,50
New Hotel, 21 Sh Adly, Tel 392 7065, Fax 3929555, gr Zi, Balkon, mä sa, se fr, la, mF ······································· E+B 55, E+B+AC 65, D+B 80, D+B+AC 90

9. Hotels

Auf dem Weg nach oben

Die Richtung stimmt schon: Es geht senkrecht nach oben – *"direkt in den Himmel"*, könnte man häufig genug bei den musealen Aufzügen in Ägyptens alten Häusern denken (in denen sich viele der preiswerten Hotels eingemietet haben). Eine Kabine aus Gitterwerk und ein offener Schacht geben unbarmherzig alle vermeintlichen und tatsächlichen Mängel frei. Die Führungsschienen triefen zwar von Fett, aber das scheint auch die einzige Wartung zu sein, die man den Gefährten angedeihen läßt. Die Seile sind irgendwie am Kopf der Kabine befestigt, einzelne Drähte hängen häufig wirr herab. Ob Befestigung und/oder Seil die nächste Belastung überstehen werden? Falls einstmals zwei Aufzüge nebeneinander betrieben wurden, hängt häufig eine der Kabinen hilflos in den Seilen, respektlos mit Müll gefüllt.

Man drückt auf den Knopf oder die Reste dessen und hofft, daß sich etwas tut. Ist schließlich die Kabine angekommen, so gilt es, sie zu öffnen. Die altertümlichen Schlösser gehorchen den unterschiedlichsten Prinzipien: Entweder löst kräftiges Rütteln den Schließmechanismus oder der Fahrgast muß durchs Gitter ins Innere fassen und den Verschluß von dort her zurückschieben. In jedem Fall ist die Mechanik vorsichtig zu bedienen, zu leicht werden die Finger in dem engen Spalt eingequetscht. Andere Aufzüge lassen sich zwar hervorragend von außen öffnen, doch will der Fahrgast die Kabine verlassen, ist sie ebenfalls nur von außen zu öffnen, also wieder mit Handverrenkungen durchs Gitter greifen und an Hebeln herumfummeln.

Der Spalt zwischen Tür und Kabine öffnet sich vielfach so weit, daß man bequem zum Selbstmord hindurchgleiten könnte – falls einem der mit Müll gefüllte Schachtboden nicht zu unappetitlich ist. Auch sollte der stürmische Fahrgast das leider nur arabische Schild an vielen Aufzügen durchaus sehr ernst nehmen: *"Vor dem Einsteigen überzeugen, daß der Lift vorhanden ist"*.

Mit Glück setzt sich die Kabine bei Knopfdruck in Bewegung, wenn nicht, wackelt man heftig an den Türen, um deren elektrische Kontakte zu überlisten. Nach dem Einsteigen und sorgfältigen Schließen der Innentüren geht meistens das Licht in der Kabine aus; man sollte also zuvor nach dem richtigen Knopf schauen und auch danach, ob er noch vorhanden ist – sonst verschwindet schreckverbunden im Dunkel der Finger in einem schwarzen Loch. Geht es schließlich – mit einem kräftigen Ruck – nach oben, hat der Liftbenutzer während der langsamen Fahrt genug Zeit, den Abfall zu bewundern, den die Ägypter selbst auf kleinsten Vorsprüngen von Innenhöfen zu plazieren wissen. Bleibt der Lift unterwegs stecken, schreit man laut "Hammed" (fast jeder Aufzugkenner heißt so) und irgendeine hilfreiche Hand wird unten oder oben so lange an den Türen wackeln, bis der Motor wieder summt.

Soviel über die museale Aufzugsseite. In moderneren Anlagen ist die Selbsthilfe begrenzt. Bleibt der Lift stecken – was, Malesch, immer mal wieder passieren kann –, hilft vielleicht auch der Zauberruf "Hammed". Doch bis die unsichtbare Hand das Gefährt in Bewegung setzt, sollte man in der engen Kabine vorsichtshalber die Atemfrequenz reduzieren...

New Garden Palace, Garden City, 11 Sh Modareat al Tahrir, ca. 21 Zi, sa, fr, wW, 24Std-R, Dachterrasse, Rest, mF ········· Dorm pP 20, D 40, D+B 80

Nitocrisse, 171 Sh Muhammad Farid, Tel 391 5166, große Räume, Parkettboden, sa, mF ········· E 31, E+B 47, D 33, D+B 68, D+B AC 79

Omayad, Sh 26.July/Talaat Harb, Tel 575 5103, 24Std-R, sa, SatTV, AC, Kschr, hb, mF ········· E+B 65, D+B 85

Orient Palace, 14 Sh 26.July, 10. St., Lift, (vorw. ägypt. Gäste), abgewohnt, fr, se la, ni sa, wW ········· E12, D ab 28

Oxford, 32 Sh Talaat Harb, Tel 575 8173, 6. St., abenteuerlicher Lift, sudan. Leitung,
se la, fr, mä sa, wW, Ven + 2 £E, ··· E+B 25, D+B 30
Panorama Palace, 20 Sh Adly, Tel 392 9127, 4. Stock, Lift häufig kaputt (geht nur
nach oben), mä sa, se fr, Zi z.T. ohne Fenster ("Panorama"), F 5, ····· E 25, E+B 40, D 45, D+B 55
Roma (Pension), 169 Sh Mohamed Farid, Tel 391 1088, Fax 579 6243, 4.St./Lift,
sympathisch eingerichtet, se sa, fr, se hb, tlw la, wW, Rest, 24Std-R, vorab
reservieren da fast immer ausgebucht, empf, mF ············ Triple 67,50, E 26, D ab 50, D+B 55
Safari, 4 Sharia Taufikiya, (im selb. Haus auch Sultan und Venice, auf Stockwerk
von Sultan III), Tel 577 8692, mä sa, fr, se einf, hb, Ven, Küche, wW················ Dorm pP 6
Scarabée, 16 Sh 26.July, Tel 393 9434, 7. St., nur mit Lift erreichbar, vorwiegend
arab. Geschäftsleute, unfr, mä sa, Service mä, Ven, ni emp, mF················ E+B 34, D+B 75
Select, 19 Sh Adly, 8. St., Tel 393 3707, Lift oft defekt, guter Blick, mä sa, la, fr,
Traveller-Hotel, mF (mä) ·· E 25, D 30
Sultan I, II u. III, 4 Sharia Taufikiya (im selb. Haus auch Safari und Venice), Tel 577 1925,
sultan_hotel@usa.net, verdreckter Hauseingang, Lift liegt als Wrack im Erdgeschoß, se einf,
Küche, Ven, mä sa, fr, wW, Ven, Preise je nach Stockwerk um £E 1 niedriger, Sultan III macht
den saubersten Eindruck, Sultan II hat 1 Dorm nur für Frauen, Dorm ············ pP 6 – 8, D 25
Sun, 2 Sh Talaat Harb/Md Tahrir (Lift vom Eingang links, nicht Hauptlift), 9. St.,
Tel 578 1786, Fax 579 5849, sa, fr, Ven, viele Traveller, organisiert preiswerte
Touren nach Sakkara oder Oberägypten, Wäscheservice, mF ··········· Dorm pP 15, E 30, D 40
Swiss Pension (ehem. Hotel Suisse), 26 Sh Mahmoud Bassiyouni, Tel 574 6639,
Traveller-Hotel, Gepäckdepot 1 £E pP/Tag, Lift nicht von oben zu holen, zentral,
Zi mä sa, mä ru, mF··· E 30, D 40, E+B 40, D+B 50
Tulip, 33 Sh/Md Talaat Harb, Tel 392 2704, Fax 361 1995, mä sa, fr, wW, la zur
Straßenseite, ru zum Innenhof, 1999 renoviert, kleiner Balkon, oft ausgeb.,
24Std-R, AC + £E 20, mF ·· E+B 45, D+B 56, D+B+AC 65
Venice, Sh Taufikiya (im Haus von Safari u. Sultan), Tel 574 1171,
shokery@hotmail.com, fr, mä sa, wW, Ven, ························· Dorm pP 6 – 8, E 20, D 30

Kairo: Zamalek und Roda

Cairo Marriott, 5*, 33 Sh Seray El Gezira, Zamalek, Tel 340 8888, Fax 340 6667, geschmackvoll
renovierter, ehemaliger, 1869 für Frankreichs Kaiserin Eugénie gebauter Palast, großzügig
eingerichtet, schönster Hotelgarten Kairos ····················· E+B ab135.00$, D+B ab $145
El Gezira Sheraton, 5*, runder Turm Südspitze der Insel Gezira, Tel 341 1555, Fax 340 5056,
gzsher@rite.com, mit drei Restaurants (italienisch, chinesisch und libanesisch), die
großartigen Nilblick zu noch erträglichen Preisen bieten, ················ E+B $185, D+B $210
Meridien, 5*, Nordspitze der Insel Roda, Tel 362 1717, Fax 3621927, von Nordzimmern
imposanter Ausblick auf das Zentrum Kairos, ·························· E+B $140, D+B $ 165
El Nile Zamalek, 2*, 21 Sh Aziz Abaza, am Midan Sidky, Tel 340 1846, Fax 340 0220,
tlw Balkon, Nilblick, Parkplatz, se sa, AC, Kschr, Rest, fr, rel ru, mF············ E+B 60, D+B 80
Horus House, 3*, 21 Sh Ismail Muhammad, Zamalek, 4. St., Tel 340 3977, Fax 340 3182,
unterhalb Hotel Longchamps in großem (besseren) Wohnhaus mit entspr. Flair, AC,
Kschr, große Zi, fr, se sa ·· E+B $54, D+B $71
Longchamps, 3*, 21 Sh Ismail Muhammad, Zamalek, 5. St. (über Horus Hotel),
Tel 340 2311, Fax 340 9644, in deutschem Besitz, freundlich eingerichtet in großem (besseren)
Wohnhaus mit entspr. Flair, kleine Bibliothek, AC, Kschr, se sa, fr, mF ······ E+B $36, D+B $50

9. Hotels

President, 3*, 22 Sh Taha Hussein, Tel 341 6751, Fax 341 1752, preshotl@brainy1.ie-eg.com, "verwandt" mit New President, AC, SatTV, Kschr, ru, se sa, tlws Balkon,mF ········ E+B $50, D+B $70
New President, 3*, 22 Sh Dr. Taha Hussein, Zamalek, Tel 340 0652, Fax 342 2781,
se sa, se fr, AC, SatTV, rel ru, mF ·· E+B $40, D+B $50
May Fair, 9 Sh Aziz Osman, Zamalek, Nähe franz. Botschaft, Tel 345 07315,
10 % Rabatt für Leser dieses Buches, gr. Balkon, ru, se sa, fr,
tlw AC (la), mF ·················· E 30, E+B 40, E+B+AC 45, D 40, D+B 55, D+B+AC 60
Nile Garden, 131 Sh Abdel Aziz Soud, Manial, Tel 985 767, AC oder Ven, Balkon,
Nilblick, se sa, ang, mF ··· D+B 93
Pension Zamalek, 6 Sh Salah el Din, Zamalek, se ru, große Zi, einf möbliert,
ang, se sa, 1 Bad für 2 Zi, mF ··· E 52, D 67

Kairo: Westlich des Nils (Agouza, Mohandissin, Dokki und Giseh)

Cairo Sheraton, 5*, Md El Galaa, Giseh, Tel 336 9700, Fax 336 4601, csher@rite.com,
beliebt bei Geschäftsleuten und Diplomaten, ······························· E+B $95, D+B $120
Pyramisa, 5*, 60 Sh Giza, westlich gegenüber Cairo Sheraton Hotel, Tel 336 0791,
Fax 336 0795, pyramisa@intouch.com, gutes Pub, gute Suiten z.B. 1 Zimmer $100,
2 Zimmer $ 240, ·· E+B $100, D+B $120
Mena House Oberoi, 5*, Ende Pyramid Road, Giseh, Tel 383 3222, Fax 383 7777,eines
der stimmungsvollsten Hotels in großem Garten, Pyramiden-Blick, großer Pool, gute
Restaurants (*Mogul:* eins der besten indischen in Kairo) ················ E+B $145, D+B $175
Mövenpick Cairo Pyramids, 5*, Alexandria Desert Road, Tel 3852555, Fax 3835006,
resort.movenpick-pyramids@movenpick.com, von einigen Räumen Pyramidenblick,
guter Pool, ·· E+B $100 D+B $130
Atlas Zamalek, 4*, 20 Gamiat el Dowal el Arabiyya, Mohandissin, Tel 346 4175,
se sa, se fr, hb, la, AC, Pool, mF ·· E+B $70, D+B $90
Nabila, 4*, 4 Sh Gameat Al Dewall Al Arabya, Tel 303 0302, Fax 347 5661, von Gruppen
stark frequentiert, AC, SatTV, Kschr, se la, se sa, unpersönlich, Pool ········· E+B $70, D+B $80
Safir, 4*, Tel 348 2828, Fax 360 8453, Md El Misaha, Dokki, mitten im Wohnbezirk
gelegen se sa,fr, mF ··· E+B $132, D+B $160
Pyramids, 4*, 195 Sh El Ahram, Tel 383 5100, Fax 383 5900, Pyramidenblick,
alle Zi mit Balkon, se la, se sa,se fr, hb, mF ··· E+B $86, $102
Noran, 13 Sh Muhammad Khalaf, Dokki, Tel 360 4447, 8.St., Dachterrasse mit Bar,
gr Zi, sa, fr, ru, wW, AC, sehr untersch. Preise ···································· E+B 73, D+B 80-100
Pharaohs, 12 Sh Lofti Hassouna, Dokki, Tel 361 0871, mä sa, ru, Kschr, Balkon,
abgewohnt, mF ··· E+B $34, D+B $45
St. Georges, 7 Radwan Ibn el Tabib, Giseh, beim Zoo, zwischen Sh Al Gamaa
und Sh Murad, Tel 572 1580, nur mit Lift erreichbar, ru, se sa, fr, mF ······· E+B 120, D+B 100
Tiab House, 6 Sh Ali Muhammad, Tel 337 9805, sa, wW, rel ru, AC, TV, mF ···· E+B 39, D+B 50
Vendome, Sh El Ahram, neben Hotel Pyramids, sa, Zi nach hinten bzw. höhere
Stockwerke besser, SatTV, AC, ru, viele Ägypter und Kinder, sa, mF ········· E+B 120, D+B 150

Kairo: Heliopolis und Maadi

Mövenpick Cairo Heliopolis, Heliopolis, Tel 247 0077, Fax 290 7243, hotel.cairo-heliopolis@movenpick.com, günstig zum Flughafen gelegen, viele Geschäftsleute,
Treffpunkt von in Heliopolis lebenden Ausländern, ························· E+B $130, D+B $170

Meridien Heliopolis, 51 Sh Orouba, Tel 290 5055, Fax 290 8533, Treffpunkt der Franzosen in Kairo ··· E+B $170, D+B $210
Swisshotel Cairo El Salam, 5*, 61 Sh Abdel Hamid Badawy, Tel 297 4000, Fax 297 6037, ··· E+B $170, D+B $220
Cairotel, 4*, Maadi (Nähe Felelfel Rest.), Tel 790 6787,se sa, SatTV, AC, ···· E+B $95, D+B $117
Le Baron, 4*,Heliopolis neben Baron Empain Palast, Tel 291 5757, ··· E+B $121, D+B $143-203
Novotel Cairo Airport, 4*, Tel 291 4727, Hotel am Flughafen (Alternative zur Stadt für späte Ankunft/Abflug), mF ·· E+B 100-110, D+B 135
Beirut, 3*, 56 Sh Beirut, Heliopolis, Tel 415 2347,Fax 415 9422, se sa, komfortabel, gute und beliebte Bar, empf, mF ·· E+B $55, D+B $69
Champs-Elysees, 19A Sh Osman Ben Affan, Heliopolis, Tel 418 5617, sa, la, mF ······· D+B 66
Gabaly, 221 Sh El Hegaz, Heliopolis, Tel 245 5224, Flughafennähe, 24Std-R, rel sa, fr, AC, (obere Etagen empf), Flughafentaxi £E 10, mF ································· D+B 125
Loloet El Maadi (Pearl), Road 7/Road 82, Maadi, Tel 790 5313, 3 Min. bis Metrostation Maadi, ru, sa, AC, SatTV, teilw. Balkon, miserables F, ang ·················· E+B 120, D+B 140

Kairo: Sakkara

Sakkara Country Club & Hotel, Sakkara Road, Tel 385 2282, (ca. 10 km südl. von der Pyramid Road, am Rand der Wüste), unfr, meist nur für Mitglieder, Rest, Pool E+B 110, D+B 140
Sakkara Palm Club, Sakkara Road Badrachen, kurz vor den Ruinen, Tel 200 791, etwas heruntergekommen, isoliert ohne öffentliche Verkehrsmittel, fr, ru, (außer an Feiertagen), Garten mit Pool, erholsam, schöne Spaziergänge in die Umgebung, Appartements········ D+B ab $60

Luxor (Tel-Vw 095)

Achtung: In Luxor ist die Hotelsituation in der Hauptsaison – vor allem um Weihnachten und Ostern – recht schwierig, daher rechtzeitig buchen. Ansonsten sind Hoteliers bei der Preisgestaltung sehr flexibel, also feilschen! Billigsthotels vor dem Einchecken gut ansehen, ob der Zustand akzeptabel ist. Häufig wird Zimmerpreis durch überteuerte Trips nach Theben-West o.ä. wieder hereingeholt.

Wer in Luxor eine bessere, aber nicht die teuerste Unterkunft sucht, wird unter den 3*- und 4*-Hotels fündig werden. Doch es gibt bei der Sternzuordnung eine breite Grauzone, man sollte sich also nicht unbedingt darauf verlassen. Grundsätzlich ist zu überlegen, ob man eher im Zentrum zwischen Luxortempel und Bahnhof wohnen will und alle Versorgungsmöglichkeiten um sich herum hat, oder in die etwas ruhigere Perepherie geht, z.B. nach Norden oder nach Süden ins – teurere – Hotelviertel.

Luxor Hilton, 5*, Karnak, Tel 374 933, Fax 376 571, LUXHITWINFO.LUXOR@HILTON.COM, sehr abgeschieden gelegen, ·· E+B $85-130, D+B $110-160
Luxor Sheraton, 5*, Sh Khaled Ibn El Waleed, Tel 374 544, Fax 374 941, südlich vom Isis Hotel direkt am Nil, ·· E+B $60-155, D+B $75-187
Mövenpick, 5*, Crocodile Island, Tel 37 4855, Fax 37 4936, resort.luxor@movenpick.com, schöne abgeschiedene Inselwelt, ·· E+B $105-160, D+B $146-205
Pyramisa Isis, 5*, Sh Khaled Ibn Walid, Tel 37 2750, Fax 37 2923; 400 Betten, direkt am Nil, große Pools, viele Gruppen ····························· E+B $70-96, D+B $80-114
Sonesta St. George, 5*, Sh Khaled Ibn el Walid, Tel 382 575, Fax 382 571, se gepflegt, se gut eingerichtet ··· E+B $103-170, D+B $125-206

9. Hotels

Winter Palace Sofitel, 5*, Corniche, Tel 380 422, Fax 374 087, altes Traditionshotel mit schönem Garten, ang Atmosphäre · · · · · · · · · · · · · · · · · · · alter Flügel ab $130, neuer F. ab $ 120
Club Med, 4*, Sh Khaled Ibn el Walid, Tel 384 000, Fax 380 879, direkt am Nil, auch Nichtmitglieder so lange Platz frei ist, Pool,, AC, TV, mF· · · · · · · · · · · · · · · · · E+B $65, D+B $100

> **Der Ärger mit dem Luxus**
> Will man sich was leisten und bucht, weil es einen guten Anlaß gibt, eine 5*-Reise durch Ägypten, dann erwartet man funktionierenden Luxus. Alles, was man den Wenig-Sterne-Herbergen verzeiht, soll hier perfekt funktionieren.
> Doch die Realität ernüchtert: Im Ramsis Hilton in Kairo strömt zwei Nächte lang warme Luft aus den Klimakanalschlitzen, trotz mehrfacher Reklamation. Bewegt man versehentlich das Telefon während des Gesprächs, bricht die Verbindung zusammen – das bei einem Preis von £E 3 pro Einheit. An drei verschiedenen Tagen stehen wir vor verschlossener Tür, weil der elektronische Zimmerschlüssel streikt. Eines Abends greifen wir im Hotelrestaurant zum Mineralwasser, aber schmecken gechlortes Leitungswasser; die Flasche war frisch an der Wasserleitung aufgefüllt worden.
> Im wunderschön gelegenen Isis Hotel in Assuan warten wir fast zwei Stunden auf den Zimmerservice für eine Flasche Wasser und einen Tee, obwohl wir sieben Mal reklamieren. Die Zeit kann man dazu nutzen, Kakerlaken zu erschlagen, die größte Tagesstrecke betrug sechs Stück...

Mercure Coralia, 4*, Corniche, Tel 380 944, Fax 370 051, nahe Luxor Tempel, großer Pool, AC, SatTV, Rest/Bar, fr, hb, viele Gruppen, mF, Zimmer auf Nilseite: · · · · · · · · · E+B $111, D+B $134
Mercure Inn, 4*, Sh Karnak, neben Luxor Hotel und -Tempel, Tel 373 321, Fax 370051, AC, SatTV, se sa, mF· E+B $80, D+B $120
Novotel-Luxor, 4*, Corniche, Tel 380 925, Fax 380 972, Pool-Bassin im Nil, AC, SatTV, se sa, mF· E+B $95, D+B $121
Arabesque, 3*, Sh Muhammad Farid (Nähe Luxor Hotel bzw. Tempel), Tel 371 299, Fax 372 193, Fax 372 193, Dachterrasse mit Pool, modern, AC, Rest (weniger empf), se sa, schöne Zi mit Balkon, fr, rel la, empf, mF · · · · · · · · · · · · E+B 50-90, D+B 70-120
Flobater, 3*, Seitenstr. der Sh Khaled Ibn el Walid (neben St. Joseph Hotel), Dachterrasse, Pool, SatTV, se sa, AC, mF · E+B 70-90, D+B 90-120
Gaddis, 3*, Sh Khalid Ebn El Walid, Tel 382 838, Fax 382 837, gegenüber Isis Hotel, obere 3*-Sterne-Klasse, tlws Nilblick, Pool, kleine Dachterrasse, gut eingerichtet, se sa, AC, SatTV, mF · E+B $60, D+B $80
Golden Palace, 3*, Sh Television, Tel/Fax 382 972, gegenüber von TV-Tower, se sa, fr, AC, SatTV, Rest/Bar, Garten, Pool, Preise flexibel, empf, mF · · · · · · · · E+B 50-60, D+B 70-80
Karnak, 3*, Corniche nördl. vom Karnak Tempel, schräg gegenüber v. Hilton, zwar abgelegen, aber ständige Minibusse ins Zentrum, Tel 376 155, Fax 374 155, khotel@lxr.com.eg, ländlich-ruhig, großer Pool, Dachterrasse, Internetzugang, Fahrradverleih, AC, TV, Rest/Bar, fr, se sa, empf, mF · E+B $30, D+B $40
Merry Land, 3*, Sh Nefertiti, gegenüber Windsor Hotel, Tel/Fax 381 746, AC, rel große Zi, se sa, la durch Muezzin und Schule nebenan, fr, hb, SatTV, Dachterrasse mit Superblick u. Pool, mF· E+B 50-90, D+B 60-100
Mina Palace, 3*, Corniche, Tel 372 074, Fax 382 194, nördl. von Luxor Tempel, Terrasse, AC, oft ausgebucht, deutsche Gruppen, viele Zi mit 2 Balkonen u. Nilblick, etwas abgewohnt, se la, sa, se fr, mF · E+B ab 60, D+B ab 80

Luxor

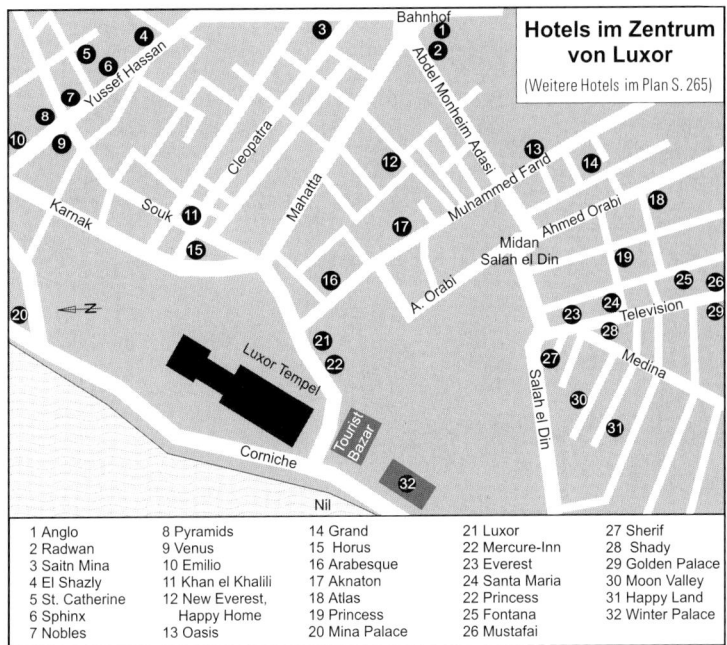

Hotels im Zentrum von Luxor
(Weitere Hotels im Plan S. 265)

1 Anglo	8 Pyramids	14 Grand	21 Luxor	27 Sherif
2 Radwan	9 Venus	15 Horus	22 Mercure-Inn	28 Shady
3 Saitn Mina	10 Emilio	16 Arabesque	23 Everest	29 Golden Palace
4 El Shazly	11 Khan el Khalili	17 Aknaton	24 Santa Maria	30 Moon Valley
5 St. Catherine	12 New Everest,	18 Atlas	22 Princess	31 Happy Land
6 Sphinx	Happy Home	19 Princess	25 Fontana	32 Winter Palace
7 Nobles	13 Oasis	20 Mina Palace	26 Mustafai	

Military Club and Hotel, nur arabisch beschildert, Corniche (gleich nördl. der Corniche-Moschee), Tel 377 800, wer sich an Namen und Hintergrund nicht stört, erhält hier
große, komfortable Zimmer mit Balkon und Nilblick, AC, Kschr, Email-Service, mF ····· D+B 75

Luxor Wena, 3*, Sh Karnak (gegenüber Luxor Tempel), Tel 380 018, Fax 379 849,
altes Kolonial-Hotel in schönem Garten, groß. Zi, AC, Minibar, se sa, re la, Rest/Bar,
viele Gruppen, mF (gut) ·· E+B $35, D+B $50

New Emilio, 3*, Sh Youssuf Hassan, Tel 371 601, Fax 370 000, se sa, se fr,
se la, AC, SatTV, Dachterrasse mit Rest, guter Blick, Mini-Pool, Preise flexibel,
mF (se gut) ··· E+B $45, D+B ab $55

New Radwan, 3*, Sh Abdel Monheim (direkt am Bahnhofsplatz), 1999 eröffnet,
kleiner Dachgarten, Pool, für seine Klasse se gut eingerichtet, Balkon, AC, SatTV, se sa
und gepflegt, la (Moschee, Straße), mF ································ E+B 60, D+B 85

Pharaon, 3*, Tel 374 924, Fax 376 477, nördl. v. Karnak-Tempel Nähe Hilton, Nilufer, schöner
Nilblick, Garten, Pool, AC, Rest/Bar, wW, se sa, ru, ang, empf, mF ······· E+B ab $28, D+B ab $35

Philippe, 3*, Sh Nefertiti, Tel 373 604, Fax 380 050, AC, Balkon, SatTV, Kschr,
schöner Dachgarten mit Pool und gutem Blick auf Luxortempel und Nil, se gepflegt,
se sa, fr, ang, se empf, mF·· E+B $35, D+B $40

St. Joseph, 3*, Sh Khaled Ibn El Walid (schräg gegenüber Club Med), Tel 381 707,
Fax 381727, AC, SatTV, Pool mit Dachgarten, Nilblick (von einer Hotelseite, über
Wasserwerk hinweg), se sa, se fr, empf, mF ···································· E+B $30, D+B $40

9. Hotels

Shady, 3*, Sh Television, Tel 381 262, Fax 374 859, sa, fr, wW, SatTV, AC, Betten nicht besonders gut, Abrechnung überprüfen, Disco, Dachterrasse, Pool, Garten, mF · E+B $30, D+B $38
Tutotel, 3*,1 Sh Salah el Din, Tel 377 990, Fax 372 671, Nähe des Novotel, schöner Blick besonders von Dachterrasse (derzeit höchster Aussichtspunkt in Luxor), AC, SatTV, Minibar, gut eingerichtet, mF · E+B $ 55-65, D+B $75-85
Windsor, 3*, Sh Nefertiti, Tel 372 847, Fax 373 447, windsor@click.com.rg, gegenüber Merryland Hotel, AC, TV, Pool, abgewohnt, ungepflegt, zum Innenhof ru, mä sa, ni fr, große Dachterrasse, Pool, mF · E+B $15, D+B $20
Akhnaton, Sh Muhammad Farid, Tel 373 979, kl. Räume (tlw ohne Fenster), sa, hb, wW, AC, mF · E 8, E+B 13, D+B 25
Anglo, 2*, südl. Bahnhofsplatz, Tel/Fax 381 679, se sa, la (Innenhofzi besser), se fr, wW, Wäscheservice, AC, empf, mF · E+B 15, D+B 35
Atlas, Sh Atlas/Sh Ahmed Orabi, Tel 373 514, Eigentümer Ali Baba gehört auch Arabesque, holt auf Anruf v. Bhf od. Flugh. ab, se la Muezzim, se sa, wW, Balkon, ru, Wäscheservice, tlw AC · pP 8, D+B 16-25
El Shazly, Sh Youssuf Hassan, Tel 372 146, ca. 300 m v. Bhf, rel sa, hb, (auch: unang., aufdringl.), rel la, wW, tlw AC +£E 5, Ven, mF · E 15, D+B ab 25
Everest, Tel 373 260, Seitenstr. der Sh Television, deutsch-ägypt. Management, se sa, wW, SatTV, AC, ru, se fr, hb, eine Etage für alleinr. Frauen, Motorradverl., mF · E+B 15, D+B 25
Fontana, Sh Radwan, nördl. Parallelstr. der Sh Television, Tel 380 663, Dachterrasse, se sa in dieser Kategorie (tägl. Bettw.- u. Handtuchwechsel, jährlich neu gestrichen), auch negative Berichte: aufdringlich, hält sich nicht an Preisabsprachen, ru, wW, Ven, Kü/Waschm., mF · Zi ohne Bad pP 15, E+B+AC 15, D+B+AC 25
Grand, Seitenstr. der Sh Muhammed Farid (4. Str. vom Bhf links), Tel 382 905, Dachterrasse, freier Aufbewahrungsservice (Rucksack), Waschmasch., Fahrradverleih (£E 5/Tag), Ven, ni sa, fr und hb, mF einf, ("grand breakf." £E 3,50) · · · · · · · · · · · · · · · E 6, D 12
Happy Home, zentral, 1. linke Seitenstr. der Sh Mahatta vom Bhf aus, Tel 375 811, sa, se fr, hb, ru, Kü, wW, Ven, mF · E 10, D 20
Happy Land, Sh El Kamar, Tel 371 828, (vor Hotel Shady, Sh Television, re in Sh El Madina, 2. Gasse re) kl. Zi, extrem sa (tägl. Bettw.- u. Handtuchwechsel), se fr, se hb, ru, wW, Ven, Küche, ang, empf, mF · · · · · · · · Dorm pP 7,50-9, E 15, E+B 20, E+B+AC 25, D+B 16, D+B+AC 30
Horus, Sh Karnak, direkt hinter Luxortempel, Tel 372 165, Fax 380 965, guter Blick auf Tempel, Str.-Zimmer se la, AC, wW, se sa, fr, mF · E+B 35, D+B 45
Khan El Khalili, 2*, Sh el Souk/Sh Cleopatra, Tel 372 273, viele Räume mit Balkon, fr, se sa (Neubau), se hb, wW, AC, viele Traveller · E+B 10,, D+B 24
Marwa, 2*, Sh Television, Tel 380 040, Fax 380 840, ziemlich abgewohnt, einfach eingerichtet, Rest, kleiner Garten, sa, AC, mF · E+B 35, D+B 50
Moon Valley, Seitenstr. der Sh Television (mitten in Wohngebiet), Tel 377 510, AC, sa, ru, Wäscheservice, Rest, mF · E+B 20, D+B 25
Mustafa, 2*, Sh Television, Tel 374 721, AC, Dachgarten, rel ru (Zi nach hinten), Toiletten in jeweils eigenem, fest zugewiesenem Raum, se sa, fr, hb, ang, Balkon, wW, Wäscheserv.,mF · E+B 20, D 30, D+B 45
New Nour Home, vom Bhf li, Richtung Md Salah el Din, ca. 50 m davor li in Seitenstr., ausgeschildert, fr, ru, rel sa, Ven · Dorm pP ab 6, D 12

Luxor

New Everest, Seitenstr. der Sh Mahatta, Tel 370 017, ni emp für alleinreisende Frauen, angeblich Besitzerwechsel (Engländer namens Bob), daher sicher für Frauen, kleine Dachterrasse, sa, Waschmaschine, mF ·················· Dorm+B+AC pP 7, D+B+AC 12
New Cataract Pension, Sh El Saminia (200 m nach Catherine Hotel), Tel 384 743, kleine Pension mit familiärer Atmosphäre, se fr und hb, Ven, sa, Ww, Motorradverleih, ········· pP 20
Nobles, Sh Youssuf Hassan, Md Ahmose, Tel 372 823, AC + £E 5, fr, se abgewohnt, überw. ägyptische Gäste, F £E 3, Ven ··· E 20, D 30
Nefertari, Sh Karnak, Terrasse mit Blick auf Luxor Tempel, se sa, se fr, mF ············ D+B 10
Oasis, Sh Muhamed Farid, (v. Bhf 4. Str. links) Tel 381 699, tlw la, rel sa, Waschm., wW, Traveller-Treff, mF (mäßig) ············ Dorm pP 6,E 6, E+B+AC 10, D+B 10, D+B+AC 15
Princess, Tel 373 997, Seitenstr. der Sh Television, wW, z.T. AC, Ven, Wäscheservice, ru, Balkon, mF ··· Dorm pP ab 10, D+B 20
Pyramids, 2*, Sh Youssef Hassan, Tel 373 243, Fax 3834974, Dachterrasse (eher Abstellplatz), ziemlich einf, abgewohnt, mä sa, AC, Ven, ang, mF ············· E+B 20, D+B 30
Rezeiky Motel & Camp, Sh Fayek Fouad El Rezeiky, Tel 381 334, Fax 381400, AC, fr, se hb, sa, Waschm., Rest, Pool, wW, empf, mF ································· E+B 30, D+B 50
Saint Mark, 2*, Sh Karnak, Tel 373 532, schräg gegenüber kopt. Kirche St. Mark, AC, TV, Balkon, Rest/Bar, kleine Dachterrasse, kl. Zi, sa, fr, wW, mF ··············· E+B 35, D+B 60
Saint Mina, Sh Cleopatra, Tel 375 409, Fax 376 568, Bhf-Nähe, Rest, Dachterrasse, verwahrt Gepäck z.B. während Assuantrip, ru, se sa, fr, hb, (Preise können saisonbedingt sehr viel höher sein) ····················· E 15, E+B+AC 25, D 35, D+B+AC 40
Santa Maria, 2*, Sh Television, Tel 380 430, Fax 380 431, etwas ungepflegt, AC, sa, fr, hb, wW, mä ru, Rest/Bar, AC, mF ·································· E+B 49, D+B 66
Sherif, dritte (kleine) rechte Seitenstr. der Sh Television, Tel 370 757, taha33@hotmail.com, se sa, wW, AC, kleine Dachterrasse mit Nilblick ······ pP 5-15, E 10, D 15, D+B 15, D+B+AC 20
Sphinx, Sh Youssuf Hassan, Tel 372 830, 373243, Zi zum Innenhof schlecht belüftet, rel sa, fr, wW, mF ··································· MBZi pP 7; E+B 12-18; D+B 15-25
St. Catherine, 2*, Tel 374 195, Fax 3726284, Sh el Souk/Sh St. Catherine, Nähe Luxor Tempel, zentral, se sa, gut eingerichtet, fr, etwas abgewohnt, AC la, wW, mF ······· D+B 35-40
Venus, Sh Yussuf Hassan, Tel/Fax 372 625, sa, rel la (Muezzin), wW, Ven, Dachterrasse, Rest, Nordzi gut, Radverleih, mF ······························ E+B+AC ab 15, D+B+AC ab 25
Youth Hostel, 16 Sh El Karnak, Tel 372 139, 1,5 km v. Bhf, la, häufig ägypt. Jugendgruppen, fr, wW, Ven, (Nichtmitglieder Extraraum pP 7,50) ············· pP 6,50, D 8

Theben West

Abdel Kassem, Nähe Sethos I Tempel, Tel 310 319, schöner Blick von Dachterrasse, sehr einf, abgewohnt, mä sa, mF ··· E 20, D 30
Amoun (auch Funduq Ahmed Soliman), nahe Fähre u. Mobil-Tkst, Tel 310 912, familiäres Gästehaus, Balkon, Dachterrasse, Garten, für alleinreisende Frauen empfohlen, se sa, se ang, Ven, Rest, ru, se fr, empf ··································· E 40, D 50
Dream Valley, Nähe (südwestl.) Medinet Habu, Tel 310 581, Dachterrasse mit weitem Blick, AC, se sa, gut eingerichtet, mF ································· E+B 45, D+B 60
El Gezira, ca. 300 m von Anlegestelle entfernt an Nilarm, Tel 310 034, schöner Blick auf Luxor, Dachterrasse, Garten, sehr gelobtes Essen (£E 20), se sa, AC, Balkon, mF ··· E+B 40, D+B 60

9. Hotels

Habou, gegenü. Medinet Habu, Tel 372 477, se einf, fr, mä sa, ang, kl. Zi, Ven, mF ····· E 25, D+B 70
Marsam, (ehemals Sheik Ali), Tel 372 403, im Winterhalbjahr häufig ausgebucht
(viele Ägyptologen), sa, ru, wW, Ven, schöner Innenhof, Rest, mF ··············· E 25, D ab 35
Pharaos, Tel 374 924, hinter Inspektorat, Neubau mit Blick auf Medinet Habu, Dachterrasse,
eins der gepflegtesten Hotels in Theben-W., Radverl., Ven, sa, fr, mF············ E 45, D+B 70
Queens, neb. Medinet Habu, extrem einf, mä sa, Ven, Terrasse ···················· E 20, D 25

Ägypten und Ägypter verstehen

Karin Werner
Kulturschock Ägypten
vermittelt dem Besucher Ägyptens wichtiges Hintergrundwissen. **Themen** wie Alltagsleben, Tradition, richtiges Verhalten, Religion, Tabus, das Verhältnis von Frau und Mann, Stadt und Land werden nicht in Form eines völkerkundlichen Vortrages, sondern praxisnah auf die Situation des Reisenden ausgerichtet, behandelt. Der **Zweck** des Buches ist, den Kulturschock weitgehend abzumildern oder ihm gänzlich vorzubeugen. Damit die Begegnung unterschiedlicher Kulturen zu beidseitiger Bereicherung führt und nicht Vorurteile verfestigt.
240 Seiten, reich illustriert, ISBN 3-89416-080-2

Die Sprechführer-Reihe Kauderwelsch
bietet über 120 Bände, speziell geschrieben für Reisende: verständliche Erklärung der Grammatik, Wort-für-Wort-Übersetzung, praxisnahe Beispielsätze, einfach lesbare Lautschrift, nützliches Vokabular. Zu jedem Band gibt es eine Tonbandkassette.

Ägyptisch-Arabisch - Wort für Wort
128 Seiten, ISBN 3-89416-009-8

Palästinensisch/Syrisch-Arabisch
144 Seiten, ISBN 3-89416-265-1

Hieroglyphisch - Wort für Wort
160 Seiten, ISBN 3-89416-317-8

REISE KNOW-HOW Verlag Peter Rump GmbH,
Bielefeld

Mini-Sprachführer

Der folgende Mini-Sprachführer soll nur die notwendigste Hilfe zur Verständigung bieten, er kann kein Lexikon ersetzen. Bei jeder Neuauflage haben wir versucht, Verbesserungen und Optimierungen des Wortschatzes zu erarbeiten; vor einigen Jahren mit Haimo Pölzl aus Genf. Dann hat sich Dr. Nabil Osman, der das *Usrati Institut für Arabisch* in München betreibt, dieses Vokabulars angenommen und es wesentlich in Hinblick auf Aussprache und Betonung verbessert. Trotz dieser Professionalität verwenden wir der Einfachheit halber nicht die Standardlautzeichen, sondern einfachere Zeichen.

Ein paar Hinweise zur Betonung:

(") : Explosionslaut vor **a**, **i** oder **u**, wie der Stimmabsatz vor den Wörtern '**es**, '**ist**, oder im Wort **Post"amt**

(°) : vor bzw. nach einem Buchstaben entspricht einem kehligen Reibelaut und bedarf viel Übung !!

(**gh**) : ein nichtrollendes Gaumen-**r**

('**h**) : ein scharfes, ganz hinten in der Kehle gesprochenes und fast heiser klingendes **h**

(**w**) : ein **w**, wie in dem englischen Wort **wine**

(**z**) : wie stimmhaftes deutsches **s** in **Rose**

(:) : Vokal mit Doppelpunkt wird langgezogen gesprochen.

● **Wichtige allgemeine Ausdrücke**

ja/nein	ajwa/la
bitte (als Äußerung eines Wunsches)	min fadlak (mask)
bitte	min fadlik (fem)
danke	schukran
bitte (als Antwort auf einen Dank)	°afwan
ich möchte	ana °a:wiz
gibt es	fi:
nein, gibts nicht	la, mafi:sch
jetzt	dilwa'ti
gut	kuwajjis
nicht gut	musch kuwajjis
schlecht	wi'hisch
genug, stop	bass, kifa:ja
o.k.	tama:m

● **Wichtige allgemeine Worte**

Apotheke	agzacha:na
Arzt	dokto:r
Bank	bank
Brief	gawa:b
Briefmarke	ta:bi°
Bruder	ach
Frau	mada:m
Geld	fulu:s
gestern	imba:ri'h
groß	kibi:r
heute	innaharda
kalt	ba:rid
klein	sughajjar
Krankenhaus	mustaschfa:
Mann	ra:gil
morgen	bukra
Moschee	masgid, ga:mi°
Museum	mat'haf
Mutter	umm
Polizei	buli:s
Post	bosta
Quittung	faturah
Reisescheck	schi:k sija:'hi:
Sache	'ha:ga
schlecht	wi'hisch
Schmerzen	alam, waga°
Schwester	ucht
Sohn	ibn
Telefon	telefo:n
Tochter	bint
Unfall	'ha:dis
Vater	ab
viel	kiti:r
warm	suchn
wechseln (ich)	ana °a:wiz
wenig	schuwajja
Zoll	gumruk

Mini-Sprachführer

- **Fragen**

wer?	mi:n?
wo?	fe:n?
wohin?	°ala fe:n?
was?	e:h?
warum?	le:h?
wann?	imta?
wie?	izzaj?
wie teuer?	bi ka:m?
wieviel?	ka:m?
wie bitte?	bit'u:l e:h?
was möchtest Du?	°a:wiz e:h?
ist es möglich ...?	mumkin ...?
nicht möglich	musch mumkin

- **Persönliches**

ich	ana
du (mask.)	inta
du (fem.)	inti
er	huwwa
sie	hijja
wir	e'hna
ihr	intu
sie	humma

- **Reisen**

Ägypten	masr
Auto	°arabijja
Bahnhof	ma'hatta
Brücke	kubri:
Bus	otobi:s
Deutsche	alma:nijja
Deutscher	alma:ni
Deutschland	alma:nijja
direkt	°ala tu:l, dughri:
Droschke	arbeya "hantur
Ermäßigung	tachfi:d
Fahrkarte einf.	tazkara ra:ji'h
Fahrpreis	ugra
Fahrrad	biskilitta
Flughafen	mata:r
Flugzeug	tajja:ra
Hafen	mi:na
hin und zurück	ra:ji'h gaij
Kairo	alqahi:ra
Kreuzung	mafraq
Minute	daqi:qa
Österreich	innimsa
Österreicher	nimsa:wi
Reisepaß	basbo:r
Schiff	markib
Schweiz	siwisra
Schweizer	siwisri:
Segelboot	felu:ka
Stadt	madi:na
Straße	scha:ri°
Stunde	sa:°a
Tourist	sa:ji'h
Weg nach ...	tari:" ila:
Zug	atr

- **Ortsbestimmung**

geradeaus	°ala tu:l, dughri:
links	schima:l
rechts	jimi:n
nach	ila:
hier/dort	hina/hina:k
zurück	ra:gi°
Norden	schama:l
Osten	schar'
Süden	ganu:b
Westen	gharb

- **Landschaft**

Berg	gabal
Hügel	tall
Brunnen	bi:r
Quelle	°ein
Wüste	sa'hara
Oase	wa:'ha
Haus	be:t

- **Restaurant/Hotel**

bezahlen	adfa°
Doppelzimmer	o:da bisri:re:n
Einzelzimmer	o:da bisri:r
essen (ich)	a:kul
Fleisch	la'hm
Fisch	samak
frei (Zimmer)	fa:di:
Gemüse	chuda:r
Hotel	funduq, ote:l
Huhn	farcha
Kaffee	ahwa
mit Frühstück	bil fita:r

Mini-Sprachführer

Obst	fakha
Salz	mal'h
Tee	scha:j
Toilette	dorit majja, tuwalitt
trinken (ich)	aschrab
Wasser	majja
Zucker	sukkar

● **Markt/Einkaufen**

Banane	mo:z
billig	richi:s
Brot	ºe:sch
Datteln	bala'h
Eier	be:d
Feigen	ti:n
Fruchtsaft	ºasi:r
Granatapfel	rumma:n
Guaven	gawa:fa
Kartoffeln	bata:tis
kaufen	aschtiri:
Kilo	ki:lo
1/2 Kilo	nuss ki:lo
Mango	manga
Markt	su:q
Melone	batti:ch
Milch	laban
Orange	burtu'a:n
teuer	gha:li:
Tomaten	tama:tim
Zitrone	lamu:n
Zwiebeln	basal

● **Zahlen**

0	٠	sifr
1	١	wa:'hid
2	٢	itne:n
3	٣	tala:ta
4	٤	arbaºa
5	٥	chamsa
6	٦	sitta
7	٧	sabaºa
8	٨	tama:nja
9	٩	tisºa
10	١٠	ºaschara
11	١١	hida:schar
12	١٢	itna:schar
13	١٣	talata:schar
14	١٤	arbaºta:schar
15	١٥	chamasta:schar
16	١٦	sitta:schar
17	١٧	sabaºta:schar
18	١٨	tamanta:schar
19	١٩	tisaºta:schar
20	٢٠	ºischri:n
21	٢١	wa:'hid wa ºischri:n
30	٣٠	talati:n
40	٤٠	arbaºi:n
50	٥٠	chamsi:n
60	٦٠	sitti:n
70	٧٠	sabaºi:n
80	٨٠	tamani:n
90	٩٠	tisºi:n
100	١٠٠	mijja
200	٢٠٠	mite:n
300	٣٠٠	tultumijja
400	٤٠٠	arbaºmijja
500	٥٠٠	chumsumijja
600	٦٠٠	suttumijja
700	٧٠٠	subºumijja
800	٨٠٠	tumnumijja
900	٩٠٠	tusºumijja
1000	١٠٠٠	alf

● **Redewendungen**

Ich spreche nicht arabisch	ana mat kal limsch arabi
Sprich langsam, bitte (mask.)	mumkin tit ka lim bischwi:sch
Sprich langsam, bitte (fem.)	itkallimi: bi schwi:sch
Ich verstehe Sie nicht (mask.)	ana misch fahmak
Ich verstehe Sie nicht (fem.)	ana misch fah mik
Darf ich fotografieren?	mumkin asawwar?
Ich weiß nicht	maºrafsch
Ist das gut?	il haga di kuwajjisa?
Wie weit ist es bis ...?	e:h il masa:fa li ...?

Wo ist der Bahnhof?		...il ma:hatta fen?
Was kostet das?		...bikam da?
Ich bin krank		...ana âjja:n
Wo ist der nächste Arzt?		...fen aqrab dok to:r?
Verschwinde!		...imshi: !

● **Begrüßung**

Herzlich willkommen	ahlan wa sahlan	Antwort: ahlan bi:k
Friede sei mit Dir !	as sala:mu °alaikum	Antwort: °alaikum as sal:am
Guten Morgen	saba:'hil che:r	Antwort: saba'hin nu:r
Guten Tag/Abend	masa:'il che:r	Antwort: masaba'in nu:r
Wie geht's dir (mask.)?	izza jjak?	Antwort: al hamdulillah
Wie geht's dir (fem.)?	izza jjik?	Antwort: al hamdulillah
Aufwiedersehen	ila: li qa:'	
Entschuldigung	a:sif	Antwort: ma°alisch
Wie heißt du? (mask.)	ismak e:h?	Antwort: Ich heiße ...ismi: ..
Wie heißt du? (fem.)	ismik e:h?	Antwort: Ich heiße ...ismi: ..

Zeigen und lesen lassen

Bei Verständigungsproblemen wünscht man sich häufig, wenigstens arabisch schreiben zu können, um sich verständlich zu machen. Nadja Träger hat uns freundlicherweise ein paar wichtige Begriffe und Ortsbestimmungen in arabisch aufgeschrieben. Auf den folgenden Seiten finden Sie kleine "Kästen" mit Worten, die man u.U. gebrauchen kann, um jemanden nach einem Ziel o.ä. zu fragen, d.h. ihm den Zettel zu zeigen, den er hoffentlich dann auch lesen kann.

Wer dieses System besser handhaben will, kopiert sich die Seiten vergrößert ab, schneidet die Begriffe heraus und kann sie dann z.B. einem Taxifahrer ins Fenster halten. Oder man faltet diese Kopien so, daß möglichst immer nur der gesuchte Begriff beim Vorzeigen zu sehen ist, oder man zeigt im Buch darauf oder markiert ihn etc.

Die Worte sind sachlich geordnet, von der Ankunft am Flughafen, über Hotel, allgemeine Begriffe zu den (alphabetsich sortierten) Namen der wichtigsten Sehenswürdigkeiten in Kairo. Danach folgen Luxor und Assuan.

Kairo	القاهرة
Flughafen	المطار
Terminal 1	ترمينال رقم ١
Terminal 2	ترمينال رقم ٢

Abflug	قيام
Bus Nr.	باص رقم
Minibus	مينى باص
Taxi zum Midan Tahrir	تاكسى لميدان التحرير

Zeigen und lesen lassen

Sammeltaxi	تاكسى بالنفر	Arzt	دكتور
Bahnhof	محطه القطار	Krankenhaus	مستنشفى
Zug nach	القطار إلى	Apotheke	صيدليه
1. Klasse	درجة أولى	**Metro**	مترو
2. Klasse	درجة ثانية	Metro Station	محطة الميترو
Supersleeper	قطار فاخر و بالنوم	**Midan** Abbasiya	ميدان العبسية
Ticket	تزكرة	Midan Abdel Minin Riyad	ميدان عبد المنعم رياض
Hotel	فندق	Midan Ataba	ميدان عنبة
Einzelzimmer	غرفه فرديه	Midan Ramsis	ميدان رمسيس
Doppelzimmer	غرفه لإتنين	Midan Tahrir	ميدان التحرير
Aircondition	المكيف	**Stadtteil** Dokki	الدقى
Restaurant	مطعم	Maadi	المعادى
Toilette	تواليت	Mohandissin	المهندسين
Polizei	بوليس	Mokattam	المقطم
Post	البوستة	Zamalek	الزمالك
Telefon	تليفون	Ägyptisches Museum	المتحف المصرى

Abdin Palast	قصر عبدين	Der el Bahri	الدير البحرى
American University	الجامعة الأمريكية	Der el Medina	دير المدينة
Bab Zuwela	باب زويلة	Isis Hotel	فندق إيزيس
Cairo Tower	برج القاهرة	Karnak-Tempel	معبد الكرنك
Hussein Moschee	جامع الحسين	Luxor-Tempel	معبد الأقصر
Ibn-Tulun-Moschee	جامع إبن طلون	Medinet Habu	مدينة هابو
Islamisches Museum	المتحف الآسلامى	Qurna	القرنى
Kamelmarkt Barkash	سوق الجمال	Tal der Könige	وادى الملوك
Khan el Khalili Bazar	خان الخليلى	Winter Palace Hotel	فندق وينتر بلاس
Markus Kathedr.	كنيسة سانت ماركس	**Assuan**	أسوان
Wissa Wassef, Haraniya	ويسة واصف الحرانية	Abu Simbel	أبو سمبل
Zitadelle	**القلعه**	Cataract Hotel	فندق كتاركت
Mena House Hotel	فندق مينا هاوس	Elephantine	جزيرة الألفنتين
Giseh-Pyramiden	اهرام الجيزة	Nubisches Museum	المدحف النوبى
Sakkara-Pyramiden	اهرمات سقارة	Sadd el Ali Stausee	السد العالى
Luxor	الأقصر	Unvollendeter Obelisk	المسلة الناقصة

Glossar

Altägyptische Begriffe

- **Kartusche** – stilisierte, ovale Umrandung der Geburts- und Krönungsnamen eines Königs
- **Kiosk** – leichtes, pavillionartiges Bauwerk, Dach von Pflanzensäulen getragen
- **Kanopen** – Eingeweidegefäße; jeweils vier Krüge dienten nach der Leichenmumifizierung zur Aufbewahrung der Eingeweide
- **Mamisi** – Geburtshaus; in diesem kleinen Nebentempel wurde die Geburt des Gottessohnes in Form von „Mysterienspielen" rituell nachvollzogen
- **Mastaba** – Bank-Grab
- **Naos** – Götterschrein, in dem das Kultbild aufbewahrt wird
- **Obelisk** – (griechisch Himmelsnadel) Monolith, meist aus Rosengranit, auf quadratischer Grundfläche; seine Spitze gilt als Sitz der Sonne
- **Ostrakon** – (griechisch Scherbe) Tonscherbe, die als "Schmierzettel" verwendet wurde
- **Pylon** – (griechisch Einzugstor) mächtiger Torbau in der Tempelachse, dessen zwei Türme den Tempel in der Vorderfront abschließen
- **Sanktuar** – Allerheiligstes
- **Sarkophag** – Sarg
- **Stele** – Grab- oder Gedenkstein, auf dem wichtige Ereignisse festgehalten wurden
- **Sphinx** – Mischwesen aus Löwenleib und Menschenhaupt, die Tempel bewachen und Feinde abwehren; in Ägypten, im Gegensatz zu Griechenland, nahezu ausschließlich männlich
- **Uschebti** – kleine Figürchen aus Fayence in Mumienform, die als Grabbeigabe den Toten ins Jenseits begleiten und dort an seiner Stelle die Arbeit erledigen

Arabisch-islamische Begriffe

- **Bab** – Stadttor
- **Liwan** – eine Halle, die nach drei Seiten geschlossen ist und sich nur auf der vierten Seite zum Innenhof hin öffnet
- **Khanqa** – muslimisches Kloster
- **Kuttab** – Koranschule (meist für Knaben)
- **Madrasa** – theologische Hochschule, in der vornehmlich die vier Riten (Shafi, Hanafi, Maliki, Hanbali) des sunnitischen Islam gelehrt werden
- **Mashrabiya** – gedrechselte Holzgitter, ineinander verzapft
- **Mausoleum** – Grabbau
- **Minarett** – Turm des Gebetsrufers
- **Mirahb** – Gebetsnische
- **Minbar** – Gebetskanzel
- **Muezzin** – Gebetsrufer
- **Sebil-Kuttab** – öffentlicher Brunnen mit (meist darüber liegender) Koranschule
- **Souk** – Markt, Bazar
- **Sufi** – muslimische Mystiker
- **Sure** – Vers im Koran
- **Wakala** – Handelshaus, Karawanserei

Index

A
Ababda-Beduinen 78
Abbasiden 87
Abflug 44
Abflug, Kairo 44
Abflug, Luxor 45
Abkürzungen 6
Abreise 44
Abu Gurob 234
Abu Simbel 306
Abusir Pyramiden 232
Abusir-Pyramidenfeld 232
Ägyptologen 27
AIDS 58
Alkohol 14, 56, 139
Allah 87
Almosenpflicht 88
Altes Reich (AR) 94
Amada (New) Tempel 309
Amateurfunkgeräte 28
American Express 133
Amöben 58
Amulette 80
Anbiedern 19
Ankunft, Kairo 41
Ankunft, Luxor 45
Anreise 40
Anwaltskanzlei, deutschspr. 136
Araber 75
Arabeske 90
Arabische Wüste 68
Archäologen 27
Archimedische Schraube 68
Arroganz 13
Artenschutzabkommen 46
Arzt 134
Assuan 290
Assuan, Beyt el Wali 303
Assuan, Cataract Hotel 290
Assuan, Elephantine 293
Assuan, Felsengräber 297
Assuan, Feluke 305
Assuan, Insel Philae 301
Assuan, Kitchener Island 296
Assuan, Museum 293
Assuan, Nilometer 295
Assuan, Nubier 290
Assuan, Pflanzen-Insel 296
Assuan, Restaurants 288
Assuan, Sadd el Ali 298
Assuan, Schneider 292
Assuan, Simeonsklosters 297
Assuan, Souk 292
Assuan, Staudämme 298
Assuan, Tempel von Kalabsha 303
Aufenthaltsdauer 26
Ausrücstung 34
Austrian Airlines 133
Auto 49
Autofahrer 125
Awlat Ali Beduinen 78

B
Baby 36
Bäckereien 139
Bahr Yussuf 68, 242
Bakschisch 17
Banken 37
Barkash 218
Basilika 92, 119
Bauchtanz 141
Baumwolle 73, 98
Beduinen 77
Begrüßungsformeln 12
Behinderte 25, 135
Benzin 37
Beschneidung 82, 88
Bettler 18
Bevölkerungszahl 71
Beyt el Wali 304
Bier 37, 56
Bildung 71

Bilharziose 57
Bö6ser Blick 15
Böser Blick 80
Botschaften, ägyptische 25
Brot 139
Buchhandlung 139
Bürokratie 71
Bus-Fahrpläne 48
Busfahrten 47

C
Christentum 91
Christliche Religionen 93
Coke 37

D
Dakka Tempel 308
Dämonenglaube 80
Dashur Pyramiden 240
Derr Tempel 310
Derwisch 81
Diebe 59
Diesel 37
Dime 245
Dionysias 250
Diplomatische Vertretungen, ägyptische 25
Djin 80
Dragoman 227
Dreck 20
Drogen 14
Durchfall 59
Duty-Free 42, 138
Dynastien 94

E
Edelsteine 64
Egypt Air 133
Einladungen 12
Einreise 26
Eisenbahn 46
Elektrogeräte 35
England 97
Erdöl 73

340

Index

Essen 54
Euroscheck 37

F

Familienplanung 71
Faruk 98
Fasten, koptisch 92
Fatalismus 11
Fathy, Hassan 272
Fauna 69
Fax 62
Faxen 62
Fayum 242
Fehlverhalten 12
Feiertage 39
Feilschen 15
Fellachen 76
Feluke 263
Fernsehen 61
Feste 81
Filmkamera 35
Fladenbrot 37
Flöhe 53
Flora 69
Flughafen Kairo 43
Foto 35
fotografieren 15
Fotografieren 35
Fotografierverbot 35
Frau 82
Frischmärkte 139
Fruchtland 68
Frühzeit 94
Füchrerschein 26
Führerschein 50
Fundamentalisten 91

G

Gaskartuschen 140
Gastfreundschaft 12
Gastgeber 13
Gastgeschenke 16
Geld 36
Geschäftemacher 18
Geschwin digkeit 50
Gesundheit 56
Gewerkschaft 75
Gewürze 64
Gezira-Sporting-Club 143
Gilf Kebir 68
Giseh Pyramiden 225
Giseh, Cheops-Pyramide 227
Giseh, Chephren-Pyramide 229
Giseh, Mykerinos-Pyramide 229
Giseh, Sphinx 230
Glasbläser 64
Golf 144

H

Haj 88
Hauwara Pyramide 250
Hepatitis 28
Herodot 93
Hööflichkeit 10, 12
Höchstgeschwindigkeit 50
Hochzeit 83
Hotel 52
Hotels, Abu Simbel 318
Hotels, Assuan 318
Hotels, Kairo 321
Hotels, Luxor 327
Hotels, Theben-West 331
Hund 11
Hunde 27
Hungersnotstele 305

I

Illahun Pyramide 250
Impfpaß 27
Impfung 28
Impfungen 27
Islam 86
Islamischen Epoche 97
Ismail 97

K

Kaaba 86
Kairo 121
Kairo, Abdin-Palast 163
Kairo, Abusir Pyramiden 232
Kairo, Ägyptisches Nationalmuseum 156
Kairo, Al Azhar Universität 188
Kairo, Alabaster Moschee 197
Kairo, Al-Azhar-Moschee 188
Kairo, Alt-Kairo 210
Kairo, Amr Moschee 213
Kairo, Aquädukt 200
Kairo, Ataba-Markt 162
Kairo, Bab Zuwela 192
Kairo, Barquq Mausoleum 206
Kairo, Barquq-Moschee 185
Kairo, Barrages du Nil 221
Kairo, Barsbay Mausoleum 206
Kairo, Beit es Sennari 204
Kairo, Beshtak Palst 184
Kairo, Beyt el Suhaimi Palast 182
Kairo, Botanischer Garten 167
Kairo, Bücher 139
Kairo, Cairo Tower 164
Kairo, Eisenbahnmuseum 164
Kairo, El Moallaka Kirche 211
Kairo, Empain, Edouard 220
Kairo, Er Rifai Moschee 201
Kairo, Ezbekiya Gärten 162
Kairo, Fahrrad 131
Kairo, Fishawi Teahouse 176
Kairo, Fußgänger 125
Kairo, Fustat 212
Kairo, Gabalaya Aquarium Park 165
Kairo, Gaskartuschen 140
Kairo, Gayer Anderson Haus 203
Kairo, Geologisches Museum 156
Kairo, Glasbläsereien 181
Kairo, Hakim Moschee 182
Kairo, Hauptbahnhof 163
Kairo, Hauptpost 162
Kairo, Health Clubs 144
Kairo, Heliopolis-Bahn 129
Kairo, Heliopolis-Obelisk 219
Kairo, Heluan 221
Kairo, Hussein-Moschee 88, 174
Kairo, Ibn Tulun Moschee 202
Kairo, Insel Roda 167
Kairo, Internet Cafés 136
Kairo, Islamisches Museum 169
Kairo, Kalaun Mausoleums 186
Kairo, Kamelmarkt 218
Kairo, Kerkdasa 217
Kairo, Khan el Khalili Bazar 173

Index

Kairo, Kino 140
Kairo, Koptische Museum 212
Kairo, Koptisches Zentrum 164
Kairo, Landwirtschaftsmuseum 165
Kairo, Mahmoud Khalil Museum 167
Kairo, Manial-Palast 167
Kairo, Mausoleum Beybar II 180
Kairo, Mausoleum von Sultan el Guri 191
Kairo, Mercurius Kloster 213
Kairo, Merryland-Park 221
Kairo, Metro 128
Kairo, Mohammed Ali 221
Kairo, Mohammed Ali Moschee 197
Kairo, Mokattam Berge 214
Kairo, Motorboot-Liniendienst 129
Kairo, Musafirkhana-Palast 179
Kairo, Museum für islamische Keramik 165
Kairo, Museum of Modern Art 166
Kairo, Nationalbibliothek 141
Kairo, Nightlife 141
Kairo, Nile Hilton Hotel 154
Kairo, Notruf 132
Kairo, Palestinian Heritage House 221
Kairo, Papyrus Institut 214
Kairo, Parfümessenz 155
Kairo, Parken 125
Kairo, Pharaonic Village 214
Kairo, Polizeimuseum 199
Kairo, Post 162
Kairo, Postmuseum 162
Kairo, Pyramiden v. Dashur 240
Kairo, Pyramiden von Giseh 225
Kairo, Pyramiden v. Sakkara 234
Kairo, Qasaba 182
Kairo, Qaytbay Mausoleum 207
Kairo, Ramsis Bahnhof 163
kairo, Ramsis-Bahnhof 132
Kairo, Reiseagenturen 135
Kairo, Reiseführer 135

Kairo, Reiten 144
Kairo, Sammeltaxi 131
Kairo, Sayida Zeinab Moschee 203
Kairo, Schlepper 155
Kairo, Sebil Kuttab von Rahman Katkhuda 184
Kairo, Spielcasinos 142
Kairo, Sport 143
Kairo, St. Sergius und Bacchus Kirche 211
Kairo, Stadtzentrum 151
Kairo, Straßenbahn 129
Kairo, Straßennetz 122
Kairo, Sultan Hassan Moschee 200
Kairo, Tahrir 154
Kairo, Tatar el Higaziya Moschee 180
Kairo, Taxi 130
Kairo, Topographie 121
Kairo, Totenstadt 181
Kairo, Totenstädte 204
Kairo, Traffic Office, Giseh 50
Kairo, U-Bahn 128
Kairo, Wachsfigurenmuseum in Heluan 221
Kairo, Wadi Digla 221
Kairo, Wakalat el Bazara 180
Kairo, Wakalat el Guri 190
Kairo, Wissa Wassef 217
Kairo, Zabbalin 215
Kairo, Zeinab Khatum Maison 190
Kairo, Zeltmacher-Bazar 193
Kairo, Zoo 167
Kalif 87
Kalligraphie 90
Karanis 244
Karten 31
Katarakt 67
Kaufhaus 139
Keramik 64
Kernkraftwerk 74
Kertassi 304
Kinder 23
Kleidung 13, 34

Kleinkinder 36
Kloster 91
Kontakt 136
Konvoi 255
Konzil 91
Kopten 76, 91
Koptisches Zentrum Waldsolms 34
Koran 87
Kraftstoffpreise 37
Krankenhäuser 134
Kreditkarte 36
Kreuzfahrt 263
Kunst 140
Kupfergefäße 64

L

Landschaft 67
Landwirtschaft 83
Leberegel 57
Leinentaschen 137
Libysche Wüste 68
Liebesbezeugungen 14
Light and Sound 232
Lisht Pyramiden 241
Liwan 116
Lufthansa 133
Luxor, Badetag 260
Luxor, Bazar 261
Luxor, Chons-Tempel 270
Luxor, Crocodile Island 261
Luxor, Der el Medina 277
Luxor, Eintrittskarten 259
Luxor, Eintrittskarten, Studenten 260
Luxor, Esel 257
Luxor, Fähren 256
Luxor, Fahrrad 257
Luxor, Fortbewegen 256
Luxor, Fotografierverbot 259
Luxor, Karnak 266
Luxor, Königinnengräber 278
Luxor, Königsgräber 273
Luxor, Luxor-Tempel 270
Luxor, Medinet Habu 280
Luxor, Motorrad 258
Luxor, Museum 271

Index

Luxor, Neu-Qurna 272
Luxor, Nightlife 260
Luxor, Nilinseln 260
Luxor, Ptah-Tempel 268
Luxor, Ramesseum 279
Luxor, Relaxen 260
Luxor, Restaurants 264
Luxor, Restaurants Theben-West 264
Luxor, Taxi 258
Luxor, Tiermarkt 261

M
Madrasa 118
Maharraka Tempel 309
Malaria 58
Malaria-Prophylaxe 27
Malesch 11
Mamisi 271, 302
Markus 91
Mausoleum 118
Medina 86
Medinet Fayum 247
Medinet Madi 249
Medum Pyramide 242
Mekka 86
Mietwagen 51, 135
Militär 70
Military Intelligence 133
Minbar 116
Mineralwasser 37, 56
Mini-Sprachführer 333
Mirhab 116
Mittleres Reich (MR) 96
Mohammed 86
Mohammed Ali 97
Mönch 92
Moschee 116
Moskitos 34
Mubarak, Hosny 70
Muezzin 116
Mulid 81, 253
Museen 33

N
Nagib, General 98
Napoleon 97
Nasser, Präsident 98
Nasser-See, Kreuzfahrt 307
Nasser-Stausee 68
Nazla 249
Nazla (Fayum) 249
Neue Reich (NR) 96
Nil 67
Nil-Kreuzfahrt 263
Nilüberflutung 299
Nubier 79, 300, 305
Nubische Folkore 288

O
Öffnungszeiten (Banken, Behörden) 37
Öffnungszeiten (Shops) 38
Omaijaden 87
Oropax 48

P
Paket 63
Papyrus 70
Papyrusbilder 63
Parfümessenzen 64
Patriarch 91
Pharaonenzeit 94
Pharaonische Götter 105
Pilgerfahrt 88
Polizei 61
Post 63
Postkarte 63
Preisbeispiele 37
Ptolemäer 96
Pyramide von Hauwara 250
Pyramide von Illahun 250
Pyramide von Medum 241
Pyramiden 223
Pyramiden von Abusir 232
Pyramiden von Dashur 240
Pyramiden von Giseh 225
Pyramiden von Lisht 241
Pyramiden von Sakkara 234
Pyramidentexte 238

Q
Qarun See 243
Qasr el Sagha 245
Qasr Ibrim 310
Qasr Qarun 250

R
Radio 61
Ramadan 14, 88
Raubüberfälle 60
Reiseagenturen 135
Reiseapotheke 58
Reiseführer 31
Reisekosten 38
Reisekrankenversicherung 28
Reisepaß 26
Reisezeit 38
Reiten 235
Religion, pharon. Ägypten 105
Rentner 49
Restaurants, Kairo 144
Restaurants, Luxor 264
Römer 96
Rotes Meer 69
Rückkehr 45
Rücktausch 37
Rundfunk/Fernsehen 61

S
Sadat, Präsident 99
Sadd el Ali 68
Sakija 68
Sakkara Pyramiden 234
Sakkara, Djoser-Pyramide 237
Sakkara, Memphis 240
Sakkara, Teti-Pyramide 238
Sammeltaxi 48
Sandmeer 68
Schaduf 68
Scheidung 84
Schenute, Abt 213
Schiiten 87
Schlange 69
Schlangenbiß 69
Schleier 85
Schlepper 42, 44, 53, 156
Schmutz 20
Schule 71
Schwitzen 58
Sebil Kuttab 118
Sebua (New) Tempel 308

Index

Sham el Nessim, Frühlingsfest 39
Sharia 83, 91
Sheikh Sayed Kanal 314
Shenuda III 91, 93
Shisha (Wasserpfeife) 55
Shorts 14
Silber 64
Sinai 69
Skorpione 69
Sowjetunion 98
Spannung, elektrische 35
Spätzeit 96
Spiritousen 56
Sport 143
Sportclubs 143
Sprachführer 333
Sprachlehrer 135
Stadtpläne 32
Stausee 299
Stella 56
Straßenzustand 51
Streik 75
Studentenausweis 26
Studentenausweis, Verlust 27
Suezkanal 97
Sufi 81
Sunna 87
Sunniten 87
Supermärkte 138
Supersleeper 46

T
Tampons 35
Taschendiebtrick 60
Taschenlampe 34
Tasrih-Ausstellung 133
Tee 55
Telefon 62
Telefonkarte 62
Telegramm 62
Tennis 143
Tiere 11, 69
Tiere, Einreise 27
Tierquälerei 11
Tod 80
Toiletten 53
Toilettenpapier 35
Tollwut 58
Töpfer 249
Toshka-Projekt 314
Trachom 57
Traffic Office, Giseh 50
Travellerschecks 36
Trinken 54
Trinkgeld 18

U
Übernachten 52
Unfall 50
Unterhaltung 62
Unterwäsche 65

V
Vereinigte Arabische Republik 98
Vergewaltigung 60
Verhaltensregeln 13
Verhaltensweisen 10
Verkehrsregeln 49
Verkehrsstrafe 50
Videokamera 15
Visum 26
Visumverlängerung 41
Vollkornbrot 139

W
Wadi Rayan 243
Wafd-Partei 98
Wahlen 70
Wakala 118
Wanzen 53, 59
Wäschewaschen 53
Wasserpfeife 55
Wind 68
Windeln 36
Wohlfüchlen 19

Z
Zaghlul, Saad 98
Zar 80
Zeitungen 61
Zeitverschiebung 40
Zivildienstleistende 27
Zugvögel 69

SCHREIBEN SIE UNS BITTE,

KLA

falls Sie neue und/oder bessere Informationen haben und so lange diese Infos wirklich noch aktuell sind (also gleich nach Rückkehr schreiben). Wenn wir Ihre Zuschrift verwerten können, schicken wir Ihnen ein Freiexemplar aus unserer Verlagsproduktion (nicht von anderen Reise Know-How Verlagen) von einem der unten aufgeführten Bücher (bitte ankreuzen):

- ☐ ÄGYPTEN INDIVIDUELL
- ☐ ISRAEL, palästinensische Gebiete und Ostsinai
- ☐ JORDANIEN
- ☐ Exemplar der nächsten Auflag dieses Buches

Wir freuen uns sehr, wenn Sie Ihre Infos gut leserlich auf ein Zusatzblatt schreiben oder uns als Email schicken. Bei Email vergessen Sie bitte nicht, auch Ihre Postanschrift anzugeben.
Unsere Anschrift:

Sigrid und Wil Tondok, Nadistr. 18, D-80809 München
Email: rkh@tondok-verlag.de

Ihre Anschrift:..

....

Besuchszeit:..

Besuchte Gegend:..

Erfahrungen:

Programmübersicht

REISE KNOW-HOW Bücher werden von Autoren geschrieben, die Freude am Reisen haben und viel persönliche Erfahrung einbringen. Sie helfen dem Leser, die eigene Reise bewußt zu gestalten und zu genießen. Wichtig ist uns, daß der Inhalt nicht nur im reisepraktischen Teil „Hand und Fuß" hat, sondern daß er in angemessener Weise auf Land und Leute eingeht. Die Reihe REISE KNOW-HOW soll dazu beitragen, Menschen anderer Kulturkreise näherzukommen, ihre Eigenarten und ihre Probleme besser zu verstehen. Wir achten darauf, daß jeder einzelne Band gemeinsam gesetzten Qualitätsmerkmalen entspricht. Um in einer Welt rascher Veränderungen laufend aktualisieren zu können, drucken wir bewußt kleine Auflagen.

Welt

Abent. Weltumradlung (RAD & BIKE)
ISBN 3-929920-19-0
Äqua-Tour (RAD & BIKE)
ISBN 3-929920-12-3
Erste Hilfe unterwegs
ISBN 3-89416-689-4
Der Kreuzfahrtführer
ISBN 3-89416-663-0
Outdoor-Praxis
ISBN 3-89416-629-0
Die Welt im Sucher
ISBN 3-9800975-2-8
Wo es keinen Arzt gibt
ISBN 3-89416-035-7

Europa

Amsterdam
ISBN 3-89416-677-0
Andalusien
ISBN 3-89416-679-7
Bretagne
ISBN 3-89416-175-2
Budapest
ISBN 3-89416-660-6
Bulgarien
ISBN 3-89416-220-1
Costa Brava
ISBN 3-89416-737-8
Costa del Sol
ISBN 3-89416-723-8
Dänemarks Nordseeküste
ISBN 3-89416-634-7
England, der Süden
ISBN 3-89416-676-2
Europa Bike-Buch (RAD & BIKE)
ISBN 3-89662-300-1
Gardasee
ISBN 3-89416-729-7
Gran Canaria
ISBN 3-89416-665-7
Großbritannien
ISBN 3-89416-617-7
Hollands Nordseeinseln
ISBN 3-89416-619-3
Irland-Handbuch
ISBN 3-89416-636-3
Island
ISBN 3-89662-035-5
Kärnten
ISBN 3-89662-105-x
Krakau/Warschau
ISBN 3-89416-209-0
Kreta
ISBN 3-89416-739-4
Litauen & Kaliningrad
ISBN 3-89416-169-8
Das Tal der Loire
ISBN 3-89416-681-9
London
ISBN 3-89416-673-8
Madeira
ISBN 3-89416-722-x
Madrid
ISBN 3-89416-731-9
Mallorca
ISBN 3-89662-166-1
Mallorca für Eltern und Kinder
ISBN 3-89662-158-0
Mallorca, Reif für
ISBN 3-89662-168-8
Mallorca, Wandern auf
ISBN 3-89662-162-9
Malta
ISBN 3-89416-659-2

Europa

Nördliche Sporaden
ISBN 3-86-725-4
Nordspanien und der Jakobsweg
ISBN 3-89416-678-9
Nordtirol
ISBN 3-89662-107-6
Oxford
ISBN 3-89416-211-2
Paris
ISBN 3-89416-667-3
Polens Norden
Ostseeküste/Masuren
ISBN 3-89416-613-4
Prag
ISBN 3-89416-690-8
Provence
ISBN 3-89416-609-6
Pyrenäen
ISBN 3-89416-692-4
Rhodos
ISBN 3-89416-724-6
Rom
ISBN 3-89416-670-3
Salzburger Land - Salzkammergut
ISBN 3-89662-109-2
Sardinien
ISBN 3-89416-727-0
Schottland-Handbuch
ISBN 3-89416-621-5
Sizilien - Liparische Inseln
ISBN 3-89416-627-4
Skandinavien - der Norden
ISBN 3-89416-653-3
Südnorwegen/Lofoten
ISBN 3-89416-726-2
Toscana
ISBN 3-89416-664-9
Tschechien
ISBN 3-89416-600-2
Umbrien
ISBN 3-89416-728-9
Wien
ISBN 3-89416-697-5

Edition RKH

Geschichten aus dem anderen Mallorca
ISBN 3-89662-171-8
Die goldene Insel
ISBN 3-89662-173-4
Mallorquinische Reise
ISBN 3-89662-172-6
Please wait to be seated
ISBN 3-89662-164-5

Deutschland

Hauptstadt Berlin mit Potsdam
ISBN 3-89416-688-6
Amrum
ISBN 3-89416-720-3
Insel Borkum
ISBN 3-89416-632-0
Insel Fehmarn
ISBN 3-89416-683-5
Insel Föhr
ISBN 3-89416-721-1
Harz/Ost
ISBN 3-89416-228-7
Harz/West
ISBN 3-89416-227-9
Insel Langeoog
ISBN 3-89416-684-3
Mecklenburg/Brandenburg Wasserwandern
ISBN 3-89416-221-x
Mecklenburg/Vorpommern Binnenland
ISBN 3-89416-615-0
München
ISBN 3-89416-672-x
Norderney
ISBN 3-89416-652-5
Nordfriesische Inseln
ISBN 3-89416-601-0
Nordseeinseln
ISBN 3-89416-197-3
Nordseeküste Niedersachsens
ISBN 3-89416-603-7
Ostdeutschland individuell
ISBN 3-89662-480-6
Ostfriesische Inseln
ISBN 3-89416-602-9
Ostseeküste/Mecklenburg-Vorpommern
ISBN 3-89416-184-1
Ostseeküste Schleswig-Holstein
ISBN 3-89416-631-2
Rügen und Hiddensee
ISBN 3-89416-654-1
Sächsische Schweiz
ISBN 3-89416-630-4
Schwarzwald
ISBN 3-89416-611-8
Schwarzwald/Nord
ISBN 3-89416-649-5
Schwarzwald/Süd
ISBN 3-89416-650-9
Insel Sylt
ISBN 3-89416-682-7
Thüringer Wald
ISBN 3-89416-651-7
Usedom
ISBN 3-89416-691-6

Amerika

Argentinien/Urug./Parag.
ISBN 3-89662-051-7
Atlanta & New Orleans
ISBN 3-89416-230-9
Barbados, St. Lucia ...
ISBN 3-89416-736-x
Canada Ost/USA Nord-Osten
ISBN 3-89662-151-3
Canadas Westen mit Alaska
ISBN 3-89662-157-2
Chile & Osterinseln
ISBN 3-89662-054-1
Costa Rica
ISBN 3-89416-641-x
Dominikanische Republik
ISBN 3-89416-643-6
Ecuador/Galapagos
ISBN 3-89662-055-x
Guatemala
ISBN 3-89416-695-9
Hawaii
ISBN 3-89416-696-7
Honduras
ISBN 3-89416-666-5
Lateinamerika BikeBuch
ISBN 3-89662-302-8
Mexiko
ISBN 3-89416-310-9
New Orleans
ISBN 3-89416-686-x
New York City
ISBN 3-89416-687-8
Panama
ISBN 3-89416-671-1
Peru/Bolivien
ISBN 3-89662-331-1
Radabenteuer Panamericana
(RAD & BIKE)
ISBN 3-929920-13-1
San Francisco
ISBN 3-89416-735-1
St. Lucia, St. Vincent, Grenada
ISBN 3-89416-642-8
Trinidad und Tobago
ISBN 3-89416-638-x
USA/Canada
ISBN 3-89662-170-x
USA/Canada Bikebuch
(RAD & BIKE)
ISBN 3-929920-17-4
USA mit Flugzeug und Mietwagen
ISBN 3-89662-150-5
USA, Gastschüler in den
ISBN 3-89662-163-7

Amerika

USA für Sportfans
ISBN 3-89416-633-9
USA - Südwest;
Natur- und Wanderführer
ISBN 3-89662-169-6
USA-Westen
ISBN 3-89662-165-3
Venezuela
ISBN 3-89662-040-1

Afrika

Agadir, Marrakesch
und der Süden Marokkos
ISBN 3-89662-069-x
Ägypten individuell
ISBN 3-89662-471-7
Äthiopien
ISBN 3-89662-043-6
Botswana
ISBN 3-89416-730-0
Bikeabenteuer Afrika (RAD & BIKE)
ISBN 3-929920-15-8
Durch Afrika
ISBN 3-89662-011-8
Kairo, Luxor, Assuan
ISBN 3-89662-460-1
Kamerun
ISBN 3-89662-032-0
Kenia
ISBN 3-89416-732-7
Libyen
ISBN 3-89662-005-3
Madagaskar, Seychellen,
Mauritius, Réunion, Komoren
ISBN 3-89662-062-2
Marokko
ISBN 3-89662-081-9
Namibia
ISBN 3-89662-321-4
Simbabwe
ISBN 3-89662-026-6
Südafrika
ISBN 3-89662-340-0
Tansania Handbuch
ISBN 3-89662-048-7
Tunesien
ISBN 3-89662-074-6
Tunesiens Küste
ISBN 3-89662-076-2
Westafrika - Küstenländer
ISBN 3-89662-002-9
Westafrika - Sahel
ISBN 3-89662-001-0

Asien

Auf nach Asien (RAD & BIKE)
ISBN 3-89662-301-x
Bali & Lombok mit Java
ISBN 3-89416-645-2
Bali: Ein Paradies wird erfunden
ISBN 3-89416-618-5
Bangkok
ISBN 3-89416-655-x
China Manual
ISBN 3-89416-626-6
China, der Norden
ISBN 3-89416-229-5
Chinas Osten mit Beijing
und Shanghai
ISBN 3-89416-680-0
Emirat Dubai
ISBN 3-89416-094-0
Hongkong, Macau
und Kanton
ISBN 3-89416-235-x
Indien, der Norden
ISBN 3-89416-738-6
Israel, palästinensische Gebiete,
Ostsinai
ISBN 3-89662-451-2
Jemen
ISBN 3-89662-009-6
Jordanien
ISBN 3-89662-452-0
Kambodscha
ISBN 3-89416-233-3
Komodo/Flores/Sumbawa
ISBN 3-89416-060-8
Ladakh und Zanskar
ISBN 3-89416-698-3
Laos
ISBN 3-89416-637-1
Libanon
ISBN 3-89662-087-8
Malaysia mit Singapur
und Brunei
ISBN 3-89416-640-1
Mongolei
ISBN 3-89416-217-1
Myanmar (Burma)
ISBN 3-89662-600-0
Nepal-Handbuch
ISBN 3-89416-668-1
Oman
ISBN 3-89662-100-9
Phuket (Thailand)
ISBN 3-89416-182-5
Rajasthan
ISBN 3-89416-616-9

Asien

Singapur
ISBN 3-89416-740-8
Sri Lanka
ISBN 3-89416-170-1
Sulawesi (Celebes)
ISBN 3-89416-635-5
Taiwan
ISBN 3-89416-693-2
Thailand Handbuch
ISBN 3-89416-741-6
Thailand: Tauch- und Strandführer
ISBN 3-89416-622-3
Thailands Süden mit Bangkok
ISBN 3-89416-662-2
Tokyo
ISBN 3-89416-206-6
Vereinigte Arabische Emirate
ISBN 3-89662-022-3
Vietnam-Handbuch
ISBN 3-89416-661-4

Praxis

Dschungelwandern
ISBN 3-89416-759-9
Fliegen ohne Angst
ISBN 3-89416-754-8
Kanu-Handbuch
ISBN 3-89416-725-1
Orientierung mit Kompass und GPS
ISBN 3-89416-755-6
Richtig Kartenlesen
ISBN 3-89416-753-x
Schutz vor Gewalt
und Kriminalität
ISBN 3-89416-756-4
Sicherheit im/auf dem Meer
ISBN 3-89416-758-0
Survival-Handbuch
Naturkatastrophen
ISBN 3-89416-757-2
Tauchen in warmen Gewässern
ISBN 3-89416-760-2
Wildnis-Ausrüstung
ISBN 3-89416-750-5
Wildnis-Küche
ISBN 3-89416-751-3

Reise Know-How Verlag Tondok

Zuverlässige Informationen gehören zu den "Essentials" beim Reisen: Wo gibt es brauchbare Hotels, ein sauberes Restaurant, wo liegen die Sehenswürdigkeiten und wie findet man sich dort zurecht. Wie und warum reagieren die Menschen auf die Besucher, auf bestimmte Situationen? Dies und noch viel mehr erfahren Sie aus den Reiseführern von Wil und Sigrid Tondok:

ÄGYPTEN INDIVIDUELL — *Ein Reisehandbuch zum Erleben, Erkennen und Verstehen eines phantasrtischen Landes*

Der Reiseführer, der wegen seiner umfassenden und zuverlässigen Informationen zum ständigen Begleiter der meisten Individualreisenden in Ägypten wurde. 13 Auflagen in 16 Jahren - was spricht mehr für die Aktualität und für die Akzeptanz durch die Leser?
604 Seiten, 106 Karten und Pläne, 41 SW-Fotos, 32 Farbseiten, ISBN 3-89662-471-7

ISRAEL, palästinensische Gebiete, Ostsinai
Erleben und Verstehen von Gestern und Heute
Zwischen Rotem, Totem und Mittel-Meer, zwischen Klagemauer und Felsendom, zwischen sattgrünen Feldern und Felsenwüste – Israel hat unendlich viel zu bieten, ganz abgesehen von der prickelnden kulturellen Vielfalt. Dieser Führer hilft bei der Auswahl und zeigt Ihnen die besten Wege.
448 Seiten, 52 Karten und 62 s/w Fotos, 16 Farbseiten, ISBN 3-89662-451-2

Jordanien
Reisen zwischen Jordan, Wüste und Rotem Meer
Alles über das kaum bekannte, aber sehr attraktive Land zwischen Jordan und Wüste. Tips und fundierte Empfehlungen zum täglichen Reiseleben, detaillierte Beschreibungen der vielen Sehenswürdigkeiten, vor allem auch der Felsenstadt Petra.
336 Seiten, 38 Karten, 16 Farbseiten und 34 s/w-Fotos, ISBN 3-89662-452-0